序

笔者上一本有关 PPP 的专著——《政府与社会资本合作(PPP)项目法律实务》出版于 2016 年春天,时间飞逝,转眼中国共产党十九大已经成功召开。习近平总书记在十九大报告中用了“不忘初心,牢记使命”八个字。对于 PPP 人而言,这八个字也许具有更重的分量和更切身的含义。十九大报告中提出的“加快完善社会主义市场经济体制”“转变政府职能,深化简政放权,创新监管方式”“深化投融资体制改革”“加快建立现代财政制度”等,莫不与 PPP 紧密相关。PPP 项目对于进入新时代的法治中国,意义不可谓不大。一个 PPP 项目的落地和健康存续本身就是社会主义市场经济体制完善的表现,它依赖于地方财政的健康透明,依赖于高效廉洁守信的当地政府,还依赖于创新的投融资机制,以及社会资本的支持完成合理的交易结构设计和融资到位。

2013 年,党的十八届三中全会作出了《关于全面深化改革若干重大问题的决定》(以下简称《决定》)。2014 年 9 月 23 日,财政部出台了《关于推广运用政府和社会资本合作模式有关问题的通知》,以落实《决定》提出的经济体制改革任务。自此以后,PPP 模式在全国遍地开花。作为一个以 PPP 为主要业务领域之一的专业律师,笔者在过去的几年里,同每一个从事 PPP 工作的业内人士一样,从新疆到内蒙古,从安徽到贵州,从辽宁到福建,从江西到河南,行遍了大江南北,服务的项目遍布各地。在服务的过程中,由于项目需要,一个电话后便立即启程成了工作的常态。PPP 项目所关涉的政府方和社会资本,由于角色不同,可能会有利益的博弈和不同的诉求点,然而在笔者看来,一个健康、合法、合规的项目是实现双方共赢的基础。无论服务对象是社会资本方还是政府方,此刻再想,笔者依然觉得习总书记讲话中这八个字——“不忘初心,牢记使命”,无论何时都应当是 PPP 项目参与者刻在心底的工作原则。

笔者从事建筑领域和基础设施建设法律服务已 16 年,近年来仅在 PPP 领域就已为几十个项目服务,积累了一些经验。平时常会接到来自社会各界的有关 PPP 项目的问题咨询，由于时间有限，笔者无法一一回答。因此，出于对自己业务的总结升华需要，笔者决定出版《PPP 运作重点难点与典型案例解读》这本法律实务著作，也希望能对 PPP 实践者有一些帮助与启发。本书案例囊括交通运输、市政工程、环境保护、社会事业、综合开发、公共文化、能源、地下综合管廊、特色小镇等诸多领域。除了案例分析，书中还有 PPP 项目操作手册以及对 PPP 模式中重要专题的综合性论述、分析，比如对立项、融资、土地、争议解决等问题都有专篇文章阐述。

明日何其多！笔者反其意而用之，此语亦可以理解为应永远保有希望和憧憬。作为一名律师，既体味着奔波之风尘仆仆，却更有荣誉使命之欣慰快乐。明日何其多！希望这本书能带给广大读者些许有益的指导和思考。欢迎每一个读者与笔者交流切磋，指出笔者的不足，我们共同进步，为 PPP 这个与国家宏观经济紧密相关的模式更健康的发展贡献力量！

2017 年 12 月 4 日

目录

上篇

下 篇

第十一章 公共文化领域 PPP 案例分析 477

第十二章 能源领域 PPP 案例分析 489

上　篇

第一章 Chapter 1 PPP模式操作流程详细梳理

一、项目识别阶段

项目识别，是指行业主管部门依据PPP模式的适用特征，对能源、交通运输、水利、环境保护、农业等基础设施和公共服务领域的新建、改扩建及存量投资项目进行遴选、验证的过程。

1. PPP模式主要适用于政府负有提供责任，适合市场化运作的基础设施和公共服务领域。PPP项目可以由政府部门和社会资本发起。政府发起的，一般由行业主管部门负责按照新建、改扩建和存量项目进行分类遴选，编制项目初步实施方案向发展改革委和财政部门（PPP中心）进行申报。社会资本发起的，由社会资本编写项目建议书向行业主管部门推荐，行业主管部门审查整合后按照政府发起方式进行报送。

2. 在PPP项目遴选过程中，新建、改扩建项目应提交可行性研究报告、项目产出说明等资料；存量项目应提交存量公共资产的历史资料、项目产出说明、资产评估报告等资料。

3. 财政部门（PPP中心）会同行业主管部门，对潜在政府和社会资本合作项目进行评估筛选，确定备选项目。财政部门（政府和社会资本合作中心）应根据筛选结果制定项目年度和中期开发计划。

4. 对适合开展PPP模式的项目，由财政部门负责将项目信息录入综合信息平台。

5. 各省财政部门（PPP中心）根据各省行业主管部门和市县财政部门申报项目的性质及成熟度，分别建立PPP项目储备库（包括：意向项目库、备选项目库、推介项目库）、执行项目库、示范项目库。

（1）项目库分类及入库标准

①储备项目库。

a. 意向项目库。指各省直行业主管部门和各级财政部门征集和筛选后上报的PPP项目。入库条件：一是新建、改建项目具有初步实施方案，存量项目（存量项目是指通过前期调研、设计、审批、建设，已经开始运行，但尚未到期结束的项目）具有存量公共资产的历史资料和初步实施方案。二是提交项目产出物说明。三是通过财政部综合信息系统和省财政厅 PPP 中心信息采集系统网上同时申报。

b. 备选项目库。指已列入意向项目库，财政厅按照一定条件和程序筛选的推介备选项目。入库条件：一是项目符合城市总体规划和各类专项规划。二是新建项目应按规定程序做好立项、可行性论证等项目前期工作。三是已经委托中介咨询机构编制完成物有所值评价、财政承受能力论证报告。

c. 推介项目库。指已列入备选项目库，财政厅按照一定条件和程序筛选并经财政厅公开推介的重大 PPP 项目。入库条件：一是项目投资额较大、落地成功率较高、具有行业代表性。二是同级（省、市、县）财政部门对物有所值评价和财政承受能力出具论证通过的意见。三是同级（省、市、县）政府对正式实施方案出具审核通过的意见或实施方案已报政府审核，已经进入或近期可以进入项目采购阶段。四是已列入年度开发计划。对于已经纳入地方政府性债务管理系统或 2013 年全国政府性债务审计范围的融资平台公司存量项目，转型为 PPP 项目的，将在项目筛选和推介方面给予优先支持。

②执行项目库。指已列入推介项目库，并完成正式 PPP 合同签署或已经成立项目公司，进入执行阶段的项目。

③示范项目库。指经财政厅或相关机构从执行项目库中择优选择并适时向社会公开推广的项目。入库条件：一是项目运作程序规范，项目资料齐备。二是项目已经落地签约，运作情况良好。三是项目成熟度和行业可示范程度高。

（2）申报程序

①各省直（包括自治区、直辖市，下同）行业主管部门和市县财政部门负责本行业、本地区项目的征集、筛选和申报工作。项目材料由各省直行业主管部门和市县财政部门报送至省级财政部门 PPP 中心，并通过财政部综合信息系统和省级财政部门 PPP 中心信息采集系统网上同时申报。

②省级财政部门 PPP 中心会同省级财政部门相关处室及相关部门，邀请中介机构进行初步筛选，反馈各省直行业主管部门和市县财政部门进一步完善并进行物有所值、财政承受能力、实施方案评审等工作，各省直行业主管部门和市县财政部门经完善和调整后正式行文向省级财政部门 PPP 中心进行申报。

③财政部门 PPP 中心牵头，根据项目性质及成熟度提出意见，经省级财政部门 PPP 工作机制研究后入库并实时更新、定期发布，择优向财政部推荐。

（3）报送材料

①加盖市县财政部门公章的 PPP 项目申报汇总明细表，省直项目加盖省直行业主管部门公章。

②按照项目库类别和入库标准提交相应资料。

③如项目已取得发改、环保、规划、国土等相关部门批复，应一并提供。

6. 市级发展改革委部门、财政部门（PPP 中心）以及相关职能部门对潜在的 PPP 项目进行必要性、合规性、可行性审核、验证，即编制、审查项目可行性研究报告，可行性研究报告由政府部门委托第三方专业机构编制。

7. 行业主管部门基于项目前期材料，进行 PPP 项目初步实施方案的编制，项目实施方案应当包括项目基本情况、风险分配框架、运作方式、交易结构、合同体系、监管架构等内容。

8. 财政部门（PPP 中心）会同行业主管部门对 PPP 项目进行物有所值评价和财政承受能力论证，必要时可借助专业咨询机构和评审专家的力量。

9. PPP 项目通过物有所值评价和财政承受能力论证的，财政部门（PPP 中心）编制 PPP 项目年度和中期开发计划，推进 PPP 项目进一步操作实施。对适合开展 PPP 模式项目，由财政部门负责将项目信息录入综合信息平台。

10. 现有规范体系下，按照项目的性质分类，项目投资立项包括审批、核准和备案三种方式。因项目投资立项方式的差异，项目投资立项需提交的资料也不同。政府投资项目实行审批制，非政府投资项目实行核准制或备案制。投资立项过程中，审批方式至少需报送批准项目建议书、可行性研究报告等资料，核准方式或备案方式不需要报送项目建议书、可行性研究报告，核准方式需报送项目申请报告，备案方式需报送项目备案申请表。目前未对 PPP 项目的投资立项作特殊规定，基于现有投资立项规范体系，若政府直接出资参与组建项目公司的，则按照政府投资项目进行投资立项审批，若政府不直接出资参与组建项目公司的，则认定为企业投资项目，以政府核准的投资项目目录为依据，按照核准方式或备案方式投资立项。但应予以注意的是，即使按照企业投资项目进行投资立项，PPP 模式规范也要求所有 PPP 项目均编制可行性研究报告，因此实践中投资立项方式不影响项目可行性研究报告的编制。

此外项目投资立项需具体的项目法人负责办理，实践中一般以国有企业作为项目法人负责项目投资立项工作，社会资本选定组建项目公司后，需进行项目投资立项主体变更工作。为减轻 PPP 项目投资立项主体变更的影响，政府针对具体 PPP 项目可以先行注册设立项目公司，以项目公司名义办理投资立项手续，社会资本选定后，通过增资扩股的形式进入项目公司，以完成 PPP 项目的项目公司组建，提高 PPP 项目的操作效率。

项目投资立项属于传统投资前置程序，不影响项目识别，但属于 PPP 项目实施的前置程序。

项目识别阶段的资料清单及责任部门(见下表):

序号	文件名称	责任部门	法定时限	备注
1	项目建议书	行业主管部门/项目法人	执行项目建议书的审批时限	项目法人或政府指定国有企业按照政府投资审批立项方式办理项目建议书审批
2	可行性研究报告	行业主管部门/项目法人	执行项目可行性研究报告的审批时限	涉及项目的立项问题,项目立项由发展改革委负责审查批准,可行性研究报告需委托专业机构编制
3	项目产出说明	行业主管部门	无明确法定时限	一般用可行性研究报告代替
4	存量项目历史资料	行业主管部门	无明确法定时限	包括项目前期立项、项目建设、项目运营等方面的资料
5	项目资产评估报告	行业主管部门/国资监管机构	无明确法定时限	项目涉及国有资产转让的,需要编制资产评估报告,资产评估需经国资监管机构审查、批准,作为确定资产转让的依据
6	项目初步实施方案	行业主管部门	无明确法定时限	行业主管部门基于项目前期资料,为PPP项目论证编制的实施方案
7	项目物有所值评价	财政部门/行业主管部门	无明确法定时限	需财政部门出具物有所值评价报告,必要时可借助专业咨询机构、评审专家的力量
8	项目财政承受能力论证	财政部门/行业主管部门	无明确法定时限	需财政部门出具财政承受能力论证报告,必要时可借助专业咨询机构、评审专家的力量
9	项目投资立项	项目法人/发展改革委	项目采购前	存量项目不涉及投资立项工作;投资项目立项的方式(审批、核准或备案)的差异,需要提交的资料存在差异

项目识别流程（见下图）：

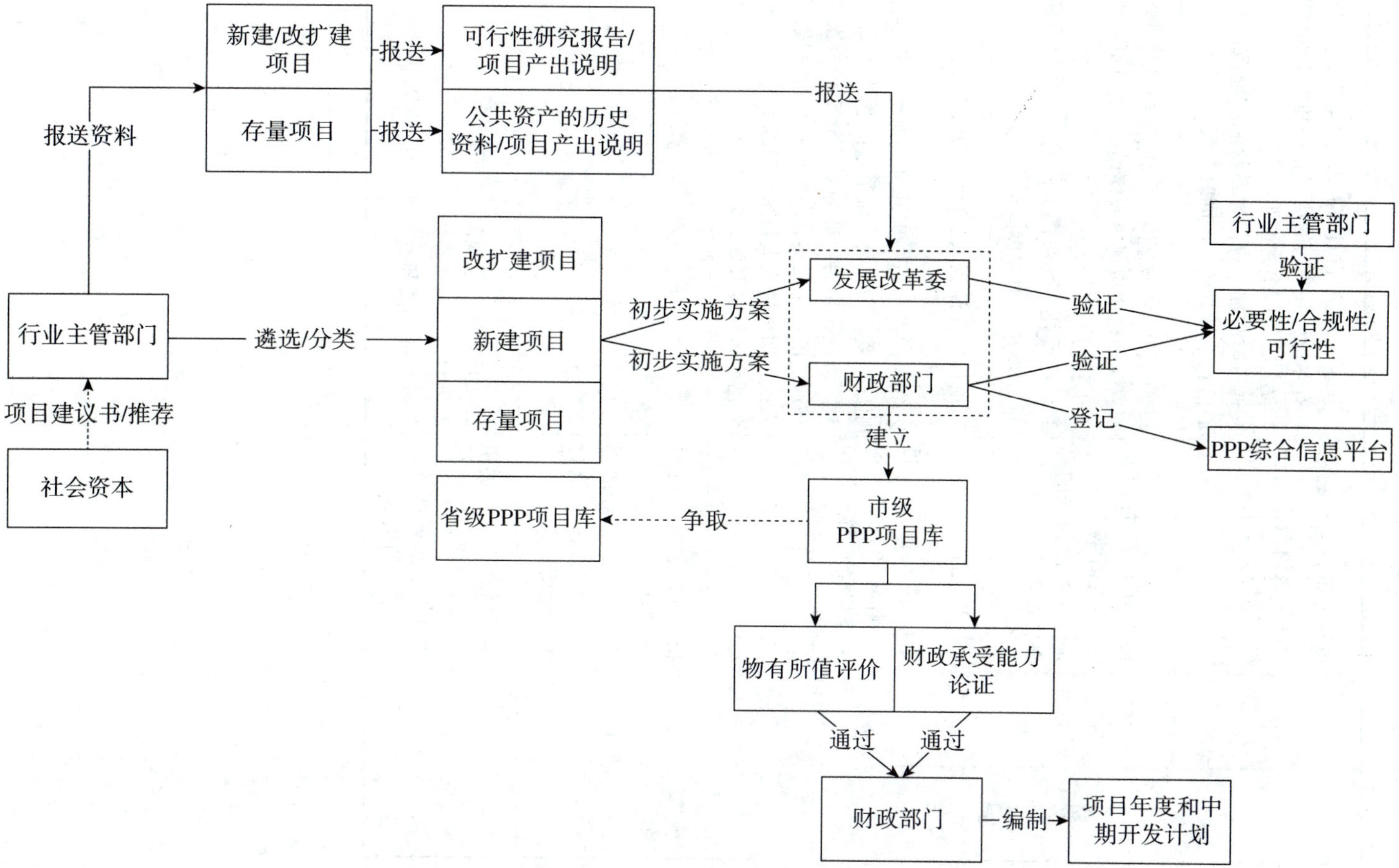

新建/改扩建项目
存量项目
报送
可行性研究报告/项目产出说明
公共资产的历史资料/项目产出说明
报送资料
报送
行业主管部门
遴选/分类
改扩建项目
新建项目
存量项目
初步实施方案
初步实施方案
发展改革委
财政部门
行业主管部门
验证
必要性/合规性/可行性
验证
验证
登记
PPP综合信息平台
社会资本
项目建议书/推荐
建立
市级PPP项目库
争取
省级PPP项目库
物有所值评价
财政承受能力论证
通过
通过
财政部门
编制
项目年度和中期开发计划

项目库分类及入库标准(见下表):

储备项目库	意向项目库	指各省直行业主管部门和各级财政部门征集和筛选后上报的 PPP 项目	1. 新建、改建项目具有初步实施方案,存量项目具有存量公共资产的历史资料和初步实施方案。 2. 提交项目产出物说明。 3. 通过财政部综合信息系统和省财政厅 PPP 中心信息采集系统网上同时申报。
	备选项目库	指已列入意向项目库,财政厅按照一定条件和程序筛选的推介备选项目	1. 项目符合城市总体规划和各类专项规划。 2. 新建项目应按规定程序做好立项、可行性论证等项目前期工作。 3. 已经委托中介咨询机构编制完成物有所值评价、财政承受能力论证报告。
	推介项目库	指已列入备选项目库,财政厅按照一定条件和程序筛选并经财政厅公开推介的重大 PPP 项目	1. 项目投资额较大、落地成功率较高、具有行业代表性。 2. 同级(省、市、县)财政部门对物有所值评价和财政承受能力出具论证通过的意见。 3. 同级(省、市、县)政府对正式实施方案出具审核通过的意见或实施方案已报政府审核,已经进入或近期可进入项目采购阶段。 4. 已列入年度开发计划。
执行项目库		指已列入推介项目库,并完成正式 PPP 合同签署或已经成立项目公司,进入执行阶段的项目	
示范项目库		指经财政厅或相关机构从执行项目库中择优选择并适时向社会公开推广的项目	1. 项目运作程序规范,项目资料齐全。 2. 项目已经落地签约,运行状况良好。 3. 项目成熟度和行业可示范程度高。

项目物有所值评价流程（见下图）：

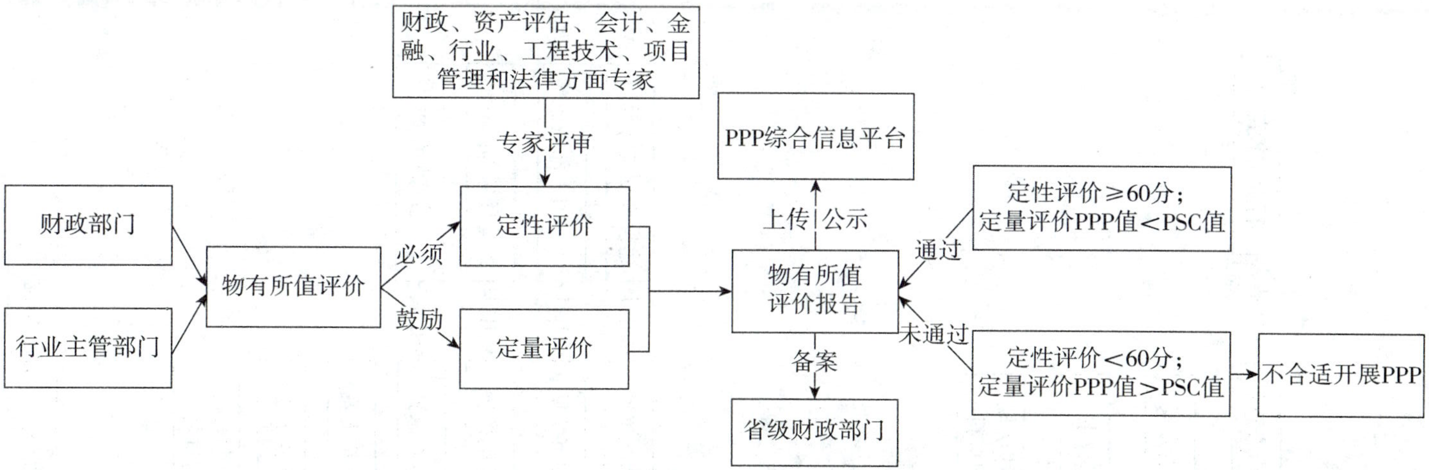

项目财政承受能力论证流程（见下图）：

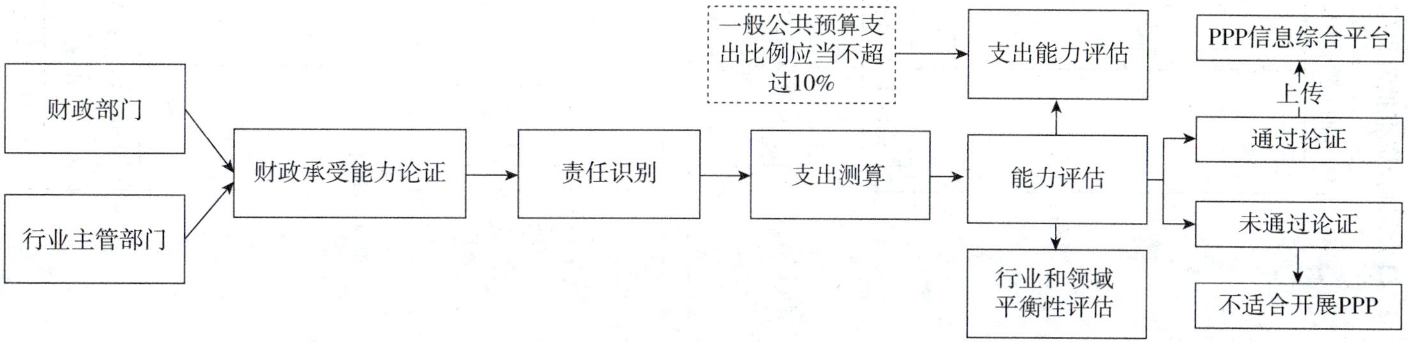

项目投资立项流程：

(1)项目投资审批流程(见下图)：

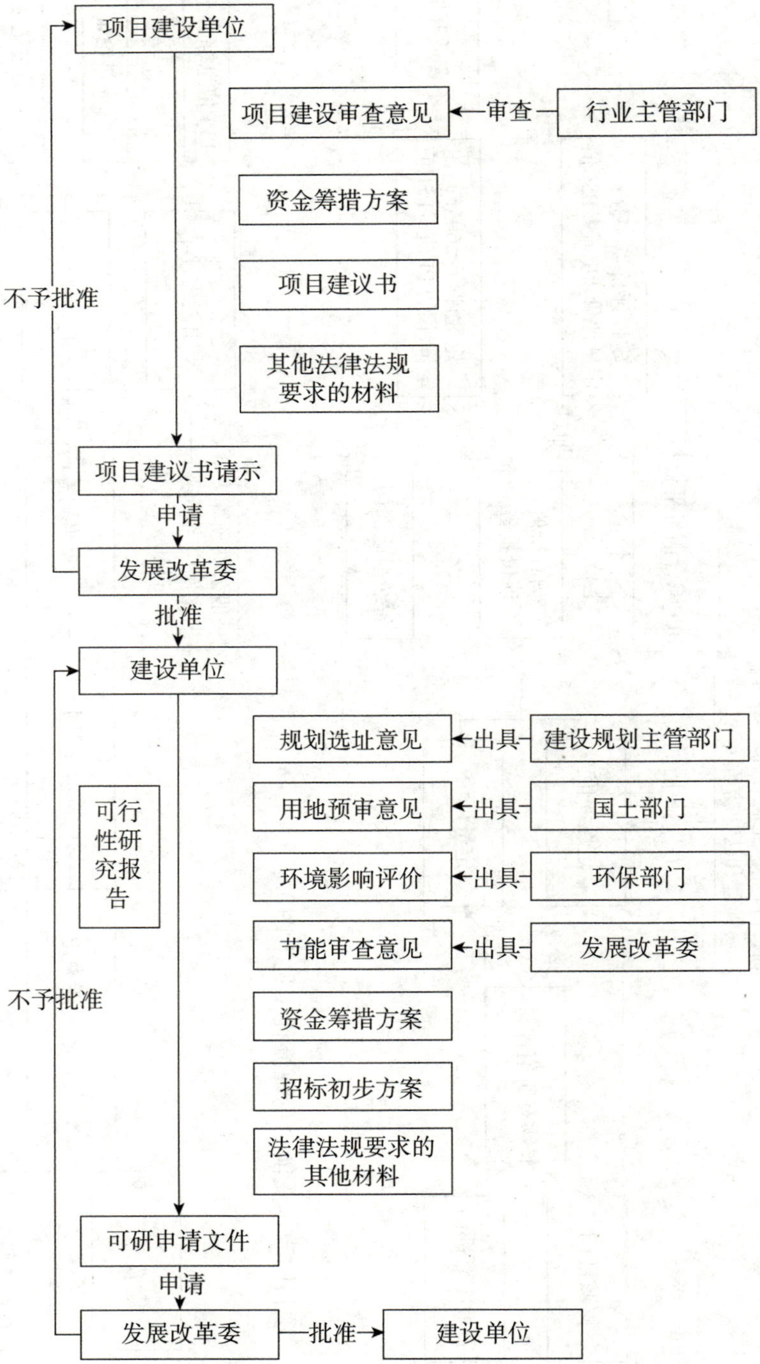

(2)项目投资核准流程(见下图):

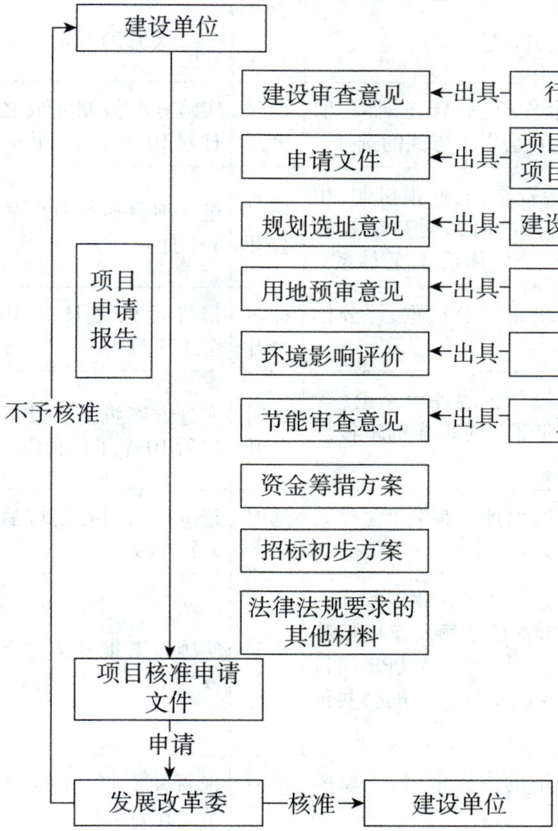

(3)项目投资备案流程(见下图):

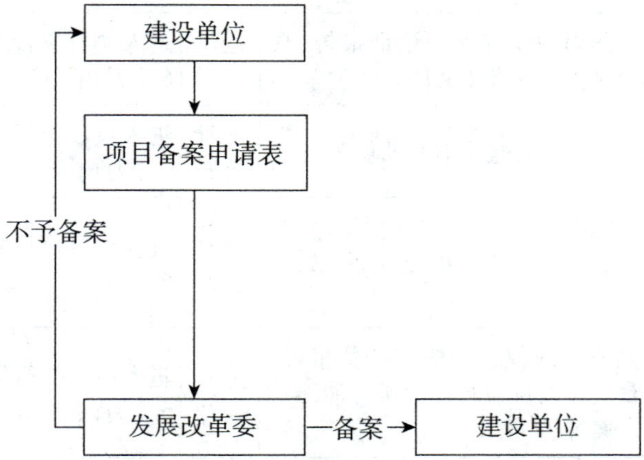

项目识别阶段信息公开相关要求(见下表):

项目所处阶段	公开内容	公开方式	公开的时点	信息提供方
项目识别	项目概况、项目合作范围、合作期限、项目运作方式、采购社会资本方式的选择	即时公开	实施方案编制完成之日起 10 个工作日内	项目发起方
	交易结构(含投融资结构、回报机制、相关配套安排)、项目产出说明和绩效标准、风险分配框架、合同体系、监管体系	适时公开	进入项目执行阶段后 6 个月内	项目发起方
	物有所值定性评价指标及权重、评分标准、评分结果	即时公开	报告定稿之日起 10 个工作日内	
	物有所值评价通过与否的评价结论(含财政部门会同行业部门对报告的审核意见)	即时公开	实施方案批复文件下发后 10 个工作日内	
	审核通过的物有所值评价报告(含财政部门对报告的批复文件)	适时公开	进入项目执行阶段后 6 个月内	
	本项目以及年度全部已实施和拟实施的 PPP 项目财政支出责任数额及年度预算安排情况,以及每一年度全部 PPP 项目从预算中安排的支出责任占一般公共预算支出比例情况	即时公开	实施方案批复文件下发后 10 个工作日内	
	财政承受能力论证的测算依据、主要因素和指标	即时公开	报告定稿之日起 10 个工作日内	
	通过财政承受能力论证与否的结论	即时公开	实施方案批复文件下发后 10 个工作日内	
	审核通过的财政承受能力论证报告(含财政部门对报告的批复文件)	适时公开	进入项目执行阶段后 6 个月内	
	新建或改扩建项目建议书及批复文件	适时公开	进入项目执行阶段后 6 个月内	实施机构
	可行性研究报告(含全套支撑性文件)及批复文件,设计文件及批复文件(如适用)	适时公开	进入项目执行阶段后 6 个月内	实施机构
	存量公共资产或权益的资产评估报告,以及存量资产或权益转让时所可能涉及的各类方案等(如适用)	适时公开	进入项目执行阶段后 6 个月内	实施机构

二、项目准备阶段

1. 县级(含)以上地方人民政府可建立专门协调机制,主要负责项目评审、组织协调和检查督导等工作,实现简化审批流程、提高工作效率的目的。政府或其指定的有关职能部门或事业单位可作为项目实施机构,负责项目准备、采购、监管和移交等工作。

2. 对列入 PPP 项目年度和中期开发计划的,由项目实施机构负责编制项目实施方案。项目实施机构一般由 PPP 项目所在地政府授权指定,指定的形式包括政府出具的授权文件或会议纪要文件等,项目实施机构主体一般包括行业主管部门、事业单位。

项目实施机构编制项目实施方案时,可以委托第三方专业咨询机构协助。项目实施方案应参照《政府和社会资本合作模式操作指南(试行)》(财金〔2014〕113 号)以及《基础设施和公用事业特许经营管理办法》的相关规定进行编写。

3. 项目实施方案编制完成后,项目实施机构应报财政部门(PPP 中心)评审,财政部门(PPP 中心)要会同行业主管部门,组织相关职能部门对项目实施方案,特别是特许经营权实施方案进行评审论证,并出具书面意见。必要时可引入相关领域专家和中介机构进行评审,项目实施机构必须根据评审意见,对项目实施方案修改完善后报政府审批。

财政部门(PPP 中心)会同行业主管部门基于项目实施机构修改完善的项目实施方案,可对 PPP 项目重新进行物有所值评价和财政承受能力论证,通过验证的,由项目实施机构将物有所值评价和财政承受能力论证与项目实施方案一并报政府审批,若未通过验证的,可在实施方案调整后重新验证,经重新验证仍不能通过的,不再采用 PPP 模式。

4. 政府对项目实施方案、物有所值评价和财政承受能力论证审批通过后,项目实施机构应按照批准的项目实施方案进行项目采购,选择社会资本。财政部门应按照财政承受能力论证报告向政府提出将政府付费责任纳入年度财政预算和中长期财政预算规划的申请,政府向国家人大或人大常委会提交政府付费纳入年度财政预算和中长期财政预算规划的议案,人大或人大常委会应对 PPP 项目政府付费纳入年度财政预算和中长期财政预算规划事项作出决议。

5. 各级财政部门应当建立本地区 PPP 项目开发目录,将经审核通过物有所值评价和财政承受能力论证的项目纳入 PPP 项目开发目录管理。

项目准备阶段的资料清单及责任部门(见下表):

序号	文件名称	责任部门	法定时限	备注
1	项目实施方案	项目实施机构	无明确法定时限	项目实施机构可由行业主管部门、事业单位担任。项目实施方案的编制可以委托专业咨询机构
2	项目实施方案联审意见	PPP 项目联审机制	无明确法定时限	PPP 项目联审机制,参照《基础设施和公用事业特许经营管理办法》规定,可由发展改革、财政、城乡规划、国土、环保、水利、物价等部门组成
3	物有所值评价	财政部门/行业主管部门	无明确法定时限	按照修改完善的项目实施方案进行二次物有所值评价,物有所值评价报送政府批准前应经财政部门批准
4	财政承受能力论证	财政部门/行业主管部门	无明确法定时限	按照修改完善的项目实施方案进行二次财政承受能力论证,财政承受能力论证报送政府批准前应经财政部门批准
5	项目实施方案批准请示	项目实施机构	无明确法定时限	项目实施机构负责将项目实施方案与二次论证的物有所值评价和财政承受能力论证一起报请政府批准
6	项目实施方案批准	政府	项目采购前	记载政府对 PPP 项目实施方案、物有所值评价和财政承受能力论证的批准意见
7	政府支出财政预算安排申请	财政部门/项目实施机构	项目采购前	按照财政承受能力论证报告向政府申请将政府支出纳入财政预算
8	政府支出财政预算安排议案	政府	项目采购前	政府向人大或人大常委会提交将项目政府支出纳入财政预算的议案
9	政府支出财政预算安排决议	人大或人大常委会	项目采购前	人大或人大常委会对项目政府支出财政预算安排作出决议

项目准备阶段操作流程（见下图）：

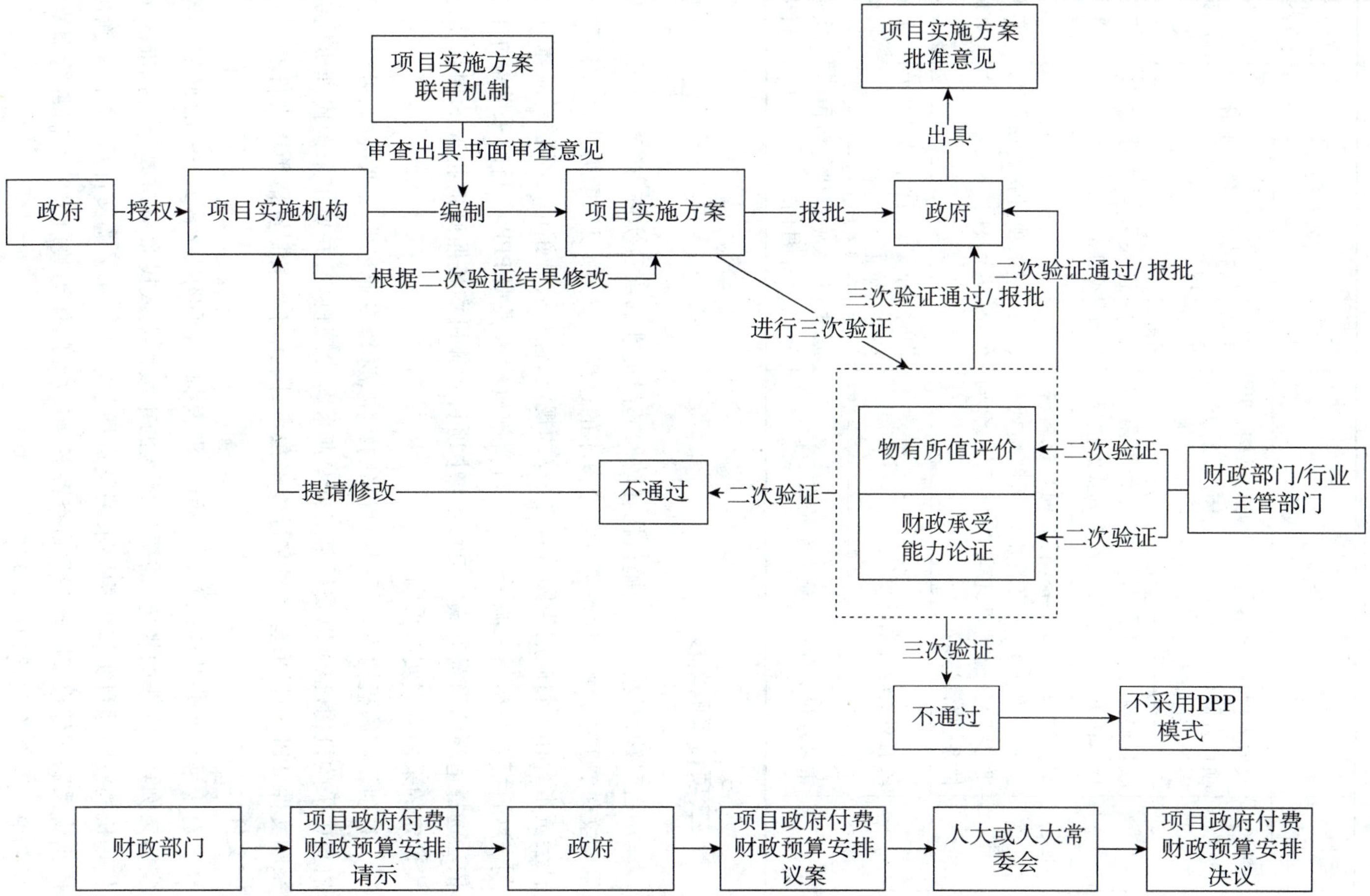

项目准备阶段信息公开相关要求(见下表):

项目所处阶段	公开内容	公开方式	公开的时点	信息提供方
项目准备	政府方授权文件,包括对实施机构、PPP 项目合同的政府方签约主体、政府方出资代表(如适用)等的授权	即时公开	授权后 10 个工作日内	项目所在地本级政府
	项目概况、项目合作范围、合作期限、项目运作方式、采购社会资本方式的选择	即时公开	进入采购程序后 10 个工作日内	实施机构
	交易结构(含投融资结构、回报机制、相关配套安排)、项目产出说明和绩效标准、风险分配框架、核心边界条件、合同体系、监管体系	适时公开	进入项目执行阶段后 6 个月内	实施机构
	政府对实施方案的审核批复文件	即时公开	批复文件下发后 10 个工作日内	实施机构
	审核通过的项目实施方案及修正案	适时公开	进入项目执行阶段后 6 个月内	实施机构

三、项目采购阶段

项目采购,是指项目实施机构在政府部门批准的项目实施方案的基础上,编制采购文件,通过竞争性程序选择社会资本的过程。PPP 项目采购方式,根据《政府和社会资本合作项目政府采购管理办法》的规定,包括公开招标、邀请招标、竞争性谈判、竞争性磋商、单一来源采购。项目实施机构可根据 PPP 项目的采购需求特点,依法选择适当的采购方式,实践操作中项目实施机构按照政府批准的项目实施方案确定的采购方式实施采购。

1. 项目实施机构应该根据项目采购特定,选择专业采购代理机构,可以委托政府集中采购机构,也可以委托第三方专业采购代理机构,并要求采购代理机构编制采购文件,PPP 项目采购应当实行资格预审,因此需要编制资格预审文件和正式采购文件。

对于采用非公开招标方式采购的,根据《政府采购法》第 27 条和《政府采购法实施条例》第 23 条的规定,需要经设区的市级以上人民政府财政部门批准。采购代理机构按照项目实施机构要求编制资格预审文件和采购文件后,项目实施机构应当将采购文件报市财政部门审查备案,财政部门作为政府采购的监督管理机构,对 PPP 项目整个采购程序进行监督管理。

2. PPP 项目资格预审的具体操作程序,实践中依据《政府和社会资本合作项目政府采购管理办法》确定项目采购各阶段的法定时间节点和确定资格预审的程序安排，如提交资格预审申请文件的时间自公告发布之日起不得少于15个工作日、资格预审评审专家不得少于5人以上单数等。

3. 项目资格预审完成后，项目实施机构可根据项目实际情况开展项目采购，发布政府采购文件，不同采购方式的采购文件的内容和采购程序存在差异，需根据具体项目采购方式编制采购文件。实践操作中应注意避免违反各采购方式确定的法定时间节点、采购操作程序等内容，保证项目采购程序的合法性。

根据《关于联合公布第三批政府和社会资本合作示范项目加快推动示范项目建设的通知》（财金〔2016〕91号）的规定，在PPP项目中，依法需要以招标拍卖挂牌方式供应土地使用权的宗地或地块，在市、县国土资源主管部门编制供地方案、签订宗地出让（出租）合同、开展用地供后监管的前提下，可将通过竞争方式确定项目投资方和用地者的环节合并实施。

4. 项目采购评审结束后，项目实施机构应当组织成立采购结果确定谈判工作组，负责采购结果确认前的谈判和最终的采购结果确认工作。采购结果确认谈判工作组成员及数量由项目实施机构确定，但应当至少包括财政预算管理部门、行业主管部门代表，以及财务、法律等方面的专家。涉及价格管理、环境保护的PPP项目，谈判工作组还应当包括价格管理、环境保护行政执法机关代表。

5. 采购结果确认工作组根据谈判情况确认预中标、成交社会资本，签署谈判备忘录，并按照约定完成项目预中标、成交结果公示，并将采购文件、响应文件及有关补遗文件和确认谈判备忘录拟定的项目合同文本在省级以上人民政府财政部门指定的政府采购信息发布媒体上进行公示，公示期满无异议的，将中标、成交结果在省级以上人民政府财政部门指定的政府采购信息发布媒体上进行公告，同时发出中标、成交通知书。

6. 项目实施机构应当在中标、成交通知书发出后30日内，与中标、成交社会资本签订经本级人民政府审核同意的PPP项目合同。项目实施机构应当在PPP项目合同签订之日起2个工作日内，将PPP项目合同在省级以上人民政府财政部门指定的政府采购信息发布媒体上公告。

PPP项目涉及领域较多，项目采购实践过程中，应注意行业领域的特殊采购规范的适用问题。例如，《经营性公路建设项目投资人招标投标管理规定》规定经营性公路投资人选择实行资格预审的，自资格预审文件开始发售之日起至潜在投标人提交资格预审申请文件截止之日止，不得少于30个工作日，编制投标文件的时间，自招标文件开始发售之日起至投标人提交投标文件截止之日止，不得少于45个工作日。在实践过程中应特别注意与《政府和社会资本合作项目政府采购管理办法》和《经营性公路建设项目投资人招标投标管理规定》规范冲突类似的情形，若符合特殊行业采购规范的适用情形的，建议适用特殊行业的采购规范。

项目采购阶段资料清单和责任部门（见下表）：

序号	文件名称	责任部门	法定时限	备注
1	项目非公开招标采购方式批准文件	项目实施机构/财政部门	无明确法定时限	对采用非公开招标采购方式的，应当按照规定办理采购方式批准。项目实施机构提出申请，由经设区的市级以上人民政府财政部门批准
2	确定采购代理机构	项目实施机构	无明确法定时限	项目实施机构根据项目采购特定确定委托专业采购代理机构
3	采购文件备案	项目实施机构/财政部门	项目采购前	采购文件需提交财政部门备案，备案包括资格预审文件和正式采购文件的备案
4	项目资格预审	项目实施机构	不得少于15个工作日	实践中应注意特定行业采购规范的特殊规定；财政部门负责资格预审程序的监督
5	项目采购	项目实施机构	采购方式不同而不同	不同采购方式的法定时限存在差异，实践中根据具体项目情况确定法定时限
6	项目资格预审结果备案	项目实施机构/财政部门	无明确法定时限	资格预审的评审报告应提交财政部门备案
7	项目合同签署	项目实施机构/社会资本	中标通知书发出后30日内	如需组建项目公司的，项目公司组建完成后，再由项目公司与项目实施机构签署合同
8	项目合同备案	项目实施机构/财政部门	无明确法定时限	项目实施机构签署的采购合同，应当提交财政部门进行备案

项目采购阶段操作流程（见下图）：

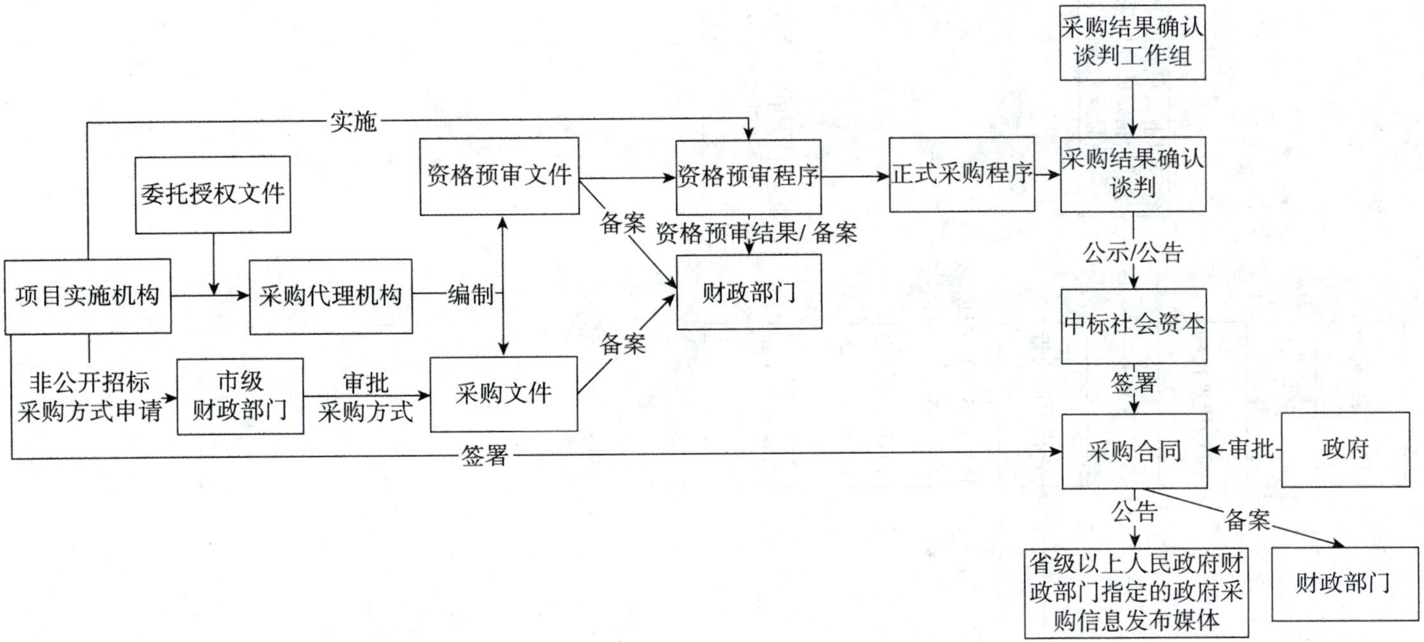

项目资格预审流程（见下图）：

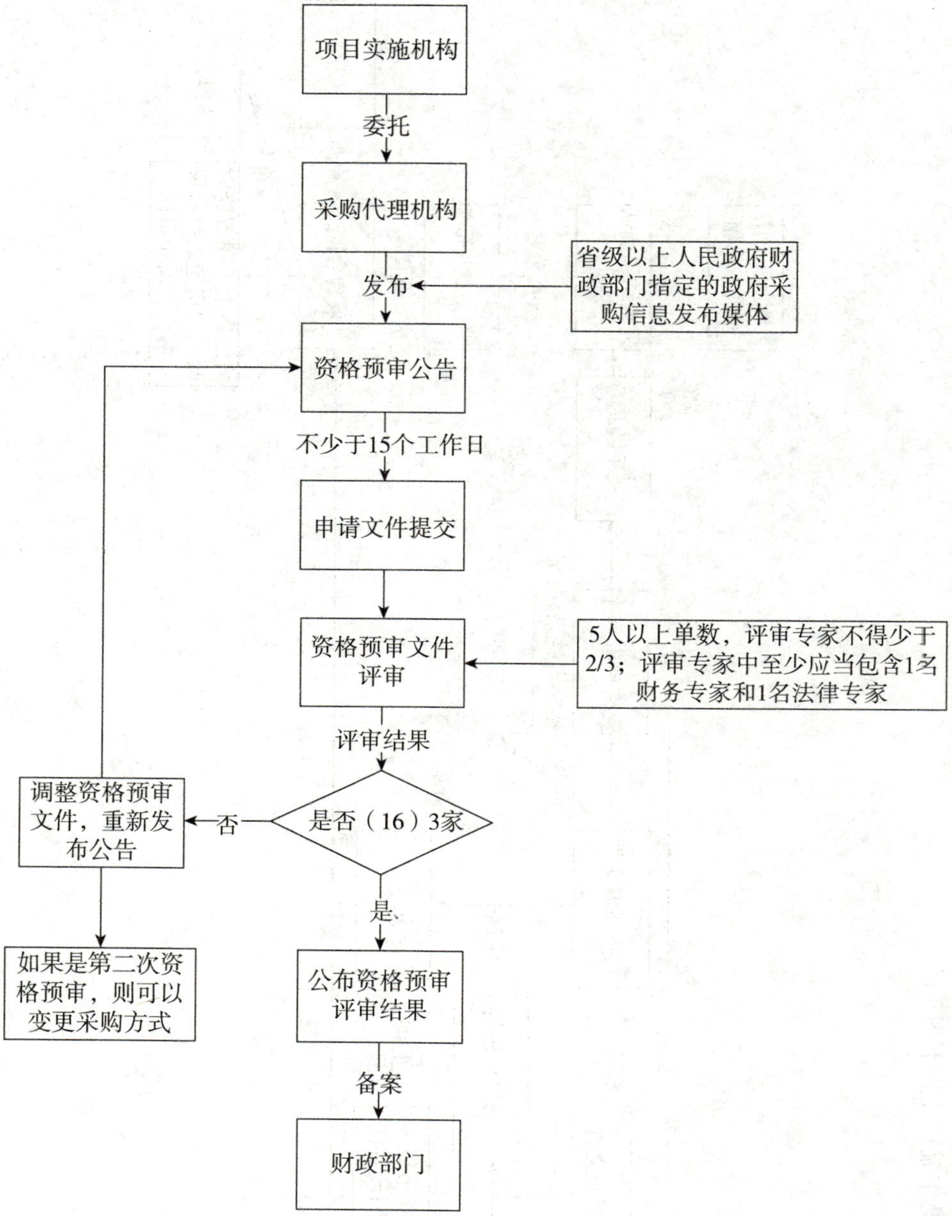

公开招标采购方式(见下图):

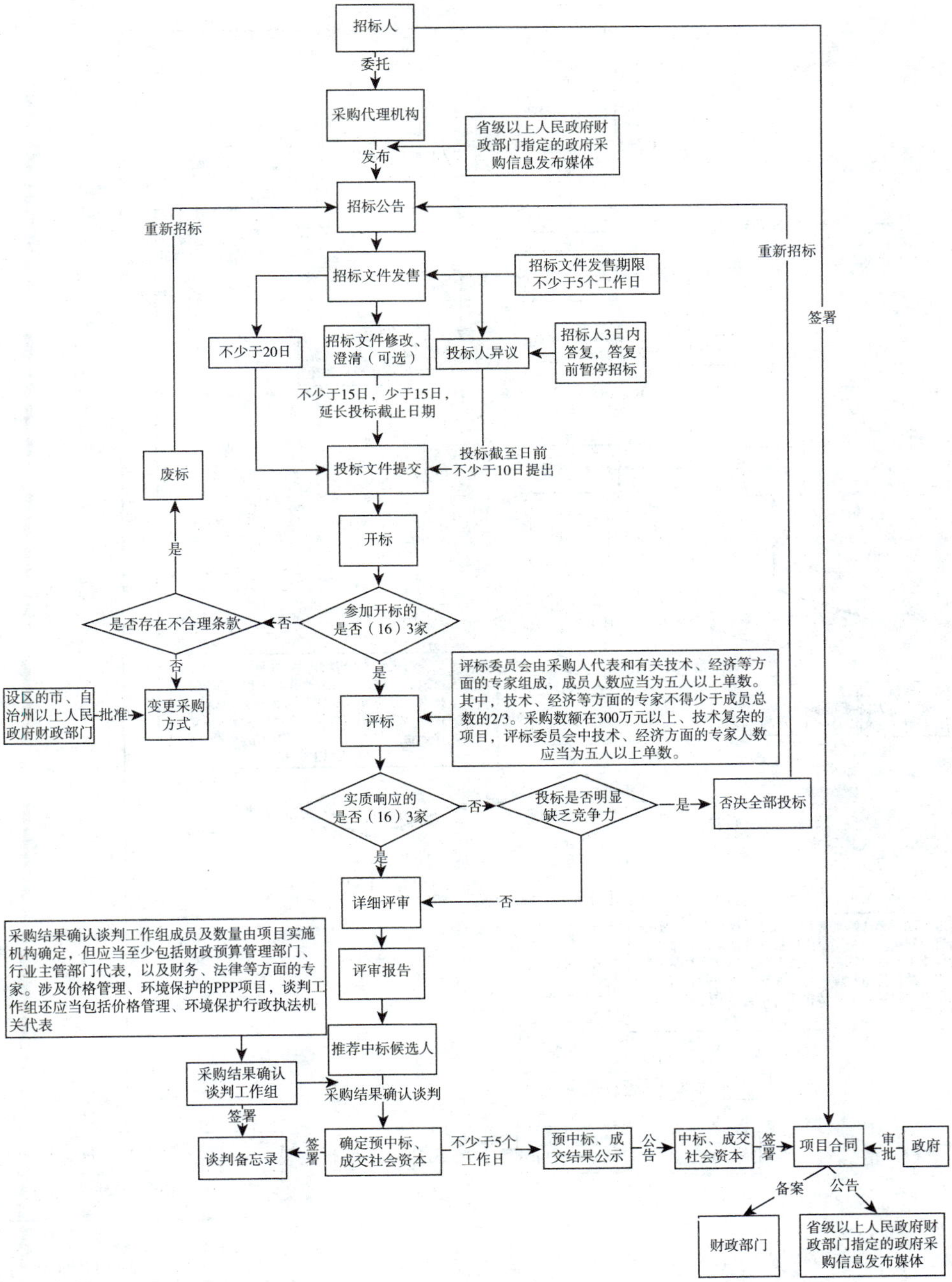

邀请招标采购方式（见下图）：

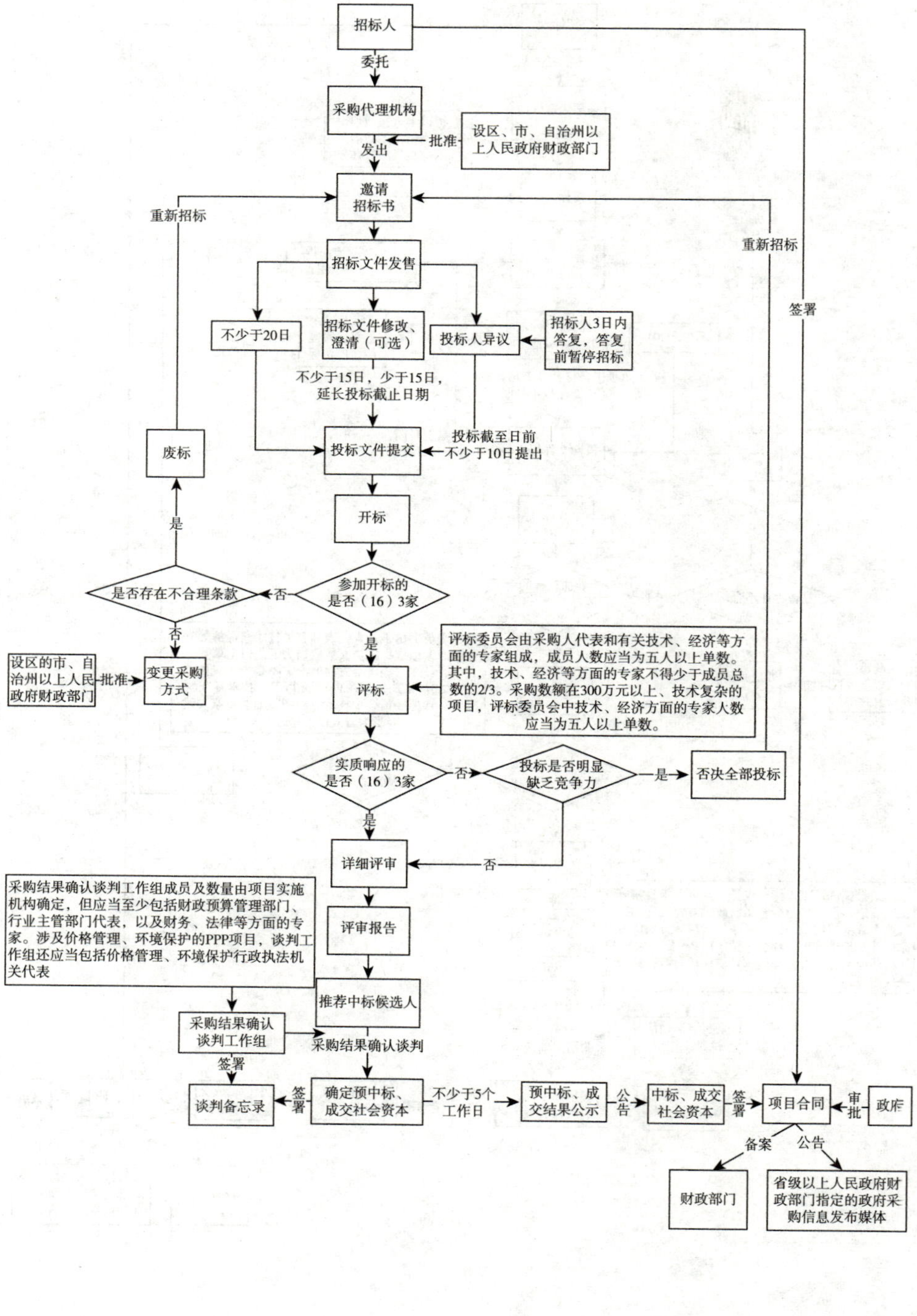

竞争性谈判采购方式(见下图)：

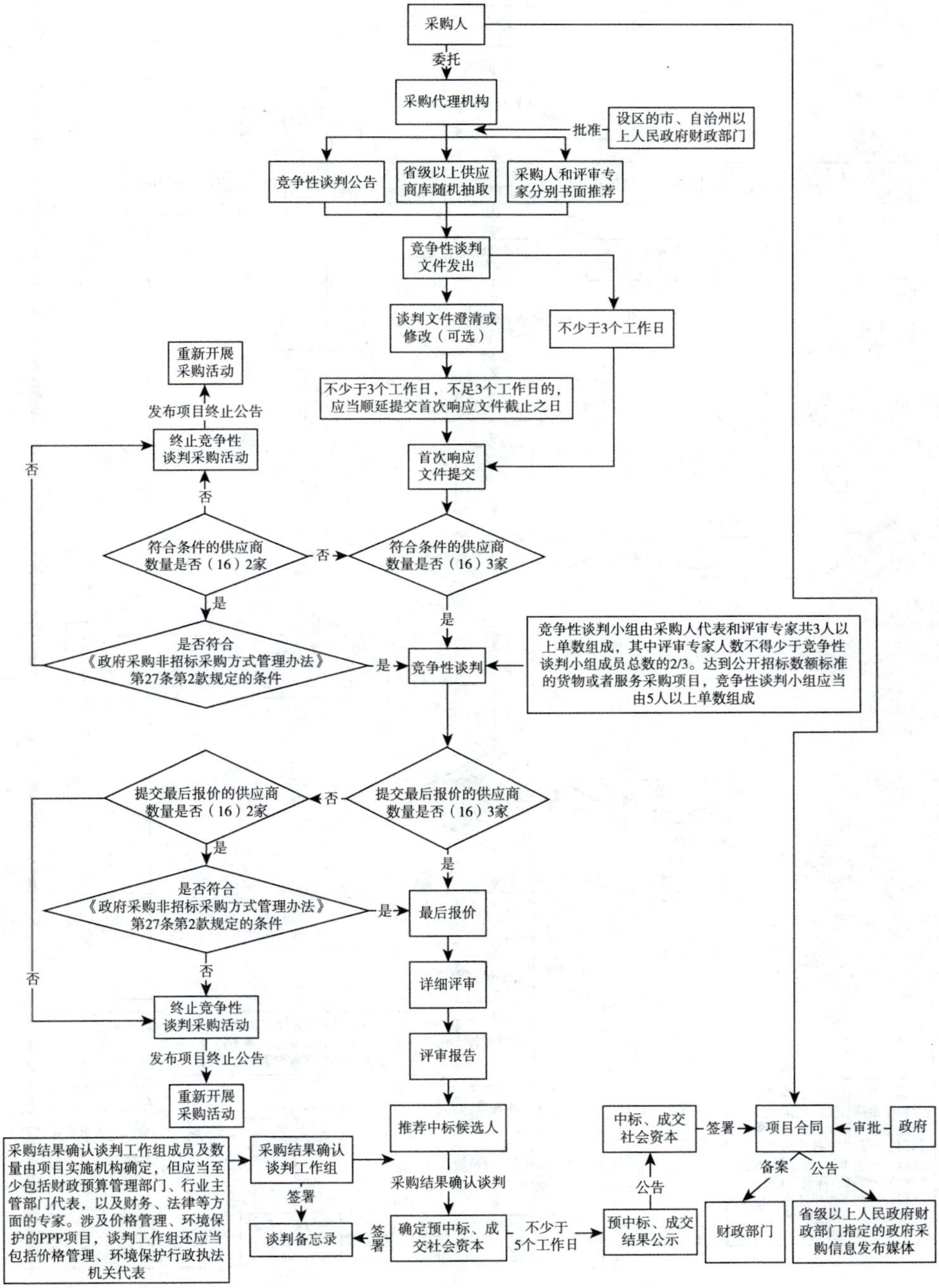

竞争性磋商采购方式(见下图):

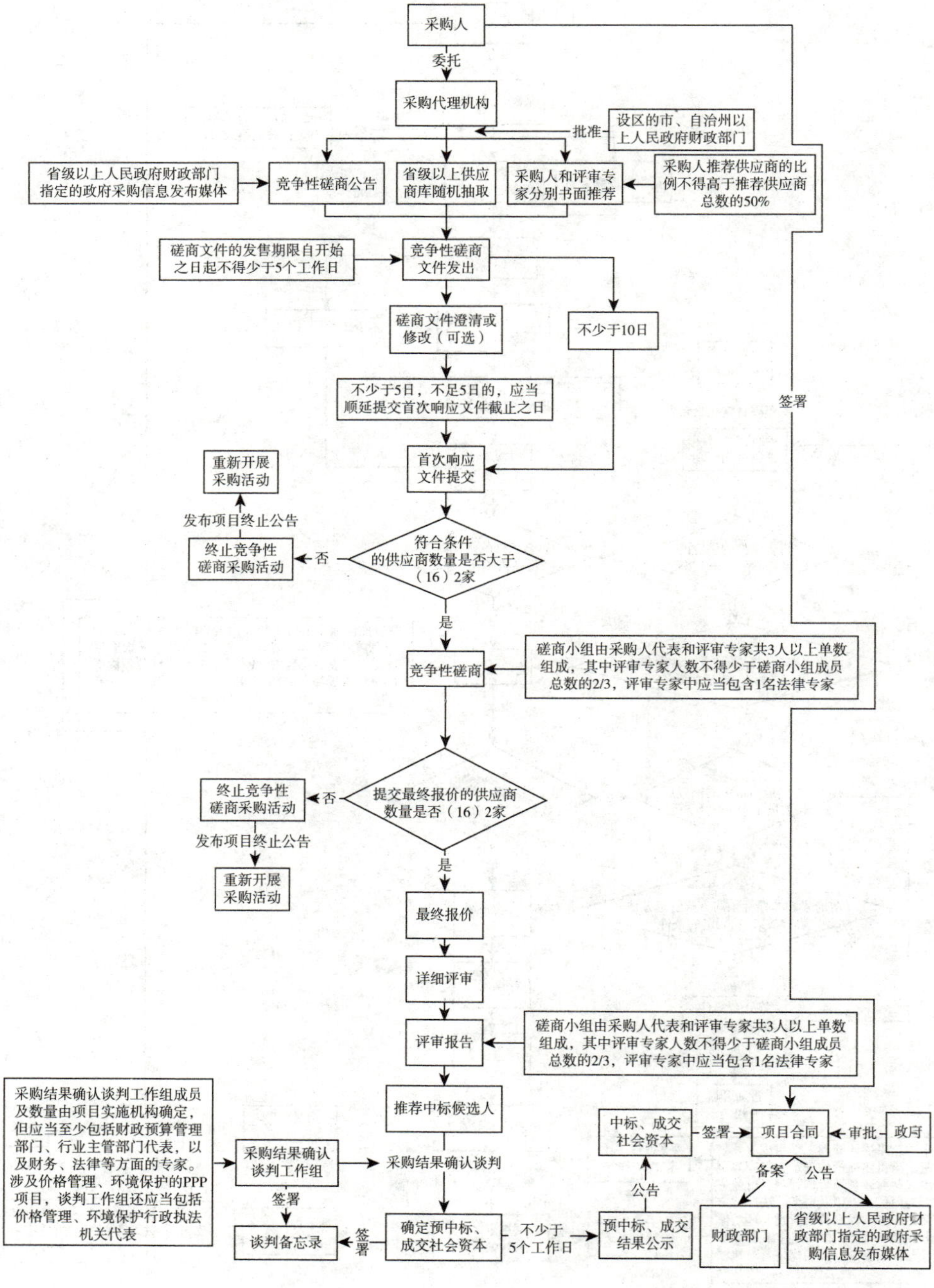

单一来源采购方式（见下图）：

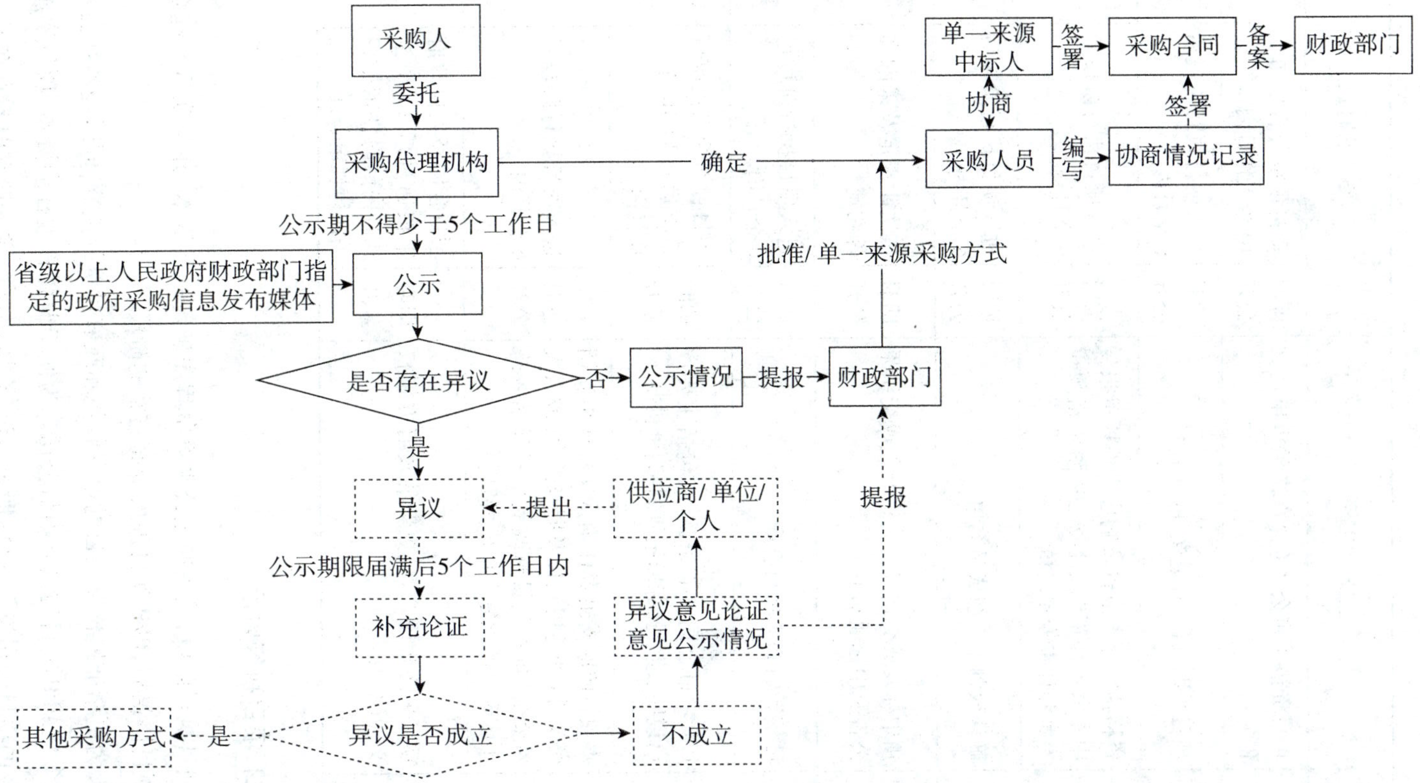

项目采购阶段信息公开相关要求(见下表):

项目阶段	公开内容	公开方式	公开的时点	信息提供方
项目采购	项目资格预审公告(含资格预审申请文件)	即时公开	资格预审公告发布后10个工作日内	实施机构
	项目采购文件、补遗文件(如有)	适时公开	进入项目执行阶段后6个月内	实施机构
	资格预审评审报告及响应文件评审报告中专家组评审结论性意见,附资格预审专家和评审专家名单	适时公开	进入项目执行阶段后6个月内	采购监管机构
	确认谈判工作组成员名单	适时公开	进入项目执行阶段后6个月内	实施机构
	预中标及成交结果公告;中标、成交结果公告及中标通知书	即时公开	依法律规定及采购文件约定	实施机构、采购监管机构
	已签署的PPP项目合同	适时公开	进入项目执行阶段后6个月内	实施机构
	PPP项目合同核心条款,应包括主要产出说明、绩效指标回报机制、调价机制	即时公开	项目合同经人民政府审核通过后10个工作日内	实施机构、项目公司
	本项目政府支出责任确认文件或更新调整文件(如适用),以及同级人大(或人大常委会)将本项目财政支出责任纳入跨年度预算的批复文件(如适用)	适时公开	进入项目执行阶段后6个月内	实施机构
	项目采购阶段调整、更新的政府方授权文件(如有)	即时公开	项目合同经人民政府审核通过后10个工作日内的附件依据相关法律规定公开	实施机构

四、项目执行阶段

项目执行阶段,是指通过公平竞争程序确定社会资本,并与项目实施机构签署PPP项目协议后,PPP项目进入全面实施的阶段。

1. 为更精准地核算项目的投资收益和政府付费的数额,同时隔离社会资本的风险,大多数PPP项目均设立项目公司。为便于监督管理社会资本,项目实施机构需对涉及的项目公司设立文件:股东协议(合资协议)(单一股东时不存在)、公司章程等进行审查，在采用信托计划、资管计划的情形下，项目实施机构需对信托计划、资管计划文件进行审查论证。项目公司组建完成后，一般由项目实施机构与项目公司就 PPP 项目的运作签署已签署的 PPP 项目协议的承继协议或临行签署 PPP 项目协议。对涉及项目特许经营权的设立、批准问题，按照政府职能部门的行政审批、行政许可方式进行办理，对项目公司授予项目的特许经营权。

2. 为开展项目的投资运营，项目公司或社会资本需负责项目融资，即项目公司涉及与金融机构签署一系列融资文件。项目实施机构需对项目公司或社会资本签署的融资协议进行监管，避免项目公司将项目债务转移政府，同时按照 PPP 项目协议的约定监督项目公司或社会资本落实项目融资。

3. 对新建、改扩建项目涉及建设内容，项目公司需按照法律规定选择具备资质的施工单位完成项目施工建设。若中标社会资本自身具备施工建设资质，法律规定的条件下，可直接具备资质的社会资本为施工单位，否则项目公司应以招标方式选择施工总承包单位，并由项目公司与施工单位签署施工总承包合同。

4. 项目建设过程中，项目实施机构与项目公司按照 PPP 项目协议的约定履行各自的义务，包括但不限于项目设计、工程施工监理单位选择、项目建设前期手续办理等，一般项目实施机构需协助项目公司完成项目建设前期手续的办理，同时项目实施机构监督或自行完成项目设计、工程监理单位的选择。在整个项目建设过程中，项目实施机构依据 PPP 项目协议监督项目工程建设实施情况，包括但不限于工程质量、进度等，特别是在社会资本参与项目建设的条件下，项目实施机构需着重关注社会资本作为股东和作为施工主体的利益冲突问题，确保项目实施机构对项目建设进度、工程变更、工程质量等方面拥有控制权限。工程建设除项目实施机构根据 PPP 项目协议享有的权限外，政府职能部门在职能范围内可以行使行政监督管理职权，保障项目建设的顺利进行，维护公众利益。

5. PPP 项目的建设投资、运维成本等因素的控制直接影响政府的付费支出或项目的投资收益精确核算。基于现有的政府投资建设规范体系，建议在 PPP 项目合作期限内，特别是 PPP 项目建设期间，引入政府审计机制，加强政府对 PPP 项目资金使用的控制力。首先，在建设期开始前，项目实施机构应尽可能地完善前期准备工作，工程建设投资占项目总投资的绝大部分的项目，项目采购程序开始前，项目实施机构最好能够完成项目施工图设计及施工图预算的审计，并以施工图审计结果作为采购依据之一。其次，在项目建设过程中，建议引入建设全过程跟踪审计，对项目建设过程中发生的设计变更进行审查，控制项目建设工程变更的范围，项目工程竣工后，应对项目建设投资进行竣工结算审计，建议在 PPP 项目协议和施工合同中约定以竣工结算审计结果作为核算项目投资收益水平的主要依据。实践中审计可安排政府审计部门或委托第三方专业机构负责。项目运营过程中,对项目运营状况,可要求项目公司提供审计报告,供项目实施机构参考决策。

6. 项目运营过程中,项目实施机构应根据PPP项目协议约定,对项目的运营维护进行监督考核,考察项目运营情况绩效指标完成情况,审核项目公司季报和年报。对涉及项目公共服务价格制定的,应坚持市场化因素确定服务价格,若提供的公共产品和服务属于政府定价或政府指导价范畴的,则项目公共产品服务价格的确定、调整和监督管理需配合价格管理部门、发展改革等部门进行管理。

7. 实践过程中,对政府付费类PPP项目,项目实施机构应注意运营期内每年支的政府支出的财政预算安排,包括年度财政预算的编制和长期预算规划的编制,实践中政府的支出责任一般设置为1次/年,因此建议结合项目实际情况和年度预算编制情况,由项目实施机构与预算编制单位沟通协作,保障项目政府付费的预算支出责任的安排,包括预算的编制和预算的审批。

8. 运营期内,社会资本或项目公司违反项目公司约定,威胁公共产品和服务持续稳定安全供给,或危及国家安全和重大公共利益的,项目实施机构有权临时接管PPP项目,临时接管所产生的一切费用,一般按照违约责任进行分配,即由违约方单独或违约各方进行分担。对于项目公司运营期内的违约责任和担保机制,建议政府通过设置违约金标准和履约保函的形式,简化运营期间纠纷解决程序,提高项目运营效率。同时为降低项目风险,建议项目购买保险。

9. 项目实施机构应注意按照PPP项目协议的约定每3~5年对项目进行中期评估,重点分析项目的运行状况和PPP项目协议的合规性、适应性和合理性,及时评估已发现的风险,制定应对措施,包括但不限于关注合同修订、违约责任和争议解决等条款内容。

10. 除项目实施机构按照PPP项目协议对项目进行监督管理以外,行业主管部门、相关职能部门有权根据国家相关法律法规对项目履行行政监管职责,重点关注公共产品和服务质量、安全生产、环境保护和劳动者权益等,涉及政府职能部门行政行为的争议,可以依法申请行政复议或提起行政诉讼。

项目采购阶段资料清单和责任部门(见下表):

序号	文件名称	责任部门	法定时限	备注
1	项目公司股东协议/公司章程	政府方出资代表/社会资本	无明确法定时限	项目实施机构对股东协议/公司章程的内容可以审查拟定,规范项目公司的治理机制

续表

序号	文件名称	责任部门	法定时限	备注
2	项目融资协议	项目公司/社会资本/项目实施机构	无明确法定时限	项目实施机构负责监督管理项目融资的进度和交易结构安排，审查项目融资结构安排的合理性，避免项目债务向政府方转移
3	PPP 项目协议	项目公司/社会资本/项目实施机构	无明确法定时限	项目实施机构需按照政府审查批准的 PPP 项目协议，与社会资本签署 PPP 项目协议，项目公司成立后，需与项目公司签署 PPP 协议，PPP 协议是项目执行阶段的核心，项目实施机构主要依据协议内容履行监督管理职责
4	项目特许经营权的授予	政府/行业主管部门/发展改革	无明确法定时限	对涉及项目特许经营权的设立、批准问题，按照政府职能部门的行政审批、行政许可方式进行办理，如经营性公路收费权的批准需根据《公路法》《收费公路管理条例》的规定由省级政府办理审批手续
5	项目价格管理	价格/发展改革	按照价格管理规定执行	项目涉及的公共产品或服务如执行政府定价或政府指导价，则项目价格的确定、调整和监督管理必须按照《价格法》的相关规定进行办理，项目价格管理职权由价格/发展改革部门负责，项目实施机构负责协调
6	项目运维绩效考核	项目实施机构/行业主管部门	无明确法定时限	项目实施机构按照 PPP 项目协议的约定对项目运营维护情况进行监督考核
7	项目建设管理监督	项目实施机构/行业主管部门	无明确法定时限	对新建、改扩建项目，按照 PPP 项目协议的权限划分，项目实施机构或行业主管部门负责对项目建设涉及事项进行监督管理，涉及政府投资项目建设的特殊监管的，按照政府投资项目建设程序规范履行
8	项目审计管理	审计部门	无明确法定时限	为控制项目投资、运营成本，政府可安排审计部门对项目建设、运营阶段进行审计，审计部门也可委托第三方专业机构负责审计
9	项目付费预算安排	项目实施机构/财政部门	一般不晚于年度预算编制日期	对涉及政府支出责任的项目，项目进入运营阶段，项目实施机构需配合财政部门编制项目付费年度预算和中长期财政预算规划，财政部门有权根据批准的物有所值评价对政府付费预算安排事项进行监督、核查
10	项目付费预算安排批准	人大/人大常委会	一般为年度预算批准期间	人大或人大常委会负责本行政区域范围内年度财政预算的批准执行，若属于预算调整的，则由人大常委会负责审批
11	政府职能部门行政监管	按照行政管理职权进行划分	遵照特定行政执法的规定执行	政府职能部门依据各自职能范围，对项目实行行政监督管理

PPP 项目合同体系结构(见下图):

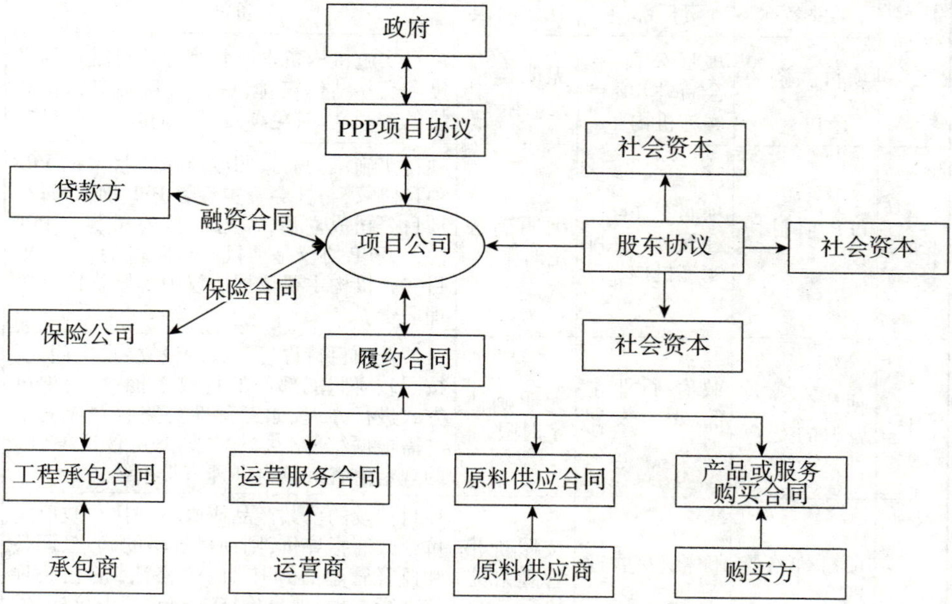

项目执行阶段信息公开相关要求(见下表):

项目所处阶段	公开内容	公开方式	公开的时点	信息提供方
项目执行	项目公司设立登记、股东认缴及实缴资本金情况、增减资(如适用)	即时公开	设立时及资本金到位后 10 个工作日内	项目公司
	融资额度、融资主要条件及融资交割情况	适时公开	对应事项确定或完成后次年的 4 月 30 日前	项目公司
	项目施工许可证、建设进度、质量及造价等与 PPP 项目合同的符合性审查情况	即时公开	依据 PPP 项目合同约定;如 PPP 项目合同未约定时,则在对应活动结束后次年的 4 月 30 日前予以公开	实施机构、项目公司
	社会资本或项目公司的年度运营情况及运营绩效达标情况	即时公开	依据 PPP 项目合同约定;如 PPP 项目合同未约定时,则在对应活动结束后次年的 4 月 30 日前予以公开	项目公司

续表

项目所处阶段	公开内容	公开方式	公开的时点	信息提供方
项目执行	项目公司绩效监测报告、中期评估报告、项目重大变更或终止情况、项目定价及历次调价情况	即时公开	依据 PPP 项目合同约定;如 PPP 项目合同未约定时,则在对应活动结束后次年的 4 月 30 日前予以公开	实施机构
	项目公司成本监审、所有的 PPP 合同修订协议或补充协议	适时公开	对应活动结束后次年的 4 月 30 日前	实施机构:项目公司
	项目公司财务报告相关内容,包括项目收费情况,项目获得的政府补贴情况,项目公司资产负债情况等	适时公开	对应活动结束后次年的 4 月 30 日前	项目公司
	重大违约及履约担保的提取情况,对公众投诉的处理情况等	即时公开	发生之日起 10 个工作日内	实施机构
	本级政府或其职能部门作出的对项目可能产生重大影响的规定、决定等	即时公开	规定及决定下发后 10 个工作日	实施机构
	项目或项目直接相关方重大纠纷、涉诉或涉仲情况	即时公开	除本办法另有规定外,发生后 10 个工作日内	项目公司
	本级 PPP 项目目录、本级 PPP 项目示范试点库及项目变化情况、本级人大批准的政府对 PPP 项目的财政预算、执行及决算情况等	即时公开	依法律规定(如有)公开或每季度公开	

五、项目移交阶段

1. 项目发生提前终止或合作期限届满,需要进行移交的,一般由行业主管部门、项目实施机构、财政部门以及移交接受单位共同制定移交方案,报政府批准。移交方案一般包括项目设施临时接管安排,项目设施移交违约责任,项目设施资产状况核查、项目移交履约担保、项目设施可使用年限等内容。根据 PPP 项目合作形式的不同,实践中移交形式也存在差异,一般可划分为资产移交、股权移交,也可划分为有偿移交和无偿移交。

多元化退出机制的选择,项目实施机构主要考虑退出过程中操作程序的难易程度和退出的成本,主要是退出过程中的税费问题。涉及有偿移交的,项目实施机构需根据 PPP 项目协议中约定补偿方案确定补偿数额,若没有约定或约定不明的,项目实施机构应按照“恢复相同经济地位”原则拟定补偿方案,并报政府审核同意。

2. 项目具体移交时，一般要求政府部门和项目公司/社会资本共同组建移交工作小组，移交工作组主要工作是对项目设施资产状况进行核查，进行性能测试、监督社会资本/项目公司在移交前的恢复性修理工作并达到预期使用状态。项目设施达到移交状态的，由项目公司/社会资本按照约定移交方式向政府指定主体办理移交手续。

3. 项目移交完成的，财政部门（PPP 中心）可会同行业主管部门对项目产出、成本效益、监管成效、可持续性、PPP 模式应用等进行绩效评价。

项目移交阶段资料清单和责任部门（见下表）：

序号	文件名称	责任部门	法定时限	备注
1	项目设施移交方案	项目实施机构/财政部门/项目公司	无明确法定时限	结合项目实际情况确定项目设施移交范围、移交标准，合理设置恢复性修理标准和移交履约担保机制，合理确定项目移交补偿标准
2	项目绩效考核	财政部门/行业主管部门	无明确法定时限	项目移交完成的，可结合项目产出、成本效益、监管成效、可持续性等因素进行绩效考核评价，为后续 PPP 项目实施提供参考

项目执行阶段信息公开相关要求（见下表）：

项目所处阶段	公开内容	公开方式	公开的时点	信息提供方
项目移交	移交工作组的组成、移交程序、移交标准等移交方案	即时公开	移交方案确定后 10 个工作日内	实施机构
	移交资产或设施或权益清单、移交资产或权益评估报告（如适用）、性能测试方案	即时公开	清单或报告定稿或测试完成后 10 个工作日内	实施机构
	移交项目资产或设施上各类担保或权益限制的解除情况（如适用）	即时公开	对应解除完成后 10 个工作日内	实施机构、项目公司
	项目设施移交标准达标检测结果	即时公开	达标检测结果出具后 10 个工作日内	实施机构
	项目后评价报告，以及项目后续运作方式	即时公开	后评估报告定稿或项目后续运作方式确定后 10 个工作日内	实施机构

第二章 Chapter 2 PPP 项目重要专题

第一节　PPP 项目立项问题

政府与社会资本合作(PPP)模式(以下简称 PPP 模式)无论从全球视野还是从我国历史实践来看,均非新生事物。早在 1994 年,当时的对外贸易经济合作部颁布了《对外贸易经济合作部关于以 BOT 方式吸收外商投资有关问题的通知》,此可视为政府与社会资本合作模式的部委先声。该通知第 1 条规定:"BOT 方式在一些方面有其特殊性,但仍要纳入我国现行的有关外商投资企业法律和审批体制。外商可以以合作、合资或独资的方式建立 BOT 项目公司(以下简称项目公司)。项目建议书和可行性研究报告批准后,外经贸部门按照现有利用外资的有关法律和审批程序对项目公司合同、章程进行审批。"到 2017 年,我国经济和社会发展水平有了飞跃式发展,城镇化进程步入新的阶段。然而,基础设施和公共服务领域水平地方差异巨大,地方债问题突出。在此背景下,党的十八届三中全会倡导政府进一步提升治理能力和管理水平,政府与社会资本合作模式被高调提出,并被寄予多重意义上的期望。

目前,PPP 条例初稿已经完成。在这个节点上,探讨 PPP 项目的立项问题恰逢其时。正如《对外贸易经济合作部关于以 BOT 方式吸收外商投资有关问题的通知》的规定,PPP 项目纵有其特殊性,却首先必须纳入我国投资法律法规体系以及建设法律体系中来,以及在现有的法治框架下,通过顶层设计给予其既与现有法律法规框架融洽又富有针对性的特别规制。本节意在论证 PPP 项目如何在现有投资报建法规下立项及其过程中可能出现的问题,并尝试给出笔者自己的意见与建议。

一、现行投资法律法规与 PPP 项目

(一)《国务院关于投资体制改革的决定》如何适用于 PPP 模式

针对 PPP 模式,我国目前尚未出台法律和行政法规进行统一的监管。往前回溯,本轮 PPP 热潮的掀起实属历史的逻辑发展之必然。自 1992 年以来,投资体制改革方案就被列入政府议事日程。时任国务院总理朱镕基同志就任之初,投资体制改革被列入其任期内的 5 项改革之一,并被列在第二位。2004 年,《国务院关于投

资体制改革的决定》(国发〔2004〕20 号)出台,被媒体誉为"十年磨一剑"的新政。《国务院关于投资体制改革的决定》意在促成投资主体多元化,鼓励民间资本投资,发挥市场的资源配置作用,克服计划经济的弊端,鼓励投资领域的更多创新。《国务院关于投资体制改革的决定》将政府的监管按照资金来源分为审批制、核准制、备案制。

《国务院关于投资体制改革的决定》第 2 条第 1 款规定:"……对于企业不使用政府投资建设的项目,一律不再实行审批制,区别不同情况实行核准制和备案制。其中,政府仅对重大项目和限制类项目从维护社会公共利益角度进行核准,其他项目无论规模大小,均改为备案制,项目的市场前景、经济效益、资金来源和产品技术方案等均由企业自主决策、自担风险,并依法办理环境保护、土地使用、资源利用、安全生产、城市规划等许可手续和减免税确认手续。对于企业使用政府补助、转贷、贴息投资建设的项目,政府只审批资金申请报告"。第 3 条第 3 款规定:"编制政府投资的中长期规划和年度计划,统筹安排、合理使用各类政府投资资金,包括预算内投资、各类专项建设基金、统借国外贷款等。政府投资资金按项目安排,根据资金来源、项目性质和调控需要,可分别采取直接投资、资本金注入、投资补助、转贷和贷款贴息等方式"。

《国务院办公厅关于加强和规范新开工项目管理的通知》(国办发〔2007〕64 号)对政府投资项目的前期审批程序作出了详细规定。"实行审批制的政府投资项目,项目单位应首先向发展改革委等项目审批部门报送项目建议书,依据项目建议书批复文件分别向城乡规划、国土资源和环境保护部门申请办理规划选址、用地预审和环境影响评价审批手续。完成相关手续后,项目单位根据项目论证情况向发展改革等项目审批部门报送可行性研究报告,并附规划选址、用地预审和环评审批文件。项目单位依据可行性研究报告批复文件向城乡规划部门申请办理规划许可手续,向国土资源部门申请办理正式用地手续。"

按照《国务院关于投资体制改革的决定》,PPP 项目是政府投资的,则需要审批;如果使用了政府补助、转贷、贴息投资的,政府只审批资金申请报告。2016 年,国家出台《企业投资项目核准和备案管理条例》,进一步规范政府对企业投资项目(是指企业在中国境内投资建设的固定资产投资项目)的核准和备案行为,主要体现在以下条款中:

第二条　本条例所称企业投资项目(以下简称项目),是指企业在中国境内投资建设的固定资产投资项目。

第三条　对关系国家安全、涉及全国重大生产力布局、战略性资源开发和重大公共利益等项目,实行核准管理。具体项目范围以及核准机关、核准权限依照政府核准的投资项目目录执行。政府核准的投资项目目录由国务院投资主管部门会同国务院有关部门提出，报国务院批准后实施，并适时调整。国务院另有规定的，依照其规定。

对前款规定以外的项目，实行备案管理。除国务院另有规定的，实行备案管理的项目按照属地原则备案，备案机关及其权限由省、自治区、直辖市和计划单列市人民政府规定。

虽然《国务院关于投资体制改革的决定》与《企业投资项目核准和备案管理条例》从项目的资金来源角度，本着“谁投资，谁决策，谁收益，谁承担风险”的原则，对项目适用审批、核准还是备案，做了较为细致的规定，但是，对于倡导政府与社会资本平等合作，利益共享，风险共担的 PPP 模式究竟应该采用审批制、核准制还是备案制，这两部法规可操作性并不强。在笔者的阅读经验里，有不止一位业界人士曾经在文章中提到过 PPP 项目在实践中，对于该采用审批制、核准制还是备案制的混乱状况。

《国家发展改革委关于开展政府和社会资本合作的指导意见》（发改投资〔2014〕2724 号）将 PPP 项目的操作模式分为经营性项目、准经营性项目和非经营性项目。经营性项目是指具有明确的收费基础，并且经营收费能够完全覆盖投资成本的项目，企业通过政府授予获得特许经营权；准经营性项目是指经营收费不足以覆盖投资成本，需政府补贴部分资金或资源的项目，政府授予企业特许经营权之外，还需要利用附加部分补贴或直接投资参股等措施才能保证企业参与合作获得合理经济利益；非经营性项目是指缺乏“使用者付费”基础、主要依靠“政府付费”回收投资成本的项目。根据以上描述，笔者认为非经营性项目由于是依靠政府付费收回成本，无疑属于使用政府资金的项目，应采用审批制；经营性项目与准经营性项目应如何适用《国务院关于投资体制改革的决定》与《企业投资项目核准和备案管理条例》呢？解决这个问题，我们需要厘清投向准经营性项目、经营性项目的资金的性质是政府投资还是企业投资。

虽然“政府投资”在地方性法规、部门文件、地方政府规章中出现频率不低，但是目前的法律、行政法规并未对其做出明确统一的定义。《国务院关于投资体制改革的决定》依然是判断在一个准经营性项目中，政府的何种资源补贴可归为政府投资效力最高的法规。《国务院关于投资体制改革的决定》规定，对于企业使用政府补助、转贷、贴息投资建设的项目，政府只审批资金申请报告。

对于经营性项目，其使用的是企业投资资金，按照《国务院关于投资体制改革的决定》，不适用审批制。可能会有人质疑，PPP 模式中，即使是经营性项目，其实质是政府在一定时间内让渡了收费的权利，因此应视为政府付费。笔者认为，这种观点显然未跟随和把握住自十八届三中全会以来，我国政府的重量级文件透露出的政策信号和动向。假如说《国务院关于投资体制改革的决定》是我国由全面的计划经济转向探索以市场机制拓展投资主体的“十年磨一剑”的举措，那么本轮 PPP 模式的提倡推广体现了国家治理层面的理念转变和治理方式实践上的战略转变。从 2004 年到本轮 PPP 热潮发起的 2014 年，经过了十年，2014 年可以类比认为是我国政府又一个“十年磨一剑”的战略过渡期的开始。在改革开放进入深水区、中国经济步入新常态的新时期，我们需要站在本轮 PPP 热潮透露的政府管理模式改革方向的新高度和角度去考察投资体制的改革。应当说，2013 年的《中共中央关于全面深化改革若干重大问题的决定》就已经为本轮 PPP 模式的推广埋下了最稳固的伏笔。

2013 年，十八届三中全会审议并通过的《中共中央关于全面深化改革若干重大问题的决定》，首次在中央文件中提出，推进国家治理体系和治理能力现代化，明确提出在未来经济发展中要发挥市场在资源配置中的决定性作用，并围绕坚持党的领导、人民当家做主、依法治国，有机统一深化政治体制改革。该决定被公认为是新时期指导中国改革的纲领性文件。北京大学的燕继荣教授认为原来政府更多强调管理，现在更强调治理这个新概念，原来是讲加强政府的监管、管控，但现在强调是加强国家的治理能力。治理的概念实际上包含共管共治的含义，是政府和非政府组织共同来管理社会，是共管共治的概念，实际上是政府、社会和企业共同合作、共管共治。① 笔者赞同燕教授的这一观点。PPP 模式通过政府方与社会资本方的契约关系，依赖社会资本方的资本、技术和运营能力，实现公共利益的效率提升和最大化。PPP 模式长达数十年的契约关系对政府的治理能力提出了前所未有的挑战。政府财政、招标过程、决策过程需要透明，政府需要遵守契约，需要用自身的高效率和利好政策以及信誉吸引社会资本投资、运营。PPP 模式的这些特征无不恰好符合了十八届三中全会首次提出的“推进国家治理体系和治理能力现代化”的命题。

国办发〔2015〕42 号文直接点明 PPP 之于“推进国家治理体系和治理能力现代化”的重要意义。其规定：“政府和社会资本合作模式是公共服务供给机制的重大创新……有助于解决政府职能错位、越位和缺位的问题，深化投融资体制改革，推进国家治理体系和治理能力现代化。”2016 年，《关于深化投融资体制改革的意见》正式公布实施，这是改革开放 30 多年来以中共中央文件名义发布的第一个投融资体制改革方面的文件，意义重大。文件明确规定：“政府投资资金……以非经营性项目为主，原则上不支持经营性项目。建立政府投资范围定期评估调整机制，不断

① http://politics.people.com.cn/n/2013/1113/c70731－23528046.html，2017 年 9 月 10 日访问。

优化投资方向和结构,提高投资效率”。国家发展改革委副主任张勇曾对媒体这样阐释文件的精神:“政府不再审批,这是我们努力的方向……在数量上大幅度减少,去年一共核准了 50 个项目,今年有可能还要减半再减半,这样更多地把决策权交给市场,下放给地方。”[①]对于非政府投资的项目不再审批不代表放弃监管,而是意在增强民间资本的活力,以此探索如何提升政府治理能力。因此,依照国家最重要的文件精神来看,笔者认为经营性项目显然不属于政府投资,不应适用审批制。

不适用审批制,如何推进政府治理呢? PPP 项目都是涉及公共利益的,政府与社会资本的合作带有民法意义上的意思自治,因此,社会资本才有创新的空间;然而,在政府与社会资本的合作中,一定有公共利益与社会资本追求自身利益最大化的博弈,因此,政府不能完全放弃公权力,必须对项目从识别、准备阶段至社会资本的运营全程进行监管。实践中,经营性项目往往采取特许经营方式。特许经营方式有如下特征(包含但不限于):(1)特许经营领域由于其关涉公共利益并具有自然垄断性质,实行市场准入制度,政府严格审查申请的企业的资质和条件;(2)特许经营者的权利和义务具有一体性,既不能越权也不随意中止,且运营过程中接受政府的严格监管考核;(3)特许经营权的转让受到严格限制,不得任意处分。[②] 经营性项目中,资金来自于企业并非政府,政府在经营性项目中的角色并不是投资人的角色,而是投资人和服务商的挑选者、管理者、合作者的多重角色。部委文件尽管不乏要建立联合审批机制的呼声,然而由于上位法的缺乏,目前的 PPP 项目立项实践较为混乱低效。笔者认为,正如十八届三中全会会议精神所言,推进国家治理体系和治理能力现代化,明确提出在未来经济发展中要发挥市场在资源配置中的决定性作用,并围绕坚持党的领导、人民当家做主、依法治国有机统一深化政治体制改革,跳出现有的投资法规,与时俱进,制定 PPP 上位法,切实解决目前 PPP 模式实践中的种种乱象,本身就是一举数得。PPP 模式的落地开花,依法有序进行,必然依赖着立法的完善,贯穿着国家治理能力从地方到中央的提升的过程。

在准经营性项目中,政府需要补贴部分资金或资源,形式多样,包括土地划拨、投资入股、投资补助、优惠贷款、贷款贴息、放弃分红权、授予项目相关开发收益权等。根据《国务院关于投资体制改革的决定》的规定,准经营性项目中,政府以投资补助、贷款贴息给予补贴资源的,可以考虑只审批资金申请报告。投资入股形式的补贴其实质依然是直接投资,因而可以考虑采用审批制;优惠贷款可以参考贷款贴

① 《政府投资要“补短板”不与民间投资争市场——国家发展改革委副主任张勇解读〈关于深化投融资体制改革的意见〉》,中国经贸导刊高层论坛,2016 年 8 月下,第 12 页。

② 李亢:《PPP 的法律规制——以基础设施特许经营为中心》,法律出版社 2017 年版,第 116 ~ 117 页。

息只审批资金申请报告。放弃分红权实质可视为一种变相的补助,也可考虑只审批资金申请报告。而采取土地划拨、授予项目相关开发收益权这两种方式,牵涉土地政策与物权,希冀于PPP上位法的融洽解决。

(二)财政部、发改委对于PPP项目投资立项的不同态度

财政部与发改委对PPP模式的管理权争夺是一直存在的,作为不同的职能部门,其制定文件的出发点不同,这在PPP项目立项中也有体现。2016年6月,财政部《第三批示范项目评审标准》对PPP项目实施程序是否合规提出了要求。根据该标准,新建项目未按规定程序完成可行性研究、立项等项目前期工作的将不再列为备选项目。这直接导致实践中有不少PPP项目比照政府投资项目申请立项。

值得注意的是,2016年8月10日,国家发展改革委办公厅颁布《关于国家高速公路网新建政府和社会资本合作项目批复方式的通知》(发改办基础〔2016〕1318号)。该通知规定对于政府以投资补助方式参与的国家高速公路采用核准制,这是对《国务院关于投资体制改革的决定》中审批制度的突破。按照《国务院关于投资体制改革的决定》,对于企业使用政府补助、转贷、贴息投资建设的项目,政府只审批资金申请报告。按照《关于国家高速公路网新建政府和社会资本合作项目批复方式的通知》,"政府采用投资补助方式参与的国家高速公路网新建PPP项目按照核准制管理。政府采用资本金注入方式参与的国家高速公路网新建PPP项目仍按照审批制管理,直接报批可行性研究报告"。对于发改委1818号文对审批制的这个突破,业界不乏商榷质疑之声。笔者认为,作为投资项目立项主管部门以及BOT模式试水的先导部门,发改委的文件释放的信号值得重视。

二、PPP项目立项的时间节点

考察PPP项目的立项问题,一定不能忽略PPP项目的特殊性。无论是财政部还是发改委,都要求对PPP项目做前期在财政承受能力与物有所值方面的评估论证。《政府和社会资本合作模式操作指南(试行)》第9条第2款规定:"通过物有所值评价和财政承受能力论证的项目,可进行项目准备。"第12条规定:"财政部门(政府和社会资本合作中心)应对项目实施方案进行物有所值和财政承受能力验证,通过验证的,由项目实施机构报政府审核;未通过验证的,可在实施方案调整后重新验证;经重新验证仍不能通过的,不再采用政府和社会资本合作模式。"《国家发展改革委关于开展政府和社会资本合作的指导意见》(发改投资〔2014〕2724号)规定:"为提高工作效率,可会同相关部门建立PPP项目的联审机制,从项目建设的必要性及合规性、PPP模式的适用性、财政承受能力以及价格的合理性等方面,对项

目实施方案进行可行性评估，确保‘物有所值’。审查结果作为项目决策的重要依据”。在项目识别阶段，政府或社会资本方都可发起PPP项目，新建、改建项目应提交可行性研究报告、项目产出说明和初步实施方案；存量项目应提交存量公共资产的历史资料、项目产出说明和初步实施方案。项目实施方案的通过与验证对PPP项目至关重要。识别和准备阶段通不过，一个PPP项目计划就将流产。必须要注意的是，PPP项目在识别阶段要求提交给财政部门的可行性研究报告同时也是投资项目的审批程序中，要提交给发改部门审批的文件。实践中，有些地方财政部门和发改部门会对可行性研究重复审批。而事实上，这种重复审批是程序的拖沓冗余，因为财政部门是无权也无能力审批可行性研究报告的。项目可行性研究报告的审批是发改部门的职责和权力。还有些PPP项目，在发改部门未审批可行性研究报告前，就已经进入采购阶段，这不仅是不合规操作，且为项目埋下了重大风险隐患。

立项是由项目公司作为立项主体还是由实施机构作为立项主体？应在PPP操作流程的哪个阶段完成？实践中操作程序的不同既反映合同双方的纠结，也反映了PPP立法的缺陷和缺位。

笔者结合财政部示范项目的部分案例的实施方案，发现有的项目实施方案明确该项目由采购之后组成的项目公司完成立项手续，有的在编写实施方案时已经完成了立项的相关批复。比如下面的三个示范案例。

1. 北京市房山区琉璃河湿地公园PPP项目（2015年7月）实施方案中写道：“目前本项目已完成前期相关工作，拟通过政府采购流程选择社会资本，由中标的社会资本全资设立项目公司。项目公司作为本项目的实施主体，完成本项目立项等相关手续，并开展后续相关工作……为落实会议精神，加快推进本项目进度，在部分完成项目前期相关工作的基础上，建议区政府同意由中标的社会资本全资设立的项目公司作为本项目的立项主体，完成本项目一系列相关手续的报批工作，并据此开展后续工程投资、建设、运营维护工作。”通过该段文字，我们可以得出，递交实施方案时，该项目尚未立项，该项目拟将项目公司作为立项主体，项目公司是项目进入采购阶段之后才组建的，那么该项目的立项显然是在项目识别和准备阶段之后完成的。

2. 涿州市南水北调地表水厂及配套管网项目PPP（2015年10月）实施方案中写道：“本项目已经完成规划选址、环境影响评价及报批、立项及可研报批等，且由政府方负责项目场地的征地拆迁等工作。工程建设其他费用指包括但不限于规划选址、环境影响评价及报批、立项及可研报批、测勘、初步设计及审查、施工图审查、工程量清单控制价编制、临时征地、房屋拆迁、拆迁电力电讯、拆迁泵站等工作的费用以及建设单位管理费、前期工作咨询费、勘察设计费、劳动安全卫生评审费等其他费用。”该段文字显示该项目在项目准备阶段已经由实施机构完成了立项手续。

3. 晋中市餐厨废弃物处理 PPP 项目(2016 年 5 月)实施方案中写道:“项目《可研》和《环评》已编制完成。待项目经过招标成立股份公司后,项目立项等手续就可以办理,《可研》、《环评》即可进行批复……”该段文字显示在项目准备阶段,该项目尚未申请立项,只是完成了可行性研究报告和环评报告的编制。

实践中,有的社会资本方可能先和政府方签了合作协议,甚至编写好了实施方案,然而项目却未向发改部门申请立项,这样的项目打个比方像个黑户,可能随时中止。如果项目已经推进到了采购阶段,政府方与社会资本方已成立项目公司,并签订合同,结果发改部门没有给立项批复,那么项目前期工作白做了不说,负责申请批复的一方还将面临违约问题。可能也正是出于这个角度的考虑,财政部《关于组织开展第三批政府和社会资本合作示范项目申报筛选工作的通知》附件 1《PPP 示范项目评审标准》从合规的角度出发,要求新建项目按规定程序完成可行性研究、立项等项目前期工作的,才可成为备选项目。2016 年 10 月,发改委印发《传统基础设施领域实施政府和社会资本合作项目工作导则》第 10 条规定:“可行性研究报告审批后,实施机构根据经批准的可行性研究报告有关要求,完善并确定 PPP 项目实施方案。”即项目应当先经过可行性报告审批后,再提交实施方案,由有关政府部门审核验证通过实施方案,且从该段规定我们也可以得出,项目的立项主体应是实施机构。发改委的该导则与财政部的《第三批示范项目评审标准》可以说在 PPP 项目立项节点的问题上,显示出了一致的倾向。笔者在这个问题上,认为 PPP 项目实施机构应是项目的立项主体,并且建议应最迟在识别阶段完成项目的立项。

三、PPP 项目的立项报建流程

(一)审批制

上文已经对当下的投资体制如何适用 PPP 项目展开论述探讨,并对完成立项的节点给出了建议,为了便于读者更清晰地了解 PPP 项目立项问题,下文将尝试专门梳理 PPP 项目的立项流程。本节第一部分探讨了《国务院关于投资体制改革的决定》如何适用于 PPP 模式。将一个 PPP 项目归类于政府投资还是企业投资,将直接决定该项目的立项和报建流程。《国务院办公厅关于加强和规范新开工项目管理的通知》(国办发〔2007〕64 号)按照审批制、核准制和备案制对建设单位开工规定了不同的程序。由于财政部《第三批示范项目评审标准》规定,“有下列情形之一的,不再列为备选项目:1.【规划立项】……新建项目未按规定程序完成可行性研究、立项等项目前期工作的”,实践中一些 PPP 项目是参照政府投资项目的立项报建的。

根据《关于加强和规范新开工项目管理的通知》(国办发〔2007〕64 号)的规定,对于适用审批制的新建项目来说,项目建议书首先要得到发改部门的批准。项目单位依据项目建议书批复,开展可行性研究,并按照规定向城乡规划、国土资源、环境保护等部门申请办理规划选址、用地预审、环境影响评价等审批手续。

可行性研究报告编制完成后,项目单位报送项目审批部门审批,应当附上:城乡规划行政主管部门出具的规划选址意见书、国土资源行政主管部门出具的用地预审意见、环境保护行政主管部门出具的环境影响评价审批文件、项目的节能评估报告书、节能评估报告表或节能登记表、根据有关法规应当提交的其他文件。

政府采用直接投资和资本金注入方式投资的,从投资决策角度只审批项目建议书和可行性研究报告,除特殊情况外不再审批开工报告;采用投资补助、转贷和贷款贴息方式的,只审批资金申请报告。

可行性研究报告得到批复之后,项目单位拿到用地审批、初步设计审批与施工图审批之后,才可以建设开工。

(二)核准制

如果项目适用核准制,根据《关于加强和规范新开工项目管理的通知》的规定,实行核准制的企业投资项目,项目单位分别向城乡规划、国土资源和环境保护部门申请办理规划选址、用地预审和环评审批手续。完成相关手续后,项目单位向发展改革等项目核准部门报送项目申请报告,并附规划选址、用地预审和环评审批文件。项目单位依据项目核准文件向城乡规划部门申请办理规划许可手续,向国土资源部门申请办理正式用地手续。

(三)备案制

实行备案制的企业投资项目,项目单位必须先向发展改革等备案管理部门办理备案手续,备案后,分别向城乡规划、国土资源和环境保护部门申请办理规划选址、用地和环评审批手续。

四、小结

好的开始意味着成功了一半。PPP 立项的合规性直接决定了该项目能否健康继续,合同双方是否可以维持彼此共赢的伙伴关系,同时因为 PPP 项目的公益性,其又必然牵动着公共利益。因此,该问题的重要性毋庸置疑。总体来说,PPP 项目的立项之所以程序不够清晰,可能产生法律风险,主要原因可以归结为两点:一是管理机构上,牵涉发改、财政等多个部门,部门之间职责界限存在职能重叠、缺失等问题,PPP 项目审批流程需整合精简;二是法律指引上,缺乏上位法的统一明确规制。我们期盼 PPP 上位法尽快出台,期待看到公私共赢的合作为步入新常态的中国经济带来更高的效率,实现公共利益的最大化。

第二节 PPP 模式下土地储备的是与非

近日,财政部和国土资源部联合发布的《地方政府土地储备专项债券管理办法(试行)》(财预〔2017〕62 号)以及财政部下发的《关于坚决制止地方以政府购买服务名义违法违规融资的通知》(财预〔2017〕87 号)等政策,引发了关于土地储备问题的讨论。为进一步厘清新政策下土地储备的运作模式,本节将结合土地储备领域的相关政策,分析土地储备的规范操作要求,并在此基础上分析土地储备中政府购买服务和 PPP 模式的应用问题。

一、关于土地储备机构的理解

土地储备,是指地方政府为调控土地市场、促进土地资源合理利用,依法取得土地,进行前期开发、储存以备供应的行为。土地储备的主要内容包括土地供应前的土地开发行为和土地储存行为。实施土地储备行为的土地储备机构,按照《财政部、国土资源部、中国人民银行、银监会关于规范土地储备和资金管理等相关问题的通知》(财综〔2016〕4 号)的规定,是指纳入土地储备名录管理的公益一类事业单位,而且该通知强调土地储备工作只能由纳入名录管理的土地储备机构承担,各类城投公司等其他机构一律不得从事土地储备工作。

土地储备包括土地前期开发和储存两个行为,强调土地储备工作只能由纳入名录的土地储备机构开展,应理解为仅土地储备机构方能开展土地储备的储备工作,并非限制土地储备中的前期开发行为的具体实施主体。理由是限制土地储备机构性质和数量可以有效控制地方政府土地的收储工作,进而控制政府债务规模和政府举债融资的形式,规范政府举债融资行为。《财政部、发展改革委、司法部等关于进一步规范地方政府举债融资行为的通知》(财预〔2017〕50 号)规定,“地方政府不得将公益性资产、储备土地注入融资平台公司,不得承诺将储备土地预期出让收入作为融资平台公司偿债资金来源”等内容可作为前述解释的佐证。基于土地储备机构的限制约束主要集中于土地储存工作的解释,有必要进一步讨论土地储备前期开发行为的运作模式。

二、土地储备与政府购买服务

土地储备的工作内容,规范层面并明确规定。根据财政部和国土资源部联合制定的《土地储备资金财务管理暂行办法》(财综〔2007〕17 号)和《财政部、国土资源部、中国人民银行、银监会关于规范土地储备和资金管理等相关问题的通知》(财综〔2016〕4 号)关于土地储备资金使用范围的规定,可推知土地储备工作可大致划分为两类:一是土地的征收、拆迁、收购补偿、拆迁安置等工作;二是土地前期开发工作,包括土地储备相关的道路、供水、供电、供气、排水、通信、照明、绿化、土地平整等基础设施建设。

根据《财政部关于坚决制止地方以政府购买服务名义违法违规融资的通知》(财预〔2017〕87 号)的规定,政府购买服务只适用于政府职责范围内适合采取市场化方式提供的公共服务事项,严禁将土地储备前期开发作为政府购买服务项目实施运作,即涉及建设工程无法采用政府购买服务模式。但土地储备中的征收、拆迁、收购补偿和拆迁安置等服务事项,属于《财政部、国土资源部、中国人民银行、银监会关于规范土地储备和资金管理等相关问题的通知》(财综〔2016〕4 号)鼓励政府购买服务适用的领域,因此政府购买服务可以适用于征收、拆迁、补偿安置等土地储备开发的公共服务类型工作,但不能适用于土地储备前期开发等建设工作。

三、土地储备与 PPP 模式

与政府购买服务模式相关联的是近年推广的 PPP 模式。实践中,存在社会资本利用 PPP 模式参与土地收储和前期开发等工作,也存在社会资本通过 PPP 项目承担土地储备相关费用的情形。相关实践操作在法律规范及政策层面的合法、合规性常引发争议,下面将结合土地储备相关政策,从三个方面分析土地储备与 PPP 模式的关系。

首先是 PPP 项目主体或其他社会资本不得作为项目主体参与土地收储工作的理解。《财政部、教育部、科技部等关于联合公布第三批政府和社会资本合作示范项目加快推动示范项目建设的通知》(财金〔2016〕91 号)规定,“PPP 项目主体或其他社会资本……不得作为项目主体参与土地收储和前期开发等工作,不得借未供应的土地进行融资;PPP 项目的资金来源与未来收益及清偿责任,不得与土地出让收入挂钩”。前述分析已提及土地储备机构必须是纳入名录的公益事业单位,且限定土地储备机构性质的主要目的是控制土地的收储,因此,PPP 项目主体或其他社会资本不参与土地收储工作在实践中不存在争议。至于“PPP 项目主体或其他社会资本不得作为项目主体参与土地储备前期开发工作”,笔者认为应将“PPP 项目主体或其他社会资本”限定理解为具体投资建设的 PPP 项目的投资主体，即通过政府采购等程序成为 PPP 项目主体或其他社会资本参与项目的，不得自动成为项目范围内的土地前期开发的实施主体，而不属于一般意义上泛指的社会资本，即限制“PPP 项目主体或其他社会资本作为项目主体参与土地储备前期开发工作”的主要目的是防止 PPP 项目投资主体违规取得项目土地权益。

其次是土地储备前期开发工作适用 PPP 模式的可行性分析。《财政部、国土资源部、中国人民银行、银监会关于规范土地储备和资金管理等相关问题的通知》（财综〔2016〕4 号）规定，土地储备机构应当探索通过政府采购实施土地储备前期开发工作，即通过政府采购实施与土地储备相关的基础设施建设。考虑到 PPP 模式采购也属于政府采购模式的一种，土地储备机构作为事业单位可以作为 PPP 模式的实施单位，而且《财政部关于在公共服务领域深入推进政府和社会资本合作工作的通知》（财金〔2016〕90 号）规定，在符合政策方向和相关规定的前提下，可将政府性基金预算统筹用于支持 PPP 项目，在选定的土地储备前期开发项目符合 PPP 模式基本特征的前提下，似乎可以采用 PPP 模式实施土地储备前期开发工作。

应予注意的是，根据《国务院办公厅关于规范国有土地使用权出让收支管理的通知》（国办发〔2006〕100 号）的规定，土地储备实行成本核算制度，进而《土地储备资金会计核算办法（试行）》（财会〔2008〕10 号）第 7 条第 1 款规定：“土地储备资金的会计核算应当以实际发生的业务为依据，如实反映土地储备资金的收支情况和土地储备项目的成本信息。”虽然土地储备的成本包括“征收、收购、优先购买或收回土地需要支付的银行及其他金融机构贷款利息支出”，但也很难将此规定扩张解释为土地储备前期开发工作可获得的合理利润，因此，在土地储备现有的成本核算体系下，采用 PPP 模式进行土地开发，无法列支社会资本参与 PPP 项目所追求的合理利润，即土地储备前期开发工作无法采用 PPP 模式进行实施，采用 PPP 模式进行土地储备前期开发的属违规行为。

最后是 PPP 项目将土地征收、拆迁等费用纳入 PPP 项目总投资，笔者认为类似操作存在被认定为政府部门违规举债融资的法律风险。将 PPP 项目相关土地地块，甚至将与 PPP 项目无关地块的征收、拆迁等费用纳入 PPP 项目总投资，一般由社会资本通过项目公司筹集资金，并将相关资金一次性支付给政府部门用于土地征收、拆迁，而项目公司的支出计入项目总投资作为核算项目公司或社会资本投资收益的依据，即通过 PPP 项目运营收益或政府补贴收回土地征收、拆迁费用的成本及相关收益。笔者认为，类似实践操作中 PPP 项目的社会资本或项目公司并未实际参与土地的征收、拆迁工作，且前述分析明确 PPP 项目的社会资本或项目公司直接参与土地储备不具备合规性，实质上社会资本或项目公司仅提供了土地储备相关费用的融资服务，土地征收、拆迁涉及的费用成为政府未来核算 PPP 项目收益的重要因素之一，无论 PPP 项目的收益回报机制（包括政府付费、政府可用性缺口补贴或者使用者付费）如何设计，政府部门实质上均对社会资本或项目公司提供的土地征收、拆迁费用均提供了“偿还安排”。

此外，根据《财政部、国土资源部、中国人民银行、银监会关于规范土地储备和资金管理等相关问题的通知》（财综〔2016〕4 号）的规定，土地储备资金筹集渠道具有明确限制，主要资金来源渠道包括：（1）财政部门从已供应储备土地产生的土地出让收入中安排给土地储备机构的征地和拆迁补偿费用、土地开发费用等储备土地过程中发生的相关费用。（2）财政部门从国有土地收益基金中安排用于土地储备的资金。（3）地方政府发行地方政府债券筹集的土地储备资金。（4）经财政部门批准可用于土地储备的其他资金。（5）上述资金产生的利息收入。显然，PPP 项目社会资本或项目公司筹集的用于土地征收、拆迁等工作的资金不属于土地储备资金来源的合法渠道。因此，在 PPP 项目中，将土地征收、拆迁费用计入项目总投资，并由社会资本或项目公司承担的方式属于违规行为，实施 PPP 项目时应注意规避此类风险。

四、总结

土地储备是政府供应土地，开展项目投资建设的基础和前提。随着政府部门关于政府举债融资管理体系的建立和完善，如何规范运作土地储备及与土地储备相关的项目投资建设是实践操作中关注的重点。本节以政府部门出台的现有政策为基础，分析了限制土地储备机构的内涵和外延，并在解析土地储备具体工作范围的基础上，分析了土地储备采用政府购买服务以及 PPP 模式的合规性。笔者认为未来的政策趋势仍是强调土地储备环节与项目投资建设环节的分离。政府购买服务方式目前仅可以适用于土地储备中需政府提供公共服务的工作。在坚持土地储备的成本核算制度条件下，土地储备开发也不具备适用 PPP 模式的可行性，将土地征收、拆迁等费用计入 PPP 项目总投资由社会资本筹集土地储备资金也属于违规行为。在实践操作中，对土地储备工作涉及的此类风险应予以重点关注。

第三节　PPP 项目融资问题

政府与社会资本合作（PPP）模式，是我国供给侧改革的重要组成部分，也是我国地方政府债务规范化管理的必由之路。虽然不能把 PPP 视为一种融资模式，但融资却是 PPP 最为基础和关键的内容。随着财政部、发改委及一行三会的规范性文件不断出台，PPP 融资的规范及监管要求也逐步体系化、清晰化。在 PPP 项目推进如火如荼、利用 PPP 项目异化地方政府违规举债成为监管重点的情况下，本节拟从 PPP 项目融资的现状和问题入手，就对策展开分析探讨。

一、PPP 项目融资的最新监管要求

（一）财政部

1. 根据财政部《政府和社会资本合作项目财政管理暂行办法》（财金〔2016〕92 号）的要求，各级财政部门应当会同行业主管部门加强对 PPP 项目的监督管理，切实保障项目运行质量，严禁以 PPP 项目名义举借政府债务，不得采用建设—移交方式、不得在股东协议中约定由政府股东或政府指定的其他机构对社会资本方股东的股权进行回购安排。

2.《财政部、发改委、司法部、人民银行、银监会、证监会关于进一步规范地方政府举债融资行为的通知》（财预〔2017〕50 号）进一步明确，严禁地方政府利用 PPP、政府出资的各类投资基金等方式违法违规变相举债，除国务院另有规定外，地方政府及其所属部门参与 PPP 项目、设立政府出资的各类投资基金时，不得以任何方式承诺回购社会资本方的投资本金，不得以任何方式承担社会资本方的投资本金损失，不得以任何方式向社会资本方承诺最低收益，不得对有限合伙制基金等任何股权投资方式额外附加条款变相举债。

（二）一行三会

1. 银监会通过《中国银监会关于银行业风险防控工作的指导意见》（银监发〔2017〕6 号）从银行业监管角度要求银行业金融机构规范新业务模式，政府与社会资本合作等新型业务模式要依法合规开展，明确各方权利义务管理，不得通过各种方式异化形成违规政府性债务。

2.《中国保监会关于保险资金投资政府和社会资本合作项目有关事项的通知》（保监发〔2017〕41 号）的要求则更为具体，对于投资计划投资的 PPP 项目，必须满足项目层级及入库、社会资本方主体信用、政府方级别及负债水平、项目自平衡四个要求：（1）要求属于国家级或省级重点项目并纳入国家发改委 PPP 项目库或财政部全国 PPP 综合信息平台项目库。（2）承担项目建设或运营管理责任的主要社会资本方为行业龙头企业，主体信用评级不低于 AA +，最近两年在境内市场公开发行过债券。（3）PPP 项目合同的签约政府方为地市级（含）以上政府或其授权的机构，PPP 项目合同中约定的财政支出责任已纳入年度财政预算和中期财政规划。所

处区域金融环境和信用环境良好，政府负债水平较低。（4）建立了合理的投资回报机制，预期能够产生持续、稳定的现金流，社会效益良好。

从前述监管要求来看，PPP 项目融资的规范性要求趋于严格，避免 PPP 项目异化为地方政府违规举债的形式成为 PPP 项目融资过程中不容忽视的问题。

二、PPP 项目融资的实践和现状

PPP 项目融资在实践中具有丰富的类型。从融资资金的用途角度，可以分为项目资本金融资、项目贷款融资；从融资阶段角度，可以分为准备期、建设期、运营期、退出期融资；从融资资金来源角度，可以分为金融资本、工程资本两大类别；诸如此类，不胜枚举。我们主要从如下几个方面就 PPP 项目融资的实践和现状进行梳理和概括。

（一）金融机构的股权投资

金融机构的股权投资，主要是指银行、保险等资金通过资管计划、信托、基金等方式对 PPP 项目公司进行股权投资，从而实现 PPP 项目的资本金融资。

金融机构对项目公司进行股权投资，除资金监管外，并不存在对项目进行真实管理的诉求，实质上属于财务投资人的“名股实债”行为。既然实质上属于“名股实债”，金融机构的核心诉求势必包括按照约定的期限及回报及时足额收入投资，甚至可能需要社会资本提供增信。这样一来，金融机构对于项目的要求某种程度上仅限于必要的合规性底线，反而对于社会资本的主体资信提出了更高要求。于是我们在实践中，通常看到大型央企施工企业或地方龙头企业作为社会资本时，往往会引入其合作的金融机构进行股权投资。

（二）金融机构的债权融资

在 PPP 项目中，金融机构的债权融资主要是以向项目公司发放贷款作为主要形式。与“名股实债”相同的是，金融机构对于期限、回报、增信的要求远高于项目自平衡，与此同时，金融机构对于担保也会有明确的要求。一般情况下，金融机构所需的担保往往包括项目资产的抵、质押、应收账款质押（特许经营权质押）、股东连带责任保证等一种或多种形式。

在现实操作中，PPP 项目的项目资产通常属于公益类资产，或者依法不能进行抵质押，或者即使能够办理抵质押也难以变现；而 PPP 的社会资本方也不愿意以自身主体信用在整个项目合作期间提供连带责任保证，因此，大量 PPP 项目的债权融资往往是以建设期内社会资本方提供担保或承诺进行差额补足、运营期间提供应收账款质押(特许经营权质押)的方式进行操作。

(三)其他金融工具的应用

除了前述 PPP 项目融资方式外,发行项目收益债、资产证券化等金融工具也随着首批 PPP 项目逐步进入运营期、项目开始产生持续可预测的现金流而开始广泛使用。发改委、证监会也不断出台新政策,推动并促进 PPP 创新金融工具的应用。在此之前,诸如融资租赁、工程保理等传统金融工具也在 PPP 项目建设期内有序开展,多角度为项目参与各方提供融资。

三、PPP 项目融资的困局与对策

(一)如何区分 PPP 项目的正常融资行为和利用 PPP 异化地方政府违规举债

利用 PPP 异化地方政府违规举债,顾名思义,即背离了 PPP 物有所值,以更高的质量、效率提供公共供给的目标,是利用政府与社会资本合作的名义以股代债(以股举债、以股负债)。从最新监管要求来看,利用 PPP 异化地方政府违规举债具有几种典型表现形式:在合同中对政府方主体回购社会资本方股权做出安排或以其他形式承诺回购社会资本方的投资本金;以任何方式承担社会资本方的投资本金损失;以任何方式向社会资本方承诺最低收益。这些表现形式的确背离了 PPP 风险共担、利益共享的初衷,理论上非常容易进行区分,但从现实角度来看,大量 PPP 项目中各种具体实施方式在区分正常融资和违规举债上存在一定误区和困惑。

1. 项目运营期应收账款质押是否属于接受地方政府及其所属部门提供的担保

在 PPP 项目特别是以政府可用性付费作为项目公司收入来源的 PPP 项目中,项目公司的应收账款实质上就是政府向其进行的可用性费用、绩效费用支付。部分社会资本方甚至金融机构对于此类应收账款质押是否属于政府违规举债、违规担保颇有顾虑,唯恐触及合规红线。

从法律关系角度出发,在 PPP 项目的应收账款质押交易结构中,金融机构属于债权人和质权人,项目公司属于债务人和出质人,而地方政府或其所属部门仅是基于财政承受能力论证结论及财政预算安排对项目公司进行付款的义务人。因此,地方政府或其所属部门的付款义务系基于 PPP 合同约定产生,并非直接承担担保责任,也不属于脱离预算管理体系违规举债的行为。

由此可见,地方政府及其所属部门虽不能直接为 PPP 项目公司的融资向金融机构提供任何形式的担保,但其基于 PPP 合同的有效约定对项目公司进行付费,并配合项目公司应收账款质押融资的监管要求不涉及地方政府违规提供担保或违规举债的行为。

2. 项目移交的方式设定为社会资本转让项目公司股权是否属于进行回购安排

目前相当比例的 PPP 项目期满移交是以项目资产实物移交、项目公司清算解散的方式进行，但也有一些项目，是以期满后社会资本向政府方主体移交项目公司股权或进行减资的方式处理，这种方式是否违背了财政部“不得在股东协议中约定由政府股东或政府指定的其他机构对社会资本方股东的股权进行回购安排”的规定，应当结合社会资本退出的条件进行分析。

PPP 项目合作期满后，社会资本减资退出项目公司，政府方通过持有项目公司的全部股权实现对项目的实质接收的方式，如不涉及政府方直接或间接向社会资本方提供本金或收益补足，社会资本仅按照股东协议约定和章程规定进行减资的，并不违反财政部的相关规定，具有操作合规性。但是，如以股权转让的方式实现社会资本的退出，存在一定的合规风险。如社会资本收取政府方支付的对价，则意味着社会资本并非从项目本身（项目公司净资产）取得回报，而是通过政府方“兜底”实现退出；如社会资本无偿将股权移交给政府方股东或指定主体的，在赠与的财务税务处理上也存在较大问题。

因此，除了常规的项目移交、项目公司解散方式外，如部分项目因项目公司持有固定资产且固定资产权利人变更存在操作难度的情况，建议首先考虑以社会资本方减资退出项目公司的方式进行处理。

3. 如何理解“承担社会资本投资本金损失”和“承诺最低收益”

我们在参与评审、审查一些 PPP 项目的项目实施方案时发现，部分项目实施方案在计算政府可用性付费或可行性缺口补助时，不再将项目建设、运营成本、项目合理利润率和折现率作为基数，而把社会资本资本金投入、社会资本资本金投资回报率/投资收益率作为计算基础。这样的计算方法，固然有其在税收策划等方面的考虑，但究其本源，被认定为实质承担社会资本投资本金损失和承诺最低收益的概率较大。

在另外一些以项目建设/运营成本、项目合理利润率和折现率作为计算基数的项目中，虽然最终结果会导致项目公司能够取得相对固定的收入，但由于社会资本是从项目公司利润分配中取得收益，并没有直接出现前述违规情形。但是，在该类项目中，需要特别注意绩效考核对于政府可用性付费或可行性缺口补助产生实质性影响的设定，绩效考核结果应当决定项目公司的最终利润率，如果项目公司绩效考核不合格的，在考核当年项目公司甚至将出现亏损。按照该方式进行必要处理，进一步避免项目涉及“以 PPP 项目名义举借政府债务”的违规情形。

（二）其他方面的困惑与思考

1. 金融机构传统风险偏好与 PPP 项目实际操作衔接的问题

前已述及，金融机构对于 PPP 项目的股权投资或债权融资，往往对于主体资信的要求高于项目自平衡本身，具体而言，如果社会资本主体信用评级低于 AA，或是 PPP 项目属于地市级、县级地方财政提供可用性付费、可行性缺口补助，金融机构往往会提出更为严苛的条件和要求，甚至不予提供资金。在地方政府预算管理、债务管理趋于规范前，金融机构的此类诉求无可厚非，但在 PPP 模式规范程度愈来愈高的情况下，金融机构也需要转变其思路、调整其要求。

一个合规操作进入执行阶段的 PPP 项目，必然具有物有所值的前提，无论其所在区域或财政级别，该项目涉及的政府支出责任也属于当地财政承受范围内且具有地方财政预算的合法安排。在此情况下，金融机构应当更多从项目自身现金流出发进行审查，降低对社会资本主体信用和增信措施的要求，更好地为 PPP 项目提供融资支持，最终实现金融支持实体经济的目标。

2. 社会资本的财务处理问题

在现阶段，央企、地方国企或龙头企业、上市企业及其子公司构成 PPP 社会资本主要力量的情况下，PPP 项目公司不可避免地成为这些社会资本颇为关注的问题。

按照现行 PPP 政策，社会资本应当在项目公司中处于控股地位，而项目公司受制于 PPP 项目投资标的大、项目负债高、偿债期限长等因素，在较长一段时间内资产负债率较高，一旦与社会资本进行报表合并，势必影响社会资本的资产负债率。鉴于此，很多社会资本开始以设立有限合伙企业进行投资等方式进行 PPP 项目的财务处理。但是，不同的审计机构、会计师事务所对于“实际控制”、“实质影响决策”等并表基础情形的认定存在差异，社会资本的审计单位与项目所在地的地方审计单位尺度也不完全一致，这也给 PPP 项目的社会资本在操作时造成了很大的困惑。

从某种程度上说，PPP 项目投资大、负债高、期限长的特点属于不可避免的客观情况，而社会资本对于资产负债率的关注也是情理之中的合理诉求。如果说 PPP 最终需要回到项目自身物有所值的前提，那么在财务处理上，是否能够对于项目公司负债并表作出更为合理的统一规范安排呢？当然，在此之前，这一困惑也只能通过各方不断地沟通、交流、尝试来逐步厘清了。

第四节　PPP 项目税收问题

PPP 模式作为政府和社会资本构建的合作关系，实践中为保障项目长久持续运营的可能性，除政府和社会资本之间合理设置权利义务外，PPP 项目自身实现财务均衡也至关重要。合理的税收考量和筹划是 PPP 项目实现财务均衡的重要因素之一，实践中税收种类和税率的高低及变化直接影响 PPP 项目的公共产品或服务的价格，进而影响社会资本或项目公司的投资收益。

参照 PPP 模式的实施过程，PPP 项目的合作周期可大致划分为项目识别、项目准备、项目采购、项目执行和项目移交等多个环节，各个环节均会涉及不同的税收问题。目前我国缺乏系统性的规范 PPP 模式税收问题的法律法规，因此本节主要参照现有的税收法律法规及政策，对 PPP 模式各个环节涉及的税收问题进行分析。

一、项目识别、项目准备和项目采购阶段涉及的税收

项目识别和项目准备阶段，根据发起主体的不同，可以划分为政府发起的 PPP 项目和社会资本发起的 PPP 项目。政府发起的 PPP 项目，其项目识别、项目准备和项目采购阶段都由政府职能部门或者事业单位具体负责操作相关事项。一般而言，仅 PPP 项目准备和项目采购阶段需要的相关资料、合同文件涉及缴纳增值税、印花税等零散税收的缴纳，与传统基础设施投资项目无差异。社会资本发起的 PPP 项目，与其他政府采购项目类似，也只需要缴纳增值税、印花税等零散税收。对社会资本而言，其在 PPP 项目采购阶段需详细测算应缴纳的税款，并在投标作价时予以详细考虑，包括企业所得税、增值税、城建税、教育费附加、印花税等。

二、项目公司组织形式涉及的税收

设立项目公司的性质直接影响 PPP 项目企业所得税的缴纳，不同的主体适用的税收政策不同，税负也各异。

公司组织形式下，若项目公司股东为法人，项目公司企业所得税税率为 25%，根据税法规定，企业股东从被投资的另一个居民企业所获得的股息红利是免税所得，因此，法人股东不涉及所得税缴纳问题。虽然税法规定，企业股东从被投资的另一个居民企业所获得的股息红利是免税所得，但实践中存在政府为吸引社会资本投资，约定项目公司分红时向社会资本倾斜，即社会资本获得的实际分红比例高于其持股比例，则会出现如何认定该部分超比例分红的问题。目前《企业所得税法》

第 26 条以及《企业所得税法实施条例》第 83 条都未明确规定符合免税条件的股息红利应当与持股比例挂钩。同时《公司法》第 34 条规定股东可以约定不按照出资比例分取红利。因此,笔者认为上述超比例分红也应作为免税所得。若项目公司股东为自然人的,根据税法规定境内居民企业分配股利给自然人股东,需代扣代缴 20% 个人所得税,因此,在收取股息环节需在剩余 75% 的基础上再征收 20% 的个人所得税,整体企业所得税税负为 40% 。若项目公司有境外股东,跨境分配股息给境外非居民企业,一般适用 10% 的预提所得税,如果境外非居民企业与中国有签订双边税收协定,在符合一定条件下能够适用税收协定安排下的优惠预提所得税税率。

与采用公司制企业形式的项目公司相比,另一个可选方式是以合伙制基金的形式设立项目公司。对于合伙制基金的所得税缴纳问题,财政部和国家税务总局联合发布了《关于合伙企业合伙人所得税问题的通知》(财税〔2008〕159 号)(以下简称 159 号文),明确了合伙企业生产经营所得和其他所得采取“先分后税”原则,规定合伙企业以每一个合伙人为纳税义务人,而合伙企业不作为纳税主体,由合伙人在其层面缴纳相应的企业所得税或个人所得税。此规定避免了公司制基金形式下可能出现的重复征税问题。对于境内法人的合伙人,其税收处理与公司基金法人投资者一致。对于自然人合伙人,从目前地方出台政策来看,如果不执行合伙企业事务,即为有限合伙人,则仅需就收益缴纳 20% 个人所得税,由于自然人有限合伙人从合伙企业取得收益需在合伙企业所在地纳税,地方税务局有可能仍会要求合伙企业为其代扣代缴个税后方能进行收益分配。执行合伙事务的普通合伙人需按照“个体工商户的生产经营所得”缴纳个人所得税(适用税率 5% ~35%)。由于 159 号文规定,合伙企业合伙人应税所得包括企业分配给所有合伙人的所得和企业当年留存的所得,因此,自然人合伙人即使没有从合伙企业取得实际分配的利润,仍可能产生所得税税负。对于境外合伙人,需考虑是否有被判定构成常设机构的可能及预提所得税影响。仅《国家税务总局关于外商投资创业投资公司缴纳企业所得税有关税收问题的通知》(国税发〔2003〕61 号)中规定对于中外合作非法人制创投企业可由投资各方分别申报缴纳企业所得税。但该规定已失效,目前对于中外合作非法人制创投企业税务处理存在较大不确定性。

最后 PPP 项目的投融资架构设置也直接影响 PPP 项目的企业所得税缴纳。PPP 项目投资架构的设置内容包括投资实体的组织形式、项目公司的架构;PPP 项目融资架构的设置内容包括融资实体的组织形式、融资主体的选择;退出机制包括资产移交或者股权转让。社会资本方(包括建设方、融资方)可考虑在低税负地区设立投资实体(中间控股公司),未来采用股权转让或债权转让的方式退出时,取得股权、债权转让所得,可适用较低税率;社会资本取得投资实体以股息形式分配的税后利润，按照相关规定可免征企业所得税。

三、项目执行阶段涉及的税收

PPP 项目执行阶段涉及的税收主要是增值税，项目执行阶段包括项目建设环节和项目运营环节，具体涉及税收问题分析如下。

（一）PPP 项目建设环节适用的税收政策分析

PPP 项目建造模式的选择也直接影响增值税的缴纳，建造模式的选择主要考虑的因素有：一是抵进项，能取得多少进项税进行抵扣；二是调价格，承包商要求涨价，多少合理；三是改模式，业务模式有无优化空间，如增加甲供；四是改合同，如何修改合同条款。PPP 项目建设过程中涉及甲供工程（全部或部分设备、材料和动力等由甲方采购）、工程总承包、劳务分包及专业分包等，不同的运作方式涉税处理也不相同。对甲供工程适用的税收政策分析如下：对于建设环节参与施工的主体，在 2016 年 5 月 1 日“营改增”后，建筑企业参与项目建设有简易计税办法和一般计税方法。简易计税办法包括三种情况：一是清包工；二是老项目；三是甲供工程。因此，甲供工程可以选择简易计税方式计税，采取简易计税方式时虽然材料、动力等物资价款不能抵扣进项税，尽管最大的建筑分包部分不抵扣进项税但可以从销售额中扣除差额征税。即新项目甲供工程选择按简易计税方式征收的，税负比营业税情形下的确实现了只减不征。

（二）工程总承包、劳务分包和专业分包适用的税收政策分析

通常来说，总承包商可以是一般纳税人和小规模纳税人。对于一般纳税人而言，可以选择一般计税方法进行核算，通常取得收入可以全额开具增值税专用发票。劳务分包和专业分包是一般纳税人和小规模纳税人都可以取得相应的增值税专用发票，如分包给劳务公司则劳务公司可以提供 3% 或 6% 的增值税专用发票。如果总承包商是小规模纳税人时，可以按差额征税，即从建设方取得的收入扣除支付给劳务分包公司和专业分包公司的费用后的余额按 3% 缴纳增值税，劳务分包和专业分包公司只提供普通发票。如果总承包商是一般纳税人，则对于劳务分包和专业分包商，需要提供给总承包商增值税专用发票。如果 PPP 项目的承包商提供建筑劳务、设计方案，同时从事设备、材料等货物销售，则建筑、设计服务与货物销售适用不同增值税税率。但建筑施工企业的多重增值税行为，属于混合销售还是兼营，目前法规并未明确。对于 EPC 合同混合销售、兼营问题，解决的方案有：(1) 纳税人的自身性质认定，避免成为“从事货物的生产、批发或者零售的单位和个体工

商户”,否则将按照销售货物缴纳增值税;(2)拆分合同,避免成为“一项销售行为”,将采购、设计、建设服务分别签订合同,各自成为一项销售行为,根据各自所适用的税率缴纳增值税;(3)由独立法人实体分别提供各项服务,避免在法规不明确的情况下被认定为混合销售从高适用税率,可考虑成立单独的法人实体(或独立核算的分公司),分别为业主提供设计、采购、建筑服务。关于如何利用“混合销售”降低税负,工程建设合同是拆分还是合并,要结合 PPP 项目合同内容及适用税率,来考虑如何拆分或组合各项内容并签订建设合同。例如,将部分采购(17%)纳入建筑安装合同,适用 11% 增值税税率;将部分安装(11%)纳入技术服务合同,适用 6% 增值税税率等。

(三)PPP 项目运营环节适用的税收政策分析

PPP 项目涉及的行业领域众多,而不同的领域税收政策也各不相同。无论是管理模式还是行业分工选择,都必然将税收政策作为重要的考量因素。

首先是 PPP 项目运营环节的增值税免征。根据《财政部国家税务总局关于资源综合利用及其他产品增值税政策的通知》(财税〔2008〕156 号)的规定,从事 BOT 项目运营的企业,可以享受如下增值税优惠:一是销售再生水收入免征增值税;二是对污水处理劳务免征增值税;三是以垃圾为燃料生产的电力或者热力实行增值税即征即退政策;四是利用风力生产的电力实行增值税即征即退 50% 的政策;五是对销售自产的综合利用生物柴油实行增值税先征后退的政策。根据《财政部国家税务总局关于调整完善资源综合利用产品及劳务增值税政策的通知》(财税〔2011〕115 号)的规定,对农林剩余物资源综合利用产品增值税政策进行调整完善,并增加部分资源综合利用产品及劳务适用增值税优惠政策。其中与 BOT 项目运营有关的税收优惠有:对垃圾处理、污泥处理处置劳务免征增值税。对销售下列自产货物实行增值税即征即退 100% 的政策:利用工业生产过程中产生的余热、余压生产的电力或热力;以餐厨垃圾、畜禽粪便、稻壳、花生壳、玉米芯、油茶壳、棉籽壳、三剩物、次小薪材、含油污水、有机废水、污水处理后产生的污泥、油田采油过程中产生的油污泥(浮渣),包括利用上述资源发酵产生的沼气为原料生产的电力、热力、燃料。

其次是 PPP 项目运营环节的企业所得税优惠。企业所得税为收入总额扣除采购成本、建造成本、运营成本、人工成本等及其他费用支出后应缴纳的税费。因此,需着重考虑政府支付的定性,进而合理测算 PPP 项目应缴纳的企业所得税。PPP 项目中政府支付一般包括:投资入股、土地划拨、可行性缺口补助、股权收购、资产收购等。根据财政部联合国家税务总局制定的《财政部、国家税务总局关于专项用途财政性资金企业所得税处理问题的通知》(财税〔2011〕70 号)的规定,对于企业取得的专项用途财政性资金,只要符合一定条件的可以在计算应纳税所得额时从收入总额中扣除。但 PPP 项目中政府支付通常定性为收入，而非专项用途的财政性资金，因此实践中一般难以享受企业所得税优惠。

《企业所得税法》第 27 条明确企业“从事国家重点扶持的公共基础设施项目投资经营的所得”、“从事符合条件的环境保护、节能节水项目的所得”可以免征、减征企业所得税。《企业所得税法实施条例》据此明确，企业从事港口码头、机场、铁路、公路、城市公共交通、电力、水利等项目投资经营所得以及从符合条件的环境保护、节能节水项目的所得，自项目取得第一笔生产经营收入所属纳税年度起，给予“三免三减半”税收优惠，即第一年至第三年免征企业所得税，第四年至第六年减半征收企业所得税。上述税收优惠政策仅针对《企业所得税优惠事项备案管理目录》(2015 年版)中所包含的港口码头、机场、电力、水利等几类传统基础设施行业，对近年来出现的新能源汽车充电设施、能源供热等 PPP 模式应用较多的新兴行业，并未做到全覆盖。

此外，根据《企业所得税法》第 34 条的规定，企业购置用于环境保护、节能节水、安全生产等专用设备的投资额，可以按一定比例实行税额抵免。所谓的税额抵免，是指企业购置并实际使用符合相关优惠范围的环境保护、节能节水、安全生产等专用设备的，该专用设备的投资额的 10% 可以从企业当年的应纳税额中抵免；当年不足抵免的，可以在以后 5 个纳税年度结转抵免。根据《财政部、国家税务总局关于执行环境保护专用设备企业所得税优惠目录节能节水专用设备企业所得税优惠目录和安全生产专用设备企业所得税优惠目录有关问题的通知》(财税〔2008〕48 号)的相关规定，企业利用自筹资金和银行贷款购置专用设备的投资额，可以按企业所得税法的规定抵免企业应纳所得税额；企业利用财政拨款购置专用设备的投资额，不得抵免企业应纳所得税额。企业购置并实际投入使用、已开始享受税收优惠的专用设备，如从购置之日起 5 个纳税年度内转让、出租的，应在该专用设备停止使用当月停止享受企业所得税优惠，并补缴已经抵免的企业所得税税款。转让的受让方可以按照该专用设备投资额的 10% 抵免当年企业所得税应纳税额；当年应纳税额不足抵免的，可以在以后 5 个纳税年度结转抵免。

(四)税收优惠政策对行业选择的影响

应该看到，“营改增”最大的利好是关联方交易无税收成本摩擦。这种交易发生前后，两个企业所缴纳的增值税不变。“营改增”后，关联交易的无摩擦性质引导企业进一步细化专业分工。对此，在专业分工上要用足所得税优惠政策。鉴于此，在选择 PPP 运营实体时，要充分利用所得税优惠政策，将运营主体拆分成传统企业和高技术或软件企业等能够享受税收优惠的企业；也可以运用区域优惠政策，像西部大开发等优惠政策，将相关的设计公司、运营公司等设置在优惠地区，享受相应的区域优惠政策。另外,在行业选择上要用尽所得税优惠期限。在选择项目时,尽量选择有税收优惠的节能环保、基础设施等项目,将利润尽可能多地留在相应实体中,以期在规定的期限内实现 PPP 项目的利益最大化。

(五)PPP 项目运营阶段

业务环节的拆分或合并,所得税增值税的现金流管理,如分别设立运营实体:所得税、增值税难以汇总纳税,例如,某地铁项目的运营和配套设施运营实体的设置,其拆分为多个运营实体,则土建资产实体的租金收入不足以抵减折旧,增值税进项无法得到充分抵扣,若合并为一个运营实体,配套设施的折旧和增值税进项可以得到充分抵扣。

四、项目移交阶段涉及的税收

PPP 项目合作期限届满后通常涉及项目的移交问题,实践中常见的移交安排包括资产移交和股权回购移交。资产移交是指项目公司无偿或有偿将所有资产移交给政府方,项目公司清算。股权回购移交是指社会资本方将项目公司股权转让给政府方,包括无偿转让和有偿转让。在退出时采用有偿还是无偿方式进行移交,需综合考虑退出的时间节点,一次性退出还是分阶段退出,亏损弥补的时间限制,项目流动性与时间价值等因素。

实践中通常采用无偿方式移交。参照《企业会计准则解释第 2 号》的规定,企业采用建设经营移交方式(BOT)参与公共基础设施建设业务,BOT 业务所建造基础设施不应作为项目公司的固定资产,建造合同收入应当按照收取或应收对价的公允价值计量,在确认收入的同时,确认金融资产或无形资产。一般而言,由于"无形资产"的摊销不需要考虑净残值,因此,在经营期间"无形资产"已经摊销完毕,经营期满将 BOT 项目无偿移交时,不存在残值与无偿移交的冲突,也无须考虑移交时的税收问题。

但项目设施所有权的法律状态也影响项目移交阶段的税收。按照《关于企业处置资产所得税处理问题的通知》(国税函〔2008〕828 号)的规定,所得税计税的判定原则是"资产所有权属是否改变",因此,项目移交的税收问题核心是项目移交是否涉及资产所有权的转移。如果资产所有权在项目移交时出现了转移,相应项目方案及物有所值评价中应考虑所得税、契税、土地增值税等税收问题。

目前社会各界对 PPP 项目设施所有权的归属存在一定分歧。通常认为 PPP 项目设施所有权存在两种情况:一种情况是政府拥有所有权,在经营期内转交社会资本方经营使用;另一种情况是经营者拥有所有权,即 PPP 项目公司拥有项目设施以及土地等资产的所有权，项目经营期满后移交给政府部门或转让给第三方经营。在项目公司拥有产权的情况下，项目设施转让时可能会涉及相应转让评估价值及流转税、土地增值税等税务处理问题，由于土地、设备等价值较大，可能会给 PPP 项目公司增加较多的税收负担。以某 BOT 项目为例，项目公司持有部分资产的所有权。运营期十年，政府支付总计 10 亿元。考虑整个项目周期的现金流与税负，可适用两种纳税方案。方案一：政府每年支付 1 亿元，十年共计 10 亿元；项目公司每年成本费用 8000 万元，利润 2000 万元，缴纳 25% 企业所得税；运营期末，项目公司账面资产折旧余值 1 亿元，无偿移交给政府，清算时账上存在未弥补亏损 1 亿元。方案二：政府每年支付 9000 万元，十年共计 9 亿元，项目公司每年利润 1000 万元，缴纳 25% 企业所得税；运营期末，项目账面资产折旧余值 1 亿元，按 1 亿元转让给政府，清算所得为零。

因此，在项目期满移交时的相关税务的处理主要取决于以下两点：一是 BOT 项目设施的所有权法律归属问题；二是假设 BOT 项目期满设施所有权归属于项目公司，即使摊余价值为零，由于税法更强调公允价值的概念，公允价值与账面摊余价值之间的差异如何处理以及对相关税务处理产生的影响都需考量。此外，TOT 运营方式下的税收问题也是实践中被普遍关心的问题，即政府将存量资产所有权有偿转让给社会资本或项目公司以及到期转回，政府平台以及社会资本/项目公司是否分别需就转让的资产缴纳增值税和土地增值税。由于项目资产所有权/经营权通常在运营期末会无偿移交给政府，其实质是社会资本为政府提供融资，并通过政府或者使用者付费实现融资的回收及报酬。项目移交转让阶段需要缴纳税费，其额外产生的税负最终会由项目公司通过向政府或者使用者收费来涵盖，结果是提高了项目服务的价格水平，因此，TOT 模式下是否缴纳税费需相关规定予以明确。

综上所述，对 PPP 项目各个环节所涉及的税收政策问题，目前我国对 PPP 模式还没有统一的税收优惠政策，实施过程中各环节的税收问题必须借助于所在行业的政策文件予以分析确定，但现有政策无法完全涵盖 PPP 模式所涉及的税收问题。因此，需要相关机构通过政策规范形式予以补充明确，为社会资本或项目公司合理筹划税收提供明确依据。

第五节 PPP 项目争议解决问题

一、PPP 项目合同风险识别

（一）PPP 项目合同的成立风险

根据《合同法》的规定，双方当事人有订立合同的意愿的采用要约、承诺的方式订立合同,合同自承诺生效时成立。合同可以采用书面的形式,自双方当事人签字或盖章时成立。[①] PPP项目合同的成立风险主要存在于以下两个方面:第一,合同签订主体不适格;第二,合同未采用书面形式订立。具体分析如下:

1. 签约主体不适格

PPP项目合同签约主体不适格可能会导致PPP项目合同效力待定。《国家发展改革委关于开展政府和社会资本合作的指导意见》(发改投资〔2014〕2724号)规定:"按照地方政府的相关要求,明确相应的行业管理部门、事业单位、行业运营公司或其他相关机构,作为政府授权的项目实施机构,在授权范围内负责PPP项目的前期评估论证、实施方案编制、合作伙伴选择、项目合同签订、项目组织实施以及合作期满移交等工作"。《国家发展改革委关于印发〈传统基础设施领域实施政府和社会资本合作项目工作导则〉的通知》(发改投资〔2016〕2231号)规定,由当地政府行业主管部门或其委托的相关单位作为PPP项目实施机构,负责项目准备及实施等工作。由项目实施机构与中选社会资本方正式签署PPP项目合同。

因此,签约主体通常为获得政府授权的项目实施机构,但实践中也存在实施机构与签约主体不一致的情形。如果签约主体没有获得地方政府授权,则其签约行为构成了无权代理,项目合同效力待定。

2. 合同未采用书面形式订立

PPP项目合同内容复杂,政府方和社会资本方应当签订正式的PPP项目合同明确双方的权利义务。财政部、发改委等部门在与PPP相关的规范性文件中要求政府方和社会资本方签订PPP项目合同。若双方当事人未订立书面合同而是以请示、批复、会议纪要的形式确认项目内容及双方权利义务关系,则不能够认定双方之间形成了合同关系。因为批复、请示、会议纪要等文件是政府公文具有行政性质,会议纪要仅为政府内部文件,并非平等民事主体之间的要约和承诺。如果社会资本方依据政府的批复、会议纪要等文件履行了投资建设运营等义务,则需要承担很大的风险。如果政府方不履行项目中的主要义务,社会资本方无法依据合同来主张政府方承担相应的违约责任。

3. 合同成立的风险防范

为了防止主体不适格或者未以书面形式订立合同导致的项目风险,政府方和社会资本方应当从以下几个方面来防范风险:

首先,社会资本方应当明确项目实施机构和签约主体。政府与社会资本方接触、开展项目合作的过程中,可能存在诸多对接职能部门和机构。社会资本方在与

---

① 《合同法》第14条、第21条、第25条、第32条。

政府沟通时，应当督促政府尽早确定负责开展项目具体工作的实施机构及其职权范围并获取有效授权文件。在 PPP 合同签订时，将实施机构授权文件作为 PPP 合同附件。[①] 如果合同的签约主体并非项目实施机构，社会资本方应当要求签约主体出具政府的授权文件。若签约主体并没有取得授权文件，则社会资本方不应该与其签订项目合同并及时要求政府按照规定向签约主体出具授权文件，并将该授权文件作为合同附件。

其次，双方应当按照《合同法》关于要约和承诺的规定订立合同，以书面的形式约定要约和承诺的内容并订立书面 PPP 项目合同。双方应当在法律规定的期限内签订 PPP 项目合同。[②]

最后，双方应当在规定的时间内在规定的平台上公示已签署的项目合同。《政府和社会资本合作模式操作指南（试行）》（财金〔2014〕113 号）第 21 条第 4 款规定："项目实施机构应在项目合同签订之日起 2 个工作日内，将项目合同在省级以上人民政府财政部门指定的媒体上公告。"

（二）PPP 项目合同的效力风险

项目合同有可能因不符合法律规定而造成合同效力待定、合同无效和合同未生效的后果。《民法总则》（2017 年 10 月 1 日起生效）第 171 条第 1 款规定："行为人没有代理权、超越代理权或者代理权终止后，仍然实施代理行为，未经被代理人追人的，对被代理人不发生效力。"《合同法》第 44 条规定："依法成立的合同，自成立时生效。法律、行政法规规定应当办理批准、登记等手续生效的，依照其规定。"第 52 条规定："有以下情形之一的，合同无效：（一）一方以欺诈、胁迫的手段订立合同，损害国家利益；（二）恶意串通，损害国家、集体或者第三人利益；（三）以合法形式掩盖非法目的；（四）损害社会公共利益；（五）违反法律、行政法规的强制性规定。"由于 PPP 项目合同的特殊性，下文结合 PPP 项目特征具体分析合同效力问题。前文在合同成立风险部分已论证过合同效力待定的情形，此处不再赘述。

1. 未通过竞争性方式选择社会资本致合同无效

PPP 的相关政策文件均要求政府方以竞争性方式选择社会资本方。竞争性方式主要有：公开招标、邀请招标、竞争性磋商、竞争性谈判和单一来源采购。《国务

---

① 刘理、沙姣：《PPP 争议解决系列谈之——PPP 合同成立风险防范》，载微信公众号：PPP 知乎，2017 年 3 月 15 日访问。

② 《政府采购法》第 46 条第 1 款规定："采购人与中标、成交供应商应当在中标、成交通知书发出之日起三十日内，按照采购文件确定的事项签订政府采购合同。"《招标投标法》第 46 条第 1 款规定："招标人和中标人应当自中标通知书发出之日起三十日内，按照招标文件和中标人的投标文件订立书面合同。"

院办公厅转发〈财政部、发展改革委、人民银行关于在公共服务领域推广政府和社会资本合作模式指导意见〉的通知》(国办发〔2015〕42号)规定:"政府和社会资本合作模式是公共服务供给机制的重大创新,即政府采取竞争性方式择优选择具有投资、运营管理能力的社会资本,双方按照平等协商原则订立合同。"《财政部关于印发〈政府和社会资本合作模式操作指南(试行)〉的通知》(财金〔2014〕113号)规定:"采购方式包括公开招标、竞争性谈判、邀请招标、竞争性磋商和单一来源采购。"《国家发展改革委关于开展政府和社会资本合作的指导意见》(发改投资〔2014〕2724号)规定:"实施方案审查通过后,配合行业管理部门、项目实施机构,按照《招标投标法》、《政府采购法》等法律法规,通过公开招标、邀请招标、竞争性谈判等多种方式,公平择优选择具有相应管理经验、专业能力、融资实力以及信用状况良好的社会资本作为合作伙伴"。

首先,应当采用招标方式而未采用的,合同无效。《招标投标法》第4条规定:"任何单位和个人不得将依法必须进行招标的项目化整为零或者以其他任何方式规避招标。"《政府采购法》第28条与《招标投标法》第4条的规定一致。因此,如果政府方应当采用招标方式而未采用的,则项目合同因为违反法律的强制性规定而无效。另外,若社会资本方中标后交给挂靠企业进行投资或建设的,合同因违反法律的强制性规定无效。《建筑法》第26条第2款规定:"禁止建筑施工企业超越本企业资质等级许可的业务范围或者以任何形式用其他建筑施工企业的名义承揽工程。禁止建筑施工企业以任何形式允许其他单位或者个人使用本企业的资质证书、营业执照,以本企业的名义承揽工程。"

其次,不采用竞争性方式即授予特许经营权的,合同无效。《基础设施和公用事业特许经营管理办法》(国家发展和改革委员会、财政部、住房和城乡建设部、交通运输部、水利部、中国人民银行令第25号)规定,实施机构根据经审定的特许经营项目实施方案,应当通过招标、竞争性谈判等方式选择特许经营者。根据《行政许可法》第12条的规定,有限自然资源开发利用、公共资源配置以及直接关系公共利益特定行业的市场准入等,需要赋予特定权利的事项,可以设定行政许可。第53条规定:"实施本法第十二条第二项所列事项的行政许可的,行政机关应当通过招标、拍卖等公平竞争的方式作出决定。"

2. 未依照规定程序获取项目用地致合同无效

取得建设项目用地的方式必须符合国家法律、行政法规的规定。根据国家规定,应当采取招拍挂而未采用招拍挂的形式获得建设用地使用权的,合同无效。根据《城市房地产管理法》第13条的规定,除了属于《划拨用地目录》的项目之外,其余的建设用地都应当以有偿的方式取得。《物权法》第137条规定:"设立建设用地使用权,可以采取出让或者划拨等方式。工业、商业、旅游、娱乐和商品住宅等经营性用地以及同一土地有两个以上意向用地者的,应当采取招标、拍卖等公开竞价的方式出让。"对于 PPP 项目来说,建设用地的取得决定后续建设、运营工作能否顺利开展。虽然国务院强调要各部委各部门要统筹协作,但是,目前国土资源部门并未就 PPP 模式下如何协调土地的招拍挂与社会资本方的竞争性选择作明确说明。因此,若应当招拍挂而未招拍挂的,可能会导致合同直接无效。

农民集体所有土地不得用于非农业建设项目,若需要用于建设项目应当先由政府完成征用及收储工作再转让建设用地使用权。若农民集体所有土地直接用于非农业建设,可能导致项目合同无效。《土地管理法》第 43 条第 1 款规定:"任何单位和个人进行建设,需要使用土地的,必须依法申请使用国有土地;但是,兴办乡镇企业和村民建设住宅经依法批准使用本集体经济组织农民集体所有土地的,或者乡(镇)村公共设施和公益事业建设经依法批准使用农民集体所有的土地的除外。"第 63 条规定:"农民集体所有的土地的使用权不得出让、转让或者出租用于非农业建设;但是,符合土地利用总体规划并依法取得建设用地的企业,因破产、兼并等情形致使土地使用权依法发生转移等除外。"虽然在有些民事裁判①中以"前置物权行为"被确认作为认定合同无效的前提,②但也并不能排除违规在集体所有土地上进行非农业建设导致项目合同直接被认定为无效的可能。

3. 政府兜底条款无效

政府方若在合同中对社会资本方做出任何担保或者回购的承诺,把本应该由社会资本承担的融资债务转嫁到政府方的,该条款内容因违反强制性规定而无效。

《基础设施和公用事业特许经营管理办法》第 21 条规定,政府不得承诺固定投资回报和其他法律、行政法规禁止的事项。《政府和社会资本合作项目财政管理暂行办法》(财金〔2016〕92 号)第 35 条第 3 款规定:"政府与社会资本合资设立项目公司的,应按照《公司法》等法律规定以及 PPP 项目合同约定规范运作,不得在股东协议中约定由政府股东或政府指定的其他机构对社会资本方股东的股权进行回购安排。"《国务院关于加强地方政府性债务管理的意见》(国发〔2014〕43 号)规定,地

---

① 深圳鹏森投资集团有限公司与成都市锦江区业余体育学校确认合同无效纠纷案[(2014)川民再终字第 10 号],四川省高级人民法院认为:"本案系合同纠纷,而获得土地使用权系物权纠纷,系不同的法律关系。即使锦江业余体校在获得案涉土地使用权的过程中违反《中华人民共和国土地管理法》第六十三条的规定,从而导致本案《协议书》的效力应重新认定,也应以锦江业余体校的前置物权行为被纠正或者被确认违法为前提,现锦江业余体校未提供相关证据,故不具备对《协议书》效力进行重新认定的基础。"

② 黄华珍:《PPP 裁判规则系列之——项目用地为违法取得的,特许经营合同在"前置物权行为"被确认违法后无效》,载北大法宝,2017 年 3 月 15 日访问。

方政府及其所属部门不得在预算之外违法违规举借债务;对企业的注资、财政补贴等行为必须依法合规,不得违法为任何单位和个人债务以任何方式提供担保。PPP模式是为了缓解政府财政压力,引入社会资本的投资。政府方的兜底条款实际上是在增加政府的债务和风险,违背了上述规定。因此,政府的兜底条款无效。

4. 未获得行政审批致合同不能生效

由于PPP项目涉及公共利益,PPP项目合同须取得政府审批。《政府和社会资本合作项目财政管理暂行办法》(财金〔2016〕92号)第16条规定:"采购结果公示结束后、PPP项目合同正式签订前,项目实施机构应将PPP项目合同提交行业主管部门、财政部门、法制部门等相关职能部门审核后,报本级人民政府批准。"《传统基础设施领域实施政府和社会资本合作项目工作导则》(发改投资〔2016〕2231号)第15条规定:"公示期满无异议的,由项目实施机构会同当地投资主管部门将PPP项目合同报送当地政府审核。政府审核同意后,由项目实施机构与中选社会资本方正式签署PPP项目合同。"根据上述规定,若PPP项目合同未能通过政府审核并取得政府批准,则PPP项目合同不能生效。

5. 风险防范

为了防止出现上述情形导致项目合同效力风险,政府方和社会资本方应当重视并加强对PPP项目的管理,明确项目的实施机构和社会资本方,严格按照法律法规的规定程序选择社会资本方。另外,双方应当加强对合同文本的审核,聘请专业的律师对项目合同进行合规性审查。

(三)PPP项目合同的履约风险

《合同法》第60条规定:"当事人应当按照约定全面履行自己的义务。当事人应当遵循诚实信用原则,根据合同的性质、目的和交易习惯履行通知、协助、保密等义务。"

1. 合同履约风险

PPP合同履约争议主要集中在以下几个方面:特许经营权的授权和强制性提前收回、项目用地纠纷、政府对项目税费优惠政策调整、定价机制调整、政府接管纠纷、回购款纠纷、权属纠纷、股东权利纠纷、投融资款纠纷、工程款纠纷、违约责任等。合同履行中的风险是双方当事人应当重点关注的风险,因为合同争议主要集中在履约纠纷中。履约风险来自以下几个方面:项目合同的风险、当事人履约风险、合同执行风险、其他外部风险。[①] 合同本身约定不明确、双方当事人当事人缺乏履约能力、

---

① 参见《PPP争议解决系列谈之——PPP合同履约风险防范》,载微信公众号:PPP知乎,2017年4月27日访问。

双方当事人不按照合同约定履行义务或者外部法律环境政策发生重大变更都很可能会造成履约纠纷。

2. 风险防范

由于 PPP 项目关系公共利益且所需投资巨大，政府方和社会资本方应当注意防范履约风险。政府方应当对项目有综合全面的分析，做好可行性研究、财政承受能力论证、物有所值评估、实施方案的编制，并依据上述内容编制项目合同。政府方应当对 PPP 项目进行严格把关，防止因政府方无法履约导致公共资源浪费损害公众利益。同时社会资本方应当对项目做好充分的评估工作，如是否有能力承接该项目、能否获得充分融资、政府信用等。社会资本方应该就合同能谈判的内容与政府方进行充分的谈判，将合同内容进一步细化明确。PPP 项目的建设和运营周期很长，少则 10 年多则 30 年，政府方和社会资本方应当在项目合同中设置灵活的协商机制或者非诉讼的争议解决方式，避免在 PPP 项目合作期限内发生双方当事人未能预测的情况导致合同无法继续履行。另外，政府方和社会资本方应当寻找专业的法律服务机构对项目合同条款进行审核，尽量避免因合同条款约定不明确而造成的纠纷。

（四）PPP 项目合同的解除风险

1. 合同解除的情形

根据《合同法》的规定，根据解除事由合同解除分为约定解除和法定解除；根据解除主体可以分为单方解除和协商一致解除。《合同法》第 93 条规定："当事人协商一致，可以解除合同。当事人可以约定一方解除合同的条件。解除合同的条件成就时，解除权人可以解除合同。"第 94 条规定，有下列情形之一的，当事人可以解除合同：(1)因不可抗力致使不能实现合同目的；(2)在履行期限届满之前，当事人一方明确表示或者以自己的行为表明不履行主要债务；(3)当事人一方迟延履行主要债务，经催告后在合理期限内仍未履行；(4)当事人一方迟延履行债务或者有其他违约行为致使不能实现合同目的；(5)法律规定其他情形。PPP 项目合同除了可以适用《合同法》规定的约定解除权和法定解除权之外，还具有一定的特殊性，如政府方的单方解除权。

2. 政府单方解除权的特殊性

PPP 项目集中在基础设施和公用事业领域，在经营性和准经营性的项目中涉及特许经营权的授予。因此，政府的单方解除权并不只是民事合同的解除，还会导致特许经营权被收回的情形。若社会资本方对政府单方解除存在异议提起诉讼，应当提起行政诉讼还是民事诉讼在实践中存在争议，具体见下文第二点关于争议解决的分析。

二、PPP 项目合同的争议解决

(一)民事合同和行政合同

1. 民事合同

《合同法》第 2 条第 1 款规定:“本法所称合同是平等主体的自然人、法人、其他组织之间设立、变更、终止民事权利义务关系的协议。”第 3 条规定:“合同当事人的法律地位平等,一方不得将自己的意志强加给另一方。”《民法总则》(2017 年 10 月 1 日起生效)第 2 条规定:“民法调整平等主体的自然人、法人和非法人组织之间的人身关系和财产关系。”

2. 行政合同

行政合同的产生是“二战”以来“福利国家”、“担保国家”发展的必然要求。进入“福利主义国家”时期,政府的经济职能在增长,社会发展越来越要求政府减少行政职权的控制范围和力度。通过行政合同的方式,政府能够达到简政放权的目的,同时又不丧失对公共事务的控制能力。行政法引入私法的原理和制度,减少权力单向性的强制因素,使行政关系双方以相对缓和、平等的关系出现。①

行政合同的基本概念是指为实现特定的行政管理目的,行政主体在职权范围内与相对方之间基于合意而依法缔结的直接执行公务的协议。② 但是,这个概念并不是学界通说,目前学界对如何定义行政合同存在争议,常用标准归纳起来主要有五种。第一种是主体判断标准,要求合同至少有一方当事人为行政主体。但是,也有学者认为即使双方都不是行政主体也能够订立行政合同。第二种是目的标准,行政合同的目的是直接执行公务;行政主体以实现个体利益为目的而签订的契约,则属私法合同。第三种是合同标的标准,产生、变更、终止行政法上的法律关系的合同,即属于行政合同。但合同标的的本质是看合同订立所依据的法律规范,这存在循环论证的弊端。第四种是合同中是否有超越私法的规则,也即行政机关是否保留特殊权力。第五种则为综合判断标准,结合上述两种或者三种标准来判断是否构成行政合同。③ 我国目前只有《最高人民法院关于适用〈中华人民共和国行政诉讼法〉若干问题的解释》(法释〔2015〕9 号)第 11 条结合了主体标准、目的标准、合

---

① 孙笑侠:《契约下的行政——从行政合同本质到现代行政法功能的再解释》,载《比较法研究》1997 年第 3 期。

② 李霞:《论特许经营合同的法律性质——以公私合作为背景》,载《行政法学研究》2015 年第 1 期。

③ 李霞:《论特许经营合同的法律性质——以公私合作为背景》,载《行政法学研究》2015 年第 1 期。

同标的标准对行政协议有明确定义:行政机关为实现公共利益或者行政管理目标,在法定职责范围内,与公民、法人或者其他组织协商订立的具有行政法上权利义务内容的协议,属于行政协议。在最高人民法院的解释中并未体现超越私法原则,未要求体现行政权力的保留。

从比较法上来看,其他国家对行政合同的定义及适用并无统一意见。法国以"公务理论"为中心,通过判例构建了行政合同体系。判定行政合同的两个基本标准是合同与公务有关或者合同为行政机关保有特殊的权力,只要具备其中之一,就足以使行政合同具有行政性。德国学者通说认为,行政合同(公法合同)是指以行政法律关系为契约标的,发生、变更或消灭行政法上权利义务的合意,这种契约完全适用公法,受行政法院管辖。[①] 英国行政法则不承认存在行政合同,也不承认行政合同(行政契约)理论。正像行政纠纷中普遍适用普通法中的私法规则一样,行政机关签订的行政契约适用一般的契约规则。[②]

行政合同具有非常典型的特征是其一方面受到行政法上依法行政原则的约束,另一方面又遵守契约自由原则。[③] 行政合同与一般的民商事合同的最重要的区别就在于行政合同具有非常明显的行政性。行政合同的本质在于行政,合同只是其形式。虽然订立了行政合同,但是行政主体只不过是换了方式继续履行行政职能。行政主体在合同关系中必然保留了行政特权,可以单方面为一定的能够影响相对人行政权利义务的行为。行政特权具体可以表现为行政主体有权根据公共利益的变化调整合同本身的内容,在履行过程中还享有对合同的监督权、变更权、终止权、制裁权等。[④] 因此,虽然行政合同在协商过程中能够体现契约自由的精神,但实际上行政主体和行政相对人仍然处于不平等的地位,行政主体通过行政特权的保留能够对行政相对人维持单向控制力。

(二)PPP 项目合同的定性问题

对 PPP 合同的定性关系 PPP 项目争议解决方式的选择,因此,在解决 PPP 合同采用何种争议解决方式之前,先要明确 PPP 合同的体系以及合同的性质。

1. PPP 项目合同的内容

PPP 合同体系结构复杂,PPP 项目合同是整个合同体系的基础和核心。在 PPP

---

① 杨怀甫:《论行政合同的性质》,载《大连海事大学学报》(社会科学版)2012 年第 5 期。

② 湛中乐、刘书燃:《PPP 协议中的法律问题辨析》,载《法学》2007 年第 3 期。

③ 孙笑侠:《契约下的行政——从行政合同本质到现代行政法功能的再解释》,载《比较法研究》1997 年第 3 期。

④ 湛中乐、刘书燃:《PPP 协议中的法律问题辨析》,载《法学》2007 年第 3 期。

项目合同体系中,各个合同之间并非完全独立、互不影响,而是紧密衔接、相互贯通的一个整体。[①] 除了项目合同,PPP 合同体系中还包括融资合同、保险合同、股东协议、履约合同(工程承包合同、运营服务合同、原料供应合同、产品或服务购买合同及其他合同)。除了 PPP 项目合同外,其余的合同属于民商事合同并无争议。

《PPP 项目合同指南(试行)》(财金〔2014〕156 号)中规定的 PPP 项目协议的主要内容,包括引言、定义和解释、项目的范围和期限、前提条件、项目融资、项目用地、项目的建设、项目的运营、项目的维护、股权变更限制、付费机制、履约保证、政府承诺、保险、守法义务和法律变更、不可抗力、政府方的监督和介入、违约、提前终止及终止后的处理机制、项目的移交、适用法律及争议解决等内容。《基础设施和公用事业特许经营管理办法》第 18 条规定,特许经营协议应当主要包括:项目名称、内容;特许经营方式、区域、范围和期限;项目公司的经营范围、注册资本、股东出资方式、出资比例、股权转让;所提供产品或者服务的数量、质量和标准;设施权属,以及相应的维护和更新改造;监测评估;履约担保;特许经营期内的风险分担;政府承诺和保障;应急预案和临时接管预案;特许经营期限届满后,项目及资产移交方式、程序和要求;变更、提前终止及补偿;违约责任;争议解决方式等内容。经营性和准经营性项目一般都采用特许经营模式,目前案例中对于 PPP 项目合同的定性争议主要集中体现在对特许经营协议的定性。

2. PPP 项目合同的行政特征与民事特征

(1)PPP 项目合同具有一定的行政特征

首先,PPP 合同中有行政法律关系存在。社会资本进入某些公共服务领域需获得政府的行政许可,在 PPP 项目中即表现为特许经营。政府授予、变更或收回特许经营权即为行政法律关系的产生、变更和消灭。

其次,政府可能在合同中保留一定的行政特权。PPP 项目是为了公众利益而建设的项目,政府以保留一定的行政特权达到监督社会资本方履约的目的。例如,政府可能会限制公司股权变更、依法收回特许经营权和临时接管项目等。

(2)PPP 项目合同具有明显的民事特征

首先,政府和社会资本在订立项目合同时的地位是平等的,这是与行政合同最重要的区别之一。在整个 PPP 合同订立的阶段,社会资本方享有充分的协商自由。社会资本方可以就建设、运营、移交、违约责任、争议解决等内容与政府方进行充分的协商,在协商一致的前提下确定相关合同条款的内容。《国务院办公厅转发〈财

---

① 廖睿:《PPP 操作指南——政府和社会资本合作实务》,中国人民大学出版社 2016 年版,第 163 页。

政部、发展改革委、人民银行关于在公共服务领域推广政府和社会资本合作模式指导意见〉的通知》(国办发〔2015〕42 号)指出,政府和社会资本的法律地位平等,权利义务对等,必须树立契约观念。财政部强调 PPP 合同是民事合同,这一点不因政府是合同当事人而有所改变。而且 PPP 模式是政府向社会资本购买服务的一种方式,应当适用《政府采购法》。《政府采购法》第 43 条规定:“政府采购合同适用合同法,采购人和供应商之间的权利和义务,应当按照平等、自愿的原则以合同方式约定。”《财政部关于推广运用政府和社会资本合作模式有关问题的通知》(财金〔2014〕76 号)强调政府和社会资本合作的实质就是政府购买服务。

其次,PPP 项目合同中大部分内容体现的是民事法律关系。政府授予特许经营权并不是合同的主要目的,只是达成合同目的所必须取得的行政许可。合同涉及的相关审批和行政许可等内容,只是合同的履行行为之一,属于合同的组成部分,并不能直接决定合同的性质。PPP 项目合同中民事法律关系最明显的表现是对权属归属的约定,也即对私有产权的确认和保护。私人资本投资于公用事业建设主要有两种方式:一是直接投资于新建项目,获得产权或者经营权;二是购买既有基础设施项目的产权、经营权或者兼并重组。[①]“私有财产神圣不可侵犯”是私法领域最为重要的基本原则之一,在 PPP 项目合同中通过设置专门的权属条款对私有产权进行明晰,充分说明了合同的民事属性。除此之外,融资安排、违约责任、合同解除等内容均体现民事法律关系。

3. PPP 项目合同定性的争议及分析

从上述分析可以看出,将 PPP 项目合同定性为民事合同更符合 PPP 项目合同的特征。但是,最新修改的《行政诉讼法》却将政府特许经营协议纳入行政诉讼的受案范围。《最高人民法院关于适用〈中华人民共和国行政诉讼法〉若干问题的解释》(法释〔2015〕9 号)第 11 条定义了行政协议,第 14 条又规定:“人民法院审查行政机关是否依法履行、按照约定履行协议或者单方变更、解除协议是否合法,在适用行政法律规范的同时,可以适用不违反行政法和行政诉讼法强制性规定的民事法律规范。”这导致在实践中对 PPP 项目合同的定性产生了很大的争议。

笔者认为,PPP 项目合同应当认定为具有行政属性的民事合同,原因如下:

首先,特许经营只是 PPP 模式可能采取的一种合作方式,不能直接等同于 PPP 模式。只是目前在经营性和准经营性项目中,一般采用特许经营的合作方式。但是,由于目前没有法律或者行政法规对 PPP 项目合同及 PPP 具体实施做出规定,因

---

① 湛中乐、刘书燃:《PPP 协议中的法律问题辨析》,载《法学》2007 年第 3 期。

此实践中会存在将 PPP 项目合同纠纷直接认定为特许经营纠纷的情况，这显然违背实际。《国务院办公厅转发〈财政部、发展改革委、人民银行关于在公共服务领域推广政府和社会资本合作模式指导意见〉的通知》（国办发〔2015〕42 号）规定："在能源、交通运输、水利、环境保护、农业、林业、科技、保障性安居工程、医疗、卫生、养老、教育、文化等公共服务领域，鼓励采用政府和社会资本合作模式，吸引社会资本参与。其中，在能源、交通运输、水利、环境保护、市政工程等特定领域需要实施特许经营的，按《基础设施和公用事业特许经营管理办法》执行。"上述文件说明特许经营不能直接等同于 PPP 模式。

其次，单纯就特许经营协议的定性问题来看，这实际上是对法律关系的定性，是实体法问题。最新修改的《行政诉讼法》第 12 条第 1 款第 11 项将行政机关不依法履行、未按照约定履行或者违法变更、解除政府特许经营协议纳入行政诉讼的受案范围。行政诉讼法本身只是程序法，不应当涉及实体问题。如果要将"政府特许经营协议"定性为行政协议，必须提供坚实的法律基础，即哪部上位法规定了特许经营协议所指向的合同标的是属于政府行政权力所覆盖的范围。① 《行政诉讼法》将政府特许经营协议纳入行政机关的受案范围只能说明在特许经营协议中存在行政法律关系，人民法院的行政庭有权受理与之相关的案件，但不能直接得出"特许经营协议只有行政法律关系"的结论而否定"政府特许经营协议"的民事合同属性。

再次，最高人民法院的司法解释对行政协议的定义违反了《立法法》的规定。《立法法》第 104 条规定："最高人民法院、最高人民检察院作出的属于审判、检察工作中具体应用法律的解释，应当主要针对具体的法律条文，并符合立法的目的、原则和原意"。最高人民法院只具有司法解释权不具有立法权，对行政协议的定义不是在解释如何具体应用《行政诉讼法》的法律条文，而是在行使立法权。即使退一步说肯定《行政诉讼法》及其司法解释对特许经营协议的定性，在政府不履行行政协议时采用行政诉讼，那么当行政相对人不履行特许经营协议时政府方应当采用行政诉讼还是民事诉讼？如果同样采用行政诉讼的救济方式，那么显然违背了行政主体只能作为行政诉讼被告的规定。但是，如果允许行政机关提起民事诉讼，这跟对该协议的定性显然矛盾，也不符合法律规定。一份行政协议，既存在民事法律关系又存在行政法律关系，仅仅根据原告身份不同来确定诉讼方式的选择显然存在逻辑矛盾。

最后，司法解释规定可以适用不违反行政法和强制性规定的民事法律规范。如果是适用民事程序法律规范，则无法律障碍，且行政诉讼法中也有明确规定。

---

① 王卫东：《PPP 新问题探讨：特许经营协议真的是行政协议吗?》，载微信公众号：法客帝国，2017 年 4 月 27 日访问。

《行政诉讼法》第 101 条规定:“人民法院审理行政案件,关于期间、送达、财产保全、开庭审理、调解、中止诉讼、终结诉讼、简易程序、执行等,以及人民检察院对行政案件受理、审理、裁判、执行的监督,本法没有规定的,适用《中华人民共和国民事诉讼法》的相关规定。”可以看出最高人民法院希望在确定政府特许经营协议是行政协议的前提下,将民事法律规范包括实体规范引入审理行政合同纠纷中。但目前在我国,对行政合同并没有清晰地认识和相关法律规定,且我国适用行政、民事二分法,因此,司法解释的这一规定明显是欠缺法理和法律基础的。

综上所述,PPP 项目合同中既有行政特征也有典型的民事特征。若是将 PPP 项目合同片面地定义成行政协议,则会导致合同的法律适用产生困难和矛盾,是对合同中民事法律关系的无视。

4. 裁判案例

行政诉讼法及其司法解释的颁布导致了司法实践中关于特许经营协议的定性也走入了困境,不同法院对这个问题有不同的裁判,甚至最高人民法院的裁判也前后自相矛盾。

(1)认定为民事合同

最高人民法院在北京北方电联电力工程有限公司与乌鲁木齐交通运输局其他合同纠纷二审民事裁定书[(2014)民二终字第 40 号]中指出:“交通局行政主体的身份不影响本案争议的独立性。涉案《BOT 协议》《补充协议》履行过程中,交织着相关行政主体的具体行政行为,而两种性质不同的法律关系中,双方主体重叠,在民事合同关系中的双方当事人,是相关行政法律关系中的行政主体和行政相对人。但该协议与其履行过程中所涉及的行政审批、管理事项等行政行为,依据不同的法律规范。这些行政行为虽影响双方合作,但不能因此否认双方民事合同关系的存在及独立性……本案需要判断争议是否与行政主体行使行政职权相关,应结合争议的具体内容及所针对的行为性质认定。”

在河南新陵公路建设投资有限公司与辉县市人民政府管辖裁定书中[(2015)民一终字第 244 号]中,最高人民法院认定:“双方签订的《关于投资经营辉县上八里至山西省省界公路项目的协议书》是典型的 BOT 模式的政府特许经营协议。案涉合同的直接目的是建设新陵公司,而开发项目的主要目的为开发和经营新陵公路,设立新陵公路收费站,具有盈利性质,并非提供向社会公众无偿开放的公共服务。本案合同并未就行政审批或行政许可事项本身进行约定,合同涉及的相关审批和行政许可等其他内容,为合同履行行为之一,属于合同的组成部分,不能决定涉案合同的性质。从本案合同的目的、职责、主体、行为、内容等方面看,合同具有明显的民商事法律关系性质,应当定性为民商事合同。”

在 2010 年时，广东省高级人民法院在阳江市海陵岛经济开发试验区管理委员会与阳江市新科实业投资有限公司合同纠纷上诉案[（2010）粤高法民二终字第 43 号]中以与最高人民法院上述裁判理由相同的理由认定行政机关和社会资本方签订的《关于投资开发马尾岛高级滨海度假区的协议书》应当被定性为民商事合同。

北京市中院在巴中市人民政府与四川巴万高速公路有限公司申请确认仲裁协议效力一审民事裁定书[（2017）京 02 民特 11 号]中，也是以与最高人民法院上述裁判理由相同的理由确认案涉 BOT 协议是民事合同而非行政协议。

（2）认定为行政合同

最高人民法院在和田市人民政府与和田市天瑞燃气有限责任公司、新疆兴源建设集团有限公司其他合同纠纷二审民事裁定书[（2014）民二终字第 12 号]中认定：“本案所涉《和田市天然气利用项目合同》及其《补充合同》系由和田市政府作为一方当事人根据其行政机关公权力所签订，体现了其依据有关市政公用事业管理法规，对天然气的利用实施特许经营，行使行政职权的行为。虽然兴源公司作为一方当事人的目的在于获取一定经济利益，但案涉合同本身是要对天然气这一公共资源进行开发利用，建设并提供公共产品和服务，从而满足公共利益的需要，体现出政府实施行政管理的公益性目的。另外，案涉合同内容虽然存在对双方权利义务的约定，在一定程度上体现了双方协商一致的特点，但其中关于特许经营权的授予、经营内容、范围和期限的限定、价格收费标准的确定、设施权属与处置、政府对工程的监管等内容，均体现了政府在合同签订中的特殊地位。本案所涉特许经营权的授予虽属于行政许可行为，但在《市政公用事业特许经营管理办法》已明确市政公用事业市场化方向，允许并鼓励通过签订合同的形式推进基础设施的建设以及提供服务的情况下，亦不宜因行政许可系因合同方式取得而否定其行政性质。”最终判定该案属于行政诉讼的受案范围。而在深圳市中院审理的深圳时合泰水务技术有限公司与深圳市水务局合同纠纷案[（2015）深中法商终字第 1697 号]和龙岩市中院审理的雅邦集团有限公司与龙岩市环境卫生管理处合同纠纷案[（2016）闽 08 民初 11 号]等案件中，人民法院直接援引新行政诉讼法之规定，认定 BOT 特许经营协议是行政协议，依法应当提起行政诉讼。

（三）PPP 项目合同争议解决方式的选择

1. 概述

明确 PPP 项目合同性质是为了确定在项目合同产生纠纷时适用的争议解决方式。根据前文分析可以明确，PPP 项目合同是带有行政属性的民事合同，因 PPP 项目合同可能产生行政争议也可能产生民事争议。因 PPP 项目合同本身产生的争议属于民事争议;但其中涉及政府作出具体行政行为、行使行政职权的纠纷当属行政争议。在实务中,应当根据具体的争议问题来确定其性质及选择争议解决方式。

财政部和发改委的文件中分别对 PPP 项目合同的争议解决方式作出了概括性的规定。财政部《PPP 项目合同指南(试行)》(财金〔2014〕156 号)中第二十节"适用法律及争议解决"中规定了几种常用的争议解决的方式,即友好协商、专家裁决、诉讼和仲裁。发改委《政府和社会资本合作项目通用合同指南》(发改投资〔2014〕2724 号)第 73 条提到争议解决方式的选择,包括协商、调解、仲裁或诉讼。《基础设施和公用事业特许经营管理办法》中规定,实施机构和特许经营者就特许经营协议履行发生争议的,应当协商解决。就特许经营协议中的专业技术问题发生争议的,可以共同聘请专家或第三方机构进行调解。特许经营者认为行政机关作出具体行政行为侵犯其合法权益的,有陈述、申辩的权利,并可以依法提起行政复议或行政诉讼。

2. 争议定性

《基础设施和公用事业特许经营管理办法》第 51 条规定:"特许经营者认为行政机关作出的具体行政行为侵犯其合法权益的,有陈述、申辩的权利,并可以依法提起行政复议或者行政诉讼。"该办法中使用了"具体行政行为",表明制定该办法的国务院六部委认为因具体行政行为产生的争议与因特许经营合同本身产生的争议是有区别的。在实践中需要具体加以明确和区分,不能一概而论。基于上述分析,现对可能产生争议的具体行政行为与可能产生的民事争议划分如下:

<table>
<tr><td></td><td>争议事由</td><td>参考案例</td></tr>
<tr><td rowspan="9">行政争议</td><td>政府对项目实施机构的授权</td><td></td></tr>
<tr><td>特许经营权授权(特许经营方式、区域、范围和期限的确定)</td><td>(2013)民申字第 314 号
(2015)行监字第 2035 号</td></tr>
<tr><td>项目规划、审批</td><td>(2011)民提字第 81 号</td></tr>
<tr><td>政府对项目的监督</td><td></td></tr>
<tr><td>项目产出强制性标准</td><td></td></tr>
<tr><td>政府对项目税费优惠政策</td><td></td></tr>
<tr><td>定价机制、收费标准的确定及调整(非市场定价项目)</td><td></td></tr>
<tr><td>政府强制性提前收回特许经营权</td><td>(2016)冀 07 行初 2 号、
(2015)浙温行终字第 373 号</td></tr>
<tr><td>政府接管</td><td>(2015)民申字第 3013 号、
(2016)苏 04 行初 108 号</td></tr>
</table>

续表

	争议事由	参考案例
民事争议	特许经营协议/PPP合同效力认定	(2013)渝五中法民终字第03807号
	项目公司的经营范围、注册资本、股东出资方式、出资比例、股权转让	(2014)鄂民二终字第00111号
	项目设施权属、项目维护和更新改造	(2015)民二终字第116号
	收益取得及分配方式	
	投融资方式、期限	
	施工建设问题	
	履约担保问题	(2013)民提字第248号
	项目移交	
	违约责任	(2008)川民初字第39号、 (2017)京02民特11号
	特许经营协议/PPP合同终止、解除	
	特许经营/PPP项目终止后的补偿	(2010)粤高法民二终字第43号、 (2015)武中民初字第53号、 (2014)民二终字第40号、 (2015)民二终字第116号

3.争议解决方式选择

争议双方可以参照上表确定争议是属于民事争议还是行政争议,然后对应选择相应的争议解决方式。与其他合同争议解决方式相同,解决PPP项目合同争议的法律途径也有诉讼和仲裁两种。

(1)诉讼

根据前文分析及上表所列事项,双方当事人可以在发生因合同本身产生的民事争议时选择提起民事诉讼。在行政机关履行行政职权或者作出具体行政行为影响了社会资本方的利益时,社会资本方可以提起行政诉讼。但根据目前法院的裁判观点来看,法院对争议定性也存在不确定性,有法院直接认定为行政诉讼受案范围,也有法院直接认定为民事诉讼受案范围,而将履行行政许可、审批视为合同的一个部分。如果当事人直接依据合同的两分法定性选择诉讼方式,很可能面临法院不予受理或驳回起诉的裁判,导致诉讼时间被拉长,不利于保护当事人的权利。

因此,若当事人希望能够通过诉讼的方式解决因PPP项目合同产生的争议,建议双方当事人明确项目中可能涉及的具体行政行为,并将所涉内容以附件形式附于项目合同后。这样能够保证双方当事人因为项目合同产生的民事争议不会涉及行政诉讼问题，减少提起诉讼时是应提起行政诉讼还是应提起民事诉讼上的不确定性。

（2）仲裁

《仲裁法》第 2 条规定："平等主体的公民、法人和其他组织之间发生的合同纠纷和其他财产权益纠纷，可以仲裁。"因此，因 PPP 项目合同中产生的民事纠纷符合《仲裁法》第 2 条规定的可以仲裁的范围。若 PPP 项目合同被认定为行政协议，则双方当事人不能够采用仲裁方式解决纠纷。财政部和发改委关于 PPP 的规范性文件都将仲裁作为解决争议的一种方式。仲裁包括了国内仲裁和国际仲裁，对于外国投资者与政府方产生的纠纷，可以适用国际仲裁。由于《基础设施和公用事业特许经营管理办法》中并没有约定仲裁方式，虽然财政部和发改委都认为可以采取仲裁方式，但是，这两个部门的文件效力级别都不高。在实践当中，由于合同定性存在争议，当事人通常不会就可能发生的争议如上表一样明确列出，因此，仲裁机构有可能不会受理因 PPP 项目合同，尤其是特许经营协议而产生的纠纷。

双方当事人若希望采用仲裁的方式解决争议，应当在自愿的基础上达成仲裁协议，仲裁协议应当符合《仲裁法》的相关规定。同时双方当事人应当在仲裁协议中明确约定仲裁事项应当针对 PPP 项目合同中涉及财产问题而产生的争议。

4. 协商

由于项目合同定性的争议导致诉讼和仲裁方式适用的问题，建议双方当事人产生争议时先进行友好协商。经协商能够解决的，应当达成书面协议并作为主合同附件。

第三章 Chapter 3 PPP 模式热点问题

第一节　特许经营、政府购买服务与 PPP 模式的区别与联系

一、特许经营、政府购买服务及 PPP 模式概述

(一)特许经营概述

1. 特许经营的概念

特许经营,从字面上进行理解范围较为宽泛,包括商业特许经营(Franchise)和公用事业特许经营(Concessions)两种。

公众较为熟悉的特许经营实为商业领域的特许经营(Franchise),其概念为,特许权人与被特许人之间达成的一种合同关系。在这个关系中,特许权人以合同约定的形式,提供或有义务在诸如技术秘密和训练雇员方面维持其对专营权业务活动的利益;而被特许人获准使用由特许权人所有的或者控制的共同的商标、商号、企业形象、工作程序等,但由被特许人自己拥有或自行投资相当部分的企业。此概念下的典型例子,比如,各类品牌的加盟店,其获得了特许经营权,使用授予者的商标、形象、工作程序等,进行经营。

为与 PPP 模式等进行对比,并分析区别与联系,本书以下所指的特许经营是公用事业领域的特许经营(Concessions),而非商业特许经营。公用事业领域的特许经营的概念由来已久,其和当前热行的 PPP 模式的概念与操作模式有相似之处。特许经营的概念中也包含 PPP 模式所有的,在基础设施建设和运营之中引入社会资本,并由其提供公共产品或服务的理念。

本书所提及的特许经营(Concessions),其基本的定义为,特许经营权的受让人投资到原本属于公共部门负责的公共领域的基础设施建设、维护之中,获得公共部门(特许经营权授予人)的授权后,在特定时期内以特许经营权为基础,向使用基础设施的社会公众收取使用费用/服务费用,以此来覆盖特许经营权受让人建筑和运营、维护基础设施的成本。而上述的特定时期期满后,公共部门收回设施的

所有权[1]。

2. 特许经营的特点

特许经营的基本模式，最大的特点如其所名，为“特许”、“经营”。通过经营权的特许，政府方和社会资本方的权利、义务相较传统的政府建设模式，发生了转变。

对社会资本方来说，其从政府部门获取排他性的特许经营权，在对基础设施等公用设施进行经营过程中，向使用者收取费用以回收成本。在有政府的授权之下，可以从原先难以直接介入的基础设施及公用事业领域中找寻项目，获取利益。[2]

而对政府方来说，其特许经营的主要目的就在于通过使用者付费的原则，将原本由自己承担的建设项目中的设计、建造、运营、维护中的风险转移给社会资本，从而降低己方的风险。而在特许经营期届满之后，可回收项目的所有权，既达到了建设的目的，又转移了风险。

（二）政府购买服务概述

1. 政府购买服务的概念

政府购买公共服务，是指政府通过公开招标、定向委托、邀标等形式将原本由自身承担的公共服务转交给社会组织、企事业单位履行，并由政府根据社会组织、企事业单位提供服务的质量向其支付费用。政府以此提高公共服务供给的质量和财政资金的使用效率，改善社会治理结构，满足公众的多元化、个性化需求。

2. 政府购买服务的特点

首先，政府购买服务的主体是政府，既可以是一级政府，也可以是政府相关部门；其次，政府购买服务的客体是社会组织与企事业单位，社会组织包括社会团体、民办非企业单位、基金会等，企业包括国有企业、民营企业，事业单位同样也是政府购买公共服务的客体；最后，服务，包括公众服务与私人服务两类。公共服务不同于私人服务。一般来说，政府购买的服务可以分为两大类：一是政府机构及其工作人员自身消费的服务，二是政府机构及其工作人员为社会所提供的服务。前者属于政府内部的服务，服务对象是政府机构和政府官员自身；后者属于公共服务，服务对象是除政府以外的其他社会机构和公众。本书以下所提的政府购买服务的购买行为对象为后者。[3]

---

① 曹珊：《政府和社会资本合作（PPP）项目法律实务》，法律出版社 2016 年版，第 165 页。

② 王俊豪、陈无风：《城市公用事业特许经营相关问题比较研究》，载《经济理论与经济管理》2014 年第 8 期。

③ 崔正、王勇、魏中龙：《政府购买服务与社会组织发展的互动关系研究》，载《中国行政管理》2012 年第 8 期。

同时,在厘清政府购买服务与特许经营及 PPP 模式的区别和联系前,还需明确政府购买服务与另一相近的概念——政府采购的关系。政府购买服务是政府采购的一部分,政府遵守《政府采购法》的相关规定。根据《政府采购法》第 2 条的规定,政府采购是指各级国家机关、事业单位和团体组织,使用财政性资金采购依法制定的集中采购目录以内的或者采购限额标准以上的货物、工程和服务的行为。可见采购对象包括货物、工程和服务,其中"服务"的行为应该包括公共服务,这样,政府购买公共服务有法可依。政府购买公共服务是民营化的重要方面,民营化可界定为更多依靠民间机构,更少依赖政府来满足公众的需求。

与政府采购、政府购买服务概念相近,易混淆的还有"政府付费"的概念。"政府付费"是 PPP 模式的核心制度,是 PPP 体系中的一个名词。"政府付费"是《政府和社会资本合作模式操作指南(试行)》第 11 条中规定的,我国 PPP 模式下的项目回报机制的一种。在 PPP 模式的项目回报机制中,其与"使用者付费"、"可行性缺口补助"相并列。

(三)PPP 模式概述

1. PPP 模式的概念

政府和社会资本合作模式(PPP 模式:Public – Private – Partnership),是公共基础设施项目中的一种融资模式。在该模式下,鼓励私营企业、民营资本与政府进行合作,参与公共基础设施的建设。政府方采取竞争性方式选择具有投资、运营管理能力的社会资本方,双方按照平等协商原则订立合同。此后,由社会资本方提供公共服务,政府依据公共服务绩效评价结果向社会资本支付对价。①

在 PPP 模式下,即政府公共部门和私营企业的合作过程中,让非公共部门所掌握的资源参与到公共产品与服务的提供之中,从而实现合作各方达到比单独行动更为有利的结果。在此中,各方分担风险,并获得各自的收益。

2. PPP 模式的特点

PPP 模式,作为一种融资模式,其具有如下几大鲜明特点:第一,在 PPP 模式下,通过 PPP 项目合同框架的约束,就合同项下双方的权利、义务及其风险的约定而言,政府方和引入的社会资本方处于平等的合作关系(政府方的监督与介入部分除外)。第二,PPP 模式是实现双方目的的一种平衡方法。政府方的目的是缓解增量债务压力,消化存量债务的同时,保证公共利益最大化;社会资本方的目的是获得

---

① 陈志敏、张明、司丹:《中国的 PPP 实践:发展、模式、困境与出路》,载《国际经济评论》2015 年第 4 期。

合理的投资回报。①

二、特许经营、政府购买服务及 PPP 的区别

(一)本质区别

特许经营、政府购买服务及 PPP 的概念和特点,前文已较为详细地叙述,三者概念上的区别,通过第一章的概述可一览而悉,故此处不做赘述。以下结合相关政策文件的表述,进一步分析三者的本质区别。

《基础设施和公用事业特许经营管理办法》规定:

> 第三条　本办法所称基础设施和公用事业特许经营,是指政府采用竞争方式依法授权中华人民共和国境内外的法人或者其他组织,通过协议明确权利义务和风险分担,约定其在一定期限和范围内投资建设运营基础设施和公用事业并获得收益,提供公共产品或者公共服务。

根据上述规定,特许经营的本质是,使社会资本在原先经营受限的基础设施及公用事业领域,因获得政府的授权而得以经营的一种模式。

《政府购买服务管理办法(暂行)》规定:

> 第二条　本办法所称政府购买服务,是指通过发挥市场机制作用,把政府直接提供的一部分公共服务事项以及政府履职所需服务事项,按照一定的方式和程序,交由具备条件的社会力量和事业单位承担,并由政府根据合同约定向其支付费用。
>
> ……

根据上述规定,政府购买服务的本质是,政府付费使社会资本提供既定服务的模式,社会资本的经营范围受局限。政府购买服务的模式,本质上看重的是社会资本提供的服务,即结果,而非经营的过程。

《财政部关于推广运用政府和社会资本合作模式有关问题的通知》(财金〔2014〕76 号)规定:

> 政府和社会资本合作模式是在基础设施及公共服务领域建立的一种长期合作关系。通常模式是由社会资本承担设计、建设、运营、维护基础设施的大部分工作,并通过使用者付费及必要的政府付费获得合理投资回报

---

① 余逢伯:《新常态下 PPP 模式的机遇、挑战与对策》,载《金融论坛》2015 年第 8 期。

根据上述规定,PPP模式,本质上是一种政府方和社会资本之间,围绕基础设施及公共服务领域的建设而形成的全过程性的合作关系。这种合作关系贯穿设计、建设、运营、维护,以及最终的移交。

由此可见,政府购买服务与其余两者的本质相距最远,因其侧重的是该种模式下产生的有限领域内的结果,其并不涉及基础设施及公用事业领域的资产建设。

而特许经营的模式,无论在概念上,还是在操作模式上可以与PPP模式进行混同,但是特许经营更侧重的是过程中的授权经营本身,即关键在于社会资本获得授权,得以"解禁"。而PPP模式大框架下的具体操作模式,并不仅有特许经营一类,其还包括服务外包及私有化,故并非所有PPP项目中的社会资本方都必须获得政府方的授权。如前所述,PPP模式本质是一种政府和社会资本间的合作关系,特许经营权的授予仅是在这种合作关系下可能发生的形式之一。

抛开向公众提供更高质、高效的公共服务的公益目的,政府在实施特许经营时,更多地考虑降低过程中的风险,而政府在实施PPP模式时,更多地考虑化解债务压力的问题,关注过程中融资责任的转移。

(二)实施机构主体(授权主体)的区别

1. 特许经营的实施机构(授权主体)

《基础设施和公用事业特许经营管理办法》规定:

> 第七条　国务院发展改革、财政、国土、环保、住房城乡建设、交通运输、水利、能源、金融、安全监管等有关部门按照各自职责,负责相关领域基础设施和公用事业特许经营规章、政策制定和监督管理工作。
>
> 县级以上地方人民政府发展改革、财政、国土、环保、住房城乡建设、交通运输、水利、价格、能源、金融监管等有关部门根据职责分工,负责有关特许经营项目实施和监督管理工作。
>
> 第八条　县级以上地方人民政府应当建立各有关部门参加的基础设施和公用事业特许经营部门协调机制,负责统筹有关政策措施,并组织协调特许经营项目实施和监督管理工作。

根据上述规定,特许经营的实施机构(授权主体)是县级以上人民政府有关部门或单位。

2. 政府购买服务的实施机构(授权主体)

《政府购买服务管理办法(暂行)》规定:

> 第四条　政府购买服务的主体(以下简称购买主体)是各级行政机关

和具有行政管理职能的事业单位。

第五条　党的机关、纳入行政编制管理且经费由财政负担的群团组织向社会提供的公共服务以及履职服务，可以根据实际需要，按照本办法规定实施购买服务。

由此可见，政府购买服务的实施机构（授权主体）是各级行政机关和具有行政管理职能的事业单位、党的机关、纳入行政编制管理且经费由财政负担的群团组织。

3. PPP 模式的实施机构（授权主体）

《政府和社会资本合作模式操作指南（试行）》规定：

第十条　县级（含）以上地方人民政府可建立专门协调机制，主要负责项目评审、组织协调和检查督导等工作，实现简化审批流程、提高工作效率的目的。政府或其指定的有关职能部门或事业单位可作为项目实施机构，负责项目准备、采购、监管和移交等工作。

根据上述规定，PPP 模式的实施机构（授权主体）为县级及县级以上的地方人民政府或其指定的有关职能部门或事业单位。

（三）参与者的区别

1. 特许经营的参与者

《基础设施和公用事业特许经营管理办法》规定：

第三条　本办法所称基础设施和公用事业特许经营，是指政府采用竞争方式依法授权中华人民共和国境内外的法人或者其他组织，通过协议明确权利义务和风险分担，约定其在一定期限和范围内投资建设运营基础设施和公用事业并获得收益，提供公共产品或者公共服务。

根据上述规定，特许经营的参与者是我国境内外法人或其他组织。

2. 政府购买服务的参与者

《政府购买服务管理办法（暂行）》规定：

第六条　承接政府购买服务的主体（以下简称承接主体），包括在登记管理部门登记或经国务院批准免予登记的社会组织、按事业单位分类改革应划入公益二类或转为企业的事业单位，依法在工商管理或行业主管部门登记成立的企业、机构等社会力量。

第七条　承接主体应当具备以下条件：

（一）依法设立，具有独立承担民事责任的能力；

（二）治理结构健全，内部管理和监督制度完善；

（三）具有独立、健全的财务管理、会计核算和资产管理制度；

（四）具备提供服务所必需的设施、人员和专业技术能力；

（五）具有依法缴纳税收和社会保障资金的良好记录；

（六）前三年无重大违法记录，通过年检或按要求履行年度报告公示义务，信用状况良好，未被列入经营异常名录或者严重违法企业名单；

（七）符合国家有关政事分开、政社分开、政企分开的要求；

（八）法律、法规规定以及购买服务项目要求的其他条件。

根据上述规定，政府购买服务的参与者是，在登记管理部门登记或经国务院批准免予登记的社会组织，按事业单位分类改革应划入公益二类或转为企业的事业单位，依法在工商管理或行业主管部门登记成立的企业、机构等社会力量。

3. PPP 模式的参与者

《政府和社会资本合作模式操作指南（试行）》规定：

第二条　本指南所称社会资本是指已建立现代企业制度的境内外企业法人，但不包括本级政府所属融资平台公司及其他控股国有企业。

《关于在公共服务领域推广政府和社会资本合作模式的指导意见》规定：

（十三）……大力推动融资平台公司与政府脱钩，进行市场化改制，健全完善公司治理结构，对已经建立现代企业制度、实现市场化运营的，在其承担的地方政府债务已纳入政府财政预算、得到妥善处置并明确公告今后不再承担地方政府举债融资职能的前提下，可作为社会资本参与当地政府和社会资本合作项目，通过与政府签订合同方式，明确责权利关系。严禁融资平台公司通过保底承诺等方式参与政府和社会资本合作项目，进行变相融资。

根据上述规定，PPP 模式的参与者是，已建立现代企业制度的境内外企业法人，不包括本级政府所属融资平台公司及其他控股国有企业；已经建立现代企业制度、实现市场化运营，在其承担的地方政府债务已纳入政府财政预算、得到妥善处理并明确公告今后不再承担地方政府举债融资职能的融资平台公司可作为社会资本参与当地 PPP 项目。

（四）操作程序的区别

1. 特许经营的操作程序

《基础设施和公用事业特许经营管理办法》规定：

第十五条　实施机构根据经审定的特许经营项目实施方案，应当通过招标、竞争性谈判等竞争方式选择特许经营者。

特许经营项目建设运营标准和监管要求明确、有关领域市场竞争比较充分的，应当通过招标方式选择特许经营者。

第十六条　实施机构应当在招标或谈判文件中载明是否要求成立特许经营项目公司。

第十七条　实施机构应当公平择优选择具有相应管理经验、专业能力、融资实力以及信用状况良好的法人或者其他组织作为特许经营者。鼓励金融机构与参与竞争的法人或其他组织共同制定投融资方案。

特许经营者选择应当符合内外资准入等有关法律、行政法规规定。

依法选定的特许经营者，应当向社会公示。

第十八条　实施机构应当与依法选定的特许经营者签订特许经营协议。

需要成立项目公司的，实施机构应当与依法选定的投资人签订初步协议，约定其在规定期限内注册成立项目公司，并与项目公司签订特许经营协议。

……

根据上述规定，特许经营模式下，特许经营者的选择需通过招标、竞争性谈判等竞争方式。实施机构进行公平择优选择，并签订特许经营协议。特许经营实施的操作流程较为简单。

2. 政府购买服务的操作程序

《政府购买服务管理办法（暂行）》规定：

第十七条　购买主体应当按照政府采购法的有关规定，采用公开招标、邀请招标、竞争性谈判、单一来源采购等方式确定承接主体。

与政府购买服务相关的采购限额标准、公开招标数额标准、采购方式审核、信息公开、质疑投诉等按照政府采购相关法律制度规定执行。

第十八条　购买主体应当在购买预算下达后，根据政府采购管理要求编制政府采购实施计划，报同级政府采购监管部门备案后开展采购活动。

购买主体应当及时向社会公告购买内容、规模、对承接主体的资质要求和应提交的相关材料等相关信息。

第十九条　按规定程序确定承接主体后，购买主体应当与承接主体签订合同，并可根据服务项目的需求特点，采取购买、委托、租赁、特许经营、战略合作等形式。

合同应当明确购买服务的内容、期限、数量、质量、价格等要求,以及资金结算方式、双方的权利义务事项和违约责任等内容。

第二十条 购买主体应当加强购买合同管理,督促承接主体严格履行合同,及时了解掌握购买项目实施进度,严格按照国库集中支付管理有关规定和合同执行进度支付款项,并根据实际需求和合同规定积极帮助承接主体做好与相关政府部门、服务对象的沟通、协调。

第二十一条 承接主体应当按合同履行提供服务的义务,认真组织实施服务项目,按时完成服务项目任务,保证服务数量、质量和效果,主动接受有关部门、服务对象及社会监督,严禁转包行为。

第二十二条 承接主体完成合同约定的服务事项后,购买主体应当及时组织对履约情况进行检查验收,并依据现行财政财务管理制度加强管理。

根据上述规定,政府购买服务,属于政府采购的一部分,按照政府采购法的有关规定,政府购买服务采用公开招标、邀请招标、竞争性谈判、竞争性磋商、单一来源、询价等采购方式确定承接主体,以及执行相关的标准。并按照《政府购买服务管理办法(暂行)》的相关规定进行实施计划的编制,相关材料的提交,合同的签订、管理和履行,检查验收等相应程序。

3. PPP模式的操作程序

PPP模式合作方的选择方式包括:公开招标、邀请招标、竞争性谈判、竞争性磋商和单一来源采购。

从国家推广PPP以来,各类PPP相关政策相继出台,如《政府和社会资本合作模式操作指南(试行)》《PPP项目合同指南(试行)》《PPP物有所值评价指引(试行)》《政府和社会资本合作项目财政承受能力论证指引》等一系列的政策文件。该些文件为PPP项目操作流程做出了详细的规定。

概括而言,PPP项目的操作流程涉及五大阶段(职别阶段、准备阶段、采购阶段、执行阶段、移交阶段),具体19个步骤,并且地方政府每一年度为全部PPP项目的需要,从预算中安排的支出责任占一般公共预算支出比例应当不超过10%。这为PPP项目规范化操作提供了强有力的政策依据。

综上分析,PPP模式作为政府大力推动的新宠,配套政策较为健全,要求更为严格,操作也非常规范。特许经营及政府购买服务配套政策虽少,但适用范围较广,操作流程简单,地方自主性较强。

（五）适用范围的区别

1. 特许经营的适用范围

《基础设施和公用事业特许经营管理办法》规定：

> 第一条 为鼓励和引导社会资本参与基础设施和公用事业建设运营，提高公共服务质量和效率，保护特许经营者合法权益，保障社会公共利益和公共安全，促进经济社会持续健康发展，制定本办法。
>
> 第二条 中华人民共和国境内的能源、交通运输、水利、环境保护、市政工程等基础设施和公用事业领域的特许经营活动，适用本办法。

根据上述规定，特许经营，且为笔者所指的基础设施和公用事业领域的特许经营，其适用范围自然为包括能源、交通运输、水利、环境保护、市政工程等领域在内的基础设施和公用事业领域的活动。

2. 政府购买服务的适用范围

《政府购买服务管理办法（暂行）》规定：

> 第十四条 除法律法规另有规定外，下列服务应当纳入政府购买服务指导性目录：
>
> （一）基本公共服务。公共教育、劳动就业、人才服务、社会保险、社会救助、养老服务、儿童福利服务、残疾人服务、优抚安置、医疗卫生、人口和计划生育、住房保障、公共文化、公共体育、公共安全、公共交通运输、三农服务、环境治理、城市维护等领域适宜由社会力量承担的服务事项。
>
> （二）社会管理性服务。社区建设、社会组织建设与管理、社会工作服务、法律援助、扶贫济困、防灾救灾、人民调解、社区矫正、流动人口管理、安置帮教、志愿服务运营管理、公共公益宣传等领域适宜由社会力量承担的服务事项。
>
> （三）行业管理与协调性服务。行业职业资格和水平测试管理、行业规范、行业投诉等领域适宜由社会力量承担的服务事项。
>
> （四）技术性服务。科研和技术推广、行业规划、行业调查、行业统计分析、检验检疫检测、监测服务、会计审计服务等领域适宜由社会力量承担的服务事项。
>
> （五）政府履职所需辅助性事项。法律服务、课题研究、政策（立法）调研草拟论证、战略和政策研究、综合性规划编制、标准评价指标制定、社会调查、会议经贸活动和展览服务、监督检查、评估、绩效评价、工程服务、项

目评审、财务审计、咨询、技术业务培训、信息化建设与管理、后勤管理等领域中适宜由社会力量承担的服务事项。

（六）其他适宜由社会力量承担的服务事项。

从《政府购买服务管理办法（试行）》的立法精神角度出发，政府购买服务的适用范围，应仅包含劳动密集型、技术密集型的轻资产服务，其价值不在于产出结果，不在于资产本身，而在于产出结果代表的专业性、技术含量和劳动力结晶，是服务；相反，工程建设是资本密集型的重资产，其价值在于资产本身。因此，购买工程建设是购买的重资产，不是服务，不适用政府购买服务管理办法。也即政府购买服务中的“服务”不包含单纯的工程建设并未包括基础设施及公共服务领域的工程建设项目。

3. PPP模式的适用范围

《政府和社会资本合作项目财政管理暂行办法》规定：

第二条　本办法适用于中华人民共和国境内能源、交通运输、市政公用、农业、林业、水利、环境保护、保障性安居工程、教育、科技、文化、体育、医疗卫生、养老、旅游等公共服务领域开展的各类PPP项目。

《关于推广运用政府和社会资本合作模式有关问题的通知》规定：

（二）确定示范项目范围。适宜采用政府和社会资本合作模式的项目，具有价格调整机制相对灵活、市场化程度相对较高、投资规模相对较大、需求长期稳定等特点。各级财政部门要重点关注城市基础设施及公共服务领域，如城市供水、供暖、供气、污水和垃圾处理、保障性安居工程、地下综合管廊、轨道交通、医疗和养老服务设施等，优先选择收费定价机制透明、有稳定现金流的项目。

根据上述规定，PPP模式，作为一种政府方和社会资本之间建立的长期合作关系，主要适用于基础设施及公共服务领域。

（六）付费机制的区别

1. 特许经营的付费机制

《基础设施和公用事业特许经营管理办法》规定：

第十九条　特许经营协议根据有关法律、行政法规和国家规定，可以约定特许经营者通过向用户收费等方式取得收益。

向用户收费不足以覆盖特许经营建设、运营成本及合理收益的，可由政府提供可行性缺口补助，包括政府授予特许经营项目相关的其他开发经营权益。

第二十条　特许经营协议应当明确价格或收费的确定和调整机制。特许经营项目价格或收费应当依据相关法律、行政法规规定和特许经营协议约定予以确定和调整。

第二十一条　政府可以在特许经营协议中就防止不必要的同类竞争性项目建设、必要合理的财政补贴、有关配套公共服务和基础设施的提供等内容作出承诺，但不得承诺固定投资回报和其他法律、行政法规禁止的事项。

根据上述规定，特许经营有两种付费机制，使用者完全付费或者政府缺口性补贴；完全由政府付费的项目，不适用于特许经营。

2. 政府购买服务的付费机制

《政府购买服务管理办法（暂行）》规定：

第二十三条　政府购买服务所需资金，应当在既有财政预算中统筹安排。购买主体应当在现有财政资金安排的基础上，按规定逐步增加政府购买服务资金比例。对预算已安排资金且明确通过购买方式提供的服务项目，按相关规定执行；对预算已安排资金但尚未明确通过购买方式提供的服务项目，可以根据实际情况转为通过政府购买服务方式实施。

根据上述规定，政府购买服务的付费机制为政府付费，由政府财政预算承担。

3. PPP 模式的付费机制

根据《PPP 项目合同指南（试行）》的指引，付费机制是政府和社会资本合作的重要基础，关系 PPP 项目的风险分配和收益回报，是 PPP 项目合同中最为关键的条款。根据 PPP 项目的行业、运作方式及具体情况的不同，需要设置不同的付费机制。常见的付费机制主要包括政府付费、使用者付费和可行性缺口补助三种。

（七）法律关系的区别

1. 特许经营的法律关系

2015 年 5 月 1 日生效的《行政诉讼法》规定：

第十二条　人民法院受理公民、法人或者其他组织提起的下列诉讼：

……

（十一）认为行政机关不依法履行、未按照约定履行或者违法变更、解除政府特许经营协议、土地房屋征收补偿协议等协议的；

……

根据上述规定，特许经营协议的履行、变更及解除被划入了行政诉讼的受案范围。

2015年4月发布的《最高人民法院关于适用〈中华人民共和国行政诉讼法〉若干问题的解释》规定：

第十一条 行政机关为实现公共利益或者行政管理目标，在法定职责范围内，与公民、法人或者其他组织协商订立的具有行政法上权利义务内容的协议，属于行政诉讼法第十二条第一款第十一项规定的行政协议。

公民、法人或者其他组织就下列行政协议提起行政诉讼的，人民法院应当依法受理：

（一）政府特许经营协议；

（二）土地、房屋等征收征用补偿协议；

（三）其他行政协议。

根据上述规定，进一步明确，特许经营协议属于行政协议，属于行政诉讼的受案范围。①

2. 政府购买服务的法律关系

政府购买服务的法律关系一直以来都备受争议，笔者认为，政府购买服务，这一归属于政府采购范畴的模式，其适用《政府采购法》，其法律关系的双方看似更多地具有民事性质，本质上仍属于行政关系。但是，其中形成的政府购买服务的相关合同适用《合同法》。

依据为《政府采购法》的规定：

第四十三条 政府采购合同适用合同法。采购人和供应商之间的权利和义务，应当按照平等、自愿的原则以合同方式约定。

采购人可以委托采购代理机构代表其与供应商签订政府采购合同。由采购代理机构以采购人名义签订合同的，应当提交采购人的授权委托书，作为合同附件。

根据上述规定，政府购买服务的相关合同在外观上具备民事合同的一般特征，但政府在进行服务购买的同时，将原本由自身承担的公共服务转交给社会组织、企事业单位履行，并对社会组织或企事业单位提供的服务质量进行监督，因此，有特

---

① 冉洁：《试析市政公用事业特许经营合同的法律性质》，载《城乡建设》2008年第4期。

权的部分授予的成分。在采购人和供应商的角色扮演上,政府方和社会资本方是民事合同关系。但在监督层面,是行政管理关系。在政府购买服务过程中,根据引发纠纷的行为性质的不同,适用涉及的不同的法律关系。①

3. PPP 模式的法律关系

PPP 模式适用《政府采购法》。《政府采购法》第 43 条第 1 款规定:“政府采购合同适用合同法。采购人和供应商之间的权利和义务,应当按照平等、自愿的原则以合同方式约定。”第 79 条规定:“政府采购当事人有本法第七十一条、第七十二条、第七十七条违法行为之一,给他人造成损失的,并应依照有关民事法律规定承担民事责任。”

《政府和社会资本合作模式操作指南(试行)》(财金〔2014〕113 号)规定 PPP 项目纠纷可以进行仲裁,并认为 PPP 项目中政府和社会投资人是平等的民事法律关系。②

三、特许经营、政府购买服务及 PPP 模式的联系

(一)三者的联系概述

国际上普遍认为 PPP 模式有两种基本类型,即使用者付费类特许经营 PPP 模式和政府付费类购买服务 PPP 模式。我国 2016 年 7 月 18 日印发了《关于深化投融资体制改革的意见》,其中有关于 PPP 模式的表述,也意味着中央层面首次正式将 PPP 划分为“特许经营”和“政府购买服务”两个类型。两种 PPP 模式的主要区别,在于回收项目建设投资和运营成本的方式不同。对于使用者付费类 PPP 模式,要求采用特许经营方式,向项目产品和服务使用者收取费用,用以回收项目建设和运营成本。对于政府购买服务类 PPP 项目,则通过政府向项目提供的公共服务支付购买费用来回收私人部门的前期建设投资及运营费用。两种模式的相同之处是,都偏向于由私人部门来负担项目的建设投资,政府退出项目初始投资,仅根据项目运营绩效进行补贴或购买服务。

1. 本质上的联系

特许经营、政府购买服务及 PPP 模式本质上最为直观的联系是,三者都是公共产品提供的一种方式,都是政府方通过社会资本来提供公共产品的模式。三类模式中,政府方都有部分特定权利在特定时期内的授予。

---

① 魏中龙、巩丽伟、王小艺:《政府购买服务运行机制研究》,载《北京工商大学学报》(社会科学版)2011 年第 3 期。

② 查勇、梁云凤:《在公用事业领域推行 PPP 模式研究》,载《中央财经大学学报》2015 年第 5 期。

2. 实施目的上的联系

三者的实施目的很相近,都是降低公共产品的供给成本,提高公共服务的供给效率,提高公共预算资金的使用效率。都需要通过加强政府监督、管理和绩效考核,有助于政府的职能转变。

3. 实施机构主体(授权主体)的联系

根据《基础设施和公用事业特许经营管理办法》第7条,《政府购买服务管理办法(暂行)》第4条、第5条、第6条、第7条,以及《政府和社会资本合作模式操作指南(试行)》第10条的相关规定,三者的实施机构(授权主体)都是政府方的公共部门,准确来讲,都包括了县级以上的人民政府及政府相关部门。

4. 参与者的联系

根据《基础设施和公用事业特许经营管理办法》第3条,《政府购买服务管理办法(暂行)》第6条、第7条,《政府和社会资本合作模式操作指南(试行)》第2条,以及《关于在公共服务领域推广政府和社会资本合作模式的指导意见》第13条的相关规定,三者的参与者,即社会资本方,都包括在我国境内外设立的企业法人。但不包括本级政府所属融资平台公司及其他控股国有企业。

5. 操作模式上的联系

根据《基础设施和公用事业特许经营管理办法》第15条、第16条、第17条、第18条,《政府购买服务管理办法(暂行)》第17条、第18条、第19条、第20条、第21条、第22条,以及《政府和社会资本合作模式操作指南(试行)》《PPP项目合同指南(试行)》《PPP物有所值评价指引(试行)》《政府和社会资本合作项目财政承受能力论证指引》等PPP政策文件的相关规定,特许经营和政府购买服务又是PPP模式的两种具体操作方式,三者都需要引入市场竞争机制,需要公开透明运作,都需要通过合同来明确双方的权利义务。

(二)特许经营与PPP模式的联系

总体而言,特许经营是PPP模式下的具体操作方式之一。

1. 域外对两者关系的认识

从域外的理论及实践经验来看,强调PPP概念的英国等英美法系国家,将PPP视为一种比较灵活的制度安排,其具体形式可以是多样化的。PPP模式包括公共和私营部门不同程度的合作关系,如租赁、特许经营等。世界银行也将PPP模式分为三类:第一类为外包类,包括模块式外包和整体式外包等;第二类为特许经营类,包括移交—运营—移交(TOT)、建设—运营—移交(BOT)等;第三类为私有化类,包括完全私有化和部分私有化等。20世纪80年代初期,英国撒切尔夫人上台后在电信、煤气、自来水、电力和铁路运输领域进行了大规模的放松规制和私有化运动，后来逐渐形成 PFI 计划。但由于缺乏完善的制度框架和管理方式，私人资本投资基础设施带来了高昂的公共服务价格、超额的利润等问题，英国因此也将 PFI 改进为 PFII，加强了政府的参与，政府付费成为主流。PFI 其实就是欧洲特许经营制度的主要借鉴对象之一，因此，在英国特许经营被视为 PPP 模式的一种，但目前并没有广泛应用。强调特许经营概念的法国等大陆法系国家，一方面在建立特许经营制度时本身就借鉴了英国 PFI 的经验，另一方面在立法上也与欧盟保持一致，将特许经营列为 PPP 的一种。2014 年，欧盟专门出台了关于特许经营合同授予程序的指令，并把政府特许经营作为 PPP 的一种主要形式。作为欧盟主要成员国的德国和法国，不仅是大陆法系的典范，同时也率先转换了欧盟指令，并把政府特许经营作为 PPP 的一种具体形式运用于国内法。①

2. 国内对两者关系的认识

从国内的规定和实践层面来看，发改委及财政部对特许经营及 PPP 模式的关系的认识有过摇摆的过程。

此前，发改委在 PPP 与特许经营关系上一直十分模糊，曾经有发改委司级领导在讲话中提到要把 PPP 立法纳入特许经营立法中。而财政部这边则是少有发声，但也曾主张特许经营是新设行政许可，不符合 PPP 平等合作的精神，不是 PPP 模式的成分。②

但此后，财政部也有改口的迹象，认为特许经营是 PPP 模式的一种。如《财政部关于在公共服务领域深入推进政府和社会资本合作工作的通知》规定：

> 九、简政放权释放市场主体潜力。各级财政部门要联合有关部门，加强项目前期立项程序与 PPP 模式操作流程的优化与衔接，进一步减少行政审批环节。对于涉及工程建设、设备采购或服务外包的 PPP 项目，已经依据政府采购法选定社会资本合作方的，合作方依法能够自行建设、生产或者提供服务的，按照《招标投标法实施条例》第九条规定，合作方可以不再进行招标。

《招标投标法实施条例》第 9 条也有相关规定：

> 第九条　除招标投标法第六十六条规定的可以不进行招标的特殊情况外，有下列情形之一的，可以不进行招标：
>
> ……

① 李明超、章志远：《公用事业特许经营监管机构模式研究》，载《学习论坛》2011 年第 3 期。

② 石绍斌：《我国公用事业特许经营相关问题研究》，载《社会科学研究》2012 年第 1 期。

（三）已通过招标方式选定的特许经营项目投资人依法能够自行建设、生产或者提供；

……

招标人为适用前款规定弄虚作假的，属于招标投标法第四条规定的规避招标。

根据上述规定，已通过招标方式选定的特许经营项目投资人依法能够自行建设、生产或者提供，可以不再招标。这一指向性就说明财政部也认可了特许经营是PPP 的一种。

发改委的认识也逐渐改变，且开始与财政部统一。尽管发改委早期曾联合其他部门出台过《基础设施和公用事业特许经营管理办法》，但随着 PPP 模式的兴起，发改委的文件中也更多地指向 PPP 而非特许经营，并且也认同了特许经营是 PPP 模式一种。如 2016 年 10 月 24 日发改委发布的《传统基础设施领域实施政府和社会资本合作项目工作导则》规定：

第三条　实施方式

政府和社会资本合作模式主要包括特许经营和政府购买服务两类。新建项目优先采用建设—运营—移交（BOT）、建设—拥有—运营—移交（BOOT）、设计—建设—融资—运营—移交（DBFOT）、建设—拥有—运营（BOO）等方式。存量项目优先采用改建—运营—移交（ROT）方式。同时，各地区可根据当地实际情况及项目特点，积极探索、大胆创新，灵活运用多种方式，切实提高项目运作效率。

该导则第 3 条明确指出“政府和社会资本合作模式主要包括特许经营和政府购买服务两类”。这也体现了发改委对特许经营和 PPP 模式关系上的认识与态度的转变。

（三）政府购买服务与 PPP 模式的联系

1. 财政部对两者关系的认识

财政部《关于推广运用政府和社会资本合作模式有关问题的通知》规定：

（三）推广运用政府和社会资本合作模式，是深化财税体制改革、构建现代财政制度的重要内容。根据财税体制改革要求，现代财政制度的重要内容之一是建立跨年度预算平衡机制、实行中期财政规划管理、编制完整体现政府资产负债状况的综合财务报告等。政府和社会资本合作模式的实质是政府购买服务，要求从以往单一年度的预算收支管理，逐步转向强化中长期财政规划，这与深化财税体制改革的方向和目标高度一致。

其中指出“政府和社会资本合作模式的实质是政府购买服务”，基于对该条文的理解，财政部 PPP 模式的态度更倾向于政府购买服务的一种表现形式。

但是，《财政部关于对地方政府债务实行限额管理的实施意见》（财预〔2015〕225 号）将政府购买服务和 PPP 模式并列为两种不同的制度措施，同时，财政部《政府购买服务管理办法（暂行）》（财综〔2014〕96 号）对政府购买服务应该遵循的原则、购买主体和承接主体、购买内容、购买方式和程序、预算及财务管理、绩效和监督管理均作出了规定，是可以自成体系的一套操作流程。

由此可见，财政部对政府购买服务和 PPP 模式的界定并不清晰，在没有出台具体的政策明确 PPP 模式与政府购买服务的区别和联系之前，采用政府购买服务方式实施基础设施类项目存在一定的制度风险。

2. 笔者观点

政府购买服务、PPP 模式是政府动员社会力量提供公共服务的两种主要方式。两者都体现了理顺政府与市场关系，加快转变政府职能，充分发挥市场在资源配置中的决定性作用。两者在财政支出责任及财政预算管理方面都体现了公共服务资金收支“阳光化、规范化”的发展方向。

PPP 模式主要包括特许经营和政府购买服务两类。《政府购买服务管理办法（暂行）》规定：

> 第二条　本办法所称政府购买服务，是指通过发挥市场机制作用，把政府直接提供的一部分公共服务事项以及政府履职所需服务事项，按照一定的方式和程序，交由具备条件的社会力量和事业单位承担，并由政府根据合同约定向其支付费用。
>
> ……

政府购买服务是指“通过发挥市场机制作用，把政府直接提供的一部分公共服务事项以及政府履职所需服务事项，按照一定的方式和程序，交由具备条件的社会力量和事业单位承担，并由政府根据合同约定向其支付费用”。由此看来，政府购买服务与 PPP 模式之间存在交集，即政府付费购买的社会力量所承担的公共服务，具体涉及领域包括养老服务、医疗卫生、住房保障、公共文化、公共体育、公共交通运输、环境治理、城市维护等。

在实务操作中，根据适用对象和实施程序要求，政府购买服务通常分为两种：一种是 PPP 型政府购买服务，另一种是非 PPP 型政府购买服务。这两种模式的差别在于，前者适用条件是公共服务、项目规模较大、范围涉及工程，依据财金 113 号文,必须要通过财政承受能力和物有所值论证;而后者通常不具备这些条件,且依据财政部《政府购买服务管理办法(暂行)》,程序上不要求通过两个论证。PPP 与政府购买服务之间虽然区别明显,但也相互包含,两者存在交集,其交集既可称为政府付费类购买服务 PPP 模式,又可称为 PPP 型政府购买服务。

第二节　PPP 项目与违法垄断行为——基于华衍水务滥用市场支配地位案例分析

一、案情简介及 PPP 反垄断现状

2017 年 2 月 7 日,国家工商总局公布了江苏省工商行政管理局对吴江华衍水务有限公司滥用市场支配地位案的处罚决定书。执法机关认定:本案当事人通过原吴江市人民政府的授权,获得吴江区域的供水特许独家经营权,经营期限 30 年,是吴江区所辖区域范围唯一的供水特许经营者,当事人在供水经营中,利用其在吴江区范围内公共自来水供水服务的支配地位,明示或暗示房地产开发企业将给水安装工程、二次供水工程、接水装表工程等交由其全资子公司吴江华衍建筑工程安装有限公司或其指定的企业施工;对供水工程所需的水表、管材等主要材料和设备,要求房地产开发企业、施工单位必须使用当事人提供或指定的品牌、厂商。当事人在交易过程中附加的上述不合理交易条件,使房地产开发企业在供水工程施工单位的选择、材料设备的采购等方面没有自主选择权,破坏了公平竞争的市场秩序,违反了《反垄断法》第 17 条第 1 款第 5 项的禁止性规定,根据《反垄断法》第 47 条之规定,决定责令当事人停止违法行为,并处以 2014 年度销售额 306,134,558.39 元 7% 的罚款,计 21,429,419.08 元。①

该公用事业项目本身具有自然垄断属性,一旦企业获得某类公共产品或服务的特许经营权,该企业则成为一定区域范围内特定产品或服务的垄断经营者,可实现规模经济下的生产效率。社会资本一般通过与政府部门签署合同获得特许经营权,进而在某一区域的公共产品市场上获得市场垄断地位。垄断地位保证了项目的投资回报,但滥用垄断地位将面临巨大法律和经营风险。PPP 项目中的反垄断风险应引起项目各方的高度关注。公用事业因为关系民生,执法机关将一直保持高压监管态势,严厉打击滥用市场支配地位的行为,以维护公平有序的市场竞争秩

① 张鑫、唐璐:《江苏吴江华衍水务"滥用市场支配地位"被罚两千万》,载人民网江苏频道,2017 年 9 月 10 日访问。

序,保护消费者的合法权益。

目前其他公开的处罚案例还包括:

2017 年 1 月,国家工商总局公布,国网山东省电力公司烟台市牟平区供电公司因为在组织建设新建住宅小区供配电工程时,将 9 家新建住宅小区临时用电工程交由其关联企业山东恒源电力有限公司进行施工,而被山东省工商局实施反垄断调查。

2016 年 11 月,宿迁银控自来水有限公司因在住宅小区给水安装等工程中指定交易相对人的行为,被江苏省工商局认定为限定交易的滥用市场支配地位行为,没收违法所得 3,665,347.08 元,并处上一年度销售额 3% 的罚款 1,835,071.66 元,罚没款共计 5,500,418.74 元。

2016 年 10 月,乌鲁木齐水业集团有限公司因在新、改、扩建供水接装业务过程中,要求用户单位必须选用其确定厂家的水表,被新疆工商局认定为限定交易的滥用市场支配地位行为,处以 2013 年度销售额 1% 的罚款,计 149.3891 万元。

2016 年 3 月,青岛新奥新城燃气有限公司因以“不能保障稳定供气”等条件强制向工商业户收取“预付气费款”,被山东省工商局认定为附加不合理交易条件的滥用市场支配地位行为,被没收违法所得 52,308.49 元,并处以 2013 年度相关市场销售额 3% 的罚款 6,818,533.79 元。①

二、PPP 模式的垄断属性

无论财政部、发改委对于 PPP 及特许经营如何进行定义与区分,我们认为只要符合如下三个要求就应该符合 PPP 的本质特征。即提供公共服务,与政府部门共担风险,着眼于提高公共产品供给的数量与质量。而无论是 PPP 项目还是特许经营项目,都需要通过政府的协助或行政特许,在一定地域范围内提供特定的公共产品或公共服务,而这就为 PPP 项目带来了与生俱来的垄断属性。

《国家发展改革委关于开展政府和社会资本合作的指导意见》(发改投资〔2014〕2724 号)在经营性 PPP 项目操作模式部分指出:“对于具有明确的收费基础,并且经营收费能够完全覆盖投资成本的项目,可通过政府授予特许经营权,采用建设—运营—移交(BOT)、建设—拥有—运营—移交(BOOT)等模式推进。要依法放开相关项目的建设、运营市场,积极推动自然垄断行业逐步实行特许经营”。

2724 号文件将应当向市场放开特许经营的行业定义为自然垄断行业。为了进

① 安勇刚、刘敬霞:《2000 余万罚款敲响 PPP 项目反垄断警钟》,载中国水网,2017 年 9 月 10 日访问。

一步探讨需要了解下垄断这个概念的经济学含义与分类。经济学中将垄断分为自然垄断、经济垄断、行政垄断。传统意义上的自然垄断则与规模经济紧密相连,指一个企业能以低于两个或者更多的企业成本为整个市场供给一种物品或者劳务,如果相关产量范围存在规模经济时自然垄断就产生了。只要由单一企业垄断市场的企业经营成本与社会成本都是最低的,该行业就是自然垄断行业。由此可见,只要是符合自然垄断定义的行业也适合由政府将之特许给一个由社会资本投资的企业进行经营,以此作为引进社会资本打破公共产业计划经济垄断格局的基本突破口,并在价格约束体制的保驾护航下,进一步推动政企分开,使PPP模式成为转变整个公共产品供应方式的国策之一。

同时,PPP项目通常投资大,期限长,很多PPP项目合同都会约定独占或排他条款,以维持项目收益的可预期性。比如政府许诺多少年内不在同一线路边再建设平行道路,一定区域内不再建设横跨同一河流的桥梁等。可以视这类项目为因PPP合同而出现的行政性垄断。

《反垄断法》第7条规定:"国有经济占控制地位的关系国民经济命脉和国家安全的行业以及依法实行专营专卖的行业,国家对其经营者的合法经营活动予以保护,并对经营者的经营行为及其商品和服务的价格依法实施监管和调控,维护消费者利益,促进技术进步。前款规定行业的经营者应当依法经营,诚实守信,严格自律,接受社会公众的监督,不得利用其控制地位或者专营专卖地位损害消费者利益。"即《反垄断法》要求具有合法垄断地位的企业在经营中承担诚实经营义务,接受商品和服务的价格监管,不得滥用控制地位损害消费者权利。

让我们回到华衍水务的案例,值得警醒之处在于,当我们寄希望于利用PPP模式打破公共产品领域的低效垄断,努力使公共产品市场远离行政权力寻租时,被寄予厚望、代表着先进理念的社会资本又迅速沦落为一个"行政单位"。逐利而生的资本一旦拥有了垄断地位,就像屠龙的骑士站在了恶龙的财富上,渐渐生出了鳞片和利爪,成为又一只守护财富的恶龙。

三、PPP模式垄断的表现形式

任何社会都无法克制资本追求垄断的欲望,标准石油公司在1911年被美国联邦最高法院拆解前,已经是世界上最大的石油公司和主要的托拉斯,控制了北美90%的石油市场。时至今日,当时继承标准石油的数家公司又逐步通过长期的合并、重组,渐渐控制了绝大部分市场份额。垄断的列车,即使面对最严厉的市场监管和最自由的竞争环境也不会有所懈怠。

当代中国,行政监管、合同手段应该成为控制PPP项目违法垄断行为的两种主要手段。为了在PPP合同中规定违法垄断行为的反制措施,从源头规避垄断行为的发生,应当研究并罗列出在各领域的PPP项目中,违法垄断行为的具体表现形式。笔者认为在一般公共产品领域主要表现为以下四个方面。

1. 项目公司或其关联公司利用市场支配地位,损害消费者或其他经营者利益

《反垄断法》第17条规定:"禁止具有市场支配地位的经营者从事下列滥用市场支配地位的行为:(一)以不公平的高价销售商品或者以不公平的低价购买商品;(二)没有正当理由,以低于成本的价格销售商品;(三)没有正当理由,拒绝与交易相对人进行交易;(四)没有正当理由,限定交易相对人只能与其进行交易或者只能与其指定的经营者进行交易;(五)没有正当理由搭售商品,或者在交易时附加其他不合理的交易条件;(六)没有正当理由,对条件相同的交易相对人在交易价格等交易条件上实行差别待遇;(七)国务院反垄断执法机构认定的其他滥用市场支配地位的行为。"

一般提供公共产品或服务的PPP项目合同,都会明确产品价格由物价局进行审定并约定调价公式作为合同的主要条款之一,价格按年调价的公式和参数的选用标准都会进行明确的选定。原则上,项目公司无法控制销售产品的市场价格。但是,必须防止无法赚取更多利润的社会资本利用市场控制地位进行搭售,限定交易,或者通过在交易条件上进行差别待遇。尤其是所获得的其他收益一般不会划入项目公司账下,而是由其核心管理团队、股东公司、其他关联公司获得。所以,看似项目公司只是在艰难经营,但其实际控制人却已获得了高额利益。

2. 各项目公司或其关联公司通过垄断协议控制商品价格、限定交易

在销售价格无法随意调整的情况下,应当防止一定范围内的PPP项目公司通过辛迪加的组织形式,签订共同的采购协议而形成的企业同盟。PPP模式下,近似领域的PPP社会资本可能通过签订共同采购原材料或服务的协议来协调价格,从而获得垄断利润。目前PPP在基础设施领域普遍开花的情况下,部分地区的大部分在建市政工程可能均采用了PPP模式,如果社会资本达成采购垄断协议,将会加剧当地建筑行业及材料行业地位不平衡现状。

3. 达到申报标准的,不经过法律规定的程序达成经营者集中

在国外的基础设施及公共服务领域,普遍存在几个大型公司共同垄断一个行业的局面,并以供水、供电、电信等领域最为集中。和记黄埔前段时期在英国的并购行为即是此方面现状的集中体现。公共领域的寡头垄断有利于增加规模经济,降低运营成本,提高产品与服务质量。而公用事业领域私营化、寡头化的趋势也被我国政府慢慢接受。但行业整合的过程应接受行政及相关法律的约束及调整,根据《反垄断法》第21条的规定,符合国务院申报条件的经营者集中,应当按照相关法

律法规的要求进行申报,未申报的不得集中。

《反垄断法》第 20 条将经营者集中规定为下列情形:(1)经营者合并;(2)经营者通过取得股权或者资产的方式取得对其他经营者的控制权;(3)经营者通过合同等方式取得对其他经营者的控制权或者能够对其他经营者施加决定性影响。

在目前的社会环境及招投标法律调整下,PPP 社会资本方普遍由国有大型建筑企业或国有金融机构承担。建筑企业在获得相应的施工利润后,倾向于尽快退出项目公司的股权。在这一背景下,为存在垄断意图的企业以低价大量获得项目资产,最终形成垄断地位创造了得天独厚的条件。通过复杂的资本运作,大型资本可能在几年的时间内完成特定领域内的资产布局,其结果甚至可能威胁国民经济的正常运行。

组织形式方面,社会资本可能通过托拉斯或康采恩的组织形式达成垄断地位。托拉斯是由生产同类产品或相关产品的企业联合组成的一种股份公司。参加托拉斯的企业不再是法人,由托拉斯对原企业实行产、供、销、人、财、物的统一管理,原企业所有者成为托拉斯的股东,按股份分得利润。康采恩是由工业、商业、运输、金融、保险等不同经济部门中的企业联合组成的垄断组织。参加康采恩的企业虽在形式上保持各自的独立性,但实际上已被银行或其中资本雄厚的大企业所控制,体现了金融资本和工业资本相结合的进程。历史上,有大量企业通过这两种方式迅速完成了对整个行业的垄断。目前,在我国 PPP 进程中,该事态已经初现端倪,应当引起行政监管部门的高度关注,而不仅仅是查处几个具体的违法行为。

另外,以合资形式实施的公用事业 PPP 项目,如果合资各方对项目具有共同控制,将被视为《反垄断法》意义上的经营者集中行为,如果各方的营业额达到经营者集中的申报标准,则在实施前,需报商务部进行反垄断审查。如果不进行经营者集中申报,将可能被责令停止实施集中、限期处分股份或者资产、限期转让营业以及采取其他必要措施恢复到集中前的状态,并处或单处 50 万元以下罚款。

4. 滥用行政权力限制、排除竞争的行为

无论是 PPP 还是任何其他的模式,只要存在公权力与社会资本的交叉,就可能存在利益交换与利益输送。这主要存在于招投标过程中通过各种私下操作,通过行政权力限制、排除竞争,也包括在项目实施过程中,对各种违法垄断从而赚取超额利润的行为视而不见,甚至通过代持入股等方式直接获得收益。

根据《反垄断法》的规定,作为公用事业 PPP 项目的当事人一方,项目实施机构及法律法规授权的具有管理公共事务职能的组织,需要避免在授予独家经营权时实施《反垄断法》所禁止的滥用行政权力行为,不应以设定歧视性资质要求、评审标准或者不依法发布信息等方式,排斥或者限制外地经营者参加本地 PPP 项目招标、投标活动，不得歧视对待外地经营者；政府机关亦不应为了保证项目盈利，强迫或协助项目方实施垄断行为。

根据《国务院关于在市场体系建设中建立公平竞争审查制度的意见》（国发〔2016〕34 号）的规定，PPP 项目所涉及的政府机关亦不得设置不合理和歧视性的准入和退出条件，不得未经公平竞争授予经营者特许经营权，不得设置没有法律法规依据的审批或者事前备案程序，不得对市场准入负面清单以外的行业、领域、业务等设置审批程序，不得违法给予特定经营者优惠政策，不得超越定价权限进行政府定价，等等。

四、PPP 项目如何防止社会资本滥用市场支配地位

（一）实施机构的反垄断监管责任

对于项目公司在项目实施过程中的违法垄断行为，不仅应当由国务院规定的承担反垄断执法职责的机构承担监管责任，项目实施机构也应承担不可推卸的监督责任。基于 PPP 合同风险共担的原则，因违反《反垄断法》而造成的罚款或没收违法所得的损失由项目公司承担，但对于项目实施机构而言，无疑承担着更大的行政责任与舆论风险。所以实施机构应当在 PPP 项目的准备阶段即对项目公司在目标市场可能的违法垄断行为进行预估，并在合同中加以预防，在操作过程中加以控制。

（二）促进潜在社会资本的良性竞争

要做到最大限度吸引社会资本参与 PPP 项目，公平、公开、诚实、高效实乃最佳办法。公共部门在公平竞争的基础上应尽可能地创造让社会资本之间竞争的机会：第一，公共部门可以按地域或者职能领域的标准，在保证每个合同所管辖服务区域仍具有一定经济规模的基础上，把项目合同分为总额适量的小合同，尽可能地吸引更多的社会资本参与 PPP 项目。第二，公共部门适当保持签约分散化，避免过分依赖部分社会资本，并设定一定比例，鼓励符合资质但未中标的社会资本再次参与投标。第三，对投标的社会资本制定较低的签约总数上限，避免 PPP 项目过度集中而产生对部分社会资本的过分依赖。第四，公平处理问题，及时支付，使社会资本即使不滥用市场垄断地位也能保持一定的利润率。

（三）价格规制

价格规制是用来规制公用事业 PPP 项目中可能产生的垄断价格行为。这要求有适当的法律和机构来设定和调整价格，包括依据物价指数等设立价格自动调整

公式。价格规制可以成本为基础,也可以采取公式限价的形式。利润率控制通常在审查核实企业全部成本的基础上,规制批准一个价格,以保证企业投入的资本有一个可接受但非垄断的回报率。而公式限价法采用通货膨胀率减去固定比率的方法,确定价格的增长幅度。这种方法会预先设定以后一段时间的价格,在此期间,经营者可获得因生产率提高而带来的收益,消费者也会从中受益。PPP合同中还可以将价格行政管理部门的审批作为价格调整依据的兜底条款。

(四)充分利用公共部门一票否决权

黄金股是指持有很少(如1%)股权的政府股东对公司重大事项(如重新出售企业、出售企业资产、关闭企业、改变经营业务)具有否决权。公共部门可通过向项目公司委派董事,通过合同约定该股东在涉及公共利益及其他重要事项的表决中拥有一票否决权,以防止项目公司实施损害竞争对手、消费者利益的垄断行为。在社会资本的退出机制上,公共部门可以通过把握一票否决权,防止该目标市场的经营者过度集中,以起到良好的微观调控作用。

(五)介入权

创设介入权应当是抑制社会资本垄断行为最高效的方式。若项目公司危及公共安全、重大公共利益及法律法规规定或PPP项目协议约定的其他情节严重情形时,可以由债权人申请,由实施机构实施介入权,或是由实施机构直接实施介入权。在《政府和社会资本合作模式操作指南(试行)》首次提出了融资机构介入权的概念,在财政部《PPP项目合同指南(试行)》中提出了公共部门的介入权。

在实施机构介入期间,实施机构或其代理人负责设施的运营。实施机关行使介入权而发生费用的承担问题因介入原因不同在项目协议中作不同的明确约定。

应当看到,项目实施机构并非《反垄断法》规定的反垄断执法行政机构,没有资格认定项目公司违反《反垄断法》,同时,滥用市场支配地位的认定也相当困难,也就很难在PPP项目合同中将项目公司涉嫌违法反垄断法作为违约条款进行处罚。此时,合理设置介入条款,适时地使用介入权可以作为公共部门控制此项风险的必要手段。同时,即使最终项目公司被反垄断行政管理部门认定为违法,公共部门也可以证明自己已经尽到了监管责任,提早发现了问题,并且阻止了违法后果的扩大。

另外,《反垄断法》第45条规定,对反垄断执法机构调查的涉嫌垄断行为,被调查的经营者承诺在反垄断执法机构认可的期限内采取具体措施消除该行为后果的，反垄断执法机构可以决定中止调查。中止调查的决定应当载明被调查的经营者承诺的具体内容。由此可以看到，如果公共部门在调查开始时就行使了介入权，积极配合调查机构消除违法行为的后果，反垄断机构就可以决定中止调查，完全化解风险发生的可能。

五、经营者违法垄断行为的法律责任

（一）违法垄断行为行政性罚款

《反垄断法》第 46 条对实施垄断协议的法律责任、第 47 条对经营者滥用市场支配地位的法律责任作出了规定。经营者达成并实施垄断协议的，由反垄断执法机构责令停止违法行为，没收违法所得，并处上一年度销售额 1% 以上 10% 以下的罚款；经营者违反本法规定，滥用市场支配地位的，由反垄断执法机构责令停止违法行为，没收违法所得，并处上一年度销售额 1% 以上 10% 以下的罚款。

由于没有明确认定违法所得和确定罚款的具体方法，我国现行法律并未对其内涵和外延进行明确的规定，2016 年 6 月，国家发改委公布《关于认定经营者垄断行为违法所得和确定罚款的指南》（征求意见稿），此次指南将为反垄断中的违法所得、罚款的界定提供指导。

对于认定的步骤，该征求意见稿第 16 条规定，反垄断执法机构分三步确定对经营者的罚款："第一步，确定违法经营者的上一年度销售额；第二步，考虑违法行为性质和持续时间确定基础罚款比例；第三步，考虑其他从重、从轻、减轻因素对基础罚款比例进行调整，并根据违法行为的程度进行调整，确定最终罚款比例，据此计算出罚款数额"。

不同类型的垄断协议目的不同，排除、限制竞争的效果不同，因此，该征求意见稿通过区分不同垄断协议违法性质来确定处罚比例。对于经营者实施《反垄断法》第 13 条第 1、2、3 项所禁止的垄断协议，固定或者变更商品价格、限制商品的生产数量或者销售数量、分割销售市场或者原材料采购市场，反垄断执法机构确定初始罚款比例为 3%。主要是因为这些垄断协议往往以排除、限制竞争为目的，对竞争损害最大，几乎不会有促进竞争的效果、不会使消费者分享由此产生的利益。对于经营者实施《反垄断法》第 13 条第 4、5、6 项所禁止的垄断协议，反垄断执法机构确定初始罚款比例为 2%。对于经营者实施《反垄断法》第 14 条所禁止的垄断协议，初始罚款比例为 1%。

征求意见稿还专门列出了违法所得的几种特殊情形，比如，经营者违反《反垄断法》第 17 条的规定，交易时在价格之外附加不合理费用的，以所收取的全部不合理费用作为违法所得。经营者违反《反垄断法》第 17 条的规定，对条件相同的交易相对人在交易价格等交易条件上实行差别待遇的，以条件相同的交易相对人中最低买价或最高卖价为对照价格。

征求意见稿对认定处罚标准给予了公式化的计算方法，虽然反垄断行政主管部门仍保留了比较大的自由裁量权，但仍给予了市场足够的心理预期。

（二）反垄断民事赔偿责任

《反垄断法》自 2008 年实施以来，已经对奶粉、黄金、进口医疗器械、通信芯片等多个领域的企业开出了巨额罚单。但是，现在垄断违法成本还是太低，从目前《反垄断法》的实施情况看，罚款似乎成为违法垄断行为最主要甚至唯一的违法成本。比如老凤祥 2013 年上半年净利润约为 3.9 亿元，被罚的 323.29 万元仅占上半年净利润的 0.83%。部分企业在罚款后阳奉阴违，略微降价后又再次恢复原样。①

尽管《反垄断法》第 50 条规定了反垄断民事诉讼制度，最高人民法院在 2012 年也发布了《最高人民法院关于审理因垄断行为引发的民事纠纷案件应用法律若干问题的规定》，但是，反垄断民事诉讼的实际执行情况并不尽如人意。虽然对于反垄断执法机构已经查处的案件，原告只需要证明自己的损害及其相关性即可，证明难度已被大大降低。但是，就如在华衍水务的案件中，至今为止并没有一家房地产公司表示将对华衍水务提起民事诉讼。可见，反垄断民事诉讼的理念并没有深入人心。《反垄断法》对垄断企业的威慑力仍然仅限于一定比例的罚款，与其所得的垄断利益相比，完全无法对其违法倾向起到敲山震虎的作用。加之目前反垄断执法机构力量还很薄弱，很多我们身边显而易见的违法垄断行为都无法得到有效查处。

显然，加强反垄断执法与反垄断意识教育才是眼下的当务之急。目前 PPP 项目大量落地，又正逢经济结构发生深刻变化，反垄断任务空前艰巨。此时只有发挥反垄断民事诉讼制度广泛的基层作用，才可能达成《反垄断法》的立法目的。

六、总结

垄断永远是一把“双刃剑”，现代经济学也在不断地反思我们面对垄断行为的态度。企业的垄断欲望是自发的、越是充满活力的企业越是努力地追求垄断利益。当资本通过参与高成本、低收益的 PPP 项目而获得了垄断的市场地位时，如果不从

---

① 时建中：《〈反垄断法〉实施 5 年何以民事诉讼才 200 多起》，载《中国青年报》2013 年 8 月 29 日第 7 版。

各方面进行严格控制，必将损害公众利益。

我们可从以下五个方面做好PPP项目的反垄断预防工作：

(1)加强反垄断执法力量，提高全民反垄断意识，增加反垄断违法成本，鼓励支持反垄断民事诉讼。

(2)在PPP合同中合理约定公共部门介入权，起到良好的反垄断急刹车作用。

(3)促进社会资本合理竞争，通过一定程度的竞争遏制垄断。

(4)实施机构应当严格监管日常经营活动，严控公共产品市场价格，严控社会资本股份退出，必要的时候用好一票否决权。

(5)密切关注经营者集中的行为，避免市场一旦形成，积重难返。

第三节 从45万亿元投资看如何解锁财承10%

部分中西部地区的2017年GDP增长目标或固定资产投资目标较2016年都有所提高，尤其是跟一带一路相关的地区，新疆、内蒙古、吉林等地目标上调较为显著，其中新疆更是提出50%的固定资产投资增速目标。考虑到今年房地产投资受房地产调控影响有一定下行压力，而制造业投资主要是企业根据自身的盈利和生产意愿来调整，政府通过基建投资可以掌握更多主动权，稳定经济增长，国家通过基础设施建设来促进经济增长的意图明显。①

一、10%的上限到底是BUG还是安全阀

财政部出台了《政府和社会资本合作项目财政承受能力论证指引》(财金〔2015〕21号)，规定每一年度全部PPP项目需要从预算中安排支出的责任，占一般公共预算支出比例应当不超过10%。那么这个10%的规定是否合理呢？笔者想从经济学、组织行为学的角度加以分析。

(一)从经济学角度探讨10%的上限

1. 10%的上限是否够用，什么时候就该不够了

为保证计算有据可依，我们暂按照静态增长数据简化考虑此问题。

根据财政局PPP季报，假设2017年项目的落地速度保持与2016年四季度一样

---

① 陈健恒、唐薇：《2017地方投资大爆发！23省目标超过45万亿》，载搜狐网，2017年9月10日访问。

的水平(目前落地规模实际呈现出加速上涨的趋势),那么2017年落地项目规模将会新增2.5万亿元,到2017年年末,所有执行项目规模将接近5万亿元。按照平均两年的建设期计算,用PPP模式在2017年完成的固定资产投资总额为1.25万亿元。

2016年1~12月累计,地方财政用地方本级收入、中央税收返还和转移支付资金等安排的支出160,437亿元,与2015年相比,同比增长6.2%。2016年按照10%的上限则为1.6万亿元。

为了计算的可行,笔者按如下原则对全国范围内PPP项目在接下来15年内的财政支付情况进行简化。假设如下:

(1)所有项目的运营周期为15年,支付中皆不考虑运营费用支出。

(2)不考虑建设期,仅对上一年完成的固定资产投资在接下来的15年中进行支付。每年的基础设施建设固定资产投资按照目前年均18%增长计。运用《政府和社会资本合作项目财政承受能力论证指引》中的计算公式,采用5%的合理利润率和5%的折现率的低值进行保守计算。

(3)支付过程中不考虑股权支出,仅以完成总投资考虑正常年份的按年支付。

(4)2017年进入执行阶段的项目总额5万亿元,按15年进行支付。

(5)按照2016年的地方财政本级收入、中央税收返还和转移支付总额按照年均6.2%增长。并假设最极端情况所有财政收入的10%都用来支付PPP项目。

根据“年新增投资产生的财政支付义务对照表”的计算结果,可以看到在此简化模型下,在2026年以后,PPP项目年支付额度就已经超过了全国可用于支付的财政支出的10%。由于所有计算皆偏于保守,实际年支出额应当远高于计算结果。且由于各地发展的不均衡性,会有很多地方早于2026年就用尽了10%的额度。某些地方由于财政富裕,基础设施发达,根本不需要使用该地方的PPP份额。这都将使得地方财政10%限制“瓶颈”爆发的时间点来得更早。

年新增投资产生的财政支付义务对照表

单位:万亿元

序号	年份	年完成投资额	累计投资额	年新增投资产生的财政支付义务															年累计财政支付义务	年地方财政支出的10%
				5.00	1.25	1.48	1.74	2.05	2.42	2.86	3.37	3.98	4.70	5.54	6.54	7.72	9.11	10.75		
1	2016		5.00	0.37															0.3675	1.60
2	2017	1.25	6.25	0.39	0.09														0.4778	1.70
3	2018	1.48	7.73	0.41	0.10	0.11													0.6101	1.80
4	2019	1.74	9.47	0.43	0.10	0.11	0.13												0.7685	1.92
5	2020	2.05	11.52	0.45	0.11	0.12	0.13	0.15											0.9579	2.04
6	2021	2.42	13.94	0.47	0.11	0.13	0.14	0.16	0.18										1.1839	2.16
7	2022	2.86	16.80	0.49	0.12	0.13	0.15	0.17	0.19	0.21									1.4533	2.30
8	2023	3.37	20.18	0.52	0.12	0.14	0.16	0.17	0.20	0.22	0.25								1.7739	2.44
9	2024	3.98	24.16	0.54	0.13	0.15	0.16	0.18	0.21	0.23	0.26	0.29							2.1553	2.59
10	2025	4.70	28.86	0.57	0.14	0.15	0.17	0.19	0.22	0.24	0.27	0.31	0.35						2.6084	2.75
11	2026	5.54	34.40	0.60	0.14	0.16	0.18	0.20	0.23	0.26	0.29	0.32	0.36	0.41					3.1463	2.92
12	2027	6.54	40.94	0.63	0.15	0.17	0.19	0.21	0.24	0.27	0.30	0.34	0.38	0.43	0.48				3.7845	3.10
13	2028	7.72	48.66	0.66	0.16	0.18	0.20	0.22	0.25	0.28	0.32	0.36	0.40	0.45	0.50	0.57			4.5412	3.29
14	2029	9.11	57.77	0.69	0.16	0.19	0.21	0.23	0.26	0.30	0.33	0.37	0.42	0.47	0.53	0.60	0.67		5.4378	3.50
15	2030	10.75	68.52	0.73	0.17	0.19	0.22	0.25	0.28	0.31	0.35	0.39	0.44	0.50	0.56	0.63	0.70	0.79	6.4997	3.71

通过以上模型假设及计算,可以得到的结论是,10% 额度对 PPP 项目发展的全面限制,即使在不考虑升息周期即将到来的最宽松的情况下(会导致折现率和后期项目支付的大额提高),最晚也会在 10 年内到来。

2. 10% 的上限将对经济发展产生什么影响

(1)目前我国经济增长模式中固定资产投资的重要地位

目前的经济发展进入新常态,产业结构转型、供给侧改革成为经济发展的主要动力。在痛苦的经济转型期,提高基础设施投资规模是维持社会经济正常运转的不二选择。

根据中华人民共和国统计局发布的年度统计公报,2016 年我国 GDP 为 74.4 万亿元,其中固定资产投资 59.7 万亿元。2015 年我国 GDP 为 68.9 万亿元,其中固定资产投资 56.2 万亿元。2014 年我国 GDP 为 64.4 万亿元,其中固定资产投资为 51.2 万亿元。① 可见近年来我国 GDP 中固定资产投资所占比例维持在 8 成左右,并且呈现逐年提高的态势。如果考虑 2017 年 GDP 年涨幅为 6.5%,如维持目前 GDP 中的固定资产投资的占比,2017 年则应该达到为 63.3 万亿元。目前 23 个省份公布的 2017 年固定投资规模为 45 万亿元。应该说,为了维持目前新常态下的经济平稳增长水平,这个规模的固定资产投资只是正常水平。

政府投资占主导的基础设施投资 2015 年达到 13 万亿元。按照目前主流经济学家的观点,基本可以判断我国经济处于近乎滞涨的状态。滞涨时期,企业的生产型投资欲望大为降低,而房地产投资也正受到前所未有的严格调控政策影响。在接下来很长的一段时间内,将由基础设施投资来填补前两项投资萎靡留下的空白,以保证经济的持续增长。我们再次大胆地估计下,由政府主导的基础设施建设将可能达到固定资产投资比例的 25%,那么 2017 年将达到 16 万亿元的规模。这个数字既符合华夏幸福产业研究院的预期,也符合近年来基础设施投资领域 18% 的年均增长。

(2)PPP 支出占财政支出上限对经济发展的影响问题

根据凯恩斯理论,财政政策对经济总量产生倍数刺激作用,若限制 PPP 项目的投资,将对总体经济发展速度产生重大影响。

为了研究 PPP 支出占财政支出上限对经济发展的影响问题,我们依然沿用上一节的简化模型做分析如下:

采用支出法核算 GDP,通过核算在一定时期内,整个社会购买最终产品的总支

① 中华人民共和国统计局:《2014 年国民经济和社会发展统计公报》和《2015 年国民经济和社会发展统计公报》,载国家统计局官方网站,2017 年 9 月 10 日访问。

出来计量 GDP。

$$GDP = C + I + G + (X - M) \qquad \text{（公式一）}$$

即 GDP = 消费支出 + 投资支出 + 政府购买 + 净出口

10% 的上限的变化相当于会影响政府购买的数额，按照政府购买或投资对经济增长的乘数公式，政府购买支出乘数，指收入的变动对引起这种变动的政府支出变动的比率。

$$k_g - \frac{c = a + b(y - t)}{\Delta g} - \frac{1 - b}{\Delta g} - \frac{1 - b}{1 - b} \qquad \text{（公式二）}$$

以 Δg 表示政府支出的变动，k_g 表示政府（购买）支出乘数，此式中 b 代表边际消费倾向，可见，政府购买支出乘数和投资乘数相等。Δy 表示因政府支出变动引起的社会消费或 GDP 总量额变动。在此我们最终使用如下公式进行计算：

$$\Delta y = \frac{\Delta g}{1 - b} \qquad \text{（公式三）}$$

kg 为正值，它等于 1 减边际消费倾向 b 的倒数。

其中，边际消费倾向被定义为消费者的消费额的变化与消费者收入变化的比值。在此，表示企业或消费者将收到的政府 PPP 付款重新投入消费或再投资的比例。考虑到政府向企业支付的 PPP 项目付款，对于项目公司而言属于营业内收入。一般而言，项目公司的大部分收入用于向金融机构偿还贷款本息，小部分向社会资本支付股息。金融机构收到的本息款，除了少部分用于补充存款准备金外，绝大部分会重新投入进行新的投资。而社会资本收到的股息属于表外业务，除了计提各类公积金，一般也会重新投入使用。在此，我们考虑边际消费倾向为 90%。

由于各地方政府用完 10% 的份额是一个参差不齐的历史过程，不可进行简化计算，我们仍然沿用上一节的简化分析模型。考虑在 2026 年后，该份额已经用完的情况下，对该年度经济发展的影响。

假设在 2026 年，该份额已经用完，在往年项目的支付尚且可能不够的情况下，自然不可能再增加 PPP 项目投资，在不考虑使用其他项目形式进行补充的前提下，当年的固定资产投资会减少 5.54 万亿元（按“年新增投资产生的财政支付义务对照表”）。按照公式三，将会减少国民生产总值达 55.4 万亿元。约合 8 万亿美元。

根据《经济学人》智库预计，到 2026 年，中国名义国内生产总值预计达 28.6 万亿美元。可以看到，因 PPP 暂停而减少的 8 万亿美元占到了当年经济总量的 27.9%。可以说将造成 2026 年当年经济的滑坡式下降。按照 2026 年全国财政支出加转移支付总额 29.2 万亿元考虑，每增加 1% 的支出额为 0.292 亿元，同样根据公式三，每增加 1% 的财政支出上限将带来 2.92 万亿元的 GDP 总量，将占到 2026 年预计 GDP 总量的 1.5%。

按以上试算可知，如果以 PPP 项目为代表的基建项目总投资额不能在经济转型期间持续快速增长，必然会影响国民经济的顺利过渡。当然以上分析中的情况在现实中基本不可能出现。因为国务院相关部门不会等到情况如此恶化才开始调整政策。宏观经济状况的变化也很难预计，可能到了 2026 年，我国早已脱离了靠投资拉动经济增长的老路，这是个美好的愿望。

（二）对 10% 上限影响的组织行为分析

1. 目前 10% 上限造成的各类行为预期

随着国家层面持续推广 PPP 模式，从地方政府到各大集团公司都将 PPP 项目作为自己的主要业务方向之一。随着项目落地速度的持续加快，很多地方的 PPP 支出已经逼近甚至实际上已超过了 10% 的财政支出上限。上限的设置到底会对地方政府及社会资本方产生怎样的行为预期，这些预期又会如何影响 PPP 项目的持续发展以及国家经济的健康发展呢?

这一阀值设置的初衷是为了控制 PPP 项目总规模，保证地方政府的支付能力。但是，这个简单粗暴的份额设置也向地方政府传达了一个明确的信息，那就是“目前先不要举债了，也不要光想着依靠土地财政，各地有什么要建设的项目，大家可以先用这 10% 的份额”。这相当于缺钱的地方政府手里突然多出了一笔巨额建设资金份额。在基础设施建设就是政绩的当下，地方政府更倾向于在本届政府就用掉该份额，在经过了漫长的建设期后，让下届政府去考虑还款的事吧。于是，在短期内这个单一的阀值没有起到控制项目总量的目标，反而让基建固定资产投资集中爆发。

同时，地方政府还倾向于将资源集中到更容易上马的项目上，而不是在急需的项目间进行合理分配。地方建设基础设施项目就像家里添置家具和家电，随着家里的条件越来越好，正常的思路应当是洗衣机不好用了就买个洗衣机，柜子不够用了就增加个柜子，按照实际需求与理性计划，在一个较长的时间段内一件件添置。但因为这个 10% 份额的存在，就像“淘宝”突然推出了买家电专用的“蚂蚁花呗”，“花呗”的额度是不超过以后 N 年家庭年支出的 10%，分 N 年还清。于是主人脑子一热，就买了一大堆家电，等到家具需要更新时，家庭收入除去正常家庭支出，就只够付“蚂蚁花呗”的本息了，急需的大量家具购置就慢慢熬着等有钱了再说。

另外，经营性 PPP 项目应当是最具有社会效益和经济效益的项目形式，但是相对应的，其落地的难度也最大。地方政府的建设精力自然而然地集中在容易落地的政府支付或是政府补贴项目上，反正没有相关的官员考核指标。笔者在实践中也发现，大多数金融机构是摆明了不情愿给经营性项目贷款的，大多数社会资本方也没有参与运营的强烈欲望。因为这 10% 政府支付上限的存在，金融机构眼里看到的是低风险投资，建筑公司眼里看到的是不会拖欠的工程款。于是，大家也都会去催着地方政府赶紧把这些份额都用了。

2. 如何达到公共政策博弈中的纳什均衡

公共政策是治国理政的基本手段，必然应当注意其合理性，在具备明确的法律依据的同时，也应确认公共政策具备一致的指导原则和制定思路。更重要的是充分考虑该政策在社会主体（包括政府机构）间产生的博弈，及这些博弈产生的结果，并且在政策制定之初，就应对其中的积极方面进行放开，对消极部分进行控制。

回到 10% 的限额政策。根据不完全信息博弈的纳什均衡理论，政府在制定备选的公共政策时，是不知道参与博弈者的基本信息特征的。就如我们推广 PPP 相关政策时，维持着一个相对保守的政策节奏，因为国务院及其主管机构并不能完全掌握地方政府可能推出的项目情况及社会资本的真实需求。

此时，按照博弈论的观点，追求尽可能最大效用政策实施效果的政策制定人，即典型的政府及其组织机构将充分利用所掌握的信息选择相对最优行动。这也正是挖掘有关潜在政策承受方局中人各种消息，并将这些具有不确定性的消息经过处理转变成为对政策制定有用信息的调查中介机构、统计咨询部门等的重要职能所在。① 按照这个逻辑，政府相关部门在开始推进 PPP 的头三年，逐步建立了诸如 PPP 项目库数据库、咨询机构库、专家库等一系列收集局中人信息的手段，为下一步政策的制定搜集信息，并且将局面转化为一个混合策略纳什均衡。

10% 的限额应该理解为特殊历史环境下控制地方债的初步解决手段。那什么样的 PPP 财政政策才是符合现在 PPP 行业发展规律及国家经济发展阶段的呢？相关机构应当对该 PPP 财政政策下所希望达到的纳什均衡进行充分定义和论证。并且应当认识到，任何均衡也只是一个历史阶段的产物。

所谓纳什均衡，指的是参与人的这样一种策略组合，在该策略组合上，任何参与人单独改变策略都不会得到好处。换句话说，如果在一个策略组合上，当所有其他人都不改变策略时，没有人会改变自己的策略，则该策略组合就是一个纳什均衡。对于目前的 PPP 项目，最优情况下纳什均衡的定义是个重大课题，在博弈主题上至少应分析国家机构、地方政府、社会资本、金融机构、地方民生之间的博弈关系。在时间上，做好近期经济发展，中长期财政支付、中长期经济发展、经济结构转型、各年度财政预算等各项重要目标上的分配问题。在科学地分析并定义该均衡态及各方

---

① ［加拿大］奥斯本、［美］鲁宾斯坦：《博弈论教程》，魏玉根译，中国科学出版社 2000 年版。

可能的行为预期之后,根据纳什均衡的计算方法,得出该公共政策制定的组合策略。

二、替代 10%限额的措施建议

(一)因地制宜的设置上限比例

《政府和社会资本合作项目财政承受能力论证指引》第 25 条提供了在现有制度框架内解决该问题的手段。该条规定每一年度全部 PPP 项目需要从预算中安排的支出责任,占一般公共预算支出比例应当不超过 10%。省级财政部门可根据本地实际情况,因地制宜确定具体比例,并报财政部备案,同时对外公布。

可以看到,目前“一带一路”建设正如火如荼地开始,部分省份正进入基础设施建设的高峰,很多地方已经接近甚至超过了 10% 的比例限制。虽然暂时还没有哪个省份调整本省范围内的比例额,但作为目前制度内最简单易行的调整手段,第一个调整案例应该会在不远的将来成为 PPP 领域的关注焦点。同时,也可以考虑建立多指标 PPP 财承控制体系,并保证指标对财政目标的有效控制。

(二)将 ABS 作为 PPP 建设的标准后续流程

2017 年 2 月 17 日,上海证券交易所、深圳证券交易所分别发布《关于推进传统基础设施领域政府和社会资本合作(PPP)项目资产证券化业务的通知》。与此同时,中国证券投资基金业协会也在同一天发布了《关于 PPP 项目资产证券化产品实施专人专岗备案的通知》。而国家发改委和中国证监会于 2016 年 12 月 21 日联合下发了《关于推进传统基础设施领域政府和社会资本合作(PPP)项目资产证券化相关工作的通知》(发改投资〔2016〕2698 号)。就此,证监会系统的 PPP 资产证券化绿色通道实施方案正式落地。

可以看到,PPP 资产证券化等配套政策给予了社会资本方的项目资金提前退出的渠道,提升了 PPP 项目对社会资本方的吸引力,提高基建项目的资金使用效率,以维持未来数年内基建投资的持续增长。另外,作为股权合作方的政府也可以从 PPP 资产证券化中拿到一笔资金,此时可以用该资金设立政府 PPP 基金,并将因 ABS 获得的资金再次投入新的 PPP 项目中。为政府投资的资本创造退出渠道,增加政府投资的流动性。应当至少在行政法规的层面上规定该资金的运用方式,并且规定该资金的运用可以不计入财承的范围。这样一方面可以用于对冲政府方股权投入中较为高额的财承额度,另一方面还可以用 ABS 资金对社会资本方进行提前支付,以减少项目运营后期的高额利息支出。

在政府建设资金不足、现有项目的社会资本方不擅长项目运营的情况下,所有符合要求的 PPP 资产都应当尝试进行资产证券化。让擅长建设的资本尽快退出,擅长运营的资本重新进入,让各类资本在项目间有序运转,良性循环。

(三)建立地方政府信用评价体系

对于10%财承上限的问题,笔者认为终极解决方案应当是建立地方政府信用评价体系。对于政府无端违约的诟病以及当事人争议解决难的问题在实践中早已习以为常。财承上限设置的目的之一也是为解决社会资本方担心政府在PPP合同中违约,如果按照市场经济手段,让地方政府为违约行为付出惨痛代价并记录在案,似乎是对该问题最彻底地解决。

PPP合同中,政府实际上是以平等主体的身份与社会资本方进行合作,在政府担保无效的今天,社会资本方对当地政府履约能力的评价手段却极其有限。一般来说,社会资本方会首先考察该政府的行政级别,比如一般信托机构就以地级市为界限判断是否可以进行融资。再考察PPP项目是否走完了规定的流程,是否拿到了必要的审批文件,是否进入了各级别的PPP库。再考察该地的财政收入情况,甚至派人驻守,探听关于该地政府的各类小道消息等。

我们知道,对于一个PPP项目,社会资本方的信用等级可以通过注册资本、银行授信额度、资产负债率等指标进行客观评价。那么,相对等的,政府的信用也应该存在一个客观有效的评价体系,让失信的地方政府超额买单,让信用良好的政府降低融资成本。不少学者早就开始研究如何建立地方政府评价体系,并试图建立一整套评价体系,这类似于国际评级机构的主权国家信用评级制度,评价的高低会对一个国家接受外国投资的数额、汇率的波动产生巨大的影响。在PPP的财承控制中,如果将国家的行政管制行为转变为市场经济的无形控制之手,再辅以对相关地方政府领导人员的信用考核机制,应当能起到四两拨千斤的效果。

三、总结

通过上文的分析,可以得出结论,《政府和社会资本合作项目财政承受能力论证指引》中规定的10%的限额,充其量只是一个时代的产物。长远来看这个限额是不够用的,甚至会影响国民经济的平稳发展,并且不利于资金在时间上和各类项目上的合理分配。另外,考虑到我国政府一贯较为保守的政策制定节奏,目前尚处于一个观察状态,新的财承政策可能早就在研究制定的过程中。

短期来看,在目前的制度体制内,各省可以因地制宜地确定各省内具体地方的比例。也可以运用金融手段,政府通过PPP + ABS的手段获取额外的建设资金,同时加快项目资本的流动性,增加项目对社会资本方的吸引力。长期来看,应当建立有效的地方政府信用评级制度,将市场的问题交给市场解决。

第四节　PPP 年度折现率取值分析

一、PPP 折现率问题

首先,让我们通过分析财政部推荐使用的 PPP 付费公式来观察政府真实的支付意愿与支付逻辑。

(一)折现率问题来源

《政府和社会资本合作项目财政承受能力论证指引》(以下简称《指引》)规定:

第十六条　运营补贴支出应当根据项目建设成本、运营成本及利润水平合理确定,并按照不同付费模式分别测算。

对政府付费模式的项目,在项目运营补贴期间,政府承担全部直接付费责任。政府每年直接付费数额包括:社会资本方承担的年均建设成本(折算成各年度现值)、年度运营成本和合理利润。计算公式为:

$$当年运营补贴支出数额=\frac{项目全部建设成本\times(1+合理利润率)\times(1+年度折现率)n}{财政运营补贴周期(年)}+年度运营成本\times(1+合理利润率)$$

对可行性缺口补助模式的项目,在项目运营补贴期间,政府承担部分直接付费责任。政府每年直接付费数额包括:社会资本方承担的年均建设成本(折算成各年度现值)、年度运营成本和合理利润,再减去每年使用者付费的数额。计算公式为:

$$当年运营补贴支出数额=\frac{项目全部建设成本\times(1+合理利润率)\times(1+年度折现率)n}{财政运营补贴周期(年)}+年度运营成本\times(1+合理利润率)-当年使用者付费数额$$

其中,n 代表折现年数。财政运营补贴周期指财政提供运营补贴的年数。

第十七条　年度折现率应考虑财政补贴支出发生年份,并参照同期地方政府债券收益率合理确定。

第十八条　合理利润率应以商业银行中长期贷款利率水平为基准,充分考虑可用性付费、使用量付费、绩效付费的不同情景,结合风险等因素确定。

(二)公式拆解

如果我们分拆这个公式如下：

当年运营补贴支出数额 = A × B + C

A = 全部建设成本/运营补贴周期 ×(1 + 年度折现率)n

B = 1 + 合理利润率

C = 年度运营费及合理利润 - 当年使用者付费数额

(三)政府支付逻辑分析

可以看到很明显的一点是，和传统模式下的政府建设项目相比较，如果把全部建设成本 ÷ 运营补贴周期看成传统模式下政府应当在每年支付的本金，则 A 部分本身就是一个典型的等额本金支付。而此处的折现率是以地方政府债券收益率确定。也就是说，此公式的 A 部分是在传统模式下，政府成功通过发行地方债方式融资后，按照等额本金法应当支付的最低支出。

B 部分则作为社会资本的合理利润，是作为政府方转移项目风险、获得建设管理服务、获得融资服务、获得社会资本项目股权融资的一种溢价。但是，应当看到 B 部分里应当也包含了两种融资方式的利差，也就是地方债利率与社会资本融资的利差。而这种利差的本质是地方政府与社会资本在自身信用水平上的溢价。

C 部分是社会资本的运营成本 ×(1 + 合理利润率) - 当年使用者付费数额。此部分公式的背后逻辑应当理解为：政府在传统模式下自己运营项目，与社会资本方提供的项目营运服务相比，需要支付更高的运营成本。政府愿意通过一个合理利润率的名义将这部分差额的一部分支付给项目公司。当然在项目运营过程中的收入自然应当作为政府实施 PPP 项目的公共利益而在政府的支出责任中进行扣减，并通过 PPP 合同及实施机构参与管理来控制项目运营成本。

通过以上分析可以看到，财政部在推广 PPP 模式时，财政承受能力的评价其实是一种参照传统项目形式下的等额本金法支付项目成本(A 部分公式) + 支付相比于传统模式更低的运营费(B 部分公式) + 承担较少的项目风险与项目管理责任的测算方式。可以认为，其逻辑是确保与传统模式相比，政府不再承担地方债风险，支付责任在补贴运营期的每一年都不高于传统模式，将原本由政府承担的风险与管理责任转移给社会资本方。

(四)该公式中存在的问题

在上述逻辑下，政府方可谓既提高了效率又减少了支出，还省了一大堆麻烦。

但是应当看到以下几个问题。

1. 与传统模式的融资期限不具有可比性

按照第一节的分析,《政府和社会资本合作项目财政承受能力论证指引》中计算公式的目的仅仅是保证自己的支付义务不大于传统模式,那么,地方债券利率就是其传统模式下能够获得的利率底线。

但是在原传统模式下,任何人哪怕是地方政府都不可能从银行轻易借到周期为 20 年以上的贷款。在债券方面,敢卖 30 年期的恐怕也只有国债。同时,应该看到,债券是支付利息,按期还本的。这对于债券发行人来说,承担的责任是相对较小的。而在财政部的模式下,PPP 项目是要每年还本付息的。

所以同样的非经营性或准经营性项目,如果在传统模式下,一个政府会考虑 10 年还清贷款的项目,在 PPP 模式下,地方政府一定会延长期限。因为这样可以建设更多的项目,并且在本届政府施政期间只需要承担项目初期的低额支付责任即可。相比一个 10 年期的政府还贷项目和一个 20 年乃至 30 年的 PPP 项目模式,即使所有的评价指标都表示 PPP 项目更有利,在目前等额本金支付的模式下,政府的远期财政负担总是大大增加了。后期成指数增长的支付责任,个别地方政府到时能否承担,是否会因此爆发 PPP 项目的集体违约,令人担忧。

2. 两个合理利润率的内涵并不相同

公式 B 部分中的合理利润率与公式 C 部分中的合理利润率,其本质上是两个概念。如前所述,公式 B 部分中的合理利润首先表现为政府主体作为借款人和项目公司作为借款人时的信用差距的风险溢价;其次,表现为地方债利息与其他融资方式的利差;最后,也表现为项目公司在提供项目建设管理服务时的合理利润及施工单位的施工利润。

公式 C 部分中的合理利润是项目公司提供运营服务的合理利润率,这既是项目公司对于其投入的运营管理服务应得的合理利润,也是相比于传统模式社会资本方减少了运营成本,政府为此愿意支付管理效率提高的溢价。

因此,B 部分的利润率中包含了太多的因素,每个项目根据其要求的社会资本的融资能力,管理水平,项目的施工利润率等都是有所不同的。而 C 部分的利润率就相对较为简单。在财政部推荐的公式中,并没有将两者进行区分。那是否在项目招标时可加以区分报价,将更能反映社会资本对其自身建设管理与运营能力的不对称优势。

(五)总结

笔者认为,PPP 财承中的支付公式主要有两个内在逻辑:第一,政府的付出应当比传统模式少;第二,社会资本可别赚得太多了。

在前文的分析中,我们已经可以得到以上第一条结论,接下来我们再来一步步分析第二条结论从何而来,如何保证第二条目标的实现。

二、折现率的定义及确定方式

(一)折现率的定义

折现率是指将未来有限期预期收益折算成现值的比率,反映的是货币的时间价值;也是投资者在风险一定的情况下,所期望的投资回报率,反应货币的风险价。

(二)确定折现率的原则

英国心理学大师 Richard Lynn 的关于人类智商水平与国家发展水平研究中,将国民智商进行了一个有趣的定义,即为了明天的收益,你愿意在今天付出多少?

研究得出的结论是,智商越高的国家,对于无风险的未来收益,其愿意在今天承担的支付就越多。而对于具有一定风险的收益,能够做出合理的行为选择更是高国民智商国家人民的突出特征。而此处的每个人心中愿意为未来所得进行投入的比例也恰似我们正在谈到的折现率。

一个经验丰富的投资者为待投资项目进行评估,对该项投资的预期收益需要同时考虑风险、回报和机会成本诸方面因素,统一折算到现值的基点上进行比选,所以折现率的确定应体现这些因素。具体的确定原则如下:

1. 折现率必须高于无风险报酬率

无风险报酬率通常以政府发行的国库券利率、银行储蓄作为参考。折现率高于无风险报酬率的部分即风险报酬率。在市场经济中,我们通常用一句“还不如去存银行”来表达对低于无风险报酬率项目的不屑。

2. 应体现投资回报率

在存在正常的资本市场和产权市场的条件下,任何一项投资的回报不应低于该投资的机会成本,同时资产评估中的折现率反映的是资产的期望收益率。收益率与投资风险成正比,风险越大,期望收益越高;风险越小,期望收益也低。

3. 折现率与所选收益额的计算口径相匹配

在评估实务中,收益额可以因评估目的不同而采用不同的计算口径,如采用净利润、净现金流量等。在预计资产的未来现金流量时已经对资产特定风险的影响做了调整的,估计折现率时不需要考虑这些特定风险;如果用于估计折现率的基础是税后的,应当将其调整为税前的折现率。针对不同的收益额进行评估时,只有将收益额与折现率之间计算口径相匹配,才能保证评估结果的合理性。

4. 折现率要能够体现资产的收益风险

一定的资产收益是与一定的资产风险相伴随的，资产未来收益额的不确定性就是资产的收益风险。而且，这种不确定性往往会给投资者带来难以估计的后果。如果两项资产未来能创造等量的收益，但它们可能承担的风险会不一样，这与资产的使用者、使用条件、使用用途密切相关，对这两项资产的评估当然应采用不同的折现率，才能得到切合实际的评估效果。这也体现了资本市场高风险、高回报的市场法则。因此，折现率的选取应体现资产的收益风险。

5. 以上原则的前提

以上假设前提是“在存在正常的资本市场和产权市场的条件下”，笔者认为该结论不适用的情况应该存在以下两个角度：第一，投资市场上总是存在资产荒或资本荒，这样的情况在近年宏观经济调控效果滞后的大背景下一再出现。所有的资产泡沫都或多或少跟流动性的多寡有关。在流动性过剩，资产紧缺的情况下，不能指望多余的资金都理性地在银行里存着，即使再差的项目都会有人上来搏一把，反之亦然。第二，企业的运营不一定合乎财务合理性，比如，房地产建筑企业的资金，在宏观经济紧缩，待建项目匮乏的情况下，本着企业资质和自身可持续经营考虑，即使明知把钱存在银行比投入项目能赚取的利润更高，也会毫不犹豫地加入投标大军中。

所以，在考虑折现率时也更应考虑目前的市场因素，因为市场主体并不总是理性的，市场本身也并不总是有效的。

（三）年度折现率的确定方法

因为当年的支付责任与(1 + 年度折现率)n 成正比，所以年度折现率的细微差别将会导致评估结果的极大差异。因此折现率的确定方法至关重要。

《指引》提出参照同期地方政府债券收益率合理确定。如果项目当地正好有到期的和特许经营年限相当的地方政府债券，年度折现率可以参照该债券的收益率取值。但从分析来看该项肯定不能是国债利率，因为根据折现率确定原则第一条，“折现率必须高于无风险报酬率”，而且该地方政府债券利率应高于同期限国债利率。

某份公开的 PPP 项目的年度折现率的确定中写道：“参考相关地方政府债券收益率相关数据，三十年期地方政府债券到期收益率约为 6.5%”，笔者查阅相关资料，我国的地方政府债券最长 10 年，不知该项 30 年期地方政府债券从何而来。

可以说，按照《指引》是找不出一个合适的折现率来的。而折现率的确定又是一个意义深远，切实影响 PPP 项目双方权利义务、涉及公众利益的大事。对如何确定折现率应当给出个确定的方法。

折现率的确定一般有以下几种方法：

1. 累加法

累加法反映的是折现率与风险之间的关系。累加法的计算公式如下：

折现率 = 无风险报酬率 + 风险报酬率 + 通货膨胀率

其中：风险报酬率 = 开发风险报酬率 + 经营风险报酬率 + 财务风险报酬率

采用累加法的关键是要准确判定各项风险报酬率，但要准确判定每项风险难度太大，况且还要确定计入折现率的内容以及这些内容的比率数值。目前已经很少应用这种方法。

2. 市场比较法

市场比较法是指通过选取与评估对象相同类型或者相近行业或相似规模的资产案例，求出它们各自的风险报酬率或折现率，经过分析调整，按照不同的权数进行修正，并消除特殊因素的影响，综合计算得出被评估对象折现率的方法。

此种方法需选取相同或相近的行业，参照其折现率。部分 PPP 项目可以采用这种方法（如收费高速公路的净资产收益率），但部分 PPP 项目的公益性使这种方法也不适用。

3. 资本资产定价（CAPM）模型

CAPM 模型广泛应用于投资决策和公司理财领域，目前 PPP 项目的分析大都用此方法。

使用 CAPM 计算的折现率为无风险折现率加上风险溢价，其中无风险折现率一般使用长期国债或者银行的长期利率。CAPM 中假设非系统风险不会产生相应的风险溢价。

其计算公式如下：$R_a = R_f + \beta_a(R_m - R_f)$ （公式四）

R_a：年度折现率；

R_f：无风险报酬率；

β_a：反映资产收入（具体项目的收入）随市场收入（资产多元化的资产或项目组合）变化的程度；

$(R_m - R_f)$：市场风险溢价，代表投资者在投资中需要的无风险率之外的“额外”收入。

但是，在 PPP 项目中用于政府评估社会资本方法时 CAPM 没有考虑风险分配的因素，直接利用 CAPM 所计算出来的折现率为项目利率。因此，将 CAPM 应用到 PPP 项目中来评估社会资本方的方案时需要作出一定的调整，从而使计算出的折现率能够反映政府与社会资本方之间的风险分配情况。

下面着重介绍年度折现率的 CAPM 模型分析方法。

（四）PPP项目的CAPM模型分析

1. R_f的取值

R_f为无风险报酬率，一般采用取与PPP项目特许经营期相近时间的人民币存款基准利率或国债利率。

PPP项目的特许经营期在25～30年，我国的长期国债是发行期限10年以上的，一般选用长期国债（到期）的利率作为无风险报酬率。

2. R_m的取值

R_m为市场整体（平均）收益率，指某行业在社会上的平均获利水平。R_m与行业及地域有关，应由权威部门经过统计后公布，但现实中很难取得。有报告取商业银行同期5年期以上贷款利率的1.2倍，也有取商业银行同期3年期以上存款利率的2倍，但都没有依据。（实践中，笔者曾建议地方政府可以利用自己的优势，委托财政部门对该地方相关企业的财务数据加以评测，以此为基础确定R_m的取值。）

3. β_a的取值

β_a为风险矫正系数，取值根据项目本身的风险程度来确定，反应本项目的风险与社会平均风险水平的比值关系。澳大利亚政府在计算折现率时提出采用广义"风险带"法来确定β_a的取值；金融教授达摩·达兰提出的"多元线性β值回归计算法"能考虑更多因素的影响。

可知，因为市场整体收益率的统计数据缺失，加上风险矫正系数的取值也因计算方法不同而有所差异，所以即使采用CAPM模型分析得出的年度折现率也是一个大致的范围，在范围内的取值都有一定的合理性。

（五）经修正的CAPM模型分析

PPP收益分配的基本原则是"收益共享，风险共担"。我国的PPP项目的应用和研究还处于初期阶段，没有一种年度折现率的确定方法能够很好地考虑政府与社会资本方之间的风险分配。

下面是四川建筑职业技术学院工程管理系的王艳提出的"风险补偿法"和"风险保留法"，此方法中年度折现率考虑风险因素的影响。

在PPP项目中基于CAPM计算的折现率应具有以下四个特性：

1. 确定出的折现率值反映项目的系统风险；

2. 社会资本方承担的风险越多，就需要越高的风险溢价来补偿其所承担的风险；

3. 确定出的折现率反映了政府部门与社会资本方之间的风险分配；

4. 不同的风险分配确定出来的折现率不同。①

根据上述特性，修正后的 CAPM 模型的计算公式如下：

净支出项目折现率公式：折现率 $= R_f + a \times \beta_a \times (R_m - R_f)$　（公式五）

净收入项目折现率公式：折现率 $= R_f + b \times \beta_a \times (R_m - R_f)$　（公式六）

其中：a 为转移给社会资本方的风险百分比

b 为政府部门保留的风险百分比

其他同公式四。

在净支出项目中政府通过合同在一定程度上减小了其所承担的风险，此时计算折现率的方法称为“风险补偿法”，所考虑的是政府转移给社会资本方的风险，政府支出较少的方案更优。在净收入项目中政府向基础设施的使用者收取费用（如道路、桥梁），所收取的费用可以支付该项目的资本成本和运营成本，从而政府在该项目中没有现金流支出。在净收入项目中计算折现率的方法称为“风险保留法”，所考虑的是政府所承担的风险，政府收入更多的方案更优。

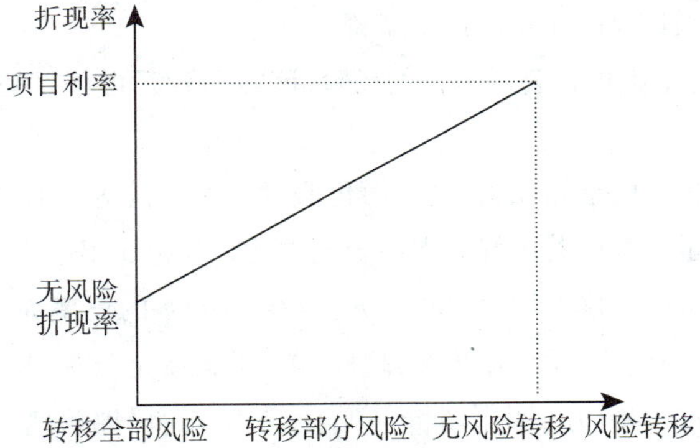

图 3-1　“风险保留法中”风险转移与折现率的关系

例如，一个 PPP 项目，市场风险溢价取 6%，β_a 取 0.6，系统风险有需求风险、通货膨胀风险、剩余资产价值风险和宏观市场下滑风险。

系统风险	权重	系统风险溢价	风险保留	风险溢价
需求风险	5	2.25%	80%	1.8%
通货膨胀风险	1	0.45%	50%	0.225%
剩余资产价值风险	1	0.45%	100%	0.45%
宏观市场下滑风险	1	0.45%	10%	0.045%
总计	8	3.6%		2.52%

① 王艳、李佳樾、敖仪斌：《〈工程经济学〉中 PPP 项目折现率确定方法分析》，载《现代经济信息》2016 年第 12 期。

该风险保留方案下的年度折现率为无风险利率+2.52%。

（六）实际需求分析拟合折现率法

笔者在此提出一种可行的确认折现率的思路，供读者参考、改进。

1.“保险公司”假设

笔者认为基于以下假设，PPP项目中，可以将政府考虑为一家保险公司，通过计算保险理赔额的方法来分析项目合理的折现率。

（1）项目已经由政府转移给了项目公司，可转移的风险也交给了项目公司承担。政府选择的社会资本能力强弱将直接影响承担风险损失的大小。

（2）虽然PPP项目的实质是风险共担，但政府实际上需要为项目公司承担的风险支付对价。

（3）计算得出的作为“保险公司”在未来补贴期内，需要支付给社会资本的“理赔费用”进行折现，再通过等额本金法将该现值配置到每一年的支付中，得到的即是项目公司承担项目风险应得的风险溢价。

（4）对于应完全由项目公司承担的风险，该“理赔额”也可以是计算值的一定比例。

以一个政府付费的道路项目为例，简化假设主要风险为工程质量问题，表现为增加的中大修成本。其中若中修成本在合同中约定为每5年一次，补贴年限15年，共中修三次。每次的中修费用为500万元。超额100%的概率为5%，超额50%的概率是10%，超额20%的概率为20%，超额10%的概率是30%，则“保险公司”需要支付的风险费用每次85万。将第5年、10年、15年末的“理赔费”通过银行贷款利率折现为167万元，在通过等额本金按15年支付，每年支付额为12万元至23万元。

应当重点重申的有两点：首先，这个风险溢价并不是实际支付的，而是政府内部测算用，测算的目的是对社会资本承担的真实风险损失进行量化评估；其次，既然工程质量等风险应当由项目公司承担，为什么政府要承担风险溢价呢？那是因为风险是客观存在的，良好的管理只能降低风险，并不可能杜绝风险。社会资本承担了风险，或多或少的，必须获得对价，这才符合市场经济的本质。

2. 实际需求分析拟合折现率法

在一个PPP项目中，从社会资本作为投资者的角度分析，社会资本要求的回报应当包含以下几大部分：

（1）投入资本金的机会成本（表现为投入资金的时间价值，机会成本应当至少是银行贷款利率）；

(2)取得借贷资金的成本(融资金额的一定比例,表现为资金取得成本);

(3)承担风险的溢价(按照上文提到的计算方法,综合分析可能发生的各类风险损失);

(4)额外利润(总投资额的一定比值,表现为企业内部核算的施工利润及管理利润)。

从政府的角度,在《指引》的支付模式下,其意愿支付的数额应当包含以下几大部分:

(1)全部建设成本×同期债券利率(如没有同期债券利率,也可以表达为全部建设成本×中长期债券利率×不同期债券利率调整值);

(2)意愿付出的风险补贴,管理效率提高补贴(表现为公式中的合理利润率,或该行业平均利润率);

(3)接受服务的合理利润(表现为市场施工利润与管理利润)。

可以认为,当两个现金流量的净现值相等时,证明双方目的在支付总量上达成一致,项目基本上是可行的,而这个让净现值相等的值就是双方达成合意时的折现率。应该认为这个折现率同时满足了双方的各项基本需求。

在此情况下,两个现金流必定表现为以下特点:

(1)相比于政府的意愿支付现金流,社会资本要求获得的支付现金流一定是相对先高后低的,并且在服务期的某一个年份一年还清了贷款。此时,社会资本现金流的形状应当是一条斜率渐增的向上曲线,在某一年份突然下降,然后继续上升。

(2)相比于社会资本现金流,政府支出的现金流则会相对先低后高,形状是一条斜率渐增的向上曲线。在项目初期,社会资本现金流运行在政府意愿支付现金流的上方,在项目后期,则运行于政府意愿现金流的下方,两条曲线在某一个年份交叉。

以上通过试算得出的折现率,并不能直接运用到《指引》推荐的公式中,因为《指引》中的折现率表现为债券收益率,我们认为这其中仅包含了资金的时间成本,没有包含资金的风险收益。所以,在此拟合出的折现率,可以直接利用等额本金公式来计算政府的年付款责任。

三、年度折现率与合理利润率的联动分析(横向分析)

从上文可以看出,由于风险的不确定性,无论采用何种方法计算年度折现率也不会是精确不变的数,它会随着各参数选取上的差异而不同。同时注意到当年运营补贴支出数额计算公式的第一项,即基准点的投资引起的付费责任,此项中也有个可能变化的参数——合理利润率。《指引》第 18 条规定:“合理利润率应以商业银行中长期贷款利率水平为基准，充分考虑可用性付费、使用量付费、绩效付费的不同情景，结合风险等因素确定。”可以看出，其取值也允许在小范围内变动。那我们会考虑这两个参数是不是有联动关系，从数学上讲就是年度折现率和合理利润率在这个公式里是不是相关的。

为此，我们应在年度折现率和合理利润率之外找出一个相对确定不变的参数，或者是有趋势（有最大值或最小值）的参数。在一个 PPP 项目，社会资本参与进来，最大的目的就是逐利，即投资回报。对社会资本来说，利益越大越好，但 PPP 项目的性质否定其暴利的可能性。2015 年 8 月，发改委印发了《项目收益债券管理暂行办法》（发改办财金〔2015〕2010 号），第 17 条规定："在项目运营期内的每个计息年度，项目收入应该能够完全覆盖债券当年还本付息的规模。项目投资内部收益率原则上应大于 8%。对于政府购买服务项目，或债券存续期内财政补贴占全部收入比例超过 30% 的项目，或运营期超过 20 年的项目，内部收益率的要求可适当放宽，但原则上不低于 6%。"，可见，对一般的 PPP 项目，应满足社会资本 8% 的年投资回报率（ROI），由此可以计算出社会资本最低能取得的总投资回报。

假如一个 PPP 项目的总成本是 C，财政运营补贴共 n 年，利润率为 p，年度折现率为 R_a，投资总投资回报为 Q。则，$C + Q = \sum^{n} \frac{C}{} \times (1 + p) \times (1 + R_a)^i$。以年度为横坐标，每年的财政运营补贴额为纵坐标，建立坐标系，则形成的图形如下：

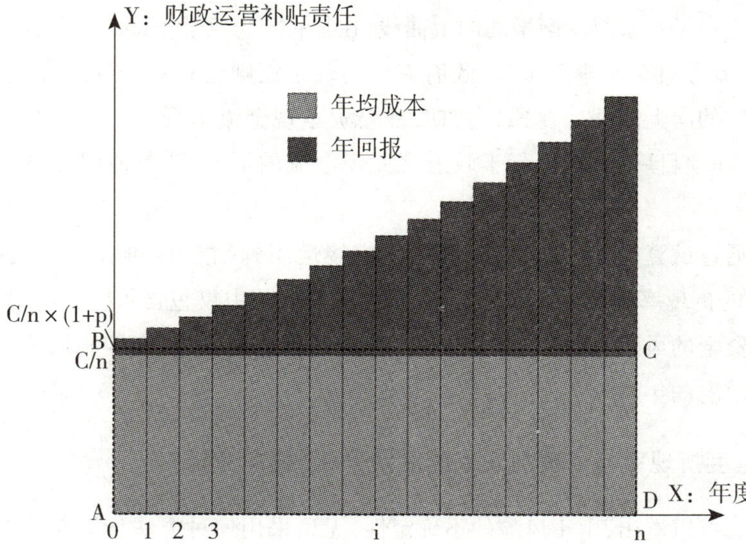

图 3-2　财政运营补贴柱状图

图 3-2 中，对应于每个年度，下部为返还的年均投入（成本），上部为年投资回

报额；总投入为下部矩形阴影面积 = C；总投资回报为上部锯齿状三角形的面积，也即 Q；矩形 ABCD 的面积为 C × (1 + p) 为投资引起的付费责任对应于基点的净现值。

图 3 - 2 中横坐标是以年度为单位，形成的图形是不连续的。为了研究方便，我们把时间描述成一个连续的过程，对应每个点都有个成本返还值和投资回报值，他们的数值也是连续的。建立横竖坐标的关系方程：$Y = ab^{x}$，其中，$a = \frac{C}{} \times (1 + p)$，$b = 1 + R_{a}$。方程为指数函数方程，图形如下：

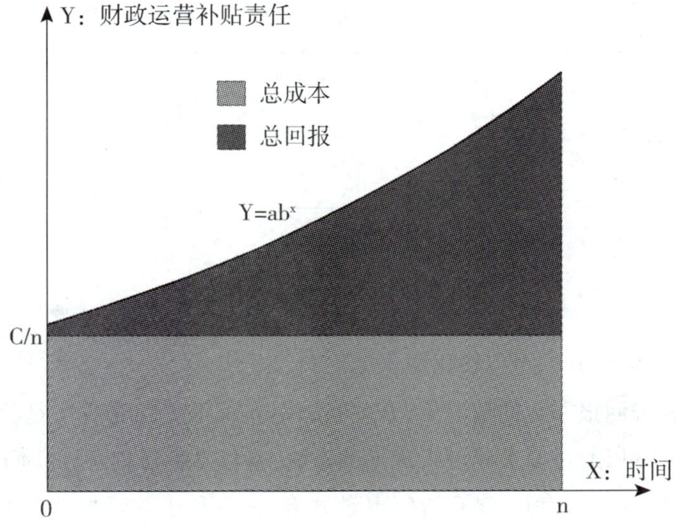

图 3 - 3　财政运营补贴曲线

总成本为 C，总回报为 $Q = \int^{n} ab^{x}dx - C = \frac{a}{\ln b}(b^{n} - 1)\_C$。

对于方程：$Y = ab^{x}$，在总投资回报 C 基本稳定的情况下，a、b 值随着合理利润率 p 及年度折现率 R_{a} 的微调而有所变化。下面选用两组不同的 p 和 R_{a} 进行比较分析（同一项目，相同的特许经营期限），组合 1：p = 0.058，R_{a} = 0.063；组合 2：p = 0.09，R_{a} = 0.06。图形如下：

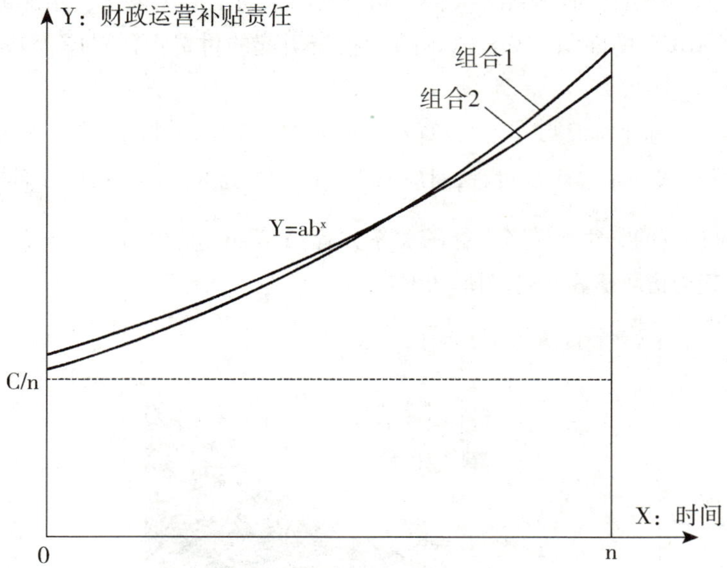

图 3 -4　不同组合曲线比较

分析两组图形，我们可以得出以下结论：

1. 在总投资回报一定的情况下，合理利润率 p 及年度折现率 R_a 是负相关的；

2. 政府方可以通过增大年度折现率的方法，将付款责任推延，同时 p 值减小，净现值 NPV 也相对变小，利于物有所值定量分析，也有利于减轻早几年的补贴责任，但对社会资本方不利。最终的取值会是博弈的结果。

3. R_a 较为敏感，很微小的变动，会引起 p 较大的调整，容易使 p 的取值落入不合理的范围之内。所以，在总投资回报一定时，年度折现率的可变范围很小。对年度折现率按 CAPM 模型取值的风险修正，修正前后 R_a 取值变化太大，是否合理，值得商榷。

四、年度折现率与年投资回报率的关系（纵向分析）

（一）合理的年投资回报率下年度折现率的分析

根据《项目收益债券管理暂行办法》，对一般的 PPP 项目，应满足社会资本 8% 的年投资回报率（ROI）的最低要求；PPP 项目拒绝暴利，但最高的年投资回报率尚无具体数值，有资料显示高于 12% 政府一般就不敢签字。我们可以认为合理的年投资回报率在 8% ~12%。

下面我们尝试在合理的年投资回报率下，探讨年度折现率的变化规律。为取得直观的对比效果，采用便于计算的 PPP 项目模型：政府不投入资本，不考虑税收影响，采用政府付费模式，付费方式按《指引》第 16 条。

项目模型一：

PPP 项目，社会资本投入 10 亿元，资本金 3 亿元，贷款 7 亿元，特许经营期 25 年，政府付费方式按《指引》第 16 条，年投资回报率为 8%。

贷款利息 5.2 亿元，总投资回报为 Q = 8% ×25 ×10 +5.2 =25.2 亿元，C + Q = 35.2 亿元，取合理利润率为 6%，经计算年度折现率为 8.3%。

项目模型二：

PPP 项目，社会资本投入 10 亿元，资本金 3 亿元，贷款 7 亿元，特许经营期 25 年，政府付费方式按《指引》第 16 条，年投资回报率为 12%。

贷款利息 5.2 亿元，总投资回报为 Q = 12% ×25 ×10 +5.2 =35.2 亿元，C + Q = 45.2 亿元，取合理利润率为 6%，经计算年度折现率为 9.9%。

从上述两个模型可以得出：

1. 年度折现率与投资回报率是正相关的，年度折现率能反映投资者对投资回报的期望趋向。

2. 在合理的年投资回报率下，年度折现率的变化幅度也是可以接受的。

3. 在投资回报率的博弈中，年度折现率是否合理可以成为一个参考因素，但不是决定因素。

（二）年度折现率、年投资回报率与《指引》中政府责任支付方式的关系

《指引》中给出的政府运营补贴支出数额可表示为指数函数 $Y = a \times b^x$，由上文图中可以看出，初期的补贴支出对社会资本的总回报贡献很小，越到后期贡献越大。

下面我们尝试在年投资回报率不变，特许经营期改变时，探讨年度折现率的变化规律。

项目模型三：

PPP 项目，社会资本投入 10 亿元，资本金 3 亿元，贷款 7 亿元，特许经营期分别为：（1）10年，（2）15 年，（3）28 年，政府付费方式按《指引》第 16 条，年投资回报率为 8%。

（1）贷款利息 1.9 亿元，总投资回报为 Q =8% ×10 ×10 +1.9 =9.9 亿元，C + Q = 19.9亿元，取合理利润率为 6%，经计算年度折现率为 11.2%。

（2）贷款利息 2.8 亿元，总投资回报为 Q =8% ×15 ×10 +2.8 =14.8 亿元，C + Q =24.8 亿元，取合理利润率为 6%，经计算年度折现率为 10.5%。

（3）贷款利息 5.9 亿元，总投资回报为 $Q = 8\% \times 28 \times 10 + 5.9 = 28.3$ 亿元，$C + Q = 38.3$ 亿元，取合理利润率为 6%，经计算年度折现率为 7.9%。

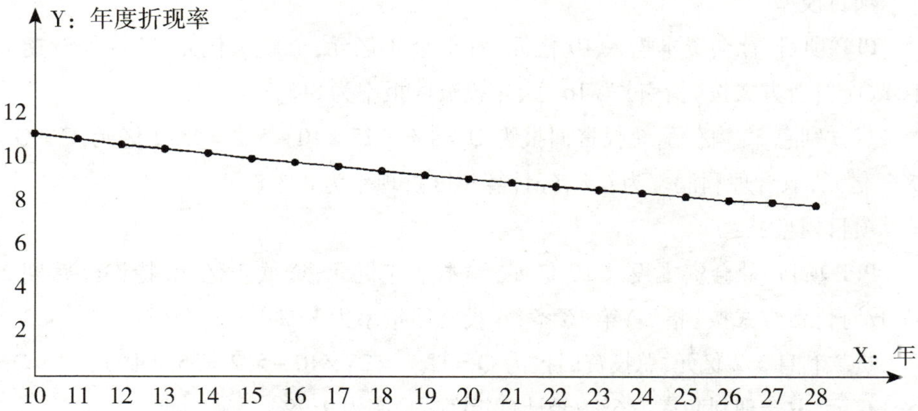

图 3－5 年回报率为 8% 时不同特许经营期对应的年度折现率

由此可以得出：

1. 年投资回报率本来不体现时间价值，但《指引》的政府运营补贴支出方式反而给予它时间价值。

2. 年投资回报率一定，年度折现率随特许经营期的增大而减小。一般特许经营期延长，风险随之加大，但年度折现率反而减小，略有矛盾。

3. 从图 3－5 中可以看出，年度折现率几乎按直线减小，特许经营期为 10 年时为11.2%，特许经营期为 28 年时为 7.9%，变化幅度可以接受。

五、结论

（一）对于年度折现率

1. 由于可供参考的统计数据的缺失，以及考虑风险分配等因素，年度折现率的取值为一个可能的区间。

2. PPP 项目签订的决定因素是投资回报率，年度折现率只是一个参考因素。一般通过年投资回报率反推出来年度折现率，再观察年度折现率是否合理。如果偏离合理区间较大时，则能反馈出投资回报率或者补贴支付方式的不合理。

3. 在总的投资回报不变情况下，可以对年度折现率在可能的区间内进行微调，也可以带来可观的政府支付额年度分布的变化。但带来初现值的变化，涉及双方的利益，双方可商定。

（二）对于《指引》中的政府运营补贴支出方式

1. 该支出方式，年度折现率随投资回报率增大而增大，随特许经营期增大而减小，且年度折现率的变化幅度不大（30%以内），效果尚可。

2. 政府运营补贴支出数额，成指数函数增长，对后期的财政支出形成压力；尤其是特许经营期较长时，后期的补贴支出责任会特别大（第28年支付的数额是第1年支付数额的8倍以上），地方政府是否一定要采取这种补贴方式，还应结合当地的财政能力。

第五节 PPP 项目公司设立中事业单位作为出资代表的资格分析

一、政府出资代表概述

分析事业单位能否在PPP项目公司的设立中成为政府出资代表，先要明确PPP项目公司设立中，政府出资代表的性质，以及其所需要具备的特征及条件，并以此作为资格衡量的标尺，对具体的探讨对象或主体进行针对性的对比与分析。

（一）政府出资代表的性质

政府出资代表既不是PPP项目的采购方，也不是参与投标或响应的社会资本方，而是政府指定的具体代表政府按PPP合同履行股权出资义务和享有股东权利的主体。在PPP合同中，政府或政府授权的实施机构已经作为合同主体，政府出资代表就没有必要、也不能作为与政府、成交社会资本并列的PPP项目合同签约主体，其身份应当是项目公司股东合资合同的当事人。[①]

对"政府出资代表"概念进行明确的最早的规范性文件是《国务院关于投资体制改革的决定》（国发〔2004〕20号）。

《国务院关于投资体制改革的决定》（国发〔2004〕20号）的规定：

> （三）规范政府投资资金管理。编制政府投资的中长期规划和年度计划．统筹安排、合理使用各类政府投资资金，包括预算内投资、各类专项建设基金、统借国外贷款等。政府投资资金按项目安排，根据资金来源、项目

---

① 叶晓甦、张永艳、李小朋：《我国PPP项目政府监管机制设计》，载《建筑经济》2010年第4期。

> 性质和调控需要,可分别采取直接投资、资本金注入、投资补助、转贷和贷款贴息等方式。以资本金注入方式投入的,要确定出资人代表。要针对不同的资金类型和资金运用方式,确定相应的管理办法,逐步实现政府投资的决策程序和资金管理的科学化、制度化和规范化。

根据上述规定,以政府投资资金作为资本金注入的,需要确定出资人代表。大规模的地方政府融资平台公司也正是由此发展起来。

(二)PPP 项目公司中设立政府出资代表的背景

从利益诉求层面上及组织形式层面上进行分析,政府与社会资本之间的合作模式(PPP 模式)是维护公共利益的政府机构与追求利润的经营性企业之间的合作与博弈。

在 PPP 项目中,政府股权出资不是法定责任,政府方持有项目股权也不是必不可少的监管方式,政府方可选择委托政府出资代表进行股权出资,或者直接以财政补贴、补助等方式支持项目。政府委托出资代表进行出资的目的不是获得收资回报,而是借股东身份和权利对项目公司运营实施监管。

同时,在 PPP 项目中,通过出资代表落实对项目的出资义务,即对项目公司的股权投资义务,并通过其所享有的股东权利对项目公司进行监管,是在政府不直接从事对项目公司的股权投资行为的情况下,为 PPP 项目所包容的做法。

PPP 相关的政策文件之一——《传统基础设施领域实施政府和社会资本合作项目工作导则》(发改投资〔2016〕2231 号)对政府出资代表做出了如下规定:

> 第八条　确定实施机构和政府出资人代表
>
> 对于列入年度实施计划的 PPP 项目,应根据项目性质和行业特点,由当地政府行业主管部门或其委托的相关单位作为 PPP 项目实施机构,负责项目准备及实施等工作。鼓励地方政府采用资本金注入方式投资传统基础设施 PPP 项目,并明确政府出资人代表,参与项目准备及实施工作。

(三)政府出资代表及其出资的要求

1. 政府出资代表其身份必然且只能是政府一方,而不能成为社会资本方或与政府、社会资本方并列的第三方

从政府出资代表的代表身份性质角度,以及发挥的功能来讲,政府出资代表是政府委托的履行政府出资行为的代理人,其出资行为及由此引发的法律后果和责任仍归政府,与政府授权的项目实施机构一样,均应属于政府一方,而不能归入社

会资本一方,不能成为挂政府方名义的“实际社会资本”。也正是因为出资企业是代表政府出资,才可以由政府直接指定,而不必通过竞争性采购程序获得 PPP 项目投资资格。

以武汉轨道交通 8 号线一期 PPP 项目为例,该项目涉及的武汉地铁 8 号线全长 16.7km,总投资 135.84 亿元,其中项目资本金 47.84 亿元由项目公司股东投入,剩余 88 亿元通过项目公司融资解决。项目已开工建设,目前已完成土建施工进度的 70%,项目将于 2017 年 12 月通车试运营。

武汉市轨道交通 8 号线一期 PPP 项目采用 BOT 方式进行运作,由通过竞争性磋商确定的中选社会资本[招商银行股份有限公司(牵头方)、中国光大银行股份有限公司和汉口银行股份有限公司,三家商业银行组成联合体作为社会资本方]和武汉地铁集团有限公司(政府出资代表)共同设立“武汉地铁股权投资基金(契约型)”,通过选定的基金管理人与武汉地铁集团有限公司(政府出资代表)及武汉地铁运营有限公司(政府出资代表)共同出资按照法人治理结构成立项目公司,项目公司负责本项目的投融资、建设、运营和管理。上述各方合计出资 47.84 亿元(不低于 8 号线一期投资估算金额 135.84 亿元的 35%),其中:武汉地铁集团有限公司代表政府出资 32%(15.3088 亿元),武汉地铁运营有限公司代表政府出资 2%(0.9568亿元),中选社会资本和武汉地铁集团有限公司共同设立“武汉地铁股权投资基金(契约型)”,通过选定的基金管理人出资 66%(31.5744 亿元)。在基金结构中,社会资本出资 28.41696 亿元,占基金份额的 90%,作为优先级出资人;武汉地铁集团有限公司出资 3.15744 亿元,占基金份额的 10%,作为劣后级出资人。

笔者不讨论社会资本方的问题,只讨论政府的出资代表。可以想见,本项目的运营决策与管理的实际角色可能会因武汉地铁集团有限公司在项目公司中实际占有股份比例,而最终被选定落到虽仅作为政府出资代表,但本身具有地铁项目运营能力的武汉地铁运营有限公司身上,进而产生政府出资代表在 PPP 项目中发挥本应由社会资本方发挥的运营、维护功能的现象,从而使运营风险落到政府方。而规范的 PPP 项目,社会资本方要承担项目全生命周期里的主要责任,包括建设、投融资和运营的责任,尤其是运营的责任。而有限合伙型基金的优先级出资人,只是一个债性参与方,仅承担有限责任,是获得相对固定回报的出资方,对风险波动、收益波动不承担责任,除非整个交易结构崩溃。这说明其不可能对整个项目全生命周期其他的风险承担责任,只是一个债性资金提供者。这与 PPP 项目“风险共担,利益共享”的宗旨有较大的冲突。

因此,在 PPP 项目中,政府出资代表的身份应当明确地体现政府方的性质。政府出资代表不能通过任何投资机构的出资,而将社会资本方本应在 PPP 项目中承担的融资、建设、运营、管理的义务进行剥离,甚至变相转移至政府一方。

2. 政府出资代表应当为公益类国有企业,而非商业类国有企业

从政府出资代表本身性质角度来讲,在国有企业分类改革完成的情况下,政府出资代表由公益性国有企业担任,才能保证与政府出资的公益性质相匹配,才能统一按公益性质国有资产进行监管、定责和考核。

如果尚没有已完成分类改革的公益类国有企业作为载体,则在过渡期,可由其他非公益类国有企业专设公益性账户独立管理政府委托出资的财政资金,与其管理的经营性资产区别管理和考核。待有合适的公益类国有企业后,再将股东权利转移由公益类国有企业持有。①

3. 政府股权出资支出视为政府对 PPP 项目的财政支出

在政府出资代表的出资角度方面,政府出资代表使用的须是政府财政资金,故其出资为政府投资行为。

《政府和社会资本合作项目财政承受能力论证指引》(财金〔2015〕21 号)规定:

> 第九条　PPP 项目全生命周期过程的财政支出责任,主要包括股权投资、运营补贴、风险承担、配套投入等。
>
> 第十条　股权投资支出责任是指在政府与社会资本共同组建项目公司的情况下,政府承担的股权投资支出责任。如果社会资本单独组建项目公司,政府不承担股权投资支出责任。

根据上述规定,从财务角度,PPP 项目中的政府股权出资支出与政府直接付费的运营补贴支出、风险承担支出及配套投入支出是并列关系,即政府股权出资与政府付费是政府投资 PPP 项目的两种并列途径。对于 PPP 项目中的政府股权出资而言,可将之理解为政府采购项目的"预付款",随着社会资本方的建设、运营、维护等行为,逐渐物化为项目资产或公共服务或产品,最终由政府方收回,政府在向社会资本方支付采购价款时不包含政府股权出资对应的资产或公共产品及服务,政府股权出资既不能作为 PPP 项目成本,也与社会资本方获得的投资收益无关。故此,根据《国家发展改革委关于切实做好传统基础设施领域政府和社会资本合作有关工作的通知》(发改投资〔2016〕1744 号)的如下规定:

> ……
>
> 五、建立合理投资回报机制
>
> 积极探索优化基础设施项目的多种付费模式,采取资本金注入、直接

---

① 高礼彦:《PPP 模式下的产业基金运作模式探析》,载《经济论坛》2015 年第 8 期。

> 投资、投资补助、贷款贴息，以及政府投资股权少分红、不分红等多种方式支持项目实施，提高社会资本投资回报，增强项目吸引力。鼓励加大项目前期资本金投入，减轻项目运营期间政府支出压力。鼓励社会资本创新商业模式及体制机制，提高运营效率，降低项目成本。
>
> 推进基础设施领域的价格改革，合理确定价格收费标准，依法适当延长特许经营年限，提供广告、土地等资源配置，充分挖掘项目运营商业价值，建立使用者付费和可行性缺口补贴类项目的合理投资回报机制，既要使社会资本获得合理投资回报，也要有效防止政府和使用者负担过重。

由此可见，政府股权出资支出是政府方在PPP项目中所承担财政支出责任的一个组成部分，将占用政府财政支出的指标额度。故所出资金应当是政府专项支持该PPP项目的财政资金，而不是指定出资代表企业的自有资金。

而就政府注入出资代表企业作为注册资金的财政资金而言，其自出资之日起，其性质已从政府财政资金转为企业自有的法人资产，且该笔出资与PPP项目投资不挂钩，由企业自主使用。故政府也不能以曾以财政资金向出资代表注资为由，要求平台公司以自有资金代政府履行股权出资责任并计入政府财政支出。①

二、事业单位概述

对事业单位在PPP项目公司设立中作为政府出资代表的资格进行分析，其前提条件是应先对事业单位本身的性质、特征，以及同其他社会组织的区别加以明确。

（一）事业单位的性质

1. 事业单位的内涵

我国《事业单位登记管理暂行条例》对事业单位的性质做出了如下界定：

> 第二条　本条例所称事业单位，是指国家为了社会公益目的，由国家机关举办或者其他组织利用国有资产举办的，从事教育、科技、文化、卫生等活动的社会服务组织。
>
> 事业单位依法举办的营利性经营组织，必须实行独立核算，依照国家有关公司、企业等经营组织的法律、法规登记管理。

---

① 蒋科：《国家出资人代表选任的机理分析》，载《湖南大学学报》（社会科学版）2015年第29卷第2期。

可见,设立事业单位的经费来源与国有资产息息相关。举办事业单位的过程中,或是设立事业单位的主体是由财政预算支持的国家机关,或是其他组织在举办过程中利用了国有资产。

《民法通则》规定:

> 第五十条　有独立经费的机关从成立之日起,具有法人资格。
>
> 具备法人条件的事业单位、社会团体,依法不需要办理法人登记的,从成立之日起,具有法人资格;依法需要办理法人登记的,经核准登记,取得法人资格。

根据上述规定,事业单位的主体性质归属于法人,具有法人资格。

综上所述,事业单位是指受国家行政机关领导,没有生产收入,所需经费由公共财政支出,不实行经济核算,主要提供教育、科技、文化、卫生等非物质生产活动和劳务服务,由国家机关或其他组织利用国有资产设立的社会公共组织,是表现形式为组织或机构的法人实体。①

2. 事业单位的外延

根据《事业单位登记管理暂行条例》规定,凡由国家机关、党委、群众团体、民主党派机关、使用财政性经费的社团及国有企业举办或其他组织利用国有资产举办的事业单位,都是事业单位登记管理机关登记管理的对象。具体地说,包括以下几类:

(1)各级党委、政府直属事业单位;

(2)各级人大、政协机关、人民法院、人民检察院,各民主党派机关举办的事业单位;

(3)各级党委部门和政府部门举办的事业单位;

(4)使用财政性经费的社会团体举办的事业单位;

(5)国有企业及其他组织利用国有资产举办的事业单位;

(6)依照法律或有关规定,应当由各级登记管理机关登记的其他事业单位;

(7)上述事业单位举办的下属事业单位。

目前,事业单位主要分为以下类别:教育事业单位、科技事业单位、文化事业单位、卫生事业单位、体育事业单位、新闻出版事业单位、广播电视事业单位、勘查设计事业单位、勘探事业单位、农业事业单位、林业事业单位、畜牧业事业单位、渔业事业单位、水利事业单位、交通事业单位、气象事业单位、地震测防事业单位、海洋事业单

---

① 赵立波、宫肖愿:《事业单位概念梳理及其界定》,载《山东行政学院山东省经济管理干部学院学报》2009年第3期。

位、环境保护事业单位、信息咨询与计算事业单位、知识产权事业单位、进出口检验事业单位、物资仓储事业单位、城市公用事业单位、社会福利事业单位、经济监督事务事业单位、法律咨询服务事业单位、人才交流事业单位、机关后勤服务事业单位、其他中介服务事业单位等。

（二）事业单位的关键特征

1. 提供公共服务

设立事业单位的目的，其本质上就是提供公共事业服务。提供公共事业服务是事业单位产生和存在的基本条件。科学、教育、文化、卫生等领域的事业单位，是保障国家政治、经济、文化生活正常进行的社会服务支持系统。

2. 属于非公共权力机构

事业单位虽然以提供公共服务为出发点和基础，其具体所进行的事务也多是与政府职能相关的具体事务，然而其并不属于公共行政权力机关。从根本上讲，事业单位不具有公共行政权力，同类事业单位之间也不能存在领导与被领导的关系，它对于行政区划内的其他部门或个人也不具有行政管理的职能，它只能利用自身的专业知识和专门技术向社会提供诸如教育文化、医疗卫生等方面的服务，专业性服务是事业单位基本的社会职能。

3. 经费来源的国有化

我国的事业单位基本上由国家财政统一拨给各项事业经费，这是中国传统事业管理体制的又一个基本特征。随着事业单位体制改革的深化和发展，事业单位的经费来源日趋呈现多元化的态势，但来自国家的财政拨款在事业单位的经费中仍然占主导地位。现阶段，我国事业单位经费来源主要包括财政补助和非财政补助两类。

（三）事业单位同其他社会组织的主要区别

由以上事业单位的关键特征，可以总结出事业单位与其他社会组织相比较，所具有的明显的区别。

1. 设立目的不同

设立事业单位的目的是向社会提供某方面的公共服务，这些服务都是经济、社会发展必需的，是公众生活不可缺少的，并不以盈利为目的。而设立企业的目的是在竞争性领域中获取利润；设立社团的目的是不同的社会群体表达自己的合法意志；设立党政机关的目的是实施政治领导和行政管理。因此，事业单位的设立目的同党政机关、企业、社会团体有很大的区别。①

2.在国家政治、经济、社会生活中的地位和作用不同

国家机关、党派团体是政治体制的一部分,在政治体制运行中发挥着各自不同的重要作用;企业是在经济领域进行竞争性经营活动,通过创造物质财富,满足人民的物质需求,并追求经济利益的最大化;事业单位主要是在科学、教育、文化、卫生等领域中从事社会服务,满足经济建设和人民群众的精神文化生活需求,对政治体制的运行、生产力的发展以及社会生活的正常进行,起着重要的、不可替代的支持保障作用。

3.资金来源不同

事业单位与其他普通的民办非企业单位相比,关键的区别在于两者的资金来源不同。民办非企业单位是利用非国有资产举办的,而事业单位是利用国有资产举办的。

其中,关于"利用国有资产"的界定,一是"利用国有资产"没有数量和比例的限制。即主体设立过程中只要其设立的资金有部分来源于国有资产,即在法律上被确定为国家所有并能为国家提供经济和社会效益的经济资源,该主体就有事业单位的性质。二是"利用国有资产"中的国有资产,可以是各种形式。既包括国有有形资产,如流动资产、固定资产等具有实物(或用货币计量)形态的资产,也包括国有无形资产,即不具有实物形态但能为事业单位提供某种权利的资产,如专利权、土地使用权等。

三、事业单位作为PPP项目公司设立中的政府出资代表的资格分析

(一)事业单位可作为政府方出资代表的观点

认为事业单位具备作为PPP项目公司设立中政府方出资代表的资格的观点,主要是以PPP项目中政府出资代表所需具备的性质和事业单位的性质的一致性为依据。

PPP项目中,政府出资代表,代表的是政府,其设置是为了实现政府方在PPP模式下的功能。而政府在PPP模式下的功能主要是监督社会资本或项目公司在PPP项目中的行为合法、合规,提供的产品及服务高效、高质,从而实现公益性的目的。为实现此功能,政府除了依据PPP项目合同,对项目公司在项目的设计、建设、运营、维护等多个方面进行行政性质上的宏观监管,更需要在项目公司的公司管理层

---

① 张鹏、臧传荣:《加强事业单位出资企业资产管理的思考》,载《行政事业资产与财务》2010年第9期。

面进行微观介入，从而在项目公司日常项目运作的各个环节进行更为深入地把关，将宏观上的监管职能落实到细节处。即政府在 PPP 模式中扮演的这个监督者的角色，并不只是外围的“一只眼”，更应是内在的“一只手”。

为实现政府方在 PPP 项目公司经营管理层面的监督和介入，根据公司架构的基本模式及《公司法》的规定，政府除了要向项目公司授予特许经营权外，还需向项目公司进行股权投资，即进行资本出资，以换取项目公司的部分股权，从而成为“内化角色”。

因此，PPP 模式下，政府方挑选其出资代表一定是能够为其所控制，进而通过这个代表，将自己的监督管理意志贯彻到与项目公司的微观合作上。因此政府出资代表在代表政府出资的过程中，其主体资格上需体现出 PPP 项目中政府方的特点，即公益性（Public），与政府方在主体上有一定的关联，进而能为政府方控制。其出资的资金需带有财政性质，因为其股权投资将被视为财政支出，故其资金流向上须与政府方有关联。如此，其在 PPP 项目公司中所体现的功能才带有公益性，才能保证与政府出资的公益性质相匹配，才能代表政府进行监管、定责和考核。

而前文提到，事业单位是指受国家行政机关领导，没有生产收入、所需经费由公共财政支出、不实行经济核算，主要提供教育、科技、文化、卫生等非物质生产活动和劳务服务，由政府利用国有资产设立的社会公共组织。在主体资格层面，事业单位多为政府所领导，便于贯彻政府方的意志；事业单位因非营利性，故无生产收入，其所需经费皆由公共财政进行支出，因此，在出资方面，事业单位经费来源的唯一性使其对项目公司的出资的性质更好被厘清，使政府的财政资金通过其流入项目公司显得更为自然。同时，事业单位本身具有公益性的功能导向，其作为政府出资代表，进入项目公司，对 PPP 项目发挥政府方的监督、管理职能，进而维护公众利益，也是其主体职能的体现与发挥，符合事业单位设立的初衷。因此，事业单位，无论从主体管理上、经费来源上，以及功能导向上，都符合政府方在 PPP 项目中希望实现的公益性质目的。

（二）事业单位不可作为政府方出资代表的观点

认为事业单位不具备在 PPP 项目中作为政府方出资代表资格的观点，则多是从 PPP 模式的功能导向、PPP 模式的设置理念，以及设立事业单位主体的多样性角度进行衡量。

如前文所述，PPP 模式的设立基础在于政府方和社会资本方两大主体在框架协议下的合作关系的建立。两大主体在 PPP 项目中的地位各自独立，且明显体现公私两方的特性。政府出资代表是接受政府委托，履行政府出资行为的代理人，政府出资代表的出资行为及由此引发的法律后果和责任,归置于政府,故其与政府授权的项目实施机构一样,均应属于政府一方,而不能归入社会资本一方。

根据事业单位的概况表述,事业单位虽受国家行政机关领导,其所需经费由公共财政支出,但其不一定是由国家机关举办,也可以由利用国有资产的其他组织举办。且其他社会组织在举办事业单位时,其利用国有资产的数量与比例并没有相应的法律法规对之做出要求,因此其他的非国家机关的社会组织在设立事业单位时,可仅利用少量的国有资产。由此可见,该类事业单位因设立主体非国家机关等公权力部门,故虽然其组织目的仍体现公益性,但在政府机关对其控制力上,要弱于由国家机关直接举办的事业单位。该类事业单位在日常事务处理的倾向性上也可能更偏向于非政府机关的社会组织,因此,若其成为PPP项目中的政府出资代表,并不具备适当的机制使其能够很好地代表政府方的意志,起到对社会资本方的监督作用,由该类事业单位代表政府出资,会增加政府方的风险。

(三)本书观点

《企业国有资产法》规定:

> 第十七条　国家出资企业从事经营活动,应当遵守法律、行政法规,加强经营管理,提高经济效益,接受人民政府及其有关部门、机构依法实施的管理和监督,接受社会公众的监督,承担社会责任,对出资人负责。
>
> 国家出资企业应当依法建立和完善法人治理结构,建立健全内部监督管理和风险控制制度。
>
> 第十八条　国家出资企业应当依照法律、行政法规和国务院财政部门的规定,建立健全财务、会计制度,设置会计账簿,进行会计核算,依照法律、行政法规以及企业章程的规定向出资人提供真实、完整的财务、会计信息。
>
> 国家出资企业应当依照法律、行政法规以及企业章程的规定,向出资人分配利润。
>
> ……
>
> 第二十一条　国家出资企业对其所出资企业依法享有资产收益、参与重大决策和选择管理者等出资人权利。
>
> 国家出资企业对其所出资企业,应当依照法律、行政法规的规定,通过制定或者参与制定所出资企业的章程,建立权责明确、有效制衡的企业内部监督管理和风险控制制度,维护其出资人权益。

参照上述对国家出资企业的规定及国有出资代表的资格要求,以及事业单位的性质，结合上述两大观点，本书认为事业单位要获得 PPP 项目公司设立中的出资代表资格，其在本身具有的公益性的基础上，还需要具备以下几个条件：

1. 出资纳入政府财政支出的指标额度

虽然我国事业单位基本上是由国家的财政统一地进行事业经费的拨给，但是财政拨给事业单位的经费，转化为事业单位的自有资金。拨给资金的政府方并不因事业经费的拨给，与事业单位建立起主体控制上的或财务上的联系。由于政府出资代表，在代表政府进行股权出资的过程中，其股权出资的支出应归属于政府方在 PPP 项目中所承担财政支出的责任，政府出资代表的股权出资资金为应财政性资金，而非出资代表的自有资金。

因此，事业单位要在 PPP 项目公司设立中充当出资代表，其在 PPP 项目中的专项出资的资金须纳入政府财政支出的指标额度，作为政府专项支持该 PPP 项目的财政资金，以体现其代表性及该出资为政府投资行为的性质。这是对出资性质上的要求。

2. 接受政府方的专项直接管理

事业单位虽多以国家财政拨出的事业经费为主要经费来源，同时也是事业单位登记管理机关登记管理的对象。但其并不属于公共行政权力机关，不具有公共行政权力，也不受当地政府或设立其之国家机关的直接领导。

在 PPP 项目公司的设立过程中，事业单位要作为政府方的出资代表，除了要将其出资纳入政府财政支出的指标额度，还要在与社会资本方共同建立项目公司，约定项目公司股东权利、义务之时，代表政府方进行义务、风险等合理分配的磋商。因此事业单位虽不接受政府机关及相应职能部门的直接领导，但在 PPP 项目中履行出资代表职责时，需要接受政府方关于 PPP 项目专项的直接管理。

3. 与 PPP 项目中的社会资本方无关联关系

事业单位要在 PPP 项目公司设立中成为政府方的出资代表，则其须与政府授权的项目实施机构一样，站在政府方的立场，须与 PPP 项目中的社会资本方无联系，这是关联性上的要求。故在事业单位的分类中，国家机关设立的事业单位，因其设立主体即为国家机关，故其在关联性上可作为政府出资代表。但事业单位分类中的非国家机关的其他组织利用国有资产设立的事业单位，要成为 PPP 项目中的政府出资代表，其需要与设立它的组织无直接股权持有或实际控制上的关联。即，出资纳入政府财政支出的指标额度，接受政府方的直接管理，并与 PPP 项目中的社会资本方无关联关系的事业单位，凭借其与生俱来的公益性的特点，可以作为 PPP 项目公司设立时政府方的出资代表。

第六节 地方债与PPP的和谐共生

一、地方债与PPP的前世今生

地方债问题可以被认为是PPP模式的催生剂,应当将地方债和PPP的密切关联放在一定历史环境下进行审视。我国利用外部资金进行基础设施、公用事业领域建设的过程大致分为以下几个历史阶段:

1. 2002年之前,我国的商品经济还基本处于供不应求的状态,大多数行业有了钱扩大生产还来不及,当年的GDP不足现在的1/6。在这一大环境下,基础设施短缺还没有成为经济发展的主要矛盾。

在沿海较发达地区,一些华侨发扬爱国情怀,在政策的鼓舞下,开始以合资企业的形式探索进入国内的基础设施建设领域。至今,再想起吴晓波老师的著作《激荡30年》中,霍英东投资白天鹅宾馆的故事仍觉得心情激荡。在1994年的分税制改革中,中央切走了地方财政的一大块,但基础设施建设、提供公共服务等事权却层层下放到地方,于是"跑部钱进",跟中央要钱成了某些地方官员执政能力的代名词。

2. 2003年至2008年,由建设部主导推动市政公用行业市场化改革。2002年年底,建设部发布了《加快市政公用行业市场化进程的意见》《市政公用事业特许经营管理办法》,允许私有资本进入法律法规不禁入的基础设施、公用事业及其他行业。例如,30个北京奥运会场馆中,约半数是以特许经营的方式建设的①。

3. 2009年至2012年,为应对全球性的金融危机,2008年中央政府推行积极的财政刺激计划,这个阶段的投资由政府主导,但是地方政府在分税制后基础设施的投资款除了向中央要就只有借债了。但是修订前的《预算法》规定,地方政府不能发债,也不能直接向银行借钱。于是,创新性的地方融资平台登上了历史舞台,地方政府成立一些投资公司,注入城市土地及国有资产,以这些资产作为抵押向银行借钱,用借到的钱对土地进行一级开发,再出让土地获得收益。于是出现大量以公司债名义发行的"城投债",而实质上其发行的却是政府债。

就这样,地方政府有了土地出让的收入,"地王"这个名词也开始频现报端。地方政府有了向金融机构借款的平台,如果抵押物不够,还会做个"还款承诺书"'担保函"。于是,信托机构的政信项目也一时间大行其道。地方政府以此绕过了《预

① 林华主编:《PPP与资产证券化》,中信出版集团2016年版,第85页。

算法》,开始了轰轰烈烈的城市建设……

4. 2013 年后,由于经济过热,产能过剩,地方债务比例进入警戒线等问题开始显现。原因就在于平台公司是不列入财政预算监督管辖的,而国有资产的管理又以经营性指标为准。各级地方官员盲目上马的很多项目前期的建设已经完成,后期如不继续借款建设就不能发挥效用。于是,地方债就像滚雪球一样,越滚越大,呈现不可遏制之势。

2014 年 10 月 2 日,《国务院关于加强地方政府性债务管理的意见》(国发〔2014〕43 号,以下简称“43 号文”)对外发布,后续整理规范地方债务的文件连续出台。我国经济发展逐渐进入新常态,地方财政收入增长放缓。当海水退去,地方债的风险也日益严重,维持基建投资规模和控制地方债务成了硬币的两面。党的十八届三中全会明确提出允许社会资本通过特许经营方式参与城市基础设施的建设与运营。财政部、发改委及相关部委密集出台了大量推广 PPP 模式的政策性文件,将 PPP 模式提升到了国家战略的高度。

二、原有地方债模式,条条大路都封杀

“43 号文”仅仅是中央管控地方债的开始。首次全面明确了建立“借、用、还”相统一的地方政府性债务管理机制,明确政府债务的融资主体仅为政府及其部门,不得通过企事业单位等举措,剥离融资平台的政府融资职能,切实做到谁借谁还。通过不限于以下所列的一系列措施,逐条封杀了地方举债的各种途径:

1. 我国《预算法》第 35 条规定,“除法律另有规定外,地方政府及其所属部门不得为任何单位和个人的债务以任何方式提供担保”。而《担保法》第 8 条则规定,“国家机关不得为保证人,但经国务院批准为使用外国政府或者国际经济组织贷款进行转贷的除外”。中国银监会印发《关于银行业风险防控工作的指导意见》(银监发〔2017〕6 号)强调不得违规新增地方政府融资平台贷款,严禁接受地方政府担保兜底。

可见,政信项目的“政府承诺书”形式一再被确认无效。《预算法》更是将禁止担保兜底为“任何方式”,此类担保合同因违反了法律强制性规定而无效,银监会更是从资金供应层面也禁止被监管金融机构接受政府担保兜底。

本次“50 号文”更是将监管重点放在了政府担保行为上,要求“尽快组织地方政府及其部门对融资担保行为摸底排查,督促相关部门、市县政府加强与社会资本方的平等协商,依法完善合同条款,分类妥善处置,全面改正地方政府不规范的融资担保行为。上述工作应当于 2017 年 7 月 31 日前清理整改到位,对逾期不改正或改正不到位的相关部门、市县政府,省级政府性债务管理领导小组应当提请省级政

府依法依规追究相关责任人的责任。金融机构为融资平台公司等企业提供融资时，不得要求或接受地方政府及其所属部门以担保函、承诺函、安慰函等任何形式提供担保。”

2. 2016年11月14日，国务院办公厅对外公布《地方政府性债务风险应急处置预案》，明确我国将把地方政府性债务风险事件划分为四个等级，实行分级响应和应急处置，必要时依法实施地方政府财政重整计划。文件中更有重磅条款：“地方政府对其举借的债务负有偿还责任，中央实行不救助原则。”

可见，中央已经看到了可能爆发的风险，提出了解决预案。同时预警地方政府和企业，明确将地方信用和中央的信用脱钩，将“不救助”确认为一种原则。按照“50号文”的表述其目的无非是为了防止区域性、系统性风险的发生。

3.《中国证券投资基金业协会关于发布〈资产支持专项计划备案管理办法〉及配套规则的通知》（中基协函〔2014〕459号）中，配套的资产证券化负面清单，也将地方政府及平台类收入列入其中。即现有平台公司的资产证券化融资道路也基本被封杀。

在利用融资平台进行融资方面，“50号文”规定“不得承诺将储备土地预期出让收入作为融资平台公司偿债资金来源，融资平台公司在境内外举债融资时，应当向债权人主动书面声明不承担政府融资职能，并明确自2015年1月1日起其新增债务依法不属于地方政府债务。”并再次申明了土地收支应当做到两条线，在资本市场上不能使用地方政府的信用开展融资行为。

4.“43号文”对地方政府依法举债进行总额控制、限额管理。经国务院批准，省、自治区、直辖市政府可以适度举借债务，市县级政府确需举借债务的由省、自治区、直辖市政府代为举借。“43号文”封堵了城投债，平台公司举债，地方发行债券只能由省、直辖市级政府在限额内代为发行。

“50号文”规定地方政府不得将公益性资产、储备土地注入融资平台公司。这一规定，彻底断绝了原有融资平台的操作模式。没有了融资的担保资产和还款来源，融资平台今后将难以为继。

5.“43号文”和《地方政府存量债务纳入预算管理清理甄别办法》（财预〔2014〕351号）发出后，各地方政府发行了大量置换债券，用于提前偿还平台公司存量的高利息贷款。这一做法使地方政府从此名正言顺发债，而且成本还低。对于接盘置换债券的银行，这至少比地方政府还不上钱要好啊，也都欣然接受了。只是各地的置换债券利息有的甚至低于同期国债，也是让人感叹的。

6.《财政部关于印发〈政府和社会资本合作模式操作指南（试行）〉的通知》（财金〔2014〕113号）第2条指出本指南所称社会资本是指已建立现代企业制度的境内

外企业法人,但不包括本级政府所属融资平台公司及其他控股国有企业。

《国务院办公厅转发〈财政部发展改革委人民银行关于在公共服务领域推广政府和社会资本合作模式指导意见〉的通知》(国办发〔2015〕42 号)明确对已经建立现代企业制度、实现市场化运营的,在其承担的地方政府债务已纳入政府财政预算、得到妥善处置并明确公告今后不再承担地方政府举债融资职能的前提下,可作为社会资本参与当地政府和社会资本合作项目,严禁融资平台公司通过保底承诺等方式参与政府和社会资本合作项目,进行变相融资。

对于融资平台公司参与 PPP 项目的相关规定,有效封堵了地方政府通过其控制的平台公司利用原有借贷模式,借用 PPP 名义进行项目投资的渠道,为 PPP 成为名副其实的政府与社会资本合作奠定了基础。而“50 号文”更是着重限制了在 PPP 模式中变相举债,笔者将在后文中详述。

7.《地方政府存量债务纳入预算管理清理甄别办法》(财预〔2014〕351,以下简称“351 号文”)对存量债务的甄别提出了标准,并将 PPP 模式作为解决地方政府债务问题的解决途径。其中在要求地方政府认真甄别筛选融资平台公司存量项目的同时,对适宜开展政府与社会资本合作模式的项目,要大力推广 PPP 模式,达到既鼓励社会资本参与提供公共产品和公共服务并获取合理回报,又减轻政府公共财政举债压力、腾出更多资金用于重点民生项目建设的目的。

“351 号文”以限期的形式要求地方政府上报存量债务,并要求各部门、各单位负责人,各级财政部门负责人,政府主要负责人按财政管理级次对本地区清理甄别结果及各项统计情况签字确认。这一规定对各地政府造成了很大的压力,也基本打消了地方政府继续通过各种途径举债的念头。

同时,在甄别标准的第 11 条中,明确了对通过 PPP 模式转化为企业债务的,不纳入政府债务。即不再将因 PPP 模式承担的政府合同付款责任定性为地方政府债,这使各地政府推行 PPP 模式的热情空前高涨。这一举措彻底堵住了地方债的污水,放进了 PPP 的活水。

而“50 号文”中,更是强调了对相关负责人的追责力度。对地方政府及其部门融资担保行为没有限期清理整改到位的,对逾期不改正或改正不到位的相关部门、市县政府,省级政府性债务管理领导小组应当提请省级政府依法依规追究相关责任人的责任。财政部驻各地财政监察专员办事处要密切跟踪地方工作进展,发现问题及时报告。此次司法部参与发文,财政部监察专员密切跟进,限期整改不到位就要全盘追责。如此力度也显示中央封堵原有地方债模式的决心。

三、平台公司名亡实存,变相举债困扰 PPP

虽然各类地方债管理文件层出不穷,也无法统计平台公司目前的存在状况,但是笔者在平台公司上班的同学、朋友目前还没有一个下岗的。可见，平台公司大都还在，甚至连大门口的牌子都没换。地方政府面对巨大的资金缺口，显然没有下定决心将招财猫一关了之。在地方政府强大的变通博弈能力下，各种变相举债模式更是防不胜防。

本次"50号文"中规定："地方政府不得以借贷资金出资设立各类投资基金，严禁地方政府利用PPP、政府出资的各类投资基金等方式违法违规变相举债，不得以任何方式承诺回购社会资本方的投资本金，不得以任何方式承担社会资本方的投资本金损失，不得以任何方式向社会资本方承诺最低收益，不得对有限合伙制基金等任何股权投资方式额外附加条款变相举债。"

（一）明股实债

2015年之后，资金面一直处于较为宽松的状态，平台公司融资依然较容易，成本也低，地方政府为了稳增长，稳定基建规模，仍然还在变相使用融资平台。可以说平台公司如百足之虫，死而不僵。政策严管，平台公司却仍名亡实存。在变相举债的模式中，最常见的就是"明股实债"。

在PPP项目中，明股实债，保底承诺，项目回购等方式变相融资问题比较突出，也有地方政府或其指定的国有企业在PPP基金中承担劣后方，承担对社会资本的还本付息保底责任；基金的亏损由政府补足等；对社会资本承诺保底收益等变相举债模式仍然时有发生。

究其根本，投资人对于风险的厌恶和对收益的喜好决定了社会资本或资金方更倾向于在PPP项目中获得固定收益。但收益总是与风险相对应的，目前PPP项目的风险还处于不确定的状态。基于以下原因，明股实债模式更符合参与方的实际需求，也是变相借债成为目前地方债务治理的重点关注对象的原因：

1. 国务院办公厅、发改委、财政部为规范PPP项目频繁发文，但文件效力都不高，还没有PPP法律法规立法来从法律层面规范PPP项目参与各方的行为。在此情形下，社会资本偏爱固定收益模式是理性资本的合理诉求。相对应的，地方政府为项目顺利落地，也就会选择变相签订PPP协议，并承诺兜底社会资本的固定收益。

2. 明股实债形式中，项目投资风险实际由政府方承担，这不符合PPP模式要求的权责对等、风险合理共担的本质要求。社会资本的收益应当与项目收益形成激励相容机制，确保社会资本有足够的动力做好项目的建设与运营工作。但是各地政府还是普遍将PPP模式视作一种融资手段，在项目初始洽谈时更关注融资方案等因素，这不免让社会资本将自己的角色定义为垫资施工人，而长期垫资本该拿的就应是利息。

3. PPP项目本该以平等作为主要原则,但实践中,几乎不可能做到。合同是由政府方起草的,从投标保证金到履约保函到运维保函,项目公司只要一违约,政府方就能直接去银行提款了。但是政府方的支付担保在哪里?一旦违约,社会资本只能通过诉讼,且执行还是未知数。社会资本在进入项目前就看到了如此凄惨的未来,又如何敢放心和政府方合作,且担更多风险呢?

4. 对于地方政府拍脑袋上马的项目,能有多少经济收益及社会效益呢?一般社会资本都是不看好的。而真正好的项目,地方政府又不愿做成PPP模式。对于啃骨头的项目,理性的投资人自然偏好固定收益。

(二)产业基金引起的地方债危机

2016年《华尔街日报》在《中国PPP融资模式雪藏地方债风险》一文中报道了我国产业基金对地方债务提高的影响,文章称:"迄今为止,中国已经启动了数百只产业基金,这些基金支撑着广东省的可再生能源新项目,上海的港口扩建项目,湖北省的高科技制造业项目,以及河南省总计450亿美元的房屋建设、污水处理和养老设施项目等。"

文章以温岭产业基金为例,地方政府贡献了1.9亿美元种子资本中的大约20%,中国银行提供了剩余部分。该基金之后控制了两家市营建筑公司,拥有包括金清港大桥在内的三项当地公路建设合约。之后,中国银行就开始在线上推广一系列投资该基金所发行优先股的91天期理财产品;承诺提供大约4%的年化回报率。中国银行温岭城市产业发展基金期限为6年,之后市政府有义务全盘收购中国银行的投资,并支付8.5%的年化回报率。

我们知道产业基金一般是政府投入种子资金,由金融机构认筹其他部分,该基金以股权形式参与PPP项目。一直以来产业基金的形式的确起到了"四两拨千斤"、引导社会资本投入基础设施建设的积极作用。但是如果政府对入股的金融机构进行了回购及固定收益的承诺,这实际上也构成了地方政府的债务。而且产业基金的规模发展迅速,不久的将来在地方政府债中所占的比例也会越来越大。这一动态值得警醒。

"50号文"中,特别对利用基金形式的明股实债做了明确规定。比如明确界定不得以借贷方式出资设立各类投资基金。设立政府出资的各类投资基金时,不得以任何方式承诺回购社会资本方的投资本金。不得对有限合伙制基金等任何股权投资方式额外附加条款变相举债:

1. PPP基金入股资金的借贷属性

要知道,很多金融机构即使入股PPP基金,其入股资金的实质或多或少是一种借贷资金,只为完成地方政府的任务。另外,通常一个PPP基金的年限为10年,低于大部分PPP项目的运营期。金融机构如没有完善的退出机制保证是不会参与的,而此时政府就会对其退出渠道做出一定的承诺。而这就可能符合了PPP基金变相举债的要件。

2. 有限合伙制基金投资变相举债

就单个项目而言,如果构建分层的投资结构,以基金形式进行项目股权投资时,通常由社会资本、上一层基金或是地方政府指定的机构担任普通合伙人,由金融机构担任有限合伙人。普通合伙人对外承担无限责任,有限合伙人在出资范围内承担有限责任。这种夹层融资的模式介于债券和股权之间,非常适合养老资金、保险资金、商业银行、对冲基金等投资结构的完善。但是,实践中经常出现政府指定的普通合伙人承诺对金融机构的入股资金以固定收益率进行回购,这实际上造成地方政府承担了保底责任,造成了政府或有债务的增加。根据《合伙企业法》第3条的规定,国有独资公司、国有企业、上市公司以及公益性的事业单位不得成为普通合伙人。也就是说,以这些主体作为PPP基金的普通合伙人也已经违反了合伙企业法的规定,而这些企业通常就是参与承诺回购的合同主体。

"50号文"首次对该模式进行了限制,虽然行文中并没有明确何种形式的保底承诺应受到限制,但这一模式的确符合政府担保的实质,应当在实践中予以扬弃。

四、新增地方债务逐级设限

基于前三节的讨论我们可以看到,目前平台公司融资模式已经趋于式微,FPP模式方才兴起但已身负各种顽疾。好在目前主管部门及时注意并重视了这一问题,这无疑会提高落地PPP项目的质量,控制好地方债规模。

2017年印发的《新增地方政府债务限额分配管理暂行办法》(财预〔2017〕35号),对省级下属行政地方间如何就本省的举债限额进行分配做了详细规定,在给予省级政府一定自主权的同时,对分配方法做了定性且定量的规定。以下梳理我国新增地方债务逐级设限的法规体系。

(一)对于新增债务设限的法律法规体系

《预算法》第35条规定经国务院批准的省、自治区、直辖市的预算中必需的建设投资的部分资金,可以在国务院确定的限额内,通过发行地方政府债券举借债务的方式筹措。举借债务的规模,由国务院报全国人民代表大会或者全国人民代表大会常务委员会批准。省、自治区、直辖市依照国务院下达的限额举借的债务，列入本级预算调整方案，报本级人民代表大会常务委员会批准。举借的债务应当有偿还计划和稳定的偿还资金来源，只能用于公益性资本支出，不得用于经常性支出。

"43 号文"对上述条文进行了进一步明确：

1. 规模受限，审批受限：地方政府举债不得突破批准的限额。地方政府一般债务和专项债务规模纳入限额管理，由国务院确定并报全国人大或其常委会批准，分地区限额由财政部在全国人大或其常委会批准的地方政府债务规模内根据各地区债务风险、财力状况等因素测算并报国务院批准。

2. 程序受限，主体受限，用途受限：严格限定地方政府举债程序和资金用途。地方政府在国务院批准的地区限额内举借债务，必须报本级人大或其常委会批准。地方政府不得通过企事业单位等举借债务。地方政府举借的债务，只能用于公益性资本支出和适度归还存量债务，不得用于经常性支出。

3. 全口径预算管理：把地方政府债务分门别类纳入全口径预算管理。地方政府要将一般债务收支纳入一般公共预算管理，将专项债务收支纳入政府性基金预算管理，将政府与社会资本合作项目中的财政补贴等支出按性质纳入相应政府预算管理。地方政府各部门、各单位要将债务收支纳入部门和单位预算管理。或有债务确需地方政府或其部门、单位依法承担偿债责任的，偿债资金要纳入相应预算管理。

《新增地方政府债务限额分配管理暂行办法》(财预〔2017〕35 号)规定：

> 第七条　新增限额分配应当体现正向激励原则，财政实力强、举债空间大、债务风险低、债务管理绩效好的地区多安排，财政实力弱、举债空间小、债务风险高、债务管理绩效差的地区少安排或不安排。新增限额分配用公式表示为：
>
> 某地区新增限额 =［该地区财力 × 系数 1 + 该地区重大项目支出 × 系数 2］× 该地区债务风险系数 × 波动系数 + 债务管理绩效因素调整 + 地方申请因素调整。

(二)限额管理是地方债市场化的重要前置程序

在"43 号文"中，要求地方政府发债应建立地方政府信用评级制度，逐步完善地方政府债券市场。《新增地方政府债务限额分配管理暂行办法》(财预〔2017〕35 号)中，使用的限额计算公式考虑了各地区财力、重大项目支出、地区债务风险、债务管理绩效，以及当年全国新增地方政府债务限额规模等因素。

为什么说限额管理是地方债市场化的前置程序？因为债券最根本的条件是信

用评级。放眼观望目前的地方债产品,满眼都是AAA级的。作为投资者想要确保地方债的还本付息,首先应当确保债券规模处于当地政府可以承受的范围之内。通过《新增地方政府债务限额分配管理暂行办法》,政府通过因素法确定了合理的债券规模,无形中反映了债券的信用评级,中央政府也无形中对该限额内的债券发行进行了背书。各地方政府的信用能力通过债券的限额有了量化的表现。当信用出现了差异,资金就是评选资产优劣的标志。

(三)增加倒逼机制、公平债额分配、防止"跑厅债进"

地方政府总是缺少资金的,省级政府可以发行的地方债券的数额又受到了中央层面的限定。如果没有一个量化的在地方间分配地方债额度的指标,免不了各地方政府要为了争夺更多的债券额度而进行公关,像当年"跑部钱进"那样"跑厅债进"。

有了明确的指标,明确的系数,每个地方政府都能马上意识到,要提高自己的额度需要先做好准备工作,包括处理好存量债、规范债务管理程序、争取重大工程、降低本地区债务风险等,通过倒逼机制提高地方政府解决地方债问题的主动性。

五、新形势下地方债与PPP模式的和谐共生

应该说,在历史的坐标系上,PPP和地方债应该是两条共生的平行线,各自解决各自的问题,服务的则是同一个目标,那就是经济的平稳增长、人民生活条件的逐步提高。

另外,在历史的花园里,地方债却像杂草般生长,难以控制。过多的杂草就会稀释土地的养分,阻挡普照的阳光。而PPP就像一株娇贵的葡萄,从地下慢慢的长出藤蔓来,人们需要早早地就携手搭出一个葡萄架来,为这株植物未来的生长确定好方向,扩充出空间。待藤蔓长到高高的葡萄架上才好开枝散叶,过了几年之后,在一个金秋的时节,终于结出累累硕果。PPP的发展需要合适的土壤、充足的养料、适宜的阳光,需要日常的修剪和众人齐心协力的计划,更重要的是几年等待的光阴。

一个漂亮的花园里,必然离不开春华秋实的大树,也一定离不开一年四季默默生长、填补季节空挡的草本植物。PPP和地方债模式的顶层设计出发点本就是不一样的,对政府承担的责任和对经济总体发展的影响也不同。总体来说,为了转变政府职能、助力经济转型、扩大融资渠道,应该首先考虑使用PPP模式,并将地方债看作是PPP模式的后备力量,对于无法或难以采用PPP模式落地的项目,政府专项资金也不足以承担的时候,才考虑使用地方债模式进行筹措。

如今正是PPP项目推广的关键阶段,大量PPP项目已经顺利进入执行阶段,达

到了较好的社会与经济效果,社会各界都对 PPP 模式充分重视。财政部已经公布了三批 PPP 示范项目,众多相关企业成立了自己的 PPP 业务部,各类 PPP 产业基金也纷纷组建。但是,目前 PPP 项目的落地比例还比较低,项目的集中落地还存在着各种各样的制约因素。

中央政府应当知道,地方政府并不完全是刻板服从行政命令的下属单位,从地方政府的角度来看,如果能够方便地举借到政府债,那么利用 PPP 模式实施项目的动力就会大大减少。所以,应当一方面需要通过后续法律及政策的制定,把控住地方政府的投资行为偏好,又要放开一定的地方债务口子,让不能通过 PPP 模式落地的项目获得社会资金的支持。也就是说,只有将地方债的发行从程序上、实质上进行全面监管,才能平衡好两者间的关系,确保地方政府能够按照政策导向实现“先PPP,后举债”的模式。并慢慢形成两者和谐共生、相互补充、各司其职,共同完成好稳定经济增长的历史使命。

在目前复杂多变的国际国内经济局势下,在目前房地产泡沫、地方债危机、经济增长放缓的三座经济大山的压迫下,必须两手抓:一方面抓好地方债务清理,避免系统性风险的发生;另一方面抓好 PPP 项目,扩大基建投资的同时,稳定企业生产性投资。只有一手做好金融防御,一手扩大投资和消费,抓紧落实供给侧改革,确保国内经济稳定和谐发展。

第四章 Chapter 4 PPP 模式发展问题及应对建议

第一节 PPP 模式发展问题概述

PPP 模式是我国新兴的政府和社会资本合作模式，主要适用于政府提供且适宜市场化运作的公共服务类和基础设施类项目，尤其在传统市政基础设施、交通、水利等领域拥有巨大的投资潜力。同时，PPP 模式对外资的开放程度较高，尽管与国内投资相比相对处于劣势，也具有一定的吸引力。从目前来说，我国的 PPP 模式在与特许经营的关系上、采购程序上和争议解决机制上存在一定的问题，但是，通过相应的完善机制，可以预见，PPP 模式在我国的基础设施和公共服务领域发展前景广阔，机遇与挑战并存。

一、PPP 模式的现状及潜力

（一）PPP 模式现状

近年来，为转变政府职能，提高公共服务或产品的效率和质量。中国在基础设施和公共服务领域大力推动 PPP 模式的发展和运用。PPP 模式为“政府和社会资本合作模式”，是指政府为增强公共产品和服务供给能力，提高供给效率，通过特许经营、购买服务、股权合作等方式，与社会资本建立的利益共享、风险分担及长期合作关系。PPP 模式主要适用于公共服务和基础设施类项目，包括能源、交通、水利、环境保护、市政基础设施、旅游、文化等领域，已成为促进经济增长的重要政策工具。

（二）投资潜力领域

市政基础设施、交通、水利等领域属于传统 PPP 模式的适用领域，在我国的实践时间较长，适用模式比较成熟，而且社会公众的需求相对稳定，因此，对于社会资本来说投资风险较小。通过财政部政府和社会资本合作中心建立的 PPP 综合信息平台项目库和国家发展和改革委员会（以下简称国家发改委）建立的 PPP 项目库发布的 PPP 项目类型和数量分布也可以看出，市政基础设施、交通、水利等领域的项目集中度较高，所占比重较大。由此可见，未来中国最具有投资潜力的基础设施建设领域仍集中在相对传统的市政基础设施、交通、水利等领域。

近年来,中国对经济快速发展所带来的遗留问题日益重视,尤其是与百姓生活息息相关的民生领域。目前政府的工作重心即是在稳定经济增长的基础上,加大投入解决民生问题。基础设施建设与社会发展密不可分,既是城市进步直观的体现,也是惠及民生的关键因素。政策的方向直接关系基础建设的需求。例如,近年来为解决"城市病",政府大力提倡海绵城市、地下综合管廊、城市轨道交通等领域的基建项目;为解决环境污染问题,政府提倡环境保护领域基建项目;为发展新型城镇化项目,政府大力推行片区开发领域项目;为改善城市人居条件,政府大力推行保障性住房安居工程项目。总之,以惠及民生为目标,在公共服务基础设施建设的推动下,像海绵城市、地下综合管廊、城市轨道交通、环境保护、片区开发以及保障性住房安居工程等基础建设需求领域日益兴起,也是 PPP 项目发展的潜力领域。

二、PPP 模式与外资的关系

外资的注入使中国迎来了新的发展机遇与挑战,PPP 模式亦是如此。为了营造平等健康的市场环境、最大程度发挥市场优势,政府鼓励和引导民营企业、外资企业参与 PPP 项目。从历史及政策角度上看,PPP 模式对于外商资本较为友好,但仍存在一些传统壁垒。

(一)从历史角度来看

中国作为全球最大的新兴经济体,拥有广阔的市场。国内的基础设施行业对外资的吸引力一直比较强。综观中国早期 PPP 模式的发展进程,可以看出,外商资本是我国前期 PPP 模式发展实践的重要推动者,如国内首次采用 BOT 方式吸引外资建设电厂的广西来宾电厂项目,还有北京市政府与港铁首创联合体采用 PPP 模式建设的北京地铁 4 号线项目等。可以说,我国 PPP 模式的发展历史也是一部基础设施建设行业利用外资发展的历史,即我国前期 PPP 模式实践以利用外商投资为主。由此可见,国内的基础设施建设行业对外资一直有强大的吸引力。

(二)从 PPP 模式规范上看

在 PPP 模式规范中,"社会资本方"的定义包括国有企业、民营企业和外商投资等组织形式。由此可见规范并未限制外资参与 PPP 模式项目。为了提高效率,增强 PPP 项目吸引力,国家发改委曾发布通知,要求切实做好传统基础设施领域政府和社会资本合作(PPP)有关工作,提出要提高社会资本投资回报,增强 PPP 项目吸引力;鼓励不同类型的民营企业、外资企业参与 PPP 项目。由此可见,政府支持、鼓励外资与其他成分经济主体积极参与 PPP 模式。我国的 PPP 模式规范中并未对外商资本加以政策约束，开放程度较高。

（三）外商投资的障碍

尽管政策鼓励外商参与投资，但值得注意的是，传统法规对外资管制的规范体系仍使外国投资者参与PPP模式面临了一些额外障碍。例如，在采购环节，基于政府采购的特殊性，《政府采购法》第10条规定采购人应当采购本国货物、工程和服务。若根据例外情形确需采购进口产品时，要按照财政部《政府采购进口产品管理办法》和《关于政府采购进口产品管理有关问题的通知》的规定，经批准后才能采购进口产品。因此，在参与政府采购规范体系主导下的PPP模式社会资本采购时，外国投资者相比国内投资者有较大的信息与成本劣势，自由度也比较低。

而且，我国对外商投资的管制更为严格。根据相关法律，外商投资项目应符合《外商投资产业指导目录》的规定。另外，外商投资企业的设立及变更程序较为复杂，比国内企业受到更多的限制。因此，外国投资者在参与中国基础设施建设项目时，面临更多产业政策限制和企业设立规范管理等方面的额外阻力。总而言之，在传统规范体系和政策管制方面，相对国内投资者来说，外商投资者处于相对不利的地位。

三、PPP模式的问题及建议

在基础设施建设项目中，PPP模式得到了政府的大力推广，然而相关的配套政策并不健全，立法工作相对滞后。在项目实践中，PPP模式主要存在以下几种问题。

（一）PPP模式与特许经营的关系问题

在我国实践中，对PPP模式和特许经营模式的关系认定存在争议，一方面对于如何区分特许经营和PPP模式缺乏明确的法律规范依据；另一方面也缺乏对特许经营和PPP模式有针对性的监督管理依据。另外，实践中为保证新建、改扩建项目能够实现投资人和施工主体选择的“两招并一招”（即将两次招标合并，同时选择投资人和施工承包人的招标方式），也存在滥用特许经营模式的现象，如此一来则无法充分发挥和利用PPP模式和特许经营模式的差异化优势，无法最大限度地发挥PPP模式的作用。

（二）PPP模式采购程序问题

目前国内存在不同的采购程序规范体系，即《政府采购法》主导的政府采购程序规范体系和《招标投标法》主导的工程招标程序规范体系。在实践中，对于PPP

项目社会资本选择的程序适用问题也存在争议。例如，PPP 项目投资来源于社会资本，项目的性质与政府采购并不符合，或是《政府采购法》对招投标的规定过于严格不适合 PPP 模式，等等。目前在财政部主导的 PPP 模式规范体系下，主张将社会资本选择纳入政府采购体系。然而，政府采购要求使用财政资金，导致目前政府采购规范体系无法完全涵盖整个 PPP 模式的适用范围，而且采购程序涉及的规范较多，部分采购规范之间存在冲突。因此，实践中 PPP 模式社会资本存在法律适用冲突的问题，影响 PPP 模式社会资本采购的合法性认定和操作效率。

（三）PPP 模式争议解决机制问题

PPP 模式争议解决机制问题的本质是如何认定 PPP 模式的法律性质。基于政府采购规范，PPP 模式构建的是政府和社会资本之间的平等民事关系，争议解决应适用民事法律规范，当事人可选择诉讼或仲裁争议解决方式。然而，由于 PPP 模式中所签订的合同其中一方是政府，而政府也有权力对合同履行进行监督，所以 PPP 合同法律关系也具有行政色彩，行政诉讼法及其司法解释将特许经营协议纠纷认定为行政纠纷，应适用行政诉讼规范，且无法选择仲裁作为争议解决方式。PPP 合同既反映了政府与社会资本之间的平等民事关系，又有管理与被管理、监督与被监督的行政关系，包含了公法与私法双重性质。所以，在司法实践中倾向于将 PPP 模式认定为平等民事关系和行政关系的结合，根据争议事项的法律性质来确定具体争议解决方式。但司法实践操作对诉讼方式有效，在适用仲裁方式解决争议时则存在法律障碍。

（四）PPP 模式的完善建议

首先，在制度层面上，为确保 PPP 模式的成功实施，应尽快制定法律规范，将 PPP 模式与特许经营模式的关系加以区分，明确 PPP 模式的法律定位，从而更加充分地利用 PPP 模式和特许经营模式各自的优点。同时梳理现有招标、采购规范体系，建立统一的、效力层级较高的采购规范体系，以保障 PPP 模式社会资本选择程序的合法性，尽可能地充分利用竞争机制，确保能够选择投资能力强、管理经验丰富的社会资本参与投资，为投资建设和运营维护 PPP 项目奠定良好的基础。

其次，由于救济方式不明晰，立法上也应尽快完善 PPP 模式争议解决机制，确定 PPP 模式的法律性质及相应的争议解决方式，制定规范文件，优化 PPP 项目救济机制，减少 PPP 模式在争议解决方面的法律风险，为社会资本参与 PPP 项目提供法律保障，提高社会投资者参与投资的信心。

最后，从操作层面上看，在 PPP 模式中社会资本需要通过竞争性方式产生，而国有资产转让则需要经过进场交易这一程序进行竞争。因此,为了保证 PPP 项目前期准备工作的合法性,需要加快推进传统投资模式和 PPP 模式、国有资产转让与 PPP 模式社会资本采购的衔接程序,提高 PPP 模式前期准备工作的效率,从而实现尽快推进 PPP 项目落地的目标,降低前期风险,确保 PPP 项目的成功进行。

四、PPP 模式发展前瞻

通过 PPP 模式推动社会资本参与建设基础设施已经成为发达国家和发展中国家广泛采用的方法。PPP 模式作为增强经济增长动力的有力手段,其推广有助于提高公共服务的质量和效率,激发市场活力,保障和改善民生,对于改革和发展有着重要的意义。在如今 PPP 模式发展热潮的背景下,可以预见,未来中国将会持续推动基础建设领域 PPP 模式的应用与发展,PPP 模式将成为我国基础设施和公共服务领域投资建设的重要组成部分。

并且,在 PPP 模式现有的发展基础上,未来我国的 PPP 模式将进一步走向规范化、合理化。其规范化主要体现在以下几个方面:首先,将会有更高层级的法律规范出台,明确 PPP 模式实践操作的基本规范要求;其次,PPP 模式所涉及的审批程序、合同文件等也将进一步规范化,即 PPP 模式前期准备工作将进一步整合发挥联合审批工作的优势,从而使 PPP 模式的适用效率得到提高,在合同文件规范化上具体表现为各行业领域示范文本将会出台,能够有效降低政府操作 PPP 项目的难度,以进一步发挥 PPP 模式的优势,提高公共产品或服务的质量和效率。

第二节　PPP 项目管理现存问题、主要做法

一、PPP 项目及项目管理概况

自 2014 年以来,为转变政府职能,提高公共产品和服务的质量和效率,在国务院大力整顿地方政府债务的政策背景下,我国开启了 PPP 模式大规模应用推广,大力促进了 PPP 模式的发展,具体表现在两个方面:一是政策规范层面,与之前政府推广政府和社会资本的合作不同,以国务院为发起点,财政部和国家发展改革委为主要推动部门,与地方各级政府出台了一系列 PPP 模式政策规范,规范涵盖 PPP 模式的概念、操作程序等方面的内容,基本上构建了 PPP 模式操作、管理的规范体系。二是 PPP 项目数量层面,PPP 项目综合信息平台披露的信息显示,截至 2016 年 11 月 30 日,进入 PPP 项目综合信息平台的 PPP 项目数量达 10,828 个,总投资 12.9 万亿元,基本上涵盖了 PPP 模式所有可能的适用领域,同时财政部主导的 PPP 示范项

目,也已进入第三批次,每一批次的 PPP 示范项目的数量和投资额均有所增长。

本书结合 PPP 综合信息平台的 PPP 项目数量的增长趋势,认为我国已经初步完成了全国范围内的 PPP 项目初步识别,下一步的重要工作是如何“消化”PPP 综合信息平台的项目,推进大部分 PPP 项目的落地实施。而随着我国 PPP 模式规范体系的完善和大规模 PPP 项目的落地实施,为构建政府和社会资本的长期合作关系,为保障 PPP 项目能够长久持续的运行,政府方和社会资本均需加强 PPP 项目管理工作。但我国 PPP 项目管理方面仍存在不少问题,为促进我国 PPP 项目实施的规范性,本书将以 PPP 项目实践经验为基础,分析 PPP 项目在规划、适用上存在的问题及解决方案,并着重分析自 PPP 项目签约起至 PPP 项目移交止的阶段内,PPP 项目管理存在的问题、主要做法,并在此基础上提出发展建议。

二、PPP 项目管理现存问题及主要做法

PPP 项目管理,一般而言,是指在 PPP 项目执行阶段和 PPP 项目移交阶段内,政府和社会资本系统性地推进 PPP 项目工作,保障 PPP 项目按照预期目标顺利实施。虽然 PPP 项目管理主要集中于 PPP 项目执行阶段和移交阶段,但是阶段划分并非 PPP 项目管理的唯一标准,实践中 PPP 项目管理的内容相互交叉,而且按照《财政部关于推广运用政府和社会资本合作模式有关问题的通知》(财金〔2014〕76 号)确立的风险分配基本原则,即“项目设计、建设、财务、运营维护等商业风险原则上由社会资本承担,政策、法律和最低需求风险等由政府承担”。政府和社会资本在项目管理过程中的职能存在差异,各自的利益诉求不同,因此,本书将不局限于 PPP 项目执行阶段和移交阶段或者单独论述政府或社会资本的 PPP 项目管理。笔者结合自身在 PPP 项目领域的实践经验,分析 PPP 项目管理现存问题,阐述 PPP 项目管理存在问题的主要做法,并在此基础上提出相应的发展建议。

(一)PPP 项目适用范围上的问题及主要做法

PPP 模式,主要是指政府和社会资本构建的长期合作关系,政府部门推广应用 PPP 模式的主要目的是转变政府职能,提高公共产品和服务的质量和效率。因此为实现政企分离、政府职能转变的政策目标,发挥市场机制配置资源的作用,政府在推广应用 PPP 模式的过程中应注意 PPP 模式的适用边界,即应注意划分 PPP 模式的适用范围。

随着 PPP 模式的推广应用,地方政府存在泛化适用 PPP 模式的趋势,即将本不属于 PPP 模式领域的项目作为 PPP 项目实施。综观我国 PPP 模式规范体系,PPP 模式的适用范围主要以列举加概括的方式进行限制,该规范范式以《国务院办公厅

转发〈财政部、发展改革委、人民银行关于在公共服务领域推广政府和社会资本合作模式指导意见〉的通知》(国办发〔2015〕42 号)为主要代表,缺乏相对精确的适用范围定义。为遏制地方政府泛化适用 PPP 模式的趋势,财政部制定的《财政部关于在公共服务领域深入推进政府和社会资本合作工作的通知》(财金〔2016〕90 号)要求地方政府"严格区分公共服务项目和产业发展项目"。

(二)PPP 项目主管部门规范冲突的问题及主要做法

PPP 模式主管部门,本书特指目前主导我国 PPP 模式发展进程的两个部门:财政部和国家发改委。两个部门基于管理 PPP 模式的权限,均尝试主导我国 PPP 模式的规范进程,具体表现为两个部门出台了一系列关于 PPP 模式的政策规范,两个部门基于管理权限和 PPP 模式认知的差异,导致出台的一系列规范在一定程度上存在冲突,影响 PPP 模式的实践操作,具体表现在以下几个方面。

1. PPP 模式定义割裂问题

观察财政部和国家发改委出台的一系列 PPP 模式政策规范,可以发现两个部门在 PPP 模式的定义中逐步取消"公共服务"和"基础设施"的并列表述,财政部倾向于将 PPP 模式统一限定于"公共服务"领域,而国家发改委倾向于将 PPP 模式统一限定于"基础设施"或"传统基础设施"领域。显然财政部的规范逻辑延伸于管理政府财政预算支出的权限,政府有责任和义务利用财政预算支出提供公共产品和服务,而国家发展改革委的规范逻辑延伸于管理投资项目的权限,基于投资项目管理的传统路径,进一步管理 PPP 模式的应用。导致财政部和国家发改委定义 PPP 模式存在割裂。

2. PPP 模式项目库的建设问题

为便于 PPP 项目的集中管理和推广,财政部以《关于规范政府和社会资本合作(PPP)综合信息平台运行的通知》(财金〔2015〕166 号)为基础,依托地方各级财政部门,建立了全国范围内的 PPP 项目综合信息平台。而国家发改委主导出台的《传统基础设施领域政府和社会资本合作(PPP)项目库管理办法(试行)》,要求各级发展改革部门依托传统投资项目管理体制,建立 PPP 项目库。因此,我国现存两个 PPP 项目库,导致 PPP 模式实践操作过程中地方政府选择适用 PPP 模式规范时无所适从,直接影响 PPP 模式的操作效率。

上述存在的问题,主要原因在于财政部和国家发改委没有严格执行《财政部、发展改革委关于进一步共同做好政府和社会资本合作(PPP)有关工作的通知》(财金〔2016〕32 号)的精神,加剧了 PPP 模式领域规范的适用难度问题。而且实践中经常存在地方政府有选择地适用 PPP 模式政策规范的现象,即利用财政部和国家发改委各自主导规范衔接存在的漏洞,弱化 PPP 模式规范操作的要求。

三、PPP 模式和特许经营模式的关系问题及主要做法

PPP 模式与特许经营模式的关系,也是我国 PPP 模式推广应用过程中面临的问题,即实践中存在准确划分 PPP 模式和特许经营模式的需求。但我国 PPP 模式现有的规范体系缺乏统一的 PPP 模式和特许经营模式关系的定义,关于 PPP 模式和特许经营模式关系的差异化论述,也与财政部和国家发改委争夺 PPP 模式主导权相关联。

(一)国家发展改革委的区分规范

梳理 PPP 模式规范体系,国家发改委基于我国政府和社会资本合作的经验,着重于主导制定特许经营方面的规范,以《基础设施和公用事业特许经营管理办法》为代表,将特许经营模式适用范围限制为"能源、交通运输、水利、环境保护、市政工程等基础设施和公用事业领域"。以《国家发展改革委关于开展政府和社会资本合作的指导意见》(发改投资〔2014〕2724 号)为基础,强调经营性项目和准经营性项目,即对应使用者付费模式和可行性缺口补贴付费机制,采用特许经营模式;政府付费机制类项目,采用政府购买服务模式开展项目。国家发改委制定出台的《传统基础设施领域实施政府和社会资本合作项目工作导则》(发改投资〔2016〕2231 号)进一步承继了此种规范划分逻辑,强调"政府和社会资本合作模式主要包括特许经营和政府购买服务两类",即在 PPP 模式的概念体系下,根据采用的付费机制的差异,区分特许经营模式和 PPP 模式的关系,即 PPP 模式应属于广泛意义上的概念,具体可以划分为特许经营模式和政府购买服务模式两个大类。

(二)财政部的整体规范

财政部主导的 PPP 模式规范体系,倾向于整体规范 PPP 模式,未着重区分 PPP 模式和特许经营的关系,而且国家发改委关于 PPP 模式与特许经营模式关系的界定并未得到财政部的认可。应该注意的是,我国关于政府购买服务的划分,存在以《政府购买服务管理办法(暂行)》(财综〔2014〕96 号)为基础规范的政府提供公共服务的模式,政府购买服务与 PPP 模式属于不同类型的服务提供方式,导致实践中国家发改委确立的 PPP 模式与特许经营的关系规范不具备实施的可行性。

(三)地方政府、咨询机构的处理方式

PPP 模式实践过程中,地方政府、咨询机构对于是否区分 PPP 模式和特许经营

模式并不在意,相反根据《最高人民法院关于适用〈中华人民共和国行政诉讼法〉若干问题的解释》(法释〔2015〕9 号)的规定,政府特许经营协议争议纠纷属于行政诉讼领域,基于自由选择争议解决方式的需求,即行政法律关系争议事项不能采用仲裁方式解决,虽然最高人民法院在处理具体涉及特许经营协议纠纷过程中,倾向于认定特许经营协议中包括民事平等法律关系和行政法律关系,根据项目具体争议事项性质决定争议解决方式。但特许经营协议争议解决仍存在不确定性,因此,地方政府或咨询机构倾向于模糊特许经营模式和 PPP 模式的关系,采用 PPP 模式安排交易结构并拟定合同文件。

四、PPP 项目社会资本选择问题及主要做法

社会资本选择,是指政府部门依靠竞争性选择程序,选择具备投融资能力和运营管理能力的社会资本。根据《政府和社会资本合作项目政府采购管理办法》的规定,政府选择社会资本,可以采用公开招标、邀请招标、竞争性谈判、竞争性磋商和单一来源采购等方式。实践操作中,社会资本选择面临的主要体现在两个层面:一是选择社会资本的规范适用问题;二是选择社会资本的方式问题。

(一)选择社会资本的规范适用问题

选择社会资本的规范适用问题,主要问题是如何认定选择社会资本的性质。财政部主导的规范体系下,社会资本选择属于政府采购领域,以《政府采购法》和《政府采购法实施条例》为基础,根据不同项目的实际情况,确定选择社会资本的方式。但国家发改委主导的规范体系下,相关规范并未明确社会资本选择是否属于政府采购范畴,其将《政府采购法》和《招标投标法》并列,《传统基础设施领域实施政府和社会资本合作项目工作导则》(发改投资〔2016〕2231 号)规定,可依法通过公开招标、邀请招标、两阶段招标、竞争性谈判等方式选择社会资本,其中拟由社会资本方自行承担工程项目勘察、设计、施工、监理以及与工程建设有关的重要设备、材料等采购的,必须按照《招标投标法》的规定,通过招标方式选择社会资本方。由于财政部和国家发改委对社会资本选择程序的性质认定和规范适用的分歧,不同规范规定的采购程序存在差异,实践中地方政府经常需选择适用何种规范,即在规范选择适用层面存在不确定性,同时给政府操作、设计采购程序留下空间,不利于保障 PPP 项目社会资本的竞争性需求。

(二)选择社会资本的方式问题

选择社会资本的方式问题,根据上述内容可知,现有规范体系下选择社会资本

的方式较多,不同方式的适用前提存在差异,梳理 PPP 模式现有规范体系可知,政府部门鼓励优先适用公开招标方式选择社会资本,但实践中地方政府存在不严格按照相关规定确定社会资本选择方式的现象,为减少项目社会资本选择的竞争,包括 PPP 项目咨询机构选择,保证地方政府“中意”的社会资本中标,地方政府存在滥用单一来源采购方式的现象。财政部出台的《政府和社会资本合作项目财政管理暂行办法》(财金〔2016〕92 号)第 11 条明确规定:“根据项目需求必须采用单一来源采购方式的,应当严格符合法定条件和程序。”

五、PPP 项目土地问题及主要做法

PPP 项目土地问题,是指 PPP 项目实践操作过程中,与土地相关的法律问题,主要包括土地的一级开发和土地使用权的取得。

(一)土地一级开发主体问题

为规范项目土地的取得,《关于联合公布第三批政府和社会资本合作示范项目加快推动示范项目建设的通知》(财金〔2016〕91 号)明确规定 PPP 项目主体或其他社会资本不得作为项目主体参与土地收储和前期开发等工作,按照《财政部、国土资源部、中国人民银行、银监会关于规范土地储备和资金管理等相关问题的通知》(财综〔2016〕4 号)的规定,土地储备机构属于公益一类事业单位,隶属于行政区划国土资源主管部门。

(二)土地出让收益问题

实践中存在项目开发资金来源与土地出让收入挂钩的现象,即未按照土地出让收入相关政策确定土地收入支出管理,而是将 PPP 项目的资金来源与未来收益及清偿责任与土地出让收入挂钩。《关于联合公布第三批政府和社会资本合作示范项目加快推动示范项目建设的通知》(财金〔2016〕91 号)明确禁止将土地出让收入与 PPP 项目收益挂钩,对严格按照土地收入支出政策将 PPP 项目支出责任纳入预算的,《财政部关于在公共服务领域深入推进政府和社会资本合作工作的通知》(财金〔2016〕90 号)规定:“对于政府性基金预算,可在符合政策方向和相关规定的前提下,统筹用于支持 PPP 项目。”即作为政府性基金预算的土地出让收入,可以按照预算规定用于支持 PPP 项目。

(三)社会资本承担土地征收拆迁费用的问题

实践中,在 PPP 项目嵌入土地征收拆迁的操作模式比较普遍,即政府要求社会

资本支付征地拆迁费用并将征地拆迁费用计入项目总投资，在运营期内通过政府财政支出予以偿还。此种类型操作模式也应认定为“以 PPP 项目名义举借政府债务”。其主要理由是《财政部、国土资源部、中国人民银行、银监会关于规范土地储备和资金管理等相关问题的通知》（财综〔2016〕4 号）明确限制土地储备资金渠道，即土地储备所需资金必须纳入政府性基金预算，从国有土地收益基金、土地出让收入和其他财政资金中统筹安排，不足部分在国家核定的债务限额内通过省级政府代发地方政府债券筹集资金解决。因此，将土地征收、拆迁等费用纳入 PPP 项目总投资，属于将不适合开展 PPP 模式的政府预算支出项目按照 PPP 模式进行运作的情形，不符合土地储备的相关规定，也应当被认定为“以 PPP 项目名义举借政府债务”。

（四）土地出让手续的合并实施问题

土地使用权的取得方式，根据《土地管理法》第 54 条的规定，包括有偿使用方式和划拨方式，划拨方式是指针对特定项目用地，经县级以上政府依法批准，依据《土地管理法实施条例》第 22 条的规定，可由市、县人民政府土地行政主管部门向土地使用者核发国有土地划拨决定书，确定 PPP 项目的“用地者”。土地使用权有偿使用方式，根据《土地管理法实施条例》第 29 条的规定，包括：（1）国有土地使用权出让；（2）国有土地租赁；（3）国有土地使用权作价出资或者入股。其中国有土地使用权出让方式，参照《城镇国有土地使用权出让和转让暂行条例》第 13 条和《招标拍卖挂牌出让国有建设用地使用权规定》的规定，包括：（1）协议；（2）招标；（3）拍卖；（4）挂牌。《关于联合公布第三批政府和社会资本合作示范项目加快推动示范项目建设的通知》（财金〔2016〕91 号）明确规定：“依法需要以招标拍卖挂牌方式供应土地使用权的宗地或地块，在市、县国土资源主管部门编制供地方案、签订宗地出让（出租）合同、开展用地供后监管的前提下，可将通过竞争方式确定项目投资方和用地者的环节合并实施”。国土资源部办公厅制定、印发《产业用地政策实施工作指引》（国土资厅发〔2016〕38 号）将“合并实施”的适用范围扩展至有偿使用国有土地，即 PPP 项目社会资本选择和用地者确定的合并实施并不局限于招标、拍卖或挂牌取得土地使用权的情形。但相关规范并未对“合并实施”做进一步阐述。

六、PPP 项目合同管理问题及主要做法

（一）PPP 项目协议的体系设置问题

PPP 项目的核心是政府和社会资本构建的合作关系，基础是政府和社会资本（包括项目公司）签订的一系列合同文件，其中以 PPP 项目协议为核心。PPP 项目

协议一般由项目实施机构和中标社会资本签订,若需组建项目公司的,则由项目实施机构与组建的项目公司重新签订 PPP 项目协议或者签订承继协议。实践中政府和社会资本基本上能够按照类似程序完成 PPP 项目合同的签订,但是项目实施机构或者项目实施机构聘请的咨询机构,往往忽视如何合理划分中标社会资本和项目公司的权利义务的问题,以《财政部关于印发〈政府和社会资本合作模式操作指南(试行)〉的通知》(财金〔2014〕113 号)PPP 项目协议签署为例,项目实施机构与中标社会资本签订 PPP 项目协议后,待项目公司与项目实施机构重新签订 PPP 项目协议或承继协议后,实践中往往忽视项目实施机构和中标社会资本签订的 PPP 项目协议的效力问题,特别是在项目实施机构与项目公司重新签订 PPP 项目协议情形下,同一 PPP 项目存在两份 PPP 项目协议,若不明确相关 PPP 项目协议的关系和效力,那么实践中通过组建项目公司阻断项目风险的目标如何实现,当项目发生争议时,关于 PPP 项目协议解释顺序和选择适用问题,将成为争议焦点之一。

(二)PPP 项目合同的履行问题

为保证项目实施机构签订 PPP 项目协议的严肃性,《政府和社会资本合作项目财政管理暂行办法》(财金〔2016〕92 号)规定,在 PPP 项目协议正式签订前,项目实施机构应将 PPP 项目协议提交行业主管部门、财政部门、法制部门等相关职能部门审核后,报本级人民政府批准,要求 PPP 项目协议应满足以下要求:(1)合同应当根据实施方案中的风险分配方案,在政府与社会资本双方之间合理分配项目风险,并确保应由社会资本方承担的风险实现了有效转移;(2)合同应当约定项目具体产出标准和绩效考核指标,明确项目付费与绩效评价结果挂钩;(3)合同应当综合考虑项目全生命周期内的成本核算范围和成本变动因素,设定项目基准成本;(4)合同应当根据项目基准成本和项目资本金财务内部收益率,参照工程竣工决算合理测算确定项目的补贴或收费定价基准。项目收入基准以外的运营风险由项目公司承担;(5)合同应当合理约定项目补贴或收费定价的调整周期、条件和程序,作为项目合作期限内行业主管部门和财政部门执行补贴或收费定价调整的依据。虽然上述要求符合 PPP 项目协议的核心特征,但 PPP 项目协议为项目实施机构制定并随采购文件一并发布,因此,项目实施机构或其聘请的咨询机构掌握制定 PPP 项目协议的主动权,无论是在 PPP 项目采购响应过程中还是 PPP 项目采购的确认性谈判中,社会资本均不得涉及 PPP 项目协议核心内容的修改。这导致政府方制定的 PPP 项目协议并不符合项目实践操作的特点或需求。

以项目公司注册资本为例,以《国务院关于调整和完善固定资产投资项目资本金制度的通知》(国发〔2015〕51 号)为基础,固定资产投资项目均要求前期投入一定比例的非债务性资金。大部分政府将投入的非债务性资金等同于项目公司注册资本金，同时约定项目公司在较短的时间内全部实缴到位。政府部门约定的主要目的是保证项目投融资方面的能力，但全部以非债务性资金作为注册资本，不利于社会资本在运营过程中的退出，而且《公司法》约定净利润分配前，应按照约定提取10%的法定公积金，直至注册资本的50%。因为PPP项目的项目公司一般不允许开展非PPP项目的经营业务，因此，项目公司大额注册资本将导致项目公司存在大量冗余资金。同时，政府方约定项目资本金短时间全部实缴到位，不符合项目开发进度需求，也会造成项目公司大量资金冗余。政府方关于PPP项目投融资条款约定不合理，导致实践中存在PPP项目协议严格约定，但实际履行中普遍违约的情况。

PPP项目协议中类似不合理的项目投融资约定较多，导致PPP项目实际履行过程中普遍存在实际违约，例如，对于政府方承担的项目前期工作完成期限等，政府和社会资本均不注重PPP项目协议的约定，双方更加"迷信"沟通协调，导致PPP项目协议的严格约定目的落空，也影响PPP项目实施推进的效率，但囿于PPP项目协议签订和修改的严格要求(可能需要报相关职能部门审查及政府审批)，双方的沟通协调往往无法形成有效书面记录，双方以"口头"方式关于PPP项目协议的"变通"，不利于维护PPP项目协议的权威性，类似做法也不符合构建长期合作关系的要求，容易产生PPP项目法律纠纷。

七、PPP项目财政预算管理存在的问题及主要做法

(一)政府跨年度财政支出责任纳入财政预算管理体系的问题

政府推广应用PPP模式的主要动因之一，即是实现加强地方政府债务管理的政策目标。根据PPP项目付费机制的分类，大体可以将PPP项目付费机制划分为使用者付费、可行性缺口补助和政府付费。PPP项目综合信息平台披露的信息显示，近年来开展实施的PPP项目大部分属于政府付费或政府提供可行性缺口补贴的项目，即政府部门在PPP项目中需承担财政支出责任。在《预算法》要求政府全部支出均纳入财政预算的情况下，如何将PPP项目协议中约定的政府跨年度财政支出责任纳入财政预算管理体系，直接影响社会资本或项目公司获取投资回报的可行性。

目前我国财政预算属于年度预算，而PPP项目中的财政支出责任一般不是即时发生，而且存在跨年度支出情况。因此，年度财政预算无法满足PPP项目政府支出责任安排。因此，《政府和社会资本合作项目财政管理暂行办法》(财金〔2016〕92号)规定，PPP项目行业主管部门应当将在PPP项目协议中约定的政府跨年度财政

支出责任纳入中期财政规划，经财政部门审核汇总后，报本级人民政府审核，保障政府在项目全生命周期内的履约能力。当实时发生政府支出责任时，由行业主管部门按照预算编制程序和要求，将合同中符合预算管理要求的下一年度财政资金收支纳入预算管理，报请财政部门审核后纳入预算草案，经本级政府同意后报本级人民代表大会审议。

（二）PPP 项目财政承受能力论证问题

为合理控制地方政府支出责任规模，要求地方政府对 PPP 项目政府支出责任进行财政承受能力论证。在相对完善的预算管理体系下，PPP 项目财政预算管理最大的问题是准确测算 PPP 项目财政支出责任，根据《政府和社会资本合作项目财政承受能力论证指引》（财金〔2015〕21 号）的规定，对 PPP 项目政府支出责任进行识别、测算，依据识别、测算的结果，对政府财政支出责任进行能力评估，指引要求“每一年度全部 PPP 项目需要从预算中安排的支出责任，占一般公共预算支出比例应当不超过 10%”。

但实践中，PPP 项目财政承受能力论证逐步沦为一种“数字游戏”。即使不考虑 PPP 项目财政支出责任识别和测算的准确性问题，根据《政府和社会资本合作项目财政承受能力论证指引》（财金〔2015〕21 号）的规定，财政承受能力论证依赖于未来政府一般公共预算支出的预测，而未来政府一般公共预算支出预测基础是确定“前五年相关数额的平均值及平均增长率”。因此，实践中为满足支出比例 10% 的限制，一般可通过任意调节一般公共预算支出的增长率实现目标，特别是 PPP 项目合作期限均比较长，简单预测未来一般公共预算支出的增长趋势，未来财政支出责任的不确定性较高，直接影响财政承受能力论证报告的权威性。

财政承受能力论证主要目的是论证 PPP 项目中政府具体的支出责任是否在可承受范围内。实践中，存在为通过财政承受能力论证将 PPP 项目财政承受能力论证的政府预算级别调高，如将本属于县级 PPP 项目按照市级财政支出数据进行测算，保证通过财政承受能力论证，但具体支付责任仍属于县级政府，导致财政承受能力论证结果不具备参考性。

PPP 模式交易体系下，财政承受能力论证直接影响未来政府支出责任的可行性，《政府和社会资本合作项目财政承受能力论证指引》（财金〔2015〕21 号）中认为可操作空间较大，直接影响财政承受能力论证结果的权威性，而且财政承受能力论证只考虑了一般公共预算支出的问题，根据《财政部关于在公共服务领域深入推进政府和社会资本合作工作的通知》（财金〔2016〕90 号）的规定，“对于政府性基金预算，可在符合政策方向和相关规定的前提下，统筹用于支持 PPP 项目”。PPP 项目政府支出责任可以纳入政府性基金预算，即财政承受能力论证指引目前无法全部覆盖PPP项目中的政府支出责任。

八、PPP项目监督管理存在的问题及主要做法

项目进入执行阶段，政府方主要履行PPP项目监督管理职责，实践中政府方监督管理主要集中在两个方面：一是PPP项目投资基准值的确定；二是PPP项目公司的治理。

（一）PPP项目投资基准值的确定

PPP项目投资基准值的确定，主要目的是用于政府方核算社会资本的投资收益和计算政府支出责任，对社会资本方提前退出计算补偿数额也有重要作用。实践过程中，政府方主要的做法是对PPP项目开展政府审计，主流趋势是实施PPP项目跟踪审计，但《审计法》第22条规定，审计机关对政府投资和政府投资为主的建设项目预算执行情况和决算，进行审计监督。《审计法实施条例》第20条进一步限制政府投资和以政府投资为主的建设项目，包括全部使用预算内投资资金、专项建设基金、政府举借债务筹措的资金等财政资金；未全部使用财政资金，财政资金占项目总投资的比例超过50%，或者占项目总投资的比例在50%以下，但政府拥有项目建设、运营实际控制权的项目。显然大部分PPP项目并非《审计法》意义上的政府投资项目或政府主导的投资项目，因此，PPP项目适用政府审计存在规范层面的缺陷。

（二）PPP项目公司的治理

与之前我国推广应用特许经营模式相比不同的是，政府方出资代表参股项目公司的热情较高，政府方的监督管理职能大部分通过PPP项目公司的治理实现，即通过股东会、董事会以及经营机构参与项目公司的治理。为突出发挥社会资本的主动性，财政部制定的PPP模式规范要求政府方出资比例不得超过50%，且不具备实际控制能力，因此，PPP项目公司中政府方出资代表的股权比例较低。但实践中，政府方出资代表基于维护公共利益和公共安全的目标，政府方股东存在全面介入项目公司股东会和董事会的表决的倾向，即要求在公司章程中约定保障政府方股东全面介入决策公司事项的条件。与《公司法》的规范相比，PPP项目公司章程主要的做法是设置较高通过比例的股东会和董事会的表决议事机制。大部分PPP项目公司章程保证政府方股东或委派董事拥有“一票否决权”或“类一票否决权”，虽然政府方出资比例较低，但政府方股东及其委派的董事全面实质性主导、控制公司

事务，不利于发挥社会资本方的主动性。而且，政府方股东及其委派的董事不具备决策 PPP 项目专业事项的能力，导致实践中公司章程赋予政府股东及其委派董事的职权无法充分有效实施，政府方出资代表及其委派董事在项目公司治理过程中，无法及时有效地发出决策信息，大部分决策事项需要政府职能部门（项目实施机构）的集体决策背书，严重影响了项目公司的运营管理效率。

九、PPP 项目移交存在的问题及主要做法

PPP 项目移交，主要是指项目合作期限届满或项目提前终止后，社会资本或项目公司将 PPP 项目基础设施等移交给项目实施机构或者政府指定部门。

目前 PPP 模式规范体系未对 PPP 项目移交阶段做出较为明确的规定，而且 PPP 项目投资合作期限较长，我国 PPP 项目移交实践经验较少。PPP 项目移交，大部分属于无偿移交，即社会资本或项目公司在合作期限内已收回投资，因此，合作期限届满后无偿移交给政府；也有部分是有偿移交，包括股权有偿移交和资产有偿移交，关于股权有偿移交方式，《政府和社会资本合作项目财政管理暂行办法》（财金〔2016〕92 号）明确规定，不得在股东协议中约定由政府股东或政府指定的其他机构对社会资本方股东的股权进行回购安排，因此实践过程中应注意设计 PPP 项目移交方式。PPP 项目协议通常约定较薄弱，缺乏具体的实施运作方案，即 PPP 项目协议签订时，对未来 PPP 项目移交阶段的预见性和指导性不足，可以预见未来 PPP 项目移交工作的效率将受到影响。此外，PPP 项目移交缺乏相应的配套措施，例如，PPP 项目移交阶段是否征收税费，如何规避 PPP 项目移交二次征税的问题，目前规范层面缺乏明确规定，给未来 PPP 项目移交工作造成不确定性和障碍。

第三节　PPP 项目管理发展建议

笔者结合自身实践经验，综合论述了 PPP 项目执行阶段和项目移交阶段关于 PPP 项目管理存在的问题及主要做法，下面笔者将基于前述分析，有针对性地提出 PPP 项目管理的发展建议。

一、PPP 项目适用范围问题的发展建议

随着我国 PPP 模式进入平稳、规范的发展阶段，笔者建议地方政府在后续推广应用 PPP 模式过程中，应充分发挥 PPP 项目识别的作用，注意划分、识别政府负有责任和义务提供公共服务的边界，PPP 模式应适用于公共服务项目而非产业发展项

目,产业发展项目应充分发挥市场调节机制的作用。针对前期非 PPP 模式领域的“PPP 项目”,应明确退出机制,严格限制 PPP 模式的适用范围,进一步构建相对周延的 PPP 模式适用范围规范体系,在规范层面限制 PPP 模式的适用范围。

二、PPP 项目主管部门规范冲突问题的发展建议

为建立更加完善的 PPP 模式规范体系,笔者建议进一步制定 PPP 适用的统一规范,即由高于财政部和国家发改委权限的部门主导制定效力层级更高的 PPP 模式规范。一是可以有效解决我国现有 PPP 模式规范效力层级较低的问题;二是可以解决财政部和国家发改委制定规范相互冲突的问题。笔者认为制定的规范应属于 PPP 模式基础规范,全面规范我国 PPP 模式的实施,而财政部和国家发改委可以基于各自的权限范围,制定与 PPP 模式相关联的规范,例如,财政部应以制定与财政预算管理相联系的规范为主,国家发改委应以制定与项目投资管理相联系的规范为主,避免财政部或国家发改委主导制定 PPP 模式基础规范,造成 PPP 模式规范体系的割裂。

三、PPP 模式和特许经营模式的关系问题的发展建议

基于 PPP 模式与特许经营模式关系的规范现状,清晰界定 PPP 模式和特许经营模式的关系,直接影响 PPP 项目争议解决方式的确定,对保障社会资本合法权益及预期至关重要。因此,笔者建议后续应探索明确特许经营模式和 PPP 模式的关系,进而明确 PPP 模式的争议解决机制。

四、PPP 项目社会资本选择问题的发展建议

为更加规范地选择社会资本,笔者建议在后续推广应用 PPP 模式过程中,进一步明确 PPP 项目社会资本选择的性质,为实践过程中合理确定社会资本选择规范适用奠定基础。同时,应注意,直接论述 PPP 项目社会资本选择的规范效力层级较低,如《政府和社会资本合作项目政府采购管理办法》和《政府采购竞争性磋商采购方式管理暂行办法》均属于部门规范性文件。建议在 PPP 模式后续发展过程中,梳理现有规范,制定效力层级更高的 PPP 项目社会资本选择类规范,为规范 PPP 项目社会资本选择提供规范基础。在实践过程中,建议地方政府对非公开招标方式适用的前提条件进行严格审查,加强对采用非公开招标方式选择社会资本的 PPP 项目进行监督管理,严格履行采用非公开招标方式的前置审查批准条件。

五、PPP 项目土地问题的发展建议

针对其中的土地出让手续的合并实施问题,国土资源部办公厅制定、印发《产

业用地政策实施工作指引》（国土资厅发〔2016〕38 号）将“合并实施”的适用范围扩展至有偿使用国有土地，即 PPP 项目社会资本选择和用地者确定的合并实施并不局限于招标、拍卖或挂牌取得土地使用权的情形。但相关规范并未对“合并实施”做进一步阐述。基于规定“合并实施”的规范目的，笔者认为“合并实施”的趋势是将土地使用权取得作为 PPP 项目社会资本选择采购程序中的评价因素之一，由潜在社会资本对项目土地使用权进行报价，如有必要，可要求潜在社会资本对土地使用权实施、利用方案进行论述，最终根据评标结果确定项目中标人，对土地使用权有偿使用部分的中标内容，根据规定，由市、县国土资源主管部门依法独立履行编制供地方案、签订供应合同和实施用地供后监管等法定职责。

六、PPP 项目合同管理发展建议

（一）关于 PPP 项目协议体系承接性问题的建议

PPP 项目运作过程中，依赖于以 PPP 项目协议为核心的合同体系，特别是在设立项目公司的 PPP 项目中，需要合理设计“两个版本”的 PPP 项目协议效力的衔接工作。笔者建议针对政府和社会资本签订的 PPP 项目协议，实践中大部分权利义务均可由项目公司承继，但社会资本在 PPP 项目中承担的投资和融资职能，特别是融资职能不得被项目公司的设立工作阻断，在 PPP 项目协议中可约定社会资本对 PPP 项目融资承担连带责任，从而保障项目公司的投资和融资能力。

（二）关于 PPP 项目实施中的违约问题的建议

针对 PPP 项目实践过程中普遍违约的实际情况，笔者建议政府方或政府方聘请的专业咨询机构，应坚持 PPP 模式的风险分配基本原则，在 PPP 项目协议中合理设置政府和社会资本的权利义务分配机制。未来政府部门可考虑以行业为导向，制定更加精确的示范文本，指导政府部门拟定 PPP 项目协议，同时政府和社会资本应充分尊重签订的 PPP 项目协议，充分履行 PPP 项目协议，减少双方“口头”协商模式的安排，切实提高 PPP 项目的实施效率。

七、PPP 项目财政预算管理的发展建议

我国 PPP 模式现有的财政预算管理规范体制相对完善，实践中主要存在的问题是政府方不注重 PPP 项目财政预算工作，包括不按照约定及时将 PPP 项目跨年度支出责任纳入中期财政规划，也不注重 PPP 项目财政承受能力论证工作。

因此，笔者建议针对 PPP 项目财政预算管理工作，各级财政部门应加强对 PPP 项目跨年度支出纳入财政中期规划工作，切实保障 PPP 项目财政支出预算管理，认

真对待财政承受能力论证工作。未来应严格对应《预算法》规定的预算类别实施财政承受能力论证,即改变现有的以一般公共预算支出测算为主的单一论证体系,同时加强财政承受能力论证基础数据库的建设和修正,将财政承受能力论证与PPP项目财政支出层级对应,降低财政承受能力论证的随意性,增强财政承受能力论证的专业性和准确性,保障PPP项目跨年度财政支出的能力。

八、PPP项目监督管理发展建议

针对PPP项目监督管理中存在的问题,笔者建议针对PPP项目总投资基准值的确定,在规范层面应完善现行法律法规,重新界定项目审计范围,适应PPP模式发展和应用的需要。同时,PPP项目涉及多方利益主体,未来应发展、丰富审计内涵,国家审计机关应将审计重点从现在的预算执行情况和竣工决算情况审计转向前期决策审计、战略规划审计、契约合同审计和投资绩效审计,优化审计模式,建立以效果性为主导开展投资绩效审计,整合审计资源,必要时可依赖社会审计资源进行PPP项目审计。

针对未来PPP项目公司治理,政府方应限制其管理的公共利益和公共安全事项,严格解释公共利益和公共安全。政府方应充分发挥社会资本在项目建设管理和投融资方面的优势地位,在项目公司治理层面,应在坚持维护公共利益和公共安全基础上,充分尊重社会资本方以及项目公司方的效率需求,即合理设置项目公司股东会和董事会的表决机制。针对一般管理事项,允许社会资本拥有自主决策权限,提高项目公司的运作效率,进而实现公共产品或服务的效率和质量的提升。

九、PPP项目移交管理发展建议

PPP项目移交,属于PPP项目退出的重要环节,但现有的PPP项目协议,对PPP项目移交事项不够重视,也缺乏相应的配套政策规范。

针对PPP项目移交管理存在的问题,笔者建议未来PPP模式发展过程中,应重视PPP项目协议中关于移交工作的约定,基于PPP项目实践经验,借鉴其他项目移交的经验,探索建立切实可行的PPP项目移交机制。针对现有PPP项目移交现状,完善相关配套政策建设,为PPP项目移交工作扫清制度方面的障碍,保障政府方和社会资本方的合法权益。

随着我国PPP模式的继续推进,我国将步入PPP模式规范发展阶段,即大量PPP项目进入实施阶段,地方政府受限于财政承受能力,相较于PPP模式的投资数额和项目数量,政府部门将更加注重PPP项目的质量。

PPP模式的本质,是政府和社会资本共同构建的长期合作关系,因此,PPP项目管理的关键是合理分配政府和社会资本的权利义务,双方应充分尊重签订的 PPP 项目协议,严格履行 PPP 项目协议中各自的权利、义务,充分履行 PPP 项目协议,是做好 PPP 项目管理的工作的基础。

然而,总结前述我国 PPP 模式存在的问题可知,大部分问题与我国 PPP 模式规范体系不完善、规范效力层级较低以及主导部门混乱有关。这也给 PPP 项目管理工作造成不同程度的障碍。

为进一步规范我国 PPP 模式的发展实施,政府部门完善 PPP 模式规范体系,制定效力层级高、适用范围广的 PPP 模式基础规范将成为下一步工作的重点,同时清晰界定财政部和国家发改委在我国 PPP 模式领域的定位,避免不同主导部门之间的"竞争",避免割裂我国 PPP 模式规范体系,完善 PPP 模式规范体系。下一阶段也将是我国 PPP 模式规范快速发展的新阶段,与初期推广应用 PPP 模式不同的是,新阶段 PPP 模式规范将着重提升效力层级、适用范围和专业性,保障 PPP 模式健康持续发展。

下　篇

第五章 交通运输领域 PPP 案例分析
Chapter 5

第一节 轨道交通 PPP 项目案例分析

城市轨道交通，是指采用专用轨道导向运行的城市公共客运交通系统，主要包括地铁、轻轨、单轨、磁悬浮、自动导向轻轨等系统。根据财政部政府和社会资本合作中心发布的“全国 PPP 综合信息平台项目库第四期季报”的内容显示，截至 2016 年 9 月底，归属于市政工程领域的轨道交通 PPP 项目总投资额约 1.24 万亿元，约占市政工程总投资额的 36.3%，同时财政部第一批、第二批 PPP 示范项目的实施情况反映，轨道交通 PPP 示范项目落地率较低。综合考虑轨道交通 PPP 项目的投资额、实施情况等因素，轨道交通 PPP 项目具有投资规模大、复杂程度高、实施周期长等特点。为规范轨道交通 PPP 项目实践操作，本章计划以具体轨道交通 PPP 项目案例为切入点，结合轨道交通 PPP 项目政策，分析轨道交通 PPP 项目操作模式和轨道交通 PPP 项目法律问题分析。轨道交通 PPP 项目中的主要类型是城市地铁，因此本章在阐述、分析轨道 PPP 项目实践操作过程中，主要以城市地铁作为阐述对象。

一、轨道交通 PPP 项目案例简介

北京地铁 16 号线 PPP 项目是北京市交通委员会作为项目实施机构，以政府发起方式发起实施的 PPP 项目。北京地铁 16 号线服务于海淀山后、三里河行政中心区、丰台火车站、丽泽商务区、丰台科技园区等重要城市功能区。项目采用 8 节 A 型车编组，是北京首条全线采用 A 型车 8 节编组的线路。

项目计划总投资约 495 亿元，根据《北京市发展和改革委员会关于北京市地铁 16 号线工程（苏州街—宛平城段）可行性研究报告的批复》（京发改〔2013〕2360 号），北京地铁 16 号线全长约 50km，分为南、北两段，南段由宛平至苏州街，全长 26.1km，总投资约 273 亿元；北段由苏州街至北安河（原海淀后山线），长约 24km，投资估算 222 亿元。

按照北京市人民政府批准的《北京地铁 16 号线（含海淀山后线）引入社会投资项目实施方案》，北京地铁 16 号线引入社会投资实施方案分为特许经营和股权融资两个部分，其中特许经营部分拟通过 PPP 模式引入社会投资 150 亿元，股权融资

部分拟采用类优先股的模式引入股权投资 120 亿元，共计引入社会资本 270 亿元。

北京地铁 16 号线仍采用北京地铁 4 号线、14 号线的模式，将项目分为 A、B 两部分。其中 A 部分包括北京地铁 16 号线洞体、车站等土建工程，投资额约 345 亿元，约占项目总投资的 70%，A 部分由北京市基础设施投资有限公司主导实施，通过股权融资模式引入中再资产管理股份有限公司，二者共同组建北京地铁十六号线投资有限责任公司，负责 A 部分的投资建设，A 部分建成后，通过租赁方式交社会资本使用。B 部分包括北京地铁 16 号线的车辆、信号等设备资产，投资额约 150 亿元，约占项目总投资的 30%。A 部分由政府方负责主导实施，B 部分由社会资本方负责主导实施。项目总体上采用 BOT 模式进行运作，北京市交通委代表北京市人民政府与北京京港地铁有限公司签署《北京地铁 16 号线项目特许协议》，获得北京地铁 16 号线 30 年经营权。北京京港地铁有限公司出资组建北京京港十六号线地铁有限公司，负责 B 部分的投资建设和北京地铁 16 号线的整体（除洞体外）运营维护。特许经营期内，北京京港地铁有限公司通过客运票款收入、授权范围内的非票务业务经营收入、政府可行性缺口补贴三种方式实现投资回报并获得合理投资收益。北京地铁 16 号线的具体交易结构如下图所示：

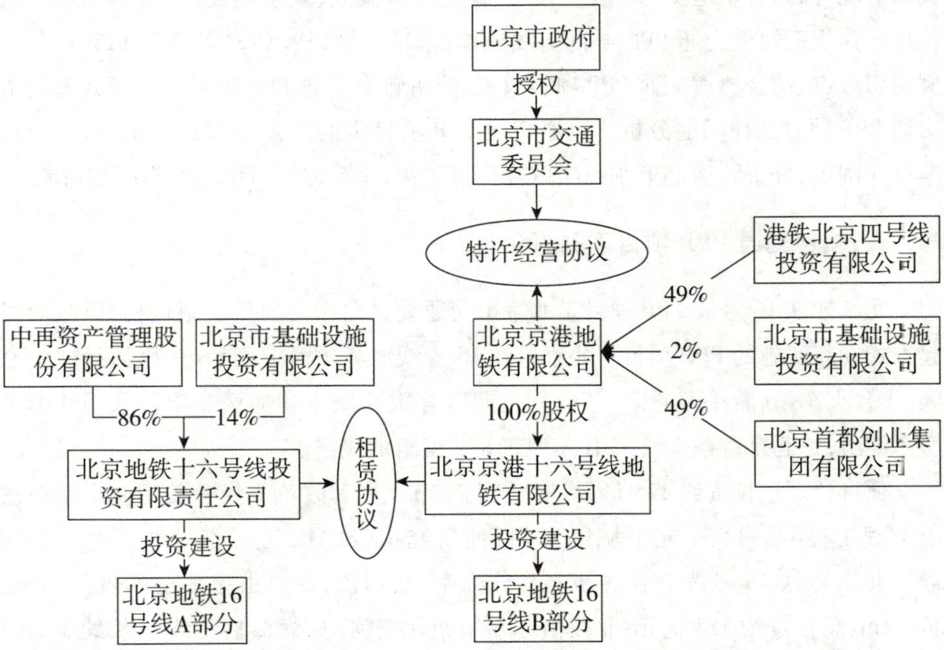

北京地铁 16 号线 PPP 项目交易结构图

二、轨道交通 PPP 项目政策解析

轨道交通 PPP 项目政策，主要是指国务院、财政部以及国家发展改革委制定的

PPP 模式政策规范体系,政策制定的主要目的是为轨道交通 PPP 项目提供指引,规范轨道交通 PPP 项目实践操作。目前,国务院、财政部和国家发展改革委等部委未针对轨道交通 PPP 模式出台政策规范,因此,本文主要介绍 PPP 模式政策规范中与轨道交通 PPP 项目相关的内容。

《国务院办公厅关于加强城市快速轨道交通建设管理的通知》(国办发〔2003〕81 号)是早期指导、规范我国城市轨道交通实施、运作的基本规范。通知明确设置了发展城市轨道交通的基本条件,设定轨道交通项目建设规划的编制、审批,要求严格限制项目审批程序。原则上要求城市轨道交通项目的资本金必须达到总投资的 40% 以上,同时要求进一步开发城市轨道交通市场,实行投资渠道和投资主体多元化,鼓励社会资本和境外资本以合资、合作或者委托经营等方式参与城市轨道交通的投资、建设和运营。要求采用招标的方式公开、公正选择投资者。鼓励和支持企业采取盘活现有资产、发行长期建设债券和股票上市等方式筹集资金。同时限制城市轨道交通项目中设备的国产化率,要求国产化率达到 70%,否则不予审批。通知的制定时间较早,部分内容与实践操作脱节,但通知构建的基本框架体系仍是目前实施运作城市轨道交通 PPP 项目的主要依据。

为进一步支持城市公共交通发展,国务院制定《关于城市优先发展公共交通的指导意见》(国发〔2012〕64 号),鼓励符合条件的城市积极发展轨道交通项目,支持公共交通企业利用优质存量资产,通过特许经营、战略投资、信托投资、股权融资等多种方式,吸引和鼓励社会资本参与公共交通基础设施建设和运营,在市场准入标准和优惠扶持政策等方面,对各类投资主体同等对待。即通知支持社会资本参与城市公共交通的投资建设和运营维护。

《国务院关于创新重点领域投融资机制鼓励社会投资的指导意见》(国发〔2014〕60 号)针对城市轨道交通的土地问题,鼓励按照"多式衔接、立体开发、功能融合、节约集约"的原则,对城市轨道交通站点周边、车辆段上盖进行土地综合开发,吸引社会资本参与城市轨道交通建设。该内容与《国务院办公厅关于支持铁路建设实施土地综合开发的意见》(国办发〔2014〕37 号)的规定一致,是目前我国城市轨道交通 PPP 项目进行站点周边、车辆段上盖进行综合开发的上位规范依据。但通知对城市轨道交通 PPP 项目站点周边、车辆段上盖物业进行土地综合开发缺乏进一步的规定,实践中城市轨道交通 PPP 项目进行周边土地综合开发的主要依据是地方政府制定的政策规定,如《南京市人民政府关于推进南京市轨道交通场站及周边土地综合开发利用的实施意见》(宁政发〔2015〕215 号)、《青岛市轨道交通土地资源开发利用管理办法》(政府令第 249 号)等规范。

三、轨道交通 PPP 项目操作模式

轨道交通 PPP 项目操作模式，是指轨道交通按照 PPP 模式进行运作的交易结构的核心特征。根据《财政部关于印发政府和社会资本合作模式操作指南（试行）的通知》（财金〔2014〕113 号）的规定，常见的 PPP 操作模式包括委托运营（Operations & Maintenance，O& M）、管理合同（Management Contract，MC）、建设—运营—移交（Build - Operate - Transfer，BOT）、建设—拥有—运营（Build - Own - Operate，BOO）、建设—拥有—运营—移交（Build - Own - Operate - Transfer，BOOT）、建设—移交—运营（Build - Transfer - Operate，BTO）、转让—运营—移交（Transfer - Operate - Transfer，TOT）、改建—运营—移交（Rehabilitate - Operate - Transfer，ROT）等。《国家发展改革委关于印发〈传统基础设施领域实施政府和社会资本合作项目工作导则〉的通知》（发改投资〔2016〕2231 号）规定新建项目优先采用建设—运营—移交（BOT）、建设—拥有—运营—移交（BOOT）、设计—建设—融资—运营—移交（DBFOT）、建设—拥有—运营（BOO）等方式。存量项目优先采用改建—运营—移交（ROT）方式，同时鼓励各地区根据当地实际情况及项目特点，积极探索、大胆创新，灵活运用多种方式，切实提高项目运作效率。由此可见，规范层面对 PPP 项目的操作模式并无特殊要求，常见的 PPP 项目操作模式仅供具体 PPP 项目设计操作模式的参考。轨道交通 PPP 项目实践操作中关于操作模式的选择、设计更加体现了 PPP 项目操作模式的灵活性和创新性，下面将主要介绍轨道交通 PPP 项目中几种比较常见的操作模式。

（一）传统操作模式

轨道交通 PPP 项目传统操作模式，即轨道交通 PPP 项目整体操作模式，是指政府计划以轨道交通项目作为整体实施运作，即政府方通过竞争性方式选择社会资本，由社会资本或社会资本参与组建的项目公司负责轨道交通 PPP 项目的投资建设和运营维护。实践中，对新建轨道交通 PPP 项目，一般采用建设—运营—移交（BOT）模式实施，对存量轨道交通 PPP 项目，一般采用移交—运营—移交（TOT）模式实施。以新建轨道交通 PPP 项目为例，采用 BOT 模式进行实施运作，由社会资本或项目公司负责轨道交通 PPP 项目全生命周期范围内投资建设和运营维护，对轨道交通运营收入不足部分，政府提供可行性缺口补贴，对存量轨道交通 PPP 项目，一般采用 TOT 模式进行整体实施运作，典型操作案例包括重庆市轨道交通 3 号线、苏州市轨道交通 1 号线等项目。

目前，我国轨道交通 PPP 项目以新建项目为主，传统操作模式下，政府通过竞

争性程序选择社会资本进行实施运作的典型项目包括乌鲁木齐 2 号线、北京新机场线、成都新机场线等 PPP 项目。但传统操作模式下，轨道交通项目的投资规模成为选择合适社会资本的重要障碍。

（二）"A + B"操作模式

轨道交通 PPP 项目的总投资数额较大，综合考虑社会资本的投融资能力、营利需求等因素，为缓解社会资本在轨道交通 PPP 项目中的投融资压力。实践中，将轨道交通 PPP 项目分为不同的部分，政府部门委托国有企业负责投资建设轨道交通中的一部分。比较典型的操作案例是北京地铁 4 号线项目。北京地铁 4 号线项目将整个轨道交通分为 A、B 两个相对独立的部分，其中 A 部分主要轨道交通项目的洞体、车站等土建工程，B 部分为车辆、信号等设备。A 部分由政府委托国有企业进行投资建设，B 部分通过竞争性方式选择社会资本，由社会资本负责投资建设。同时，为保障整个轨道交通项目的顺利运行，政府将 A 部分建成设施以租赁等形式交由社会资本或社会资本组建的项目公司负责运营维护。轨道交通项目合作期限届满后，社会资本或项目公司无偿将项目设施移交政府或政府指定主体。

采用"A + B"操作模式，通过政府部门的投入，可以减轻社会资本参与轨道交通项目的投融资压力，提高社会资本参与轨道交通 PPP 项目的积极性。北京地铁 4 号线、北京地铁 14 号线、杭州地铁 1 号线、杭州地铁 5 号线等均采用"A + B"操作模式。北京地铁 16 号线也采用"A + B"操作模式，但项目在实施过程中，扩大了社会资本参与的范围，即对北京地铁 16 号线 A 部分，政府引入中再资产管理股份有限公司进行股权投资，股权投资资金的主要来源是保险资金，中再资产管理股份有限公司在北京地铁 16 号线中以财务投资为主，股权投资人将其持有的全部股权委托北京市基础设施投资有限公司管理，股权投资人不参与北京地铁 16 号线的运营管理。在"A + B"操作模式基础上，针对北京地铁 16 号线 A 部分投资建设的实际状况，引入资金供给量大、投资长期稳定的保险资金进行财务投资，对北京地铁 16 号线作为整体项目而言，引入社会资本达 270 亿元，进一步减轻了政府在轨道交通 PPP 项目中的财政压力。基于北京地铁 16 号线的成功实施经验，后续轨道交通 PPP 项目中，若采用"A + B"操作模式的，可根据项目实际情况进一步拓宽融资渠道，针对轨道交通 A 部分和 B 部分投资人承担的风险不同，引入不同的投融资资金，支持轨道交通 PPP 项目的投资建设。

（三）"项目 + 物业"操作模式

轨道交通 PPP 项目投资数额大，当实施的轨道交通 PPP 项目较多时，传统的依靠政府提供可行性缺口补助满足社会资本投资回报和合理收益需求的方式,仍会加重政府的财政负担。为筹集轨道交通PPP项目的投资建设资金,减轻政府财攻负担,地方政府在现有规范体系下,积极探索"项目+物业"操作模式,政府通过竞争性方式选择社会资本,由社会资本或其组建的项目公司负责轨道交通PPP项目整体(含洞体、车站、设备)的投资建设和运营维护,同时对轨道交通沿线及站点周边和车辆段周边的特点区域进行综合开发,通过轨道交通项目周边的"物业"综合开发,以项目综合开发收益补足轨道交通项目票务收入和非票务收入的缺口,保证社会资本在轨道交通项目中的合理收益需求。

采用"项目+物业"操作模式的典型案例包括深圳地铁4号线、深圳地铁6号线以及佛山地铁2号线等项目,囿于我国土地管理方面的规范限制,"项目+物业"操作模式存在的法律障碍较多,实践中采用"项目+物业"操作模式的轨道交通项目较少,下文将结合各地方政府的探索经验对"项目+物业"操作模式进行进一步的分析,此处不再赘述。

上述关于轨道交通PPP项目操作模式的分析,基本上囊括了目前我国轨道交通PPP项目的操作模式,应予以注意的是,轨道交通PPP项目并无特定操作模式,实践中需根据项目实际情况确定项目核心特征和要素。

四、轨道交通PPP项目法律问题分析

轨道交通PPP项目法律问题分析,是指基于我国现有法律规范体系,结合轨道交通PPP项目的实践操作经验,对轨道交通实践操作中存在的法律问题进行分析,为后续轨道交通PPP项目提供借鉴。

(一)轨道交通PPP项目合作期限

轨道交通PPP项目合作期限,是指政府和社会资本在轨道交通PPP项目中,构建的长期合作关系的期限。PPP项目合作期限的设定,主要根据PPP项目行业特点、提供公共产品或服务需求、项目生命周期、投资回收期等综合因素确定。为体现PPP模式构建长期合作关系的核心特征,同时将合作期限作为识别、认定BT模式的主要条件,财政部以设置示范项目条件的方式,对PPP项目合作期限进行规定。《财政部关于进一步做好政府和社会资本合作项目示范工作的通知》(财金〔2015〕57号)规定PPP项目合作期限原则上不低于10年。财政部、教育部等《关于组织开展第三批政府和社会资本合作示范项目申报筛选工作的通知》(财金函〔2016〕47号)也对申请第三批财政部示范PPP项目的项目合作期限进行限制。即为规范轨道交通PPP项目的操作,建议轨道交通PPP项目的合作期限不少于10年。关于轨

道交通 PPP 项目合作期限的上限，《基础设施和公用事业特许经营管理办法》第 6 条规定，基础设施和公用事业特许经营期限"最长不得超过 30 年"，对投资规模大、回报周期长的项目，可以由政府或者其授权部门与特许经营者根据项目实际情况，约定超过 30 年的特许经营期限。轨道交通 PPP 项目符合"投资规模大"和"回报周期长"的基本特征，可以约定超过 30 年的合作期限。实践中对 30 年特许经营期限限制，趋向于认定为轨道交通 PPP 项目的运营期限，即轨道交通 PPP 项目建设期不影响项目合作期的认定。典型案例如乌鲁木齐市轨道交通 4 号线 PPP 项目，其建设期为 5 年，运营期限为 30 年。具体轨道交通 PPP 项目设计合作期限时，可以借鉴实践操作中的经验。

（二）轨道交通 PPP 项目资本金

根据《国务院关于固定资产投资项目试行资本金制度的通知》（国发〔1996〕35 号）的规定，资本金是指在投资项目总投资中，由投资者认缴的出资额，对投资项目来说是非债务性资金，项目法人不承担该部分资金的任何利息和债务。关于轨道交通 PPP 项目资本金，《国务院办公厅关于加强城市快速轨道交通建设管理的通知》（国办发〔2003〕81 号）规定："原则上城轨交通项目的资本金须达到总投资的 40% 以上"。虽然《国务院办公厅关于加强城市快速轨道交通建设管理的通知》（国办发〔2003〕81 号）未废止，但《国务院关于调整固定资产投资项目资本金比例的通知》（国发〔2009〕27 号）规定城市轨道交通项目最低资本金比例为 25%，《国务院关于调整和完善固定资产投资项目资本金制度的通知》（国发〔2015〕51 号）进一步将城市轨道交通项目的最低资本金比例由 25% 调整为 20%。

虽然上述通知规范将轨道交通 PPP 项目的资本金最低比例设置为 20%，但根据国家发展改革委关于城市轨道交通建设规划的批复内容可知，具体轨道交通 PPP 项目资本金的比例不同。即实践中国家发展改革委在批复城市轨道交通建设规划方案时，需根据项目实际情况确定轨道交通项目的资本金比例，但资本金比例不得低于 20%。轨道交通项目按照 PPP 模式进行运作时，考虑项目资本金比例时，应符合国家发展改革委等部门的批复意见，保证轨道交通 PPP 项目的规范操作。

（三）轨道交通 PPP 项目补贴机制

轨道交通 PPP 项目补贴机制，是指在轨道交通 PPP 项目运营过程中，为保证社会资本的投资回报和合理收益，政府对轨道交通票务收入和非票务收入以外的差额部分提供可行性缺口补贴。以我国轨道交通 PPP 项目实践操作案例为例，目前我国轨道交通 PPP 项目的补贴机制主要有四种方式：一是影子票价补贴模式；二是运行里程补贴模式;三是可行性缺口通用补贴模式;四是“现金流”补贴模式。

影子票价补贴模式,又称客流量补贴模式,起步于北京地铁 4 号线项目。轨道交通票价实行政府定价,客流量成为影响项目收益的主要因素,在设计项目实施方案时,根据项目预测的客流量情况以及轨道交通票价计算政府提供的可行性缺口。因此,合理预测、设置客流量机制,对轨道交通 PPP 项目至关重要。轨道交通客流量既受社会资本提供的公共服务质量的影响,也受城市规划、经济发展水平的影响。为合理预测轨道交通客流量,实践中可参考住房和城乡建设部制定的《城市轨道交通客流预测规范》(GB/T 51150—2016)进行客流量预测,同时为合理分担客流量预测的风险,需建立政府和社会资本之间的客流量风险分担机制。以北京地铁 4 号线项目为例,为合理分担客流量预测风险,当项目实际客流量连续 3 年低于预测客流量的 80%,社会资本可申请补偿或者放弃项目,当实际客流量超过预测客流量时,政府分享超出预测客流量 10% 以内票款收入的 50%,超出预测客流量 10% 以上票款收入的 60%。基于预测客流量,在综合考虑项目合作期限、项目投资规模、社会资本的收益需求的基础上,轨道交通项目实际平均人次票价和合理收益的“测算票价”,政府为项目实际平均人次票价和合理收益“测算票价”的差额部分提供可行性缺口补贴。其补贴模式公式可概括为:“政府可行性缺口补贴 = 实际客流量 ×(约定平均人次票价收入水平 - 实际平均人次票价收入水平)+ 客流风险分担”。客流量补贴模式对客流量预测的准确性要求较高,为提高轨道交通项目的可预测性,降低项目的经营风险。金准咨询设计运营里程补贴模式,即“车公里”补贴模式。“车公里”补贴模式以政府向社会资本购买轨道交通公共服务为核心理念,尝试以轨道交通项目的“车公里”指标替代“预测客流”指标构建 PPP 项目补贴模式。在轨道交通项目实施过程中,通过竞争性方式确定项目车公里服务价格,主要考核指标是项目运行里程数,基于政府对行车计划、走行公里数的控制,车公里数可准确预测。该补贴模式公式可概括为:“政府可行性缺口补贴 = 约定车公里数 × 约定车公里服务费价格 - 基准票务收入 - 基准非票业务收入 + 车公里变动差异调整 + 专项补贴调整额”。通过补贴公式可知,“车公里”补贴模式仍包括对轨道交通客流量的预测,其“基准客运收入”是对社会资本需达到客运收入的基本要求,按预测客流和实际人次票价的乘积进行计算,“基准非客运服务业务收益”是对项目公司需达到的非客运服务业务收益的基本要求。虽然该模式已应用于乌鲁木齐轨道交通 2 号线、南宁轨道交通 4 号线等项目,但该补贴模式的具体实施效果还有待检验。

为便于推广 PPP 模式,合理设置 PPP 项目中的可行性缺口补贴公式,财政部制定的《政府和社会资本合作项目财政承受能力论证指引》(财金〔2015〕21 号)设置了简单、易懂的可行性缺口补贴公式,即可行性缺口通用补贴模式。可行性缺口补贴应当根据项目建设成本、运营成本及利润水平合理确定,并按照不同付费模式分别测算。在项目运营补贴期间,政府可行性缺口补贴数额包括:社会资本承担的年均建设成本(折算成各年度现值)、年度运营成本和合理利润,再减去每年使用者付费的数额。可行性缺口通用补贴模式计算公式可概括为:可行性缺口数额 = [项目全部建设成本 ×(1 + 合理利润率)×(1 + 年度折现率)n/财政运营补贴周期(年)] + 年度运营成本 ×(1 + 合理利润率) - 使用者付费数额,其中:n 代表折现年数。财政运营补贴周期指财政提供运营补贴的年数。考虑到可行性缺口通用补贴模式下政府支付的可行性缺口补贴数额逐年增加,实践中可根据项目实际情况对该公式进行调整,如轨道交通 PPP 项目,可将计算公式调整为:"可行性缺口补贴数额 = [投资人承担建设成本 × 年度折现率 ×(1 + 年度折现率)n ×(1 + 合理利润率)]/[(1 + 年度折现率)n - 1] + 年度运营成本 ×(1 + 合理利润率) - 当年统计的票务收入 - 当年统计的非票务收入,其中,n 代表项目运营期年数"。

政府提供可行性缺口补贴的主要目的是保障社会资本在轨道交通项目中的投资回报和合理收益,但上述可行性缺口补贴模式主要考虑的因素是政府在轨道交通 PPP 项目运营期内政府的支出,无法准确反映轨道交通投入主要集中在建设期的特点。现有补贴模式下前期政府补贴较少,但社会资本承担因还本付息需要政府提供的财政补贴资金,即现有补贴模式下,政府提供的可行性缺口补贴无法满足轨道交通项目实际运营的现金流需求。基于此,中咨公司设计推荐采用"现金流"补贴模式,对轨道交通 PPP 项目实际运营过程中的现金流缺口进行补贴,主要包括项目可行性缺口补贴和社会投资人合理补贴两部分。通过现金流补贴方式,保证项目财务现金流量表各年累计净现金流不出现负值并满足社会资本方的最低收益需求,目前该补贴模式在福州地铁 2 号线 PPP 项目得以实践应用。

上述补贴计价模式各有优劣。按"影子票价"补贴模式进行补贴,实践经验较多,实践周期长,补贴模式较为成熟,但政府可行性缺口补贴受客流影响大,对客流预测准确性要求较高。运行里程补贴模式下运营期政府补贴支出平稳,受客流变化影响小,但实践经验少,实际运行情况尚待检验。可行性缺口通用补贴模式进行补贴,调整机制灵活,但合理设置合理利润率、年度折现率等因素,并与传统财务测算进行联动,实践中经验相对缺乏,对方案设计要求较高。"现金流"补贴模式主要关注轨道交通项目的现金流,但该模式下轨道交通项目现金流量表如何平衡项目整体收益测算和可行性缺口的动态调整,有待于项目实际情况的论证检验。

(四)"项目 + 物业"操作模式的可行性分析

"项目 + 物业"操作模式借鉴于香港特别行政区轨道交通的"项目 + 物业"实践

操作经验。香港“项目 + 物业”操作模式的核心是香港政府特许香港地铁公司对新铁路线进行投资建设和运营维护,以总承包的方式批给香港地铁公司在车站车辆段上部及其邻近范围进行物业开发的权利,其核心是香港地铁公司作为实施主体,以协议方式获取轨道交通项目沿线、周边的土地,通过轨道交通项目沿线、周边土地开发获取收益,补足轨道交通项目的投资收益需求。

我国内地轨道交通PPP项目实施过程中,囿于土地管理等方面的规范限制,无法完全借鉴香港“项目 + 物业”的操作模式,但部分地方政府以地方性法规、地方政府规章以及地方政府性文件为依据,积极探索适合我国国情的“项目 + 物业”操作模式。下面将以相关地方政府的实践为基础,分析“项目 + 物业”操作模式在轨道交通PPP项目领域的可行性。

1.“项目 + 物业”操作模式的主体

正如香港轨道交通的“项目 + 物业”操作模式由香港地铁公司主导,我国轨道交通项目尝试“项目 + 物业”操作模式时,也需确定合适的实施主体。我国轨道交通的“项目 + 物业”操作模式的主要法律障碍在于“物业”开发面临的法律问题,即属于我国轨道交通的综合开发法律问题。目前,关于我国轨道交通项目综合开发主体的规定,主要见于地方政府制定的轨道交通管理条例、轨道交通管理办法等规定中。检索各地出台的政策规范可知,地方政府确定轨道交通综合开发的主体是“轨道交通经营单位”,主要规范模式是:“在城乡规划确定的轨道交通用地范围及空间内,轨道交通经营单位可以进行资源综合开发,其收益应当用于轨道交通建设和运营。资源综合开发应当统筹安排和同步规划公共交通枢纽、商业等公共配套设施的建设。”其中部分规定明确“轨道交通经营单位”的性质、形式。如《贵阳市城市轨道交通建设管理办法》明确规定“市城市轨道交通有限公司(以下简称轨道交通建设单位),具体负责本市轨道交通的建设和沿线综合开发等相关工作”。《上海市发展和改革委员会、上海市规划和国土资源管理局关于印发〈关于推进上海市轨道交通场站及周边土地综合开发利用的实施意见(暂行)〉的通知》(沪发改城〔2014〕37号)规定“轨道交通车辆基地综合开发利用以轨道交通建设主体为主,轨道交通车站综合开发利用以相关区(县)国资公司为主,鼓励轨道交通建设主体与相关市、区(县)国资公司组成联合体”。虽然大部分地方规范未明确“轨道交通经营者”的性质、形式,但地方政府确定轨道交通综合开发的主要目的是通过轨道交通综合开发收益补足轨道交通投资建设的缺口,因此地方政府规范均强调轨道交通综合开发收益用于轨道交通投资建设,即基于轨道交通综合开发的公益性目的,实践中倾向于认定“轨道交通经营单位”为城市国有轨道交通公司。具体到PPP项目中,上述地方政府规范对社会资本以“项目 + 物业”操作模式参与轨道交通PPP

项目造成障碍,因社会资本以“项目 + 物业”操作模式实施轨道交通 PPP 项目,其主要目的是通过“物业”开发收益填补其投资建设轨道交通的缺口,但上述地方政府规范限制“轨道交通经营者”的形式并且要求“物业”开发收益用于轨道交通投资建设,不利于社会资本作为主体以“项目 + 物业”形式进行轨道交通 PPP 项目运作。实践中,考虑以“项目 + 物业”操作模式实施轨道交通 PPP 项目的,应注意轨道交通项目所在地地方政府的相关规范的限制和要求。

2.“项目 + 物业”操作模式的土地问题

“项目 + 物业”操作模式的土地问题,是指按照“项目 + 物业”操作模式实施轨道交通 PPP 项目,涉及的土地使用权取得方式问题。

国有土地使用权的取得方式,根据《土地管理法》第 54 条的规定,包括有偿使用方式和划拨方式。划拨方式是指针对特定项目用地,经县级以上政府依法批准,依据《土地管理法实施条例》第 22 条规定,可由市、县人民政府土地行政主管部门向土地使用者核发国有土地划拨决定书,确定 PPP 项目的“用地者”。土地使用权有偿使用方式,根据《土地管理法实施条例》第 22 条规定,包括:(1)国有土地使用权出让;(2)国有土地租赁;(3)国有土地使用权作价出资或者入股。其中国有土地使用权出让方式,参照《城镇国有土地使用权出让和转让暂行条例》第 13 条和《招标拍卖挂牌出让国有建设用地使用权规定》的规定,包括:(1)协议;(2)招标;(3)拍卖;(4)挂牌。

根据《物权法》第 137 条的规定,“设立建设用地使用权,可以采取出让或者划拨等方式。工业、商业、旅游、娱乐和商品住宅等经营性用地以及同一土地有两个以上意向用地者的,应当采取招标、拍卖等公开竞价的方式出让。严格限制以划拨方式设立建设用地使用权。采取划拨方式的,应当遵守法律、行政法规关于土地用途的规定”。即不同性质的国有土地使用取得方式存在差异,同时根据《物权法》第 136 条规定,“建设用地使用权可以在土地的地表、地上或者地下分别设立。新设立的建设用地使用权,不得损害已设立的用益物权”。同一地块的土地使用权可以在“地表”“地上”或“地下”设立。上述规范构成了识别、确定轨道交通 PPP 项目土地使用权的主要依据。

首先,轨道交通设施占用土地。根据《土地管理法》第 54 条和《城市房地产管理法》第 24 条的规定,轨道交通设施占用土地符合划拨条件,实践中一般以划拨方式取得,但应注意划拨设立的土地使用权的范围,即轨道交通建设用地使用权可以在土地的地表、地上或者地下分别设立,实践中可由国土资源部门按照土地使用情况依法办理用地手续和权属登记。

其次,轨道交通综合开发占用土地。实践中轨道交通综合开发占用土地,一般是指纳入轨道交通规划控制范围的土地，一般包括轨道交通规划线路沿线特定区域（如 1000 米）土地、轨道交通车辆基地、停车场、车站、区间及其用地红线外特定区域（如 200 米）土地以及政府确定用于支持轨道交通建设和发展的其他土地。目前《青岛市轨道交通土地资源开发利用管理办法》《南京市人民政府关于推进南京市轨道交通场站及周边土地综合开发利用的实施意见》（宁政发〔2015〕215 号）等规范均明确规定了轨道交通规划控制范围。轨道交通综合开发占用土地的取得方式，囿于《物权法》《土地管理法》《房地产管理法》等规范的限制，地方制定出台的规范中，涉及综合开发的经营性项目，一般规定以出让方式取得综合开发的土地使用权，具体实施方式以招标、拍卖和挂牌为主。

对于城市轨道交通设施在结构上不可分割、统一实施的项目，《南京市人民政府关于推进南京市轨道交通场站及周边土地综合开发利用的实施意见》（宁政发〔2015〕215 号）规定："核心区内不具备单独规划建设条件或适宜与地铁相关设施同步实施的经营性土地，由国土部门报经市政府同意后，按协议方式办理出让手续，协议出让的土地使用权及建筑物不得转让。"同时检索部分地方政府关于地下空间利用的规范可知，如《厦门市地下空间开发利用管理办法》规定："地下交通建设项目及附着地下交通建设项目开发的经营性地下空间，其地下建设用地使用权可以协议方式一并出让给已经取得地下交通建设项目的使用权人"；《贵阳市城市轨道交通建设管理办法》规定："在轨道交通建设过程中，结合轨道交通建（构）筑物一并实施开发的地上及地下空间，其使用权与地表土地使用权，可作价出资用于轨道交通建设"。青岛制定的规范相对激进，其制定出台的《青岛市轨道交通土地资源开发利用管理办法》规定轨道交通车辆基地、停车场、车站、区间及其用地红线外 200 米区域内等"核心区土地资源开发利用应当与轨道交通设施建设项目整体规划、一体设计、有序开发。其中，与轨道交通设施在结构上不可分割、工程上必须统一实施的地上和地下开发项目，以及应当结合轨道交通设施统一开发的公共交通、商业服务、居住等项目，纳入轨道交通工程可行性研究报告分析论证，由轨道交通经营单位组织实施，并与轨道交通设施同步建设"。青岛的地方规定并未明确"不可分割、工程上必须统一实施的地上和地下开发项目"涉及土地使用权的取得方式，直接交由轨道交通经营单位实施，实质是将"不可分割、工程上必须统一实施的地上和地下开发项目"与轨道交通设施作为整体项目进行实施，仅从规范文义理解，青岛的地方规定有与我国现有土地管理规范冲突的嫌疑。在限制轨道交通项目综合开发主体的前提下，《上海市发展和改革委员会、上海市规划和国土资源管理局关于印发〈关于推进上海市轨道交通场站及周边土地综合开发利用的实施意见（暂行）〉的通知》（沪发改城〔2014〕37 号）规定可以协议方式建设用地使用权，且土地以自主开发为主，土地使用权不得转让；如引入社会投资主体参与开发的，轨道交通场站建设用地使用权以招拍挂方式公开出让。

综合分析上述地方政府的规范可知，社会资本以“项目 + 物业”操作模式参与轨道交通 PPP 项目，对轨道交通综合开发部分土地使用权，包括与城市轨道交通设施在结构上不可分割、统一实施的项目相关的土地使用权，以招标、拍卖或挂牌方式取得为主。部分条件下，可以协议方式取得建设用地使用权，但以协议方式取得的建设用地使用权的限制较多。

实践中，应注意地方政府探索的以土地使用权作价出资，保证轨道交通经营者获取土地使用权的探索和尝试。如《贵阳市城市轨道交通国有土地使用权作价出资暂行办法》规定，在政府职能部门的协作下，由国资委代表政府履行出资人代表职责，将符合条件的土地使用权作价出资注入轨道经营主体，轨道经营主体取得土地使用权的，在土地使用年限内依照法律、法规，省、市的有关规定和相关国有资产管理程序，可依法出租、抵押、转让和用于其他经济活动。《南宁市城市轨道交通综合开发建设用地使用权作价出资管理暂行办法》也进行类似尝试，虽然上述规范将土地使用权出资入股的主体限定为市国有城市轨道交通建设及运营单位，但将土地作价出资入股的方式仍是“项目 + 物业”操作模式目前取得土地最直接的方式，可重点关注土地作价出资入股方式的发展与实践。实践中因缺乏统一规范，设计“项目 + 物业”操作模式的轨道交通项目时，仍以地方政府的特殊规范为主，必要时可以参照不同地方的政策规范，为以“项目 + 物业”操作模式实施轨道交通项目提供便利。在以招标、拍卖和挂牌取得轨道交通综合开发部分土地使用权的规范体系下，无法确保社会资本获得轨道交通综合开发部分的土地使用权，因此，以“项目 + 物业”操作模式实施轨道交通 PPP 项目的可行性不高。

第二节　公路 PPP 项目案例分析

自 20 世纪 80 年代末起，我国公路基础设施进入快速发展阶段，各等级的公路通车里程均实现了跨越式的发展。在公路基础设施跨越式发展的过程中，北京、上海等地出现了一批探索引入社会资本投资建设和运营维护公路的项目，为公路领域引入社会资本积累了丰富的实践经验。

为推进经济结构战略性调整，加强薄弱环节建设，促进经济持续健康发展，国务院制定了《关于创新重点领域投融资机制鼓励社会投资的指导意见》（国发〔2014〕60 号），要求“建立完善政府主导、分级负责、多元筹资的公路投融资模式”。

在国家推进 PPP 模式发展的背景下，我国公路 PPP 项目也获得快速发展机遇，根据财政部政府和社会资本合作中心发布的《全国 PPP 综合信息平台项目库季报》第 3 期可知，交通运输领域 PPP 项目数量为 1132 个，占项目库总数的 12%，其中一级公路、高速公路、二级公路的项目数分别为 268 个、220 个和 125 个，占交通运输领域项目总数的 54.2%，表明我国公路 PPP 项目在交通运输领域占据主导地位。

为进一步促进我国公路 PPP 项目的发展，有必要在现有政策规范体系的基础上，对实践中公路 PPP 项目面临的法律问题进行分析，同时应注意的是，目前财政部建立的 PPP 项目库中的一级公路、高速公路、二级公路的项目数量相对均衡。因此，本节在研究分析公路 PPP 项目实践的过程中，除研究分析公路 PPP 项目的共性问题外，也注重兼顾各种类型公路 PPP 项目在实践过程中存在的差异。

一、公路 PPP 项目案例简介

兴延高速公路位于京藏高速公路以西，呈南北走向，南起北京西北六环路双横立交，北至京藏高速营城子立交收费站以北，路线全长约 42.2km。线路途径昌平、延庆两个区县，其中平原段约 17.8km，山区段约 24.4km。兴延高速公路工程按高速公路标准设计，其中平原段设计速度为 100km/h，山区段设计速度为 80km/h。项目总投资约 143 亿元。

兴延高速公路 PPP 项目实施方案经北京市政府批准采用 PPP 模式实施。北京市交通委员会为项目实施机构，北京市首都公路发展集团有限公司为政府方指定出资代表，政府方出资代表与中标社会资本按照 49%∶51% 的股权比例注册成立项目公司，政府方出资代表不参与项目公司利润分配。

北京市交通委员会与项目公司签订 PPP 项目合同，代表北京市人民政府授予项目公司特许经营权，由项目公司投资建设和运营维护兴延高速公路项目，项目合作期限分为建设期和运营期，其中建设期约 39 个月，运营期为 25 年（自正式通车之日起至项目移交之日止），项目合作期限届满后移交政府部门。项目特许经营权包括高速公路收费权、沿线广告牌、加油站及附属设施经营权。项目采用可行性缺口补贴付费机制，政府就约定通行费标准与实际通行费标准之间的通行费差额对项目公司进行补贴（见下图）。

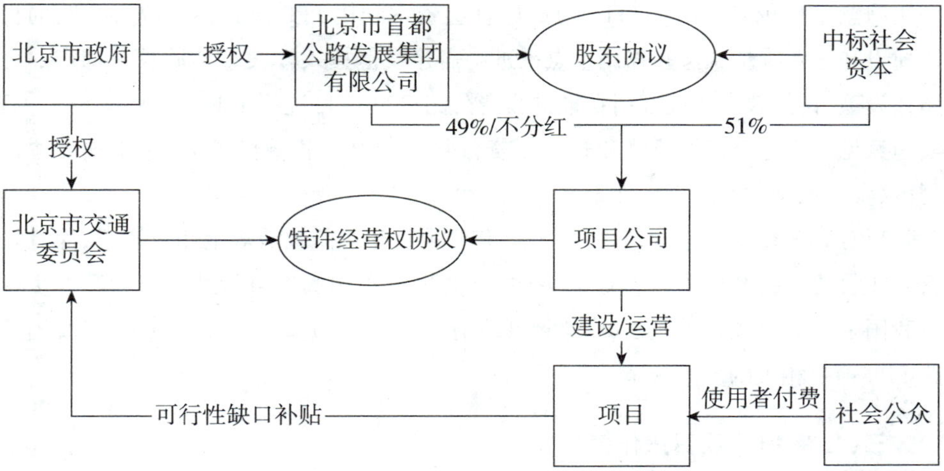

兴延高速公路 PPP 项目交易结构图

项目采用公开招标方式选择社会资本,最终中国铁建股份有限公司、中铁十二局集团有限公司和中铁十四局集团有限公司联合体中标,目前项目公司已组建完成,项目进入建设阶段。

兴延高速公路项目是北京市政府重点推进的项目之一,也是财政部第二批 PPP 示范项目,兴延高速公路项目是 PPP 模式应用操作范例,其中所涉及的操作模式、合作期限、收益机制等方面的内容是我国现有法律规范体系的体现,在公路 PPP 项目实践操作领域具有典型意义。基于兴延高速公路的交易结构体系,下面将以兴延高速公路 PPP 项目案例为基础,对我国公路 PPP 项目实践操作所面临的法律问题进行简要分析。

二、公路 PPP 项目政策解析

为推动我国公路 PPP 项目的发展,国务院、交通运输部等制定了一系列涉及公路 PPP 模式的政策规范。

《国务院关于创新重点领域投融资机制鼓励社会投资的指导意见》(国发〔2014〕60 号)要求“建立完善政府主导、分级负责、多元筹资的公路投融资模式,完善收费公路政策,吸引社会资本投入,多渠道筹措建设和维护资金。逐步建立高速公路与普通公路统筹发展机制,促进普通公路持续健康发展”。通知强调政府在公路项目投融资领域的主导地位,在完善现有收费公路规范的基础上,强调高速公路和普通公路的统筹发展,最终目的是实现普通公路的发展。

《财政部、交通运输部关于在收费公路领域推广运用政府和社会资本合作模式的实施意见》(财建〔2015〕111 号)鼓励社会资本利用 PPP 模式参与收费公路的投资建设和运营维护。通知强调重点推进确需建设但投入较大且预期收益稳定的公路建设项目,是政府职能部门在推进收费公路 PPP 项目过程中必须注意的要点,但实施意见未区分经营性公路和政府还贷公路适用 PPP 模式的差异,基于现有法律规范,实施意见的实践操作性不强。

现有 PPP 模式政策规范中,与公路 PPP 项目相关的政策规范相对匮乏,而且缺乏对非收费公路 PPP 项目领域的关注,相关规范实践操作可行性低。为进一步推进我国公路 PPP 项目的发展,有必要在现有政策规范的基础上,进一步完善我国公路 PPP 项目相关的政策规范。

三、公路 PPP 项目操作模式

公路 PPP 项目操作模式,是指政府职能部门在推进公路 PPP 项目操作模式的过程中,基于项目的实际情况选择确定的项目运作机制,参照财政部、国家发改委等部委制定的 PPP 模式政策规范性文件,常见的 PPP 项目操作模式包括委托运营(Operations & Maintenance, O& M)、管理合同(Management Contract, MC)、建设—运营—移交(Build - Operate - Transfer, BOT)、建设—拥有—运营(Build - Own - Operate, BOO)、建设—拥有—运营—移交(Build - Own - Operate - Transfer, BOOT)、建设—移交—运营(Build - Transfer - Operate, BTO)、转让—运营—移交(Transfer - Operate - Transfer, TOT)、改建—运营—移交(Rehabilitate - Operate - Transfer, ROT)等。实践中,公路 PPP 项目操作操作模式的确定,必须结合公路 PPP 项目的公路属性、投资主体、项目状态、回报机制等多项因素予以确定。

(一)公路 PPP 项目的类型

参照《公路法》第 6 条规定,按照公路在路网中的地位,PPP 模式可以适用于国道、省道、县道和乡道等项目。按照公路技术等级的分类,PPP 模式可以适用于高速公路、一级公路、二级公路、三级公路和四级公路等项目,公路技术等级的具体划分标准以交通运输部发布的《公路工程技术标准》(JTGB01—2014)的规定内容为准。按照公路项目的状态,PPP 模式可以适用于新建公路、改扩建公路和存量公路等项目。

参照《收费公路管理条例》的规定,PPP 模式可适用于收费公路、非收费公路等项目。其中非收费公路,是指不符合《公路法》《收费公路管理条例》规定的收费公路设立条件的公路,包括全部由政府投资或社会组织、个人捐资建设的公路和不符合《收费公路管理条例》第 18 条规定的技术等级和规模的公路项目。而收费公路,是指符合《公路法》《收费公路管理条例》规定的,依法经审批机关批准收取车辆通行费的公路(含桥梁和隧道),按照收费公路投资资金的差异,收费公路可以划分为政府还贷公路和经营性公路,政府还贷公路是指县级以上地方人民政府交通运输主管部门利用贷款或者向企业、个人有偿集资建成的收费公路。经营性公路,是指国内外经济组织依法投资建设或者依法受让政府还贷公路收费权的收费公路。经营性公路适用 PPP 模式在法律规范层面具备可行性,但政府还贷公路适用 PPP 模式在法律规范层面存在障碍,下文将对政府还贷公路适用 PPP 模式的障碍进行详细论述,此处不再赘述。

(二)公路 PPP 项目操作模式分析

在分析公路 PPP 项目类型的基础上,为便于实践操作过程中,政府职能部门快速分析、确定公路 PPP 项目操作模式,有必要对影响公路 PPP 项目操作模式选择的重要因素进行分析。

1. 公路 PPP 项目回报机制

PPP 模式回报机制,是指社会资本投资建设和运营维护 PPP 项目的过程中,获取合理投资收益的方式。根据《财政部关于规范政府和社会资本合作合同管理工作的通知》(财金〔2014〕156 号)制定的《PPP 项目合同指南(试行)》的规定,PPP 模式回报机制包括使用者付费、可行性缺口补贴和政府付费。其中,使用者付费是指由最终消费用户直接付费购买公共产品和服务,社会资本直接从最终用户处收取费用,以回收项目的建设和运营成本并获取合理投资收益。政府付费是指政府直接付费购买公共产品或服务,通常 PPP 项目采用政府付费的主要指标是项目可用性、使用量和绩效,可以是一个指标,也可以是多个指标要素的组合。可行性缺口补贴是在政府付费和使用者付费机制之外的一种折中选择,对于使用者付费无法使社会资本获取合理收益、甚至无法完全覆盖项目的建设和运营成本的项目,可以由政府提供一定的补助,以弥补使用者付费之外的缺口部分,使项目具备商业上的可行性,可行性缺口补贴的主要方式包括投资补助、价格补贴、无偿划拨土地、提供优惠贷款、放弃项目公司中政府股东的分红权等多种形式。

根据《收费公路管理条例》第 7 条的规定,收费公路必须经依法批准才能向通行车辆收取车辆通行费,同时收费公路的收费标准需经省、自治区、直辖市人民政府的审查批准。因此在公路 PPP 项目中,并非所有公路都可以收取车辆通行费,只有收费公路具备向最终用户收取车辆通行费的基础,因此实践中收费公路 PPP 项目可以采用使用者付费或可行性缺口补贴回报机制。而非收费公路项目不具备向最终用户收取车辆通行费的条件,则实践中可以采用政府付费回报机制,即对非收费公路项目,可以基于公路项目的可用性、使用量(影子收费)、绩效考核中的一项指标或多项指标的组合由政府付费,一般是以项目的可用性与绩效组合或使用量与绩效组合的指标为依据,由政府支付相关费用。

2. 公路项目的技术等级和规模

在考虑公路PPP项目采用使用者付费或可行性缺口的过程中,政府职能部门必须综合考虑公路项目的技术等级和规模。《公路法》第59条规定:"符合国务院交通主管部门规定的技术等级和规模的,由县级以上地方人民政府交通主管部门利用贷款或者向企业、个人集资建成的公路、由国内外经济组织依法受让前项收费公路收费权的公路或由国内外经济组织依法投资建成的公路,可以依法收取车辆通行费。"《收费公路管理条例》第18条规定:"建设收费公路,应当符合下列技术等级和规模:(一)高速公路连续里程30公里以上。但是,城市市区至本地机场的高速公路除外。(二)一级公路连续里程50公里以上。(三)二车道的独立桥梁、隧道,长度800米以上;四车道的独立桥梁、隧道,长度500米以上。技术等级为二级以下(含二级)的公路不得收费。但是,在国家确定的中西部省、自治区、直辖市建设的二级公路,其连续里程60公里以上的,经依法批准,可以收取车辆通行费。"公路PPP项目确定操作模式,必须考虑公路项目的技术等级和规模,即公路项目的技术等级和规模直接决定公路PPP模式操作模式的选择。

3. 公路项目的所有权

公路项目的所有权,是指公路建成并通过竣工验收后,如何确定公路项目的所有权主体。目前《公路法》和《收费公路管理条例》中均未对公路项目的所有权设置作明确规定,但《收费公路权益转让办法》第35条规定:"受让方依法拥有转让期限内的公路收费权益,转让收费公路权益的公路、公路附属设施的所有权仍归国家所有。"此处未区分政府还贷公路和经营性公路,同时《收费公路管理条例》规定收费公路权益是指收费公路的收费权、广告经营权和服务设施经营权。据此可以推断收费公路项目的所有权归国家所有,即收费公路的项目法人只拥有公路的收费权,实践中也按照收费公路所有权归国家所有进行操作,但由于缺乏明确的规定条件,实践操作中的具体方式也存在差异。非收费公路的所有权设置在实践中也参照收费公路的相关规定执行。即公路项目的经营主体不享有公路项目的所有权。

4. 公路项目的移交

公路项目的移交问题,是指在利用PPP模式引入社会资本,投资建设和运营维护公路项目的过程中,即构建政府和社会资本的合作关系的过程中,通常会要求设定项目的合作期限,项目合作期限届满后,项目设施如何处置的问题。《公路法》第65条规定,有偿转让公路收费权的公路项目,转让收费权合同约定的期限届满,收费权由出让方收回。由国内外经济组织依照本法规定投资建成并经营的收费公路,约定的经营期限届满,该公路由国家无偿收回,由有关交通主管部门管理。《公路法》规定,转让公路收费权的公路项目,合同约定期限届满的,收费权由出让方收回。该规定与 PPP 模式规定相矛盾,实践中涉及公路项目收费权转让的,也未按照此规定操作,《收费公路管理条例》和《收费公路权益转让办法》对此作了修正。

《收费公路管理条例》第 38 条规定,收费公路终止收费后,经鉴定和验收,公路符合取得收费公路权益时核定的技术等级和标准的,收费公路经营管理者方可按照国家有关规定向交通主管部门办理公路移交手续;不符合取得收费公路权益时核定的技术等级和标准的,收费公路经营管理者应当在交通主管部门确定的期限内进行养护,达到要求后,方可按照规定办理公路移交手续。

《收费公路权益转让办法》第 40 条规定,收费公路权益转让合同约定的转让期限届满的,省、自治区、直辖市人民政府交通运输主管部门应对公路项目进行鉴定验收,经鉴定和验收,公路符合收费公路权益转让时核定的技术等级和标准的,公路经营企业方可按照国家有关规定,在转让期限届满时向交通运输主管部门办理公路移交手续;不符合转让收费公路权益时核定的技术等级和标准的,公路经营企业应当在交通运输主管部门确定的期限内进行养护,达到要求后,方可按照规定办理公路移交手续。转让期限届满仍未达到要求的,交通运输主管部门应当收回公路收费权,办理公路移交手续,指定其他单位进行养护,养护费用由原公路经营企业承担。

因此,收费公路采用 PPP 模式的,合作期限届满的,经交通运输主管部门鉴定和验收合格后,应将公路项目移交给交通运输主管部门并办理移交手续。对于非收费公路采用 PPP 模式的公路项目,合作期限届满后是否需要将公路项目设施移交给政府部门,法律规范层面缺乏明确的规定。相关规范强调收费公路项目合作期限届满,要求将公路项目移交给政府部门,主要理由是我国始终坚持发展非收费公路为主,适当发展收费公路的政策,依据现有法律规范体系的规定,收费公路合作期限届满的,应停止收费。而且,公路设施属于国家重要的基础设施,关系国民经济的发展和社会经济效益,是重要的公益性基础设施。因此,政府职能部门有必要对公路项目进行监督检查,即公路项目的特性不允许社会资本长久持续运营公路项目。实践中,可参照收费公路的规定,非收费公路项目的合作期限届满的,要求社会资本将项目设施移交给政府职能部门。

综上所述,基于公路项目回报机制、公路技术等级和规模、公路项目所有权和公路项目移交等问题的分析论述可知,公路 PPP 项目,实践中一般采用 BOT 模式进行操作,若公路 PPP 项目属于存量项目,则实践中一般采用 TOT 模式,转让标的一般是收费公路的经营权,若公路 PPP 项目属于改扩建项目,则实践中一般适用 ROT 模式。

(三)政府还贷公路采用 PPP 模式的可行性

虽然《公路法》和《收费公路管理条例》均规定经批准设立的收费公路可以收取车辆通行费。但基于收费公路投资主体和资金投入的差异,收费公路被划分为政府还贷公路和经营性公路。实践中,因经营性公路的实施主体是国内外经济组织,且经营性公路允许社会投资人获取合理利润,因此依据《收费公路管理条例》等规定,经营性公路项目属于 PPP 项目范畴。实践中采用 PPP 模式不存在法律障碍,但对政府还贷公路,因《收费公路管理条例》等规范的限制,实践中采用 PPP 模式存在不少法律障碍,下面将详细分析政府还贷公路采用 PPP 模式的可行性。

首先是政府还贷公路的投资主体。根据《收费公路管理条例》第 9 条的规定,政府还贷公路由县级以上地方人民政府交通主管部门负责,项目具体实施主体是县级以上地方人民政府交通主管部门负责统筹设立的非营利法人,而非经营性公路项目中的"国内外经济组织"。

其次是政府还贷公路的非营利性要求。政府还贷公路的项目法人属于非营利性法人,即在运营过程中坚持政事分开的原则,严格实行收支两条线管理,政府还贷公路的车辆通行费,除必要的管理、养护费用从财政部门批准的车辆通行费预算中列支外,主要目的是偿还贷款和集资款。收取的车辆通行费收入全部存入财政专户,严格实行收支两条线管理。

PPP 项目需要满足社会资本的合理收益需求,而且《交通部关于进一步规范收费公路管理工作的通知》(交公路发〔2006〕654 号)明确规定:"任何单位不得以任何方式非法设立经营性公路或人为改变政府还贷公路性质。对未依法转让收费权,将政府还贷公路按经营性收费公路进行建设管理的,要进行清理和属性复位。"因此,对于新建政府还贷公路项目,现有的规范层面限制导致实践中采用 PPP 模式进行操作不具备可行性。

对存量政府还贷公路项目,《收费公路权益转让办法》规定收费公路权益转让的转让方包括不以营利为目的的专门建设和管理政府还贷公路的法人组织和投资建设经营经营性公路的国内外经济组织,同时规定转让政府还贷公路收费权的,可以向省级人民政府申请延长收费期限,表明政府还贷公路可以进行收费公路权益转让。收费公路权益转让的受让方是依法有偿取得收费公路权益的国内外经济组织,未要求受让方属于非营利性法人组织。对于政府还贷公路收费权益转让后公路的性质,《交通部关于进一步规范收费公路管理工作的通知》(交公路发〔2006〕

654 号)进一步明确规定,依法有偿受让政府还贷公路收费权的公路,为经营性公路。即政府还贷公路收费权益有偿转让后,公路项目由政府还贷公路转变为经营性公路,而经营性公路具备采用 PPP 模式的可行性,其实质仍是经营性公路采用 PPP 模式的可行性问题,政府职能部门在筛选存量政府还贷公路项目时,对于符合收费公路权益转让条件的,可以通过收费公路权益转让方式实现采用 PPP 模式的目的。

综上所述,政府还贷公路,作为新建项目,由于规范层面对政府还贷公路的限制,不适合采用 PPP 模式。但存量政府还贷公路,在依据相关法律规定有偿转让公路收费权益的条件下,可以转变成经营性公路,具备采用 PPP 模式的可行性。

(四)公路 PPP 项目中的 PPP 模式与特许经营

在基础设施和公用事业领域,特许经营和 PPP 模式的关系是我国 PPP 模式发展过程中出现的争议性问题,主要原因在于相关政策规范对 PPP 模式和特许经营的区分并不明确。理论上,一种观点认为,特许经营属于政府对社会资本参与提供公共产品或服务在资质上的特殊要求,在涉及公共安全的重大领域,存在市场准入的限制,应该实行特许经营。此种观点的基础是传统的经营领域,存在政府特许经营的范围,如盐业、烟草等领域的经营活动需政府部分的特许经营,因此除政府对市场准入有特殊限制的,其他领域引导社会资本参与提供公共产品或服务属于 PPP 模式。另一种观点认为,PPP 模式的分类可以参照英国等国的实践经验,PPP 模式在我国也可以区分为两类不同付费机制的 PPP 项目,即将 PPP 项目划分为使用者付费类特许经营 PPP 模式和政府购买服务类 PPP 模式,国家投资主管部门主导特许经营类 PPP 项目,财政主管部门主导政府采购类 PPP 项目。对于适用可行性缺口补贴的 PPP 项目,项目的核心是使用者付费,政府的补贴仅是维持投资者的合理回报需求,因此适用可行性缺口补贴的 PPP 项目也属于特许经营类 PPP 项目,实践操作中,第二种观点占据主导地位。

在公路 PPP 项目的实践操作中,也面临 PPP 模式和特许经营的关系争议问题。公路项目属于交通运输领域,根据《基础设施和公用事业特许经营管理办法》的规定,特许经营是指政府采用竞争方式依法授权中华人民共和国境内外的法人或者其他组织,通过协议明确权利义务和风险分担,约定其在一定期限和范围内投资建设运营基础设施和公用事业并获得收益,提供公共产品或者公共服务。强调政府对特许经营者的授权以及特许经营者投资建设获取收益。而《公路法》《收费公路管理条例》规定,收费公路收费权的设立,必须经过依法批准后,方可收取车辆通行费,批准的最终主体是省、自治区、直辖市人民政府,批准事项包括收费公路的收费标准、收费站设置和收费期限等，同时收费公路主要通过向最终用户收取车辆通行费满足合理收益需求。此外，《经营性公路建设项目投资人招标投标管理规定》第35条规定招标人与项目法人应当在完成项目核准手续后签订项目特许权协议，表明经营性公路 PPP 项目属于特许经营范畴。

若社会资本利用 PPP 模式参与非收费公路项目，因项目不具备向最终用户收费的可能性，项目的收益回报机制属于政府付费。因此，非收费公路 PPP 项目应该属于政府付费类 PPP 项目。

综上，在公路 PPP 项目领域中，对于经营性公路采用 PPP 模式的，一般认定为其属于特许经营范畴，而非收费公路采用 PPP 模式的，一般认定为其属于政府付费型 PPP 模式范畴。

四、公路 PPP 项目法律问题分析

公路 PPP 项目法律问题分析，是指基于公路 PPP 项目的实践经验，对开展公路 PPP 项目存在的法律问题进行归纳总结，在现有法律规范体系的基础上，对公路 PPP 项目中面临的法律问题进行分析。

（一）公路 PPP 项目的前期准备工作

公路 PPP 项目的前期准备工作，包括公路 PPP 项目作为 PPP 项目的前期准备工作和公路 PPP 项目作为一般公路建设项目的前期准备工作。

根据《公路法》的规定，县级以上人民政府交通主管部门负责维护公路建设秩序，对公路建设活动进行监督管理。公路 PPP 项目作为公路建设项目的前期准备工作，应按照国家规定的基本建设程序和有关规定进行。公路建设项目的前期准备工作，即立项准备工作，主要目的是确定公路建设项目的投资规模、公路建设项目的性质，包括非收费公路和收费公路，收费公路进一步划分为政府还贷公路和经营性公路。公路建设项目的具体审批手续如下：

《国务院关于投资体制改革的决定》（国发〔2004〕20 号）规定，对于企业不适用政府投资建设的项目，一律不再实行审批制，区别不同情况实行核准制和备案制。其中政府仅对重大项目和限制类项目从维护社会公共利益角度进行核准，其他项目无论规模大小，均改为备案制。对于公路建设项目，按照《国务院关于发布政府核准的投资项目目录（2014 年本）的通知》（国发〔2014〕53 号）的规定，国家高速公路路网项目由国务院投资主管部门核准，普通国道网项目由省级政府核准，地方高速公路项目由省级政府按照规划核准，其余项目由地方政府核准。独立公（铁）路桥梁、隧道，跨境、跨 10 万吨级及以上航道海域、跨大江大河（现状或规划为一级及

以上通航段)的项目由国务院投资主管部门核准,其中跨境项目报国务院备案;国家铁路网中的其余项目由中国铁路总公司自行决定并报国务院投资主管部门备案;其余项目由地方政府核准。其中由地方政府核准的项目,省级政府可以根据本地实际情况具体划分地方各级政府的核准权限。由省级政府核准的项目,核准权限不得下放。

对涉及政府投资资金的项目,项目审批采用审批制,根据资金来源、项目性质和调控需要,政府投资资金方式包括直接投资、资本金注入、投资补助、转贷和贷款贴息等。按照《国家发展和改革委员会关于印发〈审批地方政府投资项目有关规定(暂行)〉的通知》(发改投资〔2005〕1329 号)规定,对各级地方政府采用直接投资(含通过各类投资机构)或以资本金注入方式安排地方各类财政性资金,建设《政府核准的投资项目目录》(《决定》附件)范围内应由国务院或国务院投资主管部门管理的固定资产投资项目,需由省级投资主管部门报国家发展改革委会同有关部门审批或核报国务院审批,对涉及政府投资资金的地方政府投资项目,可参照该规定执行,按照地方政府的有关规定审批。即对涉及政府投资资金的公路项目,按照《国务院关于发布政府核准的投资项目目录(2014 年本)的通知》(国发〔2014〕53 号)的权限划分履行审批手续。

基于政府传统投资模式下的项目核准或审批方式,为转变政府职能,积极推进公路 PPP 交通领域采用 PPP 模式,《国家发展改革委办公厅关于国家高速公路网新建政府和社会资本合作项目批复方式的通知》(发改办基础〔2016〕1818 号)对采用 PPP 模式建设的国家高速公路网新建项目批复进行明确,即政府采用投资补助方式参与的国家高速公路网新建 PPP 项目的,按照核准制开展项目前期准备工作,对政府采用资本金注入方式参与的国家高速公路网新建 PPP 项目,则按照审批制开展项目前期准备工作,直接报批可行性研究报告。对于采用 PPP 模式建设的国家高速公路网改扩建等公路项目,可参照执行。地方政府对采用 PPP 模式的公路项目的批复方式,实践中可以参照该通知文件精神执行,即除政府采用资本金注入方式参与公路 PPP 项目按照审批制管理外,其余涉及政府投资资金的均按照核准制管理,以提高公路 PPP 项目前期准备工作的审批效率。

公路 PPP 项目作为 PPP 项目的前期准备工作,包括 PPP 项目识别、PPP 项目准备等阶段,参照财政部、国家发改委的政策规范,一般由财政部门负责公路 PPP 项目物有所值评价和财政承受能力论证工作,由行业主管部门作为项目实施机构,负责 PPP 项目的识别和项目实施方案的编制工作,并按照联合审批机制,对项目实施方案进行审查批准,为公路 PPP 项目投资人选择奠定基础。

(二)公路 PPP 项目采购

公路 PPP 项目采购,即公路 PPP 项目投资人的选择及相关协议的签署过程。根据《政府和社会资本合作项目政府采购管理办法》的规定,PPP 项目采购方式包括公开招标、邀请招标、竞争性谈判、竞争性磋商和单一来源采购,项目实施机构应根据 PPP 项目的采购需求特点,依法选择适当的采购方式。对于非收费公路 PPP 项目采购,由于交通运输部主导的公路规范体系并未涉及此部分的内容,而且《经营性公路建设项目投资人招标投标管理规定》的适用范围仅限于经营性收费公路,《收费公路权益转让办法》的适用范围仅限于收费公路,因此非收费公路 PPP 项目采购适用《政府和社会资本合作项目政府采购管理办法》在规范适用层面并不存在冲突问题。公路 PPP 项目采购,即公路 PPP 项目投资人选择与 PPP 项目采购最主要的问题在于,已有的公路项目投资人选择和收费公路权益转让,即《经营性公路建设项目投资人招标投标管理规定》和《收费公路权益转让办法》均按照《招标投标法》及其实施条例确定的工程项目招标投标规范体系为基础制定,因此与目前财政部推广 PPP 模式应用过程中坚持以《政府采购法》及其实施条例作为 PPP 项目采购的规范体系基础相比,二者的差异较大,具体分析论述如下:

1. 采购方式

根据《收费公路管理条例》第 11 条的规定,经营性公路建设项目应当采用招标方式选择投资者。《经营性公路建设项目投资人招标投标管理规定》进一步限制经营性公路建设项目投资投资人招标方式,其第 9 条明确经营性公路建设项目投资人招标应当采用公开招标方式,排除邀请招标方式的适用。

因此,经营性公路 PPP 项目采购过程中,能否适用公开招标以外的采购方式选择社会资本,实践中存在争议。鉴于《政府和社会资本合作项目政府采购管理办法》由财政部主导制定,而《经营性公路建设项目投资人招标投标管理规定》由交通运输部主导制定,交通运输行政主管部门对公路 PPP 项目履行监督管理职责,因此实践中涉及经营性公路 PPP 项目采购方式的确定的,建议采用公开招标方式选择投资人,确需采用非公开招标采购方式的,除按照《政府采购法》及其实施条例取得政府采购监督管理部门的批准外,建议就经营性公路 PPP 项目采购方式事项取得交通运输主管部门的同意或批准,减少经营性公路 PPP 项目采购方式确定方面的法律风险。

2. 采购文件

《政府和社会资本合作项目政府采购管理办法》规定 PPP 项目采购应当实行资格预审,而《经营性公路建设项目投资人招标投标管理规定》第 10 条规定要求经营性公路建设项目投资人招标实行资格审查，但对实行资格预审或资格后审并无明确规定。鉴于此，为尽可能满足 PPP 模式政策规范体系的规定，建议对经营性公路 PPP 项目采购实行资格预审。

应注意经营性公路 PPP 项目投资人资格预审申请文件和投标文件的编制时间要求，根据《经营性公路建设项目投资人招标投标管理规定》第 16 条的规定，实行资格预审的，资格预审申请文件编制期限，自资格预审文件开始发售之日起至潜在投标人提交资格预审申请文件截止之日止不得少于 30 个工作日，与《政府和社会资本合作项目政府采购管理办法》规定资格预审申请文件提交时间自公告发布之日起不得少于 15 个工作日的规定相冲突。经营性公路编制投报文件的期限，自招标文件开始发售之日起至投标人提交投标文件截止之日止，不得少于 45 个工作日，超过《招标投标法》规定的“自招标文件开始发出之日起至投标人提交投标文件截止之日止最短不得少于二十日”的最低期限要求。在实践中，设置经营性公路资格预审申请文件和投标文件编制期限时，建议按照《经营性公路建设项目投资人招标投标管理规定》的相关规定执行。

3. 投标人资格条件

PPP 项目采购过程中，投标人的资质条件结合项目的实际情况予以确定，但确定经营性收费公路的投标人资质条件（或政府还贷公路收费权益转让采用 PPP 模式的投标人资质条件），除符合项目实际情况需求外，还应满足《经营性公路建设项目投资人招标投标管理规定》或《收费公路权益转让办法》规定的资质条件。其中《经营性公路建设项目投资人招标投标管理规定》第 19 条规定：“投标人应具备以下基本条件：（一）总资产六亿元人民币以上，净资产二亿五千万元人民币以上；（二）最近连续三年每年均为盈利，且年度财务报告应当经具有法定资格的中介机构审计；（三）具有不低于项目估算的投融资能力，其中净资产不低于项目估算投资的百分之三十五；（四）商业信誉良好，无重大违法行为。”《收费公路权益转让办法》第 12 条规定：“公路收费权的受让方应当具备下列条件：（一）财务状况良好，企业所有者权益不低于受让项目实际造价的 35%；（二）商业信誉良好，在经济活动中无重大违法违规行为；（三）法律、法规规定的其他条件。单独转让公路广告经营权、服务设施经营权时，其受让方应当具备的条件，按照地方性法规和省级人民政府规章执行。”其中，根据《交通运输部关于加强收费公路权益转让管理有关问题的通知》（交财发〔2008〕315 号）的规定，“财务状况良好”主要指受让方近三年内连续盈利、经营性现金净流量应均为正值、上年末资产负债率在 65% 以下等方面的要求；“商业信誉良好”主要指受让方近三年内财务会计资料无虚假记载、合同履行方面无违约行为、银行和税务信用评价系统或企业信用系统中无不良记录等方面的要求。同时基于从严控制收费公路权益转让行为,降低转让项目的管理风险,当一个企业受让多个项目公路收费权时,考核其所有者权益,应以不低于所有受让收费公路项目实际造价的35%为依据。转让政府还贷公路权益和有财政性资金投入以及使用国有资本金投资的经营性公路权益进行招标的,应当明确禁止多个企业以联合体的方式参与转让项目投标。

4.“两招”变“一招”

“两招”并“一招”是指按照现有法律规范体系,公路 PPP 项目投资人确定并按照规定组建项目法人后,对公路项目工程建设的实施主体,由于公路属于重要的基础设施项目,项目施工主体的选择,必须按照《公路工程建设项目招标投标管理办法》通过招标方式予以确定。即公路 PPP 项目投资人的选择和公路 PPP 项目施工主体的选择,必须通过两次招标程序予以完成,俗称“两招”。根据《公路工程建设项目招标投标管理办法》第 9 条规定,已通过招标方式选定的特许经营项目投资人依法能够自行施工或提供服务的,可以不进行招标,即通过一次招标程序确定公路 PPP 项目的投资人和项目施工主体,俗称“一招”。但“两招”变“一招”必须满足特定的条件,即要求通过招标方式,选择的特许经营项目的投资人,具备自行进行公路工程施工的资质和条件。实践中,对于采用招标方式选择的特许经营项目投资人具备施工资质和条件的,项目工程施工主体的确定可以不进行招标。但实践中对非采用招标方式选择投资人,投资人具备自行施工资质的,是否仍可实现“两招”变“一招”的政策目的,在实践过程中的争论较大,主流观点认为“通过招标方式”应作限缩解释,即只有通过招标方式选择项目投资人的,在具备资质条件的情况下,才能实现不通过招标方式确定公路施工主体的目标,而对于“特许经营项目”的认定或限制,主流观点认为“特许经营项目”可以作扩大解释,包括一般 PPP 项目,而非仅限定于特许经营项目。实践中“两招”变“一招”可有效提高公路 PPP 项目的操作效率。

综上所述,关于经营性公路 PPP 项目投资人采购的法律冲突问题,在现有法律规范体系基础上和项目操作效率性考虑的基础上,建议实践中选择采购方式、确定时间期限节点和资质条件时,按照多个规范中确定的相对严格条件作为投资人采购的依据,尽可能地规避法律规范层面冲突的法律风险。

(三)公路 PPP 项目合作期限

PPP 项目合作期限,是指政府和社会资本构建的长期合作关系期限。PPP 项目合作期限主要根据行业特点、所提供公共产品或服务需求、项目生命周期、投资回收期等综合因素确定。PPP 项目合作期限的上限,根据《基础设施和公用事业特许经营管理办法》的规定，PPP 项目合作期限最长不超过 30 年，对于投资规模大、回报周期长的基础设施项目，可以约定超过 30 年的合作期限。PPP 项目合作期限的下限，《财政部、教育部、科技部等关于组织开展第三批政府和社会资本合作示范项目申报筛选工作的通知》（财金函〔2016〕47 号）和《财政部关于进一步做好政府和社会资本合作项目示范工作的通知》（财金〔2015〕57 号）均要求 PPP 项目合作期限原则上不得低于 10 年。

对于公路 PPP 项目合作期限的设定，目前非收费公路 PPP 项目层面不存在关于 PPP 项目合作期限的特殊规定，实践中一般采用 PPP 项目合作期限的一般规定。经营性公路 PPP 项目合作期限，根据《收费公路管理条例》第 14 条规定，经营性公路的收费期限，按照收回投资并有合理投资回报的原则确定，最长不得超过 25 年。国家确定的中西部省、自治区、直辖市的经营性公路收费期限，最长不得超过 30 年。即经营性收费公路 PPP 项目合作期限设置时必须符合《收费公路管理条例》规定的收费期限限制，而且经营性收费公路收费期限的确定，必须经省、自治区、直辖市人民政府审查批准。

对于存量政府还贷公路收费权转让成为经营性公路的 PPP 项目的合作期限，除政府还贷公路收费权转让时剩余的收费期限外，还可以申请延长公路项目的收费期限。根据《收费公路管理条例》第 19 条的规定，政府还贷公路的收费期限，按照用收费偿还贷款、偿还有偿集资款的原则确定，最长不得超过 15 年。国家确定的中西部省、自治区、直辖市的政府还贷公路收费期限，最长不得超过 20 年。即政府还贷公路设立时必须考虑《收费公路管理条例》对收费期限的限制，政府还贷公路收费权益转让时，根据《收费公路权益转让办法》第 13 条规定，可以向省级人民政府申请延长收费期限，但延长的期限不得超过 5 年，且累计收费期限的总和最长不得超过 20 年。国家确定的中西部省自治区、直辖市政府还贷公路累计收费期限的总和，最长不得超过 25 年。

因此，公路 PPP 项目合作期限的设定，在一般 PPP 项目合作期限规定的基础上，必须考虑《收费公路管理条例》和《收费公路权益转让办法》关于收费公路收费期限的最高限制。但应注意的是，《收费公路管理条例》和《收费公路权益转让办法》中关于收费公路收费期限的限制，仅指公路的运营期限，不包括公路的建设期限，设计公路 PPP 项目合作期限时应予以注意。此外，公路 PPP 项目合作期限的设定，除考虑法律规范层面的最高年限限制外，还必须考虑不同等级和技术规模的公路的设计使用年限、投资者的合理收益、政府付费责任等多种因素，结合项目实际情况合理确定公路 PPP 项目的合作期限。

（四）公路PPP项目的合理收益

PPP项目的合理利润，是指社会资本利用PPP模式参与基础设施和公用事业项目的投资建设和运营维护过程中基于社会资本的投资获取的收益，社会资本获得合理收益是政府和社会资本构建长期合作关系的重要保障。若公路PPP项目的合理收益不合理，则可能导致社会资本亏损或社会资本获取暴利。《公路法》和《收费公路管理条例》均规定要求保障经营性公路项目的合理收益。但对于公路项目合理收益的设定却不明确。

合理收益应兼顾社会资本的利益和社会公众的利益，公路属于带有明显垄断特征的基础设施，需要政府职能部门加以监督调控，从协调公路使用者和公路经营管理者之间利益的角度看，政府职能部门的监督调控，一方面可保障经营者的合理收益，使其在补偿成本的基础上获取合理回报，增加社会资本投资公路行业的信心与吸引力；另一方面可保护公路使用者利益，使其在可接受的价格范围内享受高质量的道路通行服务。此外，从优化资源配置实现社会效益最大化的角度来看，通过监管调控，一方面不能让经营者以利润最大化为追求目标，凭借公路项目的垄断性，赚取损害公共利益的超额利润；另一方面也不能以社会效益最大化为目标，还要考虑到当前吸引社会资本的现实性，应以牺牲部分当前利益换取长远发展，允许经营者在一定时期内获取合理的投资收益。

参照《财政部关于印发〈政府和社会资本合作项目财政承受能力论证指引〉的通知》（财金〔2015〕21号）的规定，合理收益率以商业银行中长期贷款利率水平为基准，充分考虑可用性付费、使用量付费、绩效付费的不同情景，结合风险等因素确定。同时，可以将项目的合理收益作为公路项目投资人选取过程中的竞争性指标之一，即项目合理收益作为投资人进入公路PPP项目的主要考虑条件，通过公开招标等方式的充分竞争，确定项目的合理收益水平。

在通过招标方式确定公路PPP项目的合理收益水平后，为保障项目长久持续运营，有必要对项目收益设计动态监管机制，通过动态跟踪、核算公路PPP项目的实际收入（包括政府付费）以及合理费用支出，计算公路PPP项目在已发生的合作期限内实现的收益水平。同时，依据设立的收益分成机制，对项目收益未达到预期标准的，政府按照一定比例予以补偿，对于项目收益超过预期收益的，政府按照一定比例予以分成，即通过对项目合理收益的动态监督，确保公路PPP项目始终处于合理收益水平，防止项目投资人过分亏损而影响投资人长久持续合作的热情，也避免项目收益过高损害公众的利益。

(五)公路 PPP 项目收费权的设立

公路 PPP 项目收费权的设立,是指在经营性公路 PPP 项目中设立公路收费权的过程,目的是获得合法批准,收取车辆通行费。

经营性公路 PPP 项目收费权的设立,必须经历两个阶段:

一是项目立项阶段对公路属性的确定,即在综合考量公路项目的技术等级和规模的前提下,确定公路项目是否属于收费公路项目,若属于收费公路项目,则需确定公路属于政府还贷公路还是经营性公路。公路项目的属性一经立项确定,则公路项目的经营管理主体不得擅自更改。立项阶段确定为经营性公路是公路 PPP 项目收费权设立的前提条件。存量公路 PPP 项目,按照《收费公路权益转让办法》的相关规定履行收费公路权益转让的前置审批手续是后续设立公路收费权的前提条件。

二是公路收费权的批准。《收费公路管理条例》第 7 条的规定,收费公路的经营者,在依法取得批准后有权向通行收费公路的车辆收取车辆通行费。必须在收费公路建成并验收合格后,方可收取车辆通行费,不得边建设边收费。收费公路经营者的收费权的设立和批准的主要内容为收费公路收费站设置的审查批准、收费公路收费期限的审查批准和车辆通行费的收费标准的审查批准,收费公路经营者取得省、自治区、直辖市人民政府审查批准后,即具备收取车辆通行费的权利。

(六)公路 PPP 项目收费权的质押

公路 PPP 项目收费权质押,是指收费公路取得收费权后,基于项目融资需要,对公路收费权进行质押的过程。

《国务院关于收费公路项目贷款担保问题的批复》(国函〔1999〕28 号)明确规定:“公路建设项目法人可以用收费公路的收费权质押方式向国内银行申请抵押贷款,以省级人民政府批准的收费文件作为公路收费权的权力证书,地市级以上交通主管部门作为公路收费权质押的登记部门。质权人可以依法律和行政法规许可的方式取得公路收费权,并实现质押权。有关公路收费权质押的具体管理办法由交通部、人民银行联合制订。”但公路收费权质押的具体管理办法并未出台。后最高人民法院对《担保法》第 75 条“依法可以质押的其他权利”作进一步解释,《最高人民法院关于适用〈中华人民共和国担保法〉若干问题的解释》(法释〔2000〕44 号)第 97 条规定:“以公路桥梁、公路隧道或者公路渡口等不动产收益权出质的,按照担保法第七十五条第(四)项的规定处理。”表明公路收费权可作为一项财产权利设定权利质押。

但《物权法》对收费权质押并未涉及,《物权法》第223条明确兜底条款为"法律、行政法规规定可以出质的其他财产权利",即在《物权法》层面排除了前述对公路收费权质押进行约定的规范适用。但《应收账款质押登记办法》规定应收账款包括"公路、桥梁、隧道、渡口等不动产收费权",即公路收费质押被纳入《物权法》第223条规定应收账款质押范畴,进而实践操作中,金融机构按照《应收账款质押登记办法》的规定,接受公路收费权作为应收账款办理质押。

根据《应收账款质押登记办法》第3条的规定,应收账款是指权利人因提供一定的货物、服务或设施而获得的要求义务人付款的权利,包括现有的和未来的金钱债权及其产生的收益,但不包括因票据或其他有价证券而产生的付款请求权。而公路收费权,是指权利人基于法律、行政法规的直接规定或者政府的行政许可而享有的就公路项目在政府核定的价格范围和收费期限内收取车辆通行费的权利。理论上公路收费权和应收账款存在差异,但本书的主要目的在于阐述PPP项目的实践操作,故理论上的争议在此不再赘述。实际操作中,就公路收费权设立应收账款质押登记,应注意如下几个方面的内容:

1. 质押登记机关

《国务院关于收费公路项目贷款担保问题的批复》(国函〔1999〕28号)明确规定公路建设项目法人以公路收费权办理质押登记的,应在地市级以上交通主管部门办理公路收费权质押登记。实际操作中各收费公路项目法人也照此规定在交通运输行政主管部门办理公路收费权质押登记。但《应收账款质押登记办法》将公路收费权认定为应收账款,根据《物权法》第228条规定,以应收账款办理质押的,质权自信贷征信机构办理出质登记时设立。实践中为避免影响公路收费权的质押设立的效力,对公路收费权出质的,建议同时在交通运输行政主管部门办理和信贷征信机构办理质权登记。

2. 质权担保的主体

权利质押对权利的归属和行使至关重要,通常公路项目由投资人设立的项目法人负责投资建设和运营维护,而省、自治区、直辖市人民政府批准的收费文件记载的收费主体是项目法人。因此,项目融资过程中,必须审核出质人的适格性。若项目融资需求与政府批准收费文件存在时间差,则建议由投资人提供阶段性融资,待公路收费批准文件设立后,转为以公路收费权出质担保融资。

3. 质押担保期限

经营性公路PPP项目,最长收费期限不得超过30年,若属于政府还贷公路收费权益转让的,则最长收费期限不超过25年。但《应收账款质押登记办法》第12条规定,应收账款质权登记期限最长不得超过5年,登记期限届满,质押登记失效,质权人可以多次展期，每次展期期限不得超过 5 年。在签订质押合同时，应注意贷款期限、担保期限与剩余收费期限的协调，确保质权的设立、持续与公路项目的实际情况相衔接，规避法律风险。

4. 质押的实现方式

权利质押的变现方式有三种：(1)折价方式；(2)变价方式；(3)拍卖方式。但基于《收费公路权益转让办法》对收费公路权益转让的限制，为更好地实现债权，可以参照最高人民法院确定地指导性案例“福建海峡银行股份有限公司福州五一支行诉长乐亚新污水处理有限公司等借款合同纠纷案”中的解决思路，在判决书中法院认定污水处理受益权不能采取拍卖、变卖地方式予以处置，金融机构可对收取地污水处理费行使优先受偿权。因此，可以针对公路收费权的特点，直接从公路收费权的监管账户内扣划资金，或者要求将此后的公路收费收入用于清偿主债务的方式实现质权。

第三节　通用机场 PPP 项目案例分析

通用机场，根据《民用机场管理条例》第 84 条规定，是指为从事工业、农业、林业、渔业和建筑业的作业飞行，以及医疗卫生、抢险救灾、气象探测、海洋监测、科学实验、教育训练、文化体育等飞行活动的民用航空器提供起飞、降落等服务的机场。通用机场与运输机场同属民用机场范畴，因此实践中通用机场除受通用航空规范规制外，也必须符合民用机场领域的规范要求。

截至 2015 年年底，我国通用机场超过 300 个，通用航空企业 281 家，在册通用航空器 1874 架，2015 年飞行量达 73.2 万小时。通用航空领域发展迅速，但我国通用航空业规模仍然较小，通用航空基础设施建设相对滞后，与经济社会发展和新兴航空消费需求仍有较大差距。为促进通用航空领域的快速发展，《国务院办公厅关于促进通用航空业发展的指导意见》(国办发〔2016〕38 号)明确规定“鼓励企业和个人投资通用航空业，支持政府和社会资本合作建设、运营通用航空”。

财政部的政府和社会资本合作中心 PPP 项目披露的数据显示，各地通用机场 PPP 项目较多，本书拟以实际运作的布尔津县通用机场 PPP 项目为例，分析通用机场 PPP 项目实践操作过程中的法律问题，规范通用机场 PPP 项目的实践操作。

一、通用机场 PPP 项目案例简介

布尔津通用机场位于布尔津县东南方向，距离布尔津县直线距离约 4km，是阿

勒泰地区唯一的通用机场，目前主要承担布尔津县蚊虫灾害防治工作，但布尔津县通用机场仅有一条沥青混凝土跑道，无围界及配套建筑物，基础设施和空管保障条件较差，服务功能单一，无法满足当前灾害防治工作快速发展的需求。而且，布尔津县地理位置特殊，旅游资源丰富，文化底蕴深厚，但布尔津县域内景区分布较为分散、交通不便，导致“旅多游少”的局面长期存在。根据该地区旅游发展规划，迫切需要发挥通用航空对旅游业发展的促进作用，通过通用航空提供短途运输服务，改变“旅多游少”的局面，提升游客旅游体验。因此，阿勒泰地区规划依托布尔津县的丰富旅游资源，以布尔津通用机场为基地，打造喀纳斯、五彩滩等低空环游。但布尔津通用机场现有设施已不能满足高品质的观光旅游和通用航空综合发展的需要。

为完善布尔津县通用机场设施，提高机场保障能力，进而提高布尔津县蚊虫灾害防治能力，更好地服务于当地经济，加快当地旅游资源开发。布尔津县政府决定采用 PPP 模式引入社会资本，利用社会资本在融资、技术、管理等方面的优势，对布尔津县通用机场进行改扩建，改扩建内容包括飞行区场道工程、航管工程、导航工程、通信工程、气象工程、机场辅助生产设施、目视助航设施、供电工程、供水工程、雨水、污水及污物处理工程、消防救援与应急救护工程、供油工程、供热工程、工作区总图工程、特种车辆、工程建设其他内容等，项目总投资约 13,662 万元。项目合作期限为 25 年。其中项目建设期限为 2 年，运营期限为 23 年。具体交易结构如下图所示：

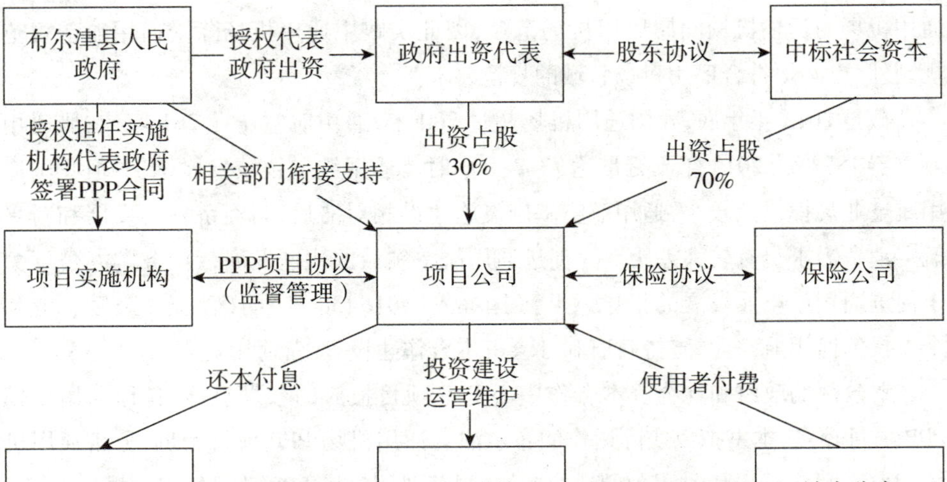

布尔津县通用机场 PPP 项目交易结构图

依据《国家发展改革委、民航局、体育总局、旅游局关于做好通用航空示范推广有关工作的通知》(发改基础〔2016〕2363 号)的规定,布尔津县通用机场 PPP 项目依托于其在阿勒泰地区的独特位置,入选通用航空短途运输网络示范工程,覆盖布尔津县、福海县、富蕴县、清河县、十师北屯市、十师 185 团(哈巴河)、十师 186 团(吉木乃)等区域。同时依托于喀纳斯景区丰富的旅游资源,布尔津县通用机场 PPP 项目被列入阿勒泰喀纳斯景区通用航空旅游示范工程。

布尔津县通用机场 PPP 项目通过竞争性方式选择新疆恒久通用航空有限公司和中航通用飞机有限责任公司组成的联合体作为社会资本,布尔津县人民政府指定布尔津县国有资产经营有限责任公司作为政府方出资代表,与中标社会资本共同组建项目公司新疆喀纳斯爱飞客航空综合体发展有限公司,项目已进入执行阶段。

二、通用机场 PPP 项目政策解析

通用机场 PPP 项目政策,主要是指政府部门制定、颁发的与通用航空领域相关的 PPP 模式政策规范,对国务院、中国民用航空局等部门制定的通用航空领域的特殊规范,因其与 PPP 模式的推广应用无直接联系,故此处不再赘述。下文将针对通用机场 PPP 项目的具体法律问题对专门规范进行分析。

2016 年 5 月 13 日,国务院办公厅发布《关于促进通用航空业发展的指导意见》(国办发〔2016〕38 号),指导意见要求充分发挥市场在资源配置中的决定性作用,支持新兴航空消费,鼓励企业根据市场需求不断创新,促进通用航空市场持续发展。指导意见按照通用机场的不同定位,在规划层面将通用机场划分为改善偏远地区交通运输条件的通用机场、满足抢险救灾、医疗救护、反恐冲突与公共管理等需要的通用机场、服务于工农林等通用航空活动的通用机场以及促进空中游览、航空体育、飞行培训等发展的通用机场。指导意见明确通用机场的审核程序,要求扩大低空空域开放,优化飞行服务,提高通用航空飞行审批效率。在现有监管体制基础上,合理划分通用航空监管职权,构建“地面管控为主、空中处置为辅”的监管体系。为吸引社会资本参与通用航空的投资建设和运营维护,指导意见明确要求扩大通用航空领域政府购买服务的范围,完善现有补贴政策。鼓励企业和个人投资通用航空业,支持政府和社会资本合作建设、运营通用航空。

2016 年 10 月 11 日,国家发展改革委发布《关于印发〈近期推进通用航空业发展的重点任务〉的通知》(发改基础〔2016〕2160 号),主要目的是明确通用航空领域各职能部门的职责,进一步促进通用航空的发展。通知提出设立通用航空短途运输网络等试点,通知要求积极吸引社会资本,加快通用机场建设。通知要求相关部

门研究、制定产业政策，促进通用航空产业升级，同时修改、完善低空飞行管理，扩大低空空域开放。

2016 年 10 月 25 日，中国民用航空局发布《关于鼓励社会资本投资建设运营民用机场的意见》（民航发〔2016〕117 号），意见要求进一步转变政府职能，激发市场活力，加大对重点领域和薄弱环节的投资力度，积极吸引社会资本参与民用机场建设和运营，提升机场服务质量和效率，意见明确放开民用机场建设和运营市场，鼓励创新民用机场建设和运营投融资模式，加大政府和社会资本合作的政策支持。

2016 年 11 月 7 日，国家发展改革委、民航局、体育总局、旅游局联合发布《关于做好通用航空示范推广有关工作的通知》（发改基础〔2016〕2363 号），为形成可复制、可推广的好经验、好做法，加快培育通用航空市场，分类推进通用航空基础设施建设，提升服务保障能力。通知发布了通用航空短途运输网络、通用航空旅游、航空飞行营地示范工程，明确各级发改委、民航行业管理部门和体育行业管理部门各自的职责。

三、通用机场 PPP 项目操作模式

通用机场 PPP 项目操作模式，是指政府部门在推进通用机场 PPP 项目的过程中，基于项目的实际情况选择确定的项目运作机制，参照财政部、国家发改委等部委制定的 PPP 模式政策规范性文件，常见的 PPP 项目操作模式包括委托运营（Operations & Maintenance，O&M）、管理合同（Management Contract，MC）、建设—运营—移交（Build - Operate - Transfer，BOT）、建设—拥有—运营（Build - Own - Operate，BOO）、建设—拥有—运营—移交（Build - Own - Operate - Transfer，BOOT）、建设—移交—运营（Build - Transfer - Operate，BTO）、转让—运营—移交（Transfer - Operate - Transfer，TOT）、改建—运营—移交（Rehabilitate - Operate - Transfer，ROT）等。基于社会资本参与投融资形式划分，参照《中国民用航空局关于鼓励社会资本投资建设运营民用机场的意见》（民航发〔2016〕117 号）的规定，社会资本参与通用航空领域的操作形式主要包括特许经营、经营权转让、股权出让、委托运营、整合改制等资本运作方式，社会资本可通过专项信托计划、认购股权投资基金等方式参与通用机场投资活动，可通过综合开发通用机场周边用地或临空经济区范围内土地、物业、商业、广告等资源的方式建设运营机场服务配套设施。

实践中通用机场 PPP 项目操作模式的确定，必须结合通用机场 PPP 项目的通用机场属性、项目状态、回报机制等多项因素予以确定。

（一）通用机场的类型

参照《国务院办公厅关于促进通用航空业发展的指导意见》（国办发〔2016〕38

号）的规定，以通用机场的功能定位划分，通用机场可以分为四种类型：一是通用航空短途运输网络型机场，即在偏远地区、地面交通不便的地区以及年旅客吞吐量1000万人次以上的枢纽运输机场周边建设通用机场，改善交通运输条件。二是救灾、公共管理服务内机场，即在自然灾害多发等地区以及大型城市等人口密集、地面交通拥堵严重地区建设通用机场，满足抢险救灾、医疗救护、反恐处突与公共管理等需要。三是工农林类通用机场，即在航空制造等重点产业集聚区以及农产品主产区、重点国有林区等地区建设通用机场，服务于工农林等通用航空活动。四是旅游、体育服务导向通用机场，即在世界自然文化遗产、国家级风景名胜区、重要体育产业基地等地区建设通用机场，促进空中游览、航空体育、飞行培训等发展。不同定位通用机场适用的建设、运营及监管标准无差异，但是通用机场的不同定位直接影响通用机场运营期间的收益来源和收益水平，对确定通用机场 PPP 项目操作模式至关重要，实践中应重点关注通用机场定位对通用机场 PPP 项目操作模式、交易结构的影响，布尔津通用机场 PPP 项目在功能定位上，主要服务于阿勒泰地区短途运输通用航空网络和布尔津地区旅游开发，通用机场的定位获得了《国家发展改革委、民航局、体育总局、旅游局关于做好通用航空示范推广有关工作的通知》（发改基础〔2016〕2363 号）的认可，经市场测试，布尔津县通用机场运营期内的收益基础较好，直接影响布尔津县政府在合作期限内是否提供补贴事项的设置。

以通用机场技术标准进行划分，参照《通用机场建设规范》（MH/T 5026—2012）以及《通用航空机场空管运行保障管理办法》的规定，通用机场可根据其对公众利益的影响程度分为以下三类：一类通用机场，指具有10～29座航空器经营性载人飞行业务，或最高月起降量达到3000架次以上的通用机场；二类通用机场，指具有5～9座航空器经营性载人飞行业务，或最高月起降量在600～3000架次之间的通用机场；三类通用机场，指除一、二类外的通用机场。不同类型通用机场的投资建设内容和适用标准存在差异，直接影响通用机场 PPP 项目总投资的认定，也直接影响通用机场运营能力，综合考虑布尔津通用机场的规划定位和未来发展趋势，布尔津通用机场定性为一类通用机场。

（二）通用机场的状态

通用机场的现状，是指利用 PPP 模式进行通用机场操作时，必须考虑通用机场项目所处状态。若通用机场属新建项目，则社会资本在合作期限内需承担建设任务，一般考虑 BOT、BOOT 以及 BTO 等操作模式。若通用机场属存量项目，社会资本不承担建设任务，一般考虑 TOT、O&M 以及 MC 等操作模式，若通用机场属改扩建项目，则一般考虑 ROT、ROOT 等操作模式。布尔津县通用机场在考虑以 PPP 模式引入社会资本前，政府部门已投资建设一条简易通用机场跑道，主要用于农林防护等工作。为满足阿勒泰地区短途运输网络规划要求和喀纳斯周边景区的旅游发展需求，政府决定对现有通用机场进行改扩建，因此布尔津通用机场 PPP 项目考虑 PPP 项目操作模式时，以实践中常见的改扩建操作模式为基础，最终确定采用 ROT 操作模式进行实施。

通用机场 PPP 项目中，政府部门除关注通用机场作为基础设施的投资建设以及运营维护，也关注通用机场的合理利用效率，即通用机场所在区域通用航空的产业发展。因此，布尔津县通用机场从立项起，即充分考虑通用机场的开发利用的可能性，即布尔津县通用机场的合作内容不仅包括通用机场等基础设施的改扩建，也将通用航空服务纳入考量范畴。即在设置选择社会资本资质时，要求潜在社会资本拥有通用航空服务运营业绩，即社会资本必须同时具备投资建设和运营维护通用机场设施和提供通用航空服务的能力。此外，为进一步促进布尔津县当地的通用航空产业发展，依托布尔津县通用机场和周边旅游资源，参照《中国民用航空局关于鼓励社会资本投资建设运营民用机场的意见》（民航发〔2016〕117 号）规定的“社会资本可通过综合开发民用机场周边用地或临空经济区范围内土地、物业、商业、广告等资源的方式建设运营机场服务配套设施”等内容，布尔津县政府决定在布尔津县通用机场周边规划建立通用航空产业园区，即将布尔津县通用航空小镇作为布尔津县通用机场 PPP 项目的远期规划目标，未来条件成熟时，将进一步探索利用 PPP 模式开展通用航空产业项目。

四、通用机场 PPP 项目法律问题分析

通用机场 PPP 项目法律问题分析，是指利用 PPP 模式实施通用机场 PPP 项目过程中，对通用航空领域的现有规范的理解和适用的分析，即通用机场 PPP 项目，除满足国务院、国家发展改革委、财政部等制定的关于 PPP 模式的政策规范外，需满足我国通用航空领域的规范要求，保证项目操作的合规性。下面主要从通用机场的前期工作、回报机制以及运营管理等角度进行分析。

（一）通用机场的前期工作

根据《政府和社会资本合作模式操作指南（试行）》（财金〔2014〕113 号）的规定，PPP 项目可划分为 5 个阶段：项目识别、项目准备、项目采购、项目执行和项目移交。适用 PPP 模式的项目均应按照政策规范要求实施 PPP 项目前期准备工作，包括编制 PPP 项目实施方案、开展物有所值评价和财政承受能力论证。同时也应注意，为规范、管理我国投资项目，根据《国务院关于投资体制改革的决定》（国发

〔2004〕20 号）的规定，我国投资项目应履行审批、核准或备案手续。即通用机场 PPP 项目应同时投资立项的程序。实践中不同 PPP 项目在 PPP 模式层面的操作程序相对统一，但不同行业领域的投资立项程序差异较大，因此为进一步规范我国通用机场 PPP 项目的操作程序，本文通用机场的前期工作，主要是指利用 PPP 模式实施通用机场过程中，履行通用机场规划、投资立项等工作程序和内容。

根据上文内容可知，通用机场项目的投资建设应准确定位并符合规划布局要求。与其他投资项目不同，通用机场项目涉及民用航空领域的监督管理。根据《国务院办公厅关于促进通用航空业发展的指导意见》（国办发〔2016〕38 号）的规定，通用机场的布局规划，一般由省级发展改革部门负责组织编制辖区内通用机场布局规划。通用机场布局规划在批准前，必须征得民航地区管理局、战区空军（空域管理部门）同意，最终上报省级人民政府批准。通用机场布局规划批准文件应按照要求抄报国家发展改革委、财政部、交通运输部、民航局和中央军委联合参谋部、空军。

关于项目的投资立项程序，《国务院关于投资体制改革的决定》（国发〔2004〕20 号）规定，对于企业不适用政府投资建设的项目，一律不再实行审批制，区别不同情况实行核准制和备案制。其中，政府仅对重大项目和限制类项目从维护社会公共利益角度进行核准，对于企业使用政府补助、转贷、贴息投资建设的项目，政府只审批资金申请报告。其他项目无论规模大小，均改为备案制。对于通用机场建设项目，按照《国务院关于发布政府核准的投资项目目录（2014 年本）的通知》（国发〔2014〕53 号）规定，属于由地方政府核准的项目，省级政府可以根据本地实际情况具体划分地方各级政府的核准权限。由省级政府核准的项目，核准权限不得下放，因此新建通用机场项目由省级政府核准。

对涉及政府投资资金的项目，项目投资立项采用审批制，根据资金来源、项目性质和调控需要，政府投资资金方式包括直接投资、资本金注入、投资补助、转贷和贷款贴息等，按照《国家发展和改革委员会关于印发〈审批地方政府投资项目有关规定（暂行）〉的通知》（发改投资〔2005〕1329 号）规定，对各级地方政府采用直接投资（含通过各类投资机构）或以资本金注入方式安排地方各类财政性资金，建设《政府核准的投资项目目录》（《决定》附件）范围内应由国务院或国务院投资主管部门管理的固定资产投资项目，需由省级投资主管部门报国家发展改革委会同有关部门审批或核报国务院审批，对涉及政府投资资金的地方政府投资项目，可参照该规定执行，按照地方政府的有关规定审批。即对涉及政府投资资金的通用机场 PPP 项目，建议按照《国务院关于发布政府核准的投资项目目录（2014 年本）的通知》（国发〔2014〕53 号）的权限划分履行审批手续，即由省级政府进行审批。具体审批事项,对采用直接投资和资本金注入方式的,从投资决策角度只审批项目建议书和可行性研究报告,除特殊情况外不再审批开工报告,同时应严格政府投资项目的初步设计、概算审批工作;对采用投资补助、转贷和贷款贴息方式的,只审批资金申请报告。

以布尔津县通用机场 PPP 项目为例,通用机场建设属政府核准范畴项目,核准权限为新疆维吾尔族自治区政府,但因布尔津县政府指定出资人代表以直接出资方式参与通用机场项目建设,根据上述规定,布尔津县通用机场应采取审批方式开展立项工作,参照通用机场核准的权限,项目应上报新疆维吾尔族自治区政府审批。

(二)通用机场的回报机制

通用机场的回报机制,是指政府和社会资本通过 PPP 模式构建长期合作关系,社会资本投资建设通用机场基础设施后,通过运营维护获得投资回报和合理收益。《财政部关于规范政府和社会资本合作合同管理工作的通知》(财金〔2014〕156 号)规定,PPP 项目的回报机制主要有三种类型:政府付费、使用者付费和可行性缺口补助。政府付费是指政府直接付费购买公共产品和服务。在政府付费机制下,政府可以依据项目设施的可用性、产品或服务的使用量以及质量向项目公司付费。使用者付费是指由最终消费用户直接付费购买公共产品和服务。项目公司直接从最终用户处收取费用,以回收项目的建设和运营成本并获得合理收益。可行性缺口补助是指使用者付费不足以满足项目公司成本回收和合理回报时,由政府给予项目公司一定的经济补助,以弥补使用者付费之外的缺口部分。以布尔津县通用机场为例,本项目社会资本除运营维护通用机场获取收益外,主要是通过提供通用航空服务获取投资收益,经市场测试和财务测算,布尔津县通用机场可以通过使用者付费满足社会资本的收益需求,因此确定采用使用者付费机制。

在确定采用使用者付费机制基础上,因社会资本利用通用机场提供公共服务,其服务价格的制定和管理需予以注意。通用机场 PPP 项目提供服务的价格可以分为两个部分:一是利用通用机场提供公共服务的价格;二是通用航空经营企业提供通用航空服务的价格。

(1)利用通用机场提供公共服务的价格,根据《中国民用航空局关于印发通用航空民用机场收费标准的通知》(民航发〔2010〕85 号)的规定,使用通用航空民用机场实行政府指导价,主要收费包括起降费、停场费和其他项目,起降费基准价为每架次 120 元,停场费基准价为停场 2 小时以内免收;每停场 24 小时基准价为每架次 100 元;超过 2 小时,不足 24 小时按 24 小时计收。停场时间按空管部门提供的航空器降落到起飞时间计算。其他项目收费参照《中国民用航空总局、国家发展和改革委员会关于印发民用机场收费改革实施方案的通知》(民航发〔2007〕159 号)相关规定执行。同时《中国民用航空局关于印发通用航空民用机场收费标准的通知》(民航发〔2010〕85 号)通用机场收费的减免情形。通用机场提供公共服务价格的管理机制,参照《中国民用航空总局、国家发展和改革委员会关于印发民用机场收费改革实施方案的通知》(民航发〔2007〕159 号)的规定执行,由通用机场管理机构将调整航空性业务收费项目或上调航空性业务收费项目的收费标准基准价的申请上报所在地民航地区管理局初审,地区管理局初步审查通过后报民航总局,由民航总局会同国家发展改革委依据机场管理机构提供设施及服务的合理成本、用户的承受能力等因素,在 30 个工作日内,做出批准或者不批准的决定。若确定收费标准低于通用航空业务收费基准价的,应在执行之日后 30 日内报民航总局和国家发展改革委备案。因此利用 PPP 模式开展通用航空服务,通用机场航空业务收费项目和标准执行政府指导价,确定通用机场 PPP 项目价格机制时应予以注意。

(2)通用航空经营企业提供通用航空服务的价格,其实质是通用航空经营企业提供通用航空作业时的收费标准。根据《中国民用航空局关于通用航空作业收费标准问题的通知》(民航发〔2008〕121 号)的规定,通用航空作业收费标准实行市场调节价,通用航空企业根据各自机型成本,按照作业方式的不同与用户协商确定通用航空作业收费标准。为便于政府部门监督管理,通用航空企业于每年年底向所在地民航地区管理局报送各项作业的平均收费标准。以布尔津县通用机场 PPP 项目为例,通过竞争程序选择的社会资本组建项目开展通用航空作业经营,其通用航空作业服务费的价格实行市场调节价,由社会资本根据布尔津县当地的经济形式和通用航空服务需求确定。

(三)通用机场的运营

通用机场的运营,是指通用机场的管理机构,按照相关规定合理维护通用机场设施,提供通用航空服务。鉴于通用航空领域的专业性,规范层面对通用航空的运营设立了行政许可,如前文所述,通用机场 PPP 项目通常涉及两个方面的许可:一是通用机场的使用许可;二是通用航空经营许可。

1. 关于通用机场的使用许可

根据《民用机场管理条例》第 18 条规定,通用机场投入使用应具备下列条件:(1)有与运营业务相适应的飞行场地;(2)有保证飞行安全的空中交通服务、通信导航监视等设施和设备;(3)有健全的安全管理制度、符合国家规定的民用航空安全保卫条件以及处理突发事件的应急预案;(4)配备必要的管理人员和专业技术人员。通用机场投入使用时,应向通用机场所在地地区民用航空管理机构提出申请,以获得通用机场使用许可证。《民用机场使用许可规定》第 19 条规定了通用机场使用许可证的申请条件和材料,其中民航地区管理局代表民航总局审批颁发所辖地区通用机场的民用机场使用许可证,其颁证权属民航总局。利用 PPP 模式操作实施通用机场项目,对新建或改扩建机场,社会资本需承担通用机场的建设任务,若项目建设完成后,通用机场进入运营的首要条件是取得通用机场使用许可证,以布尔津县通用机场为例,为保证项目的顺利实施,在 PPP 项目协议中设置了通用机场建设期绩效考核指标,其中最核心的因素是取得通用机场使用许可证,若社会资本未能取得通用机场使用许可证,则构成社会资本的根本性违约,政府方有权根据 PPP 项目协议约定提前终止通用机场 PPP 项目,即实践中应注意通用机场现有规范与 PPP 项目的衔接。

2. 关于通用航空经营许可

《通用航空经营许可管理规定》规定从事通用航空经营活动应当取得通用航空经营许可,通用航空经营许可证按照经营活动类别,分为甲、乙、丙、丁经营许可证。因通用航空领域的专业性要求,与《公司法》层面的经营范围不同,社会资本必须严格在批准的经营范围内依法开展经营活动,否则民航局或民航地区管理局有权按照《通用航空经营许可管理规定》第 37 条的规定进行行政处罚。《通用航空经营许可管理规定》第 8 条规定申请通用航空经营许可证应具备下列条件:(1)从事通用航空经营活动的主体应当为企业法人,主营业务为通用航空经营项目;企业的法定代表人为中国籍公民。(2)企业名称应当体现通用航空行业和经营特点。(3)购买或租赁不少于两架民用航空器,航空器应当在中华人民共和国登记,符合适航标准。(4)有与民用航空器相适应,经过专业训练,取得相应执照或训练合格证的航空人员。(5)设立经营、运行及安全管理机构并配备与经营项目相适应的专业人员。(6)企业高级管理人员应当完成通用航空法规标准培训,主管飞行、作业质量的负责人还应当在最近 6 年内具有累计 3 年以上相关专业领域工作经验。(7)有满足民用航空器运行要求的基地机场(起降场地)及相应的基础设施。(8)有符合相关法律、法规和标准要求,经检测合格的作业设施、设备。(9)具备充分的赔偿责任承担能力,按规定投保地面第三人责任险等保险。(10)民航局认为必要的其他条件。其中第(7)项"有满足民用航空器运行要求的基地机场(起降场地)及相应的基础设施"是指通用航空经营企业拥有"基地机场的使用许可证或者起降场地的技术说明文件;基地机场为非自有机场的,应提供与机场管理方签署的服务保障协议"。第(9)项"具备充分的赔偿责任承担能力,按规定投保地面第三人责任险等保险"是指通用航空经营企业需购买相应的保险,即在通用机场 PPP 项目中，可按照《通用航空经营许可管理规定》等规范，在 PPP 项目协议中设置保险种类要求。利用 PPP 模式参与通用机场项目的投资建设和运营维护的社会资本，若参与通用航空经营业务，则应按照规定申请通用航空经营许可证。

在通用机场取得通用机场使用许可证和通用航空经营许可证后，通用机场 PPP 项目正式具备提供通用航空起降服务和通用航空作业服务的条件。但通用航空涉及空域使用，根据《通用航空飞行管制条例》第 6 条规定，"从事通用航空飞行活动的单位、个人使用机场飞行空域、航路、航线，应当按照国家有关规定向飞行管制部门提出申请，经批准后方可实施。"同时，关于飞行计划的申请时限，《国务院办公厅关于促进通用航空业发展的指导意见》（国办发〔2016〕38 号）规定，"飞行管制分区内的飞行计划申请，应在起飞前 4 小时提出，审批单位需在起飞前 2 小时批复；超出飞行管制分区在飞行管制区内的，应在起飞前 8 小时提出，审批单位需在起飞前 6 小时批复；跨飞行管制区的，应在起飞前 1 天 15 时前提出，审批单位需在起飞前 1 天 18 时前批复。监视空域飞行计划，航空用户应在起飞前 2 小时向飞行计划受理单位报备，飞行计划受理单位需在起飞前 1 小时向空管部门报备；报告空域飞行计划，航空用户应在起飞前 1 小时向飞行计划受理单位报备。对执行应急救援、抢险救灾、医疗救护与反恐处突等紧急、特殊通用航空任务的飞行计划，应随报随批。"社会资本在提供通用航空经营服务过程中，应遵守上述规定。同时为保障通用机场运营维护的安全，社会资本应按照要求建立安全运营管理体系，政府部门可依据《通用航空机场空管运行保障管理办法》等规范，建立通用机场运营维护绩效考核机制，确保社会资本提高运营维护效率和服务质量。

第六章 Chapter 6 市政工程领域 PPP 案例分析

第一节 市政道路 PPP 项目案例分析

市政道路，主要是指城市道路，即城市供车辆、行人通行的，具备一定技术条件的道路、桥梁及其附属设施。为控制地方政府性债务规模，国务院发布《关于加强地方政府性债务管理的意见》（国发〔2014〕43 号），限制地方政府举债的路径和权限，同时积极推广 PPP 模式。在政府主导下，作为政府传统投融资领域的市政道路也积极探索利用 PPP 模式。据财政部政府和社会资本合作中心披露的信息显示，截至 2016 年 9 月底，列入 PPP 综合信息平台项目库的市政工程项目达 3700 个，总投资额约 3.42 亿元，其中市政道路 PPP 项目达 616 个，占市政工程项目总数的 16.6%。可见市政道路作为市政工程的二级行业，采用 PPP 模式的项目较多，PPP 模式适用相对成熟。

为进一步规范我国市政道路类 PPP 项目的实施运作，本书拟以安徽安庆市外环北路工程 PPP 项目为例，分析市政道路 PPP 项目实践操作中的法律问题。

一、市政道路 PPP 项目案例简介

安庆市外环北路工程是连接安庆市各规划区域的重要通道，是贯穿城区西北至东南方向的主要干道，起点位于机场大道西侧 500m，重点位于皖江大道交口，道路设计全长约 14.9km（桥隧比为 28.68%），远期规划中，建成的外环北路将与 318 国道衔接，是改善安庆大交通外围格局的核心工程，对进一步拓展安庆城市框架、加快城市建设、打造互通互联的交通体系具有重要的意义。

安庆市外环北路工程 PPP 项目总投资约 19.7 亿元，其中工程建设投资部分控制价约 15.2 亿元，工程建设其他费用约 4.5 亿元。道路等级为城市主干路，设计时速 60km/h，设计标准轴载为 BZZ－100，荷载等级为城市－A 级。

安庆市外环北路工程 PPP 项目由安庆市住房和城乡建设委员会作为项目实施机构发起，采用设计优化—建造—融资—运营—移交（DBFO）模式进行运作，项目合作期限为 13 年，其中建设期 2 年，运营期 11 年。项目采用政府付费模式，政府付费包括可用性服务费和运维绩效服务费。其交易结构如下图所示：

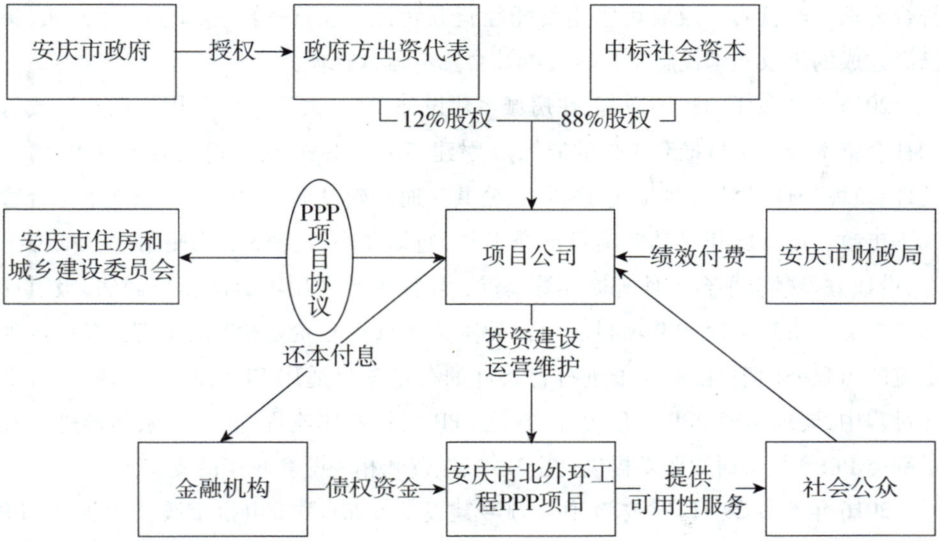

安庆市外环北路工程 PPP 项目交易结构图

本项目采用公开招标方式选择社会资本，最终确定北京城建设计发展集团有限公司为中标人，北京城建设计发展集团有限公司与安庆市城市建设投资发展（集团）有限公司（政府方出资代表）按照 88%∶12% 出资比例设立项目公司安徽京建投资建设有限公司，项目公司注册资本 5 亿元。目前安庆市外环北路工程 PPP 项目已经签约进入执行阶段。

二、市政道路 PPP 项目政策解析

市政道路 PPP 项目政策，是指国务院、国家发展改革委、财政部、住建部等制定出台的市政道路类 PPP 模式政策规范。因市政道路属于市政工程的二级子项目，因此关于市政道路 PPP 项目的政策规范主要以市政工程类政策规范为主，相关政策规范具体情况如下：

2014 年 11 月 16 日，国务院发布《关于创新重点领域投融资机制鼓励社会投资的指导意见》（国发〔2014〕60 号），要求推进市政基础设施投资运营市场化，首先是市政基础设施建设运营模式的改变，即推动市政基础设施建设运营事业单位向独立核算、自主经营的企业化管理转变。鼓励打破以项目为单位的分散运营模式，实行规模化经营，降低建设和运营成本，提高投资效益。其次是推动社会资本参与市政基础设施建设运营，通过特许经营、投资补助、政府购买服务等多种方式，鼓励社会资本投资城镇供水、供热、燃气、污水垃圾处理、建筑垃圾资源化利用和处理、城市综合管廊、公园配套服务、公共交通、停车设施等市政基础设施项目，政府依法选择

符合要求的经营者。政府可采用委托经营或转让—经营—转让(TOT)等方式,将已经建成的市政基础设施项目转交给社会资本运营管理。

2015 年 2 月 13 日,财政部、住房城乡建设部发布《关于市政公用领域开展政府和社会资本合作项目推介工作的通知》(财建〔2015〕29 号),决定在城市供水、污水处理、垃圾处理、供热、供气、道路桥梁、公共交通基础设施、公共停车场、地下综合管廊等市政公用领域开展 PPP 项目推介工作,通知要求改变以土地使用权等抵押担保、借地方投融资平台发债等途径筹集资金建设市政公用项目的传统做法,吸引社会资本参与市政工程 PPP 项目。通知鼓励优先选择收费定价机制透明、有稳定现金流的市政公用项目,重点推进符合条件的存量项目适用 PPP 模式。示范项目推介过程中,要求明晰 PPP 项目边界,规范 PPP 项目操作流程,同时为顺利推进市政工程类 PPP 项目,通知要求提供资金政策、融资和相关配套政策的支持。

2016 年 6 月 29 日,财政部、住房城乡建设部发布《关于申报市政公用领域 PPP 推介项目的通知》(财建〔2016〕495 号),通知要求省级财政、住房和城乡建设部门负责组织本行政区域内市政公用领域 PPP 推介项目申报工作,在城市供水、污水处理、垃圾处理、供热供气、道路桥梁、公共交通基础设施、公共停车场、城市地下综合管廊,海绵城市等市政工程领域选择优质项目。

2016 年 8 月 10 日,国家发展改革委发布《关于切实做好传统基础设施领域政府和社会资本合作有关工作的通知》(发改投资〔2016〕1744 号),强调在重大市政工程领域推广应用 PPP 模式,要求政府部门在充分认识 PPP 模式的重要意义的基础上,加强项目储备,推进项目联审工作,提高 PPP 项目操作效率,构建合理投资回报机制,保障社会资本合理的收益需求,规范项目实施程序,构建多元化退出机制,切实保障社会资本的权益。

2016 年 9 月 28 日,国家发展改革委、住房城乡建设部发布《关于开展重大市政工程领域政府和社会资本合作(PPP)创新工作的通知》(发改投资〔2016〕2068 号),通知计划选择具有一定 PPP 工作基础、有较好的项目储备和发展空间的中小城市,探索中小城市的 PPP 创新工作。同时鼓励部分省份在市政领域相关行业开展 PPP 创新工作,即开发市政领域市场,打破地域垄断,完善费价机制,设置行业平均基准利润率,支持提高市政产业集中度,完善行业监管机制,形成可复制、可推广的经验模式。

三、市政道路 PPP 项目操作模式

市政道路 PPP 项目操作模式,是指政府部门在推进市政道路 PPP 项目的过程中,基于项目的实际情况选择确定的项目运作机制。参照财政部制定的 PPP 模式政策规

范性文件，常见的 PPP 项目操作模式包括委托运营（Operations & Maintenance，O& M）、管理合同（Management Contract，MC）、建设—运营—移交（Build - Operate - Transfer，BOT）、建设—拥有—运营（Build - Own - Operate，BOO）、建设—拥有—运营—移交（Build - Own - Operate - Transfer，BOOT）、建设—移交—运营（Build - Transfer - Operate，BTO）、转让—运营—移交（Transfer - Operate - Transfer，TOT）、改建—运营—移交（Rehabilitate - Operate - Transfer，ROT）等。参照《基础设施和公用事业特许经营管理办法》第 5 条规定："基础设施和公用事业特许经营可以采取以下方式：（一）在一定期限内，政府授予特许经营者投资新建或改扩建、运营基础设施和公用事业，期限届满移交政府；（二）在一定期限内，政府授予特许经营者投资新建或改扩建、拥有并运营基础设施和公用事业，期限届满移交政府；（三）特许经营者投资新建或改扩建基础设施和公用事业并移交政府后，由政府授予其在一定期限内运营；（四）国家规定的其他方式。"即市政工程开展特许经营活动的，一般采用 B/ROT、B/ROOT、B/RTO 以及国家确定的其他方式。

实践中，市政道路 PPP 项目主要采用 BOT 或者 BTO 模式负责实施运作，同时根据风险分配机制的差异，社会资本在 PPP 项目中承担的主要责任和义务也存在差异，以安庆市外环北路工程 PPP 项目为例，政府负责承担外环北路工程的设计工作，通过公开招标选择社会资本后，社会资本负责项目的设计优化工作，最终确定项目采用 DBFO 模式。

四、市政道路 PPP 项目法律问题分析

市政道路 PPP 项目法律问题，是指利用 PPP 模式实施运作 PPP 项目，针对市政道路领域的特点，实践中必须予以关注和重视的法律问题。依托财政部 PPP 项目综合信息平台市政道路 PPP 项目案例检索分析结果，本节主要从市政道路 PPP 项目回报机制、绩效考核以及以政府购买服务方式实施市政道路的分析等内容。

（一）市政道路 PPP 项目回报机制

市政道路 PPP 项目的回报机制，是指政府和社会资本通过 PPP 模式构建长期合作关系，社会资本投资建设市政道路基础设施后，通过运营维护获得投资回报和合理收益。《财政部关于规范政府和社会资本合作合同管理工作的通知》（财金〔2014〕156 号）规定，PPP 项目的回报机制主要有三种类型：政府付费、使用者付费和可行性缺口补助。其中政府付费是指政府直接付费购买公共产品和服务。在政府付费机制下，政府可以依据项目设施的可用性、产品或服务的使用量以及质量向项目公司付费。使用者付费是指由最终消费用户直接付费购买公共产品和服务。

项目公司直接从最终用户处收取费用，以回收项目的建设和运营成本并获得合理收益。可行性缺口补助是指使用者付费不足以满足项目公司成本回收和合理回报时，由政府给予项目公司一定的经济补助，以弥补使用者付费之外的缺口部分。

市政道路一般不具备使用者付费基础，属于非经营性项目，回报机制一般采用政府付费方式。参照《财政部关于规范政府和社会资本合作合同管理工作的通知》（财金〔2014〕156 号）规定，政府付费机制下，政府部门通常会根据项目的可用性、使用量和绩效中的一个或多个要素的组合进行付费。其中可用性付费是指政府依据社会资本提供的项目设施或服务是否符合合同约定的标准和要求来付费，可用性付费通常考虑项目设施的容量和服务能力，不考虑项目设施或服务的实际需求，因此可用性需重点关注项目设施或服务的可用性标准，合理界定可用与不可用的界定。使用量付费，是指政府依据社会资本提供项目设施或服务的实际使用量进行付费，此类项目中社会资本一般需承担项目的需求风险，为合理分担政府和社会资本的风险，采用使用量付费的项目一般设置分层级付费机制。绩效付费是指政府依据社会资本提供的公共产品或服务的质量进行付费，绩效付费机制通常与可用性付费和使用量付费机制搭配使用，绩效付费机制需重点关注绩效标准，即需根据项目的特点和实际情况在 PPP 项目合同中约定明确、适当的绩效标准。

在政府付费机制的前提下，根据《政府和社会资本合作项目财政管理暂行办法》（财金〔2016〕92 号）的规定，政府付费 PPP 项目必须明确约定项目具体产出标准和绩效考核指标，明确项目付费与绩效评价结果挂钩。因此，市政道路 PPP 项目需合理的设置政府付费机制，以安庆市外环北路工程 PPP 项目为例，项目采用基于项目可用性的绩效考核付费机制，政府通过财政预算支出购买项目可用性以及维持项目可用性所需的运营维护服务，即政府付费包括项目可用性服务费和运营绩效服务费。其中可用性服务费主要指是社会资本以投资建设符合法律规定标准的市政道路为目的，投入的资本性总投入需要获得的服务收入，其中资本性投入包括项目工程建设总投资、融资成本、税费及合理投资收益。运维绩效服务费是指社会资本以维持项目可用性为目的，提供符合规定条件的运营维护服务而需获得的服务收入。运营维护成本主要包括日常养护费用、保险费、其他管理费用等。

安庆市外环北路 PPP 项目创造性的使用“可用性服务费 + 运维绩效服务费”的政府付费机制，被广泛推广运用于各地的非经营性 PPP 项目，促进了我国非经营性 PPP 项目的发展，但可用性服务费的定价基准值是项目基本建设成本，实践中比较常见的操作模式是项目建设完毕并通过竣工验收的，由政府部门经审计确定项目的建设成本，根据审计确定的建设成本计算可用性服务费，项目合作期限内可用性服务费一般保持不变。即大部分 PPP 项目设置的可行性标准是项目通过竣工验收，未考虑项目全生命周期的可用性问题。项目运营期内的绩效考核指标集中于运营维护部分，导致可用性服务费所占比例过高，有观点认为此操作模式属于"拉长版"BT，未体现 PPP 模式的核心特征。建议对采用"可用性服务费 + 运维绩效服务费"付费机制的 PPP 项目，可考虑将可用性服务费纳入运维绩效服务费，即在项目运营过程中基于项目运维考核绩效支付。考虑政府和社会资本之间合理分担风险的合理性，可考虑将部分可用性服务费（如 30%）纳入运维绩效服务费。此外，市政道路项目属于市政公共资源，根据《市政公共资源有偿使用收入管理办法》（财税〔2016〕116 号）的规定，对资源相对稀缺、不能充分提供的，或者主要由部分社会资本公众使用的市政公用资源可以有偿使用。市政公共资源有偿使用的前提是政府确定有偿使用市政公共资源项目，市政公共资源有偿使用属政府定价范畴，实践中应符合《价格法》等法律规范，在 PPP 项目中探索市政公共资源有偿使用的，其收入支出应符合《市政公共资源有偿使用收入管理办法》（财税〔2016〕116 号）的规定。

除采用政府付费机制开展市政道路 PPP 项目外，部分地区也积极探索为市政道路 PPP 项目配置经营性资源，保证项目具备部分营业收入，对营业收入不足部分提供财政补贴，即采用可行性缺口补助付费机制。比较常见的资源配备是商业类资源，但此类资源配置囿于我国土地管理方面的限制，实践操作中存在法律障碍。

（二）市政道路类 PPP 项目土地使用权

国有土地使用权的取得方式，根据《土地管理法》第 54 条的规定，包括有偿使用方式和划拨方式，划拨方式是指针对特定项目用地，经县级以上政府依法批准，依据《土地管理法实施条例》第 22 条规定，可由市、县人民政府土地行政主管部门向土地使用者核发国有土地划拨决定书，确定 PPP 项目的"用地者"。土地使用权有偿使用方式，根据《土地管理法实施条例》第 29 条规定，包括：（1）国有土地使用权出让；（2）国有土地租赁；（3）国有土地使用权作价出资或者入股。其中国有土地使用权出让方式，参照《城镇国有土地使用权出让和转让暂行条例》第 13 条和《招标拍卖挂牌出让国有建设用地使用权规定》的规定，包括：（1）协议；（2）招标；（3）拍卖；（4）挂牌。

参照《土地管理法》第 54 条及《城市房地产管理法》第 24 条的规定，城市基础设施和公益事业用地可采用划拨方式提供土地使用权。根据《划拨用地目录》的规定，城市基础设施包括市政道路，因此，市政道路 PPP 项目可采用划拨方式提供土地。PPP 项目实践过程中，部分项目约定"由政府方将土地无偿提供给社会资本（项目公司）使用"，但此约定存在法律风险。根据前述内容可知，虽然我国土地使用权的取得包括有偿和划拨两种方式，但《土地管理法》等规范层面的划拨是相对

"有偿"使用方式的概念。根据《城市房地产管理法》第23条规定,"土地使用权划拨,是指县级以上人民政府依法批准,在土地使用者缴纳补偿、安置等费用后将该幅土地交付其使用,或者将土地使用权无偿交付给土地使用者使用的行为。依照本法规定以划拨方式取得土地使用权的,除法律、行政法规另有规定外,没有使用期限的限制。"目前我国土地使用权有偿取得方式外的方式仅指划拨方式取得土地,在项目实施方案或PPP项目协议中约定政府无偿提供土地供社会资本(项目公司)使用,违反我国土地管理方面的法律规定,实践操作中应注意规避此类法律风险,要求政府部门按照法律规定形式保障项目用地需求。

(三)市政道路PPP项目绩效考核

根据《政府和社会资本合作项目财政管理暂行办法》(财金〔2016〕92号)的规定,PPP项目绩效考核属于PPP项目协议的重要内容,合理设置PPP项目绩效考核机制,对政府和社会资本合理分担风险,提高公共产品或服务的效率或质量至关重要。市政道路类PPP项目的绩效考核指标根据项目实施情况可分为两个部分:一是建设期绩效考核;二是运营期绩效考核。

(1)建设期绩效考核,主要适用于新建、改扩建市政道路PPP项目,建设期绩效考核主要关注项目建设工期、质量、环境保护、安全生产等方面的内容,建设工期考核主要目的是确保项目建设符合规定计划,保障公共产品或服务提供的进度要求,实践中常见的做法是在PPP项目协议中设置项目建设工期要求以及建设工期延长、违约机制。项目质量绩效考核的主要目标是保证项目建设符合质量标准要求,质量绩效考核的依据是项目选择适用的法律规定和国家规范,社会资本承担保证项目最终考核合格的义务,当项目质量不符合约定,社会资本应承担维修补救的责任和义务。项目环境保护和安全生产考核主要考核项目建设过程中的环境保护措施和安全生产措施。此外,由于市政道路类PPP项目建设大部分实行政府审计,为合理压缩项目建设成本,激励社会资本节省开支,实践中通常设置建设成本绩效考核指标,即以设定的基准值为标准,当建设成本超支的,对社会资本进行惩罚,当建设成本未超支的,对社会资本进行奖励,为更好地实施建设成本考核机制,实践中通常要求社会资本承担设计或设计优化责任,构建项目工程建设变更、索赔机制,保证建设成本计价的准确性以及建设成本绩效考核的有效性。

(2)运营期绩效考核,因项目涉及合作期限内社会资本提供公共产品或服务,因此需要对社会资本提供的公共产品或服务的质量和效率进行评价,维护社会公众的利益。实际操作中,运营期考核的主要依据仍是政府签订的PPP项目协议,因此无论社会资本自己承担运营维护义务还是委托专业第三方承担运营义务,对政府而言,社会资本是提供公共产品或服务义务的责任主体,不同类型的 PPP 项目的绩效考核指标存在差异。具体到市政道路 PPP 项目领域中,运营期间主要考虑道路及其附属设施的维护效果,以安庆市外环北路工程 PPP 项目为例,运营期绩效考核指标中设置了考核道路、附属设施、安全管理、环境保护等指标,其中道路及其附属设施考核中,要求符合《城镇道路养护技术规范》(CJJ36—2006)的规定要求。对项目安全管理和突发事件处理机制的考核,要求运营效果符合《公路工程安全施工技术规程》(JTJ076—95)、《公路养护安全作业规程》(JTGH30—2004)以及《城市道路养护维修作业安全技术规程》(SZ－51—2006)等规范的内容,对环境保护的考核,要求符合《公路建设项目环境影响评价规范》(JTGB02—2006)和《公路环境保护设计规范》(JTGB04—2010)等规范的内容。具体项目操作层面,即可参照同行业或相关行业制定的国家规范、标准、规程等内容,也可结合项目实际情况设计、确定运营绩效考核指标。

(四)政府购买服务 vs PPP 模式

针对非经营性项目,实践过程中部分地方、项目出现以政府购买服务方式实施运作基础设施和公共服务项目的现象,市政道路 PPP 项目普遍无使用者付费基础,即广泛采用政府付费机制开展、实施项目,也是广泛采用政府购买服务的重要领域。除政府部门规避 PPP 模式操作程序要求外,产生上述现象的主要原因是理论、实践层面对政府购买服务与 PPP 模式的关系缺乏比较清晰的认识,为规范市政道路类 PPP 项目的操作,有必要对政府购买服务和 PPP 模式的关系进行梳理。

1. 政府购买服务和 PPP 模式的界定

政府购买服务,是指通过发挥市场机制作用,把政府直接提供的一部分公共服务事项以及政府履职所需服务事项,按照一定的方式和程序,交由具备条件的社会力量和事业单位承担,并由政府根据合同约定向其支付费用。政府购买服务的对象包括政府直接提供的一部分公共服务以及政府履职所需服务事项,结合《政府采购法实施条例》第 2 条规定,可知政府购买服务属于《政府采购法》规范体系下的政府采购服务。

规范上对 PPP 模式并无统一的概念,总结、归纳财政部、国家发展改革委等部委的 PPP 模式规范文件可知,PPP 模式是指政府为增强公共产品和服务供给能力、提高供给效率,与社会资本建立的利益共享、风险共担的长期合作关系,即 PPP 模式的概念强调政府和社会资本构建的长期合作关系。在 PPP 模式中社会资本一般承担设计、建设、运营、维护基础设施的大部分工作,其实质是政府利用竞争性方式选择的社会资本按照订立的合同代替政府提供公共服务。因此,《政府和社会资本合作项目政府采购管理办法》(财库〔2014〕215 号)将 PPP 项目采购界定为政府采购行为,应适用《政府采购法》等相关规范,结合社会资本在 PPP 模式下提供公共服务的特征,实践中也将 PPP 模式认定为《政府采购法》规范体系下的政府采购服务。

2. 政府购买服务和 PPP 模式的异同

政府购买服务和 PPP 模式均属于政府采购服务范畴,作为两种相对独立的提供公共服务模式,政府购买服务和 PPP 模式的内涵和外延存在交叉,但二者在具体操作层面存在显著差异。

(1)政府购买服务和 PPP 模式的交叉。

根据项目收益基础和收益来源的差异,一般将 PPP 项目划分为经营性项目、准经营性项目和非经营性项目,其中经营性项目采用使用者付费模式,准经营性项目采用可行性缺口补贴付费模式,非经营性项目采用政府付费模式。政府购买服务模式强调政府通过财政预算资金支付购买服务费用,由社会力量提供公共服务。

因此,使用者付费型 PPP 模式和可行性缺口补贴型 PPP 模式与政府购买服务存在显著差异。但政府购买服务和政府付费型 PPP 模式存在交叉,就理论概念而言,一般认为政府付费型 PPP 模式下的委托运营(Operations & Maintenance,O&M)、管理合同(Management Contract,MC)以及建设—移交(Build - Transfer,BT),在内涵和外延上与政府购买服务方式存在交叉,但实践中由于财政部制定的《关于进一步做好政府和社会资本合作项目示范工作的通知》(财金〔2015〕57 号)规定"政府和社会资本合作期限原则上不低于 10 年"并规定不得将 BT 项目作为 PPP 示范项目,因此采用 PPP 模式按照上述操作模式推进项目的实践存在规范层面的障碍,而政府购买服务模式不存在类似限制,实践中也普遍利用政府购买服务方式对类似项目进行具体的项目操作。

(2)政府购买服务和 PPP 模式的差异。

除使用者付费型 PPP 模式和可行性缺口补贴型 PPP 模式与政府购买服务存在本质差异外,由于实践中政府购买服务和 PPP 模式适用的规范体系不同,导致政府购买服务和 PPP 模式在具体操作程序上也存在显著差异,下面将对二者实践操作层面的差异进行论述。

①承接主体的差异。

《政府购买服务管理办法(暂行)》第 6 条规定,政府购买服务的主体包括在登记管理部门登记或经国务院批准免予登记的社会组织、按事业单位分类改革应划入公益二类或转为企业的事业单位,依法在工商管理或行业主管部门登记成立的企业、机构等社会力量。但 PPP 模式的承接主体,即社会资本形式,是指依法设立且有效存续的具有法人资格的企业,包括按照特定条件完成改革的政府融资平台公司。即政府购买服务在政策层面承担了事业单位改制的目标，相对而言，PPP 模式对承接主体的资质要求更高，主要是促进社会资本参与基础设施和公共服务项目的投资建设。

②适用范围的差异。

政府购买服务主要适用于适合采取市场化方式提供、社会力量能够承担的服务事项，即强调政府购买服务主要适用于事务性管理服务领域。在实践过程中，政府购买服务适用范围主要参考各级财政部门制定的本级政府购买服务指导性目录确定。而 PPP 模式的适用范围并无明确的限制，即主要适用于政府负有提供责任又适宜市场化运作的公共服务或基础设施类项目。因此只要是政府负有提供责任的公共服务或基础设施类项目，在满足 PPP 模式的基本特征的条件下，均可开展 PPP 项目。相对于 PPP 模式而言，政府购买服务方式只能适用于公共服务领域，适用范围相对较窄。

③操作程序的差异。

根据《政府和社会资本合作模式操作指南（试行）》（财金〔2014〕113 号）的规定，PPP 模式包括项目识别、项目准备、项目采购、项目执行和项目移交等操作程序。特别是 PPP 模式下的项目准备程序，要求政府部分按照规定编制项目实施方案，开展物有所值评价和财政承受能力论证工作，并完成项目实施方案、物有所值评价报告和财政承受能力论证的审批工作。而政府购买服务项目，在现有规范体系下，《政府购买服务管理办法（暂行）》规定政府购买服务按照方式灵活、程序简便、公开透明、竞争有序、结果评价的原则组织实施，对政府购买服务的前期准备工作要求相对简单。即 PPP 模式规范体系下，PPP 项目的前期准备工作的规范性要求更高，程序性更强。

④合作期限的差异。

政府购买服务规范体系对政府购买服务的合作期限未作明确约定，但实践中普遍认为政府购买服务方式合作期限短，合作形式灵活多变。《财政部、交通运输部关于推进交通运输领域政府购买服务的指导意见》（财建〔2016〕34 号）规定“对于采购需求具有相对固定性、延续性且价格变化幅度小的服务项目，在年度预算资金能够保障的前提下，购买主体可以签订不超过三年履行期限的政府采购合同”，也一定程度表明政府购买服务项目合作期限较短。

理论上，PPP 模式下的具体操作模式较多，不同操作模式的合作期限也差异显著，但为规范我国 PPP 模式操作，稳步推进我国 PPP 模式发展，控制地方政府债务风险，财政部通过推广 PPP 示范项目的方式，对我国 PPP 模式的最短合作期限进行规范，即财政部制定的《关于进一步做好政府和社会资本合作项目示范工作的通知》(财金〔2015〕57号)规定"政府和社会资本合作期限原则上不低于10年",为我国PPP项目合作期限规定了下限值。即我国政府购买服务项目的合作期限较短,而PPP项目的合作期限相对较长。

综上所述,PPP模式与政府购买服务的交叉主要体现在非经营性项目领域,实践中主要是市政道路类PPP项目领域。政府计划通过竞争性方式引入社会资本的,严格规范基础设施和公共服务领域社会资本的合作机制,即PPP模式操作模式相对规范,应作为市政道路选择社会资本的主要机制,而政府购买服务的机制灵活,建议尽可能严格适用政府购买服务的条件,将政府购买服务属于我国政府公共服务领域的重要组成部分,也视为PPP模式的有益补充。

第二节 城市供水PPP项目案例分析

城市供水,主要是指城市公共供水和自建设施供水,其中城市公共供水是指城市自来水供水企业以公共供水管道及其附属设施向单位和居民的生活、生产和其他各项建设提供用水,自建设施供水是指城市的用水单位以其自行建设的供水管道及其附属设施主要向本单位的生活、生产和其他各项建设提供用水。城市供水PPP项目,主要使用城市公共供水领域。城市供水与供气、供热、污水处理等作为市政工程领域的子项目,是早期根据《市政公用事业特许经营管理办法》(建设部令第126号)的规定探索、实施特许经营活动的特定领域,通过各地方政府的积极探索,城市供水领域积累了相对丰富的实践经验。

随着国家进一步推动PPP模式的应用发展,城市供水领域迎来了再次快速发展的契机。根据财政部政府和社会资本合作中心公布的PPP综合信息平台项目库数据显示,截至2015年9月底,城市供水PPP项目数为396个,占市政工程领域项目总数的10.7%,表明城市供水PPP项目在我国具备广泛推广实施的基础和前景。

为进一步规范我国城市供水PPP项目实践操作,本文拟以城市供水PPP项目实践操作案例为基础,结合城市供水PPP项目的政策、操作模式,分析阐述我国城市供水PPP项目存在的法律问题并提供相应的建议。

一、城市供水PPP项目案例简介

综合考虑选取案例的典型性、复杂性和可借鉴性,本文拟选取财政部第一批示范项目—徐州市骆马湖水源地及原水管线PPP项目作为基础案例。

徐州市骆马湖水源地及原水管线项目包括骆马湖及微山湖原水供应管线PPP

项目总投资金额约 24 亿元，其中骆马湖原水管线金额 20.8 亿元，微山湖原水管线金额 3.2 亿元。

骆马湖水源地为在建项目利用 PPP 模式转化操作实施，前期由徐州市新水国有资产经营有限责任公司负责投资建设，骆马湖水源地项目计划自新沂市骆马湖取水，沿规划 S334 省道铺设原水管线，途径新沂、邳州、经济开发区等区域；项目建设内容包括取水口、取水泵站、加压泵站、原水管线铺设等，其中原水管线总长 145.5 公里；项目设计供水规模 80 万 m^3/d，近期 40 万 m^3/d，计划 2021 年投资相关设备达到供水规模 80 万 m^3/d。根据项目初设批复，本项目工程总投资为 20.8 亿元。项目已于 2014 年 9 月开工，目前完成投资 16.5 亿元，计划 2016 年 6 月完工，2016 年 9 月投入运营。微山湖原水管线为存量项目，现状供水规模 40 万 m^3/d，由徐州首创水务有限责任公司运营。项目资产收购价值约 3.2 亿元。其具体交易结构如下图所示：

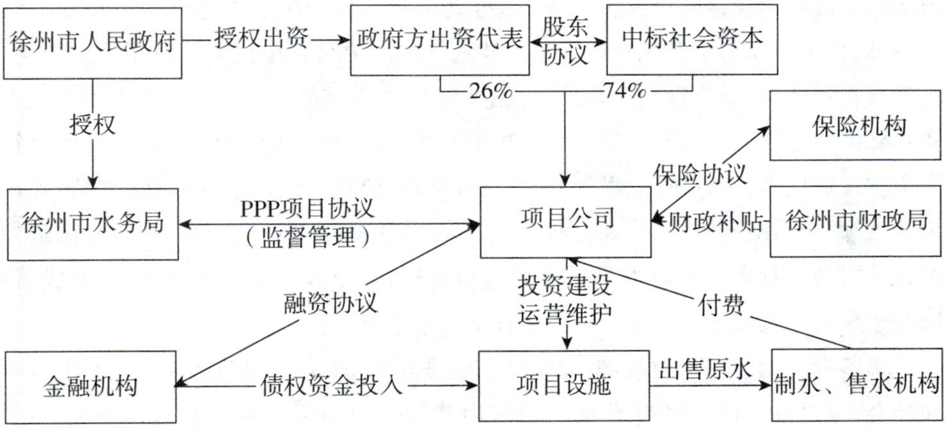

徐州市骆马湖水源地及原水管线 PPP 项目交易结构图

徐州市骆马湖水源地及原水管线 PPP 项目作为财政部第一批 PPP 示范项目，严格按照《政府和社会资本合作项目政府采购管理办法》的规定，实行资格预审并通过资格预审，正式采购阶段采用公开招标方式选择社会资本，最终确定广东粤海控股集团有限公司作为中标人，政府方出资代表徐州市新水国有资产经营有限责任公司出资 26%，广东粤海控股集团有限公司以 74% 股权中标，实质占股 49%，江苏省 PPP 融资支持基金或徐州市城建基金计划占股 25%，即广东粤海控股集团有限公司按照 74% 股权参与组建项目公司（徐州粤海水务有限责任公司），项目公司成立后平价转让 25% 股权给江苏省 PPP 融资支持基金或徐州市城建基金。

通过签订骆马湖项目资产转让协议和微山湖项目资产转让协议方式，项目公司获得微山湖项目和骆马湖项目资产，项目合作期限 30 年（含半年建设期），运营过程中徐州粤海水务有限责任公司仅负责提供原水，徐州首创水务有限责任公司作为制水、售水机构购买项目公司原水并支付相应水费，徐州市财政局对可行性缺口部分提供财政补贴，目前项目已经进入正式执行阶段。

二、城市供水 PPP 项目政策解析

城市供水 PPP 项目政策，是指国务院、国家发展改革委、财政部、住建部等部委制定出台的城市供水类 PPP 模式政策规范，因城市供水属于市政工程的二级子项目，因此关于城市供水 PPP 项目的政策规范主要以市政工程类政策规范为主，相关政策规范具体情况如下：

2014 年 11 月 16 日，国务院发布《关于创新重点领域投融资机制鼓励社会投资的指导意见》（国发〔2014〕60 号），要求推进市政基础设施投资运营市场化，首先是市政基础设施建设运营模式的改变，即推动市政基础设施建设运营事业单位向独立核算、自主经营的企业化管理转变。鼓励打破以项目为单位的分散运营模式，实行规模化经营，降低建设和运营成本，提高投资效益。其次是推动社会资本参与市政基础设施建设运营，通过特许经营、投资补助、政府购买服务等多种方式，鼓励社会资本投资城镇供水、供热、燃气、污水垃圾处理、建筑垃圾资源化利用和处理、城市综合管廊、公园配套服务、公共交通、停车设施等市政基础设施项目，政府依法选择符合要求的经营者。政府可采用委托经营或转让—经营—转让（TOT）等方式，将已经建成的市政基础设施项目转交给社会资本运营管理。

2015 年 2 月 13 日，财政部、住房城乡建设部发布《关于市政公用领域开展政府和社会资本合作项目推介工作的通知》（财建〔2015〕29 号），决定在城市供水、污水处理、垃圾处理、供热、供气、道路桥梁、公共交通基础设施、公共停车场、地下综合管廊等市政公用领域开展 PPP 项目推介工作，通知要求改变以土地使用权等抵押担保、借地方投融资平台发债等途径筹集资金建设市政公用项目的传统做法，吸引社会资本参与市政工程 PPP 项目。通知鼓励优先选择收费定价机制透明、有稳定现金流的市政公用项目，重点推进符合条件的存量项目适用 PPP 模式。示范项目推介过程中，要求明晰 PPP 项目边界，规范 PPP 项目操作流程，同时为顺利推进市政工程类 PPP 项目，通知要求提供资金政策、融资和相关配套政策的支持。

2016 年 6 月 29 日，财政部、住房城乡建设部发布《关于申报市政公用领域 PPP 推介项目的通知》（财建〔2016〕495 号），通知要求省级财政、住房和城乡建设部门负责组织本行政区域内市政公用领域 PPP 推介项目申报工作，在城市供水、污水处理、垃圾处理、供热供气、道路桥梁、公共交通基础设施、公共停车场、城市地下综合管廊、海绵城市等市政工程领域选择优质项目。

2016 年 8 月 10 日，国家发展改革委发布《关于切实做好传统基础设施领域政府和社会资本合作有关工作的通知》（发改投资〔2016〕1744 号），强调在重大市政工程领域推广应用 PPP 模式，要求政府部门在充分认识 PPP 模式的重要意义的基础上，加强项目储备，推进项目联审工作，提高 PPP 项目操作效率，构建合理投资回报机制，保障社会资本合理的收益需求，规范项目实施程序，构建多元化退出机制，切实保障社会资本的权益。

2016 年 9 月 22 日，住房城乡建设部等部门发布《关于进一步鼓励和引导民间资本进入城市供水、燃气、供热、污水和垃圾处理行业的意见》（建城〔2016〕208 号），意见明确鼓励和引导民间资本进入城市供水、燃气、供热、污水和垃圾处理等市政公用行业，鼓励民间资本以直接投资或间接投资方式参与城市供水、燃气、供热、污水和垃圾处理设施建设和运营。意见要求落实土地供应政策，完善行业用电政策和金融服务政策，推动城市供水、燃气、供热、污水和垃圾处理等市政公用行业项目的发展。

2016 年 9 月 28 日，国家发展改革委、住房城乡建设部发布《关于开展重大市政工程领域政府和社会资本合作（PPP）创新工作的通知》（发改投资〔2016〕2068 号），通知计划选择具有一定 PPP 工作基础、有较好的项目储备和发展空间的中小城市，探索中小城市的 PPP 创新工作。同时鼓励部分省份在市政领域相关行业开展 PPP 创新工作，即开发市政领域市场，打破地域垄断，完善费价机制，设置行业平均基准利润率，支持提高市政产业集中度，完善行业监管机制，形成可复制、可推广的经验模式。

三、城市供水 PPP 项目操作模式

城市供水 PPP 项目操作模式，是指政府部门在推进城市供水 PPP 项目的过程中，基于项目的实际情况选择确定的项目运作机制，参照财政部制定的 PPP 模式政策规范性文件，常见的 PPP 项目操作模式包括委托运营（Operations & Maintenance，O& M）、管理合同（Management Contract，MC）、建设—运营—移交（Build – Operate – Transfer，BOT）、建设—拥有—运营（Build – Own – Operate，BOO）、建设—拥有—运营—移交（Build – Own – Operate – Transfer，BOOT）、建设—移交—运营（Build – Transfer – Operate，BTO）、转让—运营—移交（Transfer – Operate – Transfer，TOT）、改建—运营—移交（Rehabilitate – Operate – Transfer，ROT）等。参照《基础设施和公用事业特许经营管理办法》第 5 条规定：“基础设施和公用事业特许经营可以采取以下方式：(一)在一定期限内，政府授予特许经营者投资新建或改扩建、运营基础设施和公用事业，期限届满移交政府；(二)在一定期限内，政府授予特许经营者投

资新建或改扩建、拥有并运营基础设施和公用事业,期限届满移交政府;(三)特许经营者投资新建或改扩建基础设施和公用事业并移交政府后,由政府授予其在一定期限内运营;(四)国家规定的其他方式。”市政工程开展特许经营活动的,一般采用B/ROT、B/ROOT、B/RTO以及国家确定的其他方式。进而按照项目是否具备建设内容,《传统基础设施领域实施政府和社会资本合作项目工作导则》(发改投资〔2016〕2231号)按照新建项目或存量项目进行分类推荐操作模式,其中新建项目优先采用建设—运营—移交(BOT)、建设—拥有—运营—移交(BOOT)、设计—建设—融资—运营—移交(DBFOT)、建设—拥有—运营(BOO)等方式。存量项目优先采用改建—运营—移交(ROT)方式。同时《传统基础设施领域实施政府和社会资本合作项目工作导则》(发改投资〔2016〕2231号)鼓励各地区可根据当地实际情况及项目特点,积极探索、大胆创新,灵活运用多种方式。

以徐州市骆马湖水源地及原水管线PPP项目为例,虽然确定项目操作模式为TOT模式,但项目包括骆马湖水源地在建工程项目,即涉及在建工程转化为PPP项目的操作。实践中部分城市供水项目涉及水源地水利工程设施,如水库的投资建设,即城市供水PPP项目与水利工程存在交叉,实践操作中除关注城市供水或市政工程领域PPP模式政策规范外,还应关注水利工程领域的PPP模式政策规范。以城市供水PPP项目的运营内容为基础,可知部分城市供水PPP项目包括城市供水的水质处理、城市供水销售等环节,而部分城市供水PPP项目不包括制水和售水环节,徐州市骆马湖水源地及原水管线PPP项目即不包括制水、售水环节,按照约定,项目公司将原水出售给徐州首创水务有限责任公司并获得收益。

综上所述,PPP模式政策规范仅提供PPP操作模式的典型形式,城市供水PPP项目操作模式的确定在政策上并无明确规定,实践中需结合项目实际情况予以确定。

四、城市供水PPP项目法律问题分析

城市供水PPP项目法律问题分析,是指利用PPP模式实施运作PPP项目,针对城市供水领域的特点,实践中必须予以关注和重视的法律问题。依托财政部PPP项目综合信息平台城市供水PPP项目案例检索分析结果,本节主要从城市供水PPP项目回报机制等方面进行城市供水PPP项目法律问题的分析。

(一)城市供水PPP项目回报机制

城市供水PPP项目的回报机制,是指政府和社会资本通过PPP模式构建长期合作关系,社会资本投资建设城市供水基础设施后,通过运营维护获得投资回报和

合理收益。《财政部关于规范政府和社会资本合作合同管理工作的通知》(财金〔2014〕156 号)规定,PPP 项目的回报机制主要有三种类型:政府付费、使用者付费和可行性缺口补助。其中政府付费是指政府直接付费购买公共产品和服务。在政府付费机制下,政府可以依据项目设施的可用性、产品或服务的使用量以及质量向项目公司付费。使用者付费是指由最终消费用户直接付费购买公共产品和服务。项目公司直接从最终用户处收取费用,以回收项目的建设和运营成本并获得合理收益。可行性缺口补助是指使用者付费不足以满足项目公司成本回收和合理回报时,由政府给予项目公司一定的经济补助,以弥补使用者付费之外的缺口部分。

城市供水 PPP 项目属于经营性项目,具备使用者付费基础,实践中通常由社会资本或项目公司提供供水服务并收取水费获得投资收益。关于城市供水 PPP 项目回报机制,实践中比较关注的是供水价格,根据《价格法》第 18 条的规定,重要公用事业价格一般实行政府定价或政府指导价,供水项目作为关乎国计民生的重要基础设施,实践中一般采用政府定价。但《价格法》确定的供水价格为政府定价主要是指最终向社会公众提供的供水价格,根据城市供水的环节不同,城市供水价格也存在差异,若社会资本或项目公司需直接向社会公众供水,则其供水价格应执行政府定价。若社会资本或项目不直接向社会公众供水,如徐州市骆马湖水源地及原水管线 PPP 项目,项目运营过程中仅需提供原水,因此笔者倾向于认为,理论上徐州粤海水务有限责任公司与徐州首创水务有限责任公司之间关于原水的价格不受政府定价的约束,但考虑到项目实践操作的合理性,一般原水售价应低于政府定价的供水价格。

实践中,因城市供水项目投资额较大,而城市供水实行政府定价,其价格受到限制,为保证社会资本的合理收益,一般需要政府提供财政补贴,即项目采用可行性缺口补贴回报机制。而政府提供的财政补贴数额与项目总投资、社会资本资本金回报率等因素直接相关。以徐州市骆马湖水源地及原水管线 PPP 项目为例,通过公开招标方式选择社会资本,确定社会资本资本金回报率为 6.96%,在项目总投资数额相对固定的条件下,如何确定项目的成本因素直接影响项目的财政补贴数额。即项目实施方案将项目公司水管线、土地等资产按照 50 年集体折旧,在项目 30 年特许经营期结束后,项目设施仍有残值,需政府方就残值部分提供回购或引入新的社会资本承接相关债务。关于 PPP 项目资产折旧、摊销的问题,目前仅有《财政部关于印发〈企业会计准则解释第 2 号〉的通知》(财会〔2008〕11 号)关于采用 BOT 模式的相关规定。该通知明确建造期间,项目公司对于所提供的建造服务应当按照《企业会计准则第 15 号——建造合同》确认相关的收入和费用。基础设施建成后,项目公司应当按照《企业会计准则第 14 号——收入》确认与后续经营服务相关的收入。建造合同收入应当按照收取或应收对价的公允价值计量，并分别以下情况在确认收入的同时，确认金融资产或无形资产：(1)合同规定基础设施建成后的一定期间内，项目公司可以无条件地自合同授予方收取确定金额的货币资金或其他金融资产的；或在项目公司提供经营服务的收费低于某一限定金额的情况下，合同授予方按照合同规定负责将有关差价补偿给项目公司的，应当在确认收入的同时确认金融资产，并按照《企业会计准则第 22 号——金融工具确认和计量》的规定处理。(2)合同规定项目公司在有关基础设施建成后，从事经营的一定期间内有权利向获取服务的对象收取费用，但收费金额不确定的，该权利不构成一项无条件收取现金的权利，项目公司应当在确认收入的同时确认无形资产。建造过程如发生借款利息，应当按照《企业会计准则第 17 号——借款费用》的规定处理。即 BOT 模式下，建造基础设施不作为项目公司的固定资产，应计为金融资产或无形资产。目前，关于 TOT 操作模式的会计处理并无明确规定，实践中一般参照《财政部关于印发企业会计准则解释第 2 号的通知》(财会〔2008〕11 号)的规定处理，因此徐州市骆马湖水源地及原水管线 PPP 项目约定以 50 年期限计提折旧，财政补贴层面明显降低了项目运营期限内政府的支出责任，但会计层面是否可行有待实践检验，为进一步明确 PPP 项目模式的折旧摊销处理机制，建议政策规范层面尽快制定针对 PPP 项目的规范。

(二)存量项目中的国有资产问题

存量项目中的国有资产问题，主要是指在 PPP 项目中，涉及国有资产或国有资产经营权转让的相关问题。

存量项目利用 PPP 模式进行运作的，一般均涉及国有资产或国有资产经营权的转让。为规范存量项目 PPP 模式操作，有必要按照《企业国有资产法》《企业国有资产监督管理暂行条例》的相关规定进行国有资产的认定。在确定国有资产后，涉及国有资产转让的，应进行国有资产评估，确立最低转让价格后在产权交易所进行公开转让。涉及 PPP 模式操作的，根据《政府和社会资本合作项目财政管理暂行办法》(财金〔2016〕92 号)的规定，存量 PPP 项目中涉及存量国有资产、股权转让的，应由项目实施机构会同行业主管部门和财政部门按照国有资产管理相关办法，依法进行资产评估，防止国有资产流失。因此，PPP 项目操作程序中，涉及国有资产转让和社会资本选择两个操作程序，实践中较为常见的做法是将国有资产转让和社会资本选择两个操作程序合并进行，即按照资产评估机构评估确定的国有资产价值，作为 PPP 项目社会资本选择的基础数据，由社会资本根据评估价值进行报价，最终确定社会资本的同时也实现国有资产的转让。但应予以注意的是，常见的 PPP

模式采购过程中，一般未将国有资产转让价格作为竞标因素之一，该操作模式下仅实现了国有资产的保值，而未体现国有资产的增值因素，实践操作是否恰当目前缺乏明确的规范。在城市供水领域，存量项目通过 PPP 模式转化的需求比较大，即涉及国有资产转让的问题较多，基于此建议政策层面就国有资产转让和社会资本选择程序合并的进行专门规定，明确国有资产转让和社会资本选择程序合并的具体事项，规范存量项目 PPP 模式转化的程序。

（三）城市供水 PPP 项目运营管理

城市供水 PPP 项目运营管理，主要是指供水项目运营过程中，社会资本或者项目公司按照约定提供供水服务的过程，实践中城市供水 PPP 项目运营管理包括供水服务的运营管理和项目公司层面的管理。

供水服务的运营管理，要求社会资本或项目公司按照约定提供供水服务，服务的内容主要体现在水质、水压、水量等方面要求，水质方面一般是对原水的浊度、PH 值、温度、色度等项目进行监测，保证监测频率和监测结果符合相应标准，按照要求设置测压网点和水量测量点，社会资本或项目公司必须保证供水服务 24 小时不中断连续供应，确需中断供水服务的，需按照约定程序履行通知、公告程序，因突发状况中断城市供水服务的，应严格按照应急处理机制，启动应急程序。

对需向最终客户提供供水服务的，一般由社会资本或项目公司与用户订立城市供水用水合同，除非法律另有规定，社会资本或项目公司在项目经营范围内，不得拒绝为客户提供供水服务，同时根据客户用水的性质，确定收费标准，一般城市供水可分为生活用水、行政事业用水、工业用水、经营服务用水以及特种行业用水等类型，对仅提供原水供应的项目，一般根据各种类型用水比例，测算综合服务水价。因城市供水属于政府定价项目，因此向最终用户供水的价格、类型以及调价均应符合《价格法》等相关法律规范的要求。政府方在运营过程中的主要职责是保证城市供水的质量和效率均符合 PPP 项目协议的约定及相关法律规定。

城市供水 PPP 项目运营管理过程中，在供水价格相对固定的条件下，社会资本或项目公司提供的供水水量是衡量社会资本或项目公司收益水平的重要依据之一，按照 PPP 模式风险分配基本原则，项目的需求风险一般由社会资本承担。但考虑城市供水项目中，社会资本对城市供水需求的控制力较弱，因此一般由社会资本和政府合理分担项目需求风险，以徐州市骆马湖水源地及原水管线 PPP 项目为例，项目根据实际需求设置了基准水量，其中项目运营初始年 2016 年基准水量为 42 万吨/日，2 年过渡期，即 2017 年至 2018 年保底水量仍按 42 万吨/日设置，2019 年至 2025 年按日保底水量按照 3% 的速率增加，2016 年至 2035 年按 2% 的速率增加，

2036 年至 2045 年按增长率 1% 核定。即项目充分考虑社会资本的合理收益需求，也考虑项目实际运营过程中的特性，在社会资本和政府之间合理分配需求风险，有助构建政府和社会资本之间的长期合作关系。

城市供水 PPP 项目运营管理的另一重要领域是项目公司的治理管理。为隔绝项目风险，同时考虑政府方的出资需求，便于实施项目管理，一般 PPP 项目社会资本会设立项目公司。设立项目公司由项目公司负责 PPP 项目的投资建设和运营管理。虽然项目的直接实施主体和 PPP 项目合同的签署主体是设立的项目公司，但项目的实施仍主要依赖于社会资本自身的资金和技术实力，项目公司自身或其母公司的股权结构发生变化，可能会导致不合适的主体成为 PPP 项目的投资人或实际控制人，进而影响项目的实施。基于此，为有效控制项目公司股权结构的变化，在 PPP 项目合同中一般会约定限制股权变更的条款。股权转让限制条款必须综合考虑社会资本和政府方的需求，对政府方而言，限制项目公司股权结构的变更主要目的是避免不适合的主体进入项目，导致政府采购阶段对社会资本的投融资能力、技术能力、管理能力等方面的考核失去作用，最终可能影响项目的实施和运作。对社会资本而言，通过股权转让方式可以吸引新的投资者或者实现项目退出，增加资本的灵活性和融资的可能性，快速实现其资金价值。为合理平衡政府和社会资本的需求差异，实践中常见的做法是在 PPP 项目合同中设置项目公司股权转让的锁定期，即在一定期限内，未经政府部门批准，项目公司股东不得转让项目公司股权。股权变更的锁定期需要根据项目实际情况设定，对具备建设内容的项目，一般要求锁定期至建设项目缺陷责任期届满，即项目竣工验收之日起 2 年；对不具备建设内容的项目，一般锁定期为 2 年，自 PPP 项目合同生效之日起算。

当然，股权锁定并非无例外情形的适用，实践中通常在项目贷款人为履行本项目融资项下的担保而涉及的股权结构变更，将项目公司及其母公司的股权转让给社会资本的关联公司，或政府参股的项目公司，则政府转让其在项目公司股权在不受上述股权变更限制的情形下，可以允许发生股权变更。实践中约定间接股权变更的情形较少，即约定社会资本母公司股权变更的情形较少，社会资本对类似约定的接受程度不高。

对于股权转让的限制性规定，一般体现在 PPP 项目协议、股东协议等协议中，为完善公司治理结构，在制定公司章程、股东协议的过程中，需要与 PPP 项目协议的相关约定进行衔接，必须注意股权转让的限制性规定与《公司法》规定的股东内部转让程序相衔接。此外，为实现社会资本在 PPP 项目中的退出需求，《政府和社会资本合作项目财政管理暂行办法》（财金〔2016〕92 号）明确规定："项目实施机构与项目应当根据法律法规和 PPP 项目合同约定确定项目公司资产权属。对于归属项目公司的资产及权益的所有权和收益权，经行业主管部门和财政部门同意，可以依法设置抵押、质押等担保权益，或进行结构化融资，但应及时在财政部 PPP 综合信息平台上公示。项目建设完成进入稳定运营期后，社会资本方可以通过结构性融资实现部分或全部退出，但影响公共安全及公共服务持续稳定提供的除外。”该规定为 PPP 项目社会资本的退出确定了基本原则，即不得影响公共安全及公共服务持续稳定提供，在实践中可依据该原则性规定，协商社会资本的合理退出机制。

值得注意的是，徐州市骆马湖水源地及原水管线 PPP 项目资格预审文件和采购文件中约定，代表政府方出资代表徐州市新水国有资产经营有限责任公司出资 26%，社会资本方的出资比例为 74%，其中中标社会资本的出资比例 49%，江苏省 PPP 融资支持基金或徐州市城建基金计划占股 25%。即具体操作上，广东粤海控股集团有限公司作为中标社会资本按照 74% 股权参与组建项目公司（徐州粤海水务有限责任公司），项目公司成立后，中标社会资本将其持有的项目公司的 25% 股权平价转让给江苏省 PPP 融资支持基金或徐州市城建基金。显然，在徐州市骆马湖水源地及原水管线 PPP 项目中，虽然江苏省 PPP 融资支持基金或徐州市城建基金具有政府背景，其主要目的是支持 PPP 项目投融资，而政府部门将江苏省 PPP 融资支持基金或徐州市城建基金持有项目公司的 25% 股权视为社会资本方，确定江苏省 PPP 融资支持基金或徐州市城建基金作为社会资本方参与项目，则操作程序上存在瑕疵。因为根据《政府采购法》和《政府和社会资本合作项目政府采购管理办法》等相关规定，社会资本的选择必须通过竞争性程序确定，在本项目中，需按照公开招标方式确定。但徐州市骆马湖水源地及原水管线 PPP 项目在确定中标社会资本前，已经确定江苏省 PPP 融资支持基金或徐州市城建基金参与组建项目公司，不符合法律关于社会资本选择的规定。而且引入的江苏省 PPP 融资支持基金或徐州市城建基金有盈利需求和退出需求，可能直接影响中标社会资本的收益，导致与江苏省 PPP 融资支持基金或徐州市城建基金支持 PPP 项目投融资的目的相违背。因此，实践中关于 PPP 项目融资支持资金的定位以及如何规范引入 PPP 项目融资支持基金是 PPP 项目实践操作过程中必须考虑的问题，PPP 项目融资资金的介入，应在坚持合法合规的条件下，最大限度地发挥其支持 PPP 项目投融资的作用。

第三节　城市供热 PPP 项目案例分析

城市供热，是指在城市规划区及其他实行城市化管理的区域内，利用燃煤、燃油、燃气锅炉以及地热、工业余热和电力为热源进行的集中供热、分散供热以及供热配套设施管理等活动。城市集中供热作为收益相对稳定、需求风险较小的项目，是我国早期探索以社会资本实施特许经营活动的领域之一，自《市政公用事业特许经营管理办法》（建设部令第 126 号）颁布实施以来，各级政府据此制定市政公用事业特许经营管理规范，有效促进我国供热特许经营领域的应用发展。

近年来，我国政府大力推动 PPP 模式在基础设施和公共服务领域的推广应用，城市供热作为传统特许经营领域，也顺应政策环境迎来进一步发展。根据财政部政府和社会资本合作中心公布的 PPP 综合信息平台项目库数据显示，城市供热 PPP 项目作为市政工程领域的二级子项目，在我国供热区域受限的条件下，项目库中共计 230 个城市供热 PPP 项目，进一步表明我国城市供热 PPP 项目应用广泛。

为分析阐述我国城市供热 PPP 项目的操作程序和注意事项，以城市供热 PPP 项目实践操作案例为依据，对城市供热 PPP 项目的政策、操作模式以及实践操作中存在的法律问题进行分析阐述。

一、城市供热 PPP 项目案例简介

综合考虑选取案例的典型性、复杂性等因素，本节选取哈巴河县城集中供热 PPP 项目作为城市供热 PPP 项目的实践操作案例。哈巴河县城属于严寒 Ⅰ 类 C 区地区，现有两座供热锅炉厂房，分别由哈巴河县城南热力有限责任公司和哈巴河县城北热力有限责任公司负责运营维护。随着哈巴河县当地经济的发展，哈巴河县供热系统已无法满足当地供热需求，虽然现有供热设施由民营企业负责运营，但为满足哈巴河县城供热需求，哈巴河县政府需通过提供财政补贴形式帮助供热运营主体投资购买设备、管网，但政府提供的财政补贴并未明确改善哈巴河县城供热的质量和效率。而且现有锅炉厂房位于哈巴河县城中心，供热导致的环境污染较重，且锅炉设备老旧，热负荷的富裕度不高，严重影响哈巴河县城供热的稳定。

为解决哈巴河县城供热面临的困难，哈巴河县人民政府决定以 PPP 模式引入社会资本，在现有供热设施的基础上，另行选址投资建设热源厂，购置锅炉设备，由社会资本负责哈巴河县城集中供热设施的运营维护。哈巴河政府授权哈巴河县国有资产投资经营有限公司作为政府方出资代表，政府方出资代表以收购现有供热设施资产作为出资，与中标社会资本共同组建项目公司，保证项目公司能够整体运营维护哈巴河县城集中供热基础设施，即哈巴河县城集中 PPP 项目中既有存量供热设施的利用，又有新建供热设施，属于供热设施改扩建项目，其交易结构如下图所示：

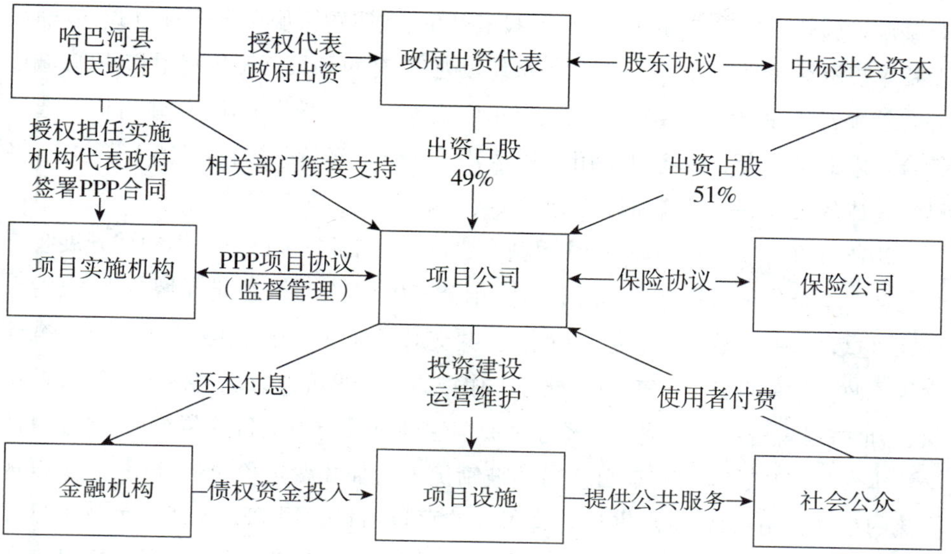

哈巴河集中供热项目参照《财政部、住房城乡建设部关于市政公用领域开展政府和社会资本合作项目推介工作的通知》（财建〔2015〕29 号）的规定，实行厂网一体化运作方式，即由政府方出资代表收购哈巴河县城集中供热管网设备设施，并以出资方式与社会资本共同组建项目公司，保证项目公司对供热设施的整体控制能力。为保障项目的竞争性，了解潜在社会资本的需求，哈巴河县城集中供热 PPP 项目按照《政府和社会资本合作项目政府采购管理办法》的规定实行资格预审，资格预审采用合格制，最终通过资格预审的社会资本超过 3 家。在正式采购阶段，考虑到供热 PPP 项目在我国相对成熟，边界条件、经济技术参数相对明确，市场竞争相对充分，哈巴河县城集中供热 PPP 项目采用公开招标方式选择社会资本，最终选定社会资本。目前项目公司已组建完毕，项目进入执行阶段。

二、城市供热 PPP 项目政策解析

城市供热 PPP 项目政策，是指国务院、国家发展改革委、财政部、住建部等部委制定出台的城市供热类 PPP 模式政策规范。因城市供热属于市政工程的二级子项目，因此关于城市供热 PPP 项目的政策规范主要以市政工程类政策规范为主，相关政策规范具体情况如下：

2014 年 11 月 16 日，国务院发布《关于创新重点领域投融资机制鼓励社会投资的指导意见》（国发〔2014〕60 号），要求推进市政基础设施投资运营市场化，首先是市政基础设施建设运营模式的改变，即推动市政基础设施建设运营事业单位向独立核算、自主经营的企业化管理转变，鼓励打破以项目为单位的分散运营模式，实行规模化经营，降低建设和运营成本，提高投资效益。其次是推动社会资本参与市

政基础设施建设运营，通过特许经营、投资补助、政府购买服务等多种方式，鼓励社会资本投资城镇供水、供热、燃气、污水垃圾处理、建筑垃圾资源化利用和处理、城市综合管廊、公园配套服务、公共交通、停车设施等市政基础设施项目，政府依法选择符合要求的经营者。政府可采用委托经营或转让—经营—转让（TOT）等方式，将已经建成的市政基础设施项目转交给社会资本运营管理。

2015 年 2 月 13 日，财政部、住房城乡建设部发布《关于市政公用领域开展政府和社会资本合作项目推介工作的通知》（财建〔2015〕29 号），决定在城市供水、污水处理、垃圾处理、供热、供气、道路桥梁、公共交通基础设施、公共停车场、地下综合管廊等市政公用领域开展 PPP 项目推介工作。通知要求改变以土地使用权等抵押担保、借地方投融资平台发债等途径筹集资金建设市政公用项目的传统做法，吸引社会资本参与市政工程 PPP 项目。通知鼓励优先选择收费定价机制透明、有稳定现金流的市政公用项目，重点推进符合条件的存量项目适用 PPP 模式。示范项目推介过程中，要求明晰 PPP 项目边界，规范 PPP 项目操作流程，同时为顺利推进市政工程类 PPP 项目，通知要求提供资金政策、融资和相关配套政策的支持。

2016 年 6 月 29 日，财政部、住房城乡建设部发布《关于申报市政公用领域 PPP 推介项目的通知》（财建〔2016〕495 号），要求省级财政、住房和城乡建设部门负责组织本行政区域内市政公用领域 PPP 推介项目申报工作，在城市供水、污水处理、垃圾处理、供热供气、道路桥梁、公共交通基础设施、公共停车场、城市地下综合管廊、海绵城市等市政工程领域选择优质项目。

2016 年 8 月 10 日，国家发展改革委发布《关于切实做好传统基础设施领域政府和社会资本合作有关工作的通知》（发改投资〔2016〕1744 号），强调在重大市政工程领域推广应用 PPP 模式，要求政府部门在充分认识 PPP 模式的重要意义的基础上，加强项目储备，推进项目联审工作，提高 PPP 项目操作效率，构建合理投资回报机制，保障社会资本合理的收益需求，规范项目实施程序，构建多元化退出机制，切实保障社会资本的权益。

2016 年 9 月 22 日，住房城乡建设部等部门发布《关于进一步鼓励和引导民间资本进入城市供水、燃气、供热、污水和垃圾处理行业的意见》（建城〔2016〕208 号），明确鼓励和引导民间资本进入城市供水、燃气、供热、污水和垃圾处理等市政公用行业，鼓励民间资本以直接投资或间接投资方式参与城市供水、燃气、供热、污水和垃圾处理设施的建设和运营。意见要求落实土地供应政策，完善行业用电政策和金融服务政策，推动城市供水、燃气、供热、污水和垃圾处理等市政公用行业项目的发展。

2016 年 9 月 28 日，国家发展改革委、住房城乡建设部发布《关于开展重大市政工程领域政府和社会资本合作(PPP)创新工作的通知》(发改投资〔2016〕2068 号),计划选择具有一定 PPP 工作基础、有较好的项目储备和发展空间的中小城市,探索中小城市的 PPP 创新工作。同时鼓励部分省份在市政领域相关行业开展 PPP 创新工作,即开发市政领域市场,打破地域垄断,完善费价机制,设置行业平均基准利润率,支持提高市政产业集中度,完善行业监管机制,形成可复制、可推广的经验模式。

三、城市供热 PPP 项目操作模式

城市供热 PPP 项目操作模式,是指政府部门在推进城市供热 PPP 项目的过程中,基于项目的实际情况选择确定的项目运作机制。参照财政部制定的 PPP 模式政策规范性文件,常见的 PPP 项目操作模式包括委托运营(Operations & Maintenance,O& M)、管理合同(Management Contract,MC)、建设—运营—移交(Build - Operate - Transfer,BOT)、建设—拥有—运营(Build - Own - Operate,BOO)、建设—拥有—运营—移交(Build - Own - Operate - Transfer,BOOT)、建设—移交—运营(Build - Transfer - Operate,BTO)、转让—运营—移交(Transfer - Operate - Transfer,TOT)、改建—运营—移交(Rehabilitate - Operate - Transfer,ROT)等。参照《基础设施和公用事业特许经营管理办法》第 5 条规定:"基础设施和公用事业特许经营可以采取以下方式:(一)在一定期限内,政府授予特许经营者投资新建或改扩建、运营基础设施和公用事业,期限届满移交政府;(二)在一定期限内,政府授予特许经营者投资新建或改扩建、拥有并运营基础设施和公用事业,期限届满移交政府;(三)特许经营者投资新建或改扩建基础设施和公用事业并移交政府后,由政府授予其在一定期限内运营;(四)国家规定的其他方式。"即市政工程开展特许经营活动的,一般采用 B/ROT、B/ROOT、B/RTO 以及国家确定的其他方式。进而按照项目是否具备建设内容,《传统基础设施领域实施政府和社会资本合作项目工作导则》(发改投资〔2016〕2231 号)按照新建项目或存量项目进行分类推荐操作模式,其中新建项目优先采用建设—运营—移交(BOT)、建设—拥有—运营—移交(BOOT)、设计—建设—融资—运营—移交(DBFOT)、建设—拥有—运营(BOO)等方式,存量项目优先采用改建—运营—移交(ROT)方式。同时《传统基础设施领域实施政府和社会资本合作项目工作导则》(发改投资〔2016〕2231 号)鼓励各地区可根据当地实际情况及项目特点,积极探索、大胆创新,灵活运用多种方式。

综上所述,城市供热 PPP 项目操作模式的选择与确定,政策规范上并无明确规定,需结合项目实际情况予以确定。以哈巴河县城集中供热 PPP 项目为例,考虑到项目土地使用权以划拨方式取得,存量供热设施由政府方出资代表作为注册资本

注入项目公司,即在项目合作期限范围,项目公司拥有集中供热设备、设施的所有权,确定哈巴河县城集中供热 PPP 项目采用 BOOT 操作模式。当然,考虑到哈巴河县城集中 PPP 项目既有存量项目,也有新建项目,其操作模式也可认定为 ROOT 模式。

此外,为推进大气污染防治,提高能源利用效率,促进热电产业健康发展,解决我国北方地区冬季供暖期空气污染严重、区域性用电用热矛盾突出等问题,在实施条件具备的区域,国家鼓励推行实施热电联产操作模式。热电联产包括工业热电联产项目和采暖型热电联产项目,因哈巴河县城不具备实施热电联产的条件,故未采用热电联产模式。实践中,城市供热项目若政府决定采用 PPP 模式操作的,对具备热电联产条件的区域,鼓励引入社会资本按照热电联产操作模式进行运作。

四、城市供热 PPP 项目法律问题分析

城市供热 PPP 项目法律问题分析,是指利用 PPP 模式实施运作 PPP 项目,针对城市供热领域的特点,实践中必须予以关注和重视的法律问题。依托财政部 PPP 项目综合信息平台城市供热 PPP 项目案例检索分析结果,本节主要从城市供热 PPP 项目回报机制、城市供热 PPP 项目土地使用权等方面进行城市供热 PPP 项目的法律问题分析。

(一)城市供热 PPP 项目回报机制

城市供热 PPP 项目的回报机制是指,政府和社会资本通过 PPP 模式构建长期合作关系,社会资本投资建设城市供热基础设施后,通过运营维护获得投资回报和合理收益。《财政部关于规范政府和社会资本合作合同管理工作的通知》(财金〔2014〕156 号)规定,PPP 项目的回报机制主要有三种类型:政府付费、使用者付费和可行性缺口补助。其中政府付费是指政府直接付费购买公共产品和服务。在政府付费机制下,政府可以依据项目设施的可用性、产品或服务的使用量以及质量向项目公司付费。使用者付费是指由最终消费用户直接付费购买公共产品和服务。项目公司直接从最终用户处收取费用,以回收项目的建设和运营成本并获得合理收益。可行性缺口补助是指使用者付费不足以满足项目公司成本回收和合理回报时,由政府给予项目公司一定的经济补助,以弥补使用者付费之外的缺口部分。

城市供热 PPP 项目属于经营性项目,具备使用者付费基础,实践中通常由社会资本或项目公司提供供热服务并收取供热服务费获得投资收益。关于城市供热 PPP 项目回报机制,实践中比较关注的是供热服务的价格,根据《价格法》第 18 条的规定,重要公用事业价格一般实行政府定价或政府指导价,供热项目作为关乎国计

民生的重要基础设施,实践中一般采用政府定价。即城市供热 PPP 项目中,社会资本或项目公司无供热服务价格的决定权。供热服务价格的制定或调整均应符合政府定价项目的要求。以哈巴河县城集中供热 PPP 项目为例,供热价格实行政府定价,政策规范依据是阿地计价格〔2006〕29 号文件,标准为 25.5 元/m^2。供热服务价格单价主要有两种形式:一是面积单价;二是用热量单价。实践中,普遍采用面积单价形式,为进一步体现价格与使用量的价格之际,精确衡量供热服务的质量和效率,国家正逐步推荐采用用热量单价形式。

实践中大部分供热项目采用燃煤作为主要能源,因此煤炭价格直接影响项目的供热成本。为确保热力企业正常生产经营和城乡居民冬季供热采暖需求,《国家发展和改革委员会、建设部关于印发建立煤热价格联动机制的指导意见的通知》(发改价格〔2005〕2200 号)建立了煤热价格联动机制。对供热服务的热力出厂价,指导意见明确独立的热源生产企业热力出厂价格由省级价格主管部门或经授权的市、县人民政府根据热源生产企业经济寿命周期,按照合理补偿成本、合理确定收益,并维护消费者利益的原则核定。运营过程中实行热力出厂价格与煤炭价格联动,当煤炭到厂价格变化超过 10% 后,相应调整热力出厂价格。为促进热源企业降低成本,提高效率,体现风险分担机制,热源生产企业要消化 10% ~30% 的煤价上涨因素,具体消化比例由各省级价格主管部门根据本地区具体情况确定。当煤价下降时,按热源生产企业消化上涨因素的同等比例核减热价下调幅度。热力出厂价格调整后,按照热力管网输送价格保持相对稳定的原则,相应调整热力输送企业对用户的热力销售价格,即供热服务价格。其中上调居民采暖用热价格应依法召开听证会,并对低收入居民采暖采取适当的保障措施。煤热价格联动以不少于一年为一个联动周期,若周期内煤价变化达到或超过 10% 后,相应调整热价;若本周期内煤价变动未达到 10%,则下一周期累计计算,直到累计变化幅度达到或超过 10%,进行热价调整。以哈巴河县城集中供热 PPP 项目为例,项目运营期内的调价机制主要参照煤热价格联动机制进行制定,将煤炭价格作为供热服务价格调整的重要因素。

此外,大部分城市供热 PPP 项目收取的城市供热服务费无法满足社会资本的合理收益需求,需要政府提供财政补贴,即项目实行可行性缺口补助回报机制。实际操作中,可根据项目实际情况,设置合理的竞争指标,如运营收入、运营成本、合理收益需求等,确定政府提供可行性缺口补助的范围和标准。

(二)城市供热 PPP 项目土地使用权

国有土地使用权的取得方式,根据《土地管理法》第 54 条的规定,包括有偿使用方式和划拨方式。划拨方式是指针对特定项目用地，经县级以上政府依法批准，依据《土地管理法实施条例》第 22 条规定，可由市、县人民政府土地行政主管部门向土地使用者核发国有土地划拨决定书，确定 PPP 项目的“用地者”。土地使用权有偿使用方式，根据《土地管理法实施条例》第 29 条规定，包括：(1) 国有土地使用权出让；(2) 国有土地租赁；(3) 国有土地使用权作价出资或者入股。其中国有土地使用权出让方式，参照《城镇国有土地使用权出让和转让暂行条例》第 13 条和《招标拍卖挂牌出让国有建设用地使用权规定》的规定，包括：(1) 协议；(2) 招标；(3) 拍卖；(4) 挂牌。

参照《土地管理法》第 54 条及《城市房地产管理法》第 24 条的规定，城市基础设施和公益事业用地可采用划拨方式提供土地使用权。根据《划拨用地目录》的规定，城市基础设施包括供热设施用地，因此城市供热 PPP 项目可采用划拨方式提供土地。但应予以注意的是，《节约集约利用土地规定》规定扩大国有土地有偿使用范围，减少非公益性用地划拨，即除军事、保障性住房和涉及国家安全和公共秩序的特殊用地可以以划拨方式供应外，国家机关办公和交通、能源、水利等基础设施（产业）、城市基础设施以及各类社会事业用地中的经营性用地，实行有偿使用。因此时间操作的关键是如何认定“经营性用地”，除《招标拍卖挂牌出让国有建设用地使用权规定》第 4 条通过列举方式明确的“工业、商业、旅游、娱乐和商品住宅”经营性用地外，是否包括其他经营性用地法律规范层面并无明确规定。就城市供热 PPP 项目而言，虽然社会资本或项目公司具备合理收益需求，但提供供热服务实行政府定价，即其价格的核心是“成本 + 合理收益”，与《招标拍卖挂牌出让国有建设用地使用权规定》列举确定的五种经营性用地不具备可比性，即使在国家限制划拨土地使用权取得方式的政策背景下，城市供热 PPP 项目采用划拨方式提供土地使用权也不存在法律障碍。

若以出让方式提供项目土地使用权的，根据前述规定可知，出让方式包括：(1) 协议；(2) 招标；(3) 拍卖；(4) 挂牌。根据《协议出让国有土地使用权规定》的规定，协议取得土地使用权是招标、拍卖或者挂牌出让土地的补充方式，适用范围有限。实践中通常采用招标、拍卖或挂牌方式。划拨方式可以直接确定土地使用权的取得主体，保障社会资本或项目公司的土地使用需求。但招标、拍卖或挂牌方式取得项目土地使用权强调项目竞争，社会资本需通过竞争性程序获取土地使用权，而 PPP 项目社会资本选择程序和 PPP 项目范围内土地使用权的有偿使用程序的割裂，可能导致 PPP 项目社会资本无法顺利取得土地使用权，影响项目的实施进度，或者因确定 PPP 项目社会资本程序在前，导致 PPP 项目范围内土地使用权有偿使用程序沦为形式，无法实现国有土地使用权有偿使用程序的竞争性目的。

为解决PPP项目社会资本选择程序和PPP项目范围内土地使用权的有偿使用程序的割裂问题，国土资源部办公厅制定、印发《产业用地实施工作指引》（国土资厅发〔2016〕38号），规定“采用政府和社会资本合作方式实施项目建设时，相关用地需有偿使用的”，可将通过竞争方式确定项目投资主体和用地者的环节合并实施，但PPP项目的采购主体是项目实施机构，而土地使用权有偿使用的实施主体是土地行政管理部门。同时，PPP项目采购方式的程序设置与土地有偿使用程序设置不一致，工作指引并未对“合并实施”作进一步阐述说明，基于工作指引规定“合并实施”的规范目的。笔者认为“合并实施”的趋势是将土地使用权取得作为PPP项目社会资本选择采购程序中的评价因素之一，由潜在社会资本对项目土地使用权进行报价。如有必要，可要求潜在社会资本对土地使用权实施、利用方案进行论述，最终根据评标结果确定项目中标人，对土地使用权有偿使用部分的中标内容，根据《工作指引》的规定，由市、县国土资源主管部门依法独立履行编制供地方案，签订供应合同和实施用地供后监管等法定职责。

此外，PPP项目实践过程中，部分城市供热PPP项目中约定“由政府方将土地无偿提供给社会资本（项目公司）使用”，但此约定存在法律风险，根据前述内容可知，虽然我国土地使用权的取得包括有偿和划拨两种方式，但《土地管理法》等规范层面的划拨是相对“有偿”使用方式的概念，根据《城市房地产管理法》第23条规定：“土地使用权划拨，是指县级以上人民政府依法批准，在土地使用者缴纳补偿、安置等费用后将该幅土地交付其使用，或者将土地使用权无偿交付给土地使用者使用的行为。依照本法规定以划拨方式取得土地使用权的，除法律、行政法规另有规定外，没有使用期限的限制。”目前，我国土地使用权“无偿”取得仅指划拨方式取得土地，在项目实施方案或PPP项目协议中约定政府无偿提供土地供社会资本（项目公司）使用，违反我国土地管理方面的法律规定，实际操作中应注意规避此类法律风险，要求政府部门按照法律规定形式保障项目用地需求。

（三）城市供热PPP项目运营管理

城市供热PPP项目的供热运营管理，主要是指项目合作期限内社会资本或项目公司提供供热服务以及供热设施运营维护管理。

城市供热PPP项目提供供热服务，供热服务的质量和效率主要考核指标是供热温度，即获得供热服务的室内温度。以哈巴河县城集中供热PPP项目为例，《哈巴河县集中供热管理暂行办法》（哈政办发〔2013〕23号）规定供暖期室内温度最低不得少于18℃，若室内温度连续24小时低于18℃，则用户可拒绝缴纳相应的供热服务费。同时社会资本或项目公司提供供热服务需保障供暖天数，不同地区因环境差异，规定的采暖天数不同。实践中，城市供热 PPP 项目应确保提供供热服务周期符合当地供热需求。此外，城市供热关乎国计民生，广泛影响社会公众利益，因此城市供热 PPP 项目十分重视供热安全，通常要求社会资本或项目公司建立应急处理机制，保障项目应对供热事故的能力。

城市供热 PPP 项目运营过程中的供热设施运营维护管理，主要是指社会资本或项目公司对供热热源、供热管网的运营维护，通常包括项目的日常维护和年度维护。为保障城市供热需求，项目年度维护通常要求在非供暖期间内完成，其年度维护计划通常需经政府部门同意后方可实施，保障政府部门对项目设施维护的知情权并合理评估供热设施维护对供热安全的影响。

实践中，通常需要注意供热设施的界面划分，特别是供热管网设施的界面划分，以哈巴河县城集中供热 PPP 项目为例，《哈巴河县集中供热管理暂行办法》（哈政办发〔2013〕23 号）明确规定供热经营企业主要负责集中供热的主线、支线管网的投资建设和运营维护。供热经营企业与供热用户的界面划分标准为采暖需求设施室外 1.5m，即供热经营企业负责将供热主线、支线管网接至采暖需求设施室外 1.5m 处，若采暖用户室内发生故障，供热经营企业经提供一定程度的技术指导，不承担相关设备设施的维护保养。对于新建楼房等采暖需求设施，供热经营企业可以参与竣工验收，不符合供热验收需求的，供热经营企业可拒绝将供热设施主线、支线管网接入。通过制度形式明确划分了供热企业经营者与供热用户之间的界面，便于实践过程中明确各方的权利义务。

此外，城市供热 PPP 项目所确定的供热面积在实践运营过程中呈逐步增长态势，一般增长速率为 5%/年。关于供热设备、设施的投资建设，政府部门在制定供热专项规划时，通常会设定特定区域内的供热近期规划和远期规划。通常近期规划为 5 ~ 10 年，而《财政部关于进一步做好政府和社会资本合作项目示范工作的通知》（财金〔2015〕57 号）规定 PPP 项目合作期限原则上不低于 10 年，因此城市供热 PPP 项目合作期限通常较城市供热近期规划长，而确定城市供热 PPP 项目的投资建设范围通常以城市供热近期规划为准。随着城市供热面积的增加，城市供热 PPP 项目面临供热富裕度降低、供热能力不足的问题，需要进行城市供热设备、设施的扩建。部分城市供热 PPP 项目在项目实施方案、PPP 项目协议中约定由近期供热设施的中标社会资本直接负责远期供热规划范围内的供热设施的投资建设和运营维护，此种类型的约定存在法律风险。主要理由是根据《政府采购法》《政府和社会资本合作项目政府采购管理办法》等规定，PPP 项目社会资本的选择需通过政府采购程序进行，选择社会资本的政府采购方式包括公开招标、邀请招标、竞争性谈判、竞争性磋商和单一来源采购。在前述采购方式中，只有适用单一来源采购方式能够确定近期规划范围的城市供热 PPP 项目社会资本参与远期供热规划范围内的项目。《政府采购法》第 31 条规定:“符合下列情形之一的货物或者服务,可以依照本法采用单一来源方式采购:(一)只能从唯一供应商处采购的;(二)发生了不可预见的紧急情况不能从其他供应商处采购的;(三)必须保证原有采购项目一致性或者服务配套的要求,需要继续从原供应商处添购,且添购资金总额不超过原合同采购金额百分之十的。”在城市供热 PPP 项目中,唯一确定直接选择近期规划供热设施的社会资本作为远期供热规划的社会资本的理由是必须保障近期供热规划和远期供热规划范围内的供热设施的一致性和供热配套服务需求,但《政府采购法》限制适用单一来源采购方式的合同金额,即添购资金总额不超过原合同采购金额百分之十,导致远期供热规划项目设施选择社会资本适用单一来源采购方式存在法律障碍。

根据前述分析可知,目前制度层面无法保障社会资本整体运营城市供热规划近期和远期规划供热设施,不利于集中供热的整合。而 PPP 项目实践过程中,基础设施和公共服务分期、分阶段实施相对普遍,基础设施和公共服务一般具有整体运营维护的需求,如何在制度层面保障基础设施分期、分阶段实施的主体的统一性,是未来 PPP 模式制度规范设计需重点关注的问题之一。

第四节　地下综合管廊 PPP 项目案例分析

地下综合管廊,又称“共同沟”,即在城市地下建设一个隧道空间,将水、电、气、热、通信等各类市政管线有机综合集约化地铺设在同一条隧道内,并进行集中管理的大型综合性市政基础设施。

2013 年 9 月,国务院出台《关于加强城市基础设施建设的意见》(国发〔2013〕36 号),明确了加大城市管网建设和改造力度的目标,并逐步开展城市地下综合管廊试点工作。此后,国务院及各部委多次出台政策推进地下综合管廊建设,并强调应优先考虑引入社会资本,即采取 PPP 模式建设地下综合管廊。2015 年 4 月,财政部、住房城乡建设部公布了 10 个地下综合管廊试点城市,并对于采取 PPP 模式建设的管廊项目,给予额外资金奖励。同年 8 月,国务院办公厅印发《关于推进城市地下综合管廊建设的指导意见》(国办发〔2015〕61 号),部署推进城市地下综合管廊建设工作,到 2020 年计划建成一批具有国际先进水平的地下综合管廊并投入运营。

与发达国家和地区相比,我国地下综合管廊建设起步晚,相关的法律法规仍不健全,当前主要依靠政府出台相关政策与规范推动地下综合管廊的建设。因此,本节通过当前有关地下综合管廊政策规定的梳理，重点对地下综合管廊 PPP 项目实务操作中涉及的政府采购方式、项目运作方式、管廊使用费的定价及调价机制等进行分析，以期有效指导我国地下综合管廊 PPP 项目的建设工作。

一、地下综合管廊 PPP 项目案例简介

哈尔滨市按照统一规划、统筹组织、形成规模、构建网络的原则，结合地铁建设、老旧管网改造、新区发展规划，初步确定了红旗大街区域、哈南工业新城区域、临空经济区域 12 条 25 公里综合管廊建设项目，其中主城区建设 13 公里、新城区建设 12 公里。

哈尔滨市地下综合管廊建设工程项目于 2015 年 7 月发布招标公告，以公开招投标方式选定社会资本，采取“投、建设和运营维护资一体化 + 入廊单位付费 + 政府补贴”的运作方式，计划合作期 27 年，包括建设期和运营期，其中建设期不超过 2 年，运营期为 25 年。本项目回报机制为项目合作期限内，项目公司根据市政府及价格主管部门出台的收费政策对入廊单位使用地下综合管廊进行收费，包括入廊费和管廊运行维护费收入。政府按照设施使用的绩效考核情况分期支付财政补贴，合作期满后项目设施无偿移交给政府指定机构。

本项目于 2015 年 10 月 8 日发布中标公告，确定一标段由北京城建亚泰建设集团有限公司、嘉兴兴晟管廊投资合伙企业（有限合伙）、黑龙江宇辉新型建筑材料有限公司组成的联合体中标，中标金额为 25 年总补贴的累计折现值为人民币 801,814,841.51 元；二标段由哈尔滨圣明节能技术有限责任公司、哈尔滨市公路工程有限责任公司组成的联合体中标，中标金额为 25 年总补贴的累计折现值为人民币 392,993,481.20 元。

哈尔滨市地下综合管廊项目是财政部公布的政府与社会资本合作示范项目，项目目前已顺利完成社会资本采购，进入项目执行阶段。2017 年，哈尔滨市将再完成地下综合管廊建设 11.42 公里。现有主城区管廊建设年内全部完成投入运营使用，新城区管廊将结合道路工程同步组织实施。哈尔滨市地下综合管廊项目是我国近期成功落地实施的地下综合管廊 PPP 项目，在地下综合管廊 PPP 项目实践操作领域具有典型意义，下面将以哈尔滨市地下综合管廊项目案例为基础，对我国地下综合管廊 PPP 项目实践操作进行简要分析。

二、地下综合管廊 PPP 项目政策解析

综合管廊一次性建设成本高，旧城区改造代价较大，统一管理难度大，关于综合管廊建设的政策、法律不健全。相较其他国家，我国地下综合管廊发展滞后。自

2013 年国发〔2013〕36 号文开始，中央政府大力支持地下综合管廊的建设，国务院及各部门相继出台一系列政策，推动国内地下综合管廊的投资建设。

（一）中央政策法规及解读

2013 年 9 月，国务院出台《国务院关于加强城市基础设施建设的意见》（国发〔2013〕36 号），该意见提出城市基础设施建设的整体规划，意见中指出：开展城市地下综合管廊试点，用 3 年左右时间，在全国 36 个大中城市全面启动地下综合管廊试点工程；中小城市因地制宜建设一批综合管廊项目。新建道路、城市新区和各类园区地下管网应按照综合管廊模式进行开发建设。

2014 年 6 月，国务院办公厅出台《国务院办公厅关于加强城市地下管线建设管理的指导意见》（国办发〔2014〕27 号），为城市地下管线建设整体规划提出目标。该意见要求：2015 年年底前完成城市地下管线普查，建立综合管理信息系统，编制完成地下管线综合规划。力争用 5 年时间，完成城市地下老旧管网改造，将管网漏失率控制在国家标准以内，显著降低管网事故率，避免重大事故发生。用 10 年左右时间，建成较为完善的城市地下管线体系，使地下管线建设管理水平能够适应经济社会发展需要，应急防灾能力大幅提升。

在财政与金融支持方面，该意见指出：中央继续通过现有渠道予以支持。地方政府和管线单位要落实资金，加快城市地下管网建设改造。要加快城市建设投融资体制改革，分清政府与企业边界，确需政府举债的，应通过发行政府一般债券或专项债券融资。开展城市基础设施和综合管廊建设等政府和社会资本合作机制（PPP）试点。以政府和社会资本合作方式参与城市基础设施和综合管廊建设的企业，可以探索通过发行企业债券、中期票据、项目收益债券等市场化方式融资。积极推进政府购买服务，完善特许经营制度，研究探索政府购买服务协议、特许经营权、收费权等作为银行质押品的政策，鼓励社会资本参与城市基础设施投资和运营。支持银行业金融机构在有效控制风险的基础上，加大信贷投放力度，支持城市基础设施建设。鼓励外资和民营资本发起设立以投资城市基础设施为主的产业投资基金。各级政府部门要优化地下管线建设改造相关行政许可手续办理流程，提高办理效率。

2015 年 8 月，国务院办公厅出台《关于推进城市地下综合管廊建设的指导意见》（国办发〔2015〕61 号），为地下综合管廊建设整体规划提出目标。该意见要求：到 2020 年，建成一批具有国际先进水平的地下综合管廊并投入运营，反复开挖地面的“马路拉链”问题明显改善，管线安全水平和防灾抗灾能力明显提升，逐步消除主要街道蜘蛛网式架空线，城市地面景观明显好转。

在实施主体方面，该意见鼓励由企业投资建设和运营管理地下综合管廊。创新投融资模式，推广运用政府和社会资本合作（PPP）模式，通过特许经营、投资补贴、贷款贴息等形式，鼓励社会资本组建项目公司参与城市地下综合管廊建设和运营管理，优化合同管理，确保项目合理稳定回报。优先鼓励入廊管线单位共同组建或与社会资本合作组建股份制公司，或在城市人民政府指导下组成地下综合管廊业主委员会，公开招标选择建设和运营管理单位。积极培育大型专业化地下综合管廊建设和运营管理企业，支持企业跨地区开展业务，提供系统、规范的服务。

在财政支持方面，中央财政要发挥“四两拨千斤”的作用，积极引导地下综合管廊建设，通过现有渠道统筹安排资金予以支持。地方各级人民政府要进一步加大地下综合管廊建设资金投入。省级人民政府要加强地下综合管廊建设资金的统筹，城市人民政府要在年度预算和建设计划中优先安排地下综合管廊项目，并纳入地方政府采购范围。有条件的城市人民政府可对地下综合管廊项目给予贷款贴息。

在金融支持方面，该意见要求完善融资支持。将地下综合管廊建设作为国家重点支持的民生工程，充分发挥开发性金融作用，鼓励相关金融机构积极加大对地下综合管廊建设的信贷支持力度。鼓励银行业金融机构在风险可控、商业可持续的前提下，为地下综合管廊项目提供中长期信贷支持，积极开展特许经营权、收费权和购买服务协议预期收益等担保创新类贷款业务，加大对地下综合管廊项目的支持力度。将地下综合管廊建设列入专项金融债支持范围予以长期投资。支持符合条件的地下综合管廊建设运营企业发行企业债券和项目收益票据，专项用于地下综合管廊建设项目。

2016年2月，国务院出台《国务院关于深入推进新型城镇化建设的若干意见》，该意见中要求实施城市地下管网改造工程，统筹城市地上地下设施规划建设，加强城市地下基础设施建设和改造，合理布局电力、通信、广电、给水、排水、热力、燃气等地下管网，加快实施既有路面城市电网、通信网络架空线入地工程。推动城市新区、各类园区、成片开发区的新建道路同步建设地下综合管廊，老城区要结合地铁建设、河道治理、道路整治、旧城更新、棚户区改造等逐步推进地下综合管廊建设，鼓励社会资本投资运营地下综合管廊。加快城市易涝点改造，推进雨污分流管网改造与排水和防洪排涝设施建设。加强供水管网改造，降低供水管网漏损率。

（二）部门规章及解读

与地下综合管廊有关的部门规章主要是由财政部、住房和城乡建设部、国家发展和改革委员会颁布的相关政策文件。

2015 年 11 月 26 日，国家发改委和住建部联合颁布《关于城市地下综合管廊实行有偿使用制度的指导意见》（发改价格〔2015〕2754 号），建立了主要由市场形成价格的机制。该意见中指出，城市地下综合管廊有偿使用费包括入廊费和日常维护费。入廊费主要用于弥补管廊建设成本，由入廊管线单位向管廊建设运营单位一次性支付或分期支付。日常维护费主要用于弥补管廊日常维护、管理支出，由入廊管线单位按确定的计费周期向管廊运营单位逐期支付。

2015 年 3 月 31 日，国家发改委发布《城市地下综合管廊建设专项债券发行指引》，通过加大债券融资方式对综合管廊建设的支持力度，拉动重点领域投资和消费需求增长，同时简化在综合管廊领域通过发行债券融资的程序标准。

随后，住建部先后印发《城市综合管廊工程投资估算指标（试行）》（建标〔2015〕85 号），补充细化综合管廊造价指标，为综合管廊建设提供更完善的计价依据。并印发了《关于做好城市地下综合管廊建设项目信息上报工作的通知》（建城市函〔2015〕234 号）和《城市地下综合管廊工程规划编制指引》（建城〔2015〕70 号），规范和指导城市地下综合管廊建设项目信息上报和规划编制工作。

（三）地方性政策法规及解读

自国办发〔2015〕61 号文发布后，各地纷纷响应中央号召，为推动地下综合管廊建设出台专门文件。珠海市人民代表大会出台《珠海经济特区地下综合管廊管理条例》，厦门市政府出台《厦门市城市综合管廊管理办法》，以地方性法规的和地方政府规章的形式鼓励综合管廊的建设。其他省份城市如山东、辽宁、江西、甘肃、吉林、上海、石家庄、桂林、呼和浩特、常德、开封等地均出台城市地下综合管廊建设的指导意见、通知等，以地方规范性文件的形式推动综合管廊的建设。

三、地下综合管廊 PPP 项目操作模式

PPP 项目操作模式，是指政府职能部门在推进地下综合管廊 PPP 项目操作模式的过程中，基于项目的实际情况选择确定的项目运作机制。参照财政部、国家发改委等部委制定的 PPP 模式政策规范性文件，常见的 PPP 项目操作模式包括委托运营（Operations & Maintenance，O& M）、管理合同（Management Contract，MC）、建设—运营—移交（Build – Operate – Transfer，BOT）、建设—拥有—运营（Build – Own – Operate，BOO）、建设—拥有—运营—移交（Build – Own – Operate – Transfer，BOOT）、建设—移交—运营（Build – Transfer – Operate，BTO）、转让—运营—移交（Transfer – Operate – Transfer，TOT）、改建—运营—移交（Rehabilitate – Operate – Transfer，ROT）等。实践中，城市地下综合管廊 PPP 项目操作操作模式的确定，必须

结合城市地下综合管廊 PPP 项目的发展历程、投资范围、运作方式、定价机制和绩效管理机制等多项因素予以确定。

(一)地下综合管廊的定义

根据《国务院办公厅关于推进城市地下综合管廊建设的指导意见》(国办发〔2015〕61 号)给出的定义:"地下综合管廊是指在城市地下用于集中敷设电力、通信、广播电视、给水、排水、热力、燃气等市政管线的公共隧道。"通常来讲,地下综合管廊是设计在城市地下的一个隧道空间,不同的管道设备,如电力、通信、燃气、供热、供水等都修筑在地下综合管廊中。在地下综合管廊设施内部设有专门的检修口、吊装口和监测系统。地下综合管廊,也常叫做地下城市管道综合走廊,其建设有利于地下城市基础设施的统一规划、统一设计、统一建设和管理,是保障城市运行的重要基础设施。

国家发改委在《城市地下综合管廊建设专项债券发行指引》(发改办财金〔2015〕755 号)中指出:"城市地下综合管廊是实施统一规划、设计、施工和维护,建于城市地下用于敷设市政公用管线,满足管线单位的使用和运行维护要求,同步配套消防、供电、照明、监控与报警、通风、排水、标识的市政公用设施,是保障城市运行的重要基础设施。"

《国务院办公厅关于加强城市地下管线建设管理的指导意见》(国办发〔2014〕27 号)则使用了城市地下管线的概念,意指城市范围内供水、排水、燃气、热力、电力、通信、广播电视、工业等管线及其附属设施,是保障城市运行的重要基础设施和"生命线"。

综合管廊根据其所容纳的管线可以分为:干线综合管廊、支线综合管廊、缆线型综合管廊和干支线混合型综合管廊。

(二)地下综合管廊的发展历程

长期以来,我国各种管线的布置方式多以直埋方式置于地下。在扩能、改造、维修时,常常要对路面或者绿地进行破坏,不仅造成很大的经济浪费,而且给车辆、行人和附近居民造成不便。埋设无序、管线混乱、事故频发的地下管线正变成中国城市无法逃离的梦魇。因此,提升管线布置方式和转变管理模式刻不容缓,势在必行。从发达国家的成功经验来看,要彻底解决城市地下管线问题,最科学的办法是修建城市地下综合管廊。相较英国、法国、德国等发达国家,我国的地下综合管廊建设起步较晚,早期的地下综合管廊建设主要集中在北京、上海等一线城市。

为支持地下综合管廊建设项目的进行,财政部、住房城乡建设部分别确定了两批地下综合管廊试点城市。2015 年根据竞争性评审得分确定了 10 个试点城市，分别为（按行政区划序列排列）：包头、沈阳、哈尔滨、苏州、厦门、十堰、长沙、海口、六盘水、白银。2016 年同样根据竞争性评审得分确定了 15 个试点城市，分别为（按行政区划序列排列）：石家庄、四平、杭州、合肥、平潭综合试验区、景德镇、威海、青岛、郑州、广州、南宁、成都、保山、海东和银川。评选为试点城市的项目将会有中央财政对其管廊建设进行财政补贴。根据财政部政府和社会资本合作中心披露的信息显示，截至 2016 年 12 月末，全国各地处于不同阶段的地下综合管廊项目共计 245 个。虽然地下综合管廊项目具备投入大、技术复杂等特点，但在中央和地方政府的大力支持下，我国综合管廊项目迎来了快速发展的机遇。但在地下综合管廊快速发展的过程中，也存在不少问题，下面将以我国现有的规范为基础，分析地下综合管廊项目在实践运用过程存在的风险和问题。

四、地下综合管廊 PPP 项目法律问题分析

利用 PPP 模式实施地下综合管廊项目，是提高地下综合管廊项目运营维护质量和效率，转变政府职能的重要手段之一，但 PPP 模式和地下综合管廊作为我国的快速发展领域，实践操作中面临不少的法律风险和问题，本节将主要从地下综合管廊 PPP 项目回报机制、地下综合管廊 PPP 项目融资等方面，对地下综合管廊 PPP 项目的法律问题进行分析。

（一）地下综合管廊 PPP 项目回报机制

地下综合管廊 PPP 项目的回报机制，是指社会资本投资建设和运营维护地下综合管廊 PPP 项目后，获取投资回报和投资收益的方式。《财政部关于规范政府和社会资本合作合同管理工作的通知》（财金〔2014〕156 号）规定，PPP 项目的回报机制主要有三种类型：政府付费、使用者付费和可行性缺口补助。其中，政府付费是指政府直接付费购买公共产品和服务。在政府付费机制下，政府可以依据项目设施的可用性、产品或服务的使用量以及质量向项目公司付费。使用者付费是指由最终消费用户直接付费购买公共产品和服务。项目公司直接从最终用户处收取费用，以回收项目的建设和运营成本并获得合理收益。可行性缺口补助是指使用者付费不足以满足项目公司成本回收和合理回报时，由政府给予项目公司一定的经济补助，以弥补使用者付费之外的缺口部分。

投资建设地下综合管廊的主要目的是为城市的供热、供电、供水等管线提供统一的安装、管理标准和环境，即地下综合管廊主要向城市公共服务管线提供服务。根据《国家发展改革委、住房和城乡建设部关于城市地下综合管廊实行有偿使用制

度的指导意见》(发改价格〔2015〕2754号)的规定,城市地下综合管廊的入廊管线单位应向管廊建设运营单位支付管廊有偿使用费用,因此地下综合管廊PPP项目具备使用者付费基础。城市地下综合管廊PPP项目收取的有偿使用费用一般包括入廊费和日常维护费。入廊费主要目的在于弥补地下综合管廊的投资建设成本,价格确定一般需考虑以下因素:(1)城市地下综合管廊本体及附属设施的合理建设投资;(2)城市地下综合管廊本体及附属设施建设投资合理回报,原则上参考金融机构长期贷款利率确定(政府财政资金投入形成的资产不计算投资回报);(3)各入廊管线占用管廊空间的比例;(4)各管线在不进入管廊情况下的单独敷设成本(含道路占用挖掘费,不含管材购置及安装费用,下同);(5)管廊设计寿命周期内,各管线在不进入管廊情况下所需的重复单独敷设成本;(6)管廊设计寿命周期内,各入廊管线与不进入管廊的情况相比,因管线破损率以及水、热、气等漏损率降低而节省的管线维护和生产经营成本等。日常维护费主要用于弥补管廊日常维护、管理支出,一般由入廊单位按确定的计费周期向管廊运营维护单位定期支付,一般以运营年为单位,价格确定一般需考虑以下因素:(1)城市地下综合管廊本体及附属设施运行、维护、更新改造等正常成本;(2)城市地下综合管廊运营单位正常管理支出;(3)城市地下综合管廊运营单位合理经营利润,原则上参考当地市政公用行业平均利润率确定;(4)各入廊管线占用管廊空间的比例;(5)各入廊管线对管廊附属设施的使用强度等。入廊费和日常维护费的具体支付标准和方式一般由入廊管线单位向地下综合管廊的运营管理单位一次或分期支付,实践中目前无统一实施标准,具体依赖于地下综合管廊运营维护单位和入廊单位的协商确定。即原则上地下综合管廊的使用费标准坚持市场引导机制。

实践中,地下综合管廊运营维护单位与入廊单位不具备平等协商的条件。为确保地下综合管廊项目投资建设和运营维护的顺利进行,地下综合管廊的入廊使用费也可实行政府定价或政府指导价,实行政府定价或政府指导价的管廊有偿使用费应列入地方定价目录,明确价格管理形式、定价部门。有关地方可根据实际情况,由省级价格主管部门会同住房城乡建设主管部门或省人民政府授权城市人民政府,依法制定有偿使用费标准或政府指导价的基准价、浮动幅度,并规定付费方式、计费周期、定期调整机制等有关事项。对于入廊单位缴纳的有偿使用费无法满足社会资本的合理投资收益需求的,需政府提供可行性缺口补贴,具体补贴包括价格补偿、财政补贴、政府购买服务或者配置土地、物业等经营资源等方式。

目前,我国地下综合管廊PPP项目入廊使用费的定价缺乏明确的标准,是影响地下综合管廊PPP项目稳定持续实施的重要因素之一。大部分地下综合管廊项目的价格机制以弥补社会资本的投资建设成本为基础确定服务价格,且地下综合管廊使用服务费的政府定价或政府指导价的制定主体是地方政府。因为缺乏统一确定的价格制定标准,直接影响社会资本参与地下综合管廊项目的积极性,有效促进我国地下综合管廊 PPP 项目的发展,未来有必要对地下综合管廊使用费的价格标准确定相对统一和确定的标准。

(二)地下综合管廊 PPP 项目强制入廊机制

地下综合管廊 PPP 项目强制入廊机制,是指政府和社会资本在长期合作关系中,对项目中存在的收益风险进行合理分配和控制。《财政部关于推广运用政府和社会资本合作模式有关问题的通知》(财金〔2014〕76 号)规定,按照"风险由最适宜的一方来承担"的原则,一般项目设计、建设、财务、运营维护等商业风险原则上由社会资本承担,政策、法律和最低需求风险等由政府承担。

在地下综合管廊 PPP 项目中,除 PPP 项目通常的风险分配机制外,直接影响地下综合管廊长久持续运营的是项目收益风险的分配机制,即地下综合管廊 PPP 项目投资建设后,需保障地下综合管廊的运营收入。地下综合管廊的运营收入依赖于入廊单位缴纳的入廊服务费用,但如何保障公共服务管线进入地下综合,是政府必须关注的重点。因社会资本在实际操作中并无要求公共服务单位进入地下综合管廊的能力,需要政府提供地下综合管廊的入廊服务需求,但目前法律规范并未对地下综合管廊的入廊服务进行规范,《国务院办公厅关于推进城市地下综合管廊建设的指导意见》(国办发〔2015〕61 号)规定城市规划区范围内的各类管线原则上应敷设于地下空间。已建设地下综合管廊的区域,该区域内的所有管线必须入廊。在地下综合管廊以外的位置新建管线的,规划部门不予许可审批,建设部门不予施工许可审批,市政道路部门不予掘路许可审批。既有管线应根据实际情况逐步有序迁移至地下综合管廊。各行业主管部门和有关企业要积极配合城市人民政府做好各自管线入廊工作。《住房和城乡建设部关于提高城市排水防涝能力推进城市地下综合管廊建设的通知》(建城〔2016〕174 号)也规定必须严格落实管线入廊制度,已建成城市地下综合管廊的主次干路,规划管线必须入廊,不得再开挖敷设管线。前述规定从建设项目规划许可但仅属于国务院规范性文件和部门规范性文件,规范效力层级较低,而且并未直接明确强制入廊的规范合理性,实践中无具体操作实施依据,仍依赖于地方政府的"因地制宜",不利于我国地下综合管廊 PPP 项目的大规模推广运用,而且目前我国大部分综合管廊项目正处于建设阶段,实际操作中如何协调社会资本和入廊单位的权益,有待于实践操作中的进一步检验。

(三)地下综合管廊 PPP 项目的融资

地下综合管廊 PPP 项目的融资,是指地下综合管廊 PPP 项目投资建设过程中,社会资本或项目公司筹集项目债务性资金的活动。城市地下综合管廊 PPP 项目普遍投资规模较大,巨大的投资体量带来了相当大的融资压力,对于一般的社会资本而言,其融资渠道相对较为单一,并且传统的商业银行贷款融资成本较高。

实践中政策鼓励银行业金融机构在风险可控、商业可持续的前提下,为地下综合管廊项目提供中长期信贷支持,积极开展特许经营权、收费权和购买服务协议预期收益等担保创新类贷款业务,加大对地下综合管廊项目的支持力度。此外,为打破原有的单一融资模式,创新 PPP 模式融资工具,多元化破解融资难题。如采用 PPP 产业基金、资产证券化、项目收益债、永续债等一系列创新型融资方式服务于 PPP 项目。《城市地下综合管廊建设专项债券发行指引》(发改办财金〔2015〕755 号)鼓励各类企业发行企业债券、项目收益债券、可续期债券等专项债券,募集资金用于城市地下综合管廊建设,国家发改委按照"加快和简化审核类"债券审核程序,提高城市地下综合管廊建设专项债券的发行效率,同时放宽企业债券的部分准入条件,发债企业可根据地下综合管廊项目建设和资金回流特点,灵活设计专项债券的期限、还本付息时间安排以及发行安排,对于与新区、开发区、新型城镇化建设规划相配套的综合管廊项目,若项目建设期限超过 5 年,可将专项债券核准文件的有效期从现行的 1 年延长至 2 年。企业可在该期限内根据项目建设资金需求和市场情况自主择机发行。在国家现行政策的鼓励和引导下,国家发展改革委已经核准发行 21 只地下综合管廊专项建设债券,为成功发行专项债券,实际操作过程中需要地方政府配合做好地下综合管廊项目的投资分担、使用付费、明晰产权等配套政策,为企业发行专项债券投资地下综合管廊项目创造收益稳定的政策环境,但实践中目前缺乏相对统一的地下综合管廊使用者付费机制和产权确定机制,不利于社会投资人发行专项债券。

对于同时存在专项债券和债权融资相结合的项目,《城市地下综合管廊建设专项债券发行指引》(发改办财金〔2015〕755 号)鼓励按照"融资统一规划、债贷统一授信、动态长效监控、全程风险管理"的模式,由银行为企业制定系统性融资规划,根据项目建设融资需求,将企业债券和贷款统一纳入银行综合授信管理体系,对企业和项目债务融资实施全程管理,但实践操作依赖于金融机构的配合,具体实施效果依赖于实践检验。

第五节　海绵城市 PPP 项目案例分析

近年来,我国城市普遍逢雨必涝、雨停即旱,大部分城市排水系统缺乏应对极端天气能力。各地城市排水系统的设计弊端凸显,“来北京看海”“来四川看海”“来××看海”也成了必然的结果。2012 年,《低碳城市与区域发展科技论坛》中首次提出“海绵城市”的概念,习总书记又在 2013 年 12 月 12～13 日中央城镇化工作会议上,再次强调要大力建设自然积存、自然渗透、自然净化的“海绵城市”理念。2014 年 12 月 31 日,财政部出台《关于开展中央财政支持海绵城市建设试点工作的通知》(财建〔2014〕838 号,以下简称财政部通知),明确中央财政资金对于建设海绵城市的支持;同时还对采取 PPP 模式建设海绵城市提出了鼓励措施:“对采用 PPP 模式达到一定比例的,将按上述补助基数奖励 10%。”此后,海绵城市从抽象化的概念,逐渐具象化至建设方针、规划设计细则、实施方案、技术规范、配套财政政策、绩效评价与考核办法。国家层面的政策不断落地,海绵城市的建设也进入了新的阶段。

2015 年 4 月 2 日,财政部、住建部、水利部公布了首批国家级“海绵城市”建设试点目录:迁安(河北)、白城(吉林)、镇江(江苏)、嘉兴(浙江)、池州(安徽)、厦门(福建)、萍乡(江西)、济南(山东)、鹤壁(河南)、武汉(湖北)、常德(湖南)、南宁(广西)、重庆、遂宁(四川)、贵安新区(贵州)和西咸新区(陕西)一共 16 个城市入选。2016 年 5 月,福州(福建)、珠海(广东)、宁波(浙江)、玉溪(云南)、大连(辽宁)、深圳、上海、庆阳(甘肃)、西宁(青海)、三亚(海南)、青岛(山东)、固原(宁夏)、天津、北京等 14 个城市入选第二批试点。除各试点城市外,深圳、南京等城市也在积极开展海绵城市的建设工作。

为进一步促进我国海绵城市 PPP 项目的发展,有必要在现有政策规范体系的基础上,对实践中应用 PPP 模式建设海绵城市及其面临的法律问题进行分析,以期进一步指导并促进海绵城市 PPP 项目的发展。

一、海绵城市 PPP 项目案例简介

镇江市作为首批确定的海绵城市建设试点之一,于 2016 年 1 月采用竞争性磋商的方式为镇江海绵城市建设 PPP 项目确定社会资本。镇江城市海绵城市建设 PPP 项目,是财政部 PPP 项目试点和住建部海绵城市建设试点“双示范”项目。

镇江市海绵城市试点区域陆地面积 22 平方公里,水域面积 11.5 平方公里。包含以金山湖为中心,金山湖南岸西至环湖路—太平路—朱方路;南至中山西路—黄山东路—运河路—中山东路—桃花坞路—禹山北路—谷阳北路—学府路;东至左湖路;北至金山湖北岸—焦北滩。镇江市海绵城市建设 PPP 项目建设内容包括道路 LID 整治、湿地生态系统建设、污水处理厂建设、雨水泵站建设、官网工程建设、水环境修复保护、海绵城市达标工程建设等项目。

镇江市海绵城市建设 PPP 项目总投资 25.85 亿元,其中中央财政专项资金 12 亿元用于专项治理工程的投资建设(部分工程交由 PPP 项目公司代建),PPP 项目公司投资 13.85 亿元用于综合达标工程的建设。

镇江市海绵城市建设 PPP 项目中,新建项目采用 BOT(建设—运营—移交)的运作方式,项目的特许经营期为 23 年(含 2015 ~ 2017 年 3 年建设期)。存量项目在具备一定条件下,采用委托运营的运作方式。项目公司的收入来源于财政可行性缺口补贴和部分污水处理服务费。

镇江市海绵城市建设 PPP 项目,是财政部 PPP 项目试点和住建部海绵城市建设试点"双示范"项目。项目目前已顺利完成社会资本采购,进入项目执行阶段,镇江城市海绵城市建设 PPP 项目是我国近期成功落地实施的海绵城市 PPP 项目,在海绵城市 PPP 项目实践操作领域具有典型意义。下面将以镇江市海绵城市建设 PPP 项目案例为基础,对我国海绵城市建设 PPP 项目实践操作进行简要分析。

二、海绵城市的概念

以往城市建设中,城市基础建设设施尤其是路面大量采用钢筋混凝土结构,直接导致城市缺乏良好的渗水蓄水功能。面对近年来频发的台风暴雨等极端恶劣天气,城市排水系统尤为显得力不从心。2014 年,住建部发布的《海绵城市建设技术指南》(建城函〔2014〕275 号,以下简称海绵城市指南)中,使用"城市能够像海绵一样,在适应环境变化和应对自然灾害等方面具有良好的'弹性',下雨时吸水、蓄水、渗水、净水,需要时将蓄存得水'释放'并加以利用"来定义"海绵城市"。而国务院办公厅发布的《关于推进海绵城市建设的指导意见》(国办发〔2015〕75 号,以下简称国务院意见)则将海绵城市描述为一种"城市发展方式",指出"海绵城市是指通过加强城市规划建设管理,充分发挥建筑、道路和绿地、水系等生态系统对雨水的吸纳、蓄渗和缓释作用,有效控制雨水径流,实现自然积存、自然渗透、自然净化的城市发展方式"。

海绵城市,更确切地说,是指具有良好吸水、蓄水、净水、释水功能的城市生态综合体:城市通过吸收雨水,实现绿化的自然灌溉等用水目的、实现城市水源的自然储备,再通过配套的污水净化设施将储备的水源处理成为生活用水,从而实现水资源的整体循环利用。这样的城市能够像海绵一样,在适应环境变化和应对自然灾害等方面具有良好的"弹性",是可以实现水的整体循环的最可持续的生态综合体。

三、海绵城市 PPP 项目政策解析

海绵城市作为生态文明建设的重要组成部分,稳增长发展思路下投资的重要

领域。自在 2012 年 4 月低碳城市与区域发展科技论坛上提出以来，海绵城市从抽象化的概念，逐渐具象化至建设方针、规划设计细则、实施方案、技术规范、配套财政政策、绩效评价与考核办法。海绵城市建设作为未来几年环保行业体量最大的投资领域之一，政策不断超出预期，也显示出政府推进海绵城市建设的坚定态度。

2013 年 3 月 25 日，国务院出台《关于做好城市排水防涝设施建设工作的通知》（国办发〔2013〕23 号）。该通知中要求“积极推行低影响开发建设模式”。即按照对城市生态环境影响最低的开发建设理念，与城市开发、道路建设、园林绿化统筹协调，因地制宜配套建设雨水滞渗、收集利用等削峰调蓄设施，增加下凹式绿地、植草沟、人工湿地、可渗透路面、沙石地面和自然地面，以及透水性停车场和广场。新建城区硬化地面中，可渗透地面面积比例不宜低于 40%；有条件的地区应对现有硬化路面进行透水性改造，提高对雨水的吸纳能力和蓄滞能力。

2013 年 9 月，国务院出台《关于加强城市基础设施建设的意见》（国发〔2013〕36 号）。该意见中指出“加快雨污分流管网改造与排水防涝设施建设，解决城市积水内涝问题。积极推行低影响开发建设模式，将建筑、小区雨水收集利用、可渗透面积、蓝线划定与保护等要求作为城市规划许可和项目建设的前置条件，因地制宜配套建设雨水滞渗、收集利用等削峰调蓄设施”。“提升城市绿地功能。到 2015 年，设市城市至少建成一个具有一定规模，水、气、电等设施齐备，功能完善的防灾避险公园。结合城市污水管网、排水防涝设施改造建设，通过透水性铺装，选用耐水湿、吸附净化能力强的植物等，建设下沉式绿地及城市湿地公园，提升城市绿地汇聚雨水、蓄洪排涝、补充地下水、净化生态等功能”。

2014 年 9 月，住房和城乡建设部发布《关于印发海绵城市建设技术指南——低影响开发雨水系统构建（试行）的通知》（建城函〔2014〕275 号），提出了低影响开发雨水系统构建的基本原则，规划控制目标分解、落实及其构建技术框架，明确了城市规划、工程设计、建设、维护和管理过程中低影响开发雨水系统构建的内容、要求和方法。

2014 年 12 月 31 日，财政部出台《关于开展中央财政支持海绵城市建设试点工作的通知》（财建〔2014〕838 号，以下简称财政部通知），该通知中明确指出：“中央财政对海绵城市建设试点给予专项资金补助，一定三年，具体补助数额按城市规模分档确定，直辖市每年 6 亿元，省会城市每年 5 亿元，其他城市每年 4 亿元。对采用 PPP 模式达到一定比例的，将按上述补助基数奖励 10%”。通知中还指出采取竞争性评审方式选择试点城市，“将对申报城市进行资格审核。对通过资格审核的城市，财政部、住房城乡建设部、水利部将组织城市公开答辩，由专家进行现场评审，现场公布评审结果”。

2015年7月10日,住建部发布《海绵城市建设绩效评价与考核办法(试行)》(建办城函〔2015〕635号,以下简称考核办法),将海绵城市建设绩效评价与考核指标分为水生态、水环境、水资源、水安全、制度建设及执行情况、显示度六个方面,包括6大类别、18项指标,并将海绵城市建设绩效评价与考核分三个阶段:城市自查、省级评价、部级抽查,以保障海绵城市建设工程按质按量完成。

2015年8月10日,水利部发布《关于印发〈推进海绵城市建设水利工作的指导意见〉的通知》(水规计〔2015〕321号,以下简称水利部通知),详细规定了海绵城市的建设工作原则与要求,同时强调构建"格局合理、蓄泄兼筹、水流通畅、环境优美、管理科学"的海绵城市建设水利保障体系,实现"实现城市雨水径流源头减排、分散蓄滞、缓释慢排和合理利用"。

2015年10月11日,国务院意见国办发〔2015〕75号文出台。国务院意见坚持"生态为本、自然循环;规划引领、统筹推进;政府引导、社会参与"的基本原则,针对海绵城市的建设提出了包括规划阶段、建设阶段、政策支持以及组织落实四大部分共十项具体措施;强调"发挥市场配置资源的决定性作用和政府的调控引导作用,加大政策支持力度,营造良好发展环境。积极推广政府和社会资本合作(PPP)、特许经营等模式,吸引社会资本广泛参与海绵城市建设。"同时,意见明确了海绵城市中长期目标和建设时间表,最大限度地减少城市开发建设对生态环境的影响,将70%的降雨就地消纳和利用,到2020年,城市建成区20%以上的面积达到目标要求,到2030年,城市建成区80%以上的面积达到目标要求。

2015年12月10日,住房城乡建设部联合国家开发银行出台《关于推进开发性金融支持海绵城市建设的通知》(建城〔2015〕208号)。紧接着,12月底,住房城乡建设部又联合中国农业发展银行出台《关于推进政策性金融支持海绵城市建设的通知》(建城〔2015〕240号)。国家开发银行、中国农业发展银行相继成为海绵城市的重点合作银行,提出加大对于海绵城市建设的政策性金融支持。

2016年2月25日,财政部办公厅、住房城乡建设部办公厅、水利部办公厅联合发布《关于开展2016年中央财政支持海绵城市建设试点工作的通知》(财办建〔2016〕25号)。通知要求各省份(含新疆生产建设兵团)择优推荐1个城市参与全国范围内的竞争(计划单列市可以单独申报),第一批试点城市所在省份不在此次申报范围之列,第二批海绵城市试点申报工作正式启动。

2016年3月11日,住建部发布《关于印发〈海绵城市专项规划编制暂行规定〉的通知》(建规〔2016〕50号),通知中要求各地抓紧编制海绵城市专项规划,于2016年10月底前完成设市城市海绵城市专项规划草案,并按程序报批。暂行规定中还指出海绵城市专项规划的主要任务是:研究提出需要保护的自然生态空间格局;明确雨水年径流总量控制率等目标并进行分解;确定海绵城市近期建设的重点。

2016 年 3 月 16 日,住建部办公厅发布《关于做好海绵城市建设项目信息报送工作的通知》(建办城函〔2016〕246 号),通知中要求:自 2016 年 4 月起,城市人民政府确定的海绵城市建设主管部门作为填报主体,要在信息系统中填报海绵城市建设项目基础信息;基础信息包括建设范围、项目负责部门及责任人、建设运营方式、实施主体及主要内容、实施期限等。基础信息填报后,每月 5 日前,应填报上月海绵城市建设项目包的建设进展,直至该项目包内的项目实施完毕。省级住房城乡建设部门作为监督机构,要在每月 15 日前核查各地信息填报情况,对填报信息不完整、填报错误等,及时督促纠正。

为积极响应国家大力推进的海绵城市建设工作,全面贯彻国务院发布的关于推进海绵城市建设的指导意见,各地结合当地城市建设的实际及需求,纷纷设立国家海绵城市工作领导小组,并相继出台具体的海绵城市指导或实施意见,以期进一步明确海绵城市建设的基本原则、目标任务、重点措施和政策支持。四川省自贡市率先成立了海绵城市建设领导小组,兰州、徐州、宁波、郑州、新乡、萍乡、宜春等地陆续成立海绵城市建设领导小组,指导海绵城市试点申报及建设工作。江苏、甘肃、云南、辽宁、四川、江西、山东、山西、陕西、海南等省相继出台适用全省的海绵城市建设的实施意见,佛山、通化、沈阳、杭州、四平、青岛、无锡、衡水、新乡等市也纷纷出台适用各市的海绵城市建设的实施意见。各地地方政府积极响应国家号召,深入细化各地海绵城市建设政策,为海绵城市模式得到高效贯彻落实奠定了坚实基础。

四、海绵城市 PPP 分析

2014 年 4 月,习近平总书记提出“顺应自然,建设自然积存、自然渗透、自然净化的‘海绵城市’”。“十三五”期间,业内预计海绵城市整体投资接近 10 万亿元,单独依靠财政收入显然不能满足海绵城市的建设需求。基于 PPP 模式在海绵城市领域应用的种种优势,国家大力支持海绵城市建设引入社会资本。其中,“国务院意见”中就指出:中央财政应当积极引导海绵城市建设,地方各级人民政府应当进一步加大资金投入。同时鼓励社会资本参与海绵城市投资建设和运营管理,鼓励技术企业与金融资本结合,采用总承包方式承接相关建设项目,打通全生命周期的产业链条,发挥“海绵产业”各个上下游环节优势互补,协同创新优势,发挥整体效益。孵化并切实打造各个“海绵宝宝”经济体,夯实实体经济,切实部署推进海绵城市建设工作,提高供给绩效和城市公共服务水平。另外,住建部随后分别与农业发展银行、国家开发银行联合出台了 208 号文和 240 号文,以开发性金融、政策性金融的方式加大支持海绵城市建设。具体包括:通过中长期信贷支持加大对海绵城市建设的资金投入，国开行做好融资规划，为海绵城市建设提供债券、贷款、租赁、证券等综合金融服务；农发行可联合其他银行、保险公司等金融机构以银团贷款、委托贷款等方式拓宽融资渠道。可见，国家大力倡导通过政府和社会资本合作的形式建设海绵城市。

（一）采用 PPP 模式建设海绵城市的必要性

海绵城市建设投资额巨大。根据各地政府网站公开数据不完全统计，海绵城市建设单位面积投资额约为1.6亿~1.8亿/平方公里。若想实现“国务院意见”中要求的2020年城市建成区20%以上的面积达到目标要求，未来五年的投资规模估计至少需1.8万亿~2.5万亿元。若将海绵城市的建设投入按照一平方公里大概要1.8个亿计算，政府可能只能够承担其中的15%~20%，剩下的都是需要依赖社会资本。用 PPP 运作模式，撬动巨大资本，令 PPP 方式成为成功推动海绵城市建设的必由之路。

1. 政府降低财政压力、提高财政资金公共服务供给绩效水平的需要

海绵城市是防洪水、保供水、促节水的一项宏伟工程，是涉及水生态，水资源，水环境，水安全，水文化的惠民工程，是打造城市宜居环境提高居民生活品质的一项公共建设服务，属于政府应该提供的公共产品和服务的范围。

各地当前主要采用传统的各部门分段实施模式、城投模式和 PPP 模式三种模式进行海绵城市的建设。传统的各部门分段实施模式顾名思义就是“各扫门前雪”，城投模式则是以城投公司为主来推进整体工程建设。不论采用以上两种模式中的任何一种，都无法避免管理部门职能交叉、协调统筹能力差、项目碎片化、融资渠道单一及管理体制落后等弊端，不利于最后的整体效果。而政府和社会资本合作即 PPP 模式，与上述两种模式相比，不仅能够更有效的筹集资金，减轻政府财政压力，达到多方共赢；更重要的是，社会资本参与海绵城市的建设能推动设计施工过程等方面革新，提高建设及运营效率。政府部门和社会资本取长补短，形成互利的长期目标，以最有效的成本为公众提供高质量服务。同时，PPP 合作模式通过物有所值和财政承受能力的评价，一定程度上解决了政府盲目上项目的问题和提高财政资金供给绩效，在制度安排和资金保证上保证海绵建设的可持续和长期性。

2. PPP 模式可以促进海绵城市建设投资主体的多元化

从当前海绵城市建设试点情况看，预计首批16个海绵城市建设试点城市总投资资金将超过1000亿元。“财政部通知”中要求对海绵城市建设试点给予专项资金补助，一定三年，具体补助数额按城市规模分档确定，直辖市每年6亿元，省会城市每年5亿元，其他城市每年4亿元，对采用 PPP 模式达到一定比例的，将按上述补

助基数奖励 10%。虽然中央财政对海绵城市建设给予大力支持，地方财政也积极配合，但是对于海绵城市巨大的资金需求来说仍是不够；一方面传统的融资渠道困难重重，而另一方面，大量的社会资本却“无处安放”，社会资本的加入和 PPP 模式无疑成为建设海绵城市、顺应发展趋势的最佳政策选择。

PPP 模式引入社会资本，拓宽了项目资金来源，弥补了巨大的资金缺口，不仅帮助政府利用社会资本来提供资产和服务，同时也进一步促进了投融资体制改革。可以说，PPP 模式促进了海绵城市建设投资主体的多元化。在融资方式上，目前可以采用的有基金、众筹、资本证券化等金融组合方式运作。以嘉兴市为例，嘉兴市初步计划利用 PPP 模式和财政部补助的部分资金，有效整合市级财政专项资金和结余资金以及一般预算资金，探索通过市场化的手段，引入实力较强的专业基金团队，共同设立海绵城市建设发展基金，带动整个城市“海绵经济”产业链的发展。

3. PPP 模式下项目风险将由政府和社会资本共同分担

PPP 模式下，海绵城市建设的项目风险将由政府和社会资本共同分担。PPP 模式的项目风险分配更为合理，政府在分担项目风险的同时也拥有一定的项目控制权；同时，由于政府分担一部分项目风险，减少了承包商与投资商风险，从而降低了融资难度，提高了项目融资成功的可能性。以广西首个 PPP 项目——南宁市竹排江上游植物园段（那考河）项目为例，作为南宁市海绵城市试点项目，项目合作期定为 10 年，大部分风险由中标方——北京城市排水集团有限责任公司承担，政府则以按效付费的方式，通过绩效考核逐年支付服务费。

鉴于运用 PPP 模式建设海绵城市的种种优势，国家采用特许经营、投资补贴、贷款贴息等方式吸引社会资本进入海绵城市建设项目。“国务院意见”（国办发〔2015〕75 号）中强调：要区别海绵城市建设项目的经营性与非经营性属性，建立政府与社会资本风险分担、收益共享的合作机制；并采取明晰经营性收益权、政府购买服务、财政补贴等多种形式，鼓励社会资本参与海绵城市投资建设和运营管理。中央财政对海绵城市建设试点采用 PPP 模式达到一定比例的，将按补助基数奖励 10%。住建部也相应出台配套财政政策和考核制度支持海绵城市的建设，并联合国家开发银行、农业发展银行以开发性金融、政策性金融的方式加大支持海绵城市建设。

（二）海绵城市国内外建设情况

1. 国内海绵城市建设情况

为贯彻落实国务院意见中“抓好海绵城市建设试点，尽快形成一批可推广、可复制的示范项目，经验成熟后及时总结宣传、有效推开”的要求，我国海绵城市建设试点建设工作已全面开展。

2015年4月初，住房城乡建设部联合财政部、水利部公布了重庆、迁安、白城、镇江、嘉兴、池州、厦门、萍乡、济南、鹤壁、武汉、常德、南宁、遂宁、贵安新区和西咸新区首批16个海绵城市建设试点。16个试点城市基本覆盖了我国所有类型的城市，中部、东部、西部、南部、北部都有，同时包括了不同的城市规模，有直辖市、计划单列市、省会城市、地级市、县级市，具有很强的地域代表性。16个试点城市已出台海绵城市建设相关的规划建设管控、工程技术导则、资金管理制度、绩效考评等方面的制度文件69项。正在编制的相关制度文件97项，涉及工程技术、规划建设管控制度、投融资、标准和标准图、政策管理文件5个方面。16个海绵城市试点建设期基本在2015~2017年三年时间内，试点区域总面积为435平方公里，共设置了建筑与小区、道路与广场、园林绿地、地下管网、水系整治等各类项目3159个，总投资865亿元。2016年16个试点城市计划建设项目992个，投资279元。截至2017年5月底，已开工建设并形成实物工作量的项目593个，占59.8%；完成投资184亿元，占66.1%。部分已经完成的项目在缓解城市内涝、改善城市水环境、创新促进产业发展、社会认可等方面，已经初见成效。

如嘉兴市对在同一汇水区域有联系的道路、绿地、小区、共建项目进行了整合。池州市采用PPP模式"厂网一体"打包运作。南宁市拟将竹排冲流域治理项目整合打包，同时探索将试点区域内学校、医院海绵化改造项目进行整体运作。重庆市探索出"多种方式并举、多城建设融合、多重成果共享"的海绵城市PPP建设模式，采取总承包模式，由项目公司负责整个项目的施工图设计、投资、建设、运营维护和移交的全过程，实行合同管理和绩效考评。遂宁市将300多个试点项目整合成6个工程包，以工程包为单位，通过市场化的手段，采取PPP模式引入资金、技术实力雄厚的合作单位进行总承包。贵安新区将污水处理厂网一体化项目整体打包，并委托专业咨询公司进行PPP实施方案编制、资产评估、财政可承受能力评估等工作。

2016年2月，财政部联合住建部、水利部下发《关于开展2016年中央财政支持海绵城市建设试点工作的通知》，第二批试点申报工作已启动，要求各地于4月10日前提交申请和实施方案。4月22日，由财政部、住建部、水利部共同组成的评审专家组，在中国城市规划设计研究院召开2016年海绵城市试点竞争性评审会议，共有17个城市参加了此次竞争性评审，分别为福州、珠海、宁波、玉溪、大连、深圳、上海、庆阳、西宁、三亚、青岛、固原、天津、北京、盘锦、呼和浩特、运城。2016年5月，福州、珠海、宁波、玉溪、大连、深圳、上海、庆阳、西宁、三亚、青岛、固原、天津、北京14个城市入选第二批试点。

除各试点城市外，深圳、南京等城市也在积极开展海绵城市的建设工作。其中，深圳市光明新区管理委员会专门针对光明新区的海绵城市建设，出台了《深圳市光明新区低冲击开发雨水综合利用规划设计导则实施办法(试行)》(2014 年 7 月 9 日发布施行)，规定"规划国土行政主管部门在建设项目选址意见书中应将建设项目是否开展低冲击开发雨水综合利用设施建设作为基本要求之一予以明确"，将海绵城市建设作为政府审批的一项前置条件。

2. 国外海绵城市建设情况

海绵城市以"慢排缓释"和"源头分散"为主要规划建设理念，追求城市人水和谐，早已成为各国城市建设的重要选择。英国、法国、韩国、日本、美国等国家均有成熟的海绵城市设计与建设成果。其中，德国是最早对城市降雨采用统筹规划和政府管制的国家，目前也已经形成了较为系统的法律法规、技术指引和经济激励政策指导海绵城市的建设。德国建立了多级雨水利用系统，包括：一建立屋面雨水存蓄系统，铺设绿色屋顶，将屋面收集的雨水进行处理后，用于家庭非饮用水、工业用水等领域。二是建立雨水截污与渗透系统，通过雨水排涝系统将雨水排入下水管道并汇入蓄水池，或者采用渗透性地砖，加速雨水渗透。三是建立公园社区雨水利用系统，扩大湿地和绿地的面积，修建可供雨水渗透的社区专用通道，雨水径流的同时下渗部分雨水。四是加强宣传普及，设立下水道博物馆，向公众展示雨水排涝系统，提高公众环保理念。

日本是一个水资源严重匮乏的国家，因此，日本政府特别注重雨水调蓄设施的多功能应用。首先，日本在雨水收集及综合利用方面形成了较为完善的法律、技术和管理体系。日本早在 1980 年就开始推行雨水贮留渗透计划，并修建地下蓄水系统应对暴雨天气。其次，日本重视蓄水排水等基础设施的建设，且设计标准较高、规模较大，城市下水道系统和清污技术都比较发达，如东京年降水量超过 1400 毫米，是世界平均降水量的 2 倍，但从未遭受过城市内涝，主要是因为东京采用多功能地下蓄水池系统和下水道系统进行雨水的收集利用，东京的外围排水系统是世界上最大的地下蓄水系统。最后，日本不断改进雨水综合利用技术，通过建设渗水井、修建分洪道路、降低地面高程、铺设渗水路面等方式进行雨水收集利用。

新加坡兼顾水系统规划的多重效益。新加坡提出了"源头—过程—末端"的排水系统，减少城市内涝风险。源头控制主要从绿色屋顶、渗水路面、公园湿地等方面消纳雨水；过程控制主要从蓄水排水基础设施等方面着手，包括扩大下水管道，修建蓄水池等；末端控制主要通过建设滨海堤坝，实现防洪排洪、收集淡水等功能。此外，新加坡修建雨水蓄水池，不仅作为新加坡重要水源地和内涝防治水库工程，也为新加坡公众提供了"自然景观和休闲场所"，从而实现了水系统规划的多重效益。

（三）海绵城市PPP项目操作模式分析

海绵城市PPP项目操作模式，是指政府职能部门在推进海绵城市PPP项目操作模式的过程中，基于项目的实际情况选择确定的项目运作机制。2014年11月29日，《财政部关于印发〈政府和社会资本合作模式操作指南（试行）〉的通知》（财金〔2014〕113号）附件：政府和社会资本合作模式操作指南（试行）第三章“项目准备”第十一条第（三）项“项目运作方式”中指出：“项目运作方式主要包括委托运营、管理合同、建设—运营—移交、建设—拥有—运营、转让—运营—移交和改建—运营—移交等”六种PPP模式，并同时规定：“具体运作方式的选择主要由收费定价机制、项目投资收益水平、风险分配基本框架、融资需求、改扩建需求和期满处置等因素决定”。其中，各运作方式的含义为：

1. 委托运营（Operations & Maintenance，O& M），是指政府将存量公共资产的运营维护职责委托给社会资本或项目公司，社会资本或项目公司不负责用户服务的政府和社会资本合作项目运作方式。政府保留资产所有权，只向社会资本或项目公司支付委托运营费。合同期限一般不超过8年。

2. 管理合同（Management Contract，MC），是指政府将存量公共资产的运营、维护及用户服务职责授权给社会资本或项目公司的项目运作方式。政府保留资产所有权，只向社会资本或项目公司支付管理费。管理合同通常作为转让—运营—移交的过渡方式，合同期限一般不超过3年。

3. 建设—运营—移交（Build - Operate - Transfer，BOT），是指由社会资本或项目公司承担新建项目设计、融资、建造、运营、维护和用户服务职责，合同期满后项目资产及相关权利等移交给政府的项目运作方式。合同期限一般为20～30年。

4. 建设—拥有—运营（Build - Own - Operate，BOO），由BOT方式演变而来，二者区别主要是BOO方式下社会资本或项目公司拥有项目所有权，但必须在合同中注明保证公益性的约束条款，一般不涉及项目期满移交。

5. 转让—运营—移交（Transfer - Operate - Transfer，TOT），是指政府将存量资产所有权有偿转让给社会资本或项目公司，并由其负责运营、维护和用户服务，合同期满后资产及其所有权等移交给政府的项目运作方式。合同期限一般为20～30年。

6. 改建—运营—移交（Rehabilitate - Operate - Transfer，ROT），是指政府在TOT模式的基础上，增加改扩建内容的项目运作方式。合同期限一般为20～30年。

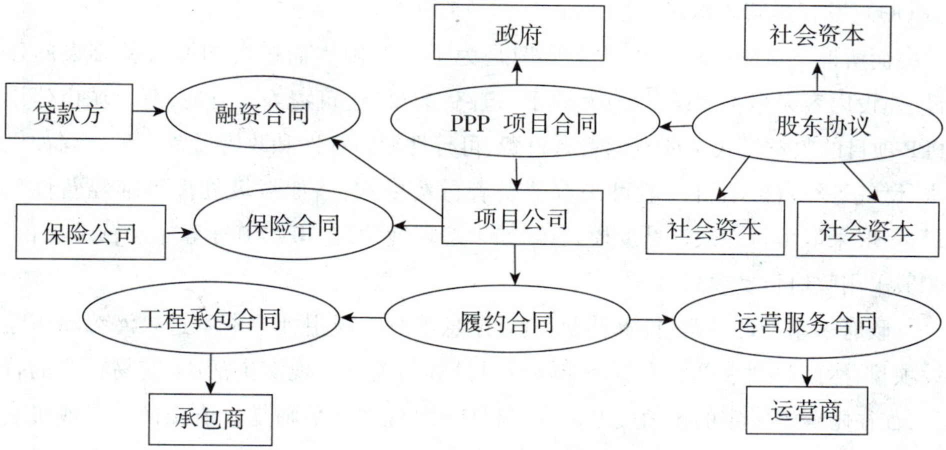

海绵城市的建设是以应对雨水为主要目的的城市基础设施建设,其中较多的项目仍然为准经营性项目或非经营性项目。因此,海绵城市建设项目主要采用 DBFO(设计—建造—融资—运营)的运作方式,由社会资本负责项目的设计、投融资、建设、运营、期满移交等相关工作。

"国务院意见"从国家战略的高度树立了海绵城市的建设目标,明确了海绵城市建设工作的路线图和运作机制。作为政府而言,应当给予社会资本一定的信任,学会简政放权,相信社会资本的创造力及责任担当,充分释放和激发社会资本的活力和动力;作为社会资本而言,应当学会在新常态下适应市场规律,打造自身核心的竞争优势,寻找适合的商业模式。在这一轮"海绵经济"的大潮中找到机遇,成功升级转型,把企业做大做强,告别"等靠要",找到适合的商业模式是属于社会资本方的基本职责范畴。

(四)海绵城市盈利模式设计

2014 年 12 月 2 日,国家发改委发布的《关于开展政府和社会资本合作的指导意见》(发改投资〔2014〕2724 号)中,根据 PPP 项目的不同属性,规定了不同的操作模式选择。对于具有明确的收费基础,并且经营收费能够完全覆盖投资成本的项目,可通过政府授予特许经营权,采用建设—运营—移交(BOT)、建设—拥有—运营—移交(BOOT)等模式推进,即消费者付费模式。对于经营收费不足以覆盖投资成本、需政府补贴部分资金或资源的项目,可通过政府授予特许经营权附加部分补贴或直接投资参股等措施,采用建设—运营—移交(BOT)、建设—拥有—运营(BOO)等模式推进,即可行性缺口补助模式。对于缺乏"使用者付费"基础、主要依靠"政府付费"回收投资成本的项目,可通过政府购买服务,采用建设—拥有—运营

(BOO)、委托运营等市场化模式推进,即政府购买服务模式。

而所谓建设海绵城市本质上依旧是为了应对雨水而进行的城市基础设施建设,建设内容大多主要还是地面、地下、道路、沟渠、建筑物等。目前,海绵城市建设PPP 项目的收益模式主要有消费者付费、可行性缺口补助和政府付费三种。诸如供水、燃气等经营性项目一般可采取消费者付费模式;诸如垃圾处理等准经营性项目,一般采取可行性缺口补助模式;诸如生态环境治理、市政道理等非经营性项目,一般采用政府付费模式。

政府采用特许经营、投资补贴、贷款贴息等方式吸引社会资本进入海绵城市建设项目,然而盈利水平成为是否能够吸引投资的关键。现实生活中,交易行为的背后,往往隐藏着一定的价值交换范式或机制,而盈利水平则是价值交换范式或机制的直接体现。在海绵城市的建设中,政府能否吸引足够的社会资本进入,当然需要较好的盈利水平作为回报。通过对海绵城市 PPP 项目的梳理,笔者建议通过以下几种方式优化海绵城市 PPP 项目结构,以期更有效地拓展海绵城市 PPP 项目盈利水平:

1. 优劣搭配,搭建合理结构

海绵城市试点城市的子项目少则数十,多则数百,项目繁杂。尤其是某一具体项目中包含数类工程,各项目的边界区分以及是否能够打包或如何将各工程打包成为采取 PPP 模式必须考虑的要素。

首先,可以将海绵城市中的子项目按类划分,每类项目由按照相同的交易模式进行处理。其次,除了按建设方面的要求将不同项目打包实施外,为避免社会资本对项目的任意挑选,还可以把盈利能力不同的项目加以打包,实现优劣搭配,搭建最合理的结构。

2. 配合资源开发权,弥补收益不足

海绵城市建设中,政府可以采取对 PPP 项目公司进行补偿的方式,将基础设施或市政公用事业项目中或周边一定数量的资源,如土地、矿产,甚至旅游资源等的开发权出让给 PPP 项目公司,配合有利可图的资源开发权,提高项目公司的整体盈利水平,从而确保 PPP 项目投资者可以获取合理的回报,进而调动投资者的积极性。

3. 开发副产品,增加收益来源

在海绵城市建设中,PPP 项目公司为政府提供非经营性的公共产品或基础服务时,可以附带生产更具有经营性的副产品,来弥补非经营的主产品在项目财务上的不可行性。比如免费公厕项目,可以搭配公厕外围的广告位,用以养厕的店铺、垃圾中转站等。当然,具体的策划方案既可以由政府部门主动提出,也可由社会资本策划提出、经政府部门审核通过。

4. 海绵城市 PPP 项目的绩效考核

作为 PPP 模式，运营、维护是必不可少的环节之一，尤其是作为海绵城市建设的准经营性项目或非经营性项目，政府购买服务是社会资本获得回报的重要途径甚至唯一途径，绩效评价的设置将至关重要。

2015 年 7 月 10 日，住建部发布《海绵城市建设绩效评价与考核办法（试行）》（建办城函〔2015〕635 号，以下简称考核办法），将海绵城市建设绩效评价与考核指标分为水生态、水环境、水资源、水安全、制度建设及执行情况、显示度六个方面，并具体分为年径流总量控制率、生态岸线恢复、地下水位、城市热岛效应、水环境质量、城市面源污染控制、污水再生利用率、雨水资源利用率、管网漏损控制、城市暴雨内涝灾害防治、饮用水安全、规划建设管控制度、蓝线、绿线划定与保护、技术规范与标准建设、投融资机制建设、绩效考核与奖励机制、产业化、连片示范效应共 18 项指标，并将海绵城市建设绩效评价与考核分城市自查，省级评价，部级抽查三个阶段，以保障海绵城市建设工程按质按量完成。

第六节　城市停车场 PPP 项目案例分析

一、停车场 PPP 项目行业现状

近年来，随着城镇化进程加快及机动车保有量迅速上涨，停车难、停车贵等问题日益凸显。据有关数据统计，截至 2015 年底，全国机动车保有量达 2.79 亿辆，其中汽车 1.72 辆，占比达到 61.82% 。

汽车保有量的飙涨，停车场建设明显滞后。目前我国大城市内汽车与停车位之比为 1∶0.8，中小城市为 1∶0.5，而发达国家约为 1∶1.3，意味着停车场建设至少是超万亿的市场。

据前瞻产业研究院发布的《2016 ~ 2021 年中国停车场建设行业市场前瞻与投资战略规划分析报告》数据显示，2007 ~ 2014 年，中国汽车保有量呈逐年递增趋势，且增长速度保持在 12% 以上，每年汽车保有量平均增长 1400 万辆。

从千人汽车保有量来看，世界范围内千人汽车保有量为 135 辆。其中，美国作为全世界汽车保有量最高的国家，千人汽车保有量达到 950 辆左右。在一些发达国家，汽车保有量一般都超过千人 500 辆。而中国目前千人汽车保有量为 105 辆，仍未达到世界平均水平，仅约为美国水平的 1/9。如果要达到世界平均水平，中国汽

车保有量应该是1.85亿辆。由此可见,中国汽车保有量还将继续增长。①

汽车发展的同时也带来了城市停车的问题,世界各国汽车发展难以避免的一个难题是停车难。由于公共停车位不足,占用道路停车成为普遍现象。"行车难、停车难"造成的交通拥堵与混乱,正成为困扰城市发展的严重问题。

从2014年起,我国就大力推广利用PPP模式建设停车场设施。根据财政部全国PPP综合信息平台显示,截至2016年9月30日,入库的PPP项目已达10471个,总投资超过12.48万亿元。其中,据中国停车网市场研究中心统计,自2014年至2016年9月,单独投资建设公共停车场的PPP项目共有144个,合计约574.34亿元。这些项目覆盖23个省直辖市,单个项目的投资额在0.1亿~33.1亿元之间,拟建车位数在50~100000个之间,其中近63%的项目为多个停车场打包建设项目,37%的项目为单一停车场项目。

144个停车场PPP项目中,合作期限在5~31年之间,其中20年的项目最多。近八成项目的运作方式为BOT,其他还有BOO、O&M、ROT、TOT等方式。回报机制方面,近73%的项目为使用者付费,其他还有可行性缺口补助、政府付费等方式。

2016年7月,国务院常务会议厘清了两部门在PPP领域的分工,近期发改委和财政部又分别下发通知,明确了两者在PPP项目推动方面的着力点分别是基础设施领域和公共服务领域。发改委的通知中,明确停车场属于该部门的职责范围,今后的停车场PPP项目或许将全归到发改委的PPP项目库中。

二、停车场的分类

停车场按照盈利性质划分可分为两种,社会停车场与配套停车场。其中,社会停车场专门供社会车辆停车使用,其收入以停车费为主,车主需按小时缴费。为了获取更大的利润,社会停车场一般希望车主能够快进快出,从而加快停车位的周转率。

另外一种则是综合体配套停车场。配套停车场是一个场所的附属配套设施,如住宅区、医院、商厦、商务楼、超市、酒店、娱乐场所等。配套停车场有的也会按时计费,如住宅小区、医院等场所,而有的只要车主进行了一定额度的消费就可以提供免费泊车,如商场、酒店、娱乐场等地方。因此,一般的配套停车场更加看重车主的后续消费。为吸引更多的车主前来消费,综合体配套停车场在停车、找车及预订车位服务方面也会给车主提供更好的体验。②

---

① 载http://mt.sohu.com/20160711/n458666215.shtml,2017年9月20日访问。

② 载http://tech.hexun.com/2016-01-04/181563951.html,2017年9月20日访问。

不论是为了加快停车位周转率还是吸引车主后续消费，停车场运营方都需要在提升用户停车体验方面下工夫。而要塑造良好的停车体验，则需要从车主的核心需求着手。从车主的角度来讲，能获取最大程度的便利才是其最直接的需求。这些需求体现在空车位查询、车位预约、停车找车导航、快速出入停车场、快速支付停车费等方面，也是目前被人诟病的停车难问题的集中体现。

三、停车场项目发展趋势

目前阻碍大中城市停车场项目建设的主要阻碍是规划的滞后。近 30 年来，中国社会经历了超乎想象的发展，中心城区可供建设用地稀缺，已不太可能大规模建设停车场项目，已有的停车场规模小而分散。一份来自通用汽车的调查显示，目前在北、上、广、深等超大型城市，30% 的汽油浪费在寻找停车位的过程中。

解决停车难问题的唯一途径是建设智能化、立体化停车场。停车场实现互联网共享数据，打破信息孤立，建设智慧停车互联网平台，实现停车引导、车位预定、电子自助付费、快速出入等功能。停车场系统由原来的只是对停车场出入口的车辆管理，变为现在具有车位引导、反向寻车和自助缴费等多重功能，使人们不但可以轻松进入停车场，还可以使人们体验快速找到停车位、车辆的停放位置和快速缴费等一站式的服务，使人们停车变得轻松自如。

同时，由于我国的劳动力成本快速上升，过去靠人海战术管理停车场的方法越来越不行了。参照国外的发展经验，停车场的自动化程度将越来越高，管理人员逐渐减少，直至实现无人化服务。由手机实现车位预定、支付、寻车等功能，智能手机和移动互联网这两年快速普及，移动互联网用户已经超过了固定互联网用户，利用手机订餐、购买电影票、下载优惠券、交友等已经普及，所以停车场中的这些应用将快速普及。

智能化立体化车库包括升降横移类、垂直升降类、水平循环类、多层循环类等基本类型，系统由钢/土建结构、载车台、传动系统、控制系统以及安全防护系统构成。智能化的机械式立体车库改变了以往存取车的人工操作方式，通过交互平台操作、APP 操作甚至按一个按钮就能自动完成汽车出入库。密集型立体停车设备可以实现在平均 50 平方米的土地上容纳 40 ~ 50 辆车，比传统停车场容车率高出 10 倍。可以说，机械式立体车库在解放人力的同时，最大限度地利用已有空间，并提高了停车的便捷度。

四、停车场 PPP 项目政策解析

2015 年 8 月，国家发改委、交通运输部、财政部等八部门发布《关于加强城市停车设施建设的指导意见》(以下简称《指导意见》),指出将通过各种形式广泛吸引社会资本投资建设城市停车设施,大力推广政府和社会资本合作(PPP)模式。

《指导意见》将坚持市场取向、放开停车设施服务收费作为基本原则,进一步缩小政府定价管理范围,鼓励引导社会资本建设停车设施。

社会资本全额投资新建停车设施服务收费标准由经营者依法自主制定。除各级人民政府财政性资金、城市建设投资公司投资以外,对其他经济组织全额投资新建的停车设施,由经营者依据价格法律法规和相关规定,根据市场供求和竞争状况自主制定收费标准。

《指导意见》强调采用 PPP 模式建设停车设施,要通过招标、竞争性谈判等竞争方式选择社会投资者。具体收费标准由政府出资方与社会投资者遵循市场规律和合理盈利原则,统筹考虑建设运营成本、市场需求、经营期限、用户承受能力、政府财力投入、土地综合开发利用等因素协议确定。要建立政府与社会资本共享收益、共担风险的收费标准调整与财政投入协调机制,依据相关法律法规、规定和成本、供求变动等因素,及时调整收费标准。

2015 年 9 月 22 日实施的《住房城乡建设部关于加强城市停车设施管理的通知》更强调了加强城市停车设施专项规划编制,建立城市停车设施专项规划编制机制,推动停车设施合理布局。近期,应结合实际对交通拥堵特别严重、停车问题特别突出的地区,尽快组织编制区域或片区停车设施规划。并首次提出建设城市停车设施应根据有关标准和要求配建电动汽车充电设施,满足电动汽车推广使用要求。因地制宜提高生态停车场建设比例,探索新型停车设施建设模式,对实现停车场智能化、信息化提出了详细要求。

在经营模式的选择上,《通知》指出促进各类经营性停车设施企业化、专业化经营,坚持市场化原则,鼓励路内停车泊位和政府投资建设的公共停车场实行特许经营,通过招标等方式,公开选择经营主体,将已经建成的停车设施项目转交社会资本运营管理,鼓励住宅配建、公建配建停车设施委托停车管理企业进行专业化管理。

2015 年 4 月 7 日,《城市停车场建设专项债券发行指引》发布,同一个月内,国务院发布了《战略性新兴产业专项债券发行指引》《养老产业专项债券发行指引》《城市地下综合管廊建设专项债券发行指引》《城市停车场建设专项债券发行指引》4 部专项债券发行指引。

印发四类专项债券发行指引稳增长意图明确,在发改委企业债框架下的局部创新品种,不属于财政部专项债范畴,不属于项目收益债,但可视作未来项目收益债的创新过渡。

四类指引明确阐述"加大企业债券融资方式对培育和发展战略性新兴产业、城市停车场建设及运营、城市地下综合管廊建设、养老产业的支持力度，引导和鼓励社会投入，制定四类指引”。

发行四类专项债券可适当放宽企业债券现行审核政策及《关于全面加强企业债券风险防范的若干意见》中规定的部分准入条件，鼓励“债贷组合”增信，并优化各类品种方案设计。对于发行主体限制有巨大突破，城投类及一般生产经营性企业发行限制均有条件放开，且明确条件符合的城投类企业不受发债指标限制。

对于发行城市停车场建设专项债券、城市地下综合管廊建设专项债券及养老产业专项债券 3 类专项债券的城投类企业：

(1)不受发债指标限制；

(2)“将城投类企业和一般生产经营性企业需提供担保措施的资产负债率要求分别放宽至 70% 和 75%；主体评级 AAA 的，资产负债率要求进一步放宽至 75% 和 80%”；

(3)不受“地方政府所属城投企业已发行未偿付的企业债券、中期票据余额与地方政府当年 GDP 的比值超过 8% 的，其所属城投企业发债应严格控制”的限制；

(4)城投类企业不受“单次发债规模，原则上不超过所属地方政府上年本级公共财政预算收入”的限制。

《城市停车场建设专项债券发行指引》对于发行债券用于 PPP 模式的，除了应当完成一般 PPP 项目标准化程序外，还应明确所用土地的权属和性质。

鼓励地方政府综合运用预算内资金、城市基础设施建设专项资金，通过投资补助、基金注资、担保补贴、贷款贴息等多种方式，支持城市停车场建设专项债券发行。地方价格部门应及时制定和完善停车场收费价格政策，保护城市停车场的合理盈利空间。

文件指出应当积极探索停车设施产权、专项经营权、预期收益质押担保等形式，鼓励发债用于委托经营或转让—经营—转让(TOT)等方式，收购已建成的停车场统一经营管理。

住建部于 2015 年 9 月分别发布了《住房和城乡建设部关于印发〈城市停车设施建设指南〉》和《住房和城乡建设部关于印发〈城市停车设施规划导则〉》，为科学推进城市停车设施建设，提高城市停车设施工程建设水平，推动技术进步，改善城市交通环境，合理配置停车资源，科学安排停车设施建设，从源头上缓解城市停车矛盾，提供了全方位的实施细则。

还应注意到，《道路交通安全法》对于已经投入运营的停车场及规划中的停车场项目作出了诸多限制。在项目全过程中都应注意满足该法规的要求。

五、停车场 PPP 项目模式选择

在基础设施领域，从是否存在使用者付费的角度，可以将基础设施项目划分为非经营性项目、准经营性项目和经营性项目。根据笔者的理解,绝大多数停车场属于收费型停车场,停车场应属于经营性项目。“根据私营部门的参与程度不同,可以将 PPP 分为 DB(design – build)、O& M(operation &maintenance)、DBFO(design – build – finance – operate)、BOO(build – own – operate)、BOOT(build – own – operate – transfer)、BBO(buy – build – operate)、BTO(build – transfer – operate)等数十种细分具体模式”。通过 PPP 模式建设停车场,具体选择哪一种方式进行合作,需要结合具体的项目情况以及政府、社会资本双方的需求来决定。

(一)新建项目采用 BOOT 或 BOT 模式

在这种模式下,政府与社会资本签订 PPP 协议,由社会投资人成立项目公司,具体负责停车场的设计、投资、建设、拥有、运营和管理,通过运营回收投资和获取利润。在运营期内,投资者拥有停车场的所有权,约定的经营期限届满后,投资者将停车场移交给政府。

(二)存量项目采用 TOT 模式

根据项目现有资产的情况,可以将 PPP 项目分为存量项目和增量项目,存量项目是指改建、扩建等项目,而增量项目是指新建项目。事实上,尽管我国大城市公共停车位非常紧张,但是很多政府经营的停车场由于管理不善、服务质量低下等原因而长期无人问津,处于严重的亏损状态。对于这类项目可以采取 TOT 模式,即转让—运营—移交(Transfer – Operate – Transfer),具体是指社会资本购买某个项目资产的经营权或者产权,社会投资者在约定的时间内通过经营该资产收回全部投资和得到合理的回报后,再将项目无偿移交给原所有权人。在此模式中,政府通过授予或转让产权或经营权的方式获得一笔当期的政府非税收入,按照财政资金的相关管理办法使用。同时,通过社会投资者来提升基础设施运营的质量和效率。社会投资者在约定的时间内(10 ~ 15 年)通过使用者付费、政府付费、可行性缺口补助等方式收回全部投资和得到合理回报。TOT 可以分为只转移经营权的 TOT 和伴随产权转移的 TOT,前者本质上是租赁关系,后者则是购买关系,故这种 TOT 又称为 POT(Purchase – Operate – Transfer)。

TOT 模式具有以下优势:首先,TOT 模式省去了建设环节,使项目经营者免去了建设阶段风险,在接手项目后即产生收益。同时,由于项目已步入正常运转阶段,项目经营者可以通过抵押项目收益权向金融机构融资,方便社会资本再融资。其次,政府通过转让存量项目一次性获得一笔资金,投入新建项目,可以缓解政府基础设施建设资金的不足。最后,TOT 最重要的意义在于引进先进的管理技术和经验，盘活存量资产。

六、贾登峪生态停车场 PPP 项目案例简介

（一）项目概况

贾登峪生态停车场项目位于距离布尔津县 130 公里、距离喀纳斯湖 25 公里的贾登峪山区。项目周围群山环绕，自然资源丰富，环境优美，为新疆喀纳斯贾登峪旅游集散中心 PPP 项目的两个子项目之一。

该停车场项目总规划面积 43,000m²。项目位于贾登峪核心商业圈内，地理位置优越，交通便利。生态停车场结合周围的自然环境，将建筑融入周围优美秀丽的自然环境之中，水流穿插在生态停车场项目用地内，提供良好的水体景观，结合贾登峪当地的特点，根据建筑功能突出自身特点，将建筑完美地融合在自然景观之中。

停车场的建设包括 750 个停车位的配套绿化、服务设施、人行道、雨水管网、特定景观工程及安全防护设施。

（二）项目模式

项目采用 BOT 模式，特许经营期限为 30 年。建设期为自合同签订起 2 年。在本项目合作期内，甲方应确保乙方有权为本项目之目的合法、独占性地无偿使用和合法出入生态停车场项目所在范围内的土地。

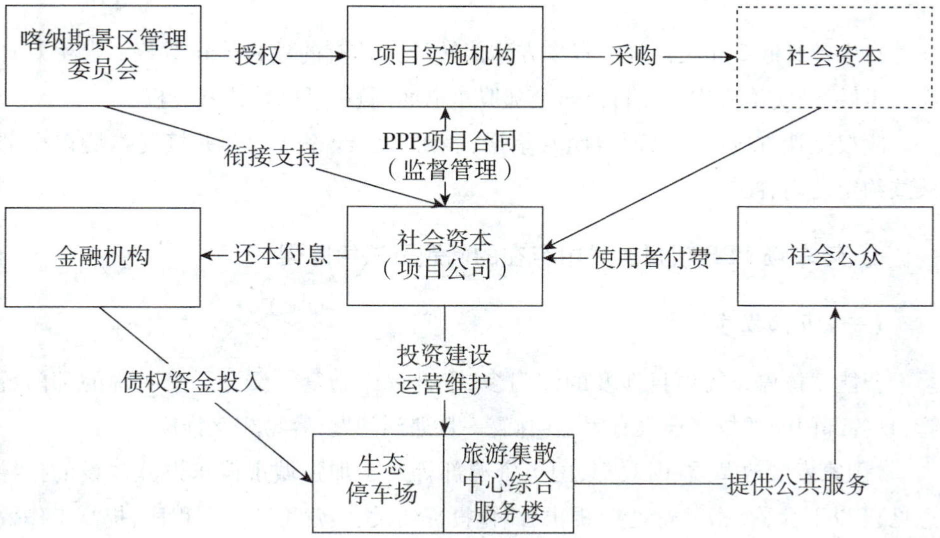

项目模式图

投资人可以运用多样化的经营手段获得停车场收益，包括停车费、汽车影院、房车营地、木屋营地等方式回收成本。但是其编制的运营、管理等相关规章制度应在报送喀纳斯管理委员会审批通过后才能实施。该规章制度包括营销管理、日常管理、环境保护等内容。

（三）对土地使用权的限制

社会资本方不得将该等土地使用权的全部或部分用于本协议项下经营之外的其他任何目的和用途；且在未征得实施机构及政府同意的情况下，不得在本项目规划范围内新建、扩建任何设施；不得全部或部分地出租或抵押或设置任何他项权利。

（四）收费规范

依据价格法律法规和相关规定，根据市场供求和竞争状况自主制定合理的停车设施服务的收费标准。项目公司应在实施相关收费标准前将收费标准交甲方备案，根据政府价格主管部门要求如实提交相关价格资料。

运营过程中须严格落实明码标价制度，在经营场所显著位置设置统一标价牌，标明停放服务收费定价主体、收费标准、计费办法、收费依据、投诉举报电话等信息，接受社会监督。

（五）股权转让的限制

自生效日起 2 年之内社会资本方不能转让其持有的项目公司股权。自生效日起 2 年后，经实施机构及项目公司全部股东书面同意，可以转让其股权。

股权受让方应出具书面声明及承诺，表明其已经完全理解并接受本协议全部条款约定的内容。

七、停车场 PPP 项目实践中存在的问题及法律障碍

（一）审批程序繁复

智能立体停车场项目涉及的部门多，审批程序繁复。没有一个明确的部门统管，且各部门间的权责还没有完全明确，一旦遇到问题，容易相互推诿。

《国家发展改革委、财政部、国土资源部等关于加强城市停车设施建设的指导意见》（以下简称《指导意见》）提出，简化投资建设、经营手续办理程序，提高工作效率，按照规定办理时限和程序完成项目业主或投资主体提出的停车设施建设项目的审批。政策文件已经明确，但一些地方政府并没有出台实施细则，使这一文件难

以最终落地。

对于特别要求设置在某个地段的停车场项目,周边现有停车位数量、分布情况等基础信息都没有经过前期测算,直接导致一些项目前期工作周期拖得非常长。项目公司工作人员不得不去“扫街”收集,花费大量的时间和精力,直接造成项目落地缓慢。

(二)收回投资难

部分停车场项目未经规划验证就盲目上马,有的停车场刚投入使用就超负荷运转,还有的车流量太少很难收回投资。

目前的城市停车设施 PPP 项目,一般由政府提供土地和车位补贴,企业通过二三十年的收费实现盈利后,将管理权交还政府。收费标准一般由企业按照市场标准定价,政府实施监管。

各地政府普遍欢迎社会资本投资建设立体停车场,不少 PPP 项目可研阶段未经过周密测算:有些已建成的项目刚投入使用就超负荷运转了,停车难题依然没有实质性解决,对社会资本来说,有更多的社会需求却无力增加供给;还有的项目车流量太少,等待周边慢慢发展起来才能达到设计能力。

(三)土地供应是停车场 PPP 项目的关键

土地供应经常“卡死”项目。城市停车不但要占用相当规模的土地和空间,而且停车空间的分布和集中程度与城市地级差收益的划分情况是一致的,即停车需求量最高的地区也是城市中土地价值最高的地区,因而使停车空间的扩展相当困难,需要付出很高的代价。在繁华商业圈、人口密集区及大型医院等地停车困难,但这些地区的土地寸土寸金,多年前已经做好土地规划且实施,土地供应不足,而停车场 PPP 项目能否顺利实施,很大程度上取决于政府是否能够及时供地。然而,很多城市规划预留的停车场用地根本不足,不少地方甚至几乎没有相关地块,但政府也无地可拨,即使出台新的规划,很多地也需要中长期慢慢收回,这导致一些 PPP 项目被迫“等米下锅”。

如果将 PPP 模式引入停车行业,根据《指导意见》第 8 条规定,“加强公共用地保障。各地做好用地保障,中心城区功能搬迁等腾出的土地应规划一定比例预留用于停车设施建设;符合《划拨用地目录》的,可以划拨方式供地;不符合《划拨用地目录》、同一地块上只有一个意向用地者的,可以协议出让方式供地”。可见,公共停车场 PPP 项目的土地来源主要包括划拨、出让方式。

首先,通过划拨的方式供应土地。根据《划拨用地目录》的规定,“对国家重点扶持的能源、交通、水利等基础设施用地项目,可以以划拨方式提供土地使用权。对以营利为目的,非国家重点扶持的能源、交通、水利等基础设施用地项目,应当以有偿方式提供土地使用权”。可见,国家严格限制划拨用地范围,即便是公共基础设施建设,也需要满足一定的条件,方可申请划拨用地。

其次,经营性停车场最主要的供地方式是出让。根据《协议出让国有土地使用权规定》第 3 条的规定,“出让国有土地使用权,除依照法律、法规和规章的规定应当采用招标、拍卖或者挂牌方式外,方可采取协议方式”。可见,国家对以协议方式出让土地规定了严格的限制性条件。根据《招标拍卖挂牌出让国有建设用地使用权规定》第 4 条的规定,“经营性用地以及同一宗地有两个以上意向用地者的,应当以招标、拍卖或者挂牌方式出让”。因此,单纯通过协议出让的方式并不一定能保障项目用地,一旦满足招标、拍卖或者挂牌的条件,项目投资者便需要面临其他的竞拍者,进而提高用地成本,甚至导致项目土地使用权与投资者相分离,使项目推进困难。当然,91 号文允许土地所有权招投标可以与二级开发招投标进行捆绑,似乎可以避免以上问题的发生,但法律效力仍然存疑。

(四)产权问题

《指导意见》第 9 条规定:“盘活存量土地资源。对企事业单位、居民小区、个人利用自有出让土地建设停车设施,规划部门要充分考虑停车需求的合理性,办理用地性质和容积率等规划调整手续。鼓励利用公共设施地上地下空间、人防工程等地下空间建设停车设施,增强土地的复合利用。相关部门分层办理规划和土地手续,投资建设主体依据相关规定取得停车设施的产权。”

根据这一规定,由民间资本投资建设的车库可以申请所有权,但是该规定比较笼统模糊,缺乏可操作性。而且,在法律位阶上,《指导意见》属于部门规范性文件,层级较低。如果与上位法冲突,可能被认定为无效,如果考虑到各地政策的差异,这一问题则更加复杂。

首先,利用城市公共地下空间建设地下停车场的产权问题。《城市地下空间开发利用管理规定》(建设部令第 108 号)第 25 条规定:“地下工程应本着谁投资、谁所有、谁受益、谁维护的原则,允许建设单位对其投资开发建设的地下工程自营或者依法进行转让、租赁。”因此,如果社会投资者利用城市公共空间建设地下停车场可以取得停车场的所有权。而上海、南昌、杭州、武汉、南京等地则明确规定利用城市地下公共空间建设公共停车场在满足一定条件的情况下,可以办理独立的所有权登记。

但目前明确规定社会资本投资建设的地下停车场可以取得产权的地方性规定

仍然较少,层级较低,全国很多城市没有出台这类规定。

其次,利用地下人防工程建设公共停车场,本应取得双赢的效果。但是,根据《国防法》第37条的规定,国防资产归国家所有。同时,北京市第一中级人民法院等法院也在司法审判实践中确认了业主不享有人防工程的所有权。

由此可见,尽管公共停车场项目完全可以办理房地产权证,但是如果与人防工程相结合进行建设,只能获得相应的投资收益,在获取所有权方面存在障碍。

(五)收费机制问题

国家发展改革委等七部委联合发布的《关于加强城市停车设施建设的指导意见》规定,"充分发挥价格杠杆的作用,逐步缩小政府定价范围,全面放开社会资本全额投资新建停车设施收费"。根据上述规定,对社会资本全额投资建设的停车场,不再执行政府限价,而是施行完全的市场价。

但是PPP项目的本质是政府与社会资本的合作,一般会由实施机构及其指定主体代表政府方进行一定比例的注资,这就导致停车场PPP项目不再满足《指导意见》中可以放开政府定价的条件。而事实上,只有实行市场定价才能实施有效的财务测算,保障社会资本的投资回报。同时,市场定价可以实现差别化收费,有利于社会资本提供差异化服务,形成良性竞争,实现停车资源的有效配置。但是,各地具体的收费政策各异,有些地方规定针对以出让方式获得土地而建设的停车场实行政府指导价,对划拨方式获取土地的停车场实行政府定价,这将导致社会资本难以盈利,无限制延长社会资本回收投资的期限,在投资与回报之间难以形成良性循环。

第七章 Chapter 7 环境保护领域 PPP 案例分析

第一节 污水处理 PPP 项目案例分析

城镇污水处理及再生利用设施是城镇发展不可或缺的基础设施，是经济发展、居民安全健康生活的重要保障。自《"十二五"全国城镇污水处理及再生利用设施建设规划》颁布以来，各地方政府部门大力加强城镇污水处理设施建设力度，全国污水处理水平明显提高。据统计，截至 2015 年，全国城镇污水处理能力已达到2.17亿立方米/日，城市污水处理率达到 92%，县城污水处理率达到 85%，全国城镇污水处理设施建设基本完成"十二五"规划目标。但同时，污水处理设施建设仍然存在着区域分布不均衡、配套管网建设滞后、建制镇设施明显不足、老旧管网渗漏严重、设施提标改造需求迫切、部分污泥处置存在二次污染隐患、再生水利用率不高、重建设轻管理等突出问题。因此，发改委、住建部印发的《"十三五"全国城镇污水处理及再生利用设施建设规划》指出要合理布局，加大投入，实现城镇污水处理设施建设由"规模增长"向"提质增效"转变，由"重水轻泥"向"泥水并重"转变，由"污水处理"向"再生利用"转变，并强调要创新运作模式推进政府和社会资本合作（PPP）模式在城镇污水处理领域的应用，鼓励按照"厂网一体"模式运作，提升污水处理服务效能，避免"厂网不配套""泥水不配套"等问题。

根据财政部建立的全国政府和社会资本合作（PPP）综合信息平台统计，截至 2016 年 6 月 30 日，入库项目中市政工程、交通运输、片区开发三个行业项目居前三位，合计超过入库项目的一半。在市政工程项目中，污水处理项目的数量又独占鳌头。[①] 市政基础设施建设和保障的力度加大，特别是采取 PPP 模式在污水处理项目上的应用，加快了市政改建步伐，提高了建设效率和成果，反映出社会资本承建污水处理项目具备较高的物有所值效果和经济效益。

当前，污水处理 PPP 项目主要采取新建、改扩建模式，特别是近年来许多城市伴随城市道路改建，推行"合流制改革工程"，把老旧的雨水、污水合流的污水管道体系改造为"雨污分流"污水处理系统。此外，结合污水处理和城市景观功能的人

---

① 数据来源：财政部《全国 PPP 综合信息平台项目库季报》2016 年第 3 期。

工湿地污水处理技术也由部分城市予以探索和推广。因此,污水处理工程有着广阔的市场推广前景,PPP 模式在污水处理项目上的应用存在着巨大的市场空间和运用价值。为进一步促进我国污水处理 PPP 项目的发展,有必要结合现实案例,深度梳理和解析现行污水处理 PPP 模式法规政策,研究行之有效的 PPP 运作模式和方法手段,攻克在建造、运营和移交全过程中存在的困境和难题。其中南京城东、仙林污水处理 PPP 项目作为财政部第一批国家示范项目,相关经验值得借鉴。

一、污水处理 PPP 项目案例简介

"南京市城东污水处理厂和仙林污水处理厂项目"由两部分组成。其中,南京城东污水处理厂位于绕城公路外运粮河与土城头路交叉处的秦淮区高桥村,服务范围为南京市东南部地区,西起铁心桥,东至麒麟科技园,南起秦淮新河,北至东南护城河和外秦淮河,服务总面积 124 平方公里。城东污水处理厂分三期建设,其中一期规模 10 万吨/天,二期规模 10 万吨/天,三期规模 15 万吨/天。一、二期于 2010 年建成主体工程并转入生产,三期建设于 2013 年基本建设完成,2014 年投入试生产。一、二期工艺为改进型 A2/O 处理工艺(二级处理)+曝气生物滤池深度处理(三级处理);三期处理工艺为 A2/O + MBR 工艺;处理后的出水执行《城镇污水处理厂污染物排放标准》(GB18918—2002)一级 A 标准;污泥采用板框压滤机脱水后外运处置。南京市仙林污水处理厂规划服务面积 80 平方公里,服务人口 20 万,原日处理能力 10 万立方米/日,处理后出水达国家《城镇污水处理厂污染物排放标准》一级 A 标准,尾水排放九乡河。由于原设计能力与污水处理需求之间存在着较大的差距,同时,传统的公共事业管理模式成本高、效益低。为此,南京市政府主动采取 PPP 模式对两污水处理厂实施更新改造。

2015 年 3 月,根据《政府和社会资本合作模式操作指南(试行)》(财金〔2014〕113 号)的要求,南京市政府授权南京市城乡建设委员会(以下简称市城建委)①作为实施机构,负责代表政府与社会资本签署《PPP 项目合同》(主合同)并签发《特许经营授权书》;由社会资本中标单位与政府指定的出资代表南京水务集团有限公司("水务集团")合资组建项目公司,支付本项目的特许经营权费,作为项目的受让和建设运营单位,合作期满后将两个污水处理厂项目设施及权益无偿移交给政府或

① 根据《中共江苏省委办公厅、江苏省人民政府办公厅关于印发〈南京市人民政府职能转变和机构改革方案〉的通知》(苏办〔2014〕59 号)和《中共南京市委、南京市人民政府关于印发〈南京市人民政府职能转变和机构改革实施意见〉的通知》(宁委发〔2015〕4 号)规定,自 2016 年 2 月起,原市住房和城乡建设委员会承担的城市供节水、生活污水处理行业监管,城市水环境项目的建设、管理及指导村镇供水、排水、污水处理职责被划入新设立的市水务局。

其指定机构，项目的回报机制主要体现为政府购买服务，资金来源从南京市主城区收缴的污水处理费中列支。同时，市政府指定南京公用水务有限公司（“水务集团”之控股子公司，以下简称公用水务公司）作为项目资产权属方负责与项目公司签署《经营权转让协议》，其中，由于仙林污水处理厂一期资产产权属于南京公用控股（集团）有限公司（南京市城建集团全资子公司，以下简称公用控股公司），因此特由公用控股公司与公用水务公司签署了《委托授权书》，确保了公用水务公司代表资产权属方签约的合法性。

本项目以经营权 TOT 方式进行运作。两个污水处理厂的经营权转让价格在评估值的基础上皆定为 4 亿元，PPP 合作期限 30 年，向社会资本公开招标竞争项目的初始污水处理服务费单价。2015 年 11 月 26 日北控水务（中国）投资有限公司以 0.742元/立方米中标城东污水处理厂 PPP 项目，北京碧水源科技股份有限公司以 1.290 元/立方米中标仙林污水处理厂 PPP 项目，中标价格明显低于最高限价。①

二、污水处理 PPP 项目政策解析

2013 年 9 月，国务院发布《关于加强城市基础设施建设的意见》（国发〔2013〕36 号）要求政府通过特许经营、投资补助、政府购买服务等多种形式，吸引社会资金，参与投资、建设和运营有合理回报或一定投资回收能力的可经营性基础设施项目；要求加快污水处理设施建设，以设施建设和运行保障为主线，加快形成“厂网并举、泥水并重、再生利用”的建设格局。

2014 年国务院发布《关于创新重点领域投融资机制鼓励社会投资的指导意见》（国发〔2014〕60 号）从三个方面提出要求，以推进市政基础设施投资运营市场化。首先，意见要求“改革市政基础设施建设运营模式”，推动市政基础设施建设运营事业单位向企业化管理转变，鼓励打破以项目为单位的污水处理分散运营模式，实现集约化、规模化建设和营运投资。其次，意见要求“积极推动社会资本参与市政基础设施建设运营”。通过特许经营、投资补助、政府购买服务等多种方式，鼓励社会资本投资城镇污水垃圾处理、建筑垃圾资源化利用和处理等市政基础设施项目。最后，意见要求“完善市政基础设施价格机制”，加快改进市政基础设施价格形成、调整和补偿机制，使经营者能够获得合理收益。

2016 年 9 月，住建部、发改委、财政部、国土资源部和央行联合发布《关于进一步鼓励和引导民间资本进入城市供水、燃气、供热、污水和垃圾处理行业的意见》，

---

① 参见梁静、陈荣祥：《PPP 运作解密：以南京市城东仙林污水处理 PPP 项目为例》，载北极星节能环保网，http://huanbao.bjx.com.cn/news/20151222/693902-3.shtml，2017 年 9 月 20 日访问。

要求努力破除民间资本进入城市供水、燃气、供热、污水和垃圾处理行业的投资壁垒,鼓励民间资本通过政府和社会资本合作(PPP)模式参与上述领域的市政公用设施建设运营,并从落实土地政策、完善融资服务政策、完善税收优惠政策等方面充分调动民间资本积极性,努力创造民间资本进入的公平、公开、公正的竞争环境。

2016 年 10 月,财政部印发了《关于在公共服务领域深入推进政府和社会资本合作工作的通知》,要求在中央财政给予支持的公共服务领域,可根据行业特点和成熟度,探索开展两个"强制"试点。在垃圾处理、污水处理等公共服务领域,项目一般有现金流,市场化程度较高,PPP 模式运用较为广泛,操作相对成熟,各地新建项目要"强制"应用 PPP 模式,中央财政将逐步减少并取消专项建设资金补助。在其他中央财政给予支持的公共服务领域,对于有现金流、具备运营条件的项目,要"强制"实施 PPP 模式识别论证,鼓励尝试运用 PPP 模式,注重项目运营,提高公共服务质量。

从上述政策文件的内容可以看出,自 2013 年以来国务院及各部委对于社会资本以 PPP 模式参与污水处理项目的建设和运营持日益开放的态度,且支持的力度不断加大。现有污水处理 PPP 模式政策规范中,政策规范比较丰富,但是往往存在着宏观指引缺乏可操作性、微观指引难以与宏观指引形成体系和配合的情况,各部门之间基于不同的利益和考量,关门立法,缺乏一套体系化、原则与细则、实体与程序相合协商配合的政策法规体系。污水处理 PPP 项目的指引依赖于个案经验,有必要在现有政策规范的基础上,进一步完善我国污水处理 PPP 项目相关的政策规范。

三、污水处理 PPP 项目操作模式

(一)运作模式

南京市人民政府授权南京市城建委作为本项目的实施机构,南京城东仙林污水处理项目组织实施及各项具体工作的安排。项目实施机构委托江苏省政府采购中心以公开招标的方式确定中标社会资本。经公开招标确定的中标人北控水务和碧水源分别与政府指定的出资代表"水务集团"合资组建项目公司:南京城东北控污水处理有限公司和南京仙林碧水源污水处理有限公司。项目公司预计注册资本为经营权转让价格的 30%,社会投资者持股比例为 75%,政府方参股比例为 25%,但对政府方项目公司涉及公共利益等重大事宜(在服务监管合同及股权合作合同中约定)具有一票否决权。市城建委与项目公司签署《PPP 项目合同》,市城建委污水处理划归市水务局后,由市水务局与项目签署《PPP 补充合同》,并签发 30 年《特许经营授权书》;公用水务公司作为项目资产权属方与项目公司签署《经营权转让协议》,落实项目转让款的支付和资产移交事宜;项目的回报机制主要体现为政府

购买服务,资金来源从南京市主城区收缴的污水处理费中列支。同时,为了监管大修维护中的成本开支,本项目设置了由市城建委和项目公司共管的大修资金账户,专款用于设备的大修和重置,既鼓励项目公司更好地维护项目设施,又维护了政府方的合理利益。

项目结构如下图所示:

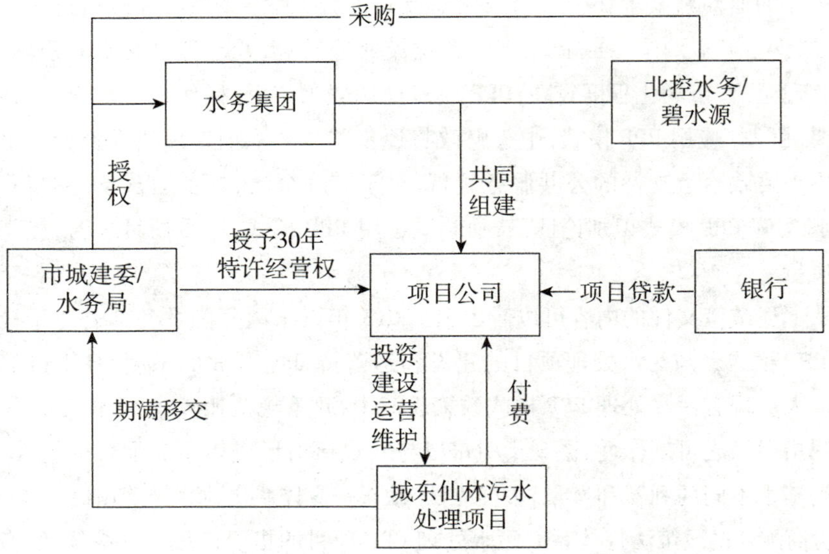

（二）项目的范围

市城建委与两中标单位双方就本项目的合作范围为:中标人在合作期限内负责项目设施的运营、维护并提供污水处理服务以取得相应收益,合作期限结束后其将项目设施及其经营权无偿移交给政府或政府指定机构;市城建委承诺与中标方就本项目的合作范围在合作期限内是独家的、排他的,其在合作期限内不会就本项目的合作范围内的全部或部分内容与其他任何一方合作;未经政府方面事先书面同意,在合作期限内,乙方不得从事本项目经营范围以外的其他任何经营活动,且不得为任何第三方提供污水处理服务。

（三）交易结构

1. 运作组织

本项目由行业管理部门南京市城乡建设委员会(以下简称市城乡建设委)担任项目实施机构,协同南京市财政局(以下简称市财政局)和南京市城市建设投资控股(集团)有限公司(以下简称市城建集团)共同负责推进。

2. 运作方式

本项目采取 TOT 的模式进行运作。TOT 是“Transfer - Operate - Transfer”(移交—经营—移交)的简称,通常是指政府部门(或国有企业)在资产评估的基础上将建成或运行良好的基础设施在一定期限内的所有权或特许经营权向社会投资者有偿出让;投资者在购得资产或特许经营权后组成项目公司,该公司在特许经营期内拥有、运营、维护其设施;投资人在约定的期限内按照政府核定的产品或服务价格收取经营所得,获得投资回报及合理利润;特许经营期满后,投资者将运行良好的设施无偿移交给政府(或原国有企业)的一种融资方式。[①] 本项目采取 TOT 模式运作的原因在于城东、仙林污水处理厂均为存量项目。截至 PPP 合同签署之日前,该两个污水处理厂均已完成建设并投产运营。因此社会资本中标后,无须进行建设或改建工作,只需要集中精力开展项目运营工作,提升项目运营效率。

本项目评标时采取的是综合评分法,即把涉及的投标人各种资质、技术、商务条款折算为分值,其中资产转让价格为重要考虑因素。特许经营期(30 年)内,项目公司提供达标的污水处理服务,向政府收取污水处理费。特许经营期结束后,项目公司保证污水厂内设施完好,并无偿移交南京市政府指定单位。

3. 运作过程

2015 年 3 月底,市城建委协同城建集团选定了招商中介机构,制订城东污水处理厂、仙林污水处理厂招商方案;2015 年 6 月底,完成项目 PPP 招商方案审批,发布招商公告;2015 年 9 月底,以公开招标方式确定投资合作机构。最终,南京市城东和仙林污水处理厂 PPP 项目按照 TOT 模式于 2015 年 11 月完成招标,项目分别由北控水务(中国)投资有限公司和北京碧水源科技股份有限公司中标,中标报价均低于招标方案所设定的拦标价 30% 以上。南京城东、仙林污水处理厂 PPP 项目由市城建集团下属的水务集团作为政府出资方,与中标的社会资本共同出资组建 PPP 项目公司。

2015 年 12 月 31 日,财政部 PPP 示范项目——南京城东、仙林污水处理厂 PPP 项目签约暨公司挂牌仪式在汉府饭店成功举行。项目于 2016 年 1 月 1 日正式进入社会化运营。截至目前,项目运营顺利平稳,各项协议执行良好,污水处理能力、运营管理水平和成本效益均有明显提高。

四、污水处理 PPP 项目法律问题分析

(一)城东和仙林污水处理厂 PPP 项目识别的法律分析

项目识别是 PPP 项目实施的第一阶段,其目的在于选择适合的 PPP 项目。识

---

① 曹珊:《政府和社会资本合作(PPP)项目法律实务》,法律出版社 2016 年版,第 281 页。

别的内容包括 PPP 模式的适用范围、项目发起、物有所值评价(Value for Money)及财政承受能力评价等。根据《财政部关于印发〈政府和社会资本合作模式操作指南(试行)〉》(财金〔2014〕113 号,以下简称 113 号文)的要求,其中最为关键的在于项目的物有所值评价和财政承受能力论证,前者决定了项目的成本收益,是否有经济上的可行性,后者是对政府支付能力的评估,即论证项目是否具有经济上的可能性。城东和仙林污水处理厂项目最初就确定了市城建委牵头,发改委、财政局、城建集团通过市政府采购中心平台推出项目招商,全过程严格遵守国务院、发改委和财政部关于 PPP 项目识别的相关规定,严格筛选合规、合格的项目实施对象。

1. 项目物有所值论证

项目物有所值评价主要从定性和定量两方面对本项目进行了分析评价。定性评价中,项目实施单位确立了“增加服务的有效供给”“减少项目风险负担”“提升污水处理运营效率”“优化竞争”“减轻财政负债压力”“推动政府公共服务管理体制转变”六大运营目标和定性评价因子。① 以 TOT 模式实施既有污水处理厂 PPP 改建,改革旧有的事业单位运营体制,对于打破传统自然垄断产业的封闭运营机制,促进竞争,提高效率,减轻政府财政负担具有积极意义。

定量评价中,项目实施机构根据财政部 113 号文的要求对 PPP 项目全生命周期内政府支出成本现值(PPP 值)和公共部门比较值(PPP 值)进行比较。在进行 PSC 计算时需要考虑以下因素:一是政府实施项目所应承担的建设、运营成本和其他成本的净现值;二是资金的时间成本;三是竞争性中立调整、风险承担成本等,以上成本相加后还需剔除政府实施项目下相对社会资本所具有的竞争优势,例如政府在用地成本、行政审批费用、所得税等税费和相对较低的融资成本等方面的优势。根据城东、仙林两个污水处理项目的《物有所值测算说明》显示,在原有的水务集团直接运营模式下,吨水初始单价分别为 0.8452 元和 2.2735 元;而在 PPP 模式下的吨水初始单价分别为 1.1324 元和 3.2728 元,高于原有模式下的收费。但上述《物有所值测算说明》也释明,本测算沿用了水务集团融资成本低廉等既有优势,且未做竞争性中立调整;并且该测算所依据的各项数据与最终的《PPP 项目合同》中的约定也不尽相同,包括特许经营权的转让价格、基础水量值及其增长幅度等。事实上社会资本对城东、仙林两个污水处理项目的最终中标价格分别 0.742 元/吨和1.290 元/吨,远低于上述测算的 PPP 模式下的收费价格,亦低于原有的水务集团直接运营模式下收费价格。2016 年本项目需支付的污水处理服务费仅占主城区收缴污

---

① 定性评价因子参见南京市政府局公开信息网站,http://www.njcz.gov.cn/fwdt/jlztc/,2017 年 9 月 10 日访问。

水处理费的12%左右,而两个厂污水处理规模占南京市主城区污水处理总规模的18.3%,即PPP模式改建相对于传统污水处理模式,实现了6.3%左右的成本节约。①

2.项目建设的财政承受能力评价

按照《政府和社会资本合作项目财政承受能力论证指引》(财金〔2015〕21号)的要求,对拟实施PPP项目从股权投资、运营补贴、风险承担、配套投入四方面进行全生命周期财政支出责任识别,结合本级财力状况、收支结构、债务水平等方面进行财政可承受力评估。具体的做法是:通过预测污水处理单价来计算政府每年的污水处理费支付情况,并据此预测政府支付的年污水处理费占当年财政一般公共预算支出比例,综合判断本级财政的承受能力,按照预测的污水处理服务费单价,在PPP合作期内,财政对于项目年污水处理费支出占当年一般公共预算支出的比例幅度为0.38%~0.03%(事实上根据最终竞争结果该比例幅度为0.22%~0.02%)。经市财政部门对南京市本级PPP项目总支出的综合判断,本项目通过了财政承受能力论证。

(二)城东和仙林污水处理厂PPP项目准备的法律分析

1.项目采购的实施准备

项目准备阶段主要工作是整体结构的搭建和选择,项目运作方式、交易结构、合同体系、风险分配等方案的决策和执行。2014年11月29日财政部发布了《政府和社会资本合作模式操作指南(试行)》(财金〔2014〕113号),文件指出在项目准备阶段,县级(含)以上地方人民政府可建立专门协调机制,主要负责项目评审、组织协调和检查督导到工作,实现简化审批流程、提高工作效率。政府或其指定的有关职能部门或事业单位可作为项目实施机构,负责项目准备、采购、监管和移交等工作。2015年8月24日,南京市政府做出《关于南京市城东、仙林污水处理厂政府与社会资本合作方案的批复》,决定将城东、仙林污水处理厂30年经营权向社会资本转让,转让价格均为4亿元,并授权南京市城建委为项目实施机构。考虑到项目具有边界条件清晰、运作机制成熟以及市场关注度高等特点,根据《江苏省财政厅关于政府和社会资本合作(PPP)示范项目实施有关问题的通知》的规定,本项目所有采购活动均委托江苏省政府采购中心作为采购代理实施公开招标的采购方式。2015年9月,南京市城建委作为采购人发布两个项目的资格预审公告,列明了项目

① 关于物有所值评价和财政承受能力评价的数据来源于:梁静、陈荣祥:《PPP运作解密:以南京市城东仙林污水处理PPP项目为例》,载北极星节能环保网,http://huanbao.bjx.com.cn/news/20151222/693902-3.shtml,2019年9月10日访问。

概况并对投标人资格做出了具体要求。其中对城东项目投标人的要求包括净资产不低于 10 亿元;金融机构授信额度不低于 10 亿元;已在中国投资运营至少一个 15 万立方米/日的城市生活污水处理厂且 2014 年度日均处理水量不低于设计水量的 60%;投标企业近五年未发生安全责任事故等。对仙林项目投标人的要求包括净资产不低于 6 亿元;金融机构授信额度不低于 4 亿元;已在中国投资运营至少一个 10 万立方米/日的城市生活污水处理厂且 2014 年度日均处理水量不低于设计水量的 60%;投标企业近五年未发生安全责任事故等。最终,经过资格预审,响应文件评审等阶段的筛选,最终确定北控水务和碧水源两家社会资本中标。2015 年 11 月 23 日市城建委向上述两家社会资本发出了《中标通知书》,并于 11 月 26 日签订了《南京市城东污水处理厂 PPP 项目合同》《南京市仙林污水处理厂 PPP 项目合同》。

2. 项目合同中主要条款的确定

(1)交易范围的确定。本项目中,市城建委将城东污水处理厂一、二期工程以及仙林污水处理厂的经营权排他性地纳入了 TOT 交易范围,考虑到市场条件不成熟,城东污水处理厂三期工程以及再生水工程的经营权被排除出交易范围,体现了项目实施机构在确定交易范围时,基于可行性和承受能力的综合考量。

(2)基础水量的设置。由于现有的污水处理厂一般实施厂网分开建设,污水处理进水管网由地方政府负责统筹投资建设,因此,社会资本投资 TOT 项目,无法掌握入水管网,难以准确判断处理污水的数量情况。由于社会资本的收益机制全部来源于污水处理费,因此,无法判决处理污水的数量,致使社会资本无法准确衡量收益情况。为此,为避免社会资本在报价时,基于收益的不确定,实施风险溢价报价,增加项目成本。项目实施机构设置了"基础水量机制",即设定污水处理的最低数量,如果项目实施后实际处理污水量低于该值,则按该基础水量结算,如果实际处理量高,则按实结算。基础水量的设置相对于对社会资本有了一个基本的成本托底机制,确保了社会资本的风险负担降低。

(3)项目成本与定价机制。城东污水处理厂厂区工程建设成本约 11.72 亿元,13 年生产成本约 8000 万元。仙林污水处理厂一期厂区工程建设成本约 3.48 亿元,二期厂区工程成本估算为3.11亿元,13 年生产成本约 1000 万元。项目成功的关键一是在于初始转让价格能够弥补现有项目成本;二是未来项目公司能够通过特许经营取得成本回收和获取收益。为此,项目采取由水务集团在城市自来水费中代收,上缴南京市财政专户,市财政将污水处理费全额返还项目公司用于污水处理厂及输送干管的建设和运营。自 2013 年起,市级生活污水处理费主要用于污水处理厂和厂内设施建设等。厂外收集系统和配套设施建设分别按以下渠道解决:属于市政府授权独立运作主体(板块、园区)事权范围的由各主体负责;属于区级事权范围的由各区负责;属于市级统筹事权范围的,结合新、改建道路同步实施部分所需费用纳入道路工程投资,其余部分由生活污水处理费、城建资金统筹安排。对新建污水处理厂项目,按当年投资额的 20% ~30% 比例安排项目资本金。根据调整污水处理费价格后的收费情况计算,项目公司预计每年可收到污水处理费约 6 亿元,能够保证污水处理设施建设与运营的需要。因此,该项目在转让价格弥补建设成本的前提下,采用了"定转让总价、竞单位处理价格"的方式,通过公开招标确定市场化的初始污水处理价格。根据项目 PPP 合同约定,初始污水处理单价由初始污水超进单价和初始污水处理不足单价两部分组成,初始污水处理费计算方式为:污水处理费 = 基础水量 × 初始污水处理不足单价 × 当月天数 + 当月实测水量 × 初始污水超进单价,其中当月实测水量为当月每日实测水量之和扣除每日拒绝水量部分。上述"不足单价"以及"超进单价"的设置主要根据国家住建部颁布的《市政公用设施建设项目经济评价方法和参数》中固定成本和可变成本的分类,再将污水处理服务费单价中的利税按二者成本比例进行切分,便形成了"不足单价"和"超进单价","不足单价"主要体现项目的投资成本及合理利润(含所得税),"超进单价"主要体现项目的运营成本及合理利润(含所得税)。上述费用在监测考核的基础上,由项目公司向市财政局逐月申请,并由财政局向水务集团拨付后由水务集团向项目公司支付。

(4)付费调价机制的设置。污水处理 TOT 项目社会资本的收益完全信赖于污水处理费的收取,而设置合理的费用调整机制,对于社会资本摊销固定成本、可变成本,抵消通胀风险均有着重要意义。此外,根据《污水处理费征收使用管理办法》第 13 条的规定"使用公共供水的单位和个人,其污水处理费由城镇排水主管部门委托公共供水企业在收取水费时一并代征,并在发票中单独列明污水处理费的缴款数额",污水处理费支付的源头来自居民和生产企业。因此,如何在保证社会资本相应收益的同时又不会给居民和生产企业造成过大负担是污水处理类 PPP 项目费用调整机制需要重点考虑的问题。本项目实施机构委托咨询机构,按照能源、材料、人工等直接成本和间接成本的价格因子设置了主动调价因子,而对物价变动敏感度较弱的成本项(折旧、财务费用、税费等)作为被动调整因子,设置了付费调价公式,即调整因子发生变动时,相应的付费水平予以动态调整。项目 PPP 合同约定,项目每三年按照调价公示对污水处理单价进行调整,调价公式为 $P_n = P_0 \times K_n$,其中,K_n为调价系数,当 K_n变化幅度不低于3%(含3%)时,双方按照调价公式对污水处理单价进行调整,K_n的取值与项目公司的员工数量、在岗职工人数、用电价格、处理污水使用的化学原料价格等直接相关。上述调价机制科学合理分摊了双方风险,保障了双方利益。

(5)员工安置。PPP 存量项目运作的一般原则应当是被接收的原污水处理厂员工应作为被接收企业的人力资产,随企业一并移交到项目公司。本项目中两厂员工共计 141 名,由于员工不愿与城建集团下属水务集团解除劳动合同,转入新项目公司。因此,该项目采取了折中办法,保留全部员工与水务集团的劳动关系,由项目公司对其实行"借用",员工的各项薪酬福利(包括:工资总额、社会保险费、住房公积金、医疗报销费等)由项目公司承担,项目合作期届满或者提前终止的,借用人员返回水务集团。这一项目设计方式类似于劳动关系中的"劳动派遣"制度,确保了员工既能保障新项目公司的运转运营,也确保了员工原在水务集团的基本保障,通过派遣制度确保其基于绩效,能在项目公司得到更高福利,取得了较好的经济效益和社会效益。

(三)城东和仙林污水处理厂 PPP 项目执行的法律分析

PPP 项目执行阶段是指项目实施机构通过竞争性程序,公平、公正的选择社会资本后,由社会资本或其组织的项目公司负责项目的建设、运营等事项。财政部《政府和社会资本合作模式操作指南(试行)》指出,"在项目合同执行和管理过程中,项目实施机构应重要关注合同修订、违约责任和争议解决等工作"。因此,对于已签订合同的履行实施动态调整和监督执行,确保项目公司提供的公共服务的普遍性、稳定性、安全性、高质量、高效率、公平和价格合理。

1. 项目运营和维护

PPP 项目合同具有不同于一般的民事合同的特点,一是合同标的是公共产品的提供,二是合同目的更多考虑公益性。由于项目运营的公共性,为了防止项目公司怠于履行维护和运营义务,而导致公共产品的供给不足,本项目 PPP 合同对项目运行阶段中的双方的权利义务做出了如下约定:

一是设立运营协调委员会。双方约定项目移交至项目公司三十天内,双方应成立一个由三名社会资本代表和三名政府方代表的项目运营协调委员会,项目履行中产生的任何问题或争议应及时提交运营协调委员会,该委员会的所有决定均应得到委员会全体成员的一致通过。

二是设置大修和重置费用监管账户。双方约定项目公司在银行开立一个维修资金账户,由双方共同监管。项目公司于每年 1 月 31 日前将上一年度未发生的大修和重置费用存入该账户。存入上述账户的金额,经政府方书面同意,项目公司可提取用于补足以后任何一个运营年度内对项目实施大修和重置所需的实际投入和投标文件中大修和重置的使用计划的差额。项目运营期届满或提前终止时,该账户中余额归属接受项目设施的政府部门或其指定机构。在污水处理 PPP 项目中参与竞争的社会资本一般会在投标文件中明确其关于本项目的内部收益率,该收益率体现了各项成本均实际发生的情况下项目公司的合理利润,但若其成本未据实发生,就有可能获取额外的利润,大修费用(含重置)一般按固定资产投资总额计提一定的费率。但很难判断其是否据实发生,因此从政府监管的角度看,需要强化对大修费用的监管,本项目中设置的大修资金账户,专款用于设备的大修和重置,既鼓励项目公司更好地维护项目设施,又维护了政府方的合理利益。

三是提交运营维护保函。本项目 PPP 合同约定自本项目开始后每一个运营年度的第一个月内,项目公司应向政府方提交运营维护保函作为本项目合作期间运营维护的担保,第一个运营年度的保函金额为项目特许经营费的 5%,第二个运营年度开始的保函金额为上一年度本项目污水处理费收入的 30%。直至本项目反向移交后且项目公司未发生违约行为,该运营维护保函方可解除。

2. 项目实施的管理和监督

污水处理 PPP 项目中,污水处理的数量和质量与居民和生产企业的日常生活和生产经营活动密切关联,因此在该类 PPP 项目中政府方应当更多、更深入地关注到项目的全过程,对项目运营实施监督。在本项目中,政府方的管理监督主要体现在:首先市城建委(2016 年后由市水务局替代其职能)作为项目实施机构依据合同条款进行监管,重点是作为发包人对社会资本履行合同的范围和深度,特别是对于合同边界条件、权利义务体系的执行情况实施监督;其次各污水处理相关职能部门,如市发改委、财政、环保、审计、物价、国土等部门,根据各自职能发挥"依法"监管作用。特别是为了实施统一监管,合理划分事权和职权,避免重复监管、多头监管,南京市根据《中共江苏省委办公厅、江苏省人民政府办公厅关于印发〈南京市人民政府职能转变和机构改革方案〉的通知》(苏办〔2014〕59 号)和《中共南京市委、南京市人民政府关于印发〈南京市人民政府职能转变和机构改革实施意见〉的通知》(宁委发〔2015〕4 号)的规定,设立市水务局,为市政府工作部门,划入原市水利局的职责,划入原市住房和城乡建设委员会承担的城市供节水、生活污水处理行业监管,城市水环境项目的建设、管理及指导村镇供水、排水、污水处理职责,划入市城市管理局承担的市政排水设施管理维护,占用、挖掘城市河道审批,城市排水许可,河道引水系统的调度和管理,城区排水防涝、防汛指挥调度和应急处置等职责。加强全市防汛防涝、供水、排水和生活污水统筹管理职责,加强对水务集团行业管理和业务指导,使得未来的合同履行监管,职责更明晰,责任更具体、监督更严密。可以期待该项目的履行必将发挥更好的社会效益和经济效益。

(四)城东和仙林污水处理厂 PPP 项目移交的法律分析

《政府和社会资本合作模式操作指南(试行)》明确,项目移交时,项目实施机构或政府指定的其他机构代表政府收回项目合同约定的项目资产。项目合同中应明确约定移交形式、补偿方案、移交内容和移交标准。移交形式包括期满终止移交和提前终止移交;补偿方式包括无偿移交和有偿移交;移交内容包括项目资产、人员、文档和知识产权等;移交标准包括设备完好率和最短可使用年限等指标。

城东和仙林污水处理厂 PPP 项目合同,明确约定了项目运营到期后的无偿反向移交条件。具体操作程序是:

1. 项目合作期限期满十二(12)个月前,项目实施机构(前为市城建委、现为市水务局)与项目公司应组建“反向移交委员会”,由反向移交委员会制定本项目反向移交方案,项目公司应对项目实施机构指定的人员予以培训,以便其在本项目反向移交后能够承担本项目的技术、运营及管理工作。反向移交方案应包括恢复性大修计划及验收标准,项目公司应于合作期限最后一年内须按照该等计划对项目设施进行恢复性大修,且该等大修须于反向移交日六(6)个月前完成。

2. 合作期限结束前六(6)个月,项目公司应向项目实施机构提交详细的反向移交清单,反向移交清单包括但不限于项目设施、设备、工具、器材、计算机软件、监测报表及文字资料,以及与污水处理服务相关的其他物品及资料,并最迟应在反向移交日前两(2)个月向项目实施机构提交反向移交通知。项目实施机构应在收到反向移交通知后十(10)个工作日内以书面形式确认其通知,并将政府接收代表的姓名通知项目公司。

3. 在反向移交日前,项目公司应向政府方提交移交维修保函作为移交维修担保,保函金额为上一运营年度污水处理服务费的 50%,该保函的有效期为 12 个月。

4. 在反向移交日,双方将正式签署反向移交备忘录,同时政府或其指定机构的管理人员将正式负责运营本项目。反向移交备忘录的签署,意味着乙方基于本合同项下的合作享有的权利和其他利益被依法终止。

项目最终反向移交,项目公司应当确保项目运行平稳、各项设施设备的状态完好完整移交,并对政府接收人员提供无偿免费的技能培训,在移交后的一年内,确保项目移交后的正常运转。

五、污水处理 PPP 项目运作的难点与思考

(一)关于基础水量设置与厂网分离建设的再思考

本项目由于原厂采用厂网分离建设,致使为吸引社会资本投资,不得不设置基础水量,从而使得精确计费与实际付费出现了一度程序的偏差,增大了操作实施成本。依据财政部、住房和城乡建设部联合印发的《关于市政公用领域开展政府和社会资本合作项目推介工作的通知》(财建〔2015〕29 号)指出,污水处理项目应实行

厂网一体化运营,厂网一体化建设有利于规模化运营,有利于精确建设和评估计费水平,从政策的导向以及对污水处理厂考核体系来看,实施厂网一体化是未来污水处理厂发展的方向,也能解决本项目中不得不设置"基础水量"这一无奈之举。但国务院《外商投资产业指导目录》(2015 年修订)又强调大中城市供排水管网的建设应由中方控股等诸多限制。实践中,各地污水处理管网又多采取分离建设的模式,既存在政府投资,亦有事业单位或相关大型企业建设(如南京扬子石化就承担了驻地供水和污水处理职能)的情况,权属情况极为复杂,也使得污水处理 PPP 项目的落地在政策和实践中存在一些障碍和困难。下一步应当理顺法律关系,统筹安排立法,把"厂网一体建设"列入城市综合管廊建设这一大的环境中来,实施权责统一、产权明晰的建设格局。

(二)污水处理的税收政策环境分析

污水处理属于自然垄断产业,基于其公共性,定价受到政府管制,因此,其利润只能属于微利行业。根据产业经济学和财政学的一般原理,政府在管理价格的同时,也应当在税收、转移支付等环节对行业实施补贴。而考察本项目 TOT 的全部环节,在特许经营权第一次转移的过程中,存在着营业税、增值税、土地增值税、印花税、契税以及所得税及相应附加等税费成本。在未来的反向转移中,根据现有税务政策,资产或其经营权(特别是运营过程中更新或新建资产)期末移交会产生流转税、所得税及契税,这使得污水处理 PPP 项目的交易成本过高。特别是在本项目运营的环节中,财政部、国家税务总局 2015 年 6 月 12 日发布的《关于印发〈资源综合利用产品和劳务增值税优惠目录〉的通知》(财税〔2015〕78 号,以下简称 78 号文),符合一定条件的提供污水处理劳务的纳税人自 2015 年 7 月 1 日起享受增值税即征即退政策,退税率为 70%。此前,污水处理劳务免征增值税。另外,文件规定,"已享受本通知规定的增值税即征即退政策的纳税人,因违反税收、环境保护的法律法规受到处罚(警告或单次 1 万元以下罚款除外)的,自处罚决定下达的次月起 36 个月内,不得享受本通知规定的增值税即征即退政策"。根据该条规定,企业因为一万元以上的罚款即在未来三年不能享受增值税即征即退政策。这一税收新政的出台,给项目公司的运营增加了纳税成本,而项目公司在组建前,无论是其转交费的缴纳还是污水处理费的投标报价,均未将该纳税成本的上升纳入投标报价的考量。因此,后续项目的经营是否受此影响,是否应当进行补充协议,对该部分增加成本予以适当分担,成为目前项目亟须思考的问题。因此,政府有关部门应当研究并改善社会资本进入污水处理行业的税负待遇问题。

（三）项目土地的利用模式存在疑问

《PPP 项目合同》中关于“土地使用方式和限制”中约定，“在合作期限内，乙方无偿使用本项目用地，但若随政策调整导致本项目土地使用方式发生改变并产生相关费用，应由乙方负责承担，具体补偿方式双方另行协商。乙方应仅为本项目之目的使用项目用地，乙方不得以转让、出租等方式处置项目土地使用权，亦不能在项目土地使用权上设置任何权利负担和其他权利限制，包括任何种类的抵押、质押等担保权益或其他权利、主张或利益”。考察合同条款的意旨，应当是属于无偿租用政府所有的项目用地，而非转让土地使用权。这一行为，由于土地租用期限超过了 20 年，违背了合同法关于租赁期限 20 年的最长期限。同时，由于是土地使用权租赁，相应的地上新建和改建建筑物的所有权归属亦成了法律上的难题。为此，建议要么修改合同法关于租赁期限的规定，要么在类似项目中对于长于 20 年的土地使用，均一律采取附条件和回转期限的土地使用权转让合同模式。

（四）PPP 项目关于外资投资的法律障碍应予调整

本项目在资格预审条件中针对的社会资本包括“在中国境内外注册成立的具有独立法人资格且合法存续的企业”，而根据《政府采购法》第 10 条规定，“政府采购应当采购本国货物、工程和服务”。虽然财政部多次发文指出外资是社会资本的重要组成部分，而且《外商投资产业指导目录》（2015 年修订）中，污水处理厂建设、经营属于鼓励外商投资产业目录，但由于政府采购法的效力位阶，使得本项目引入外资存在着法律上的障碍和难题，事实上引入报价合理、运营高效的外资进入污水处理市场，是有利于合作双方、有利于公共利益的“双赢”之事。而在本项目实施过程中，为解决这一法律上的障碍，江苏省财政厅、南京市财政局、市城乡建设委、市城建集团采取个案请示、特事特办的模式，取得国家有关部委机关的政策支持，从而使得项目得以实施，但是留下来的法律障碍却仍然存在，期待在下一步的修法过程中，对 PPP 项目上的相关外资引入条款予以调整。

综上所述，污水处理行业引入 PPP 模式有着天然的制度优势：有利于污水处理事业的健康高效属性；有利于减缓政府财政压力；有利于改善企业经营体制，提高管理水平，实现经济效益和社会效益的帕累托改进。因此，对于无须升级改造的既有污水处理厂，如果可以正常运营，一般可以采用服务外包、运营和维护外包或租赁；对于新建污水处理厂，可以采用 BOT 和 TOT 模式，减缓政府部门的财政负担，改善管理体制和方式，提高运营效率；对于如同本案项目一般的已有的污水处理厂改扩建，可以采用 LBO、BBO、TOT 等模式进行。在项目的引进和实施过程中，既要重视对合作对象的资格审查，做好物有所值和财政承受能力评估，还要进一步完善PPP 模式的相关法律法规、规章制度，改善污水处理 PPP 项目的税收政策环境和法律外部环境，实现该行业的健康高效快速发展。

第二节　垃圾处理 PPP 项目案例分析

根据财政部建立的全国政府和社会资本合作（PPP）综合信息平台统计，截至2016 年 6 月 30 日，入库项目中市政工程、交通运输、片区开发三个行业项目居前三位，合计超过入库项目的一半。而在市政工程项目中，垃圾处理无论在项目数量还是投资规模上均位居前列。① 这一统计数据结果反映了随着工业化、城市化的不断推进，对于城市生活垃圾的处理日益成为政府民生工程中的重要环节，特别是在城市土地资源日益稀缺的前提下，传统的填埋处理、政府包干，不仅效率低、占地大，甚至会产生较为严重的二次污染。因此，采取 PPP 模式有利于垃圾处理项目的合理健康发展，有利于节约经济和生态成本，提升城市综合生活治理水平。为此，国务院制定《关于创新重点领域投融资机制鼓励社会投资的指导意见》（国发〔2014〕60号），要求从“改革市政基础设施建设运营模式”“积极推动社会资本参与市政基础设施建设运营”“加强县城基础设施建设”“完善市政基础设施价格机制”四个方面，加强 PPP 模式在垃圾处理工程上的运用，推进市政基础设施投资运营市场化。而《财政部关于在公共服务领域深入推进政府和社会资本合作工作的通知》（财金〔2016〕90 号）更是进一步要求“在垃圾处理、污水处理等公共服务领域，项目一般有现金流，市场化程度较高，PPP 模式运用较为广泛，操作相对成熟，各地新建项目要强制应用 PPP 模式，中央财政将逐步减少并取消专项建设资金补助”。因此，深入研究和剖析垃圾处理 PPP 项目案例更有着鲜明的理论和实践指导意义。

一、垃圾处理 PPP 项目案例简介

宁波市世行贷款厨余垃圾处理厂 PPP 模式项目，位于宁波市鄞州区洞桥镇宣裴村，项目占地面积 7.67 万平方米。宁波市厨余垃圾处理厂包括但不限于垃圾预处理系统、厌氧发酵系统、沼气处理系统、污水处理设施、沼渣处理设施、除臭设施、公用工程以及环境教育中心。设计处理量按一期日处理厨余垃圾 400 吨，二期日处理 800 吨的规模设计，服务范围为宁波市中心城区。项目计划总投资约 2.56 亿元，

① 数据来源：财政部《全国 PPP 综合信息平台项目库季报》2016 年第 3 期。

其中环保投资约 0.40 亿元。项目配套建设规模及内容：新建江东区、江北区、鄞州区、海曙区、东钱湖旅游度假区等 5 座垃圾转运站；建设 1 座垃圾分选中心；重建镇海区 2 座垃圾转运站，对现有的 22 座小型转运站进行功能转换或提升改建；购置分类收集车 399 辆、分类转运车 78 辆，配置社区分类投放与收集设施。

项目建设进度计划为：一期工程正式商业运营时机为厨余垃圾日基本供应量为 240 吨。当本项目厨余垃圾处理厂实际厨余垃圾处量达到一期设计能力（400 吨/日）的 80%（320 吨/日）时，启动二期技改（新增设计处理能力 400 吨/日，总设计处理能力 800 吨/日）研究；当厨余垃圾处理量达到一期设计能力的 90%（360 吨/日）时，立即实施二期技改。二期工程实施时间预计为 2022 年，二期工程正式商业运营后，厨余垃圾处理厂的厨余垃圾日基本供应量调整为 600 吨/日。

宁波厨余垃圾处理厂的建设对厨余垃圾的"归宿"及市民生活带来革命性的变化。从环保和资源节约的角度，其意义在于，居民在家中实行垃圾分类后，厨余垃圾会被统一收集，运输到宁波开诚生态技术有限公司进行专业处置。厨余垃圾处理厂的建设使得宁波首次实现了真正的"垃圾分类"。截至 2015 年年底，宁波城区生活垃圾分类收集覆盖面达 65%，与此同时，这项事业的核心组成部分——生活垃圾分类设施建设也在紧张有序推进中，该项目为宁波市生活垃圾分类后产生的厨余垃圾和农贸市场垃圾资源化利用及无害化处理服务，实现真正意义上的循环利用。从 PPP 财政部示范项目的意义看，以 PPP 模式建设垃圾处理厂是一种高效、互利，能为公众提供高质量服务的较为理想的运作模式，它能有效吸引社会资本，促进投资的多元化，从而形成有利的公平竞争。宁波市厨余垃圾处理厂 PPP 项目作为国家财政部第二批 PPP 示范项目之一，也是世行在中国境内的首个 PPP 项目，这一项目的成功落地投产，体现了 PPP 模式在市政环保领域的巨大社会效益和经济效益。

二、垃圾处理 PPP 项目政策解析

为推动我国垃圾处理 PPP 项目的发展，国务院、财政部等部委制定了一系列涉及垃圾处理 PPP 模式的政策规范。这为宁波市厨余垃圾处理厂 PPP 项目的运作实施提供了基本的法律规范和政策指引。

根据《固体废物污染环境防治法》和国家相关法律、法规规定，依据《城市生活垃圾处理及污染防治技术政策》（建城〔2000〕120 号）的定义，城市生活垃圾是指在城市日常生活中或者为城市日常生活提供服务的活动中产生的固体废物以及法律、行政法规规定视为城市生活垃圾的固体废物。固体废物，是指在生产、生活和其他活动中产生的丧失原有利用价值或者虽未丧失利用价值但被抛弃或者放弃的固态、半固态和置于容器中的气态的物品、物质以及法律、行政法规规定纳入固体废

物管理的物品、物质。城市生活垃圾的处理应在城市总体规划和环境保护规划指导下，制订和实施与垃圾处理相关的专业规划，实施垃圾减量、垃圾回收、垃圾堆肥、垃圾分类和循环利用等方法，实现城市生活垃圾处理的减量化、资源化、无害化。《城市生活垃圾处理及污染防治技术政策》鼓励垃圾处理设施建设投资多元化、运营市场化、设备标准化和监控自动化，鼓励社会各界积极参与垃圾减量、分类收集和回收利用。这一政策的实施为城市生活垃圾的处理提供了基本指导原则，也为社会资本进入垃圾处理行业提供了政策依据。

《原国家计委、财政部、原建设部、原国家环保总局关于实行城市生活垃圾处理收费制度促进垃圾处理产业化的通知》（计价格〔2002〕872 号）要求：改革垃圾处理体制，实行企业化管理；垃圾处理单位应实行政企、政事分开，要引入竞争机制，通过公开招投标的方式，择优选择有资质的企业承担城市生活垃圾处理工作。积极探索特许经营、承包经营、租赁经营等多种运营方式，降低建设和运营成本，不断提高服务质量。城市建设（环境卫生）行政主管部门要建立市场准入制度，通过公开招投标择优选择有能力的企业（单位）承担生活垃圾收集、运输和处理工作。通过签订合同，明确责任和义务。垃圾处理企业（单位）应转变经营管理体制，实现独立核算、自负盈亏的企业化管理，确实保证垃圾处理质量。

《城市生活垃圾管理办法》（建设部令第 157 号）对城市生活垃圾的清扫、收集、运输、处置及相关管理活动作了具体规范，明确了"减量化、资源化、无害化和谁产生、谁依法负责"的处理原则；确定了城市生活垃圾处理费收费制度；对城市生活垃圾收集、处置设施工程建设的勘察、设计、施工和监理，明确应当实施专项规划管理、严格执行国家有关法律、法规和技术标准；细化了城市生活垃圾收集、处置设施由住建部门实施竣工验收制度；明确垃圾收集、清扫、处理可以经招标由社会资本承担，并实施相应的行业准入和行政许可制度。

2011 年 4 月 25 日，国务院批转了住房城乡建设部等 16 个部门《关于进一步加强城市生活垃圾处理工作意见》（以下简称《意见》）要求各地政府要"深刻认识城市生活垃圾处理工作的重要意义"，要切实加强全过程控制和管理，突出重点工作环节，综合运用法律、行政、经济和技术等手段，不断提高城市生活垃圾处理水平。在城市生活垃圾的处理过程中，要坚持"全民动员，科学引导"，倡导节约和低碳的消费模式，从源头控制生活垃圾产生；坚持"综合利用，变废为宝"，发展循环经济，推动生活垃圾分类工作；坚持"统筹规划，合理布局"，实现城市生活垃圾处理与经济社会发展水平相协调，注重城乡统筹、区域规划、设施共享，集中处理与分散处理相结合，提高设施利用效率，扩大服务覆盖面。要科学制定标准，注重技术创新，因地制宜地选择先进适用的生活垃圾处理技术；坚持"政府主导，社会参与"明确引入市场机制，充分调动社会资金参与城市生活垃圾处理设施建设和运营的积极性。从“控制城市生活垃圾产生”“提高城市生活垃圾处理能力和水平”等多个方面提高城市生活垃圾处理水平。《意见》特别指出要“加大政策支持力度”，鼓励社会资金参与生活垃圾处理设施建设和运营。开展生活垃圾管理示范城市和生活垃圾处理设施示范项目活动，严格执行并不断完善城市生活垃圾处理税收优惠政策。按照“谁产生、谁付费”的原则，推行城市生活垃圾处理收费制度。

《固体废物污染环境防治法》(2015 年修订)明确了减害、合理利用、无害化处置的基本原则，促进清洁生产和循环经济发展。国家鼓励、支持采取有利于保护环境的集中处置固体废物的措施，促进固体废物污染环境防治产业发展。要求县级以上人民政府应当统筹安排建设城乡生活垃圾收集、运输、处置设施，提高生活垃圾的利用率和无害化处置率，促进生活垃圾收集、处置的产业化发展，逐步建立和完善生活垃圾污染环境防治的社会服务体系。鼓励环保部门通过招标等方式选择具备条件的单位从事生活垃圾的清扫、收集、运输和处置。宁波市厨余垃圾处理厂 PPP 项目对生活垃圾实施分类收集储存条件下的无害化、回收利用处理，实现了垃圾分类、循环经济、环保经济的综合平衡。

2013 年 9 月国务院发布《国务院关于加强城市基础设施建设的意见》(国发〔2013〕36 号)要求政府通过特许经营、投资补助、政府购买服务等多种形式，吸引社会资金，参与投资、建设和运营有合理回报或一定投资回收能力的可经营性基础设施项目。要以大中城市为重点，建设生活垃圾分类示范城市(区)和生活垃圾存量治理示范项目；加大处理设施建设力度，提升生活垃圾处理能力；提高城市生活垃圾处理减量化、资源化和无害化水平，摆脱“垃圾围城”困境。

2014 年《国务院关于创新重点领域投融资机制鼓励社会投资的指导意见》(国发〔2014〕60 号)从三个方面提出要求，以推进市政基础设施投资运营市场化。首先，意见要求“改革市政基础设施建设运营模式”，推动市政基础设施建设运营事业单位向企业化管理转变。其次，意见要求“积极推动社会资本参与市政基础设施建设运营”。通过特许经营、投资补助、政府购买服务等多种方式，鼓励社会资本投资城镇垃圾处理、建筑垃圾资源化利用和处理等市政基础设施项目。最后，意见要求“完善市政基础设施价格机制”，加快改进市政基础设施价格形成、调整和补偿机制，使经营者能够获得合理收益。这一指导意见的颁布，为宁波项目的成功落实运营提供了政策保障。

为贯彻落实《国务院关于创新重点领域投融资机制鼓励社会投资的指导意见》(国发〔2014〕60 号)有关要求，鼓励和引导社会投资，增强公共产品供给能力，国家发展改革委下发《关于开展政府和社会资本合作的指导意见》(发改投资〔2014〕

2724 号）进一步把 PPP 模式明确主要适用于政府负有提供责任又适宜市场化运作的公共服务、基础设施类项目，如垃圾处理等市政设施项目。要求各地可以根据当地实际及项目特点，积极探索、大胆创新，通过建立合理的“使用者付费”机制等方式，增强吸引社会资本能力，并灵活运用多种 PPP 模式，切实提高项目运作效率。

上述文件从宏观角度对于垃圾处理 PPP 项目的实施进行了指引，住建部、财政部、发改委为了从规则和程序上细化项目的实际操作，特别是为了能够实现“使用者付费”机制在垃圾处理 PPP 项目上的成功运作，针对性的出台了具体项目识别、准备、实施、移交的具体操作指引。《市政公用事业特许经营管理办法》（住建部令第 24 号）界定了包含垃圾处理在内的市政公用事务的特许经营办法，将特许经营明确定义为“市政公用事业投资者或者经营者在一定期限和范围内经营某项市政公用事业产品或者提供某项服务”。办法规定了特许经营权竞标者的条件、特许经营者选择的招投标程序、特许经营协议的内容、履行和监督。三部委联合颁布《基础设施和公用事业特许经营管理办法》（发改委令、财政部令、住建部令第 25 号）把基础设施和公用事业特许经营定义为政府采用竞争方式依法授权法人或者其他组织，通过协议明确权利义务和风险分担，约定其在一定期限和范围内投资建设运营基础设施和公用事业并获得收益，提供公共产品或者公共服务。在《市政公用事业特许经营管理办法》（住建部令第 24 号）规定的经营模式基础上，补充和完善了“在一定期限内，政府授予特许经营者投资新建或改扩建、运营基础设施和公用事业，期限届满移交政府”（BOT）等方式。办法规定了特许经营协议的订立、内容和可行性评估，明确县级以上人民政府应当授权有关部门或单位作为实施机构负责特许经营项目有关实施工作。实施机构根据经审定的特许经营项目实施方案，应当通过招标、竞争性谈判等竞争方式选择特许经营者，并以项目公司为对象与之签订《特许经营协议》。

现有垃圾处理 PPP 模式政策规范中，由于政策指引的法律效力层级较低，部门立法的模式导致住建部主导的垃圾处理项目，如何与财政部及发改委、环保部之间实现对接协调，仍然是需要解决的问题。只有建立稳定、透明的规划体系，实现公用事业社会资本进入的稳定法律规范，垃圾处理 PPP 项目的法规政策风险才可以降到最低，从而降低交易成本。

三、垃圾处理 PPP 项目操作模式

（一）项目结构

2016 年 3 月，宁波市世界银行贷款厨余垃圾处理厂 PPP 项目成功落地，宁波市政府指定宁波市城管局作为项目实施机构，由市城管局牵头成立世行贷款宁波市

厨余垃圾处理厂 PPP 项目领导小组，小组成员单位为市城管局、市财政局、市国土局、鄞州区政府等。由宁波市生活垃圾分类管理办公室作为具体操作单位，负责各项具体工作的安排。项目实施机构通过招投标方式引入首创环保公司作为项目社会资本，以 BOT（投资—运营—移交）方式，签订 PPP 项目合同，社会资本与市城管局指定的宁波市政公用投资有限公司（以下简称市政投资公司）合资成立 PPP 项目公司，并由 PPP 项目公司承担项目设计、投资、建设和运营。项目设计、建造、财务和运营维护等商业风险由社会资本承担，法律、政策和最低需求等风险由政府承担，不可抗力等风险由政府和社会资本合理共同承担。

在项目公司中，市政投资公司占 49% 股份，首创环保公司占 51% 股份。项目公司资本金占项目总投资的 30%。宁波市政府承诺向项目公司提供一笔以美元计价的世界银行贷款的转贷款，用于本项目 100% 的机电设备投资及 50% 的土建部分投资，融资期限为 20 年，其中宽限期三年，采用每年两次等额本金还本，融资利率为世行浮动利差贷款（VSL）。项目公司须按照《转贷协议》要求履行世行贷款所要求的全部义务，包括按照世行采购指南要求采购本项目的土建及设备承包商。

（二）交易结构

1. 运作模式

依据城市生活垃圾费收取办法，对于能够实现“使用者付费”的项目要依法放开相关项目的建设、运营市场，积极推动自然垄断行业逐步实行特许经营。本项目属于典型的“使用者付费”项目，具有明确的收费基础，并且经营收费能够完全覆盖投资成本的项目，因此，本项目采取政府授予特许经营权，采用建设—运营—移交（BOT）的模式推进。2016 年 2 月，项目实施机构委托招标代理机构按照公开、公平、公正和诚实信用的原则，采用公开招标的方式选择项目合作伙伴。2016 年 3 月，宁波市城管局与中标社会资本首创环保公司签订《宁波市世行贷款厨余垃圾处理厂 PPP 项目合同》。随之依据合同成立了项目公司，将 PPP 项目合同项下的权利义务转由项目公司承接。项目公司负责宁波市世行贷款厨余垃圾处理厂的投融资、建设管理及运营维护，取得厨余垃圾处理服务费。本项目厨余垃圾处理厂 PPP 合作期为二十（20）年（包括建设期）。厨余垃圾处理厂 PPP 合作期满终止时，项目公司应将项目设施完好、无偿移交给市城管局或其指定机构。

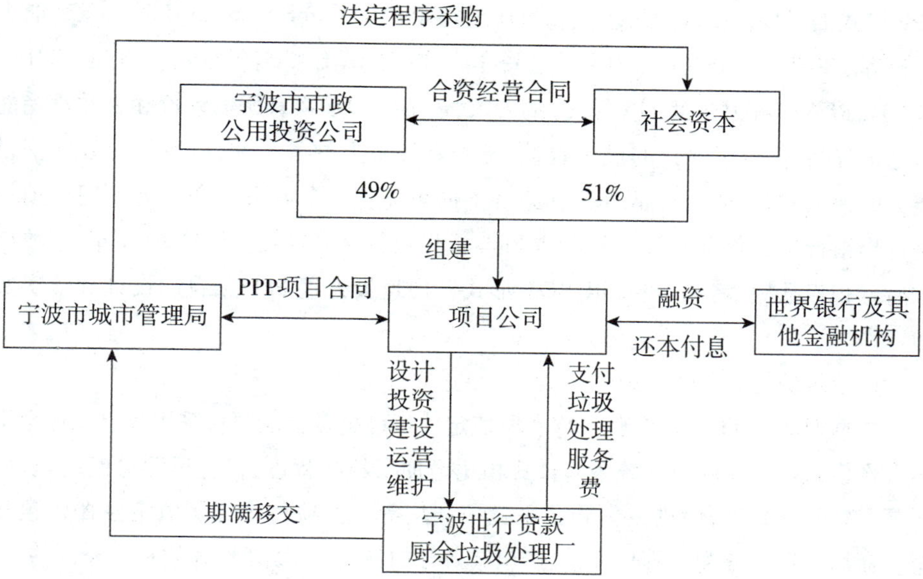

宁波世行贷款厨余垃圾PPP项目交易结构图

2. 结算方式

(1)项目实施成本。本工程项目一期总投资额共计约3.6亿元(包括土地及征迁费用、一期工程土建、设备投资和二期工程土建投资)。二期工程实施时间预计为2022年,二期设备投资由项目实施机构宁波市城管局自行考虑。其中,市城管局为征收项目用地及拆迁等前期工作共花费的费用由项目公司在完成工商登记注册后三十天内向市城管局指定的账户支付。

(2)项目收益。PPP合作初期,厨余垃圾处理服务费单价为中标人投标文件中的厨余垃圾处理服务费单价的报价;PPP合作期内,厨余垃圾处理服务费单价的调整按《PPP项目合同》的规定执行。为保证厨余垃圾基本供应量(按每月平均计算),防止项目公司因垃圾处量不足以保障正常运营成本,PPP项目合同特别设计了基本供应量条款,即开始正式商业运营之日后,若进厂的按每月平均计算的厨余垃圾量不足基本供应量,则市城管局将根据《PPP项目合同》按基本供应量向项目公司支付厨余垃圾处理服务费。

四、垃圾处理PPP项目法律问题分析

(一)宁波市厨余垃圾处理厂PPP项目识别的法律分析

项目识别是PPP项目实施的第一阶段,其目的在于选择适于运行的PPP项目。项目识别的实质是分析、确定项目的必要性、合规性和适用性。识别的内容包括

PPP 模式的适用范围、项目发起、物有所值评价(Value for Money)及财政承受能力评价等。根据《关于印发政府和社会资本合作模式操作指南(试行)》(财金〔2014〕113 号,以下简称财政部 113 号文)的要求,最重要的是物有所值评价和财政承受能力论证,前者决定了项目的成本收益,是否有经济上的可行性,后者是对政府支付能力的评估,即论证项目是否具有经济上的可能性。宁波市厨余垃圾处理厂项目是世界银行贷款建设项目。因此,早在与世界银行签订贷款协议的 2013 年,宁波市政府就积极研究、考察、论证以 BOT 形式实现垃圾处理 PPP 项目的设计和落实实施。

1. 项目的物有所值论证

根据财政部 113 号文规定,物有所值定性评价重点关注项目采用政府和社会资本合作模式与采用政府传统采购模式相比增加供给的程度,优化风险分配的机制,提高运营效率程度,促进创新和公平竞争环境等。本项目物有所值定性评价包括全生命周期风险分配及管理评估、产出绩效导向评估、可实现性评估和补充评估。

(1)全生命周期风险分配及管理评估

全生命周期风险分配及管理评估,主要评估项目的设计、融资、建造和运营维护等生命周期活动整合的充分性,风险识别的充分程度以及风险在政府和社会资本之间优化分配合理程度,是否激励社会资本对风险进行良好管理。全生命周期整合、风险识别与分配两项指标作为全生命周期风险分配及管理评估的主要指标,物有所值定性评价权重为 15%、15%。

全生命周期整合评估主要评估项目的设计、融资、建造和运营维护等全生命周期活动是否充分整合。本项目主要通过以下措施进行全生命周期整合:

①通过设立政府 PPP 工作小组,协调相关政府部门对本项目生命周期中各阶段的管理把控,进行有序、高效整合。

②根据相关法律法规政策,对项目交易结构进行合理设计和优化,搭建项目合同体系,通过一个长期合同全部交由社会资本方实施,进行动态化管理合同体系,达到项目全生命周期各风险的把控。

③在本项目 PPP 合同期内,通过 PPP 模式,政府方参股项目公司,参与本项目全生命周期的融资、运营、维护、更新的管理,达到生命周期的整合,特许经营期结束后将项目资产和设施移交到市政府或其指定机构,满足全生命周期风险分配及管理要求。

风险分配及管理评估主要评估项目的风险能否得到充分识别,能否在政府和社会资本之间优化分配。本项目的风险识别阶段主要关注以下风险,包括政治风险、法律风险、土地取得风险、建设风险、融资风险、运营维护风险、自然风险以及经

济风险等,具体的风险分配机制可参考下表:

类别	主要风险	政府承担	社会资本承担	风险管理措施
融资	未筹足所需资金		√	将融资风险纳入 PPP 项目合同体系,本项目衍生的一切融资手段仅限于用于本项目需要的目的
	成本超过预算		√	
	再融资不确定性		√	
	融资利率波动		√	
	世行贷款	√		
设计和建造	开工许可/批准	√		社会资本方应配合公公共部门,提交履约保函和维修保函等由金融机构出具的可兑付承诺,并由社会资本方购买保险;政府负责协调国土等部门满足项目建设条件
	落实建设用地	√		
	配套建设(红外线)	√		
	成本超支		√	
	建设审批手续	√	√	
	质量欠佳		√	
	工期延期		√	
	不可抗力(可保险)		√	
	不可抗力(不可保险)	√	√	
	二期技改实施时间		√	
	循环经济目标		√	
运营和维护	共享共建设施	√	√	通过建立有效合理的绩效考核机制,依据绩效考核机制进行政府购买服务费用的调整,达到运营和维护风险的管理
	垃圾供应数量	√	√	
	垃圾供应质量	√	√	
	运行管理费用超支		√	
	维护费用超过预算		√	
	达不到服务标准		√	
	辅助材料/燃料供应风险		√	
	技术落后过时		√	
	通货膨胀引起的费用上涨	√	√	
	造成环境污染或破坏		√	
	循环经济目标		√	

续表

类别	主要风险	政府承担	社会资本承担	风险管理措施
运营和维护	不可抗力(可保险)		√	
	不可抗力(不可保险)	√	√	
	调价协议之外的价格变更	√	√	
移交	没有达到移交条件		√	通过合同体系约定移交条件,并在移交前进行可用性评估
	移交费用超预算		√	
法律和政策	针对项目的地方政策法规变更	√		通过动态的合同体系调整,可进行签订补充协议的形式进行此类风险的管理和规避
	公共部门越权签订合同	√		
	项目提前收归国有	√		
	政府换届	√		
	政府部门调整和负责人变更	√		
	作为政府方参与PPP项目的相关单位调整和负责人变更	√		
		√		
	全国性法律和政策变更	√		
	超出地方政府的权限	√		
	全国性普遍增税	√		

(2)产出绩效导向评估

产出绩效导向评估主要评估项目是否围绕公共服务供给数量、质量和效率建立绩效指标、监测管理机制和激励导向,能否鼓励竞争和创新,带来更广泛的社会收益。绩效导向、潜在竞争程度、鼓励创新作为产出绩效导向评估的主要指标,物有所值定性评价权重分别为15%、15%、5%。

(3)可实现性评估

可实现性评估主要评估项目全生命周期政府履约能力及管理能力、项目可融资性。政府机构能力、融资可行性作为可实现性评估的主要指标,物有所值定性评价权重分别为5%、10%。

(4)补充评估

补充评估主要是根据项目具体情况,对主要指标未充分涵盖的要素进行评估。具体操作中可从项目规模、项目资产寿命、资产种类的数量、资产利用及收益、全生命周期成本估计准确性、法律和政策环境等指标中选择补充评估指标,也可由项目本级财政部门会同行业主管部门另行确定补充指标。

定性评估的补充指标应不少于三项,物有所值定性评价总权重为 20%。考虑到本项目的具体情况,物有所值补充评价主要考虑以下指标:项目规模、全生命周期成本估计准确性、循环经济目标及世行贷款,总权重分别为 5%、5%、5% 和 5%。

针对上述 4 大项,11 小项的物有所值评价参考指标,宁波市财政部门会同行业主管部门聘请了九位专家,组织召开专家组会议,进行物有所值定性评估。九位专家的专长涵盖了 PPP 项目、工程技术、财务、法律、固废行业、项目管理六个专业领域。在充分讨论项目情况后,上述专家按指标进行逐项评分,评分模式为百分制。针对每个指标,去掉一个最高分和最低分后求和,然后计算每个指标对应的平均分,再对平均分按照指标权重计算加权分,得到评分结果。通过专家评估结合物有所值定性评估评分表打分,本项目物有所值定性评估的结论为“通过定性评估”。

2. 项目建设的财政承受能力评价

按照《政府和社会资本合作项目财政承受能力论证指引》(财金〔2015〕21 号)要求,对拟实施 PPP 项目,应当从股权投资、运营补贴、风险承担、配套投入等方面进行全生命周期财政支出责任识别,结合本级财力状况、收支结构、债务水平等方面进行财政可承受力评估。在垃圾处理 PPP 项目中具体的做法是:对本项目垃圾处理量实施预测分析,结合政府指导的垃圾处理费定价标准,按照峰值与谷值的均衡处理,在结合项目合同中明确的基本垃圾供应量底限,准确评估出项目各个建设和运营周期的平均收入,再结合项目成本(已由 PPP 项目合同所明确),实施全周期、全过程(20 年)的成本收益核算。在此基础上,政府部门可以较为准确地设置出招标过程的阈值和底值,从而确保财政承受能力能够通过以社会资本转贷款和社会资本投资付费的形式,实现财政负担的转移。本项目财政承受能力论证采用定量和定性分析方法,宁波市财政局通过责任识别、支出测算等方法,依据本项目实施方案中的相关内容和测算数据以及宁波市一般公共预算支出情况,对本项目开展财政承受能力论证工作。

财政承受能力评估包括财政支出能力评估以及行业和领域平衡性评估。财政支出能力评估,是根据 PPP 项目预算支出责任,评估 PPP 项目实施对当前及今后年度财政支出的影响,主要分为股权支付、运营支出、风险承担、配套投入四类。

(1)股权支付责任评价

股权投资支出责任是指在政府与社会资本共同组建项目公司的情况下,政府承担的股权投资支出责任。计算公式为:

股权投资支出 = 项目公司资本金 × 政府方占项目公司股权比例

根据本项目具体情况,其中项目公司注册资本金暂定为 1.08 亿元,政府方占项目公司股比为40%，共计支出为4320万元。

(2)政府购买服务费支出责任评价

政府购买服务费支出责任是指在项目运营期间，政府承担的垃圾处理服务费支出责任。按照宁波市政府对本项目的规划和运营方案，在PPP合作期内项目公司通过收取政府购买服务费(垃圾处理服务费)来支付运营成本、归还债务本息并获取投资回报。计算公式如下：

当年运营补贴支出数额 = [项目全部建设成本 × (1 + 合理利润率) × (1 + 年度折现率)^n]/政府运营补贴(年) + 年度运营成本 × (1 + 合理利润率)

合理利润率：根据相关政策要求，合理利润率应以商业银行中长期贷款利率水平为基准，充分考虑可用性付费、使用量付费、绩效付费的不同情景，结合风险等因素确定。当前五年期以上贷款基准利率为4.9%，考虑到项目的运作有通货膨胀、不可抗力等风险因素，并参考类似案例经验，本项目内部收益率为8%。

年度折现率：考虑相关政策要求，年度折现率应考虑财政补贴支出发生年份，并参照同期地方政府债券收益率合理确定。根据各地近期地方债定向发行情况，结合宁波市等省市情况，期限为3年、5年、7年和10年四个品种，发行利率分别约为2.9%、3.2%、3.46%和3.47%。结合我国目前的社会折现率一般取值为8%，对于永久性工程或收益期超长的项目，社会折现率可适当降低，但不低于6%。本项目PPP合作期为20年，投融资期限较长，年度折现率定为6%。

根据上述条件测算出PPP合同期内政府购买服务费支出数额为160,139.7万元。

(1)风险支出责任评价

风险承担支出责任是指项目实施方案中政府承担风险带来的财政或有支出责任。结合本项目特点，参考行业经验，产生较大政府支出责任概率且支出额度较高的风险事件主要是指国家和地方提高运营维护标准导致维护费用提高、税种和税率的变化等，该等风险所造成的财政支出按每年政府购买服务费支出的5%考虑。

(2)配套支出责任评价

配套投入支出责任是指政府提供的项目配套工程等其他投入责任，通常包括土地征收和整理、建设部建设部分项目配套措施、完成项目与现有相关基础设施和公用事业的对接等，计算公式为：

配套投入支出数额 = 政府提供的其他投入总成本 - 社会资本方支付的费用

本项目工程前期准备工作包括征地、拆迁等工作，均计入前期费用，由项目公司支付，计入项目总投资，故政府无配套投入支出责任。

综上，本项目下政府承担的财政支出责任总计 191，173.5 万元。

根据财政部〔2015〕21 号文的要求，“每一年度全部 PPP 项目需要从预算中安排的支出责任，占一般公共预算支出比例应当不超过 10%”，结合根据宁波市 2010～2014 年年度一般财政预算支出情况对 2015～2031 年年度宁波市一般财政预算支出情况的预估，测算可知宁波市市本级一般公共预算支出额度可以满足本项目支出，支出占比平均约为 0.26%，其中 2024 年、2027 年占比最高，为 0.34%，运营期第 2018 年占比最低，为 0.07%。因此，本项目的财政支出处于市本级财政可承受能力范围之内。

（二）宁波市厨余垃圾处理厂 PPP 项目准备的法律分析

2014 年 11 月 29 日，财政部发布了《政府和社会资本合作模式操作指南（试行）》（财金〔2014〕113 号），文件指出在项目准备阶段，县级（含）以上地方人民政府可建立专门协调机制，主要负责项目评审、组织协调和检查督导到工作，实现简化审批流程、提高工作效率。政府或其指定的有关职能部门或事业单位可作为项目实施机构，负责项目准备、采购、监管和移交等工作。根据这一指南，项目准备阶段主要工作是整体结构的搭建和选择，项目运作方式、交易结构、合同体系、风险分配等方案的决策和执行。考虑到项目具有边界条件清晰、运作机制成熟以及市场关注度高等特点，本项目所有采购活动均委托宁波国际投资咨询有限公司作为采购代理实施公开招标的采购方式。最终于 2016 年 6 月由项目实施机构与中标单位签订了《宁波市厨余垃圾处理厂 PPP 项目合同》。

1. 项目采购的招标资格审查

本项目的资格审查方式实施资格预审（通过资格审查并且其提交的技术方案经评审达到合格标准，均可参与后续招标）。未参加资格预审的或资格预审未通过或其提交的技术方案经评审未达到合格标准的申请人，将拒绝其参与后续招标。参加本项目资格预审的申请人必须同时提交技术方案和运营管理两套方案，评标和开标采取先开技术标、再开商务标的形式进行项目采购。在招标前，本项目亦编制实施方案并提交联审机制审查，明确经济技术指标、经营服务标准、投资概算构成、投资回报方式、价格确定及调价方式、财政补贴及财政承诺等核心事项。在招投标的基础上，项目实施机构和社会资本依法签订项目合同，明确服务标准、价格管理、回报方式、风险分担、信息披露、违约处罚、政府接管以及评估论证等内容。2015 年 12 月 14 日，采购人和招标代理机构共同发布本项目资格预审公告，共有 11 家投标人参加资格预审，其中包括首创环保在内的 8 家投标机构通过资格预审。2016 年 5 月 18 日，采购人和招标代理人共同向首创环保发出中标通知书，首创环保以

198元/吨的垃圾处理服务费单价中标。

2.收费机制及基本垃圾供应量机制

项目准备的关键除了项目采购、交易结构设置、项目合同签订外,其中最为关键的在于收费机制的确定。原国家计委、财政部、原建设部、原国家环保总局发布《关于实行城市生活垃圾处理收费制度促进垃圾处理产业化的通知》(计价格〔2002〕872号),要求:"全面推行生活垃圾处理收费制度,所有产生生活垃圾的国家机关、企事业单位(包括交通运输工具)、个体经营者、社会团体、城市居民和城市暂住人口等,均应按规定缴纳生活垃圾处理费。"要合理制定垃圾处理费标准,提高垃圾无害化处理能力。收费标准由行政事业性收费向经营服务性收费转变,由城市人民政府价格主管部门会同建设(环境卫生)行政主管部门制定,报城市人民政府批准执行,并报省级价格、建设行政主管部门备案。按照补偿垃圾收集、运输和处理成本,合理盈利的原则核定,并区别不同情况,逐步到位。垃圾收集、运输和处理成本主要包括运输工具费、材料费、动力费、维修费、设施设备折旧费、人工工资及福利费和税金等。由于社会资本投资回报的基础在于城市生活垃圾费付费机制,因此,准确评估垃圾处理量、政府委托收费后交项目公司列为收入,成为本项目实施的焦点和难点。特别是不同于污水处理厂,垃圾处理由于垃圾的收集和储运无法通过建立管网的方式来自动实现入料、进库。因此,准确判断垃圾的处理量成为判断垃圾处理费收费的重要基础。对于垃圾处理PPP项目范围只包括垃圾处理厂,而不包含垃圾收集、储运的,垃圾处理量就很难保证。本项目实施一体化特许经营,即除垃圾处理厂自身运营外,垃圾收集站的设置、垃圾收集车的运营,均由GPS等技术实施动态流量监控,确保从流量的源头就能保障垃圾处理厂的正常运行。但是尽管如此,为避免出现因垃圾处理量低,收费水平过低,而无法保障项目的正常运营,导致社会资本因商业风险过大而不敢进入这一领域。本项目实施机构设置了"基础供应量机制",即设定垃圾处理的最低数量,如果项目实施后实际处理垃圾处理量低于该值,则按该基础供应量结算,如果实际处理量高,则按实结算,基础供应量的设置相对于对社会资本有了一个基本的成本托底机制,确保了社会资本的风险负担降低。本项目PPP合同约定,自项目开始正式商业运营起始日起,在项目运营期第一年至二期正式商业运营日之前,市城管局应依本合同的约定,保证每日自行运送或委托运送的日厨余垃圾基本供应量为240吨/日(按月平均量计算)。当本项目实际垃圾处理能力达到一期设计能力(400吨/日)的80%时,应启动二期技改研究;当本项目实际垃圾处理能力达到一期设计能力的90%时,应立即实施二期技改。从二期工程正式开始商业运作之日起至PPP合同期结束之日止,本项目日厨余垃圾基本供应量为600吨/日。

值得注意的是,本项目在厨余垃圾处理过程中还能利用自身技术提纯出可供商业使用的天然气,合理利用该类资源调整调价机制缓解政府付费的压力是亦是本项目的创新所在。本项目 PPP 合同约定,在 PPP 合同期内,天然气公司向项目公司购买厨余垃圾处理过程中提纯的天然气,采购价格按照浙江省物价部门发布的并网价执行。在 PPP 合同期内,如果天然气公司向项目公司支付的天然气供销结算价格低于 2.17 元/m^3,市城管局给予补足差额部分;如果天然气公司向项目公司支付的天然气供销结算价格高于 2.17 元/m^3,高出部分折抵市城管局应支付的厨余垃圾处理服务费,市城管局从应支付给项目公司的厨余垃圾处理服务费中直接予以扣除。通过上述约定,项目公司可以通过向天然气公司销售天然气补充本项目商业运营收入,对高于 2.17 元/m^3 的部分则直接折抵市城管局应支付的厨余垃圾处理服务费,有效缓解了本项目政府付费的压力。

(三)宁波市厨余垃圾处理厂 PPP 项目执行的法律分析

PPP 项目执行阶段是指项目实施机构通过竞争性程序,公平、公正的选择社会资本后,由社会资本或其组织的项目公司负责项目的建设、运营等事项。财政部《政府和社会资本合作模式操作指南(试行)》指出,“在项目合同执行和管理过程中,项目实施机构应重要关注合同修订、违约责任和争议解决等工作”。宁波市厨余垃圾处理厂项目中的社会资本方通过签订特许经营权协议,以 BOT 的形式完成建设,按约运营,并在期满后无偿移交政府。因此,在宁波市厨余垃圾处理项目中,既涉及项目实施机构依据合同对于项目公司的按约经营实施监管,也存在着城管、环保、住建、发改、价格管理部门依法对项目的实施进行监管。一是项目实施过程中,为加强工程质量、运营标准的全程监督,确保公共产品和服务的质量、效率和延续性,项目实施机构可以委托第三方评价,对公共产品和服务的数量、质量以及资金使用效率等方面进行综合评价,评价结果向社会公示,作为价费标准、财政补贴以及合作期限等调整的参考依据。项目实施结束后,可对项目的成本效益、公众满意度、可持续性等进行后评价,评价结果作为完善 PPP 模式制度体系的参考依据。二是行政机关的依法监管。首先规范价格管理,按照补偿成本、合理收益、节约资源以及社会可承受的原则,加强投资成本和服务成本监测,加强价格行为监管。其次我国环保相关法律对于垃圾处理项目的环保配套设施设置“三同时”制度,就更需要在垃圾处理厂的长期运行过程中,对其环保设施运行情况、环保措施执行情况,实施不间断的动态监管。

由于垃圾处理类 PPP 项目与广大居民群众的基本生活密切相关,垃圾处理的质量是此类 PPP 项目中政府方需要重点关注的内容。本项目 PPP 合同约定,项目公司应严格按照相关法律法规和国家标准的要求对垃圾处理过程中可能产生的废气、废水、废渣、噪声、恶臭、渗滤液等污染进行治理。整个项目应以减量和循环经济为目标，最大限度地减少出厂的固体废物量，当月出厂的固体废物量不高于当月进场厨余垃圾量的25%，出厂的固体废物中有机质含量不高于5%。出厂的固体废弃物除玻璃、砂石等不能焚烧处理的废弃物外，其他出厂废弃物均应采用焚烧处理，采用焚烧和填埋处理时应满足接收的焚烧或填埋厂进料要求。当出现进场垃圾质量和成分变化时，项目公司首先应根据谨慎运营原则，尽最大努力实现考核指标。若由于市城管局提供的厨余垃圾质量和成分变化导致固体废弃物25%的控制指标难以实现，固体废弃物控制指标由市城管局与项目公司依据实事求是原则，在厨余垃圾费绩效兑付时给予合理认定。原则上按照进场垃圾事实厨余垃圾含量每降低1%（基于事实厨余垃圾含量65%），出厂固体废弃物考核指标上升0.8%（基于25%出厂固体废弃物比例）的方案试运行一年。试行一年后若有需要调整循环经济考核指标，须由具有专业资质的第三方机构提供当年厨余垃圾成分检测数据，第三方机构产生费用由需求提出方承担，双方届时再就循环经济考核指标进行具体商议和调整。

（四）宁波市厨余垃圾处理厂PPP项目移交的法律分析

财政部《政府和社会资本合作模式操作指南（试行）》明确规定，项目移交时，项目实施机构或政府指定的其他机构代表政府收回项目合同约定的项目资产。项目合同中应明确约定移交形式、补偿方案、移交内容和移交标准。移交形式包括期满终止移交和提前终止移交；补偿方式包括无偿移交和有偿移交；移交内容包括项目资产、人员、文档和知识产权等；移交标准包括设备完好率和最短可使用年限等指标。

因此，在政府和社会资本合作过程中，如遇不可抗力或违约事件导致项目提前终止时，项目实施机构要及时做好接管，保障项目设施持续运行，保证公共利益不受侵害。政府和社会资本合作期满后，要按照合同约定的移交形式、移交内容和移交标准，及时组织开展项目验收、资产交割等工作，妥善做好项目移交。依托各类产权、股权交易市场，为社会资本提供多元化、规范化、市场化的退出渠道。

五、项目的借鉴价值

垃圾处理项目属于公共产品，具有强外部性，其建设运营有着不同于一般私人产品的特别特点，特别是在当下的社会环境中，基于普遍的不信任危机，民众往往基于“邻避效应”而不希望垃圾处理项目建在自己的邻近区域。因此，宁波市厨余垃圾厂 PPP 项目的顺利落实和运营推进，有着较强的经济和社会学价值。对于垃圾处理行为而言，有着以下一些事项需要特别加以重视和借鉴。

（一）完善法规标准

宁波项目的特点在于并非单一的垃圾处理厂项目，而是集成了垃圾分类收集、垃圾中转储运、垃圾处理后无害化循环处理等全过程。因此，宁波市自 2013 年取得世界银行贷款项目后，就逐步制定和完善了生活垃圾处理标准规范体系，制定和完善生活垃圾分类、回收利用、工程验收、污染防治和评价等地方性规范标准。进一步完善生活垃圾分类标识，使群众易于识别、便于投放。改进城市生活垃圾处理统计指标体系，做好与废旧商品回收利用指标体系的衔接。

（二）强化规划引导

依据相关法规政策，垃圾处理必须实施规范先行、引导建设和运营。宁波项目针对宁波市区的五区人口和区域面积规划情况，专门制订了生活垃圾处理设施建设规划，统筹安排城市生活垃圾收集、处置设施的布局、用地和规模，并纳入土地利用总体规划、城市总体规划和近期建设规划。推进城市生活垃圾处理设施一体化建设和网络化发展，基本实现按照人员分布和行政区域建制，做到了有生活垃圾固定收集站与流动生活垃圾收集车的无缝对接、网格式运营，建立与垃圾分类、资源化利用以及无害化处理相衔接的生活垃圾收运网络，加大生活垃圾收集力度，扩大收集覆盖面。对于最终的垃圾处理厂设置也依据动态分配技术，规划设计成本最佳、路线最优的设计位置。生活垃圾处理设施用地纳入城市黄线保护范围，禁止擅自占用或者改变用途，同时要严格控制设施周边的开发建设活动。

（三）严格市场准入

基于垃圾处理这一自然垄断行业所生产出来的公共产品，由于竞争机制的缺乏，因而对于基于垄断地位的供应商要求就必须非常严格，以防止不合格的生产商，滥用市场独占地位，提供质次价高的公共产品，从而分割公共利益。宁波厨余垃圾处理厂 PPP 项目，在招标阶段对投标人设置了较高的进入门槛，如满足依据《政府采购法》第 22 条规定的供应商资格条件，即具有独立承担民事责任的能力；具有良好的商业信誉和健全的财务会计制度；具有履行合同所必需的设备和专业技术能力；有依法缴纳税收和社会保障资金的良好记录；参加政府采购活动前三年内，在经营活动中没有重大违法记录。除此以外，项目实施机构根据项目属于世行贷款示范项目这一特点，还另行设置了特殊准入条件：一是要求为境内外合法设立并有效存续的独立法人或其他经济组织；二是要求申请人具备类似项目经验要求，如以投资和运营模式（即为单个项目承担的业务中至少包括投资和运营两项，下同）承担过一个以上（含）平均日处理规模两百吨以上（含）的厨余或餐厨垃圾处理项目经验，并且项目至少已达到试运行阶段；或申请人以投资和运营模式承担过平均日处理规模八百吨以上（含）的市政固废处理项目经验及以投资和运营模式承担过一个以上（含）平均日处理规模一百吨以上（含）的厨余或餐厨垃圾处理项目经验，并且厨余或餐厨垃圾处理项目至少已达到试运行阶段。还要求申请人（联合体中一方）同时具备市政行业（环境卫生工程专业）设计甲级和建筑行业（建筑工程专业）设计甲级；或同时具备环境工程固体废弃物处理处置设计甲级和建筑行业（建筑工程专业）设计甲级；或以上资质。除了技术资质和建设运营经验外，宁波项目还要求申请人（如为联合体，则为联合体中牵头方）较高的净资产条件，以确保投标人的履约能力和责任能力。与此同时，为防止社会资本在项目运行过程中，安排利益输送、不正当竞争等，项目实施机构还对社会资本的股权分配、利益回馈等事项，设置了严格的监管措施，以确保项目的正常运转。

（四）提高运行水平

无论是合同约束还是行政监管，宁波项目的运行过程中，各方均严格执行各项工程技术规范和操作规程，切实提高设施运行水平。项目公司在垃圾处理厂的运营过程中，科学制定技术处理方案，严格执行技术标准要求，对于运营成本和环保效果实行“双重监管”原则。同时，对于垃圾处理中的突发事件，运营单位应当有效应对设施故障、事故、进场垃圾量剧增等突发事件。切实加大人力财力物力的投入，解决设施设备长期超负荷运行问题，确保安全、高质量运行。宁波项目还建立了污染物排放日常监测制度，按月向所在地住房城乡建设（市容环卫）和环境保护主管部门报告监测结果。

（五）实施“垃圾源头削减—回收利用—焚烧回收能源—最终填埋处理”

宁波项目将生活垃圾分为四色四类：分别是回收垃圾（黄色垃圾桶盛放），主要包括废纸、塑料、玻璃、金属和布料五大类；厨余垃圾（绿色垃圾桶盛放），包括剩菜剩饭、骨头、菜根菜叶、果皮等食品类废物；有害垃圾（红色垃圾桶盛放），包括废电池、废日光灯管、废水银温度计、过期药品等，这些垃圾需要特殊安全处理；其他垃圾（蓝色垃圾桶盛放），包括除上述几类垃圾之外的砖瓦陶瓷、渣土、卫生间废纸、纸巾等难以回收的废弃物，采取卫生填埋可有效减少对地下水、地表水、土壤及空气的污染。宁波市通过立法形式实施垃圾分类，对分类垃圾实行分段时间、分区域进行分类收集储运和处理,使垃圾处理实现了“无害化、再利用化”。

综上所述,垃圾处理行业引入 PPP 模式有着天然的制度优势:有利于减缓政府财政压力,有利于改善企业经营体制、提高管理水平,实现经济效益和社会效益的帕累托改进。因此,对于新建或改建项目,应充分调动社会资本参与公共事业的积极性,在项目引进和实施过程中,既要重视对合作对象的资格审查,做好物有所值和财政承受能力评估,还要进一步完善 PPP 模式的相关法律法规,规章制度,改善垃圾处理 PPP 项目的税收政策环境和法律外部环境,实现该行业的健康高效快速发展。

第三节　水体综合治理 PPP 项目案例分析

水体综合治理的内涵比较丰富,除了传统意义上的河道、水系综合治理,项目实施过程也往往包含污水处理、沿河片区开发。按照《国务院办公厅转发财政部、发改委、人民银行关于在公共服务领域推广政府和社会资本合作模式的指导意见》(国办发〔2015〕42 号)确定的 13 个行业划分标准,结合财政部 PPP 综合信息平台项目库的行业划分,水体综合治理涉及生态建设和环境保护、市政工程、片区开发等行业。因此,水体综合治理根据财政部建立的全国政府和社会资本合作(PPP)综合信息平台统计报告显示,水体综合治理亦是 PPP 项目中的数量大户和投资金额大户。这反映了我国发展理念已由“先发展后治理”逐步向“边发展边治理”和“治理先行”的绿色 GDP 发展理念转变。为此,国务院制定《关于创新重点领域投融资机制鼓励社会投资的指导意见》(国发〔2014〕60 号),要求在包括水体综合治理领域在内的各个领域建立健全政府和社会资本合作(PPP)机制,推广政府和社会资本合作(PPP)模式,规范合作关系保障各方利益,健全风险防范和监督机制,并明确 PPP 项目的退出路径,保障项目持续稳定运行。项目合作结束后,政府应组织做好接管工作,妥善处理投资回收、资产处理等事宜。

一、水体综合治理 PPP 项目案例简介

河南省漯河市城乡一体化示范区管理委员会(以下简称管委会)开发、建设的漯河市城乡一体化示范区沙河沿岸综合整治 PPP 项目(以下简称沙河综合整治项目),是水体综合治理 PPP 案例之一,其包括滩内沿河景观工程、河道两岸堤外景观工程、滨河路工程及四湖水系工程。项目总投资约为 10.8 亿元,合作期限为 30 年,占地规模 126.3 万平方米(约合 1893 亩)。项目采取 BOT 建设模式,由项目实施机

构管委会招标引入社会资本,由项目实施机构指定漯河新区投资发展有限公司与中标社会资本合资成立项目公司管理和运营项目,项目收益来源于政府付费。30年合作期满后,收回社会资本。

主要建设内容包括:

1. 滩内沿河景观工程:开展沙河内滩(即整治河道两岸蓝线范围内河滩)整治43.3万平方米(约合650亩),主要工程为清淤及生态恢复工程,以及岸线整治约8公里,并建设附属管理服务用房等设施,为游客提供餐饮,休息,购物,咨询、展示等服务。

2. 两岸堤外景观工程:开展河道两岸两线两侧绿地范围内景观建设,绿化景观建设面积23.6万平方米(约合353.5亩),主要工程包括绿化工程19万平方米(约合285亩),游步道、广场等铺装3.5万平方米(约合52.5亩),并配套城市家具、给排水、景观照明、附属管理服务用房等设施,为游客提供餐饮,休息,购物,咨询、展示等服务。

3. 滨河东路(沙河路—淞江路段)工程:新建滨河东路,北起沙河路,南至淞江路,道路全长3.01公里,按双向两车道支路标准进行建设,设计行车速度20km/h,路面设计标准轴载BZZ-100KN,规划红线宽度15米,其中机非混行车道宽10米,两侧人行道各宽2.5米,道路占地面积约4.5万平方米(约合67.5亩)。

4. 滨河西路(沙河路—淞江路段)工程:新建滨河西路,北起沙河路,南至淞江路,道路全长3.06公里,按双向两车道支路标准进行建设,设计行车速度20km/h,路面设计标准轴载BZZ-100KN,规划红线宽度15米,其中机非混行车道宽10米,两侧人行道各宽2.5米,道路占地面积约4.6万平方米(约合69亩)。

5. 四湖水系工程:新建龙潭湖、天鹅湖、东湖生态莲池和西湖水广场工程,并增建四湖水系的水环系统工程25.6万平方米(约合384亩),以达到水系水质量标准。四湖水系工程具体如下:

(1)龙潭湖工程,西至千山路,北至漠河路,东至沙湾路,南至兴凯湖路,占地8.3万平方米(约合124亩);

(2)天鹅湖工程,西至莲花山路,北至镜泊湖路,东至燕山路,南至天鹅湖路,占地4.5万平方米(约合68亩);

(3)东湖生态莲池工程,西至燕山路,北距日月潭路500m,东至桐柏山路,南至洋河路,占地6.2万平方米(约合93亩);

(4)西湖水广场工程,西至千山路,北至子牙河路,东至沙湾路,南至云河路,占地5.6万平方米(约合84亩)。

沙河沿岸综合整治工程随路敷设雨水、污水及再生水主管线20公里,配套道路照明设施。由示范区管委会负责对本项目所占用土地进行收储、整理，搬迁现有住户约 500 户，相关费用纳入项目前期费用，由项目公司承担。

二、水体综合治理 PPP 项目政策解析

水体综合治理就是通过一系列措施，将已经退化或损坏的水生态系统恢复、修复，基本达到原有水平或超过原有水平，并保持其长久稳定。水环境综合整治是一个复杂的系统工程，包括截污、管网、水利、清淤、水质净化、生态修复等方面。水环境综合治理主要体现在河流污水治理、湖泊污水治理及农村污水治理。近年来，随着我国水资源短缺和污染问题日益严重和社会民众对用水安全以及环境保护的关注度逐渐提升，水环境综合整治也就显得越来越迫切。水治理是一个系统性的工程，特别是对于河流或湖泊的治理，需要成套的设计和规划，才能达到良好的效果。在资本支持力度增加、政策红利不断落实的情况下，水体综合处理产业不仅作为“海绵城市”的重要组成部分，也作为整个“美丽中国”战略的重要组成部分。因此，漯河市城乡一体化示范区沙河沿岸综合整治 PPP 项目有着较强的示范价值。水体综合治理涵盖了市政工程、环保与生态工程、交通与水利工程。因此，针对水体治理综合工程的行业涵盖性，国务院、财政部关于其所覆盖行业的 PPP 运行规范指引均适用于水体综合治理 PPP 项目。

2013 年 9 月 6 日，国务院发布《关于加强城市基础设施建设的意见》(国发〔2013〕36 号)要求政府通过特许经营、投资补助、政府购买服务等多种形式，吸引社会资金参与投资、建设和运营有合理回报或一定投资回收能力的可经营性基础设施项目。意见要求要科学编制规划，发挥调控引领作用。牢固树立规划先行理念，遵循城镇化和城乡发展客观规律，以资源环境承载力为基础，科学编制城市总体规划，做好与土地利用总体规划的衔接，统筹安排城市基础设施建设。完善和落实城市基础设施建设专项规划。抓好项目落实，加快基础设施建设进度。确保政府投入，推进基础设施建设投融资体制和运营机制改革。2014 年 11 月 16 日，《国务院关于创新重点领域投融资机制鼓励社会投资的指导意见》(国发〔2014〕60 号)要求公共服务、资源环境、生态保护、基础设施等领域，积极推广 PPP 模式，规范选择项目合作伙伴，引入社会资本，增强公共产品供给能力。政府有关部门要严格按照预算管理有关法律法规，完善财政补贴制度，切实控制和防范财政风险。规范合作关系保障各方利益。平衡好社会公众与投资者利益关系，既要保障社会公众利益不受损害，又要保障经营者合法权益。建立独立、透明、可问责、专业化的 PPP 项目监管体系，形成由政府监管部门、投资者、社会公众、专家、媒体等共同参与的监督机制。政府要与投资者明确 PPP 项目的退出路径，保障项目持续稳定

运行。项目合作结束后,政府应组织做好接管工作,妥善处理投资回收、资产处理等事宜。

为贯彻落实《国务院关于创新重点领域投融资机制鼓励社会投资的指导意见》(国发〔2014〕60号)的有关要求,鼓励和引导社会投资,增强公共产品供给能力,国家发展改革委下发《关于开展政府和社会资本合作的指导意见》(发改投资〔2014〕2724号),进一步把PPP模式明确主要适用于政府负有提供责任又适宜市场化运作的公共服务、基础设施类项目。如污水处理等水体治综合项目。要求各地可以根据当地实际及项目特点,积极探索、大胆创新,通过建立合理的"使用者付费"机制等方式,在政府付费的基础上,增强吸引社会资本能力,并灵活运用多种PPP模式,切实提高项目运作效率。

2015年5月19日,财政部、发改委、人民银行发布了《关于在公共服务领域推广政府和社会资本合作模式的指导意见》(国办发〔2015〕42号),明确要求地方政府应根据当地经济社会发展需要,结合财政收支平衡情况,统筹论证新建项目的经济效益和社会效益。根据项目实施周期、收费定价机制、投资收益水平、风险分配基本框架和所需要的政府投入等因素,合理选择运营方式。财政部发布了《水污染防治专项资金管理办法》(财建〔2015〕226号)明确了"水污染防治专项资金"(以下简称专项资金)的拨付、请领、使用、监管等程序事项,明确了由中央财政安排,专门用于支持水污染防治和水生态环境保护方面的专项水污染防治资金,这一办法有效解决了水体综合治理的财政负担问题,也为社会资本进入取得中央财政专项补贴,提供了政策依据。办法明确专项资金重点支持范围包括:"重点流域水污染防治;水质较好江河湖泊生态环境保护;饮用水水源地环境保护;地下水环境保护及污染修复;城市黑臭水体整治;跨界、跨省河流水环境保护和治理;国土江河综合整治试点;其他需要支持的有关事项。"专项资金根据各项水污染防治工作性质,主要采取因素法、竞争性等方式分配,采用奖励等方式予以支持。采用因素法分配的,主要为目标考核类工作,考核结果作为专项资金分配的参考依据;采用竞争方式分配的,主要为试点示范类工作,通过竞争审定工作方案,财政部会同环境保护部按照工作通知确定的程序组织竞争性评审。对于试点示范类工作,财政部会同环境保护部根据国家有关部署及要求确定专项资金年度支持重点领域,组织地方申报实施方案,并择优支持。地方财政及环境保护部门要按规定管理和使用中央拨付的专项资金,组织实施相关工作,落实工作任务,对采用政府和社会资本合作(PPP)模式的项目予以倾力支持。

现有水体综合治理PPP模式政策规范中,由于水体综合治理主要是指污水处理、环境保护、地下管廊建设等事项内容,因此,专门性针对水体治理的规范体系、规则标准并不明确，这就导致水体治理 PPP 项目在实施过程中，缺乏规则指引。特别是对于水体综合治理 PPP 项目引入社会资本，如何保障其合理利用的问题，显得尤为突出。漯河项目采取了政府付费的方式，但这一方式对于吸引社会资本进入，对于减除政府财政负担，相对于传统的运作模式并无特别优势，这也是研究和实务人员特别需要重视和加以研究的问题。

三、水体综合治理 PPP 项目操作模式

（一）运作模式

漯河市人民政府授权示范区管委会作为本项目的实施机构，主管负责沙河综合整治项目组织实施及各项具体工作的安排。项目实施机构采用公开招标方式选择社会资本，项目实施机构指定漯河新区投资发展有限公司（以下简称新城投）和社会资本按照 49% 和 51% 的持股比例组建项目公司，投资人按照股权比例以双方约定方式注入资本金。项目公司根据金融机构规定与金融机构签订融资协议，融资金额为本项目投资建设金额与资本金的差额。本项目资本金比例为 20%，来自项目公司注册资本；剩余部分为银行长期贷款，贷款期限 15 年（还款期为 13 年，宽限期 2 年），贷款利率采用中国人民银行 5 年及以上贷款利率 4.90%，采用等额还本法。项目实施机构与项目公司签署特许经营协议，授予项目公司独家的特许经营权，项目公司负责漯河市城乡一体化示范区沙河沿岸综合整治 PPP 项目的投资建设和运营维护，采用 BOT（建设—运营—移交）模式进行建设，建设期为 2 年。根据《基础设施和公用事业特许经营管理办法》，“基础设施和公用事业特许经营期限应当根据行业特点、所提供公共产品或服务需求、项目生命周期、投资回收期等综合因素确定，最长不超过 30 年”。依据本项目的特点及政府需求，本项目的特许经营期为 30 年（含建设期），特许经营期包含建设期 2 年和运营期 28 年，建设期为自监理发出开工令之日起至交工日前一日，运营期为交工日起至二零四五年公历年结束之日。特许经营期满后，无偿移交项目实施机构。目前，本项目已于 2016 年 2 月 29 日与示范区 2016 年第一批项目一起集中开工，2017 年年底完工，于完工日起全部投入运营。

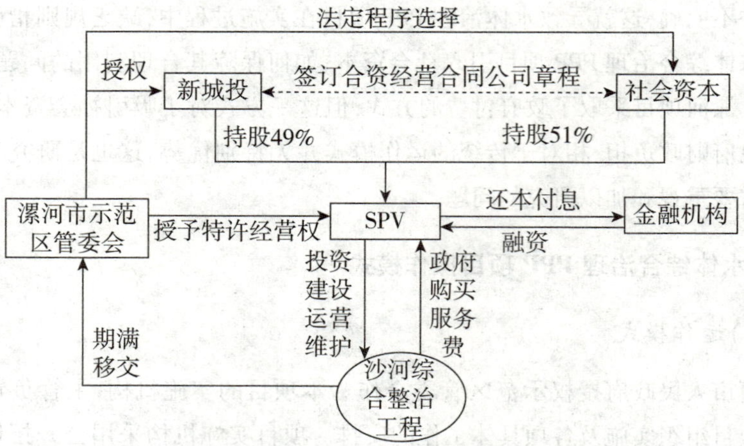

漯河市沙河沿岸综合整治 PPP 项目结构图

（二）交易结构

本项目采用 BOT 模式由项目公司建成后，项目公司通过项目附属服务等设施经营与政府购买服务相结合取得收益。对于水体综合治理 PPP 项目而言，由于涉及的项目类型复杂，对于片区开发的，可以通过附属商业设施等经营营利，对于污水处理也可以实施"使用者付费"，但对于水系治理、交通道路建造维护等事项，则难以实现"使用者付费"和"经营收益"。特别是对于水体治理 PPP 项目的盈利模式而言，河流、湖泊等水体综合治理项目属于公共事业领域，其公益性质明显，从项目本身来看这类项目往往只有少量的投资回报甚至没有投资回报，目前水体治理 PPP 项目的盈利模式有：一是将非经营性项目与经营性项目打包，使之成为一体化项目，如在河道综合治理 PPP 项目中，把经营性收费项目的污水处理厂与非经营性项目河道清淤、生态治理等打包成为一体化项目。二是由政府购买服务。三是由政府专项补贴。2015 年 9 月，财政部、环保部印发了《水污染防治专项资金管理办法》，规定了针对水系治理的中央财政专项资金补贴。财政部 2014 年 12 月 31 日发布的《关于开展中央财政支持海绵城市建设试点工作的通知》，也明确了中央财政对于海绵城市重点城市的专项补贴制度。因此，本项目采取了项目公司经济性收益与政府付费相结合的形式，以确保社会资本能够通过收取政府购买服务费用于支付经营成本、归还债务本息并获取投资回报，实现政府和社会资本的"双赢"。

四、水体综合治理PPP项目法律问题分析

(一)漯河市沙河沿岸综合整治PPP项目识别的法律分析

项目识别的内容包括PPP模式的适用范围、项目发起、物有所值评价(Value for Money)及财政承受能力评价等。根据《政府和社会资本合作模式操作指南(试行)》(财金〔2014〕113号,以下简称113号文)的要求,项目识别内容中最重要的是物有所值评价和财政承受能力论证,前者决定了项目的成本收益,是否有经济上的可行性,后者是对政府支付能力的评估,即论证项目是否具有经济上的可能性。

1. 项目建设的物有所值论证

一是法规政策对项目形成有力支撑。国务院2013年9月印发的《关于加强城市基础设施建设的意见》,明确要求通过特许经营、投资补助、政府购买服务等多种形式,吸引包括民间资本在内的社会资金,参与投资、建设和运营城市基础设施项目。国家各部委也相继出台了有关鼓励和允许非公有制企业、外资企业参与河道治理、沿河景观设施建设和经营的政策,出台了公用事业特许经营的管理办法。同时财政部、住建部全面推广和规范PPP模式,发改委推进特许经营的立法工作,现已形成具有中国特色的PPP模式的法律体系,这为沙河综合整治项目的实施提供了坚实的法规政策支持。

二是项目得到了社会资本的追捧。2002年,随着建设部《关于加快市政公用行业市场化进程的意见》的发布,越来越多的国内外水投企业参与到河道景观市场化的改革中来,社会投资人市场已经培育发展起来,不乏拥有雄厚的资金实力,以及拥有相关国内外项目经验的主体,并对河道景观的追捧度有着较高的提升。随着市场的成熟,政策性银行、商业银行等金融机构对河道综合整治投融资行为的认可度逐步增加,更有意愿为社会资本提供投融资服务。沙河沿岸综合整治PPP项目是漯河综合示范区的核心项目,一经向社会发布招商信息,就得到了社会资本的广泛关注。采取BOT形式,由社会资本投资进行建设、运营,30年后转移政府所有,而政府付费给项目公司使用,项目公司也通过商业化运营取得部分成本弥补和收益,这一机制的设立使得财政负担大大减轻,建设成本降低、运营效率提高,确保了本项目的“物有所值”。

三是项目经济效益分析合格。根据已经过批复的《漯河市城乡一体化示范区起步区控制性详细规划》,规划总用地721.01公顷,根据规划,该区域共需征地(城市建设用地)631.47公顷(9472亩),土地征收投入20亿元;该区域内基础设施建设共需资金约9.5亿元;棚户区改造所包含的安置房建设,土地进行收储、整理,拆迁补偿等,约需26.4亿元;沙河综合整治10.8亿元。四项合计为66.7亿元。本项

目运营成本主要为人工费、绿化养护费、清洁卫生费、公共设施设备日常运行维修及保养费、道路养护费及其他运营费用，营运成本核算采用综合法，成本增长率为1%，日常维护计提比例设定为0.5%，经实际测算第一年运营成本为427.67万元。而沙河沿岸综合整治建成后，预计可带来静态经济效益收入为137.72亿元，其中商业、居住用地出让收入86.06亿元（溢价42.16亿元），商住用地二级开发税收49.86亿元（其中，建筑环节税收8.96亿元，销售环节税收40.9亿元），公共管理及设施用地开发税收0.7亿元，道路、交通设施用地开发税收1.1亿元。根据核算，项目实施能够弥补成本并产生显著经济效益。

四是项目产生明显生态、社会效益和公共效益。工程建成后，可解决沙河路至淞江路段居民生活及交通问题，使群众安居乐业，改善城区自然环境。景观项目落成可改善周边群众生活质量，丰富群众休闲娱乐模式，提升群众幸福感。项目的建成也有利于改善水质、提高环境生态水平。项目的成功落地也拓宽了政府方融资渠道，有助于缓解政府财政压力，优化财政资金配置，增加社会公共效益。

2. 项目建设的财政承受能力评价

《政府和社会资本合作项目财政承受能力论证指引》（财金〔2015〕21号）要求，对拟实施PPP项目从股权投资、运营补贴、风险承担、配套投入等方面进行全生命周期财政支出责任识别，结合本级财力状况、收支结构、债务水平等方面进行财政可承受力评估。根据对项目的物有所值评价，特别是对项目的成本收益论证，可以发现，由于水体综合治理项目的特殊性，其不仅涵盖了可实现“使用者付费”的项目，也存在着大量无法实现“使用者付费”的项目，市场机制的失灵，可能导致公共产品的供给不足，因此，沙河项目必须在项目公司商业运营取得部分收益的条件下，进行政府付费，以吸引社会资本取得合理收益。对此，财政资金的先期投入，如拆迁安置补偿、征地费用等最终可以由社会资本进行最终支付。而且这一数量是可以预先准确测算和评估风险。而项目在运营期中，政府付费的部分、占比和数量才是财政承受能力需要评估的重中之重。具体的做法是：一是在PPP项目合同中明确政府付费的基础和调整方法。在静态成本收益核算的基础上，保障项目公司的正常运营；二是明确约定对项目运营期间的成本收益情况要进行不间断的跟踪监管，尽管营运成本是企业的商业秘密，但对于企业的运营成本和自行商业运营取得的收入，仍然要经过项目实施机构的动态监管，在此基础上，不断调整政府付费的挂勾比例。从而确保财政承受能力能够通过项目公司自行营运的基础上，最大限度地保障公共产品供给，实现财政负担的转移。

（二）漯河市沙河沿岸综合整治PPP项目准备的法律分析

基础设施的市场化运作会在社会投资方和多个政府方部门之间建立起长期复

杂的合同关系，项目的成功运作依赖于政府主管部门对项目的有效组织，以及其他相关政府部门的协调配合。财金〔2014〕113 号文要求在项目准备阶段，政府或其指定的有关职能部门或事业单位可作为项目实施机构，负责项目准备、采购、监管和移交等工作。因此，项目准备阶段的核心在于政府采购（招标引入社会资本）、项目公司的成立运营、特许经济权协议（PPP 项目合同）的签订。沙河项目成功落地。项目实施机构与中标社会资本签订了《漯河市沙河沿岸综合整治 PPP 项目合同》，组织了项目公司，于 2016 年 2 月开工建设。

1. 项目采购的实施准备

沙河综合整治项目由示范区管委会部署成立招标工作小组，确定项目边界条件，包括投融资方案、资本结构、投资回报率要求、收入主要来源等。根据上述条件进行财务分析，编制财务模型和编制主要的财务报表。根据项目边界条件及漯河市的实际情况，研究、分析项目各个阶段的风险，制定有针对性的风险防控措施和机制。在此基础上确定投标条件，实施投标资格预审。对社会资本的资格条件依据《政府采购法》（2002 年主席令第 68 号）、《政府采购法实施条例》（2015 年国务院令第 658 号）、《财政部关于印发〈政府和社会资本合作模式操作指南（试行）〉的通知》（财金〔2014〕113 号）、《政府和社会资本合作项目政府采购管理办法》（财库〔2014〕215 号）、《国家发展改革委关于开展政府和社会资本合作的指导意见》（发改投资〔2014〕2724 号）等政策文件的有关规定，社会投资人应当具备的条件除具备一般工程建设资质、财务能力、技术能力外，还特别要求具备运营管理综合项目的业绩和经验：要求其截止本项目发布资格预审公告之日近五(5)年内至少投资、建设或运营、维护一个合同金额不少于人民币 2 亿元的基础设施（市政道路、园林绿化、桥梁、公路）项目或一个合同金额不少于人民币 2 亿元的水利工程项目，至少具备基础设施（市政道路、园林绿化、桥梁、公路）或水利工程其中一项建设施工业绩，以中标通知书或合同或验收报告为准。在资格预审程序中，明确至少有 3 家以上社会资本通过资格预审的，方可继续开展后续招标工作；项目通过资格预审的社会资本不足 3 家的，项目实施机构应当在调整资格预审公告内容后重新组织资格预审；项目经重新资格预审后合格社会资本仍不够 3 家的，可以依法变更采购方式。结合本项目具体要求限定评审合格的社会资本申请人数量不超过 5 家。满足预审条件后，项目实施机构于 2016 年 3 月 8 日发布了漯河市城乡一体化示范区沙河沿岸综合整治 PPP 项目的招标公告，评审委员会根据投资人提交的投标文件，对技术部分、财务部分、业绩资质部分、法律部分和报价等因素，采用综合评分法进行评估。评审结束后，管委会授权招商工作小组与排名第一的中选候选人就项目协议中可变的条款进行项目协议签署前的确认谈判，谈判的基础是招商文件（含补充通知）

和中选候选人提交的投标文件。如招商工作小组未能与排名第一的中选候选人达成一致,可依次与排名第二、排名第三的中选候选人进行确认谈判。双方达成一致后,将修改、完善后的项目协议报管委会审批。通过管委会审批后,招商工作小组将通过中选通知书的形式确定中选投资人,中选投资人与新城投签订《合作经营合同》和《公司章程》,中选投资人、新城投与管委会草签《特许经营协议》。

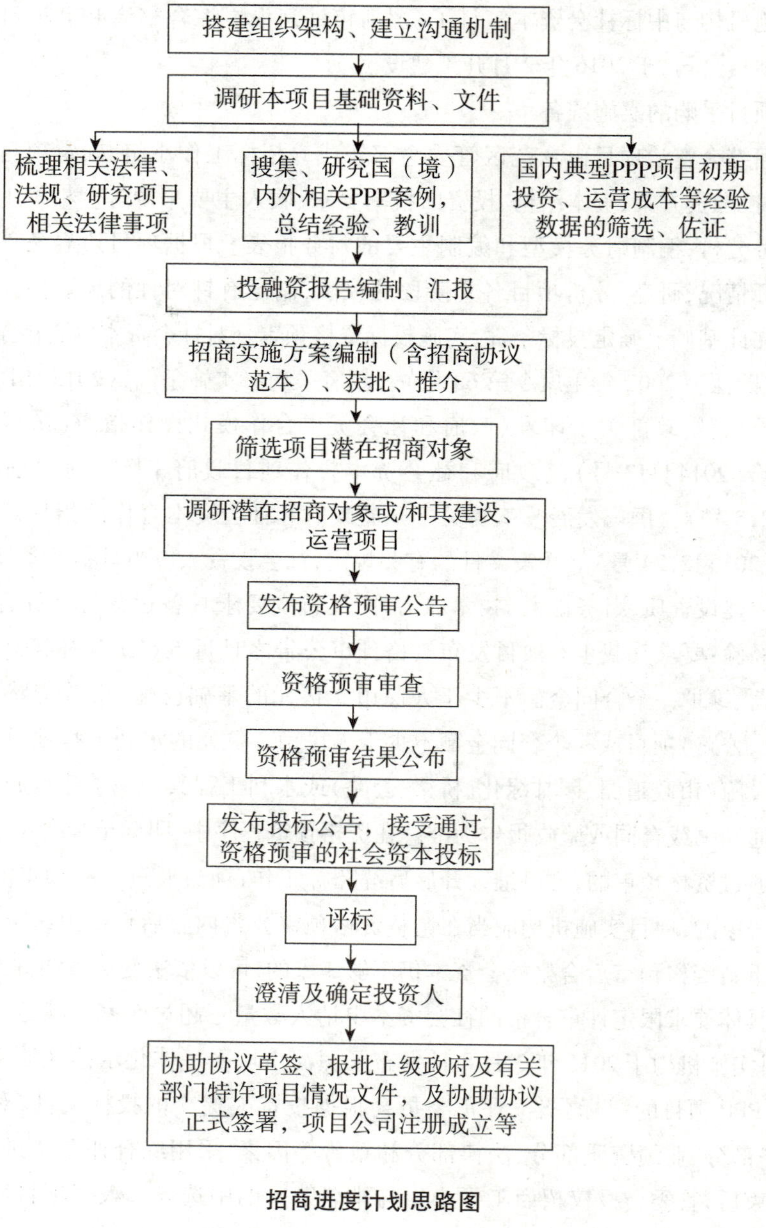

招商进度计划思路图

2. 项目公司的成立与运营

在确定中选投资人之后，中选投资人与漯河新区投资发展公司按照约定的股权比例在示范区合资组建特许经营公司，项目公司与示范区管委会正式签署《漯河市城乡一体化示范区沙河沿岸综合整治 PPP 项目特许经营协议》（以下简称《特许经营协议》），漯河市管委会同意授予项目公司本项目的特许经营权，项目公司在特许经营期内，自行承担相关费用、责任和风险，负责漯河市城乡一体化示范区沙河沿岸综合整治 PPP 项目的建设、运营、维护和更新并获得政府购买服务费；同时，在特许经营期结束时将项目设施完好无偿移交给管委会。项目公司经营范围：河道治理、水利工程及附属配套设施、城市基础设施的投资与管理、旅游综合开发、高新技术项目、房地产投资、土地整理与开发、滩涂地改造、水土资源综合开发。项目公司注册资本为人民币贰亿贰仟万元（￥:220,000,000 元），且不得低于本项目投资总额的 20%。其中，甲方出资人民币壹亿零柒佰捌拾万元（￥:107,800,000 元）占注册资本的 49%，乙方出资人民币壹亿壹仟贰佰贰拾万元（￥:112,200,000 元），占注册资本的 51%。在公司成立之日起注册资本和投资总额之间的差额应由合资公司以自己的名义向银行等金融机构申请项目融资。项目公司成立后，因公司发展所需资金，可通过增加项目公司注册资本或贷款融资的方式解决。

3. 政府购买付费机制

如前所述，本项目实施的关键在于政府购买付费机制的合理确定。PPP 项目合同约定，示范区管委会于进入运营期第一年按照中标人在投标文件中的报价及本协议约定的定价公式，以实际运营天数折算并根据约定的绩效考核得出的绩效调整系数计算本项目政府购买服务费；当工程决算、年度使用者付费与运营成本差额达到调整界点时，双方按照本协议约定的调整机制对政府购买服务费进行调整。根据《财政部关于印发〈政府和社会资本合作项目财政承受能力论证指引〉的通知》（财金〔2015〕21 号）相关规定，并结合本项目实际情况，政府购买服务费定价公式如下：

$$\text{当年政府购买服务费} = \frac{\text{项目全部建设成本} \times (1 + \text{合理利润率}) \times (1 + \text{年度折现率})}{\text{政府运营补贴周期(年)}} - \text{年度运营收入} \times \frac{N}{365} \times (1 + L)$$

（1）参数设定及定义

①年度运营收入 = 使用者付费 - 年度运营成本 ×（1 + 合理利润率），单位为万元/年，在运营期内每年增长 1%；

②项目全部建设成本为 10.80 亿元；

③年度折现率为 8%；

④n 于运营期第一年取值为 1，每年对应增加 1；

⑤政府运营补贴周期为 28 年；

⑥N 为当年实际运营天数，完整自然年天数为 365 天；

⑦L 为本项目当年度绩效调整系数，取值范围为[0.7,1]。

（2）拦标价设定

拦标价是指由于沙河项目系公共产品，其定价和成本收益，必须既确定利润率的上限，也要设定确保社会资本微利保本经营的收入下限，即合理利润率设上限价，拦标价 6%（含）；年度运营收入设下限价，拦标价为 20 万元/年（含）。

（3）政府购买服务费计算

政府购买服务费的计算根据中标社会资本中标价为基准，以实际运营天数折算并根据约定的绩效考核得出的绩效调整系数计算本项目政府购买服务费。

本项目政府购买服务费最早于 2018 年进行支付，在本项目未整体进行竣工验收的，以当年实际通过交工验收的合同工程的通过政府相关职能部门审计的工程总支出占“本项目全部建设成本”的比例进行折算；在本项目完成整体竣工验收的，按照约定的调整机制进行调整。

（三）漯河市沙河沿岸综合整治 PPP 项目执行的法律分析

财政部《政府和社会资本合作模式操作指南（试行）》指出，“在项目合同执行和管理过程中，项目实施机构应重点关注合同修订、违约责任和争议解决等工作”。沙河 PPP 项目中的社会资本方通过签订特许经营权协议，以 BOT 的形式完成建设，按约运营，并在期满后无偿移交政府。

1. 项目运营和维护

在整个特许期内，项目公司按照国家有关技术规范、行业标准的规定和谨慎运营惯例，根据特许经营协议的约定，自行承担费用、责任和风险，融资、设计、建设、管理、运营和维护项目设施。由于项目运营的公共性，为了防止项目公司怠于履行维护和运营义务，而导致公共产品的供给不足。特许经营权协议特别约定，项目公司向示范区管委会提交中国境内金融机构出具的以示范区管委会作为受益人的人民币叁仟万元（￥30,000,000 元）的维护保函，以保证项目公司按照特许经营合同的规定提供运营和维护本项目设施的义务。在特许经营期内，项目公司有权在沙河综合整治项目设施范围内依据《特许经营协议》和《资产租赁协议》规定独家使用和运营维护本项目设施。同时，根据示范区管委会规划，沙河综合整治项目中附属管理服务用房等设施可作为本项目营业收入来源，管委会允许项目公司在沙河综合整治项目设施内符合适用法律规定的空间和场地自行或允许他人（通过提供、出租、允许转租全部或部分该空间及相关设施或其他方式）从事包括商业零售、商铺（包括但不限于出租和允许转租）、文化产业设施服务及适用法律现时和将来可能允许利用沙河综合整治项目设施内符合适用法律规定的空间和场地从事的任何其他经营活动。

2. 项目实施的监督管理

投标、建设、运营、移交全过程中既涉及项目实施机构依据合同对于项目公司的按约经营实施监管，也存在着城管、环保、住建、发改、价格管理部门依法对项目的实施进行监管。一是项目实施过程中，为加强工程质量、运营标准的全程监督，确保公共产品和服务的质量、效率和延续性，项目实施机构可以依据特许经营权协议对项目公司依约进行监管。本项目的特许经营协议特别约定项目公司应确保对更新、运营和维护项目的情况进行详细记录，并准许市政府在给予合理通知后于正常工作时间对其运营维护情况进行检查并查阅和复制上述记录。市政府承诺若项目公司的上述记录可能包含商业秘密的，其应尽合理予以保密。根据项目经营体情况，如果市政府认为：项目公司未能按照本协议的规定运营或维护项目，且项目公司在收到市政府通知后的 30 个工作日或双方另行商定的合理期限内未能就上述情况进行补救的，则市政府有权自行或者委托第三方介入项目运营和维护工作，费用和风险均由项目公司承担。市政府有权在向项目公司提供详细的费用和支出记录后，从运营维护保函项下提取该款项。这一约定的实质在于本项目具备公共性，为确保公共利益，应在合同中进行特别约定监管措施。二是行政机关的依法监管。为确保本项目规范运作，提高工作效率，保障项目进度，本项目成立了项目工作小组，成员包括漯河市示范区住建委、财政局、发展改革委等部门。在特许经营期内，由示范区管委会对项目公司建设和运营等行为进行全程监督，同时示范区相关行政主管部门依据特许经营协议和适用法律，在各自的职责范围内对项目公司进行监管。此外，项目公司须依据特许经营协议和适用法律的要求，按照“运营期服务费绩效考核指标”定期向公众公布其运营状况，接受公众监督。

（四）漯河市沙河沿岸综合整治 PPP 项目移交的法律分析

财政部《政府和社会资本合作模式操作指南（试行）》明确，项目移交时，项目实施机构或政府指定的其他机构代表政府收回项目合同约定的项目资产。因此，本项目特许经营权约定距特许经营期满一段时间之前，项目公司应与政府方指定委派的人员共同成立移交工作小组，就详尽的移交程序、移交范围、移交清单等制定移交工作方案，以保证在特许经营期届满之时顺利将特许经营权及移交范围内的项目资产所有权移交给政府。在移交过程中，项目公司应确保项目处于良好运营和维护状态，以便保证项目的继续运营和服务质量不受影响。项目移交以后，项目公司应按合同要求及有关规定到有关部门办理清算、注销等相关手续。

五、项目的相关法律问题思考及借鉴价值

水体综合治理行业具有不同于一般市政、环保、基础设施建设行业的一些特点。水体综合治理行业对政策依赖性强，其无法实现排他性的消费和收费，因此，很难通过"使用者付费"的形式，把成本转移给最终消费者。同时，水环境污染成因复杂、治理难度大、投资见效期长，短期内难以实现投入与产出的平衡。因此，水体综合治理是强外部性的真正公共产品，需要以政府实施政策引导、资金支持和项目监管来确保水体综合治理的正常实施。从而使得沙河 PPP 项目有了较强的政策示范指导意义。

（一）进一步完善水体综合治理的法律环境

PPP 项目目前存在的较大问题就是法律依据体系性不强、层级过低，部门立法，操作和实施的依据限于政策、文件形式，致使 PPP 模式的实施缺乏稳定性和统一性。特别是对于涉及行业广泛的水体综合治理项目而说，这一矛盾尤为突出。相关法律文件多为《意见》《通知》形式，多为政府部门规章，甚至有些只是规范性文件，不利于后续争议的公正、规范处理；法律法规分散、片面，部门规章和规范性文件部门利益优先，各自为政，朝令夕改，从而容易导致管理、责任的争议、推诿；法律和法规往往限于原则层面，而可操作性的细则需要规范性文件去解释，如项目的规划、立项、审批、风险管理和承担、特许权协议和合同管理、项目执行的监督和审计等问题都需要有稳定和规范的法定程序来指引操作。同时，由于 PPP 项目中，政府既处于合同发包人地位，又处于政府监管的角色，既是规则制定者，又是争议的裁判员。对于政府自身权利与义务的平衡，没有得到很好的规范。

（二）进一步契合双方利益纠葛实现"双赢"

PPP 项目的关键在于实现政府与社会资本的"双赢"，政府通过引入社会资本投资建设运营，取得了公共产品的供应和保障，也降低了政府财政负担、减除了政府负债比率，多快好省地完成了基础产品的供应。而对于社会资本而言，能够投资进入公共产品市场，取得一定的稳定投资回报，既能取得经济效益，也能取得一定的社会公共效益，提高企业的美誉度。但在实践过程中，对于水体综合治理而言，由于水体综合治理的特殊性，社会资本往往难以实现"使用者付费"，因此，水体综合

治理的实施难度相比较于污水处理、交通设施运营有着天然的障碍和难度。而在实践中，社会资本得以保障微利的前提，往往来源于政府付费，而政府的信誉和支付能力又成为社会资本的痛点。因此，确实通过协议来保障政府付费机制的执行，通过约定公正有效的争议解决机制来保障各方遵守约定，通过担保、财产抵押制度等来保障社会资本的收益权也是必须加以特别重视的。

（三）实施水体综合治理，平衡生态恢复、经济发展的双重目标

水体的综合治理必须是河道与水系的综合治理。任何打造景观工程、政绩工程，以开发土地为目的的水体治理都是治标不治本，既不能保障生态环保效益，也不能真正实现经济效益，最终导致项目落地难、实施难、盈利难。除了在传统的截污清淤、河岸治理、生态补水、堤防稳固以及环境恢复等河道治理工程外，应当统筹流域内的污水处理、沿岸开发、垃圾处理等系统工程，把水系的疏浚与水质的恢复，把环保排污的整治排查与河道保护、水土保护、湿地保护等工程统筹起来，实现全流域、全水系的综合性一体化保护。特别是对于沿河流域的工作废水和生活的污水的排放，更要进一步统筹各方力量，由环保局牵头，协调各方部门，依法实施严格监管和查处。同时，对于排污管道的设置、处理，应当结合污水处理、垃圾处理、河道疏浚工程结合进行。从资金、技术、人员各个要素出发，以 PPP 模式引入社会资本，在行政有效监管的前提下，统一责任主体，厘清项目边界，通过河道水质指标、污水出水水质和管网运营维护状况等对社会资本的服务质量进行考核并依照治理效果付费，实现水体综合治理目标地最终实现。

第八章 Chapter 8 社会事业领域 PPP 案例分析

第一节 保障性安居工程 PPP 项目案例分析

保障性安居工程是我国的民生工程。自 1995 年开始实施以来,从最初的 1.5 亿平方米到“十二五”期间城镇保障性安居工程累计开工 4013 万套,累计建成 2860 万套,我国安居工程的建设取得了巨大成就。安居工程属于公益性项目,但建设规模大、任务重,资金需求大,对各级财政均是巨大的挑战。政府和社会资本合作(PPP)模式作为一种新型公共产品供应模式已在我国基础设施和公共服务领域被广泛使用。2012 年 6 月 20 日,住房和城乡建设部、国家发展和改革委员会、财政部国土资源部、中国人民银行、国家税务总局、中国银行业监督管理委员会联合发布《关于鼓励民间资本参与保障性安居工程建设有关问题的通知》(建保〔2012〕91 号)鼓励多种方式引导民间资本参与保障性安居工程建设,鼓励和引导民间资本通过直接投资、间接投资、参股、委托代建等多种方式参与廉租住房、公共租赁住房、经济适用住房、限价商品住房和棚户区改造住房等保障性安居工程建设。2014 年 9 月 23 日,财政部下发《关于推广运用政府和社会资本合作模式有关问题的通知》,再次将保障性安居工程建设纳入政府和社会资本合作示范项目范围。“十三五”期间,我国保障性安居工程建设政府和社会资本合作主要体现在公共租赁房屋与棚户区改造两个领域,本节将主要针对公共租赁房屋及棚户区改造 PPP 项目两个方面进行政策解析、操作模式介绍与法律问题分析。

一、保障性安居工程 PPP 模式简述

保障性安居工程是对城乡居民应由政府解决基本居住问题的各类住房建设及改造工程的统称,保障性安居工程由安居工程和保障性住房建设演变而来。目前我国的保障性安居工程包括三类:第一类是保障性住房,包括公共租赁住房(含原廉租住房)、经济适用住房、限价商品住房;第二类是棚户区改造,包括城市棚户区、国有工矿棚户区、国有林区和林场棚户区(危旧房)、垦区危房、中央下放地方煤矿棚户区的改造;第三类是农村危房改造、游牧民定居及渔民上岸安居工程。本节所称保障性安居工程特指公共租赁住房及城市棚户区改造项目。

公共租赁住房是指面向城镇中等偏下收入住房困难家庭、新就业无房职工和在城镇稳定就业的外来务工人员供应，以单套建筑面积以 40 平方米左右的小户型为主，满足基本居住需要的保障性住房，其租金标准由市县人民政府结合当地实际按照略低于市场租金的原则合理确定。从 2014 年起，公共租赁住房和廉租住房并轨运行，并轨后统称为公共租赁住房。公共租赁住房租赁合同期限一般为 3 ~ 5 年，租赁合同期满后承租人仍符合规定条件的，可以申请续租，不符合规定条件的应当退出。《关于运用政府和社会资本合作模式推进公共租赁住房投资建设和运营管理的通知》（财综〔2015〕15 号）对公共租赁住房项目中适用政府和社会资本合作（PPP）应具备的条件规定如下：（1）已纳入住房保障规划和年度计划；（2）项目规划所在区域交通便利，学校、医院等公共基础设施配套齐全；（3）户型建筑面积符合公共租赁住房条件。户型建筑面积以 40 平方米左右的小户型为主，单套建筑面积控制在 60 平方米以内；（4）承租公共租赁住房的保障对象数量稳定；（5）保障对象按市场租金水平向项目公司缴纳住房租金；（6）政府按保障对象支付能力给予分档补贴及其他政策支持；（7）公共租赁住房运营期限不少于 15 年。公租房项目现金流组成中大部分是租金收入，由新就业职工、大学毕业生、外来务工人员、本市中低收入这组成的城市“夹心层”缴纳。在北上广深一线城市公租房的需求量较大，出租率有保障，但是公租房的租金一般较市场水平低，因此合理的定价、调价机制、政府补贴力度、运营管理水平对公租房 PPP 项目的收益率有着重要的影响。

城市棚户区主要是指在城市规划区范围内，简易结构房屋较多、建筑密度较大，使用年限久，房屋质量差，建筑安全隐患多，使用功能不完善，配套设施不健全的区域，棚户区改造涉及拆迁安置、土地整理、房屋及配套建设、运营维护等一系列复杂工程。目前我国棚户区改造面临征收拆迁难、资金严重匮乏、社会矛盾突出等问题，《国务院关于进一步做好城镇棚户区和城乡危房改造及配套基础设施建设有关工作的意见》（国发〔2015〕37 号）中指出“加快城镇棚户区改造，在城市基础设施建设运营中积极推广特许经营等各种政府与社会资本合作（PPP）模式”。棚户区改造 PPP 项目的重难点在于资金筹集与拆迁安置，在资金筹措方面应积极运用政府补助与奖励、银行贷款、债券、资产证券化、信托等多渠道融资，在拆迁安置方面应当积极推行货币化安置政策，特别是对于商品住房库存量较大、市场房源充足的地方，进一步提高棚户区改造货币化安置比例。通过货币化安置，由棚户区改造居民自主到市场上购买安置住房，或者由市县相关部门搭建平台，组织棚户区改造居民采取团购方式购置安置住房，切实化解存量商品住房。

二、保障性安居工程PPP项目案例分析

本节以陕西省长春片区棚户区改造PPP项目①为例，对保障性安居工程PPP项目进行分析，该项目为陕西省第一批次省级示范项目，目前正在执行阶段。

（一）项目概况

项目范围东至拟建新罗路、西至拟建红星路二期、南至拟建环山路、北至文卫小区已征地边界，涉及七里沟、新胜、长春、长岭、长铺5个行政村，总面积为6900亩左右，涉及安置居民约2100户，房屋建筑面积约32万平方米。改造内容包括董家沟村棚户区、长春片区一期棚户区，建设内容包括长春路、红星路二期、长岭南路二期、董家沟路二期等市政道路，规模统征长春路、红星路二期沿线周边2000亩土地，项目总投资约为25.33亿元。安康市人民政府授权安康市住房和城乡建设局作为本项目实施机构，项目采购方式为竞争性磋商，最终由中交第三航务工程局有限公司（以下简称社会资本）以241,150,310元中标。

（二）运作模式（BOO）

本项目采取建设施工、养护管理一体化经营方式，运作方式为BOO，合作期包括建设期3年，养护期为10年，共计13年，项目运作方式如下图所示：

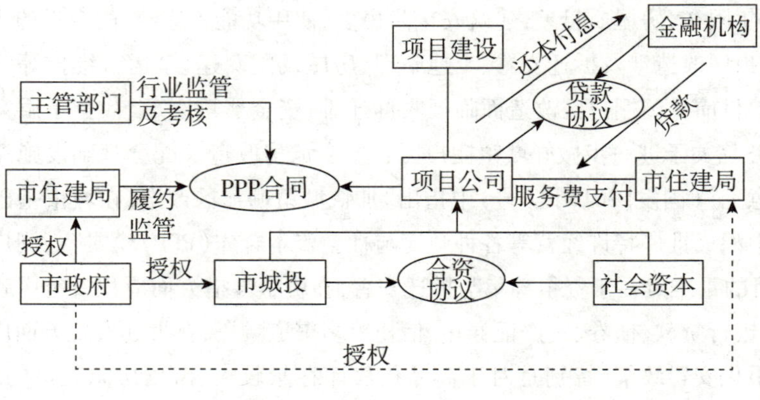

（三）股权结构及股权转让限制

本项目由社会资本与政府指定的安康中心城市建设投资开发有限公司（以下

① 案例来源：陕西省政府与社会资本合作（PPP）专栏，载http://jrc.sf.gov.cn/info/1006/1073.htm，2017年9月10日访问。

简称市城投）成立项目公司实施本项目，负责项目的投资、融资、建设（含道路工程、桥梁工程、管线工程、交通工程、照明工程、绿化工程及其他附属工程），并负责道路、桥梁、绿化设施及沿线公共服务设施的养护管理，政府部门配套安排项目用地的土地征用、拆迁安置、拆迁补偿、项目前期、咨询服务等工作。

项目公司资本金比例为30%（约人民币45,900万元），其中社会资本持有项目公司70%股权，城投持有项目公司30%股权，合资双方均以现金出资，资本金按此比例出资到位。合作期内，除项目建设自身融资需要，项目公司不得出让、转让、抵押、质押项目的土地使用权、项目设施或任何其他重要资产。PPP项目公司股权锁定期为5年，在PPP合同签署后5年内项目公司社会方股东不得转让股份；5年之后，经住建局事先书面同意，项目公司股东可以向符合PPP合同规定条件的受让方转让其在项目公司的股权。

（四）项目融资

本项目总投资约为25.33亿元，由安康市政府通过国开行筹集10亿元利率为4.9%的贷款作为棚户区改造资金，其余资金15.33亿元由项目公司通过商业银行贷款、股东贷款等方式自行筹集并由项目公司负责偿还。项目公司成立后将积极争取中央和地方的补助资金用于建设。根据项目财务假设条件，假设项目股东内部收益率为6%，养护期为10年，政府平均每年支付的补贴额度大致为2.4万元。经市住建局同意，项目公司可以为项目融资之目的，将其在PPP合同项下的各项权益及项目公司拥有的资产设定抵押、质押或以其他方式设置担保权益。

（五）付费机制

本项目为纯公益性项目，无稳定收入来源，属于政府付费项目。项目公司完成道路工程投资、建设并经验收合格后，需提供市政基础设施养护服务。安康市财政局根据PPP合同确定的支付义务将道路使用费列入安康市中长期财政资金计划，并将每年应付费用列入当年财政预算拨付给市住建局；由市住建局按照PPP合同约定分期向项目公司支付道路使用费。项目公司通过取得道路使用费收回其建设投资、养护费用并获得合理回报。

三、保障性安居工程 PPP 模式政策解析

（一）保障性安居工程财政政策

《财政部、国家发展改革委、住房城乡建设部关于保障性安居工程资金使用管理有关问题的通知》（财综〔2010〕95号）提出从2010年起各地在确保完成当年廉

租住房保障任务的前提下，可从土地出让净收益中安排不低于10%的廉租住房保障资金，统筹用于发展公共租赁住房，包括购买、新建、改建、租赁公共租赁住房，贷款贴息，向承租公共租赁住房的廉租住房保障家庭发放租赁补贴，允许住房公积金的增值收益扣除计提住房公积金贷款风险准备金、住房公积金管理中心的管理费用后用于发展公共租赁住房。

《住房和城乡建设部、国家发展和改革委员会、财政部等关于鼓励民间资本参与保障性安居工程建设有关问题的通知》（建保〔2012〕91号）指出，地方政府可采取贴息方式对公共租赁住房建设和运营给予支持，贴息贷款只能用于公共租赁住房建设和运营，不得用于与此无关的项目及开支，贴息幅度及年限按照财政部有关规定执行。民间资本参与各类棚户区改造，享受与国有企业同等的政策。

《财政部、国土资源部等关于运用政府和社会资本合作模式推进公共租赁住房投资建设和运营管理的通知》（财综〔2015〕15号）指出市县财政部门统筹运用各级政府安排用于公共租赁住房的资金，通过贷款贴息方式支持公共租赁住房政府和社会资本合作项目购建和运营管理。同时，根据公共租赁住房保障对象的支付能力给予分档补贴，重点对城镇低收入住房困难家庭发放租赁补贴，配合同级住房保障部门督促保障对象按照合同约定的市场租金水平，向项目公司缴纳住房租金。对于试行公共租赁住房政府和社会资本合作项目试点的地区，中央财政不改变城镇保障性安居工程资金分配方式。对于收购符合公共租赁住房条件的存量商品住房项目，按照政府搭桥、公司主导、双方自愿、保本不亏的原则确定收购价格；也可以按当地公共租赁住房建设成本及合理收益率确定收购价格。

《财政部关于进一步做好棚户区改造相关工作的通知》（财综〔2016〕11号）提出中央财政将继续加大对各地棚户区改造工作的支持力度，省级财政也要增加投入，加大对财力困难市县棚户区改造工作的支持力度；市县财政要按规定渠道落实资金来源，通过一般公共预算、政府性基金预算、国有资本经营预算等多渠道筹集棚户区改造资金。其中，地方政府债券筹集资金要继续向棚户区改造倾斜。与此同时，市县财政部门要按照棚户区改造项目实施进度及时拨付资金，确保棚户区改造项目资金需要。各级财政部门要按照财政部印发的财综〔2014〕76号文的规定，继续落实好棚户区改造贷款贴息政策，对符合条件的棚户改造项目予以一定比例和一定期限的利息补贴，鼓励和引导信贷资金、民间资本参与棚户区改造工作。

《棚户区改造工作激励措施实施办法（试行）》（建办保〔2016〕69号）鼓励各地有效推进棚户区改造，激励支持年度棚改工作积极主动、成效明显的省，年度激励支持的省（区、市）数量在8个左右，并适当兼顾东中西部地区的差异。该办法主要考虑棚改年度任务、工作进度、货币化安置情况、中央预算内投资项目开工和投资完成情况、中央财政补助资金使用情况,同时参考资金筹集、工作成效、日常管理、守法执规等情况,并结合国务院大督查、部门日常督查、相关专项督查、审计等情况综合评定。国家发展改革委会同住房城乡建设部在安排保障性安居工程中央预算内投资时,对受表扬激励的地方给予适当倾斜支持。

《财政部关于进一步做好棚户区改造相关工作的通知》(财综〔2016〕11 号)提出推进棚户区改造货币化安置,切实化解库存商品住房。棚户区改造货币化安置有利于缩短安置周期、节省过渡性安置费用,有利于满足棚户区改造居民多样化居住需求,有利于化解库存商品住房。各级财政部门积极要配合住房城乡建设等部门加大政策宣传力度,引导棚户区改造居民优先选择货币化安置方式。《国务院办公厅关于加快培育和发展住房租赁市场的若干意见》(国办发〔2016〕39 号)也提出推进公租房货币化,要求转变公租房保障方式,实物保障与租赁补贴并举。支持公租房保障对象通过市场租房,政府对符合条件的家庭给予租赁补贴。完善租赁补贴制度,结合市场租金水平和保障对象实际情况,合理确定租赁补贴标准。

(二)保障性安居工程融资政策

《中国人民银行、中国银行业监督管理委员会关于认真做好公共租赁住房等保障性安居工程金融服务工作的通知》(银发〔2011〕193 号)要求政府投资建设的公共租赁住房项目须符合国家关于最低资本金比例的政策规定,贷款利率按中国人民银行利率政策执行,利率下浮时其下限为基准利率的 0.9 倍,贷款期限原则上不超过 15 年,具体由借贷双方协商确定。项目建成后,贷款一年两次还本,利随本清。

《国家发展改革委办公厅关于企业债券融资支持棚户区改造有关问题的通知》(发改办财金〔2013〕2050 号)鼓励企业发行"债贷组合"专项债券用于棚户区改造项目建设。棚户区改造项目可发行并使用不超过项目总投资 70% 的企业债券资金。《关于创新企业债券融资扎实推进棚户区改造建设有关问题的通知》(发改委〔2014〕1047 号)提出适当放宽企业债券发行条件,支持国有大中型企业发债用于棚户区改造,推进企业债券品种创新,研究推出棚户区改造项目收益债券。对于具有稳定偿债资金来源的棚户区改造项目,将按照融资—投资建设—回收资金封闭运行的模式,开展棚户区改造项目收益债券试点。项目收益债券不占用地方政府所属投融资平台公司年度发债指标。

财综〔2015〕15 号文鼓励银行业金融机构加大对政府和社会资本合作模式公共租赁住房试点项目的信贷支持力度。鼓励社保基金、保险资金等公共基金通过债权、股权等多种方式支持项目公司融资。支持项目公司发行企业债券,适当降低中长期企业债券的发行门槛。支持以未来收益覆盖融资本息的公共租赁住房资产发行房地产投资信托基金(REITs),探索建立以市场机制为基础、可持续的公共租赁住房投融资模式。

《国务院关于进一步做好城镇棚户区和城乡危房改造及配套基础设施建设有关工作的意见》(国发〔2015〕37 号)指出,原融资平台公司转型改造后举借的债务实行市场化运作,不纳入政府债务。政府在出资范围内依法履行出资人职责,不对原融资平台公司提供担保。承接棚改任务及纳入各地区配套建设计划的项目实施主体,可依据政府购买棚改服务协议、特许经营协议等政府与社会资本合作合同进行市场化融资,开发银行等银行业金融机构据此对符合条件的实施主体发放贷款。在依法合规、风险可控的前提下,开发银行可以通过专项过桥贷款对符合条件的实施主体提供过渡性资金安排。

《国务院关于中国保险投资基金设立方案的批复》(国函〔2015〕104 号)指出,中国保险投资基金主要由保险机构依法设立,发挥保险行业长期资金优势的战略性、主动性、综合性投资平台。基金紧密围绕国家产业政策和发展战略开展投资,主要投向"一带一路"、京津冀协同发展、长江经济带等战略项目,拉动力强、社会经济效益好的棚户区改造、城市基础设施、重大水利工程、中西部交通设施、新型城镇化等基础设施建设,国际产能合作和"走出去"重大项目等。

《政府出资产业投资基金管理暂行办法》(发改财金规〔2016〕2800 号)指出,政府出资产业投资基金应主要投资于以下领域:非基本公共服务领域、基础设施领域、住房保障领域、生态环境领域、区域发展领域、战略性新兴产业和先进制造业领域、创业创新领域。投资于基金章程、合伙协议或基金协议中约定产业领域的比例不得低于基金募集规模或承诺出资额的 60% 。

《国家发展改革委、中国证监会关于推进传统基础设施领域政府和社会资本合作(PPP)项目资产证券化相关工作的通知》(发改投资〔2016〕2698 号)指出,优先鼓励符合国家发展战略的 PPP 项目开展资产证券化。各省级发展改革委应当优先选取主要社会资本参与方为行业龙头企业,处于市场发育程度高、政府负债水平低、社会资本相对充裕的地区,以及具有稳定投资收益和良好社会效益的优质 PPP 项目开展资产证券化示范工作。鼓励支持"一带一路"建设、京津冀协同发展、长江经济带建设,以及新一轮东北地区等老工业基地振兴等国家发展战略的项目开展资产证券化。

(三)保障性安居工程土地政策

《国务院关于加快棚户区改造工作的意见》(国发〔2013〕25 号)提出,棚户区改造安置住房用地纳入当地土地供应计划优先安排,并简化行政审批流程,提高审批效率。安置住房中涉及的经济适用住房、廉租住房和符合条件的公共租赁住房建设项目可以通过划拨方式供地。财综〔2016〕11 号文规定对棚户区改造安置住房建设用地，按规定实行划拨方式供应的，除依法支付征地补偿和拆迁补偿费用以外，免缴土地出让收入。

《财政部、国土资源部等关于运用政府和社会资本合作模式推进公共租赁住房投资建设和运营管理的通知》（财综〔2015〕15 号）规定新建公共租赁住房建设用地可以租赁方式取得，租金收入作为土地出让收入纳入政府性基金预算管理。对于新建公共租赁住房项目，以及使用划拨建设用地的存量公共租赁住房项目，经市县人民政府批准，政府可以土地作价入股方式注入项目公司，支持公共租赁住房政府和社会资本合作项目，不参与公共租赁住房经营期间收益分享，但拥有对资产的处置收益权。在新建公共租赁住房政府和社会资本合作项目中，可以规划建设一定比例建筑面积的配套商业服务设施用于出租和经营，以实现资金平衡并有合理盈利，但不得用于销售和转让。

《国土资源部、住房城乡建设部关于优化 2015 年住房及用地供应结构促进房地产市场平稳健康发展的通知》（国土资发〔2015〕37 号）提出可将尚未开工的房地产项目用地转变用途、调整规划建设条件用于棚改安置房和公共租赁住房建设的，市、县国土资源主管部门应重新核定相应的土地价款，更改土地出让合同。对购买在建、已建成商品住房用于棚改安置房和公共租赁住房的，要签订土地出让补充合同，明确土地分摊、地价款核算等事项。改变尚未开工房地产项目的宗地用途，或整体购买在建、已建成商品住房项目用于公共租赁住房，符合划拨用地条件的，应重新办理划拨用地手续，核发划拨用地决定书。

（四）保障性安居工程税费优惠政策

公共租赁住房建设按照国家现行有关规定免收各项行政事业性收费和政府性基金，并根据《关于公共租赁住房税收优惠政策的通知》（财税〔2015〕139 号）实行以下税收优惠政策：（1）对公共租赁住房建设期间用地及公共租赁住房建成后占地免征城镇土地使用税。（配建项目依据政府出具材料按比例免征建设、管理公共租赁住房涉及的城镇土地使用税）（2）对公共租赁住房经营管理单位免征建设、管理公共租赁住房涉及的印花税。（配建项目依据政府部门出具的材料按比例免征）（3）对公共租赁住房经营管理单位购买住房作为公共租赁住房，免征契税、印花税。对公共租赁住房租赁双方免征签订租赁协议涉及的印花税。（4）对企事业单位、社会团体以及其他组织转让旧房作为公共租赁住房房源，且增值额未超过扣除项目金额 20% 的，免征土地增值税。（5）企事业单位、社会团体以及其他组织捐赠住房作为公共租赁住房，符合税收法律法规规定的，对其公益性捐赠支出在年度利润总额 12% 以内的部分，准予在计算应纳税所得额时扣除。个人捐赠住房作为公共租赁住房，符合税收法律法规规定的，对其公益性捐赠支出未超过其申报的应纳税所得额 30% 的部分，准予从其应纳税所得额中扣除。(6)对符合地方政府规定条件的低收入住房保障家庭从地方政府领取的住房租赁补贴，免征个人所得税。(7)对公共租赁住房免征房产税。对经营公共租赁住房所取得的租金收入，免征营业税（营改增后为增值税）。公共租赁住房经营管理单位应单独核算公共租赁住房租金收入，未单独核算的，不得享受免征营业税（营改增后为增值税）、房产税优惠政策。该税收优惠政策执行期限为 2016 年 1 月 1 日至 2018 年 12 月 31 日。

棚户区改造项目严格按照规定免收各项行政事业性收费和政府性基金，并根据《关于棚户区改造有关税收政策的通知》（财税〔2013〕101 号）实行以下税收优惠政策：(1)对改造安置住房建设用地免征城镇土地使用税。对改造安置住房经营管理单位、开发商与改造安置住房相关的印花税以及购买安置住房的个人涉及的印花税予以免征。配建安置住房依据政府部门出具的材料、房屋征收（拆迁）补偿协议或棚户区改造合同（协议）按比例免征城镇土地使用税、印花税。(2)企事业单位、社会团体以及其他组织转让旧房作为改造安置住房房源且增值额未超过扣除项目金额 20% 的，免征土地增值税。(3)对经营管理单位回购已分配的改造安置住房继续作为改造安置房源的，免征契税。(4)个人首次购买 90 平方米以下改造安置住房，按 1% 的税率计征契税；购买超过 90 平方米，但符合普通住房标准的改造安置住房，按法定税率减半计征契税。(5)个人因房屋被征收而取得货币补偿并用于购买改造安置住房，或因房屋被征收而进行房屋产权调换并取得改造安置住房，按有关规定减免契税。个人取得的拆迁补偿款按有关规定免征个人所得税。

四、保障性安居工程 PPP 操作模式

近年来社会资本投资棚户区改造项目及公共租赁用房项目为社会资本参与保障性安居工程建设的主要方式，不同地区、不同区位、不同类型的安居工程具有不同的操作模式，下面就棚户区改造与公共租赁住房的 PPP 项目操作模式分别进行介绍。

（一）棚户区改造 PPP 项目操作模式

棚户区改造涉及大面积的拆迁安置、土地整理、房屋及配套建设、运营维护等，具有投入资金大、征拆难度大、不确定因素多的特征。根据棚户区所在区位可将其分为土地价值较高与土地资源价值不高的情况，当土地资源价值较高时，政府不需要进行补贴就可以完成对棚户区改造；当土地资源价值不高时，如果没有财政资金

支持，就很难采用 PPP 模式。① 2015 年 6 月 25 日国务院发布《关于进一步做好城镇棚户区和城乡危房改造及配套基础设施建设有关工作的意见》（国发〔2015〕37 号），意见提出要创新融资体制机制，在城市基础设施建设运营中积极推广特许经营等各种政府与社会资本合作（PPP）模式，但意见未对棚户区改造采取 PPP 模式的具体方式进行规定，根据已有的棚户区 PPP 项目案例可以归纳出实践操作中存在以下几种方式：

1. “政府做资源补偿 + 收益分配”模式

以湖南津市棚户区改造为例，该项目资金来源包括前期土地收储整理资金和后续配套设施建设。津市棚户区改造任务较重，政府财政基础比较薄弱，在生产街棚户区改造项目中政府将土地前期的开发权与后期使用权分开进行拍卖，通过两次拍卖差价支付社会资本的成本。首先政府将项目土地的开发权进行第一次拍卖，竞拍成功的社会资本与政府建立契约关系，明确项目的拆迁、配套建设、收益分配等相关内容，中标社会资本支付政府部分资金用于土地收储整理，并负责项目范围内的拆迁、基础建设工作。当土地收储整理完成实现增值后，政府对规划范围以外的土地进行公开拍卖，两次土地拍卖的差价即为投资者的回报来源，该模式属于典型的“政府做资源补偿 + 收益分配”。

需要注意的是，该模式在 2016 年以前被广泛采用，但 2016 年 7 月 12 日财政部、国土资源部、银监会联合发布《关于规范土地储备和资金管理等相关问题》的通知（财综〔2016〕4 号），规定“土地储备工作只能由纳入名录管理的土地储备机构承担，各类城投公司等其他机构一律不得再从事新增土地储备工作。土地储备机构不得在土地储备职能之外，承担与土地储备职能无关的事务，包括城市基础设施建设、城镇保障性安居工程建设等事务”。同年 10 月 11 日，财政部联合教育部、科技部、国土资源部发布的《关于联合公布第三批政府和社会资本合作示范项目加快推动示范项目建设的通知》（财金〔2016〕91 号）再次提出“PPP 项目主体或其他社会资本，除通过规范的土地市场取得合法土地权益外，不得违规取得未供应的土地使用权或变相取得土地收益，不得作为项目主体参与土地收储和前期开发等工作。”因此，从上述一系列规定均可看出国家严格限制土地收储行为，并严格规范土地出让金管理，因此在财综〔2016〕4 号文出台后上述土地收储行为只能由土地储备机构完成，社会资本不能再通过上述模式参与土地收储整理并获取土地溢价收益，只能通过参加政府购买棚改服务项目进行棚户区改造建设。

---

① 《PPP 与保障性住房》，载财政部政府和社会资本合作中心：http://www.cPPPc.org/zh/plt/2823.jhtml，2017 年 9 月 20 日访问。

2.“投贷一体化”模式

以吉林哈达湾棚户区改造项目为例，项目估算总投资 816 亿元，按投资主体分为企业投资和政府投资两大方面。吉林市政府以吉林城市建设控股集团有限公司作为融资平台于 2010 年 7 月出资 1 亿元注册成立吉林城建发展有限公司，2011 年吉林市政府与国家开发银行正式签署战略合作协议，吉林城建发展有限公司通过增资扩股引入国开行战略投资，之后三年吉林市政府、国开行以现金形式不断增加资金投入，累计注资分别达到 19.5 亿元和 10.5 亿元，项目公司正式组建完成，并以项目公司形式独立负责项目的开展，银行贷款及其他渠道融资、土地整理、建设开发。该模式属于典型的投贷一体化，在棚户区改造过程中国开行贡献了 10.5 亿元的股权投资和 74 亿元的银行贷款，成功破解了项目融资难题。本项目的运作核心在于对土地实行滚动式开发策略，陆续启动棚户区拆迁改造，把哈达湾棚户区改造与企业搬迁有机结合起来，有序推进实施，整理一块土地，交易一块，交易的收益部分用来偿还银行贷款，另一部分用作下一块土地开发资金。截至 2016 年 7 月，哈达湾区域通过各种途径累计融资 57.34 亿元，有力保障搬迁改造项目顺利实施。

3.“土地一二级联动开发”模式

棚户区改造中的土地一、二级联动开发是指政府授予项目公司棚户区改造区域内的土地一级开发的权利，同时通过合法合规的方式，使得项目公司通过公开招拍挂合法获得该区域的土地二级开发权，项目投资主体可以对其进行商业开发，待项目建成后，项目投资主体有权获得房产的销售收入、租金收入以及停车费等配套收入，并以该收入作为偿债资金来源，该模式为目前棚户区改造中政府和社会资本合作（PPP 模式）最广泛的模式。在棚户区土地一、二级联动开发项目中，不仅可以将二级开发未来产生收益用于发行项目收益债券还可以用以其未来现金流作为资产证券化的基础资产，为项目融资创造了便利的条件。棚改项目中土地一级开发利润较低，二级开发利润较高，采取一、二级联动开发的模式能够较好的平衡一、二级开发的风险与收益，使社会资本获取整体收益最大化，更有利于社会资本控制整个棚户区改造进度。同时，根据财金〔2016〕91 号文规定，依法需要以招标拍卖挂牌方式供应土地使用权的宗地或地块，在市、县国土资源主管部门编制供地方案、签订宗地出让（出租）合同、开展用地供后监管的前提下，可将通过竞争方式确定项目投资方和用地者的环节合并实施，所以在棚改 PPP 项目中社会资本方竞争性选择与用地者选择可合并实施，大幅节约了项目采购时间。

（二）公共租赁住房 PPP 项目操作模式

公共租赁住房建设可以由政府主导，也可以由社会力量主导。根据财综

〔2015〕15 号文之规定，适用政府和社会资本合作（PPP）模式的公共租赁住房项目主要包括政府自建自管项目、政府收购的符合公共租赁住房条件的存量商品住房项目、符合公共租赁住房条件且手续完备债务清晰的停工未完工程项目、以企业为主建设管理的公共租赁住房项目四类，其操作模式如下：

1. 政府自建自管项目

政府自建自管项目包括新建项目及存量项目，新建公租房项目主要是政府选择社会资本组建公共租赁住房项目公司，项目公司与政府签订合同，负责承担设计、投资建设、运营、维护管理任务，在合同期内通过“承租人支付租金”及必要的“政府政策支持”获得合理投资回报，依法承担相应的风险，政府负责提供政策支持，定期调整公共租赁住房租金价格，加强公共租赁住房工程建设及运营维护质量监管。合同期满后，项目公司终结，社会资本按政府移交办理移交，政府对项目公司承担有限责任，不提供担保或承诺。新建项目一般可采用 BTO（建设—移交—运营）、BOT（建设—运营—移交）、BOOT（建设—拥有—运营—移交）、BOO（建设—拥有—运营）以及配建的模式。鉴于公共租赁房屋的公益性，租金定价较市场水平低，可能会出现租金收入不足以覆盖社会资本投资额的情况，对不足部分可安排政府可行性缺口补助，补贴金额的高低一般与经营期限的长短呈负相关。

对于政府持有并已完工的存量公租房项目可采用 TOT（移交—运营—移交）、ROT（改造—运营—移交）模式，将公租房的运营或改造、运营交由社会资本，利用社会资本在建设及管理上的先进技术提供更好的公租房运营服务。具体方式为政府将已达到使用条件的存量公租房项目在科学评估的基础上转让或者租赁给项目公司，由项目公司负责改造、运营、管理公租房，项目公司有权从公租房承租者支付的租金、管理费、物业费、停车费等收入中取得合理的运营回报，合作期满社会资本再将项目资产整体移交给政府指定部门。该模式有助于提高公租房的运营效率，降低公租房的运营成本，其缺点是政府对项目的运营处于失控状态。

2. 政府收购的符合公共租赁住房条件的存量商品住房项目

在 2015 年 3 月 25 日发布的《国土资源部、住房城乡建设部关于优化 2015 年住房及用地供应结构促进房地产市场平稳健康发展的通知》（国土资发〔2015〕37 号）中提到，统筹保障性安居工程建设，多渠道筹措房源，将符合条件的商品住房作为棚改安置房和公共租赁住房房源。整体购买在建房地产项目用于棚改安置房和公共租赁住房，或将尚未开工建设的房地产用地转为棚改安置房和公共租赁住房用地的，允许其适当调整规划建设条件，优化户型结构。对收购类的房源政府和社会资本可在科学评估房屋价值的基础上采用 PTOT（购买—移交—运营—移交）模式，该模式是在房地产去库存背景下国家目前极力推崇的“以购代建”模式，该模式不仅可以缓解部分地区房地产市场商品房供应过剩的问题,而且降低了政府取得保障性住房(包括公租房及棚改安置房)房源的成本。

除购买公租房房源外,租赁公租房也是一种新兴的公租房房源供应方式。租赁公租房既可以由政府与社会资本直接签订合作协议约定社会资本以公租房的标准及价格向符合条件的低收入人群提供租赁服务并负责租赁公租房的运营管理,政府在合作期限内给予社会资本运营管理费或税收优惠、租金补贴等。又可以根据《国务院办公厅关于加快培育和发展住房租赁市场的若干意见》(国办发〔2016〕39号)之规定实行公租房货币化政策,由公租房保障对象通过市场租房,政府对符合条件的家庭给予租赁补贴。

不管是收购还是租赁的公租房房源均系已建成项目,社会资本不需要再承担建设阶段的风险,大幅降低了社会资本的投资风险,再加之公租房项目租金收入及配套经营性收入较为稳定,一般社会资本愿意积极参与。对政府来说,该模式可根据公租房申请人数或租金价格灵活调整收储或收租的房源,在申请人数过多时可适当增加房源数量,当申请人数减少时可适当释放一部分房源,降低了公租房闲置或供不应求的风险。

3.符合公共租赁住房条件且手续完备、债务清晰的停工未完工程项目

此类未完工项目的存量项目可以通过出租或转让的方式交与社会资本或其设立的项目公司进行建设,使其达到公租房出租的条件,待工程完工后由社会资本或其项目公司继续负责公租房的运营与维护,从公租房的运营收入中获取利润,项目可采用LBO(租赁—建设—运营)、BBO(购买—建设—运营)模式。财综〔2015〕15号文规定对于存量和在建的项目,特别是债务规模比较大的政府融资平台公司持有的公共租赁住房,应当在科学评估的基础上,采取招投标、拍卖、挂牌等法律法规规定的方式将公共租赁住房资产整体转让给项目公司,实行规范的政府和社会资本合作模式运作,转让收入优先用于偿还对应的存量政府债务,即对于该类停工的项目在整体转让前也需要对已完工程进行评估鉴定。该类项目较新建项目建设成本低,但在资产转让时会涉及资产评估、行政变更等繁琐事项,项目后期存在较大的行政审批风险及工期风险。

4.以企业为主建设管理的公共租赁住房项目

对于外来务工人员集中的开发区、产业园区企业自行建设的公租房项目,企业应根据国家相关政策规定按照集约用地的原则,统筹规划集中建设单元型或宿舍型公共租赁住房,面向用工单位或园区就业人员出租,该模式的承租人一般为企业内部员工,作为一种企业福利向职工提供的保障性住房,由国家给予企业相应补贴或优惠政策。以企业为主建设管理的公共租赁住房一般优先满足外来务工人员或

刚毕业无能力自行解决居住问题的学生，企业自建公共租赁用房的所有权、管理经营权均为企业所有，不需要与政府办理产权移交手续，但仍应接受政府部门的监管。

五、保障性安居工程PPP模式法律问题分析

（一）政府保障性安居工程专项资金进入PPP项目的法律问题

保障性安居工程专项资金是指中央财政通过专项转移支付安排的资金，用于支持各地发放租赁补贴、城市棚户区改造及公共租赁住房建设的资金。专项资金分配采用因素法，按照核定的各地区年度租赁补贴户数、城市棚户区改造套数、绩效评价结果等因素以及相应权重，结合财政困难程度进行分配。根据《中央财政城镇保障性安居工程专项资金管理办法》（财综〔2017〕2号）保障性安居工程专项资金可统筹用于支持纳入国家城镇保障性安居工程计划的项目，包括：(1)向符合条件的在市场租赁住房的城镇住房保障家庭发放租赁补贴（不得向政府投资运营的公共租赁住房承租家庭再发放租赁补贴）；(2)支持城市棚户区改造项目，包括用于城市棚户区改造项目中的征收、安置房建设（购买）和相关配套基础设施建设等支出，不得用于城市棚户区改造中回迁安置之外的住房开发、配套建设的商业和服务业等经营性设施建设支出；(3)支持公共租赁住房项目建设（含新建、改建、购买公共租赁住房）。

财综〔2017〕2号文第16条同时列举了三种专项资金的支出模式，包括直接支出、注入项目资本金、贷款贴息三类，通过充分发挥财政资金引导作用，吸引社会资本参与保障性安居工程投资建设和运营管理。保障性安居工程也是国家积极推广的PPP投资领域，因此财综〔2017〕2号文中列举的三种专项资金支出方式也是保障性安居工程专项资金进入PPP领域的主要途径。直接支出是目前专项资金最主要的支出模式，包括通过向公租房承租人发放租金、政府购买棚户区改造服务、向棚户区改造项目进行货币化安置、收购保障房房源等。专项资金进入保障性安居工程PPP项目的另一途径为以项目资本金的方式。我国固定资产投资项目实行资本金制度，投资项目必须首先落实资本金才能进行建设，PPP项目属于典型的固定资产投资项目受资本金制度之约束。《国务院关于调整和完善固定资产投资项目资本金制度的通知》（国发〔2015〕51号）规定，保障性住房和普通住房项目的最低资本金比例为20%。项目资本金是否充足不仅直接影响工程是否具备建设条件而且对金融机构放贷、债券发行等融资效率有巨大影响，专项资金注入安居工程PPP项目不但有利于为社会资本减负而且更有助于项目融资的顺利进行。专项资金作为政策引导性极强的特殊用途财政资金，本应当遵守专款专用的规定，但在实践中经

常出现专项资金被挪用或被截留的现象，例如将上级政府下发的专项资金拨付给政府方出资代表，然后由政府出资代表再将专项资金作为股权投资注入SPV，在这过程中专项资金并非直接进入PPP项目，而是通过中间环节过渡，极易产生道德风险。因此，在专项资金以资本金形式进入PPP项目时，应确保资金及时拨付、资金直接对接项目，坚决杜绝资金被挪用、被闲置、被挤占的现象。专项资金用注入安居工程项目的第三种方式是政府贷款贴息。2014年10月17日，财政部印发《城镇保障性安居工程贷款贴息办法》（财综〔2014〕76号）的通知专门就符合条件的棚户区改造项目、公共租赁住房项目的贷款贴息办法进行规定，同时规定采取政府和社会资本合作（PPP）模式投资建设、运营管理的公共租赁住房项目符合贴息政策的也适用该办法。办法规定城镇保障性安居工程贷款贴息，必须同时具备三个要件：（1）城市棚户区改造项目和公共租赁住房项目已纳入省级人民政府年度计划和市县人民政府年度目标任务，并由市县人民政府组织实施；（2）从各类金融机构实际借入用于城市棚户区改造征收补偿、安置住房建设和公共租赁住房购建、运营管理的贷款；（3）城市棚户区改造项目和公共租赁住房项目未享受过政府投资补助和其他贴息扶持政策。办法还规定以下6种情形不纳入贴息范围：（1）旧住宅区环境整治项目贷款；（2）城市棚户区改造项目和公共租赁住房项目小区外配套基础设施建设贷款；（3）城市棚户区改造项目和公共租赁住房项目未按合同规定归还的逾期贷款利息、加息和罚息，未经有关部门批准延长项目建设期发生的贷款利息，未按规定办理竣工决算的项目发生的贷款利息；（4）已获得政府投资补助或已申请其他财政贴息资金的棚户区改造项目和公共租赁住房项目贷款；（5）该办法印发前城市棚户区改造项目和公共租赁住房项目已清偿的贷款；（6）其他不属于城市棚户区改造项目和公共租赁住房项目的贷款。政府对安居工程的贴息率由项目所在地市县财政部门根据年度贴息资金预算安排和贴息资金需求等因素确定，贴息利率以中国人民银行公布的同期贷款基准利率为准，原则上不超过2个百分点。贴息期限按项目建设、收购、运营管理周期内实际贷款期限确定。其中，对于公共租赁住房运营管理贷款，贴息期限最长不超过15年。贴息资金的使用，实行“先付息，后补贴”的原则，每年结算一次，具体结算时间由各地自定。

在保障性安居工程的使用过程中目前仍面临着诸多问题，除上文中提及的专项资金被挤占、挪用、闲置等问题外，还存在虚报租赁住房补贴、虚报家庭收入、住房资料骗取租赁补贴资金的现象；或是将专项资金用于与保障性安居工程无关的项目支出，比如有的用于新城区基础设施建设；又或是已领取租赁补贴的又申请实物配租,重复享受住房保障待遇的等。[①] 保障性安居工程 PPP 项目一般是省级或者全国范围内的重大项目,享受的专项资金规模较大,政策扶持力度大,若不能及时堵住专项资金在使用管理方面的漏洞,不仅达不到解决低收入群体基本住房保障的目的反而容易滋生腐败,应当引起各级财政部门的重视。

(二)城镇保障性安居工程财政资金绩效评价

财政支出绩效评价最早始于 2009 年,为加强财政支出管理,强化支出责任,提高财政资金的使用效益,财政部制定了《财政支出绩效评价管理暂行办法》,办法于 2011 年经过修订,该办法为我国财政支出绩效评价工作提供了依据。城镇保障性安居工程财政资金绩效评价属于政府财政支出绩效评价的一部分,随着我国政府对财政支出绩效评价工作的日益重视,国家民生重点项目的保障性安居工程项目也逐步纳入绩效评价工作的范围。2015 年 2 月 25 日,财政部联合住房和城乡建设部共同制定了《城镇保障性安居工程财政资金绩效评价暂行办法》(财综〔2015〕6 号)对安居工程财政资金的使用效益评价的原则、评价依据和内容、绩效评价的实施机构及评价程序、评价结果及应用、考评量化指标进行了规定。城镇保障性安居工程财政资金绩效评价范围为一般公共预算(含地方政府债券收入)、政府性基金预算、国有资本经营预算中安排用于城镇保障性安居工程建设的资金,绩效评价以预算年度为周期,对预算年度内各地区城镇保障性安居工程资金管理、项目管理、项目效益情况进行评价,在年度绩效评价的基础上,适时开展以几个预算年度为周期的中期绩效评价。

资金管理评级包括省级财政部门、住房城乡建设部门申请中央财政城镇保障性安居工程专项资金是否及时、基础数据是否准确,省级财政部门、住房城乡建设部门向市(县)财政下达中央专项资金是否及时,省级财政部门是否安排补助资金,以及资金管理是否合法合规等。项目管理包括城镇保障性安居工程质量、规划计划的制定、规划计划和政策公开、开工和基本建成情况公开、保障对象公开,以及地方报送绩效评价报告的及时性和完整性等。项目效益包括城镇保障性安居工程带动经济社会发展情况、开工情况、基本建成情况、低收入住房保障家庭租赁补贴发放情况、当年符合分配入住条件的公共租赁住房和城市棚户区改造安置住房的分配入住情况等。绩效评价结果将作为各级财政部门会同同级住房城乡建设部门分配以后年度城镇保障性安居工程资金、制定调整相关政策以及加强保障性安居工

---

① 《城镇保障性安居工程财政资金管理有关政策问题》,载夷陵区财政局信息公开网:http://xxgk.10.gov.cn/gov/jcms_files/jcms1/web11/site/art/2016/6/6/art_13844_323826.html,2017 年 9 月 10 日访问。

程建设和运营管理的重要参考依据。

为响应国家对保障性安居工程项目绩效评价的要求，各省市开始投入到保障性安居工程项目绩效评价工作的实践当中，并根据各省实际情况以《城镇保障性安居工程财政资金绩效评价暂行办法》为依据形成了一整套包含评价指标、评价办法在内的绩效评价体系，目前广西壮族自治区、海南省、四川省、黑龙江省、福建省均已出台了本辖区内的安居工程财政资金绩效评价细则。在安居工程项目绩效评价自上而下被大力推广的背景下，我们发现绩效评价系统仍存在诸多需要改进的地方。例如关于安居工程资金管理部分的评价，评价对象包括“是否及时按照中央有关文件要求及时下达中央专项资金”“省级财政是否安排补助资金用于保障性安居工程”等对财政部门的资金分配及时性与到位率的评价，而各级财政部门又作为绩效评价工作的组织实施者与自评报告的审核单位，且省级财政部门还是省级绩效评价细则的制定者，财政部门在资金管理评价板块既充当规则制定者，又充当了被评价者与评价者，既做运动员又做裁判员，对资金管理的绩效评价有失公允，因此建议在资金管理板块的绩效评价中上级财政部门应当主动回避对下级财政资金接收单位对其财政资金拨付及时性及到位率的评价的审查；再如关于项目效益的评价，该部分所占整个绩效评价的比重高达 50%，其中部分二级指标“带动经济社会发展情况”“补贴发放目标完成率”或“当年符合分配入住条件的公共租赁住房、城市棚户区改造安置住房分配入住率”直接与保障性安居工程的公益效应息息相关，若由政府部门自行评价其结果仍可能有失公允，若由社会公众对其进行评价（必要时还可聘请外部专业评估机构对其进行评价）不仅可以使评价数据更为客观公正而且有助于监督财政资金去向，避免“暗箱操作”滋生腐败。

（三）公共租赁住房 PPP 项目租金定价模式及调价机制

公共租赁用房 PPP 项目租金定价及调整关系到项目的可持续发展及社会资本参与公租房建设的积极性，建保〔2013〕178 号文指出进一步完善公共租赁住房租金定价机制，各地要结合本地区经济发展水平、财政承受能力、住房市场租金水平、建设与运营成本、保障对象支付能力等因素，进一步完善公共租赁住房的租金定价机制，动态调整租金。目前我国公租房定价主要有三种模式：一是“成本导向型”，以成本收回为基本原则，确保发展可持续性。公租房成本主要包括建设成本与运营成本，如土地、建安、装修、物业管理、修缮维护及资金成本等。[1] 该种方式的优点在

① 盛和太、臧崇晓、王守清：《基于 BOT 模式的公租房定价机制研究》，载《工程管理学报》2013 年第 1 期。

于能确保社会资本足额收回投资成本并获得合理利润，但其缺点也较为突出，不仅定价缺乏灵活性，而且定价难以反映市场租金水平，其定价还极有可能超出承租者租金承受能力，不利于公租房项目的可持续发展。二是"市场导向型"，即以周边相似或同类型项目的市场化租金为基础，通过下调一定比例确定公租房的租金，其最大优势是与周边租金建立关联，在一定程度上反映区位价值。其劣势在于当市价偏高时，租金可能超出中低收入家庭支付能力，当市场价偏低时，又无法保证项目成本足额收回。三是"支付导向型"，即以承租家庭收入为基准，按照家庭收入的一定合理比例收取租金。该种定价模式能够最大程度的体现公租房的保障性，但对于政府和社会资本来说，收入导向型计算的租金水平可能导致项目无法收回成本或致使政府对建设成本和租户进行双重补贴，加大财政压力。三种模式各有利弊，不同地区不同公租房项目应当结合实际情况进行定价模式选择，综合考虑公租房成本、承租者家庭收入水平、财政负担能力及周边市场租金价格，以使政府、社会资本、承租者三方利益得到最佳平衡。目前，北京采取市场、成本与政府能力相结合的模式，按照保本为例的原则并结合承租家庭负担能力和同类地段类似房屋市场租金一定比例下浮确定租金；上海采取市场定租模式，按略低于市场租金水平确定租金；重庆采取成本定租与差异化定租的方式进行定价，租金标准按照贷款利息、维护费并根据不同地段、不同房屋类型等因素确定；广州采取市场定租与支付能力定租模式，租金标准彩照市场租金水平，根据租户收入高低按同地段房屋租金参考价的 60%、50%、40% 分类收取。①

鉴于 PPP 项目一般周期较长，在整个生命周期内市场租金价格、政府对公租房建设的财政投入大小、承租者的收入水平、通货膨胀、银行贷款基准利率等均在不断地变化之中，为适应内外部环境的变化充分保证公租房项目的可持续发展，公租房的租金价格应进行合理的动态调整。合理的调价机制关键在于把握好调整的频率和调整的幅度。政府应当根据公租房运营周期确定合理的公租房调价的周期，由此确定调价的频率。例如《上海市公积金管理中心公共租赁住房租赁价格管理办法（试行）》（沪公积金〔2014〕26 号）规定"公租房租赁价格每年应按本办法的定价原则重新修订，并在报备后向社会公布"。《杭州市区公共租赁住房租金管理暂行办法》（杭价服〔2012〕12 号）规定"公共租赁住房租金实行动态管理，每两年调整一次，并向社会公布"。此外，调价的幅度也应当充分考虑影响公租房租金水平的各种因素的变动幅度。目前，各地出台相关公租房价格管理文件中并未对调价幅度及调价程序进行相关规定，实践操作中一般由公租房运营单位制定详细调价方

① 望晓东、魏玲：《基于财政投入可持续的公租房租金定价研究》，载《中国财政》2015 年第 15 期。

案，说明调价的原因、调价幅度的理论计算依据，由政府对调价方案进行严格的监控和审查（必要时可采取听证的方式听取民众的意见），最后由调价部门将调整后的租金价格对外公示。

（四）保障性安居工程项目主要融资模式比较

保障性安居工程 PPP 项目融资是否顺畅直接与 PPP 项目后续开展密切相关，目前保障性安居工程的融资方式主要包括银行贷款、公积金贷款、发行债券、资产证券化、股权融资、信托等，下面就这几种融资模式进行简要分析。

1. 贷款融资

保障性安居工程 PPP 项目贷款主要有国家开发银行贷款、商业银行贷款、公积金贷款。2015 年 4 月，国家开发银行首次由一般政策性银行明确为开发性金融，以市场化运作支持国家战略，其在支持保障性安居工程建设中具有得天独厚的优势。国家开发银行在保障性项目方面的贷款主要为棚改贷款及人民币中长期项目贷款。国开行棚改贷款是纳入国家棚户区改造规划和年度计划范围内的棚户区改造中长期项目贷款和软贷款回收再贷，一般贷款期限为 10～15 年，最长不超过 25 年，贷款利率低，按照国家或央行政策实际变化情况，进行利率水平调整。截至 2015 年 12 月末，国开行累计发放棚改贷款 15，550 亿元，2015 年发放棚改贷款 7509 亿元，支持全国 580 万套棚改建设任务，发放货币化安置贷款 2367 亿元，支持全国消化库存商品房约 1 亿平方米。国家开发银行党委书记、董事长胡怀邦在答《金融时报》记者问时提到，2016 年国开行对棚改项目的贷款支持高达 9500 亿元以上，位于“六大领域”资金需求投放贷款额度之首。[①] 除棚改贷款外，保障性安居工程还可向国开行申请人民币中长期贷款，人民币中长期贷款期限在一年以上，以项目收益作为主要偿还来源的贷款，适用于投资规模大、建设周期长、风险集中、社会性和公益性较强的基础设施、基础产业和支柱产业等领域，具有贷款额度大、贷款期限长的特点，贷款前以整个项目全部资金需求为评审对象，一次审批，根据工程进度和年度贷款计划，逐年、逐笔发放。

在商业银行支持保障性安居工程贷款方面，由于保障性安居工程项目贷款金额大、周期长，商业银行发放的贷款在承贷主体范围、贷款品种、自有资金比例、担保方式、贷款期限、合法手续认定方面与一般商业性贷款有所不同。根据银发〔2011〕193 号文规定，政府投资建设的公共租赁住房项目须符合国家关于最低资本金比例

---

① 数据来自国家开发银行官方网站：http：//www. cdb. com. cn/ywgl/xdyw/xxczhjs/http：//www. cdb. com. cn/xwzx/mtjj/201602/t20160205_2344. html，2016 年 2 月 5 日访问。

的政策规定，贷款利率按中国人民银行利率政策执行，利率下浮时其下限为基准利率的 0.9 倍，贷款期限原则上不超过 15 年，具体由借贷双方协商确定。据银监会最新公布数据显示，2016 年全年保障性安居工程从商业银行获取的贷款为 22,522 亿元，占安居工程全部银行贷款额的 20.43%。[①] 商业银行之所以不愿意进入保障性安居工程，除贷款利率低、贷款期限长以外还包括商业银行贷款期限与安居工程资金需求不匹配。商业银行贷款期限短、成本高，若长期融资的比例过高会与银行资金来源的短期性发生冲突，导致银行流动性风险，因此在保障性安居工程建设中商业银行提供贷款的积极性不高。

公积金贷款是指商业银行受公积金中心委托向借款人发放贷款，由公积金中心在委托银行开立专户对借款人的资金使用情况进行封闭监管的贷款方式。2009 年 10 月 15 日，住建部、财政部、发改委、中国人民银行、监察部、审计署、银监会联合发布《关于印发利用住房公积金贷款支持保障性住房建设试点工作实施意见的通知》（建金〔2009〕160 号），同意在优先保证缴存职工提取和个人住房贷款、留足备付准备金的前提下，可将 50% 以内的住房公积金结余资金定向用于经济适用住房、列入保障性住房规划的城市棚户区改造项目安置用房、政府投资的公共租赁住房建设，利用住房公积金发放经济适用住房和列入保障性住房规划的城市棚户区改造项目安置用房建设贷款，贷款期限最长不超过 3 年；发放政府投资的公共住房贷款，贷款期限最长不超过 5 年。贷款利率按照五年期以上个人住房公积金贷款利率上浮 10% 执行，并随个人住房公积金贷款利率变动相应调整。

2010 年 8 月，国家公布第一批利用住房公积金贷款支持保障性住房建设的试点城市和试点项目，其中包括北京、天津、重庆、西安等 28 个城市，133 个经济适用住房、棚户区改造安置用房、公共租赁住房建设项目，贷款额度约 493 亿元。[②] 同年，住建部、财政部、中国人民银行、银监会共同发布了《利用住房公积金支持保障性住房建设试点项目贷款管理办法》（建金〔2010〕101 号）对公积金借款人及试点项目的条件进行了规定。据住建部、财政部、人民银行印发的《全国住房公积金 2015 年年度报告》（建金〔2016〕102 号）统计，截至 2015 年末，经住建设部会同财政部、人民银行批准，全国共有项目贷款试点城市 87 个，试点项目 392 个，累计发放试点项目贷款 841.29 亿元（计划贷款额度 1107.53 亿元），其中经济适用住房 225.92 亿元，棚户区改造安置用房 331.04 亿元，公共租赁住房 284.33 亿元，公积金在支持

---

① 数据来自中国银行业监督管理委员会官方网站：http://www.cbrc.gov.cn/chinese/home/docView/BCE5DDFA2DFE4CB382B18F3DEDFBBA53.html，2015 年 3 月 20 日访问。

② 数据来自中华人民共和国中央人民政府官方网站：http://www.gov.cn/gzdt/2010－08/05/content_1672281.htm，2010 年 8 月 5 日访问。

保障性安居工程建设方面取得了较好的成绩。但自2016年开始，据非官方报道，公积金用于保障性安居工程建设的试点工作将结束，地方保障性安居工程将不能再得到住房公积金贷款的支持，住建部将不再新增住房公积金贷款支持保障性安居工程的试点城市，也不再向地方政府发放新的用于支持保障性安居工程的住房公积金贷款。虽然住建部等部门未出台文件官方宣布取消上述政策，但可以窥见在计划贷款额度临近尾声时国家对公积金用于住房保障性项目贷款逐步收紧，今后保障性安居工程获取公积金贷款的难度比较大。

2. 债券融资

保障性安居工程PPP项目可采用的债券融资包括短期融资券、中期票据、企业债、公司债、PNN、项目收益债券等，目前以企业债券特别是项目收益债券为主要融资方式。2011年，发改委发布发改办财金〔2011〕1388号文，提倡充分发挥企业债券融资对保障性住房建设的支持作用，引导更多社会资本参与保障性住房建设。根据《企业债券管理条例》之规定，除法律和国务院另有规定外，企业发行企业债券必须公开，发行企业债券需满足以下条件：(1)股份有限公司的净资产不低于人民币3000万元，有限责任公司和其他类型企业的净资产不低于人民币6000万元；(2)企业发行债券余额不得超过其净资产的40%；(3)企业债券的利率不得高于银行相同期限居民储蓄定期存款利率的40%；(4)企业经济效益良好，发行企业债券前3年连续盈利，且近3年平均可分配利润足以支付企业债券一年的利息；(5)所筹资金用途符合国家产业政策；(6)已经发行的企业债券没有延迟支付本息的情形。企业发行企业债券所筹资金应当按照审批机关批准的用途，用于本企业的生产经营，不得用于与企业生产经营无关的风险性投资。

在存量债务中企业债大多以地方城投公司作为发行主体并由地方政府提供隐性担保，起初以大型央企发行的中央企业债为主，2009年起地方企业债开始反超，并在2014年达到6530.5亿元的高峰。为控制地方政府债务，国务院于2014年9月21日下发国发〔2014〕43号文加强地方政府性债务管理，对举债主体、举债方式、发债规模、债务用途等进行严格规范，后又下发《关于全面加强企业债券风险防范的若干意见》等系列文件大幅收紧企业债发行进度，该政策的转变为项目收益债的发展预留了大幅空间。2014年，发改委在《关于创新企业债券融资方式扎实推进棚户区改造建设有关问题的通知》(发改办财金〔2014〕1047号)中提倡开展棚户区改造项目收益债券试点，次年又发布《关于印发〈项目收益债券管理暂行办法〉的通知》(发改办财金〔2015〕2010号)对发行项目收益债进行规范，项目收益债券步入发展的快车道。

项目收益债券是指由项目实施主体或其实际控制人发行的，与特定项目相联系的，债券募集资金用于特定项目的投资与建设，债券的本息偿还资金完全或主要来源于项目建成后运营收益的企业债券。发行项目收益债券，需符合《公司法》《证券法》《企业债券管理条例》和发改办财金〔2015〕2010 号文对公开发行和非公开发行债券的要求。非公开发行的项目收益债券的债项评级应达到 AA 级及以上。发行方式为以招标或簿记建档形式公开发行，也可以面向机构投资者非公开发行。非公开发行的，每次发行时认购的机构投资者不超过 200 人，单笔认购不少于 500 万元人民币。项目收益债券的存续期不得超过募投项目运营周期，还本付息资金安排应与项目收益实现相匹配。目前，经发改委批复的保障性安居工程项目收益债券有江苏省无锡沪宁城铁惠山站区投资开发建设有限公司公开发行城铁惠山站区棚户区改造项目收益债券（发改企业债券〔2016〕142 号）、江苏省丰县城市投资发展有限公司公开发行丰县黄庄区块棚户区改造一期工程建设项目收益债券（发改企业债券〔2016〕172 号）、江苏省如东县新天地投资发展有限公司公开发行如东沿海经济开发区公租房及配套设施建设项目收益债券（发改企业债券〔2016〕147 号）等。

项目收益债券虽源于企业债券，但其与企业债券又有所不同，主要表现在：(1)对发行主体要求不同。企业债发行主体至少成立 3 年、近 3 年连续盈利且近 3 年可分配利润足以支付企业债券 1 年的利息。项目收益债对发行主体没有以上这些要求，可以是刚设立的项目公司，只要项目公司拥有一个符合国家产业政策又能产生稳定现金流的项目，但该项目不能自身没有任何盈利能力仅依赖财政补贴建设运营。(2)发行规模不同。企业债要求累计债券余额不超过公司净资产总额的 40%，而项目收益债对发行额度无要求，但对于项目建设资金来源做了明确规定，除债券资金以外其他资金来源必须全部落实。(3)发行方式不同。项目收益债可以公开发行也可以非公开发行，而企业债除法律和国务院另有规定外原则上只能公开发行。(4)资金募集用途不同。发行项目收益债券募集的资金，只能用于经批准的项目建设、运营或购置设备，不得置换项目资本金或偿还与项目有关的其他债务（但偿还已使用的超过项目融资安排约定规模的银行贷款除外）。而企业债所募集的资金应当按照审批机关批准的用途用于本企业的生产经营。(5)评级存在差异。企业债评级主要看主体评级，而项目收益债更关注债项评级。债项评级主要关注项目收益测算及项目增信措施，同时可以进行“差额补偿协议”与“外部担保”等增信措施。(6)债券发行期限不同。企业债一般为 5 年至 20 年，近年来多为 7 年，而项目收益债的发行期限主要与项目本身的期限相匹配，一般不超过项目运营期，还本结构也与项目的现金流收入结构相匹配。

项目收益债券的筹资规模较大、融资成本更低，符合公益性项目盈利少、资金缺口大的特点,是安居工程 PPP 项目理想的融资工具。项目收益债权在支持安居工程 PPP 项目中具有如下优势:首先,项目收益债券主要以项目未来收益作为还款来源,且在资金的归集使用及归还的整个过程中实行严格的封闭管理,确保专款专用与资金安全,当偿债资金专户内的资金不足以支付当年债券本息时差额补偿程序立即启动,降低了发行人违约风险。其次,在发行条件上,项目收益债券更有利于刚成立或处于建设期的项目公司。某些后期能产生稳定现金流的项目公司成立之初或处于建设期时无经营收入、净资产状况不太好,无法满足近 3 年连续盈利且平均可支配利润足以支付一年债券利息的条件,主体评级达不到要求,不具备发行企业债券的条件,此时若采用项目收益债券可规避项目公司在主体评级上的劣势,发挥项目债项评级上的优势,成功获取资金。最后,项目收益债券在发行周期上正好与项目运营周期及资金需求吻合,且还款方式更灵活。

3. 产业投资基金

产业投资基金又称风险投资基金或私募股权投资基金,是指对未上市企业进行股权投资和经营管理服务的利益共享、风险共担的集合投资制度,即通过向投资者发行基金份额设立基金公司,由基金公司自任基金管理人或另行委托基金管理人管理基金资产,委托基金托管人托管基金资产。产业投资基金可通过股权投资、债权投资、股债联动三种方式投资支持 PPP 项目的建设运营。PPP 产业投资基金按基金组织形式可分为契约型、有限合伙型、公司型,现有 PPP 产业投资基金项目多采用有限合伙型。契约型产业投资基金一般采用资管计划、信托和私募基金的形式,投资者作为信托、资管等契约的当事人和产业投资基金的受益者,一般不参与管理决策。有限合伙型由普通合伙人(GP)和有限合伙人(LP)组成,普通合伙人通常是经验丰富的基金管理人或运营管理人。最典型的有限合伙型产业基金结构可分为三层:银行、保险等低成本资金所构成的优先层、基金发起人资金所构成的劣后层、夹层资金所构成的中间层。优先层承担最少风险,同时作为杠杆,提高了中间层和劣后层的收益。通过这种设计,有限合伙型产业基金在承担合理风险的同时,能够为投资者提供较高收益。公司型是依据公司法成立的法人实体,与公司制法人有着类似的治理结构,投资人的知情权和参与权较大。产业投资基金投资 PPP 项目根据发起人的不同可分为三种操作模式。一是由省级政府层面出资成立引导基金以此吸引金融机构资金合作成立母基金,母基金再与地方政府、金融机构成立子基金参与 PPP 项目融资。一般金融机构作为优先级 LP,地方政府做劣后级 LP,承担主要风险。二是由金融机构联合地方国企发起设立有限合伙基金,一般由金融机构做 LP 优先级,地方国企或平台公司做 LP 的次级,金融机构指定的股权投资管理人做 GP。三是由具有建设运营管理能力的专业投资人发起成立产业投资基金,在与政府达成 PPP 项目框架协议后,通过联合金融机构成立有限合伙基金对接项目,该模式下融资风险均由社会资本方承担。

产业基金的退出途径有多种,包括约定回购/股权转让、到期清算、IPO 上市和上市并购、资产证券化(ABS)、债务置换等,其中约定回购/股权转让是目前产业基金退出的主要方式。约定回购/股权转让是指在基金投资项目前各投资主体书面商定待基金到期后由某一方主体履行回购义务,回购基金持有的股权并清偿债权,或约定将股权转让给其他第三人。到期清算是指产业投资基金资金投入 PPP 项目公司后,在项目投资公司完成项目任务(或阶段性投资任务后)后,通过项目投资公司清算(或注册资本减少)的方式,返还产业投资基金应当获取的股权收益,实现投资的退出的方式。IPO 上市或上市公司并购是指投资基金投入项目公司后在项目运营成熟后通过将项目公司上市、并购获得投资收益实现投资退出,目前成功案例较少。资产证券化(ABS)是指将已进入运营期且现金流稳定的未来现金流资产,由证券公司或商业银行进行证券化在资本市场发行,由投资人进行投资,回收现金后用以回购基金持有的股权和债权,实现基金的退出。ABS 同样需要充足的现金流且 ABS 一般在 PPP 项目运营期中期或其后启动,因此能否满足产业基金的退出要求具有不确定性。债务置换主要是针对存量项目,通常以 TOT、ROT 或回购 BOT 项目公司股权的形式参与存量项目,置换地方政府到期债务,盘活现有经营性项目,提前回收现金流,达到延长产业基金存续期限,使其与项目运营期限相匹配的目的。

2015 年 5 月 19 日,国办发〔2015〕42 号文特别指出中央财政出资引导设立中国政府和社会资本合作融资支持基金,作为社会资本方参与项目,提高项目融资的可获得性。鼓励地方政府在承担有限损失的前提下,与具有投资管理经验的金融机构共同发起设立基金,并通过引入结构化设计,吸引更多社会资本参与。为贯彻落实 42 号文精神,同年 9 月,财政部联合中国建设银行股份有限公司、中国邮政储蓄银行股份有限公司、中国农业银行股份有限公司、中国银行股份有限公司、中国光大集团股份公司、交通银行股份有限公司等 10 家机构共同发起设立中国政府和社会资本合作(PPP)融资支持基金。基金总规模 1800 亿元,将作为社会资本方重点支持公共服务领域 PPP 项目发展,提高项目融资的可获得性。同时,各省级财政厅也纷纷发文响应 42 号文精神积极开展省级 PPP 发展基金设立工作,目前江苏、山东、河南、四川、云南、浙江等省级财政厅省级 PPP 基金实施方案或实施办法已出台。2016 年 12 月 30 日发改委发布《关于印发〈政府出资产业投资基金管理暂行办法〉的通知》(发改财金规〔2016〕2800 号,2017 年 4 月 1 日生效)对政府出资的产业基金运作进行规范,该办法提出,政府出资产业投资基金主要投资于非基本公共服务领域、基础设施领域、住房保障领域、生态环境领域、区域发展领域、战略性新兴产业和先进制造业领域、创业创新领域七大领域，其中住房保障领域的产业基金主要解决城镇住房困难家庭及新市民住房问题，加快推进棚户区改造，完善保障性安居工程配套基础设施，推进旧住宅小区综合整治、危旧住房和非成套住房改造，办法的出台为政府出资产业基金投资保障性安居工程 PPP 项目奠定了良好的法律基础。

保障性安居工程 PPP 项目体量大、资金需求旺盛、建设运营周期较长，而产业投资基金又具有规模大、杠杆率高、资金来源渠道多样化、募集方式灵活的特点，在投资保障性安居工程 PPP 项目时具有天然优势。同时，保障性安居工程具有较强的公益性属性，属于准经营性项目，虽然项目本身收益率远不及经营性项目，但因属于民生工程，能够获取较多中央及地方的财政补贴与奖励，且后期租金收入相对稳定，整体来说其未来现金流质量对追求长期收益、低投资风险的产业基金（特别是以保险资金、社保资金作为资金来源的产业基金）相吻合。产业投资基金通常由专业机构运作，有助于提高项目整体资金的运作效率，当产业投基金以股权方式进入项目公司时项目公司还无须承担还本付息的压力，因此深受政府和社会资本青睐，是目前 PPP 领域中运用较广泛的创新融资模式。

4. 资产证券化

资产证券化是指以基础资产所产生的现金流为偿付支持，通过设立特殊目的载体 SPV，采用结构化等方式进行信用增级，在此基础上发行资产支持证券的业务活动。根据资产证券化的定义及我国资产证券化业务的开展现状，我国资产证券化业务模式包括证监会监管的企业资产证券化、中国人民银行及银监会监管的信贷资产证券化、中国银行间市场交易商协会监管的资产支持票据、保监会监管的保险资产支持计划四种主要形式。2014 年 10 月 2 日《国务院关于加强地方政府性债务管理的意见》（国发〔2014〕43 号）鼓励社会资本通过特许经营等方式参与城市基础设施等有一定收益的公益性事业投资和运营。政府通过特许经营权、合理定价、财政补贴等事先公开的收益约定规则，使投资者有长期稳定收益。投资者或特别目的公司可以通过银行贷款、企业债、项目收益债券、资产证券化等市场化方式举债并承担偿债责任，43 号文提供了资产证券化在公用事业 PPP 领域推广运用的政策环境。

2016 年 12 月 21 日，国家发展改革委、中国证监会联合发布了《关于推进传统基础设施领域政府和社会资本合作（PPP）项目资产证券化相关工作的通知》（发改投资〔2016〕2698 号），对传统基础设施领域 PPP 项目进行资产证券化做了四个方面的明确要求：一是项目前期手续完善，已严格履行审批、核准、备案手续和实施方案审查审批程序，并签订规范有效的 PPP 项目合同，政府、社会资本及项目各参与方合作顺畅；二是项目工程建设质量符合相关标准，能持续安全稳定运营，项目履约能力较强；三是项目建成并正常运营 2 年以上，已建立合理的投资回报机制，并已产生持续、稳定的现金流；四是原始权益人信用稳健，内部控制制度健全，具有持续经营能力，最近 3 年未发生重大违约或虚假信息披露，无不良信用记录。虽然发改投资〔2016〕2698 号文是由发改委及证监会发布的关于传统基础设施领域的 PPP 项目资产证券化要求，但笔者认为，在财政部等部门暂未发布公共事业领域的 PPP 项目资产证券化的要求时公共事业领域 PPP 项目资产证券化的发行条件仍可以参照适用上述四项要求。鉴于此，笔者认为目前运营成熟的保障房项目较适宜通过 PPP 模式进行资产证券化。

资产证券化在保障性安居工程领域中的成功案例较少，笔者通过检索上交所、深交所官网共查询到已成功发行案例 5 例，分别是深交所"建发禾山后埔—枋湖片区棚户区改造项目专项资产管理计划"（2014 年 9 月 1 日，简称建发棚改）、"徐州市保障性安居工程专项资产管理计划"（2014 年 12 月 11 日，简称新盛专项）、"扬州保障房信托受益权资产支持专项计划"（2015 年 9 月 22 日）、"镇江公住保障房信托受益权资产支持专项计划"（2016 年 7 月 21 日）及上交所"上海金汇保障房信托受益权资产支持专项计划"（2017 年 3 月 13 日），其中建发棚改及新盛专项都属于债权资产证券化产品，由原始权益人将与政府签订的保障房合同债权转让给资产支持专项计划作为基础资产，其余 3 例均是以信托受益权作为基础资产，即保障房企业资产证券化产品采取将保障房项目后期不稳定的销售收入整合成标准的信托收益权产品作为证券化的基础资产，以达到企业资产证券化业务对基础资产的要求，该类型属于收费收益权类资产证券化。

2014 年 12 月 24 日，中国证券投资基金协会发布《资产证券化业务基础资产负面清单指引》（简称负面清单），将"以地方政府为直接或间接债务人的基础资产及以地方融资平台公司为债务人的基础资产"列为不适格资产，但同时负面清单中对"地方政府按照事先公开的收益约定规则，在政府与社会资本合作模式（PPP）下应当支付或承担的财政补贴"进行了豁免。按照该规定，保障性安居工程 PPP 项目中存在的大量由政府承担的财政补贴、奖励、贴息等收入均可以作为基础资产的一部分。另外，负面清单还规定"待开发或在建占比超过 10% 的基础设施、商业物业、居民住宅等不动产或相关不动产收益权"也属于不适格的基础资产，但"当地政府证明已列入国家保障房计划并已开工建设的项目除外"，也就是说保障房的收益权在一定条件下也属于适格的基础资产。

资产证券化一般涉及以下九个步骤：第一步，发起人（也即资金的需求方）明确其将要实施证券化的资产，必要情况下也可以将多种相似资产进行剥离、整合组建成资产池；第二步，设立特别目的载体 SPV 作为证券的发行机构，并保证其能够实现和发起人之间的破产隔离；第三步，发起人将其欲证券化的资产或资产池转让给 SPV，且转让必须构成真实出售；第四步，发起人或者第三方机构对已转让给 SPV 的资产或资产池进行信用增级；第五步，由中立的信用评级机构对 SPV 拟发行的资产支持证券进行信用评级；第六步，SPV 以特定的资产或资产池为基础，进行结构化重组，通过承销商采用公开发售或者私募的方式发行证券；第七步，SPV 以证券发行收入为基础，向发起人支付其原始资产转让的款项；第八步，由 SPV 或其他机构作为服务商，对资产或资产池进行日常管理，收集其产生的现金流，并负责账户之间的资金划拨、相关税务和行政事务；第九步，SPV 以上述现金流为基础，向持有资产支持证券的投资者还本付息，在全部偿付之后若还有剩余，则将剩余现金返还给发起人。①

2017 年 2 月 3 日，"太平洋证券新水源污水处理服务收费收益权资产支持专项计划"在机构间私募产品报价与服务系统成功发行，成为国内首单落地的 PPP 资产证券化项目，为国内 PPP 项目资产证券化的深化发展提供了极强的借鉴意义。资产证券化作为 PPP 项目的创新融资工具尚处于试水阶段，政策环境及配套制度均还不完善，不管是保障性安居工程 PPP 项目还是其他公共事业性 PPP 项目都应当重点关注以下事项：(1)用于资产证券化的基础资产合法适格且未列入负面清单，首先，该基础资产需要有可预测、持续稳定的现金流作保障，其次，该等基础资产系可以真实出售和转让的，才能隔离破产风险，最后，该资产需要权属清晰，没有抵押、质押等权利负担和瑕疵；(2)持续关注 PPP 项目底层资产的运营情况，项目良好的运营是现金流持续稳定的基础和保障，如果底层资产运营不佳，会严重影响兑付的及时性和到位率，并进一步影响投资者利益，爆发违约风险；(3)警惕资金安全与腐败风险、加强账户监管，特别是以信托受益权作为基础资产的资产证券化，防止出现用于贷款的保障房销售收入与资金信托借款人其他保障房销售产生的资金混同或被挪作他用的情况；(4)重视项目评级与信息披露，项目评级的准确程度直接影响专管计划后期的实施情况，当政府补贴、奖励、贴息等资金作为还款来源时，政府的财政预算执行情况也应作为重点审查对象。计划实施过程中的信息披露是否充分也对投资者利益产生巨大影响，管理人及其他信息披露义务人应该严格按照《证券公司及基金管理公司子公司资产证券化业务信息披露指引》(2014 年 11 月 19 日证监会公告〔2014〕49 号)、《资产支持证券信息披露规则》(中国人民银行公告

---

① 《国内资产证券化模式比较及要素分析》，载《中国资本联盟》微信公众号。

〔2005〕第 14 号)、《信贷资产证券化基础资产池信息披露有关事项的公告》(中国人民银行公告〔2007〕第 16 号)、中国保监会《资产支持计划业务管理暂行办法》(保监发〔2015〕85 号)、《棚户区改造项目贷款资产支持证券信息披露指引(试行)》(〔2015〕16 号)等文件自觉履行信息披露义务。

5. 信托计划

信托计划在传统保障房项目中的运用主要是由信托公司发行信托产品募集资金,然后以信托贷款或者股权投资等方式将资金注入保障房项目,待项目产生收益后收回信托资金、退出项目公司并向投资人分配收益。根据目前已成功发行的 33 只保障房类信托产品统计,保障房收益率一般在 8% ~12%,且大多超过 9%①,这意味着通过信托方式进行安居工程融资成本较高,不仅远远高于债券发行利率,且高于商业银行贷款利率,而保障房项目的利润率也较低,如果没有配套商业地产支持,纯粹的保障房项目根本无法承受如此高昂的信托融资成本,这也是信托在保障房融资中使用不广泛的原因。信托在保障房建设中面临的另一个障碍是审批问题,目前各信托公司仍然是按照房地产信托的审批要求审核保障房,包括是否满足"四证"齐全、开发商或其控股股东具备二级资质、项目资本金比例达是否到国家最低要求、第一还款来源是否充足、抵押担保评价等,而大多数保障房在申请信托资金的时候暂未满足"四证"齐全的要求,导致审批无法获得通过。

信托融资虽然在传统的保障房建设中并非主要的融资手段,但在目前国家大力推行 PPP 模式的大背景下,信托公司纷纷响应国家政策寻求与 PPP 项目融资合作,包括具有公益属性的保障房 PPP 项目。信托公司参与保障房 PPP 项目主要有以下方式:

首先,信托公司可以通过信托贷款支持 PPP 项目建设,信托贷款适合项目的设计、建设、运营整个过程,信托贷款既可以向股东贷款又可以向项目公司贷款。在项目公司设立阶段、建设阶段及运营初期,PPP 项目自身无法产生现金流或产生的现金流无法覆盖项目投入与融资成本,该阶段的贷款还款来源、增信措施、担保措施主要依赖项目公司股东,因此在该阶段可通过向股东安排信托贷款的方式融资;当 PPP 项目已经处于运营阶段,后续通过融资活动产生的现金流足以使项目公司高效运作,此时信托公司既可以选择项目公司股东又可选择项目公司作为借款人。在 PPP 项目处于运营阶段时,信托公司应当着重注意对 PPP 项目现金流收入的控制,并尝试将 PPP 项目的租金收益、物业费等收益作为主要还款来源。

---

① 数据来自和讯网:http://so.hexun.com/list.do?type=TRUST&stype=TRUST&key=%B1%A3%D5%CF%B7%BF,2016 年 1 月 2 日访问。

其次,信托公司也可作为社会资本通过股权投资方式直接为 PPP 项目提供融资,通过 PPP 项目分红收回投资,包括存量 PPP 项目公司增资扩股或收购投资人股权等方式投资 PPP 项目。信托公司以股权融资方式投资 PPP 项目主要面临两大难题:一是信托计划的公众投资者绝大多数旨在追求短期投资高回报,而 PPP 项目不仅建设运营周期长并且投资回报不确定,回报率也无普通信托投资者期望的高,因此,股权投资适用于长期资本的机构投资者,如保险资金、养老金、社保资金等。二是作为信托产品的发行者与受托人可能无法在 PPP 项目专业管理人员、技术人员及专业技能、经营上达到行业平均水平,进而影响投资收益。此时,信托公司可选择将其所持有的项目公司股权委托给专业的第三方管理。

再次,信托可以通过基金方式进入 PPP 项目,包括参与政府引导基金融资与参与社会资本投资基金。由信托参与政府引导基金的投资者往往是政策型银行和大型股份制银行,所以该基金的设立通常需遵循以下几项规则:其一,该基金由政府机构担任基金管理人并认购部分劣后级 LP 份额,信托公司认购优先级 LP 份额并享受固定收益;其二,信托公司仅作为财务投资,不承担项目管理职能;其三,政府机构(或代表政府的平台公司)在一定期限以后需回购信托计划份额或安排其他机构认购信托份额。在参与社会资本发起的基金时,信托公司与其他具有管理经验或协调优势的主体合作,以有限合伙企业/合伙/公司制的形式成立投资基金,再由投资基金与其他社会资本合作或单独与政府合作成立项目公司。信托期满后,通过向投资基金其他成员溢价转让份额,或投资基金向项目公司其他社会主体溢价转让份额获得项目分红方式退出。

最后,信托公司可以通过在 PPP 项目资产证券化中发挥基础资产整理作用,将不稳定的现金流规范为合适的基础资产。在资产证券化的范畴中,大部分标准资产可直接包装成 ABS 产品,但如遇非标资产或回款合同法律界定不清晰又有确定现金流预期的情况,就要通过信托将有一定不确定性的收入规范为具有稳定现金流的合适的"基础资产",再以此生成资产证券化产品。保障房 PPP 项目的后续现金流属于典型的不稳定现金流,因此目前已发行的保障房资产证券化产品"扬州保障房信托受益权资产支持专项计划""镇江公住保障房信托受益权资产支持专项计划"及"上海金汇保障房信托受益权资产支持专项计划"均是通过该模式实现融资的。

第二节　医疗卫生 PPP 项目案例分析

伴随着我国经济高速增长,居民对优质医疗服务的需求日益上升,而与之相对应的医疗服务供给却呈现越发紧张状态，造成我国医疗服务行业"看病难、看病贵"现状。为解决该问题，国家从公立医院改革着手，逐步完善我国医疗卫生制度建设。医疗服务的公益属性决定了必须有政府参与，而不断增长的财政压力又使社会办医成为必然。

社会办医院是医疗卫生服务体系不可或缺的重要组成部分，是满足人民群众多层次、多元化医疗服务需求的有效途径。2015 年 6 月 11 日，国务院办公厅印发《关于促进社会办医加快发展若干政策措施的通知》（国办发〔2015〕45 号），提出加快推进社会办医疗机构成规模、上水平发展，不断满足人民群众多样化、多层次医疗卫生服务需求，为经济社会转型发展注入新的动力。

近年来，以 PPP 模式办医成为社会力量办医的主要方式，但经公示的医疗 PPP 项目数量占总 PPP 项目数量的比例却只有 5% 左右，远远低于发达国家医疗 PPP 项目比例。因此，医疗 PPP 领域仍具有广阔的市场发展空间，值得政府及社会资本深入挖掘其潜力。本书主要对医疗 PPP 项目相关政策、操作模式、法律问题及具体案例进行分析。

一、医疗 PPP 项目政策解读

（一）医疗机构规模设置

国务院办公厅《关于进一步鼓励和引导社会资本举办医疗机构意见的通知》提出调整和新增医疗卫生资源时，在符合准入标准的条件下，优先考虑由社会资本举办医疗机构，给社会资本办医创造了良好的政策条件。

我国法律对非公立医院规模未作强制性规定，而对公立医院要求合理制定区域卫生规划和医疗机构设置规划，明确公立医疗机构的数量、规模和布局。《国家卫生计生委、国家发展改革委、财政部等关于印发控制公立医院医疗费用不合理增长的若干意见的通知》要求按照《国务院办公厅关于印发全国医疗卫生服务体系规划纲要（2015～2020 年）的通知》（国办发〔2015〕14 号）以及省级卫生资源配置标准和医疗机构设置规划，合理把控公立医院床位规模，严禁擅自增设床位。新增床位后达到或超过 1500 张床以上的公立医院，须根据《国家卫生计生委办公厅关于开展超过 1500 张床位公立医院备案工作的通知》的要求报国家卫生计生委备案（中医类医院同时报国家中医药管理局备案）。

（二）医疗保险制度

在医保定点申请方面，继《国务院办公厅关于印发全国医疗卫生服务体系规划纲要（2015～2020 年）的通知》提出支持社会办医院纳入医保定点范围后，发展改革委、卫生部等部门在《关于进一步鼓励和引导社会资本举办医疗机构意见的通知》中再次强调将符合条件的非公立医疗机构纳入医保定点范围。非公立医疗机构凡执行政府规定的医疗服务和药品价格政策，符合医保定点相关规定的，人力资源社会保障、卫生和民政部门应按程序将其纳入城镇基本医疗保险、新型农村合作医疗、医疗救助、工伤保险、生育保险等社会保障的定点服务范围，签订服务协议进行管理，并执行与公立医疗机构相同的报销政策。各地不得将投资主体性质作为医疗机构申请成为医保定点机构的审核条件。

同时《国家发展和改革委员会、国家卫生和计划生育委员会、人力资源和社会保障部关于非公立医疗机构医疗服务实行市场调节价有关问题的通知》中指出，建立医疗保险经办机构与定点非公立医疗机构的谈判机制。医疗保险经办机构应按照医保付费方式改革的要求，与定点非公立医疗机构通过谈判确定具体付费方式和标准，提高基金使用效率。

在社会资本投资医疗商业保险方面，《国务院办公厅关于印发深化医药卫生体制改革2016年重点工作任务的通知》(国办发〔2016〕26号)支持具有资质的商业保险机构等社会力量参与各地基本医保经办服务。中央财政安排城乡医疗救助补助资金160亿元。全面开展重特大疾病医疗救助，积极引导社会力量参与医疗救助。推动完善基本医保、大病保险、医疗救助、疾病应急救助、商业健康保险和慈善救助有效衔接的政策。

《国务院关于促进健康服务业发展的若干意见》鼓励商业保险公司通过提供多样化、多层次、规范化的产品和服务，发展与基本医疗保险相衔接的商业健康保险，推进商业保险公司承办城乡居民大病保险，扩大人群覆盖面。积极开发长期护理商业险以及与健康管理、养老等服务相关的商业健康保险产品。推行医疗责任保险、医疗意外保险等多种形式医疗执业保险。

从上述政策可以看出，社会资本除可通过投资医疗实体申请医保定点获取医保基金外，国家也鼓励商业保险公司积极参与医保经办服务、提供各类与基本医疗保险相衔接的商业保险服务等方式，共同构建全民医保新体系。

(三)社会办医价格政策

《国家发展和改革委员会、国家卫生和计划生育委员会、人力资源和社会保障部关于非公立医疗机构医疗服务实行市场调节价有关问题的通知》规定，属于营利性质的非公立医疗机构，可自行设立医疗服务价格项目；属于非营利性质的非公立医疗机构，应按照《全国医疗服务价格项目规范》设立服务项目。非公立医疗机构用水、用电、用气、用热实行与公立医疗机构同价政策。各地对非营利性医疗机构建设免予征收有关行政事业性收费，对营利性医疗机构建设减半征收有关行政事业性收费。非公立医疗机构医疗服务价格实行市场调节价。

（四）医疗领域信息化建设政策

《国务院办公厅关于促进和规范健康医疗大数据应用发展的指导意见》鼓励社会力量创新发展健康医疗业务，促进健康医疗业务与大数据技术深度融合，加快构建健康医疗大数据产业链，不断推进健康医疗与养生、养老、家政等服务业协同发展。

发展智慧健康医疗便民惠民服务。发挥优质医疗资源的引领作用，鼓励社会力量参与，整合线上线下资源，规范医疗物联网和健康医疗应用程序（APP）管理。推广运用政府和社会资本合作（PPP）模式，鼓励和引导社会资本参与健康医疗大数据的基础工程、应用开发和运营服务。鼓励政府与企事业单位、社会机构开展合作，探索通过政府采购、社会众包等方式，实现健康医疗大数据领域政府应用与社会应用相融合。充分发挥已设立的有关投资基金作用，充分激发社会资本和民间资本参与热情，鼓励创新多元投资机制，健全风险防范和监管制度，支持健康医疗大数据应用发展。

（五）医疗领域设备与药品采购政策

《国务院办公厅转发发展改革委卫生部等部门关于进一步鼓励和引导社会资本举办医疗机构意见的通知》支持非公立医疗机构按照批准的执业范围、医院等级、服务人口数量等合理配备大型医用设备。非公立医疗机构配备大型医用设备，由相应卫生部门实行统一规划、统一准入、统一监管。各地制定和调整大型医用设备配置规划应当充分考虑当地非公立医疗机构的发展需要，合理预留空间。

我国公立医院实行药品集中采购制度，根据《国家卫生计生委关于落实完善公立医院药品集中采购工作指导意见的通知》（国卫药政发〔2015〕70 号）及《国务院办公厅关于完善公立医院药品集中采购工作的指导意见》（国办发〔2015〕7 号），医院使用的所有药品（不含中药饮片）均应通过省级药品集中采购平台采购。省级药品采购机构应汇总医院上报的采购计划和预算，依据国家基本药物目录、医疗保险药品报销目录、基本药物临床应用指南和处方集等，按照药品分类采购原则合理编制本行政区域医院药品采购目录，分类列明招标采购药品、谈判采购药品、医院直接采购药品、定点生产药品等。采购周期原则上一年一次。药品集中采购情况作为医院及其负责人的重要考核内容，纳入目标管理及医院评审评价工作。

（六）医疗PPP项目土地政策

《国务院办公厅转发发展改革委卫生部等部门关于进一步鼓励和引导社会资本举办医疗机构意见的通知》规定，社会资本举办的非营利性医疗机构享受与公立医疗机构相同的土地使用政策。非营利性医疗机构不得擅自改变土地用途，如需改变，应依法办理用地手续，即我国非营利机构与公立医院实行相同的土地政策。公立医院用地属于“公用建筑用地、医疗卫生用地一类”，由各级政府按城镇规模和国家规定建筑用地标准、人口规模统一规划用地，其设置一般依据所在地的医疗资源规划，大部分为无偿划拨用地。

《国务院关于促进健康服务业发展的若干意见》（国发〔2013〕40号）支持利用以划拨方式取得的存量房产和原有土地兴办健康服务业，土地用途和使用权人可暂不变更。连续经营1年以上、符合划拨用地目录的健康服务项目可按划拨土地办理用地手续；不符合划拨用地目录的，可采取协议出让方式办理用地手续。

（七）医疗PPP项目税收政策

根据《财政部、国家税务总局关于医疗卫生机构有关税收政策的通知》（财税〔2000〕42号）（以下简称财税42号文件）非营利性医疗机构、疾病控制机构和妇幼保健机构按照国家规定的价格取得的医疗服务收入免征各项税收，不按照国家规定价格取得的医疗服务收入不得享受这项政策。非营利性医疗机构从事非医疗服务取得的收入，如租赁收入、财产转让收入、培训收入、对外投资收入等应按规定征收各项税收。不管是非营利性医疗机构还是营利性医疗机构，其药房分离为独立的药品零售企业，均应按规定征收各项税收。

1. 增值税政策

根据财政部、国家税务总局《关于全面推开营业税改征增值税试点的通知》（财税〔2016〕36号）附件3“营业税改征增值税试点过渡政策”之规定，医疗机构提供的医疗服务免征增值税。本项所称的医疗服务，是指医疗机构按照不高于地（市）级以上价格主管部门会同同级卫生主管部门及其他相关部门制定的医疗服务指导价格（包括政府指导价和按照规定由供需双方协商确定的价格等）为就医者提供《全国医疗服务价格项目规范》所列的各项服务，以及医疗机构向社会提供卫生防疫、卫生检疫的服务。

该增值税优惠政策在营改增试点期间执行，如果试点纳税人在纳入营改增试点之日前已经按照有关政策规定享受了营业税税收优惠，在剩余税收优惠政策期限内，按照本规定享受有关增值税优惠，该免税政策并未区分营利性或非营利性医疗机构。

根据财税 42 号文件,非营利性医疗机构自产自用的制剂,免征增值税。营利性医疗机构自其取得执业登记之日起 3 年内对其自产自用的制剂免征增值税。

2. 企业所得税政策

非营利性医疗机构及疾病控制机构和妇幼保健机构等卫生机构取得的非医疗服务收入除免税服务外原则上应当征收企业所得税,但根据财税 42 号文件之规定,前述收入中直接用于改善医疗卫生服务条件的部分,经税务部门审核批准可抵扣其应纳税所得额,就其余额征收企业所得税。

非营利医疗机构可依据《关于非营利组织免税资格认定管理有关问题的通知》(财税〔2014〕13 号)向税务机关提出免税资格认定。经认定后,对于其取得的符合《关于非营利组织企业所得税免税收入问题的通知》(财税〔2009〕122 号)规定的免税收入范围的部分,免征企业所得税。对于未经过免税资格认定的,其取得的全部收入,或虽经过免税资格认定,但其取得的收入不符合免税收入条件的,均应计征企业所得税。非营利组织免税优惠资格的有效期为 5 年。非营利组织应在期满前 3 个月内提出复审申请,不提出复审申请或复审不合格的,其享受免税优惠的资格到期自动失效。

《国务院办公厅转发发展改革委卫生部等部门关于进一步鼓励和引导社会资本举办医疗机构意见的通知》规定,营利性医疗机构按国家规定缴纳企业所得税……不管是营利性医疗机构还是非营利医疗机构,凡属于《企业所得税法》第 7 条中所列收入的,均不征收企业所得税,包括:(1)财政拨款;(2)依法收取并纳入财政管理的行政事业性收费、政府性基金;(3)国务院规定的其他不征税收入。

3. 其他税收政策

非营利性医疗机构、疾病控制机构和妇幼保健机构等卫生机构自用的房产、土地、车船,免征房产税、城镇土地使用税和车船使用税。营利性医疗机构自用的房产、土地、车船自其取得执业登记之日起 3 年内免征房产税、城镇土地使用税和车船使用税,3 年免税期满后恢复征税。

经认定为高新技术企业的医药企业,依法享受高新技术企业税收优惠政策。企业、个人通过公益性社会团体或者县级以上人民政府及其部门向非营利性医疗机构的捐赠,按照税法及相关税收政策的规定在税前扣除。

上述医疗机构具体包括各级各类医院、门诊部(所)、社区卫生服务中心(站)、急救中心(站)、城乡卫生院、护理院(所)、疗养院、临床检验中心等。上述疾病控制机构、妇幼保健机构等卫生机构具体包括:各级政府及有关部门举办的卫生防疫站(疾病控制中心)、各种专科疾病防治站(所),各级政府举办的妇幼保健所(站)、母婴保健机构、儿童保健机构等,各级政府举办的血站(血液中心)。

(八)财政补助政策

《国务院关于促进健康服务业发展的若干意见》(国发〔2013〕40 号)规定符合条件、提供基本医疗卫生服务的非公立医疗机构,其专科建设、设备购置、人才队伍建设纳入财政专项资金支持范围。

《公立医院补助资金管理暂行办法》规定补助资金由财政部会同国家卫生计生委、国家中医药局等相关部门根据国务院医改工作部署和公立医院改革工作重点安排使用。现阶段重点支持公立医院综合改革、住院医师规范化培训、国家临床重点专科建设等工作。用于公立医院综合改革方面的补助资金主要支持推进城市和县级公立医院综合改革相关工作。补助资金实行因素法分配,主要按照试点地区数量、补助标准以及评价结果等因素分配,采用"当年全额预拨、次年考核结算"的方式下达。中央财政按照《预算法》和预算管理有关规定,于每年 9 月 30 日前将下一年度补助资金预计数提前下达地方,并在全国人大批准预算后 90 日内正式下达补助资金。省级财政部门在收到中央财政补助资金后,应当在 30 日内正式下达到本行政区域县级以上各级财政部门,并抄送财政部驻当地财政监察专员办事处。

补助资金支付按照国库集中支付制度有关规定执行。资金使用过程中,涉及政府采购的,应当按照政府采购有关法律法规及制度执行。各级卫生计生、中医药等部门负责业务指导和项目管理,会同财政部门建立健全绩效评价机制,并对相关工作进展情况开展绩效评价,绩效评价结果与补助资金分配挂钩。

《国务院办公厅关于印发深化医药卫生体制改革 2016 年重点工作任务的通知》(国办发〔2016〕26 号)提出扩大城市公立医院综合改革试点。新增 100 个试点城市,使全国试点城市达到 200 个。中央财政对每个新增试点城市按照 2000 万元的标准予以一次性补助;对所有试点城市有公立医院的市辖区按照每个区 100 万元的标准给予补助。同时,开展公立医院综合改革试点效果评价工作,建立评价结果与中央财政补助资金拨付挂钩机制。

《国家卫生计生委、国家发展改革委、财政部等关于印发控制公立医院医疗费用不合理增长的若干意见的通知》规定,将控费目标实现情况与公立医院基建投入、设备购置投入、重点学(专)科建设投入、财政拨款预算安排等挂钩。对于控费目标排名靠前的医院予以优先考虑,对于达不到控费目标的医院,各级卫生计生行政部门会同发展改革、财政等部门根据情况核减或取消资金补助。

(九)医养结合政策

《国务院办公厅转发卫生计生委等部门关于推进医疗卫生与养老服务相结合

指导意见的通知》(国办发〔2015〕84 号)鼓励社会力量兴办医养结合机构。鼓励社会力量针对老年人健康养老需求,通过市场化运作方式,举办医养结合机构以及老年康复、老年护理等专业医疗机构。在制定医疗卫生和养老相关规划时,要给社会力量举办医养结合机构留出空间,按照“非禁即入”原则,凡符合规划条件和准入资质的,不得以任何理由加以限制。通过特许经营、公建民营、民办公助等模式,支持社会力量举办非营利性医养结合机构。

鼓励和引导各类金融机构创新金融产品和服务方式,加大金融对医养结合领域的支持力度。有条件的地方可通过由金融和产业资本共同筹资的健康产业投资基金支持医养结合发展。用于社会福利事业的彩票公益金要适当支持开展医养结合服务。

《国务院办公厅关于印发深化医药卫生体制改革 2016 年重点工作任务的通知》(国办发〔2016〕26 号)贯彻落实《国务院办公厅转发卫生计生委等部门关于推进医疗卫生与养老服务相结合指导意见的通知》,建立健全医疗卫生机构与养老机构合作机制,促进中医药与养老服务结合。鼓励社会力量举办医养结合机构以及老年康复、老年护理等专业医疗机构。

(十)医师多点执业政策

医疗人才是医疗 PPP 项目有效推进的关键因素,医师多点执业对促进医疗人才在公立医院与社会力量办医中的流动起着积极作用。医师多点执业是指医师于有效注册期内在两个或两个以上医疗机构定期从事执业活动的行为,医师参加慈善或公益性巡回医疗、义诊、突发事件或灾害事故医疗救援工作,参与实施基本和重大公共卫生服务项目,不属于医师多点执业。

根据《关于印发推进规范医师多点执业的若干意见的通知》(国卫医发〔2014〕86 号)(以下简称卫计委 86 号文)医师多点执业须满足以下条件:

1. 医师多点执业仅限于临床、口腔和中医类别;

2. 多点执业的医师应当具有中级及以上专业技术职务任职资格,从事同一专业工作满 5 年;

3. 身体健康,能够胜任医师多点执业工作;

4. 最近连续两个周期的医师定期考核无不合格记录。

医师多点执业实行注册管理,医师在参加城乡医院对口支援、支援基层,或在签订医疗机构帮扶或托管协议、建立医疗集团或医疗联合体的医疗机构间多点执业时,不需办理多点执业相关手续。其中在公立医院担任院级领导职务的,除前述情形外一般不能从事其他形式的多点执业。即在社会资本与公立医院间存在托管、医疗联合体关系时公立医院医疗人才在托管单位与联合体之间多点执业的不需要办理多点执业手续。

关于医师多点执业的人事(劳动)关系,根据卫计委 86 号文之规定,医师与第一执业地点医疗机构在协商一致的基础上,签订聘用(劳动)合同,明确人事(劳动)关系和权利义务,并按照国家有关规定参加社会保险,与拟多点执业的其他医疗机构分别签订劳务协议。即在医疗 PPP 项目中,若公立医院的优质医师被派遣至社会资本办医机构中执业时,被派遣医师应与原公立医院签订劳动合同,与社会办医机构签订劳务合同。

(十一)境外资本投资医疗领域的规定

《国务院关于促进健康服务业发展的若干意见》(国发〔2013〕40 号)指出创新健康服务业利用外资方式,有效利用境外直接投资、国际组织和外国政府优惠贷款、国际商业贷款。大力引进境外专业人才、管理技术和经营模式,提高健康服务业国际合作的知识和技术水平。

《国务院办公厅转发发展改革委卫生部等部门关于进一步鼓励和引导社会资本举办医疗机构意见的通知》(国办发〔2010〕58 号)允许境外资本举办医疗机构。进一步扩大医疗机构对外开放,将境外资本举办医疗机构调整为允许类外商投资项目。允许境外医疗机构、企业和其他经济组织在我国境内与我国的医疗机构、企业和其他经济组织以合资或合作形式设立医疗机构,逐步取消对境外资本的股权比例限制。对具备条件的境外资本在我国境内设立独资医疗机构进行试点,逐步放开。境外资本既可举办营利性医疗机构,也可以举办非营利性医疗机构。鼓励境外资本在我国中西部地区举办医疗机构。香港、澳门特别行政区和我国台湾地区的资本在我国其他地区举办医疗机构,按有关规定享受优先支持政策。

中外合资、合作医疗机构的设立由省级卫生部门和商务部门审批,其中设立中医、中西医结合、民族医医院的应征求省级中医药管理部门意见。外商独资医疗机构的设立由卫生部和商务部审批,其中设立中医、中西医结合、民族医医院的应征求国家中医药局意见。具体办法由相关部门另行制定。

根据《国家发展改革委办公厅、财政部办公厅关于申报 2015 年外国政府贷款备选项目的通知》(发改办外资〔2015〕2592 号),外国政府对我国贷款支持领域主要包括医养结合、职业教育、节能减排、生态环保、基础设施和现代农业等项目,其中美国进出口银行,德国促进贷款,以色列、北欧投资银行,科威特、沙特、欧佩克基金均支持我国医疗领域政府贷款,2015 年外国政府具体贷款额度及条件见下表:

序号	贷款国别	年度额度	限制性条件	贷款领域
1	美国进出口银行	约 5 亿美元	不支持土建。美国货物采购额占贷款额比例不低于 50%	重点支持医疗、消防、水处理及节能减排等领域
2	德国促进贷款	4.5 亿欧元	土建比例一般占贷款额 30% 以内，最高不超过 50%，单个项目贷款额不得低于 3500 万欧元	支持职业教育、医疗卫生、可再生能源和能效（集中供热、垃圾焚烧等）、环保和应对气候变化（空气污染防治、森林资源可持续管理、水处理等）
3	以色列	1.5 亿美元	以色列货物采购额占贷款额比例不低于 30%	支持医疗卫生、教育培训、智能交通、农业开发、水处理、清洁技术、能源等
4	法国开发署	1.5 亿欧元	土建比例一般占贷款额 30% 以内，单个项目贷款额不低于 2000 万欧元	支持城市可持续发展（集中供热、城市大型交通换乘中心建设），清洁能源、可再生能源和能效（生物质能源、既有建筑节能改造等），水处理（污水处理和再利用、污泥处理等），以及自然资源可持续管理和生物多样性保护（湿地保护、土壤修复等）
5	北欧投资银行	1 亿欧元	不支持土建，北欧成员国供货比例不低于 50%，单个项目贷款额不超过项目总投资的 50%	支持医疗卫生、疏浚清淤、消防、清洁技术、可再生能源等
6	科威特	3000 万 ~ 5000 万美元	可全部用于土建，单个项目贷款金额不超过项目总投资额的 50%	支持基础设施、医院、学校、环保等
7	沙特	3000 万 ~ 5000 万美元	可全部用于土建，单个项目贷款金额不超过项目总投资额的 50%	支持基础设施、医院、学校、环保等
8	欧佩克基金	约 7000 万美元	可全部用于土建	支持基础设施、医院、学校、环保等

二、医疗 PPP 项目操作模式

《国务院关于促进健康服务业发展的若干意见》(国发〔2013〕40 号)提出鼓励企业、慈善机构、基金会、商业保险机构等以出资新建、参与改制、托管、公办民营等多种形式投资医疗服务业,笔者下面将对这四种模式进行逐个分析:

(一)出资新建

出资新建是指社会资本通过出资进行医疗机构建设从而在一定时间内换取医院的经营权或股权的投资模式。民营资本和公立医院合作新建医疗机构对政府来说有利于扩大资金来源,缓解财政压力;有助于促进医疗部门的改革,特别是管理水平的提高。对民营资本来说,是许多民营资本迂回进入公立医院取得非营利性医院资格的方式。因为这样不仅可以取得医保定点资格,而且可以享受非营利性医院免税的政策。民营资本出资新建医疗卫生机构的具体操作模式主要包括 BOT、BOO、PFI、DBFO、EPC 等模式。

BOT 模式是指政府通过特许经营协议,授权私营企业(含外商)进行医疗卫生项目的建造、运营和维护,在规定的特许期内通过向使用者收取适当费用收回项目的建设、运营和维护成本,并获取合理回报,特许期结束后将医疗设施等移交给政府的投资模式。

BOO 模式由 BOT 模式演变而来,二者的区别主要在于 BOO 模式下社会资本或项目公司拥有项目所有权,但必须在合同中注明保证公益性的约束条款,一般不涉及项目期满移交。据相关机构统计,目前我国医疗 PPP 运作模式中 BOT、BOO 模式占比超过 80%,是医疗 PPP 的主要操作方式。

PFI 模式是指政府部门或公立医院提出新建医院项目,由通过招投标获得特许经营权的民营机构进行医院的建设和运营,从政府或公立医院收取费用以回收成本的模式。这种模式可以将民营机构资金、先进的管理与公立医院的品牌、人才优势相结合,并且通过引入民营机构,市场中的竞争机制也被顺势引入,能极大地提高建设效率和服务质量。

PFI 模式是对 BOT 项目融资的优化,虽然 PFI 模式来源于 BOT 模式,也涉及项目的“建设—经营—转让”问题,但作为一种独立的融资方式,与 BOT 模式相比具有以下几个特点:

1. 项目主体单一。PFI 模式的项目主体通常为本国民营企业的组合,体现出民营资金的力量。而 BOT 模式的项目主体则为非政府机构,既可以是本国企业,也可以是外国公司,所以,PFI 模式的项目主体较 BOT 模式单一。

2. 项目管理方式开放。PFI 模式对项目实施开放式管理。第一，对于项目建设方案，政府部门仅根据社会需求提出若干备选方案，最终方案则在谈判过程中通过与私人企业协商确定；BOT 模式则事先由政府确定方案，再进行招标谈判。第二，对于项目所在地的土地提供方式及以后的运营收益分配或政府补贴额度等，都要综合当时政府和私人企业的财力、预计的项目效益及合同期限等多种因素而定，不同于 BOT 模式对这些问题事先都有框架性的文件规定，如土地在 BOT 模式中是由政府无偿提供的，无须谈判，而在 PFI 模式中，一般都需要政府对最低收益等做出实质性的担保。所以，PFI 模式比 BOT 模式有更大的灵活性。

3. 实行全面的代理制。PFI 模式实行全面的代理制，这也是其与 BOT 模式的不同之处。作为项目开发主体，BOT 公司通常自身就具有开发能力，仅把调查和设计等前期工作和建设、运营中的部分工作委托给有关的专业机构。而 PFI 公司通常自身并不具有开发能力，在项目开发过程中，广泛地应用各种代理关系，而且这些代理关系通常在投标书和合同中即加以明确，以确保项目开发安全。

4. 合同期满后项目运营权的处理方式灵活。PFI 模式在合同期满后，如果私人企业通过正常经营未达到合同规定的收益，则可以继续拥有或通过续租的方式获得运营权，这是在前期合同谈判中需要明确的；而 BOT 模式则明确规定，在特许权期满后，所建资产将无偿地交给政府拥有和管理。

DBFO 模式是指政府提出规模、时间、需求等项目建议和要求，政府与社会资本共同出资设立项目公司，由项目公司负责设计、可研、立项、招标、建设、融资、运营等工作，特许经营期结束后，由项目公司按既定的移交标准向政府方指定的部门移交。以 DBFO 模式新建医院的优点在于将项目的设计、建造、融资交由同一主体负责，不仅能促进设计工作与建设工作的有机协调，缩短建设周期，而且社会资本可根据项目实际资金需求情况进行灵活的融资安排，确保项目拥有稳定的现金流。

EPC 模式即交钥匙工程，是指社会资本接受公立医院委托，按照协议对医院建设项目的设计、采购、施工、试运营等实行全过程或若干阶段的承包。社会资本只参与运营前环节，医院的管理和人员全部来自公立医院，社会资本不参与运营和管理。该模式将传统的设计—招标—施工模式中不同合同关系的单位转化为一个责任主体，解决了设计、采购、施工之间相互脱节问题。

（二）社会资本参与公立医院改制

《国务院办公厅转发发展改革委卫生部等部门关于进一步鼓励和引导社会资本举办医疗机构意见的通知》提出鼓励社会资本参与公立医院改制，引导社会资本以多种方式参与包括国有企业所办医院在内的公立医院改制，积极稳妥地把部分公立医院转制为非公立医疗机构，适度降低公立医院的比重，促进公立医院合理布局，形成多元化办医格局。要优先选择具有办医经验、社会信誉好的非公立医疗机构参与公立医院改制。

公立医院改制对公立医院资产，包括有形资产和无形资产进行评估后，整体或部分转让，由社会资本独立经营或与公立医院联合经营。政府的卫生行政部门继续行使其在遵守卫生法律法规、医药价格、医疗质量及社会责任等方面的监管权。公立医院改制一般多采用下列模式：

1. 投资方控股模式：此种模式是将公立医院资产进行评估后，社会投资方一次性投入高于净资产数额的经费，扩股增强医院综合实力，由投资方控股经营。医院成立董事会，董事名额按出资数额分配，董事会委派院长。政府方的董事既要积极参与医院经营管理的重大决策，又要监管国有资产的保值增值。

2. 整体拍卖改制模式：此种模式是将公立医院资产，包括无形资产评估后，一次性整体拍卖，全部由社会资本买断经营。政府的卫生行政部门主要是对其遵守卫生法律法规、医药价格、医疗质量及社会责任等方面进行监管。

3. 管理层和职工收购模式：此种模式是借鉴中小企业改制经验，将公立医院资产评估后，由医院管理层和职工自愿认购。一般来说认购股份不能平均分配，医院领导班子应占有一定的比例，其中主要领导所占比例又应高于其他班子成员，以利于经营决策权的相对集中。政府卫生行政部门主要是负责对其监管。

4. 公司制改造模式：此种模式适用于整体实力强大，效益显著，具有相当规模的大、中型医院。改制中进行公司制改造，组建大型医疗集团，鼓励其上市融资，独立发展。

公立医院改制后如果不改变公立医院的性质，不仅可以获得地方政府的财政补贴，而且还可以承继公立医院雄厚的技术与大量客户资源。但是，由于公立医院涉及国有资产转让，审批流程烦琐，运作程序复杂，需要沟通的环节较多，因此在改制成本和时间上是一个巨大的挑战。

（三）托管模式

医院托管即委托运营（O&M模式），是指由政府出资兴建医疗机构，具体运营工作由社会资本管理，政府保留医院的所有权并向社会资本支付管理费的运营模式。这种模式主要是医院产权所有者分割出医院的管理权，选定具有较强经验并能承担相应商业风险的专业机构，进行有偿经营。托管经营模式中，医院管理专业化，能充分发挥社会资本的管理的优势。受托方通过与委托方签订合同的方式，划清出资者与管理者的权利边界，获得相应的管理权限与回报。

《国务院办公厅转发发展改革委卫生部等部门关于进一步鼓励和引导社会资本举办医疗机构意见的通知》指出，支持社会资本举办医院管理公司，提供专业化的服务，鼓励非公立医疗机构采用各种方式聘请或委托国内外具备医疗机构管理经验的专业机构，在明确权责关系的前提下参与医院管理，提高管理效率。

托管经营是在医院性质、职能、隶属关系和国家对非营利性医疗机构的各项优惠政策不变的基础上，按照所有权与经营权适度分离的原则，对医院管理机制、经营机制、人事用工机制、分配机制等实施改革的模式。根据受托方的性质与主体类别，可分为综合性大医院对中小型医院的托管、专门的医院管理机构或团队对医院的托管、原有医院内部管理层对医院的托管等，本书主要讨论专门的医院管理机构或团队对医院的托管，根据托管对象不同，可分为整体托管和科室托管。

对医院的整体托管，签约主体系对其有管理权限的卫生主管部门，具体根据设立机关确认。签订委托管理咨询协议的方式是直接同医院的主管部门签订整体托管协议，其内部关系通过医院主管部门的有关决议处理。该种托管模式是医院所有权不产生任何改变，经营权彻底分离。在该种模式中，取得经营权的社会资本通过运营指标取得利润。

对医院所属科室的托管，签约主体系对科室有管理权限的医院，签订委托管理协议的方式是直接同医院签订科室的委托管理协议，其内部关系通过科室主管部门的有关决议处理，该种托管模式是科室所有权不产生任何改变，经营权彻底分离。

（四）公办民营

医疗机构公办民营是指在不改变医院公立属性的基础上将医疗机构的运营交由社会资本运营完成的合作方式。公办民营模式最大的特点是不涉及公立医院所有权的转移，社会资本通过对医院进行投资，改善医院的医疗设施和诊疗服务水平，以换取在一定期限内管理和运营医院、收取医院管理费以及为医院供应药品、器械及耗材的权利。在该种模式下社会资本一般盈利来自两方面：一种是收取医院管理服务费，另一种是药品、器械及耗材采购等供应链业务获取的利润。TOT、ROT、IOT 模式是典型的公办民营模式。

TOT 模式是指政府部门或公立医院将建设好的医疗机构在一定期限内通过特许经营等形式将运营部分交由社会资本完成，社会资本在约定的期限内通过经营收回全部投资并得到合理的回报，双方合约期满之后，社会资本再将该项目交还政府部门或其制定部门的一种融资方式。

ROT 模式是指政府部门或公立医院将既有的医院改造项目移交给民营机构，由民营机构负责既有设施的运营管理以及扩建/改建项目的资金筹集、建设以及运营管理,当约定期限届满后,将全部设施无偿移交给政府部门。对于民营机构而言,通过对医院进行固定投资承诺,改善医院的医疗设施和诊疗设备,以交换在若干年期限内对相关医院管理及运营权取得运营收益,并收取医院的管理费。

IOT 模式是指政府或医院将存量资产所有权有偿转让或租赁给社会资本或项目公司,并由其负责运营、维护,合同期满后资产及其所有权等移交给政府的项目运作方式。与 ROT 模式相比,IOT 模式除可用于投资医院实体外,还可以用于优化基础设施环境、药品和医疗器械、医疗耗材供应和其他医院运营相关的各方面。

公办民营模式对社会资本的技术、品牌、资金要求较高,适合于在医疗行业有一定的品牌与技术积累,并能围绕医院开展产业链服务,具备资源整合能力的医疗产业集团。通过技术、品牌、管理以及少量的资金投入获得一定时期内对医院的经营权,并不改变区县公立医院的属性,可继续享受公立医院的政策,减少审批,同时,通过企业化管理,提升原有医务人员能力,激发其活力,解决社会办医的最大难题——人才来源问题。

公办民营可以使政府在通过引入私人资本在缓解财政压力的同时,利用具有奖惩性质的绩效考核有效地提高公立医院的运营效率,并且没有改变公立医院的公益属性与非营利性质,避免了医院完全市场化带来的负面影响,实现"管办分离"。从企业的角度上讲,企业可以以较少的投资金额扩展医院网络,而且通过医疗供应链服务,社会资本可以以最低的折扣集中购买药品、医疗器械等,同时又在国家的最高价格限制范围内向集团内的各大医院销售,以获得最大利润。

三、医疗 PPP 项目法律问题分析

(一)医疗 PPP 项目的采购方式

根据财政部《关于印发政府和社会资本合作模式操作指南(试行)的通知》(财金〔2014〕113 号)的规定,PPP 项目采购可通过公开招标、邀请招标、竞争性磋商、竞争性谈判和单一来源采购,项目实施机构应根据 PPP 项目的采购需求特点,依法选择适当的采购方式。医疗 PPP 项目根据采购内容可以分为医疗机构建设、医疗设施设备、医药物资供应、医疗信息化建设采购等。医疗机构建设项目属于关系社会公共利益与公众安全的项目,按照我国《招投标法》及《招投标法实施条例》的规定,属于必须进行招标项目。同时,根据《招投标法实施条例》第 9 条第 4 款之规定,已通过招标方式取得特许经营项目的投资人依法能够自行建设、生产或者提供的,可以不进行招标。实践中,对于采用招标方式选择的特许经营项目投资人具备施工资质和条件的,项目工程施工主体的确定可以不进行招标,即两招并一招。

医疗 PPP 项目中涉及的公立医院医疗设备、药品的采购还应符合《国务院办公

厅关于完善公立医院药品集中采购工作的指导意见》及《国务院关于改革药品医疗器械审评审批制度的意见》中关于药品集中采购及药品医疗器械审批制度的规定。我国公立医院药品实行分类采购，对临床用量大、采购金额高、多家企业生产的基本药物和非专利药品，由省级药品采购机构采取双信封制公开招标采购，医院作为采购主体，按中标价格采购药品；对部分专利药品、独家生产药品，医院按价格谈判结果采购药品；对妇儿专科非专利药品、急（抢）救药品、基础输液、临床用量小的药品（上述药品的具体范围由各省区市确定）和常用低价药品，实行集中挂网，由医院直接采购；对临床必需、用量小、市场供应短缺的药品，由国家招标定点生产、议价采购；对麻醉药品、精神药品、防治传染病和寄生虫病的免费用药、国家免疫规划疫苗、计划生育药品及中药饮片，按国家现行规定采购，确保公开透明。医院使用的所有药品（不含中药饮片）均应通过省级药品集中采购平台采购。省级药品采购机构应汇总医院上报的采购计划和预算，依据国家基本药物目录、医疗保险药品报销目录、基本药物临床应用指南和处方集等，按照上述原则合理编制本行政区域医院药品采购目录，分类列明招标采购药品、谈判采购药品、医院直接采购药品、定点生产药品等。

（二）医疗机构的设置与登记

根据《医疗机构管理条例》之规定，单位或者个人设置医疗机构，必须经县级以上地方人民政府卫生行政部门审查批准，并取得设置医疗机构批准书，方可向有关部门办理其他手续。申请设置医疗机构，应当提交设置申请书、设置可行性研究报告、选址报告和建筑设计平面图。

单位或者个人设置医疗机构，不设床位或者床位不满 100 张的医疗机构，向所在地的县级人民政府卫生行政部门申请，床位在 100 张以上的医疗机构和专科医院按照省级人民政府卫生行政部门的规定申请。医疗机构执业，必须进行登记，领取《医疗机构执业许可证》，申请医疗机构执业登记，应当具备下列条件：(1)有设置医疗机构批准书；(2)符合医疗机构的基本标准；(3)有适合的名称、组织机构和场所；(4)有与其开展的业务相适应的经费、设施、设备和专业卫生技术人员；(5)有相应的规章制度；(6)能够独立承担民事责任。

医疗机构的执业登记，由批准其设置的人民政府卫生行政部门办理。由国家统一规划的、国务院卫生行政部门决定设置的医疗机构执业登记的，由所在地的省、自治区、直辖市人民政府卫生行政部门办理。

（三）医疗 PPP 项目结余分配问题

营利性医疗机构可以向出资者分配收益，这是社会资本选择投资营利性医疗机构的重要原因。实践中，营利性医疗机构通常采用公司制形式，按照股东实缴出资比例或全体股东另行约定的比例分取红利，利润分配方案由股东会审议批准。

根据《关于城镇医疗机构分类管理的实施意见》规定，非营利性医疗机构的收支结余只能用于自身发展，如改善医疗条件、引进技术、开展新的医疗服务项目等。根据《城镇医疗机构分类管理若干问题的意见》（卫医发〔2001〕207号）规定，需加强对非营利性医疗机构的财务监管，保证其按照非营利性的性质运行，其中包括医疗机构的结余是否按国家规定使用，有无变相回报给出资者。《关于进一步鼓励和引导社会资本举办医疗机构意见的通知》（国办发〔2010〕58号）亦明确规定，非营利性医疗机构所得收入除规定的合理支出外，只能用于医疗机构的继续发展；对违反经营目的、收支结余用于分红或变相分红的，卫生部门要责令限期改正；情节严重的，按规定责令停止执业，并依法追究法律责任。可见，在早期有关规定中，严禁非营利性医疗机构向出资者分红或变相分红。

近年来，为进一步鼓励社会资本举办医疗机构，部分地区开始探索对非营利性医疗机构举办者给予合理的回报和奖励，云南、江西、河南、河北等省市均规定，社会资本举办的非营利性医疗机构在扣除办医成本、预留发展基金以及按照国家有关规定提取的其他必需费用后，出资人可以从办医结余中取得合理回报或一定的奖励。而2015年6月11日生效的《国务院办公厅印发关于促进社会办医加快发展若干政策措施的通知》（国办发〔2015〕45号），则从国家层面进一步明确"鼓励地方探索建立对社会办非营利性医疗机构举办者的激励机制"。此后，辽宁、安徽、福建等省市也出台了相应的政策。

（四）社会资本办医的营利性与非营利性转换问题

《国务院办公厅转发发展改革委卫生部等部门关于进一步鼓励和引导社会资本举办医疗机构意见的通知》放宽了社会资本举办医疗机构的准入范围，社会资本可按照经营目的，自主申办营利性或非营利性医疗机构。鼓励社会资本举办非营利性医疗机构，支持举办营利性医疗机构。

社会资本举办的非营利性医疗机构原则上不得转变为营利性医疗机构。确需转变的，应注销后进行清算，再重新申办，并根据其经营性质，报经原审批部门批准并依法办理相关手续。

根据《关于城镇医疗机构分类管理的实施意见》，医疗机构改变其性质，须经核发其《医疗机构执业许可证》的卫生行政部门和有关部门批准并办理相关变更手续。变更后，按规定分别执行国家有关价格和税收政策。在国家层面，对社会办医过程中医院的营利性与非营利性的转换规定要求需经批准的规定，尚未出台具体操作性规则。在地方层面，浙江省等部分地方明确规定了应先清算并注销民办非营利性医疗机构，后原出资人再以清算所得资产新设公司。医疗机构由非营利性转变为营利性，将不再享受原有的税收优惠及财政扶持政策。另外，如其土地为划拨使用，则经营性质转变后，也需按照相关规定变更为有偿使用。

医疗机构投资实践中，以非营利性医疗机构转变为营利性医疗机构较为多见。在操作程序上，非营利性医疗机构如需转变为营利性医疗机构，需得到原设置机关和卫生行政部门的批准，办理反映营利性质的医疗机构执业许可证。涉及国有资产的，还需经财政部门批准，履行相应的国有资产评估及处置程序。另外，需到工商、税务等部门办理相关登记手续，领取新设立的有限责任公司的营业执照，并到民政部门注销原民办非企业单位登记证书。

社会办医过程中的医院性质变更必然涉及产权问题。对医院性质转换过程中涉及的医院资产权属问题目前有两种观点：一种观点认为非营利性医疗机构的财产具有独立性，出资人不对其享有产权。根据财政部《民间非营利组织会计制度》（财会〔2004〕7号）第2条之规定，单位或个人不因为出资而拥有非营利组织的所有权。另外，2016年5月26日《民政部关于〈民办非企业单位登记管理暂行条例（修订草案征求意见稿）〉公开征求意见的通知》，重申了按照非营利组织的基本要求，社会服务机构（民办非企业单位）的申请人不能从盈余和剩余财产中分配的原则。而另一种观点认为举办人可以享有产权。理由为，根据《民办非企业单位登记管理暂行条例》第10条，民办非企业单位的章程应当包括资产管理和使用的原则以及终止程序和终止后资产的处理。该规定在一定程度上明确了资产的管理和处分是属于举办人意思自治的范畴。2016年5月26日民政部公布的《〈民办非企业单位登记管理暂行条例（修订草案征求意见稿）〉公开征求意见的通知》的第14条，也要求社会服务机构的章程应规定组织的终止条件、程序和终止后财产的处理。

对此笔者赞同第二种观点，“谁出资，谁拥有”是现代产权制度的基本原则，该制度源于我国《宪法》及《民法通则》，非营利性组织与公司、企业等营利性组织的出资人在对于其自身出资以及该等出资形成的权益方面不应区别对待，非营利性不应成为影响社会资本享有对其出资形成的产权权益，社会资本投资医疗行业的产权应当受到保护。

（五）医疗卫生PPP项目未来医疗服务收益是否可以设定质押

目前我国并没有正式法律规定医疗卫生机构提供的医疗服务是否可以设定质押，笔者认为该问题应区分两种情况讨论。对于公立性医院，根据《财政部、国家卫生计生委、国家中医药局关于加强公立医院财务和预算管理的指导意见》（财社

〔2015〕263号)的规定,公立医院的所有收支全部纳入部门预算统一管理,并严禁公立医院举债建设和举债购置大型医用设备,表明公立医院不具备利用未来收益设立质押进行融资的可能性,其未来医疗服务收益不得用于设定质押担保。

而对于非公立性医院,大多实行公司制管理与现代财务制度,其收入及利润由其自行支配。根据2015年1月21日中国人民银行发布的《应收账款质押登记办法(修订意见稿)》(简称修订稿)第2条规定,本办法所称的应收账款是指权利人因提供一定的货物、服务或设施而获得的要求义务人付款的权利以及依法享有的其他付款请求权,包括现有的和未来的金钱债权,但不包括因票据或其他有价证券而产生的付款请求权,以及法律、行政法规禁止转让的付款请求权。本办法所称的应收账款包括下列权利……提供医疗、教育、旅游等服务或劳务产生的债权……即非公立医院因提供医疗服务所产生的债权属于可以进行权利质押的范畴。(财社〔2015〕263号)的规定,公立医院的所有收支全部纳入部门预算统一管理,并严禁公立医院举债建设和举债购置大型医用设备,表明公立医院不具备利用未来收益设立质押进行融资的可能性,其未来医疗服务收益不得用于设定质押担保。

而对于非公立性医院,大多实行公司制管理与现代财务制度,其收入及利润由其自行支配。根据中国人民银行于2017年10月25日颁布,2017年12月1日起实施的《应收账款质押登记办法》(中国人民银行令〔2017〕第3号)第2条规定,本办法所称应收账款是指权利人因提供一定的货物、服务或设施而获得的要求义务人付款的权利以及依法享有的其他付款请求权,包括现有的和未来的金钱债权,但不包括因票据或其他有价证券而产生的付款请求权,以及法律、行政法规禁止转让的付款请求权。本办法所称的应收账款包括下列权利……提供医疗、教育、旅游等服务或劳务产生的债权……即非公立医院因提供医疗服务所产生的债权也属于可以进行权利质押的范畴。

(六)医疗PPP项目土地问题

根据《土地管理法》第54条之规定,经县级以上人民政府依法批准,城市基础设施用地和公益事业用地可通过划拨方式取得,公立医院用地属于公益事业用地,可以通过划拨方式取得,且实际操作中公立医院用地也多数以划拨方式取得。社会资本举办的非营利性医疗机构享受与公立医疗机构相同的土地使用政策,根据国土资源部发布的《划拨用地目录》(国土资源部令〔2001〕第9号),非营利性医疗卫生设施用地也可以采用划拨方式取得,其中包括医院、门诊部(所)、急救中心(站)、城乡卫生院等。与此相对应,营利性医疗机构用地因不符合公益性要求,往往通过出让方式取得。

关于医疗用地是否可用于抵押的问题，根据我国《担保法》第 37 条之规定，学校、幼儿园、医院等以公益为目的的事业单位、社会团体的教育设施、医疗卫生设施和其他社会公益设施不得抵押，院医疗机构用地属于医疗设施卫生设施的一部分。因此，公立医院及非营利医疗机构的建设土地不管是通过何种方式取得均不得用于设定抵押。至于营利性医疗用地多为有偿方式取得，依据《城市房地产管理法》第 48 条的规定，以出让方式取得的土地使用权，可以设定抵押权。

社会资本以出资新建、托管、公办民营方式参与办医均不涉及医疗机构性质及土地性质的变更，而在社会资本参与公立医院改制中则可能因医疗机构性质变更导致土地性质变更。公立医院的土地一般是无偿划拨取得，一旦社会资本介入公立医院改制，原有划拨的土地应如何处理就成为产权交易的重点关注内容。笔者认为，在社会资本介入公立医院改制过程中应坚持以下原则：

1. 不得擅自变更医疗用地的用途。根据《国务院办公厅转发发展改革委卫生部等部门关于进一步鼓励和引导社会资本举办医疗机构意见的通知》之规定，有关部门要将非公立医疗机构用地纳入城镇土地利用总体规划和年度用地计划，合理安排用地需求。社会资本举办的非营利性医疗机构享受与公立医疗机构相同的土地使用政策。非营利性医疗机构不得擅自改变土地用途，如需改变，应依法办理用地手续。

2. 医疗用地的取得方式应根据改制后的医疗机构属性决定。根据我国《土地管理法》第 54 条第 2 款之规定，只有用于公益性事业的项目方可通过划拨方式取得建设用地，若公立医院改制后变更为营利性医院，则其不具有继续取得划拨土地的资格，而应当按照法律规定程序变更土地使用权取得方式，若公立医院改制后依然属于公益性医院，则其仍然符合划拨土地使用资格，不需要进行土地取得方式变更。另外，在实际操作中，通过租赁原划拨土地进行医疗卫生服务也是一种曲线救国的方式。

3. 医疗土地的使用权受让方应具备从事医疗服务的资质。医疗卫生用地的性质决定了其只能在医疗机构间进行转让，只有经营范围有医疗经营内容，取得卫生部门颁发的许可证方可作为医疗用地的受让者。

4. 在涉及国有资产转让的公立医院改制中应严格履行土地的评估程序。根据《国有资产转让管理办法》第 13 条之规定，在清产核资和审计的基础上，转让方应当委托具有相关资质的资产评估机构依照国家有关规定进行资产评估。评估报告经核准或者备案后，作为确定企业国有产权转让价格的参考依据。

四、医疗 PPP 项目案例分析

财政部示范项目——如东县中医院医养融合 PPP 项目

(一)项目概述

如东县中医院始建于1958年,地处如东县掘港镇,是一所集医疗、急救、科研、教学、康复为一体,规模较大、功能较全、技术力量雄厚的“二级甲等中医医院”,覆盖如东县全县100多万人口的医疗、康复和保健服务。如东县医养结合项目分两期实施:一期为医疗中心项目,总床位1000张,预计建成后年接待门急诊号次450,000人次。二期为养老康复中心项目,拟建成具有中医特色“医养结合”的集医疗、养老、康复、护理、健教、养生于一体的中高档的综合养老社区,总建筑面积不少于10万平方米,一期、二期项目特许经营期均为20年。如东县中医院PPP项目领导组是该项目的实施机构,本项目通过竞争性磋商由陕西必康制药集团控股有限公司(牵头方)与同济会(医疗法人社团)联合体中标。本项目一期、二期项目范围以内的土地共计157亩,使用权性质均为国有划拨。

(二)项目运作模式

鉴于如东县中医院一期医疗中心项目已于2013年9月份开始动工,属于存量项目,因此该项目采用TOT模式(移交—运营—移交),已开工建筑、装饰工程仍由原报建、代建及施工单位负责,工程竣工验收通过后经政府协调直接转让给政府与社会资本共同出资设立的项目公司(SPV1)。已投资本息按审计价由SPV1按实支付。

如东县中医院属于全民所有制“二级甲等中医医院”,其公益属性致使其不具备逐利机制,在项目运营过程中,最重要的是保障和维护公立医院的公益性。在保证该医院项目公益属性的基础上,运营事项被划分为核心医疗部分和非核心医疗部分。其中核心医疗部分是高技术、人力资源高度密集的服务,投资人直接参与医疗服务的运营不具备优势,且项目运营过程中限制较多,因此核心医疗部分由如东县中医院自行运行,非核心医疗部分包括药品供给、医疗器具设由SPV1负责运营管理并同时获得相应的运营收益,政府基于绩效考核还将另行支付政府购买服务的费用。运营期满后由SPV1将一期的医疗中心按既定的标准完好无偿地移交给如东县政府或其指定的部门。

二期养老康复中心项目为新建项目,采用设计—建设—运营—移交模式(DBOT模式),合作期限暂定20年。政府与社会资本共同出资设立SPV2,政府提出规模、时间、需求等项目建议和要求,由SPV2负责设计、可研、立项、招标及建设全过程,建设资金由SPV2筹集、支付。社会资本负责整个项目的设计与建造,可以大幅降低因设计变更或图纸延误导致的工期滞后的风险,不仅有效控制整个建设阶段的总工期而且能够确保工程质量符合业主方要求。

与如东县医疗中心项目不同的是，养老康复机构运营并未区分核心部分与非核心部分。康复中心竣工后直接由 SPV2 负责整个项目以及除一般医疗、日常护理、定期体检外的所有的养老服务并获得运营收益，运营管理主要采取使用者付费方式付费，同时，政府基于绩效考核的标准，拟给予 SPV2 一定年限内的政府可行性缺口补助。政府指派如东中医院作为该项目的医疗服务支撑单位，必须为该项目的正常运营提供相应的医疗服务，SPV2 根据双方协议的优惠价格结算服务费用。特许经营期结束后，由 SPV2 按既定的移交标准向政府方指定的部门移交。

采用 DBOT 模式不仅可以有效控制建设阶段的工期，而且可以利用社会资本专业技术与成熟经验提高运营效率，而医养结合的方式一方面为如东县中医院增加了来自养老方面的医疗经营收入，另一方面又降低了养老中心医疗服务采购成本，是一种资源共享、互利互惠的新型运营模式。

（三）交易结构

如东县政府授权如东县国有公司作为政府出资人并授权其与拟引入的社会资本共同出资成立一期医疗中心项目公司（SPV1）和二期养老康复中心项目公司（SPV2）。如东县政府与两个项目公司分别签署 PPP 项目特许经营协议，将相应特许经营内容交给项目公司实施。一期医疗中心项目、二期养老康复中心项目的具体交易结构分别如图 8－1、图 8－2 所示：

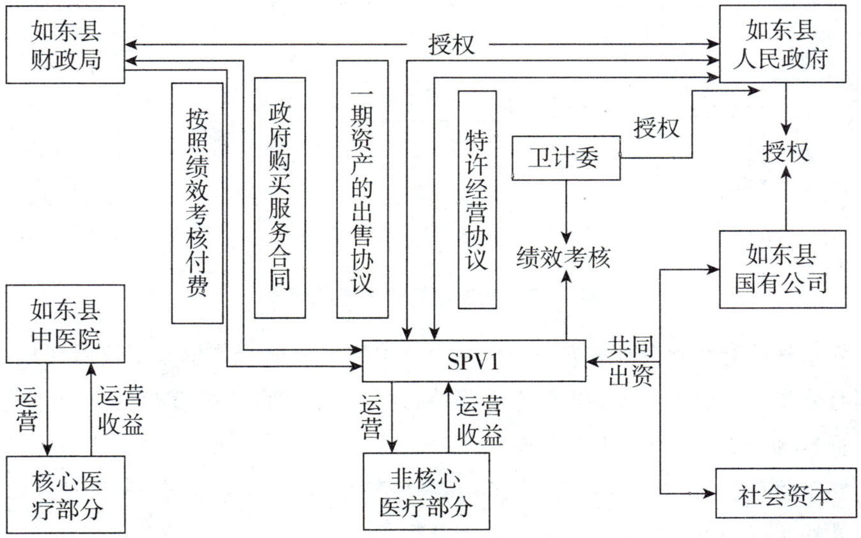

图 8－1　一期项目交易结构示意

如东县政府和社会资本方与中标社会资本签署 PPP 合作框架协议后授权如东县国有公司与社会资本方签署股东合作投资协议并共同出资设立 SPV1(其中社会资本方出资 60%,政府出资人代表出资 40%)。

如东县政府与 SPV1 签订特许经营协议授权其对医院非核心医疗部分进行自主经营并自负盈亏(包括物业、食堂、医药用品采购等),核心医疗部分仍由如东县医院自主经营。

SPV1 与银行/银团签署融资协议获取贷款,政府方协助办理贷款手续,必要时可由股东方提供担保。

如东县政府授权卫计委根据《1 期医疗中心绩效考核暂行管理办法》对 SPV1 的运营情况进行绩效考核并向如东县政府及财政局反馈。

如东县财政局在如东县政府的授权下根据卫计委的考核结果向 SPV1 发放考核付费。

SPV1 通过运营非核心医疗部分取得的运营收入及市财政局发放的政府付费向银行归还借款本息或向股东分配利润。

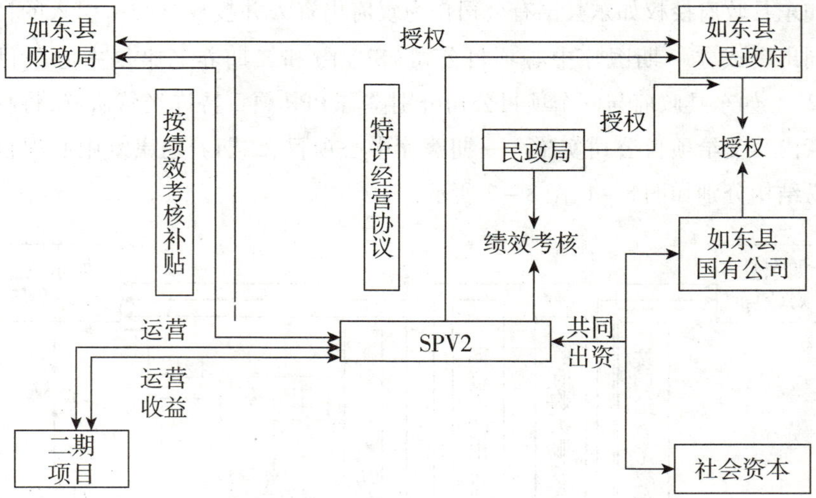

图 8-2 二期项目交易结构示意

如东县政府和社会资本方与中标社会资本签署 PPP 合作框架协议后授权如东县国有公司与社会资本方签署股东合作协议并共同出资设立 SPV2(其中社会资本方出资 80%,政府出资人代表出资 20%)。

如东县政府与 SPV2 签订特许经营协议授权其对除一般医疗、日常护理、定期体检外的所有的养老服务进行自主经营并取得收入。

SPV2 与银行/银团签署融资协议获取贷款,政府方协助办理贷款手续,必要时可由股东方提供担保。

如东县政府授权民政局根据《2 期养老中心绩效考核暂行管理办法》对 SPV2 的运营情况进行绩效考核。

如东县财政局在如东县政府的授权下根据民政局的考核结果向 SPV2 发放考核补贴。

SPV2 通过运营养老服务取得的运营收入及市财政局发放的政府补贴向银行归还借款本息或向股东分配利润。

(四)项目公司股权结构

根据财政部发布的《PPP 项目合同指南》(试行)中的要求,项目公司可由社会资本单独出资设立,也可以由政府和社会资本共同出资设立,但政府在项目公司中的持股比例应当低于50%且不具有实际控制力及管理权。

通过公开信息查询显示,本项目 SPV1 为南通必康新宗医疗服务发展有限公司,注册资本 20,000 万元,其中社会资本方陕西必康制药集团控股有限公司出资 1.2亿元,出资比例为 60%,政府方南通安泰健康产业投资发展有限公司出资 8000 万元,出资比例为 40%。本项目 SPV2 为南通必康医养产业发展有限公司,注册资本 10,000 万元,其中社会资本方陕西必康制药集团控股有限公司出资 8000 万元,出资比例为 80%,政府方南通安泰健康产业投资发展有限公司出资 2000 万元,持股比例 20%,股权结构如下表所示:

出资方	社会资本方出资		政府方出资	
出资情况	出资金额(万元)	出资比例(%)	出资金额(万元)	出资比例(%)
SPV1	12000	60	8000	40
SPV2	8000	80	2000	20

(五)项目投融资

一期医疗中心项目总投资约为 7.1 亿元,资金来源包括项目资本金及银行融资,除一期项目已由社会资本方及政府出资人缴纳的注册资本金 2 亿元外,一期医院项目还需融资 5.1 亿元左右,由 SPV1 负责融资。二期养老康复中心项目首期项目投资暂定 2 亿元,资金来源也包括项目资本金及银行融资,除社会资本方及政府已缴纳的注册资本金 1 亿元外,二期养老康复中心还须融资 1 亿元左右,由 SPV2 负责融资。

(六)项目收益与回报机制

本项目一期医疗中心项目采用“非核心业务营业收入 + 政府购买服务费用”的方式。SPV1 与如东县中医院签订使用者付费协议后,通过非核心医疗部分的运营管理(包括药品供给、医疗器具设备采购、物业、食堂、超市、停车场及其他后勤等)从使用者方面获得运营收益,同时可从如东县政府财政局获取基于绩效考核的政府购买服务收益。

二期养老康复中心项目收益来自“养老康复中心运营收入 + 政府根据绩效的可行性缺口补助”。项目建成之后,SPV2 通过运营管理从使用者方面获得运营收益。同时,在二期项目运营的特定时限内 SPV2 可从如东县财政局获取基于绩效考核的可行性缺口补助。

根据公开数据显示,一期医院项目在现有测算条件下,若在项目运营期 20 年内按每年政府购买服务的费用 2500 万元计算,则项目资本金内部收益率为 7.42%,投资回收期为 14.06 年,ROI 为 4.68%,ROE 为 8.06%。二期养老康复中心项目在现有测算条件下,若在项目运营的第 1 ~ 10 年按政府每年支付 700 万元可行性缺口补贴计算,则项目资本金内部收益率可达到 7.83%,投资回收期为 11.64 年,ROI 为 4.44%,ROE 为 7.06%。综合考虑两个项目的内部收益率能达到 7.52%,基本能满足社会资本方的投资需求。

(七)社会资本履约担保及政府保障

1. 履约担保

根据《政府和社会资本合作项目政府采购管理办法》,社会资本方的履约担保由建设履约保函和维护保函组成。履约保证金的数额不得超过 PPP 项目初始投资总额或者资产评估值的 10%。合作期内,如果项目公司未能履行 PPP 合同中规定的义务,如东县政府或其指定的部门有权兑取履约保函。项目公司的履约范围包括一期项目运营、二期项目设计、建设和运营期间以及一期、二期项目移交等的相关义务的履行。根据公开资料显示,本项目的履约担保有如下措施:

2. 建设保函

二期项目立项后的 30 日内,项目公司向如东县政府或其指定部门提交建设保函,确保项目公司能在建设期内全面、正确地履行投资和建设等义务,二期建设履约保函金额为 500 万元(¥5,000,000)。因社会资本方并不负责一期项目的建设,因此无须开具建设履约保函或质量保证金保函。

3. 运营保函

为保证项目公司履行一期医疗中心项目非核心医疗以及二期养老康复中心项目运营服务的义务，项目公司应在两期项目各自开始商业运行日起至特许经营期终止3年前的期间，向如东县政府分别提交金额为人民币500万元（￥5,000,000）、人民币500万元（￥5,000,000）的运营保函。

4. 移交保函

为保证医疗中心和养老康复中心项目等设施运行良好，在特许经营期终止前3年及缺陷责任期内，项目公司应提交移交保函，移交保函的金额应为人民币1000万元（￥10,000,000）。

5. 政府保障与配合

核心医疗部分与非核心医疗部分的划分直接影响投资人的收入来源测算与收益率的测算，进而影响投资人的积极性，因此政府必须在正式采购前完成项目的核心医疗部分和非核心医疗部分的划分工作，为投资人的报价提供准确的计算依据。

同时，政府拟对二期养老项目安排财政专项资金，在养老康复中心的床位使用率低于60%（或者80%，具体比例由政府方与中标社会资本磋商决定）时，给予补贴，以充分保障二期养老康复中心项目的顺利运营。

（八）项目经验

1. 有实力的社会资本与信誉良好的地方政府是保障项目顺利实施的前提

本项目通过竞争性磋商的方式最终选择了陕西必康制药集团控股有限公司（牵头方）与同济会（医疗法人社团）联合体中标。陕西必康制药集团控股有限公司由上市公司江苏必康制药股份有限公司投资设立，拥有雄厚的资金实力与丰富的医药、医疗、养老方面的经营管理优势，不仅使项目建设资金得到有效保障，而且能在运营阶段发挥专业化的医疗、养老管理水平，显著降低政府购买服务的财政费用支出，充分保障本项目社会效益、经济效益、示范效益的统一。

2. 构建项目全周期风险管理体系

本项目合同体系包括四个层级：第一层级是《如东县中医院医养融合PPP项目合作框架协议》，由县政府和社会资本方签署，约定项目基本条件和社会资本方的投资责任。第二层级是《如东县中医院医养融合PPP项目股东合作投资协议》，由政府指定的国资公司和社会资本方签署，约定政府出资方和社会资本方在两个SPV公司中的出资义务及公司治理结构。第三层级是《如东县中医院医养融合PPP项目1期医疗中心项目特许经营协议》与《如东县中医院医养融合PPP项目2期养老中心项目特许经营协议》，明确政府方和SPV公司之间的法律关系。第四层级是

《如东县中医院医养融合 PPP 项目 1 期医疗中心项目使用者付费协议》与《如东县中医院医养融合 PPP 项目 2 期养老中心项目医疗服务协议》,分别由两个项目公司与如东县医院签署。此外还专门制定了《1 期医疗中心绩效考核暂行管理办法》与《2 期养老中心绩效考核暂行管理办法》,并将其列为特许经营协议附件,为后期政府实施绩效考核管理提供依据。科学的合同管理体系有助于将多个项目参与主体之间的权利义务清晰划分,并有利于项目实施过程中的风险防控。

3. 建立科学合理的价格调整机制

PPP 项目中的价格调整机制如何与物价指数、通货膨胀挂钩,准确反映人力、电力、原材料等价格的波动,是政府和社会资本在 PPP 项目合作过程中容易产生争议的地方。对于社会资本来说,医疗卫生服务的价格调整机制往往并不顺畅,政府方不按协议约定的时间调价成为普遍。通常情况下,社会资本和项目公司更关心调价周期和调价的方式,因为社会资本投资医疗项目有其预期内部受利率,调价机制直接影响项目的盈利水平;而政府部门则以确保低价、稳定的医疗服务为出发点,双方的立场和责任不同。PPP 项目是否建立科学、合理的价格调整机制,不仅将直接影响政府方和社会资本或项目公司之间的权利义务,而且对价格调整事宜处理不好,还极易产生纠纷和矛盾,影响整个项目的顺利推进。

本项目调价机制分两部分内容:一是初始调价,因本项目在选择社会资本过程中,社会资本的报价是在估算的投资额基础上进行测算,并最终报价。在与社会资本进行确认谈判阶段,确定项目总投资与付费调整的计算公式,并根据最终经审计的投资额重新计算政府购买服务费用及财政补贴。二者之间存在时间差,因此在签订正式协议时,应根据谈判条件对投标报价时的价格进行修正。二是运营期的调价,由于特许经营期较长,项目运营成本也会随着时间发生变化,根据《基础设施和公用事业特许经营管理办法》要求,特许经营项目价格或收费应当依据相关法律、行政法规规定和特许经营协议约定予以确定和调整。

4. 加强对项目公司运营管理工作的考核与监管

项目建成后,为促使项目最大限度地发挥效果,更好地发挥改善如东县人民医疗和养老服务的作用,本项目采用 PPP 模式之后应该加强对项目公司运营管理工作的考核与监管,明确药品采购的结算和支付周期等重要内容。为满足绩效考核工作的需要,如东县政府下属的卫计委、民政局联合 PPP 专业咨询单位在原先医疗养老绩效考核办法的基础上结合 PPP 项目特有特点,制定和完善了一套合理的绩效考核标准——《如东县中医院医养融合 PPP 项目绩效考核管理办法》。该标准将以附件形式列入 PPP 合同,作为绩效考核项目运营维护效果的依据。

对项目公司的监管方式包括行政监管、履约监管以及公众监督。如东县财政局、卫计委、民政局、环保局、审计局、物价局等各政府部门依据职能分工对项目公司行使行政监管，如东县政府以《特许经营协议》为依据对项目公司进行履约管理，以及由如东县公众及使用者对项目公司进行群众监督。

第三节　养老 PPP 项目案例分析

一、我国养老 PPP 发展现状

“十三五”时期是我国全面建成小康社会决胜阶段，也是我国老龄事业改革发展和养老体系建设的重要战略窗口期。预计到 2020 年，全国 60 岁以上老年人口将增加到 2.55 亿人左右，占总人口比重提升到 17.8% 左右；高龄老年人口将增加到 2900 万人左右，独居和空巢老年人口将增加到 1.18 亿人左右，老年抚养比将提高到 28% 左右；用于老年人的社会保障支出将持续增长；农村实际居住人口老龄化程度可能进一步加深。

为解决我国养老事业发展瓶颈，国家近年来出台一系列政策刺激养老产业发展、鼓励社会力量发展养老产业，包括《关于加快发展养老服务业的若干意见》（国发〔2013〕35 号）、《关于推进医疗与养老服务相结合指导意见的通知》（国办发〔2015〕84 号）、《关于全面放开养老服务市场提升养老服务质量的若干意见》（国办发〔2016〕91 号）等。2017 年 2 月 28 日，国务院又印发《“十三五”国家老龄事业发展和养老体系建设规划》，对积极应对人口老龄化进行了全面部署。规划要求对民间资本和社会力量申请兴办养老机构进一步放宽准入条件，加强开办支持和服务指导。鼓励采取特许经营、政府购买服务、政府和社会资本合作等方式支持社会力量举办养老机构，以 PPP 模式发展我国养老事业被提上了新的战略高度。

然而，与国家在推广社会力量参与养老事业建设表现出的积极态度相矛盾的是，社会资本参与养老 PPP 项目的热情并不高。财政部公开数据显示目前养老 PPP 项目入库项目较少、成功落地的项目更少，截至 2017 年 3 月 31 日，财政部政府和社会资本合作中心 PPP 综合信息平台项目库公布的入库项目总额为 12,286 个，而其中养老 PPP 项目仅 300 个，占入库项目总量的 2.44%。而已经入库的养老 PPP 项目大多数处于项目识别或准备阶段，截至 2017 年 4 月末，真正处于执行阶段的项目仅 44 个，占全部落地 PPP 项目总数的 2.54%，落地比例明显低于市政工程、道路交通运输、生态建设和环境保护等项目，且目前暂无进入最后移交阶段的入库项目，因此 PPP 在养老领域的发展暂未形成成熟的可复制经验。

在地域分布上，各地养老 PPP 发展也极为不均衡。山东、贵州、河南、内蒙古、新疆、四川6省的入库养老PPP项目较多，分别为47个、42个、26个、23个、21个、20个，占据全国入库养老PPP项目总数的59.7%。而与之形成鲜明对比的是，天津、山西、上海、广东、海南、重庆、西藏7个地区目前仍无一个入库养老PPP项目。

根据目前正在执行阶段的44个入库养老PPP项目统计，落地项目多为国家级示范项目，共有21个，占全部执行阶段养老PPP项目数量的47.7%。落地项目总投资额3,082,367万元（截至2017年5月4日），单项投资额最大的是山东省济宁市嘉祥九顶山养老服务和生态综合治理项目，投资额为1,307,830万元。项目主要以BOT、BOO模式为主，少量采用TOT、ROT模式。在付费机制方面，采用使用者付费的有27个，采用可行性缺口补助的有17个，项目平均合作期限为23年。另外，从项目投资类型上看，养老业、医养结合、老年公寓三类项目是社会资本的重点投资对象。

二、养老PPP项目案例分析

根据财政部数据统计分析，山东省拥有全国数量最多的养老PPP项目，是我国的养老大省，淄博市又属于山东省养老PPP发展较为集中的地区，目前淄博市的养老PPP项目进入财政部项目库的共有5例，其中4例已进入执行阶段。本节以位于淄博市博山区的财政部第二批示范项目中的博山姚家峪生态养老中心PPP项目为例对养老PPP项目进行分析。该项目于2015年4月3日发起，目前正在执行阶段，具有一定的可借鉴性。

（一）项目背景

截至2015年年底，淄博市60周岁及以上老年人共93.2万人，占全市总人数的19.56%，博山区老龄化比例更是高达24%，已步入“老龄社会”，人口老龄化率远超全国15%的平均水平。按照每年3.7%的递增速度，预计到2020年，淄博市老年人将达到101.4万，占全市人口总数的22.5%。而当地大多家庭都是独生子女，届时将会出现“422”的家庭结构，即独生子女上养四老下管两小，负担格外重，传统的居家养老将不能满足现实需要。淄博市养老产业发展水平与当地日益增长的养老需求不相匹配，不能满足当前的养老需求。淄博市政府为解决全市养老问题，在财政能力受限的情况下，积极探索PPP模式在养老领域的运用，本项目系其中较为成功的一例。

（二）项目概况

博山姚家峪生态养老中心项目地处博山城区西南，属于新建项目，采用BOT形式运作，合作期限 30 年。项目总投资 192,540 万元，占地 29 公顷，总建筑面积 61 万平方米，主要建设内容包括社会福利养老中心、养老公寓、配套建设综合服务中心、医疗中心、商业中心、文体休闲中心等，项目以生态养生养老为基础，医疗、保健、康复为保障，建设养老与生态、文化、有机农业、旅游、“互联网 +”等有机结合的养老社区。项目分三期建设，建设周期 5 年，2015 年 10 月开工建设，计划 2020 年 4 月全部竣工。项目全部建成后，可容纳 10,000 人养生养老。本项目通过竞争性磋商方式选定社会资本，最终由淄博泰和房地产开发有限责任公司、上海道联投资有限公司、中国建筑第二工程局有限公司组成的联合体中标。博山区人民政府授权博山区民政局作为本项目的发起人和项目实施机构。

（三）物有所值评价及财政承受能力论证

2015 年 5 月，区财政局会同区民政局组织财务、资产评估、金融、法律、工程等方面专家，对博山姚家峪生态养老中心项目从定性、定量两个方面进行物有所值评价。从定性分析来看，该项目采用政府和社会资本合作模式，一方面可以缓解财政压力，吸引社会资本和金融资本，加快地区养老事业发展，有效控制地方债务规模；另一方面通过引进具有先进建设及运营管理经验的社会资本方合作，达到节约项目成本，提高项目运营效率的目的。从定量分析来看，该项目采用政府和社会资本合作模式，政府支出责任为项目股本投入 8508 万元和床位补贴 1200 万元，通过 9708 万元的投入，可以完成 192,540 万元的养老项目，并且在 30 年后该项目政府投入部分参与项目公司经营分红，50 年后完全收回项目资产。如果采用传统模式，则项目前期股权投入为 42,540 万元，且承担 150,000 万元的贷款还款责任，将给区财政造成巨大压力。参评专家认为该项目采用 PPP 模式，一是可以减轻财政压力，吸引社会资本和金融资本，加快地区养老事业发展，有效控制地方债务规模；二是通过引进具有先进建设及运营管理经验的社会资本方合作达到节约项目成本，提高项目运营效率的目的；三是与传统模式相比，有效化解了政府的风险，将项目的风险在政府和社会资本间合理地分配。参评专家一致同意博山姚家峪生态养老中心项目通过物有所值评价。

同月，区财政局会同区民政局组织财政、财务、金融、法律等方面的专家，对博山姚家峪生态养老中心项目进行了财政承受能力论证工作。该项目属于使用者付费项目，区政府在项目建设期承担 8508 万元的股权出资，且分三年出资到位，平均每年出资 2836 万元，只占当地 2015 ~ 2017 年度一般公共预算支出的 1% 左右；区政府在项目运营期给予项目公司床位补贴 1000 元/床，共计 1000 万元，占一般公共预算支出 0.42%；综合全区其他 PPP 项目的支出责任，符合“每一年度全部 PPP 项目需要从预算中安排的支出责任，占一般公共预算支出比例不超过10%”的要求，项目通过财政承受能力论证。

（四）运营模式

本项目采用建设—运营—移交模式（BOT），特许经营权期限为50年。博山市区政府授权博山区民政局与社会资本方淄博泰和房地产开发有限责任公司（联合体）签订特许经营协议，又授权淄博市博山区国有资产经营公司作为博山区政府出资人与中标社会资本方成立SPV公司山东凯富瑞生态颐养有限公司，在合作期内项目公司负责项目的投融资、建设、运营管理及移交等工作。第一期特许经营权为30年，其中建设期5年，运营期25年，政府出资在该特许经营期内不参与经营分红；第二期特许经营权为20年，国有出资人和社会资本方按出资额度比例进行分红。在项目合同约定期满后，项目公司将PPP项目无偿移交给区政府。本项目的运营收入来源主要包括公寓养老服务和商业中心、综合服务中心的租赁收入，同时包含项目公司在运营项目期间获得的广告、咨询、产品销售、赞助等收入。项目公司根据市场情况自行制定养老服务费和租金收入标准并向博山区民政局和博山区政府备案。

（五）股权结构

2015年7月9日，SPV公司山东凯富瑞生态颐养有限公司（原名：淄博凯富瑞生态颐养有限公司）注册成立，负责养老项目具体的融资、建设、运营，经营范围是老年人养护服务，养老产业，养老设施开发、建设等。项目公司一期注册资本3000万元，由4名股东出资设立，项目公司成立时股权情况如下表所示：

序号	股东名称	政府或社会资本	出资额（万元）	股权比例（%）
1	淄博泰和房地产开发有限责任公司	社会资本方	1380	46
2	淄博市博山区公有资产经营公司	政府方	600	20
3	上海道联投资有限公司	社会资本方	870	29
4	中国建设第二工程局有限公司	社会资本方	150	5

2015年10月27日，项目公司吸收国开发展基金有限公司作为新股东，同时项目公司注册资本金增资至42,540万元，增资后的股权情况为如下表所示：

序号	股东名称	政府或社会资本	出资额（万元）	股权比例（%）
1	淄博泰和房地产开发有限责任公司	社会资本方	7171.4	16.86
2	淄博市博山区公有资产经营公司	政府方	6236	14.66
3	上海道联投资有限公司	社会资本方	1403.1	3.3
4	中国建设第二工程局有限公司	社会资本方	779.5	1.83
5	国开发展基金有限公司	社会资本方	26,950	63.35

（六）项目融资及财政补贴

本项目总投资额为192,540万元，除注册资本金42,540万元以外，其余150,000万元建设资金由项目公司筹措，项目公司的融资方式包括但不限于银行贷款、融资租赁、信托、债券、合同能源管理、私募基金等非银行金融机构的融资，融资金额占项目总投资额的77.9%。银行贷款作为项目公司首选融资方式，当银行贷款不能满足或者不能及时满足项目建设有需要时，项目公司可以通过非银行金融机构解决项目建设和设备采购的资金不足。项目公司融资有需要时，无论项目公司采取何种形式的融资，经营公司和中标社会资本按出资比例为项目融资提供无条件担保。

项目从获得贷款发放后第2年支付贷款利息，第6年开始还本付息。博山区民政局协助争取上级优惠政策，项目在第一个特许经营期贷款发放后的前3年利息由福利养老院政府养老补贴资金偿还及其他渠道筹集。从第一个特许经营期第4年开始，以项目收入用来支付运营成本和归还全部建设期贷款本息；从第二个特许经营期开始，无论项目公司是否全部归还项目建设期的贷款和各种形式的借款，博山区民政局均不再承担任何建设期的借款本息。

（七）项目移交

项目移交过渡期为12个月，特许经营期满前12个月进入项目移交过渡期至项目特许经营期满当日止。特许经营结束12个月前由项目实施机构和社会资本各自派员组成移交委员会，具体负责和办理移交工作。移交委员会主任委员由政府指派有关部门担任，双方组织会议会谈商定设施移交程序，最后将移交信息在审计报上刊登向社会公告。移交范围包括项目设施的建筑物、构筑物，与项目设施使用相关的所有设备、零备件配件以及其他动产，运营和维护项目设施所要求的所有技术标准、知识产权等无形资产，在用的各类管理章程和运营手册，土地使用权及与养老项目场地相关的权利，社会资本在财务状况上体现的一切财产。

三、养老 PPP 相关政策

《智慧健康养老产业发展行动计划(2017～2020 年)》(工信部联电子〔2017〕25 号)指出,充分发挥工业转型升级资金、专项资金、地方财政资金等财政资金扶持作用,推动各部门资金集约化整合和精准投放,加大对智慧健康养老的扶持力度。探索与国有资本投资公司合作,充分发挥国有资本的引领和放大作用,通过发起设立智慧健康养老产业投资基金等方式,引导社会资本参与智慧健康养老产业发展,与政府资金形成支持合力。积极推进政府购买智慧健康养老服务,逐步扩大购买服务范围,完善服务内容。探索政府和社会资本合作(PPP)模式,积极引导社会资本参与智慧健康养老服务推广。

《国务院关于印发"十三五"国家老龄事业发展和养老体系建设规划的通知》(国发〔2017〕13 号)指出,统筹利用闲置资源发展养老服务,营利性养老服务机构利用存量建设用地建设养老设施,涉及划拨建设用地使用权出让(租赁)或转让的,在原土地用途符合规划的前提下,允许补缴土地出让金(租金),办理协议出让或租赁手续。民间资本举办的非营利性养老机构与政府举办的养老机构可依法使用农民集体所有的土地。对在养老服务领域采取政府和社会资本合作(PPP)方式的项目,可以国有建设用地使用权作价出资或者入股建设。

《关于支持整合改造闲置社会资源发展养老服务的通知》(民发〔2016〕179 号)鼓励社会力量通过股份制、股份合作制、PPP 等模式整合改造闲置社会资源发展养老服务。鼓励党政机关和国有企事业单位举办的培训中心、疗养院及其他具有教育培训或疗养休养功能的各类机构,在具备条件的情况下,通过规范方式转向养老服务业。可探索采用政府和社会资本合作(PPP)等方式组建社会化养老服务企业或非营利性机构。支持各地利用现有培训疗养服务设施场地,以多种方式提供养老服务。

《关于金融支持养老服务业加快发展的指导意见》(银发〔2016〕65 号)支持各地采取政府和社会资本合作(PPP)模式建设或发展养老机构,鼓励银行、证券等金融机构创新适合 PPP 项目的融资机制,为社会资本投资参与养老服务业提供融资支持,积极探索与政府购买基本健康养老服务配套的金融支持模式。鼓励金融机构通过基金模式,探索运用股权投资、夹层投资、股东借款等多种形式,加大对养老服务企业、机构和项目的融资支持。鼓励有条件的地区探索建立养老产业投资引导基金,通过阶段参股、跟进投资等方式,引导和带动社会资本加大对养老服务业的投入。鼓励风险投资基金、私募股权基金等投资者积极投资处于初创阶段、市场前景广阔的养老服务企业。

《国务院办公厅转发卫生计生委等部门关于推进医疗卫生与养老服务相结合指导意见的通知》(国办发〔2015〕84 号)提出对符合条件的医养结合机构,按规定落实好相关支持政策。拓宽市场化融资渠道,探索政府和社会资本合作(PPP)的投融资模式。鼓励和引导各类金融机构创新金融产品和服务方式,加大金融对医养结合领域的支持力度。有条件的地方可通过由金融和产业资本共同筹资的健康产业投资基金支持医养结合发展。

《关于鼓励民间资本参与养老服务业发展的实施意见》(民发〔2015〕33 号)鼓励民间资本参与机构养老服务,支持采取股份制、股份合作制、PPP(政府和民间资本合作)等模式建设或发展养老机构。鼓励社会力量举办规模化、连锁化的养老机构,鼓励养老机构跨区联合、资源共享,发展异地互动养老,推动形成一批具有较强竞争力的养老机构。鼓励将政府投资举办的养老机构特别是新建机构,在明晰产权的基础上,通过公开招投标,以承包、联营、合资、合作等方式,交由社会力量来运营,实现运行机制市场化。有条件的地方,可稳妥开展把专门面向社会提供经营性服务的公办养老机构转制成为企业或社会组织的试点工作,完善法人治理结构。充分利用支持服务业发展的各类财政资金,探索采取建立产业基金、PPP 等模式,支持发展面向大众的社会化养老服务产业,带动社会资本加大投入。

《关于加快推进健康与养老服务工程建设的通知》(发改投资〔2014〕2091 号)鼓励社会资本投资健康与养老服务工程,新增健康与养老服务项目优先考虑社会资本。在公立资源丰富的地区,鼓励社会资本通过独资、合资、合作、联营、参股、租赁等途径,采取政府和社会资本合作(PPP)等方式,参与医疗、养老、体育健身设施建设和公立机构改革。结合党政机关和国有企事业单位培训疗养机构改革工作,将符合条件的培训疗养机构转变为养老机构。进一步放宽市场准入,凡是法律法规没有明令禁入的领域都要向社会资本开放并不断扩大开放领域。

四、养老 PPP 项目操作模式

根据财政部入库养老 PPP 项目分析,PPP 在养老领域的运作有多种模式,包括 BOT(建设—运营—移交)、BOO 模式(建设—拥有—运营)、TOT 模式(转让—运营—移交)、ROT(改建—运营—移交)、O&M(委托运营)、MC(合同管理)、村企合作等,目前采用最广泛的是 BOT 模式及 BOO 模式。根据养老机构的资产形态及其所有权权属,养老 PPP 项目可以分为公建民营、公办民营及民办公助三大类,下面分别对该三类养老机构的操作模式进行介绍。

(一)公建民营

公建民营是指政府通过承包、委托、联合经营等方式,将政府拥有所有权但尚未投入运营的新建养老设施的运营权交给企业、社会组织或个人的运营模式①,或是在新建养老机构时,按照管办分离的发展思路,政府或国有企事业单位出资,招标第三方组织去经办和管理运作,政府按照法律法规和标准规范负起行政管理和监督责任的一种建设运营模式②,从上述定义可以看出,公建民营一般特针对新建养老项目。《国务院关于印发"十三五"国家老龄事业发展和养老体系建设规划的通知》(国发〔2017〕13 号)鼓励社会力量通过独资、合资、合作、联营、参股、租赁等方式参与公办养老机构改革。政府投资建设和购置的养老设施、新建居住(小)区按规定配建并移交给民政部门的养老设施、党政机关和国有企事业单位培训疗养机构等改建的养老设施,均可实施公建民营。

公建民营是公办养老机构改革的重点发展方向,公建民营型养老机构项目一般可采用 BOT(建设—运营—移交)、ROT(改建—运营—移交)的运作模式。BOT 模式是目前养老 PPP 的主要操作模式,ROT 模式是目前国家极力推崇的养老 PPP 模式。财政部示范项目博山姚家峪生态养老中心 PPP 项目、曹县医养结合综合项目、山东省济宁市嘉祥九顶山养老服务合生态综合治理项目采用的均是 BOT 模式。北京市朝阳区第二社会福利中心项目、黑龙江中医药大学附属第二医院哈南分院老年爱心养护康复中心二期 A 工程项目采用的均是 ROT 模式。2016 年 10 月 9 日,民政部、发展改革委、教育部等联合发布《关于支持整合改造闲置社会资源发展养老服务的通知》(民发〔2016〕179 号)鼓励社会力量通过股份制、股份合作制、PPP 等模式整合改造闲置社会资源发展养老服务。凡通过整合改造闲置社会资源建成的养老服务设施,符合相关政策条件的,均可依照有关规定享受养老服务建设补贴、运营补贴等资金支持和税费减免、水电气热费用优惠等政策扶持。因此,通过改造闲置社会资源发展养老 PPP 产业不仅节约社会资源、降低建设成本而且还能获得政策扶持。

(二)公办民营

公办民营是指政府通过承包、委托、联合经营等方式,将政府拥有所有权并已投入运营的养老机构的运营权交给企业、社会组织或个人的运营模式③。公办民营的养老机构是对已经建成并已投入运营的存量养老项目交由私人部门去经营和管

---

① 北京市人民政府办公厅印发《关于深化公办养老机构管理体制改革的意见》的通知(京政办发〔2015〕8 号)。

② 《上海市静安区关于进一步加大本区养老机构建设扶持力度的实施办法(试行)》(静府发〔2013〕7 号)。

③ 北京市人民政府办公厅印发《关于深化公办养老机构管理体制改革的意见》的通知(京政办发〔2015〕8 号)。

理,公建民营是针对新建且未投入运营的项目,二者均是将政府拥有所有权的养老机构交由社会力量运营。《民政部、财政部关于中央财政支持开展居家和社区养老服务改革试点工作的通知》(民函〔2016〕200 号)中就提到充分发挥政府在支持居家和社区养老服务发展方面的主导作用,落实准入、金融、财税、土地等优惠政策,通过搭建平台、购买服务、公办民营、民办公助、股权合作等方式,支持和鼓励社会力量进入。

在公办民营方式下,政府仍然保留对养老机构的所有权和适当的控制权,公办民营养老 PPP 可采用 TOT(转让—运营—移交)、O&M(委托运营)、LOT(租赁—运营—移交)的操作模式。财政部示范项目如东县中医院医养融合项目、乌达区医疗养老康复中心项目、鹤壁市淇滨区冬凌草养老公寓项目采用的均是 TOT 模式(转让—运营—移交)。龙泉镇中门寺养老照料中心项目、龙岛老年避暑养生公寓项目均是采用 O&M(委托运营)操作模式。此外,政府还可对其拥有所有权的养老机构采取租赁或联合经营的方式与社会资本合作运营。在租赁经营模式中,社会资本在租赁期限内获得使用养老机构场地和设施设备的特定权利,但是养老机构所有权仍归政府所有,社会资本负责场地及硬件设施的维护责任。① 贵阳市花溪区公办敬老院项目采用的就是 LOT 模式。公办民营针对的是已建成并可投入运营的存量项目,社会资本不需要承担项目建设期的风险,且操作方式更加灵活,适合走轻资产运营路线的养老机构运营公司。

(三)民办公助

民办公助是指以非国资为主体兴办各种养老机构,政府给予一定资金支持的一种建设运营模式。② 在该模式下社会资本拥有养老机构的所有权,但要承担与项目建设和运营相关的所有风险,政府等公共部门并不参与项目的建设或者经营,只是按照相关规定提供政策支持与补助,并负责养老机构的监管。根据《国务院关于加快发展养老服务业的若干意见》(国发〔2013〕35 号)的规定,对民办公助项目可选择通过补助投资、贷款贴息、运营补贴、购买服务等方式支持社会力量举办养老服务机构,开展养老服务。

民建公助类的养老项目可以采取 BOO(建设—拥有—经营)模式或 BBO(购买—建设—运营)模式,由社会资本负责项目设计、建设和融资或直接购买已建成养老机

① 王雪辉:《养老机构公建民营运作模式探析》,载《行政管理改革》2016 年第 8 期。

② 《上海市静安区关于进一步加大本区养老机构建设扶持力度的实施办法(试行)》(静府发〔2013〕7 号)、《太原市人民政府办公厅关于印发太原市民办养老机构建设与运营补助资金管理暂行办法的通知》(并政办发〔2016〕54 号)。

构，在特许经营期内社会资本拥有养老机构的所有权，政府为其提供补贴。目前财政部入库项目中青海海南藏族自治州贵德县养老养生示范基地PPP项目、山东省淄博市沂源县山东天湖养老养生旅游项目、河南省周口市沈丘县沈丘念慈医院（沈丘念慈护理院）养老产业综合服务园PPP项目采用的均是BOO模式。

民办公助模式作为社会力量举办养老机构的补充形式，是国家目前极力推崇的模式，也将是我国未来养老服务提供的主要模式。该模式对于社会资本来说在一定程度上可提高项目的建设速度，缩短建设周期，提高运营效率，但是该模式中社会资本投入的资金成本最高、建设运营风险最大，几乎完全私有化，政府仅仅在土地、财税等政策上提供支持。而对于政府来说，该模式下政府不用承担养老机构的建设及运营成本，节约了大量人力物力，减少了巨额财政支出，是一种最理想化的养老服务供应模式。

五、养老PPP项目法律问题分析

（一）养老PPP项目的定价与收费原则

养老项目属于准经营性项目，具有极强的公益属性，其收费机制不同于经营性基础设施项目，如污水处理、供热、供电通常会有一个相对确定的价格标准和调价方式，而养老项目由于服务类型和服务需求等级不同，收费方式差异较大。中国机构养老服务的需求可以划分为三个层次，不同的养老服务需求层次对应不同的付费方式与收费标准。第一层次为基本养老需求层次，针对困难老人的养老需求，包括三无、五保和高龄失能老人等，可提供基本的生活照顾和医疗护理，对应的服务费较低，主要由政府作为付费主体；第二层次是社会大众的普遍养老需求，需要养老机构提供专业的养老服务，对应的服务费较为适中，适合大多数的养老需求；第三层次是高端养老服务的奢侈性、个性化需求，如医养一体化，集生活照顾、医疗护理和精神慰藉为一体的高端服务，适合经济条件较为宽裕、养老服务质量要求高的老年人，对应的收费标准较高。①

在养老PPP项目中，社会资本、政府与老年人之间存在一定的利益冲突，社会资本希望利益最大化，政府希望能够最大限度降低财政支出，老年人希望使用最低价格获取最优质的养老服务，这就需要通过合理的设计与测算制定一个最优定价方案确保社会资本、政府与老年人三方共赢，既能使投资者获得合理收益，又能减轻财政负担，又能使老年人的支出最小，笔者建议可从以下三个方面进行考量：

---

① 李云凤：《公办民营式养老机构运营模式研究》，中国青年政治学院2013年硕士学位论文。

1. 养老机构的建设、运营成本

社会资本投资养老产业的目的是获取利润，如果考虑其他影响因素，社会资本方会根据自己投入的成本和相应利润制定期望的价格。养老机构的成本主要包括建设成本（或租赁费用）、装饰装修费用、人工成本、物业费用、办公支出、营销费用、保险费用等，只有确保社会资本成本得以覆盖并且可获取合理收益才会激发社会资本参与养老 PPP 的积极性。

2. 老年人的可承受能力

我国大多数老年人退休之后以退休金为最主要的收入来源，其消费能力十分有限，如果定价太高即使老年人有消费需求也会因为无力承受服务价格而被拒之门外，从而导致大量床位空置造成资源浪费。因此，老年人的承受能力应当作为养老机构定价重要依据。

3. 政府对养老机构的适度补贴

养老机构的建设、运营成本非常高，而老年人的消费能力又十分有限，若仅仅通过养老机构的成本制定价格可能会使定价过高，老年人无力承担。但若仅仅考虑老年人的承受能力，定价又可能过低，势必影响养老机构的收益与社会资本参与的积极性。为化解该供需矛盾，政府需要积极发挥其调控职能，对养老机构的建设、运营进行适当补贴，从而保证老年消费者既能以一个较低的价格获取养老服务，又能保证社会资本投资的养老机构获得合理的收益。

2016 年 12 月 7 日，国务院办公厅发布《关于全面放开养老服务市场提升养老服务质量的若干意见》（国办发〔2016〕91 号），提出加快建立以市场形成价格为主的养老机构服务收费管理机制。对于民办营利性养老机构，服务收费项目和标准由经营者自主确定。对于民办非营利性养老机构，服务收费标准由经营者合理确定，有关部门对其财务收支状况、收费项目和调价频次进行必要监管，同时加强对价格水平的监测分析。对于政府运营的养老机构，以扣除政府投入、社会捐赠后的实际服务成本为依据，按照非营利原则，实行政府定价或政府指导价；对于以公建民营等方式运营的养老机构，采用招投标、委托运营等竞争性方式确定运营方，具体服务收费标准由运营方依据委托协议等合理确定。

在此之前，国家发展改革委、民政部于 2015 年 1 月 19 日发布了《关于规范养老机构服务收费管理促进养老服务业健康发展的指导意见》（发改价格〔2015〕129 号），对养老机构的收费标准及收费行为进行了规范，要求养老机构床位费、护理费、伙食费原则上按月度收取，伙食费等项目根据服务对象的实际消费情况，据实结算。实行市场定价的收费标准应保证相对稳定，并提前告知服务对象。养老机构事前应与接受服务的老年人或者其代理人签订书面服务合同，确保老年人知情权和选择权,并定期提供费用清单和相关费用结算账目。对合同期内退养的老年人,收费结算按照合同约定执行。养老机构不得违反老年人意愿强制服务、强制收费。同时,养老机构应将养老机构基本设施与条件、服务内容与等级、收费项目与标准等内容在收费场所显著位置进行公示,建有门户网站的同时在网站进行公示,接受社会监督。

(二)我国养老 PPP 项目土地制度

2014 年 4 月 17 日,为保障养老服务设施用地供应,规范养老服务设施用地开发利用管理,国土资源部办公厅关于印发〈养老服务设施用地指导意见〉的通知》,对养老设施用地范围、土地用途和年期、供地计划、供地政策等作出了详细规定,大力支持养老服务业发展,以下就该意见规定并结合我国土地相关制度对养老产业的土地制度进行介绍。

1. 养老服务设施用地范围及性质

养老服务设施用地是指专门为老年人提供生活照料、康复护理、托管等服务的房屋和场地设施占用土地,老年酒店、宾馆、会所、商场、俱乐部等商业设施占用土地不属于养老服务设施用地。依据《土地利用现状分类》(GB/T 21010 - 2007),养老服务设施用地规划为公共管理用地、公共服务用地中的医卫慈善用地,可布局和安排养老服务设施用地,其他用地中只能配套建设养老服务设施用房并分摊相应的土地面积。养老服务设施用地在办理供地手续和土地登记时,土地用途确定为医卫慈善用地。

2. 养老服务设施土地供应

(1)无偿取得

我国国有土地使用权取得方式可分为有偿取得和无偿取得,“无偿取得土地使用权”是指除出让形式以外,通过行政划拨方式取得的土地使用权。① 养老服务设施用地符合《划拨用地目录》的,可采取划拨方式供地。不符合《划拨用地目录》的,应依法实行出让、租赁等有偿使用方式。经养老主管部门认定为非营利性养老服务机构的,其养老服务设施用地可采取划拨方式供地。划拨建设用地使用权不得单独设定抵押权,设定房地产抵押权的建设用地使用权是以划拨方式取得的,应当从拍卖所得的价款中缴纳相当于应缴纳的土地使用权出让金的款额后,抵押权人

---

① 《国家土地管理局政策法规司关于对“无偿取得土地使用权”含义的答复》:湖北省土地管理局:你局鄂土办函〔1991〕77 号《关于如何理解“无偿取得土地使用权”含义的请示》收悉。经研究,同意你们对《中华人民共和国城镇国有土地使用权出让和转让暂行条例》第四十三条“无偿取得的土地使用权”含义的理解,即“无偿取得的土地使用权”是指除出让形式以外,通过行政划拨方式取得的土地使用权。

方可优先受偿。

关于划拨用地的使用期限,我国《城市房地产管理法》第 23 条规定:“依照本法规定以划拨方式取得土地使用权的,除法律、行政法规另有规定外,没有使用期限的限制。”虽然该条有“法律、行政法规另有规定”的除外性表述,但现有法律和行政法规尚无对某种划拨用地设定使用期限的例外规定。

(2)有偿取得

土地有偿取得的方式包括土地使用权出让、出租、作价入股等,营利性养老服务设施用地,应当以租赁、出让等有偿方式供应,原则上以租赁方式为主。土地出让(租赁)计划公布后,同一宗养老服务设施用地有两个或者两个以上意向用地者的,应当以招标、拍卖或者挂牌方式供地。以招标、拍卖或者挂牌方式供应养老服务设施用地时,不得设置要求竞买人具备相应资质、资格等影响公平公正竞争的限制条件。房地产用地中配套建设养老服务设施的,可将养老服务设施的建设要求作为出让条件,但不得将养老服务机构的资格或资信等级等作为出让条件。另外,当民间资本举办的非营利性养老服务机构经养老主管部门认定后同意变更为营利性养老服务机构的,其养老服务设施用地报经市、县人民政府批准后可以办理协议出让(租赁)土地手续,补缴土地出让金(租金)。但法律法规、规章和原《国有建设用地划拨决定书》明确应当收回划拨建设用地使用权的除外。

在养老服务领域采取政府和社会资本合作(PPP)方式的项目,可以国有建设用地使用权作价出资或者入股建设。① 以作价出资或者入股方式取得土地使用权的,应当以市、县人民政府作为出资人,制定作价出资或者入股方案,经市、县人民政府批准后实施。② 作价出资或者入股土地使用权实行与出让土地使用权同权同价管理制度,依据不动产登记确认权属,可以转让、出租、抵押。

养老设施用地取得后不得改变规划确定的土地用途用于住宅、商业等房地产开发,若擅自改变土地用途,由市、县国土资源管理部门依法收回建设用地使用权。养老设施建设用地使用权可以整体转让和转租,不得分割转让和转租。对于以有偿方式取得的养老设施用地,养老服务设施用地以出让方式供应的,建设用地使用权出让年限按最高不超过 50 年确定。以租赁方式供应的,租赁年限在合同中约定,最长租赁期限不得超过同类用途土地出让最高年期。国有建设用地使用权作价出资或者入股的使用年限,应与政府和社会资本合作期限相一致,但不得超过对应用

---

① 《国务院办公厅关于全面放开养老服务市场提升养老服务质量的若干意见》(国办发〔2016〕91 号)。

② 《国务院办公厅转发财政部、发展改革委、人民银行关于在公共服务领域推广政府和社会资本合作模式指导意见的通知》(国办发〔2015〕42 号)。

途土地使用权出让法定最高年限。①

3. 新建(含配建)养老服务设施用地规定

新建养老机构服务设施用地应根据城乡规划布局要求统筹考虑,分期分阶段纳入国有建设用地供应计划,涉及新增建设用地的需要符合土地利用总体规划和城乡规划的,在土地利用年度计划指标中优先予以安排。新建养老服务设施用地依据规划单独办理供地手续的,其宗地面积原则上控制在3公顷以下。有集中配建医疗、保健、康复等医卫设施的,不得超过5公顷。

新建城区和居住(小)区按规定配建养老服务设施用地建设规模应一并纳入住房建设用地供应计划,应当在《国有建设用地使用权出让合同》或《国有建设用地划拨决定书》中予以特别说明,明确配建的面积、容积率、开发投资条件和开发建设周期,以及建成后交付、运营、管理、后续监管的方式等。新建城区和居住(小)区按规定配建养老服务设施,依据规划用途可以划分为不同宗地的,应当先行分割成不同宗地,再按宗供应,不能分宗的应当明确养老服务设施用地、社区其他用途土地的面积比例和供应方式。

4. 存量用地发展养老服务的规定

国家鼓励盘活存量用地用于养老服务设施建设,对营利性养老服务机构利用存量建设用地从事养老设施建设,涉及划拨建设用地使用权出让(租赁)或转让的,在原土地用途符合规划的前提下,可不改变土地用途,允许补缴土地出让金(租金),办理协议出让或租赁手续。对闲置土地依法处置后由政府收回的,规划用途符合要求的,可优先用于养老服务设施用地,一并纳入国有建设用地供应计划。在符合规划的前提下,在已建成的住宅小区内增加非营利性养老服务设施建筑面积的可不增收土地价款,若后续调整为营利性养老服务设施的,应补缴相应土地价款。企事业单位、个人对城镇现有空闲的厂房、学校、社区用房等进行改造和利用,兴办养老服务机构,经规划批准临时改变建筑使用功能从事非营利性养老服务且连续经营1年以上的,5年内可不增收土地年租金或土地收益差价,土地使用性质也可暂不作变更。

5. 利用集体建设用地兴办养老服务设施

2014年12月31日,中共中央办公厅、国务院办公厅《关于农村土地征收、集体经营性建设用地入市、宅基地制度改革试点工作的意见》决定在全国选取30个左右县(市)行政区域进行试点。全国人大常委会2015年2月27日经表决,决定授权国务院在北京市大兴区等33个试点县(市、区)行政区域,暂时调整实施土地管理

---

① 《关于扩大国有土地有偿使用范围的意见》(国土资规〔2016〕20号)。

法、城市房地产管理法关于农村土地征收、集体经营性建设用地入市、宅基地管理制度的有关规定,上述调整在 2017 年 12 月 31 日前试行。① 根据全国人大常委会 2 月 25 日审议的草案,暂时停止实施《土地管理法》第 43 条和第 63 条、《城市房地产管理法》第 9 条关于集体建设用地使用权不得出让等的规定,明确在符合规划、用途管制和依法取得的前提下,允许存量农村集体经营性建设用地使用权出让、租赁、入股,实行与国有建设用地使用权同等入市、同权同价。② 2014 年 4 月 17 日,国土资源部印发的《养老服务设施用地指导意见》的通知也正好契合中共中央及国务院的政策导向,强调农村集体经济组织可依法使用本集体所有土地,为本集体经济组织内部成员兴办非营利性养老服务设施。民间资本举办的非营利性养老机构与政府举办的养老机构可以依法使用农民集体所有的土地。因此,农村集体经济组织、民间资本、政府可以直接依据该通知的规定使用农民集体所有的土地兴办非营利性养老机构。若需要利用集体土地兴办营利性养老机构,则需要拟兴建的养老机构属于全国人大常委会批准的 33 个试点地区,且取得土地的方式符合该试点地区的集体土地入市政策规定。

(三)医养结合 PPP 项目中责任承担主体问题

医养结合养老是以基本养老服务为基础,强调老年照顾中的医疗和照护两个方面,并将医疗放在更重要的位置上。区别于传统的生活照料养老服务,医养结合养老服务不仅包括日常起居、文化娱乐、精神心理服务,更重要的是包括医疗保健、康复护理、疾病诊治、临终关怀等专业医疗保健服务。目前医养结合主要包括三种模式:一是在医疗机构内部提供养老服务,二是由养老机构与医疗机构建立合作关系,三是养老机构内部开设医疗机构,三种模式下对外承担责任的主体不同。

1. 医疗机构内部提供养老服务

2015 年 11 月 18 日,《国务院办公厅转发卫生计生委等部门关于推进医疗卫生与养老服务相结合指导意见的通知》(国办发〔2015〕84 号)鼓励公立医院资源丰富的地区可积极稳妥地将部分公立医院转为康复、老年护理等接续性医疗机构。提高综合医院为老年患者服务的能力,有条件的二级以上综合医院要开设老年病科,做好老年慢性病防治和康复护理相关工作。有条件的医疗卫生机构可以通过多种形式、依法依规开展养老服务。在该种模式下,由医院直接向老年人提供医疗服务

---

① 新华社:《我国农村土地制度改革三项时点综合效益日益显现》,载 http://www.gov.cn/xinwen/2017-04/27/content_5189182.htm,2017 年 4 月 27 日访问。

② 新华网:《全国人大常委会拟授权国务院在 33 个试点县(市、区)暂时调整实施土地管理法的相关规定》,载 http://www.gov.cn/xinwen/2015-02/25/content_2821832.htm,2015 年 2 月 25 日访问。

与养老服务，医院与老年人之间既有医疗服务关系又有养老服务关系，若老年人在医院提供的医疗服务或养老服务中因服务提供方原因导致权利受到侵害，医院应当作为相应的责任承担主体。

2. 医疗机构与养老机构合作

该种模式下医疗机构为养老机构的老年人提供医疗巡诊、健康管理、保健咨询、预约就诊、急诊急救、中医养生保健等服务，确保入住老年人能够得到及时有效的医疗救治，或由具备条件的养老机构作为医院收治老年人的后期康复护理场所，双方对口支援、合作共建，整合医疗、康复、养老和护理资源，为老年人提供治疗期住院、康复期护理、稳定期生活照料以及临终关怀一体化的健康和养老服务。在合作模式下，养老机构与医疗机构分属两个不同的主体，老年人发生医疗事故或养老护理事故时会牵涉老年人及其监护人、医疗机构、养老机构等多方主体，责任承担主体应根据不同的情况区分对待。

（1）当老年人与养老服务机构签署养老服务协议后，在协议履行过程中因养老机构自身原因或其工作人员失误导致老年人生命权、健康权受到损害的，应当由养老机构承担相应违约责任或侵权责任。

（2）若在养老服务协议履行过程中，老年人因病需要接受医疗服务，该医疗服务系直接在养老院内通过其合作医院提供的，结算时由老年人与养老机构进行结算，养老机构与医院自行结清费用，则与老年人具有医疗服务合同关系的仍系养老机构，只是养老机构的医疗服务系通过合作医院的派出医护人员来完成的，若在接受医疗服务过程中老年人权益受到侵害，养老机构应当作为违约责任的承担主体。当然，老年人也可以绕开合同法律关系，以侵犯健康权、生命权为由直接要求侵权主体承担侵权责任。

（3）若在养老服务协议履行过程中，老年人因病需要接受医疗服务，该医疗服务由养老机构合作医院提供，并最终由老年人与合作医院进行直接费用结算，此时老年患者在与养老机构建立养老服务关系之后又与合作医院建立了医疗服务合同关系。若该医疗事故系在医院治疗期间发生的，医疗机构应当作为主要的责任承担主体。若该医疗事故系在养老机构发生的，在无法清楚界定引发事故的原因（因医生诊治所致还是因养老院养护行为所致）时，医院和养老机构均有可能成为责任承担主体。

（4）若医院收治的老年患者在后期康复护理时转入养老机构休养调理，老年人在养老机构后期康复护理过程中未与养老机构签署养老服务协议，且继续接受来自医院的治疗、康复训练、检查等医疗服务，则该过程其实系医院提供医疗服务的延续，养老机构仅作为医院提供医疗服务的场所，若发生医疗事故医院仍应当作为主要的责任承担主体。但是若老人在后期康复、检查过程中系因养老机构护理人员过错或养老机构设施设备存在缺陷等原因导致事故，养老机构应当承担相应责任。

（5）若老年人在医院转入养老院后与养老机构签署了养老服务协议，且继续接受原来医院的治疗，则老年人既与养老机构具有养老服务合同关系又与医院具有医疗服务合同关系，在事故发生原因未得到确认之前老年人既可以要求医院也可以要求养老机构承担违约责任，或直接以侵犯生命健康权为由要求侵权主体承担侵权责任。

（6）若老年患者在医院转入养老机构后与养老机构签署了养老服务协议，但未接受原来医院的治疗，而是由养老机构自行提供后续的康复、治疗（当养老机构内设有医疗机构时）、护理，则老年人在转出医院并与养老机构签署养老协议后就不再与原来的治疗医院存在医疗服务关系了，而是与新入住的养老机构建立了养老、医疗服务关系，若由此引发事故应当由养老机构承担相应违约或侵权责任。

3. 养老机构自行开展医疗服务

根据《关于推进医疗卫生与养老服务相结合的指导意见》（国办发〔2015〕84号）规定，养老机构可根据服务需求和自身能力按相关规定申请开办老年病医院、康复医院、护理院、中医医院、临终关怀机构等，也可内设医务室或护理站，提高养老机构提供基本医疗服务的能力。因此养老机构自行开展医疗服务可以通过两种方式进行：一种是直接申请开办养老医院、护理院、疗养院等医疗机构，另一种是可以内设医务室、护理站等内部机构。当养老机构提供的非医疗服务导致老年人人身财产受损时养老院既是合同主体也是侵权主体，应当由其承担相应责任。但当养老机构自行提供的医疗服务导致老年人生命健康权受损时，应按医疗服务的提供方不同分为两种情况。若老年人的人身、财产损害系由养老机构内设的医务室或护理站提供医疗服务时引发的，因该内设医务室、护理站不具有独立的财产与法人治理结构，其属于养老机构的内设机构，无法独立承担民事责任，相应责任应由其设置人即养老机构承担。若老年人的人身、财产损害系因养老机构申请开办的老年病医院、康复医院、中医医院等提供医疗服务时引发的，因该类医疗机构拥有独立的财产与完善的法人治理结构，可以独立运营、自负盈亏，具有独立的承担民事责任的能力，当发生医疗事故时应当由医院独立承担赔偿责任。

（四）养老 PPP 专项债券发行

2015 年 4 月 7 日，为加大企业债券融资对养老产业的支持力度，拉动养老领域投资和消费需求增长，国家发改委办公厅发布了《养老产业专项债券发行指引》，对养老产业专项债券发行进行了指导，该文件发布后国家发改委共批复了 15 只养老产业专项债券。养老专项债券支持领域包括专门为老年人提供生活照料、康复护理等服务的营利性或非营利性养老项目。发债企业可使用债券资金建设养老服务设施设备和提供养老服务，改造其他社会机构的养老设施，或收购政府拥有的学校、医院、疗养机构等闲置公用设施并改造为养老服务设施。

发债企业可以按照国土资源部《养老服务设施用地指导意见》有关规定①，以出让或租赁建设用地使用权为债券设定抵押。在偿债保障措施较为完善的基础上，企业申请发行养老产业专项债券可适当放宽企业债券现行审核政策及《关于全面加强企业债券风险防范的若干意见》中规定的部分准入条件。例如，企业发行的养老专项债债券募集资金可用于房地产开发项目中配套建设的养老服务设施项目（具体投资规模可由房地产开发项目审批部门根据房地产开发项目可行性研究报告内容出具专项意见核定），或企业发行养老债券募集资金占养老产业项目总投资比例由不超过 60% 放宽至不超过 70% 。

在养老专项债券品种方案设计方面，国家鼓励发行企业可根据养老产业投资回收期较长的特点，发行 10 年期及以上的长期限企业债券或可续期债券，但养老 PPP 项目债券的存续期不得超过 PPP 项目合作期限。发债企业可利用债券资金优化债务结构，在偿债保障措施较为完善的情况下，使用不超过 50% 的募集资金用于偿还银行贷款和补充营运资金（但发行项目收益债除外）。在债券类型选择方面，社会资本可通过设立产业投资基金方式投入到养老产业的发展中，以此扩大养老产业投资基金资本规模。同时，社会资本可就具有稳定偿债资金来源的养老产业项目按照融资—投资建设—回收资金封闭运行的模式申请发行项目收益债券。

2017 年 4 月 25 日国家发改委又印发《政府和社会资本合作（PPP）项目专项债券发行指引》，对重点领域 PPP 项目专项债券发行进行规范，重点支持包括能源、交通运输、水利、环境保护、农业、林业、科技、保障性安居工程、医疗、卫生、养老、教育、文化等传统基础设施和公共服务领域的项目，养老 PPP 项目也属于专项债券的重点支持领域。

根据指引规定，企业发行的养老 PPP 项目专项债券募集的资金可用于项目建设、运营，或偿还已直接用于项目建设的银行贷款。PPP 项目专项债券应符合《公司法》《证券法》《企业债券管理条例》和相关规范性文件的要求。以项目收益债券形

---

① 《养老服务设施用地指导意见》第 7 条第 3 项规定：签订出让合同和租赁合同时，应当约定出让或租赁建设用地使用权可以设定抵押权。划拨建设用地要设定抵押权，在核发划拨决定书时，应当约定划拨建设用地使用权不得单独设定抵押权，设定房地产抵押权的建设用地使用权是以划拨方式取得的，应当从拍卖所得的价款中缴纳相当于应缴纳的土地使用权出让金的款额后，抵押权人方可优先受偿。

式发行 PPP 项目专项债券原则上应符合《项目收益债券管理暂行办法》的要求。发行 PPP 项目专项债券的项目应当是能够产生持续稳定的收入和现金流的项目，项目产生的收益应优先用于偿还债券本息，来源于政府付费和财政补贴的项目收益应按规定纳入中期财政规划和年度财政预算。

主体信用等级达到 AA + 级及以上且运营情况较好的发行主体申请发行 PPP 项目专项债券，可适当调整企业债券现行审核政策要求，包括核定发债规模时不考察非金融企业债务融资工具的规模、发行人可根据实际情况自主选择是否设置市场化增信方式、以项目收益债券形式申请发行 PPP 项目专项债券可不设置差额补偿机制，但应明确项目建设期利息偿付资金来源，并提供相应法律文件。

企业发行 PPP 项目专项债应当积极履行信息披露义务并完善投资者保护机制。发行人和主承销商应在债券发行前，按要求对项目实施方案、PPP 项目合同、项目入库情况、建设运营情况及本期债券可能存在的风险等事项进行充分披露。

在债券存续期内，应当定期（原则上每个计息年度不少于两次）在中国债券信息网等相关媒体上公告或向投资者通报项目建设进度、项目合同履约情况、运营服务绩效评价结果等信息。债券存续期内，项目建设、运营情况发生重大变化或发行人发生对投资者有重大影响的事项，应按照规定或约定履行程序，并及时公告或通报。

第四节　教育 PPP 项目案例分析

自 2010 年以来，教育市场化改革的不断加深和对教育服务供给诉求的提高催生了公私合作 PPP 模式在教育领域的应用，伴随人们对教育质量、公平和效益的需求日益增加，在我国教育领域开始出现通过各种方式的 PPP 将私人部门的资源与管理优势纳入教育领域的尝试。

与此同时，随着国家对 PPP 模式的推动，教育 PPP 领域也迎来了新的发展契机。根据财政部政府和社会资本合作中心的公布的《全国 PPP 综合信息平台项目库第五期季报》显示，截至 2016 年年底，教育 PPP 项目为 581 个，占财政部 PPP 项目库总数的 5%，这表明教育 PPP 项目仍具有广阔的发展空间和前景。

为进一步规范我国教育 PPP 项目实践操作，本节以教育 PPP 项目实践操作案例为基础，结合我国教育 PPP 项目的政策，通过介绍国内外教育 PPP 项目发展与操作模式情况，最后再对我国教育 PPP 项目存在的法律问题进行介绍并提供相应的建议。

一、教育 PPP 项目案例简介

在对项目的操作模式、复杂程度与典型性进行综合考虑后,本节选取财政部示范项目——河南商丘医学高等专科学校新校区建设 PPP 项目,作为教育 PPP 项目实际操作案例进行分析。

2012 年该项目被河南省发展和改革委员会列入 2012 年河南省第一批重点建设项目(批准文件为豫发改建设〔2012〕92 号)。2013 年河南省人民政府土地管理文件(豫政〔2013〕898 号)批复 52.0881 公顷建设项目用地,并入选财政部第二批国家示范项目。

该项目合作期限为 25 年,自建设期完成后起算。项目概算总投资为 8 亿元(征地及拆迁安置约 2 亿元,项目工程建设约 6 亿元),项目选址在商丘市城乡一体化示范区,富商大道东侧、京九西路以西、华升路以南、迎宾路以北的区域。该项目规划占地面积 988.37 亩(约 658,946.28m^2),主体工程总规划建筑面积 294,496m^2,主要建设有教学楼 50,910m^2、图文信息综合楼 38,371m^2、实验楼 15,474m^2、模拟病房楼 16,485m^2、临床和护理综合楼 24,991m^2、学生食堂 14,697m^2、学生宿舍 107,277m^2、大学生活动中心 24,991m^2、标准体育场 1 个。配套建设给排水、电力、供暖、消防、燃气工程、绿化、道路、停车场等附属基础设施。依据项目建设规模,可容纳 18,000 名学生在校学习与生活。

目前,已由商丘市新航物业服务有限公司(学校全资注册成立)作为政府方出资 10,000 万元,联合社会资本方商丘市发展投资有限公司出资 13,000 万元,中国建筑第七工程局有限公司出资 1000 万元,注册组建完成了项目公司——商丘市新航程发展建设管理有限公司,该项目现已经入执行阶段。

二、教育 PPP 项目政策解读

作为国家和社会发展的重要基础,教育事业历来受到国家的重视,政策层面的公私合作伙伴关系实践最远可追溯到 20 世纪。改革开放后,非公有制经济逐渐成长为我国经济的重要组成部分。伴随着社会主义市场经济的不断发展,教育领域也出现了新的变化,公众对于教育环境、教育方式、教育内容、教育手段和媒介都提出了更高的要求。在这一背景下,引进社会私人力量进入教育领域就显得十紧迫和必要。于是,通过寻求法律、法规或规范性法律文件等手段,政府和社会私人力量在教育领域积极展开合作,以提供更多的教育公共产品来满足社会公众对于教育资源的政策实践成为我国教育体制改革的突出特征。我国教育 PPP 项目政策可以分为以下两个阶段:

（一）引入社会力量办学阶段

在国家层面上，早在 1982 年颁布的《中华人民共和国宪法》第 19 条第 4 款就做出规定“国家鼓励集体组织、国家企业事业组织和其他社会力量依照法律规定举办各种教育事业。”这也是改革开放后我国第一次在宪法层面上对社会私人力量加入教育领域做出了法律规定，为政府和在私人力量在教育领域的合作打开了大门。1987 年，国家教委牵头的《关于社会力量办学的若干暂行规定》是这样表述的：“各级人民政府及教育行政部门应鼓励和支持社会力量举办各种教育事业，维护学校正当权益，保护办学积极性，在条件允许的情况下，尽力帮助解决办学中存在的困难，对办学成绩卓著者给予表彰和奖励。”1997 年国务院颁布的《社会力量办学条例》第 4 条规定：“国家对社会力量办学实行积极鼓励、大力支持、正确引导、加强管理的方针。”而在 2002 年出台的《中华人民共和国民办教育促进法》第 45 条更是明确“县级以上各级人民政府可以采取经费资助，出租、转让闲置的国有资产等措施对民办学校予以扶持。”

2002 年教育部在《关于加强基础教育办学管理若干问题的通知》第 2 条中规定“薄弱学校、国有企业所属中小学和政府新建学校等，在保证义务教育阶段学生就近入学，国有资产不流失的前提下，可以进行按民办学校机制运行的改革试验，实行公有民办。”并于 2003 年在《关于规范并加强普通高校以新的机制和模式试办独立学院管理的若干意见》第 3 条中规定：“独立学院的合作者（以下简称合作者），可以是企业、事业单位、社会团体或个人，也可以是其他有合作能力的机构。”2012 年，教育部更是印发了《教育部关于鼓励和引导民间资金进入教育领域促进民办教育健康发展的实施意见》（教发〔2012〕10 号），并在该实施意见第 2 条第 4 项中规定：“鼓励和引导民间资金以多种方式进入教育领域。社会力量按照国家有关规定，以独立举办、合作举办等多种形式兴办民办学校（含其他教育机构，以下同），拓宽民间资金进入教育领域、参与教育事业改革和发展的渠道。”由此可以看出，社会力量在我国教育发展过程中所发挥的作用越来越大，同时也必将在我国未来的教育发展中占有重要的一席地位。

（二）正式推行教育 PPP 项目阶段

自 2014 年国家力推 PPP 模式以来，国务院及其部委陆续出台了通过 PPP 模式鼓励和引导社会资本参与教育领域的一系列文件和政策。2014 年 11 月 16 日，国务院发布《关于创新重点领域投融资机制鼓励社会投资的指导意见》（国发〔2014〕60 号），其中提出“鼓励社会资本加大社会事业投资力度”，具体包括：通过独资、合资、合作、联营、租赁等途径,采取特许经营、公建民营、民办公助等方式、鼓励社会资本参与教育、医疗、养老、体育健身、文化设施建设。尽快出台鼓励社会力量兴办教育、促进民办教育健康发展的意见。各地在编制城市总体规划、控制性详细规划以及有关专项规划时,要统筹规划、科学布局各类公共服务设施。各级政府逐步扩大教育、医疗、养老、体育健身、文化等政府购买服务范围,各类经营主体平等参与。将符合条件的各类医疗机构纳入医疗保险定点范围。2014 年 12 月 2 日,国家发展改革委发布《关于开展政府和社会资本合作的指导意见》(发改投资〔2014〕2724 号),对 PPP 模式的适用范围作出规定,即适宜市场化运作的公共服务,这其中就包括教育培训。2015 年 5 月 19 日,国务院办公厅转发经国务院同意的财政部、国家发展改革委、人民银行《关于在公共服务领域推广政府和社会资本合作模式指导意见》(国办发〔2015〕42 号),要求在教育等公共服务领域,鼓励采用政府和社会资本合作模式,吸引社会资本参与,在教育等特定领域需要设施特许经营的,按《基础设施和公用设施特许经营管理办法》执行,并明确在教育等公共服务领域,广泛采用政府和社会资本合作模式,对统筹做好我国教育事业的发展具有战略意义。

2016 年 12 月 29 日,国务院发布《关于鼓励社会力量兴办教育促进民办教育健康发展的若干意见》(国发〔2016〕81 号),其中提出"以实行分类管理为突破口,创新体制机制,完善扶持政策,加强规范管理,提高办学质量,进一步调动社会力量兴办教育的积极性,促进民办教育持续健康发展",并要求"探索多元主体合作办学。推广政府和社会资本合作(PPP)模式,鼓励社会资本参与教育基础设施建设和运营管理、提供专业化服务。积极鼓励公办学校与民办学校相互购买管理服务、教学资源、科研成果。探索举办混合所有制职业院校,允许以资本、知识、技术、管理等要素参与办学并享有相应权利。鼓励营利性民办学校建立股权激励机制。"

在国家力推 PPP 模式,并出台鼓励社会资本以 PPP 模式参与教育领域的文件和政策规定的背景下,即将迎来一轮以 PPP 模式投资教育基础设施建设和运营管理、提供专业化服务为导向的我国教育事业的进一步发展期,PPP 模式在教育领域将前景广阔、大有可为。

但我们也应当看到,虽然国务院和各部委目前已经出台了在教育行业推行 PPP 模式的系列文件,但是这些文件本身的规定过于简单,再加上教育行业所具有的明显行业特征,有必要进一步出台教育行业政府与社会资本(PPP)模式的操作指南,真正地为社会资本进入教育基础设施建设、运营管理和发展专业化教育服务领域提供更为明确的指引和政策依据。有必要在操作指南中明确教育行业政府与社会资本合作项目的实施主体、项目范围、操作模式、资质要求、选择流程、绩效评价、退出机制等一般性要求,并针对不同教育 PPP 项目的具体特点提出针对性的操作要求。

三、国内外教育 PPP 项目发展情况简介

(一)国外教育 PPP 项目发展状况

早在 PPP 术语形成之前,一些国家的教育领域中就出现了公共部门和私人实体进行合作的实例,在荷兰、丹麦等欧洲国家,这种实例的历史甚至可向前追溯到 100 多年前的 20 世纪初期。但是学界普遍认为,目前国际流行的"公私合作"PPP 肇始于英国的 PFI 制度(私人融资倡议,The Private Finance Initiative 的简称),其经验和举措是引领世界很多国家大范围采取公司合作建设公共基础设施的典范。[①]当然,关于 PPP 术语的一般界定也同时适用于教育领域的 PPP。

20 世纪 90 年代,时任英国政府财政部长的保守党成员诺曼・斯图尔特・休森・拉蒙男爵(Norman Stewart Hughson Lamont, Baron of Lerwick)在 1992 年的一份秋季声明中,首次提出了 PFI 的概念,用以作为一项旨在增加私人企业参与公共服务的政策。[②] 这一模式提出以来,在西方国家公共部门民营化理论和相关实践浪潮的推动下,自英国开始,西方各国都纷纷开启教育市场化改革。虽然这些国家对于这种改革的称谓有所不同,但无论是表述成教育民营化、教育市场化、教育私营化,还是教育产业化、教育商品化,都体现出各国政府将市场机制引入教育领域,通过选择和竞争等机制来改革教育办学体制和管理模式,从而扩大公众教育选择权的决心。如今比较著名的模式有美国的"特许学校"与"契约学校"、英国的"私人主动融资计划"、新西兰的"替代教育"、荷兰的"学校拨款制度"、巴基斯坦的"全民素质教育"和埃及的"新学校 PPP",甚至在哥伦比亚还出现了"租借学校"。[③]

(二)国内教育 PPP 项目发展状况

从广义的角度上来说,我国教育 PPP 项目的前身可以追溯到 20 世纪国家力推的"引入社会力量办学"模式。从改革开放到现在,我国的教育改革经历了四个阶段的过度,教育领域也经历了由纯公立学校向"混合制"学校、民办公助学校、公建民营学校的转变。而这种"混合制"、民办公助和公建民营的办学模式正是政府和

---

① 参见李亢:《PPP 的法律规制——以基础设施特许经营为中心》,法律出版社 2016 年版,第 1 ~ 2 页。

② 参见 Norman Lamont, In Office, Little, Brown and Company(1999)。

③ 参见 Norman LaRocque. Public - Private Partnerships in Basic Education: An International Review. CfBT Education Trust, Berkshire【EB/OL】. 2008, 05。

社会资本合作发展教育的雏形。自从 2014 年我国开始力推 PPP 模式后,作为财政部认定的发展 PPP 模式的 19 个一级行业之一,我国的教育 PPP 项目才真正地开始进入腾飞阶段。

根据财政部政府和社会资本合作中心于 2017 年 2 月 13 日发布的《全国 PPP 综合信息平台项目库第五期季报》显示,截至 2016 年 12 月末,全国各地共有 11,260 个 PPP 项目纳入全国 PPP 综合信息平台,项目总投资 13.5 万亿元,涵盖了能源、交通运输、水利建设、生态建设和环境保护、市政工程、片区开发、农业、林业、科技、保障性安居工程、旅游、医疗卫生、养老、文化、体育、社会保障、政府基础设施和其他共 19 个行业。排在项目总数前三位的为市政工程、交通运输和城镇综合开发;从项目投资来看,仅市政工程和交通运输两项的投资就超过 7.7 万亿。相比之下,教育行业 PPP 项目入库总数 553 个,虽然数量上在 19 个行业中行业排名处于中上游,但实际比例仅占项目入库总数的 5%,教育 PPP 项目总投资更是只有 2189 亿元,仅占入库项目投资总额的 2%。具体数据如图 8－3、图 8－4 所示①:

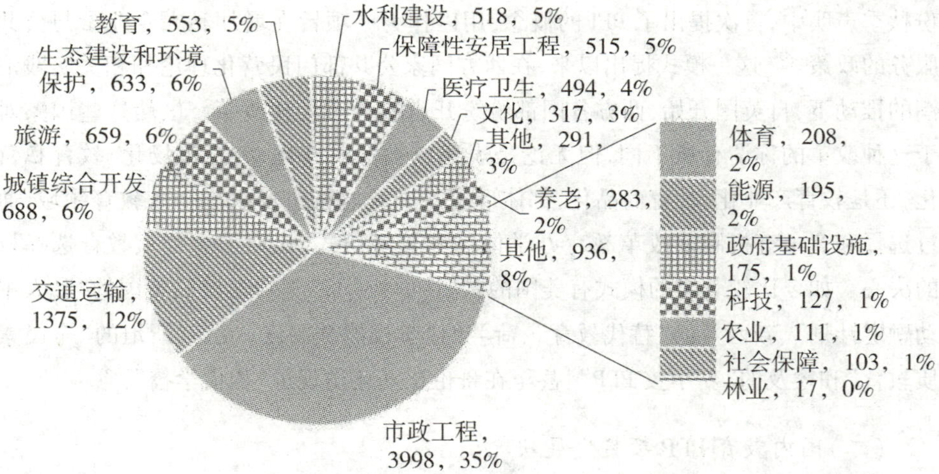

图 8－3　2016 年 12 月末入库项目行业数分布情况

---

① 数据来源:财政部政府和社会资本合作中心。

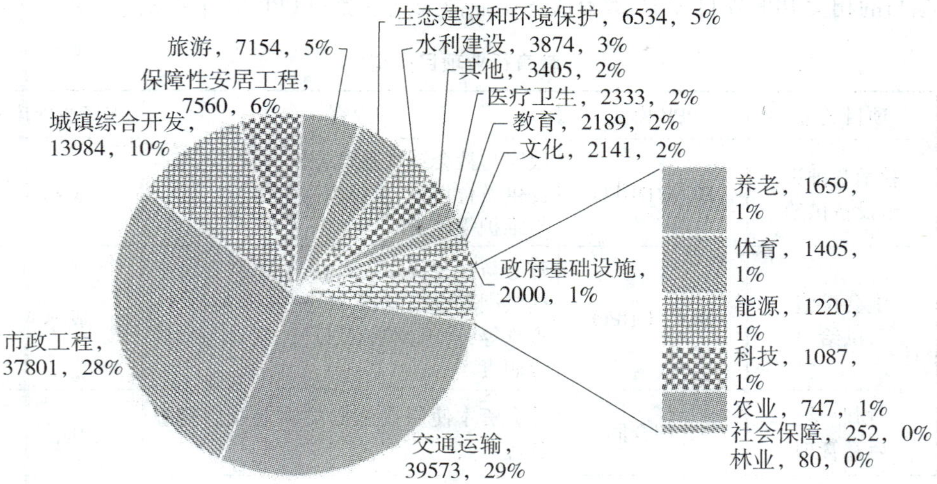

图 8－4 2016 年 12 月末入库项目投资额行业分布（亿元）

通过以上数据我们可以看出，教育 PPP 项目的提升空间较大，市场规模也可以进一步扩大。

在对入库教育 PPP 项目进一步分析后发现，我国目前教育 PPP 项目呈现出区域间分布不均、地域性分布明显的特征，仅贵州、山东、四川、河南、河北和新疆维吾尔自治区 6 地就占据了超 60% 的入库份额，而在上海、天津、西藏和青海，目前尚未出现教育 PPP 项目。我国教育 PPP 项目的发展之所以呈现出这种不平衡的状态，首先是因为对于一线城市群来说，基础设施与公共服务体系已经相对完善，政府自身的财政能力足以支撑对教育行业的投入，所以对于教育 PPP 项目的需求不高；其次，对于经济不发达地区的政府如西藏和青海，国家对其有较大的政策和资金支持，相比采用 PPP 模式而言，这些地方的政府更趋向于选择由自己主导对教育行业进行投资；最后，对于正处于发展关键期的三四线城市群来说，伴随着人口的不断涌入，本身基础设施和公共服务体系发展就不够完善，现在承受的体量就更加巨大，政府的财政能力在不能满足飞速扩张的城市建设的需求下，对教育领域的投资自然显得捉襟见肘，因此对于教育 PPP 项目的需求很大。

从这些教育行业 PPP 项目的类型与内容分布来看，义务教育、高中教育和职业教育阶段的项目占比最大，合计占比超过教育 PPP 项目总数的 70%。但是，这些 PPP 项目都未触及到教育核心，政府的购买目前仍停留在教育基建、学校设备和社会教育设施，即教育三要素中的教育环境，缺乏对于真正涉及教育核心环节如教育内容、教育手段和教育活动方式方法等软性教育服务的投入与合作。从参与主体来看，当前参与教育 PPP 项目的企业以建筑类企业为主，真正由专业教育服务企业参与的相关 PPP 项目较少，教育服务企业尚未能享受到 PPP 项目带来的红利。

教育行业项目类型

项目类型	PPP 模式	内容	市场成熟度
教学基础设施设备供给	BOT/DBFO	政府与社会资本签订合同，由社会资本提供教育设施，承担投融资、设计、建设与维护等职责	成熟
配套设施供给	BOT/DBFO	政府与社会资本签订合同，由社会资本提供配套设施设备，如学生、教师宿舍、食堂等，承担投融资、设计、建设与维护等职责	成熟
物业及后勤管理	管理合同	社会资本使用设施提供物业及后勤服务等	较成熟
教育专业性服务	管理合同/BOT	社会资本使用政府的设施或自行设计建设的设施来承揽与教育相关的服务，如课程开发等	不成熟

四、国内外教育 PPP 项目操作模式简介

教育 PPP 项目操作模式，是指政府职能部门在推进教育 PPP 项目过程中，基于项目的实际情况选择确定的项目运作机制。由于国内外在经济、文化和开展 PPP 时间上的不同，双方在教育 PPP 领域所选择的模式也不尽相同，下面就对国内外教育 PPP 主要模式做说明。

（一）国外教育 PPP 项目操作模式

目前国外的教育 PPP 主要通过学校基础设施公司合作、学校“领养”、公校私营、协议供给和发放非限制性教育券的模式来进行。

1. 学校基础设施公私合作

PPP 模式的出现为不仅私人部门进入公共教育领域提供了平台，有助于公共教育基础设施的改善，也逐渐成为教育部门获取大型基础设施所广泛采用的一种方式。学校基础设施公私合作模式的通常做法为政府部门赋予民营机构对教学楼、师生宿舍或者整所学校的公共设施进行筹资、建设的特许权。而这些学校基础设施在建成后会在一定合约期内由私人部门负责经营和管理，政府部门则按期付费，使私人部门获得资金收益回报，直至合同期满后再免费将项目移交给公共部门。[①]

① 参见唐祥来、倪琳:《国际基础教育公司伙伴关系（PPP）模式：论争与启示》，载《外国教育研究》2013 年第 4 期，第 40 卷，总第 274 期。

学校基础设施公私合作模式一般都具有以下特点：一是私人部门往往只负责投资建设学校教育基础设施并提供相关的非核心服务，如设施的维护与运营；二是政府方在这一模式下大都会选择保留教学核心服务的供给职责；三是政府和私人部门的合作期限一般较长，并受该长期限合约的规制；四是双方签订的服务合约通常是捆绑式的，私人部门通常还需要同时负责多项职责，如设计、建设、后期维护和非核心（教学）人员的招雇。这一模式下比较成功的案例就是澳大利亚新南威尔士州的“新学校项目”。

2. 学校“领养”模式

学校“领养”模式指的是，政府方通过动员个人、公司、社会组织等私人部门向公立学校投入资金和实物资源来弥补政府对学校拨款的不足，从而通过这种方式对公立学校形成“领养”救助，促进公立学校教育设施的改善。同时，政府方为鼓励私人资本积极“领养”，也会对合格的“领养者”提供一定的政策优惠。

在这一模式下，政府方旨在通过鼓励社会方一起加入对教育设施的建设过程，对教育设施进行改善和升级，显然带有一定的慈善性质。究其本质，政府还是希望以“领养”作为纽带，能与社会资本建立可持续的合作发展关系。目前这一模式运用得比较好的就是菲律宾的学校“领养”计划。

3. 公校私营

公校私营指政府与私营企业就公立学校的管理或者学校某些方面的管理签订合约时，并不影响学校的公有性质，但具体的管理由私人部门操刀。① 在这一模式下，政府仍要负责对学校进行财政拨款，但与纯公立学校相比较而言，私人部门在这种情况下在学生教育、管理、资金使用乃至人事任免方面都拥有较大的自主权。当然，私人部门在这一过程中需要对学校的经营目标、政府拨款使用、师资配比等做出详细的规划并以报告的形式提交政府部门。同时，在实际运营过程中还要接受政府方定期的监督与评估，如果与预期相悖过多，政府方有权停止与私人企业的合作。

公校私营模式的发明，一方面，可以吸引多种多样的私人力量参与教育领域的合作，有助于改善濒临失败的公立学校；另一方面，由于减少了官僚阶层的限制，私人力量往往会在课程、人事、教学方法、决策与创新等很多方面享有更大的权利，也有助于推动公立学校的改革。

4. 协议供给

协议供给指公共部门签约专门的服务提供者（通常为私人公司），由它们使用

① 参见李飞龙：《“公私合作伙伴关系”（PPP）在国外基础教育办学中的应用研究》，福建师范大学2011 年硕士学位论文。

自有的教育设施来提供双方认定的服务。目前协议供给已经从传统的非核心领域向教育的核心服务扩展,私人部门介入了与教育紧密相关的辅助性的专业服务,甚至是教育服务本身的供给。这种协议供给形式也被称为“能力建设计划”。①

协议供给的优点是引入私人部门的专长优势改善公共教育,其协议条目相对容易具体界定,服务质量可以明确界定,并且协议下的业绩也比较容易监测。同时,不同供给方之间的竞争可以促进所提供的服务质量的改善和成本的降低,且当同一私人合作供给方为多个不同学校提供服务时可以实现规模经济效益。

5. 非限制性教育券

教育券是政府发给公众用于子女就学的面额固定的有价证券。实践中往往是政府把原来直接投入公立学校的教育经费按照生均单位成本折算以后,以面额固定的有价证券(教育券)的形式直接发放给家庭或学生,学生凭教育券自由选择政府所认可的学校(公立学校或私立学校)就读,不再受学区的限制,教育券可以冲抵全部或部分学费,学校凭收到的教育券到政府部门兑换教育经费,用于支付办学经费。②

非限制性券根据面向的学生不同,可以分为面向全体学生的“普遍性教育券”和面向特定群体的“定性向教育券”。前者旨在引进学校选择,促进教育供给的效率和质量的提升,同时还可以利用私人力量和资源扩大公共教育的入学机会;后者则主要用于扩展及改善弱势和处境不利学生群体的受教育机会,从而降低他们在入学机会和学业成就方面的限制和不公平性。

(二)国内教育 PPP 项目操作模式

2014 年 11 月 16 日,在国务院发布《关于创新重点领域投融资机制鼓励社会投资的指导意见》(国发〔2014〕60 号)中提出鼓励社会资本加大社会事业投资力度,通过独资、合资、合作、联营、租赁等途径,采取特许经营、公建民营、民办公助等方式,鼓励社会资本参与教育、医疗、养老、体育健身、文化设施建设。而特许经营、公建民营和民办公助也正是我国当前教育 PPP 项目的三类主要推行模式。

1. 特许经营

需要社会资本方参与部分或全部投资,并通过一定的合作机制与政府分担项目风险,共享项目收益。项目的资产最终归公共部门保留,因此,一般存在使用权和

---

① 参见肖超:《教育行业 PPP 专题公立教育大门打开,崭新蓝海市场启航》,载 http://www.ailab.cn/view/2016061427407.html,2017 年 5 月 4 日访问。

② 参见郝艳青:《教育券:一种谋求社会公平的途径——美国密尔沃基市 2003 ~ 2004 年教育券计划透视》,载《教育发展研究》2004 年第 9 期。

所有权的移交过程，即合同结束后要求社会资本方将项目的使用权移交给公共部门。在教育 PPP 项目中，特许经营一般采取 BOT、TOT 和 ROT 三种。

建设—运营—转让（Build - Operate - Transfer，BOT）：指政府与私人资本签订协议，由私人资本单独或与政府共同组成的项目公司负责筹资和建设教育设施，项目公司在协议期内拥有、运营和维护该教育设施，一般通过政府付费或可行性缺口补贴的方式取得回报，在协议期满后，由项目公司将运营良好的教育设施移交给政府。该模式覆盖了我国当前大部分的教育 PPP 项目，如浙江师范大学行知学院迁建工程项目、内蒙古自治区兴安盟兴安职业技术学院迁址新建项目等。

转让—运营—移交（Transfer - Operate - Transfer，TOT）：指政府方将已经建好的教育设施一定期限的经营权，有偿转让给社会资本，并由其负责该设施的运营、维护和服务，合同期满后教育设施及其所有权等移交给政府方的运作方式。在该模式下，政府方可以通过转让教育设施的经营权一次性获得一笔兴建教育设施的回收资金，社会资本则通过对教育设施的运营和政府付费获取收益。该模式在我国教育 PPP 项目中的运用尚不广泛，比较著名的项目是目前已进入执行阶段的辽宁盘锦职业技术学院项目。

改建—运营—移交（Rehabilitate - Operate - Transfer，ROT）：指政府在 TOT 模式的基础上，增加改扩建内容的项目运作模式。该模式除了增加改造和融资功能外，其他属性和特征均与 TOT 方式一致，对那些运营时间较长，已经破损，不能充分发挥其功能的教育设施项目进行的项目翻新。如山东省禹城市城乡教育综合发展 PPP 项目和云南省大理白族自治州祥云县祥云一中改扩建项目等。

2. 公建民营

公建民营是指政府委托私人机构来经营和管理，政府以公权力以及政府财政资金兴办的设施与事业。在教育行业中，公建民营则是指在新建教育设施时，各级政府抛弃以往的包办包管、高耗低效的关系和运行体制，按照管办分离的发展思路，由政府出资，无偿划拨土地并出资兴办学校与教育设施，并招标拥有办学及相关管理运营资质的私人力量对这类学校和教育设施进行管理运作，政府只负责管理和监督。区别于以往的引入民间组织或企业对已投入运营的教育设施和学校进行管理与运作的公办民营模式，公建民营主要是在发展教育设施增量领域进行机构管理体制的改革。在我国的教育 PPP 项目中，公建私营类主要表现为委托运营模式。

委托运营（Operations & Maintenance，O&M）：指政府将存量公共教育资产的运营维护职责委托给社会资本，但教育资产的所有权仍由政府保留，政府只需向社会资本支付管理费。采用该模式的目的在于引入具有高质量教育运营管理资质的社会资本,以解决新建成的教育设施缺乏具备相应运营管理技能和经验的人员的问题,目前采用该模式的教育 PPP 项目为湘潭高新技术产业开发实验学校建设项目。

3. 民办公助

由社会资本方兴办学校或者学校设施,再由政府给予一定的财政补助。在这一体系下,政府和社会资本方可以通过合同归档各自的权利和义务,由政府批准学校的建设用地以及主导提供服务和学校配套设施,社会资本方则主要负责学校的投资兴办,并参与学校的运营和管理,这一模式主要以 BOO 为代表。

建设—拥有—运营(Build - Own - Operate,BOO):从 BOT 模式演变而来,与 BOT 模式下社会资本承担的职责和投资运营回报机制基本一致。二者的主要区别是 BOO 模式下社会资本或项目公司对教育 PPP 项目拥有所有权,且一般不涉及项目期满移交。采用 BOO 模式的目的是政府通过该模式获得持续稳定的教育服务而非掌握教育资产。目前采用这一模式的教育 PPP 项目主要有驻马店天中国际学校及附属综合体育场馆、青少年素质教育基地等配套设施项目和浙江省江山市幼儿成长中心项目等。

通过对比我们可以发现,目前我国教育 PPP 项目无论是在运营模式还是运营内容方面较之国外都要逊色许多。造成这种现象的原因,一方面是当前我国 PPP 项目仍处于初步推行阶段,无论是在发展时间还是发展经验上与国外差距都比较大;另一方面我国教育本身发展投入就不大,借着发展 PPP 模式的浪潮,各地更希望通过 PPP 模式完善教育基础设施的建设,对于教育服务的采购可能会出现在下一批的 PPP 入库项目中。

河南商丘医学高等专科学校新校区建设 PPP 项目采取了 BOT 的操作模式,采用教学等核心任务由商丘医学高等专科学校承担,非教学业务由社会资本方承担的方式运作。商丘医学高等专科学校和社会资本方在签订合资协议后成立项目公司,商丘市人民政府或其指定授权机构和项目公司通过签订特许经营协议授予项目公司对商丘医学高等专科学校新校区的特许经营权,明确项目公司特许经营权的范围和期限。项目公司负责宿舍物业管理、校园维护、食堂运营、校园商业开发、商铺出租等,商丘市人民政府或其指定授权机构则负责对项目公司进行监督,对其提供服务的质量进行评价。双方合理分工合作,各取所长,保证项目的高质量实施和"物有所值"。

具体来说,由商丘医学高等专科学校负责项目初期及建设期内项目的建设设计;待商丘医学高等专科学校和社会资本方共同出资设立的项目公司成立后,由项目公司负责项目后期建设,商丘市住建主管部门对学校的建设进行监督管理,要求项目公司按时、高质量地完成项目建设。在项目运营期内,商丘市人民政府或其指定机构协同本级各职能部门，如市物价管理部门、商丘市财政局等负责监督管理项目公司所提供的服务，并按照特许经营协议的约定，支付相关政府付费款项。项目公司在项目建设期应根据项目建设规模、设计方案、建设要求，及时足额筹措资金，承担项目全部基础设施及相关设备的建筑与安装，包括教学楼、实验楼、图文信息中心、校（系）行政办公楼、学生公寓楼、体育场馆、大学生服务中心、学生食堂、校医院、人体馆及校园配套基础设施等。项目建设完成后，在特许经营期内，项目资产产权归属于项目公司。项目公司将在特许经营期内，根据政府方的授权范围，负责学生住宿、校园维护、食堂经营、校园商业开发、商铺出租等。其中校园商业开发仅指为了满足学生需求的超市、浴室、理发店、餐馆、商铺等商业开发，不得进行面向社会需求的大规模商业开发项目。

五、教育 PPP 项目法律问题分析

教育 PPP 项目法律问题分析，是指利用 PPP 模式实施运作 PPP 项目，针对教育领域的特点，在实践中必须关注和重视的法律问题，依托财政部政府和社会资本合作中心网站财政部 PPP 项目库中教育 PPP 项目案例检索分析结果。下面将从教育 PPP 项目中土地的获取、回报机制和税收缴纳三方面进行教育 PPP 项目的法律问题分析。

（一）教育 PPP 项目土地使用权

在国土资源部 2001 年 8 月 21 日印发的《关于印发试行土地分类的通知》（国土资发〔2001〕255 号）中，我国土地被分为三个层级，其中第一层级包含三个分类，第二层级包含 15 个分类，第三层级包含 71 个分类。第一层级的三大类分别是农用地、建设用地和未利用地。现行 PPP 模式所涉及的土地绝大部分为建设用地，少部分为农用地，大部分 PPP 项目涉及的土地都是国家所有，教育 PPP 项目也不例外。下面就从教育 PPP 项目的土地使用权获取和土地使用权作价出资（入股）在教育 PPP 项目中的适用两个方面进行分析。

1. 教育 PPP 项目的土地获取

就土地使用权取得的方式而言，分为两种：一种为无偿方式，在我国体现为国家采取划拨的方式提供国有土地的使用权；另一种为有偿方式，主要包括土地使用权租赁、土地使用权作价出资和土地使用权出让。

依 2001 年 10 月 22 日国土资源部发布的《划拨用地目录》（国土资源部令第 9 号）规定，国家重点扶持的能源、交通、水利等基础设施用地项目，可以采取划拨的方式提供土地使用权，并同时在该文件的第（五）项中明确，纳入划拨用地的非营利

性教育设施用地包括:学校教学、办公、实验、科研及校内文化体育设施;高等、中等、职业学校的学生宿舍、食堂、教学实习及训练基地;托儿所、幼儿园的教学、办公、园内活动场地;特殊教育学校(盲校、聋哑学校、弱智学校)康复、技能训练设施。据此,非营利性教育 PPP 项目的土地获取方式争议不大,通常就是采取国家划拨的方式取得,这也是当前教育 PPP 项目土地获取的最主要方式。

然而不同于养老、医疗 PPP 项目中社会资本方可以自由选择以营利为目的或不以盈利为目的,教育 PPP 项目从一开始就被打上了“非营利性”的标签。追根溯源,是由于长久以来中国的教育都带有“非营利”属性,修订前的《中华人民共和国教育法》更是直接规定,“任何组织和个人不得以盈利为目的举办学校和其他教育机构”,这也导致多年来中国只有“教育行业”而无“教育产业”。但是,在 2016 年 11 月 7 日第十二届全国人民代表大会常务委员会第二十四次会议通过的《全国人民代表大会常务委员会关于修改〈中华人民共和国民办教育促进法〉的决定》中首次规定,“民办学校的举办者可以自主选择设立非营利性或者营利性民办学校。但是,不得设立实施义务教育的营利性民办学校”,这无疑是对营利性教育机构的法律地位进行了确认。未来可期的是各种经营性教育 PPP 项目的发展,而营利性教育 PPP 项目的土地获取,则应按照《招标拍卖挂牌出让国有土地使用权规定》(国土资源部令第 11 号)第四条之规定:“工业商业、旅游、娱乐和商品住宅等各类经营性用地……应当以招标、拍卖或者挂牌方式出让”,即通过招标、拍卖或者挂牌的方式取得经营性教育 PPP 项目的项目用地。

2. 土地使用权作价出资(入股)在教育 PPP 项目中的适用

2016 年 12 月 31 日,国土资源部联合国家发改委、财政部、住房和城乡建设部、农业部、中国人民银行、国家林业局与中国银行业监督管理委员会八部委印发了《关于扩大国有土地有偿使用范围的意见》(国土资规〔2016〕20 号),并在其中提出对可以使用划拨土地的能源、环境保护、保障性安居工程、养老、教育、文化、体育及供水、燃气供应、供热设施等项目,除可按划拨方式供应土地外,鼓励以出让、租赁方式供应土地,支持市、县政府以国有建设土地使用权作价出资或者入股的方式提供土地,与社会资本共同投资建设。并在该意见中明确,“国有建设用地使用权作价出资或者入股的使用年限,应与政府和社会资本合作期限相一致,但不得超过对应用途土地使用权出让法定最高年限”;“作价出资或者入股土地使用权实行与出让土地使用权同权同价管理制度,依据不动产登记确认权属,可以转让、出租、抵押。”由此,采用土地使用权作价出资(入股)在教育 PPP 项目的适用成为可能。

但是,作为解决教育 PPP 项目土地获取问题的解决方案,土地使用权作价出资(入股)也有其缺陷,一个是采用土地使用权作价出资(入股)往往不经过招拍挂流程,政府不收益或少收益,让渡收益给社会资本可能会存在国有资产流失的问题;另一个则是股权比例问题,土地使用权作价出资后,现实中可能会出现政府在项目公司所占比例超过50%的情形,政府可能面临需要解决项目公司负债的问题。

在河南商丘医学高等专科学校新校区建设PPP项目中,政府依然采取划拨形式将项目土地提供给商丘医学高等专科学校,商丘医学高等专科学校以已投入前期建设费用作价入股项目公司,由项目公司负责项目建设。项目公司自行承担与项目土地使用、房产等有关的各项税费。政府方前期缴纳的土地征收补偿、居民安置、"三通一平"等费用,将计入项目总成本,由项目公司承担。

(二)教育PPP项目回报机制

回报机制关系PPP项目的风险分配和收益回报,是PPP项目的核心内容。我国政府明确规定通过采用财政补贴、纳入财政预算等多种方式来满足社会资本的回报率要求。实践中,需要根据各方的合作预期和承受能力,结合项目所涉及的行业、运作方式等实际情况,因地制宜地设置合理的项目回报机制。

根据我国财政部《关于规范政府和社会资本合作合同管理工作的通知》(财金〔2014〕156号)规定,PPP项目的回报机制主要有三种类型:(1)政府付费(Government Payment),指政府直接付费购买公共产品和服务,主要包括可用性付费(Availability Payment)、使用量付费(Usage Payment)和绩效付费(Performance Payment)。在这一付费机制下,政府可以依据项目设施的可用性、产品或服务的使用量以及质量向项目公司付费。大部分的社会公共服务项目(如学校和医院等)以及部分公共设施和公共交通设施项目会采用政府付费机制。(2)使用者付费(Users Charges),指由最终消费用户直接付费购买公共产品和服务,项目公司直接从最终用户处收取费用,以回收项目的建设和运营成本并获得合理收益。在此类付费项目中,项目公司一般会承担全部或者大部分的项目需求风险,常见于高速公路、桥梁、地铁等公共交通项目以及供水、供热等部分公用设施项目。(3)可行性缺口补助(Viability Gap Funding,VGF),指政府在付费机制与使用者付费机制之外的一种折中选择。对于使用者付费无法使社会资本取得合理收益甚至无法完全覆盖项目的建设和运营成本的项目,可以由政府提供一定的补助,实践中往往采取投资补助和投资补贴的方式,以弥补使用者付费之外的缺口部分,使项目具备商业上的可行性。但此种付费的机制主要目的是"补缺口",而不能使项目公司获得超额利润。

在财政部公布的30个国家级教育PPP示范项目中,采用政府付费的有8个,采用使用者付费的有4个,采用可行性缺口补助的最多,为18个。究其原因,我国现阶段的教育PPP项目多为准经营性基础设施PPP项目,由于其本身具有自然垄断性，虽然很多项目自身也有投资收益机制，但由于公众利益关切度高、垄断性强，政府往往会对其进行价格规制，也就无法达到充分竞争的、完全的市场化经营，导致了项目的收益额也不能弥补项目的投资。此外，准经营性基础设施 PPP 项目的另一个特点就是投资规模大、建设周期长、资产专用性强、沉没成本大，这也决定了准经营性基础设施 PPP 项目投资进入和退出壁垒较高，需要合理的项目补偿来刺激社会资本投资准经营性基础设施 PPP 项目。因此选择可行性缺口补助成为当前我国教育 PPP 项目回报机制的主要方式。

以河南商丘医学院高等专科学校新校区建设 PPP 项目为例，在政府方发布的项目实施方案中对该项目的回报机制做了说明，"本项目学校经营能产生一定的收益，但收益无法弥补社会资本投资总额及合理的投资回报率要求。因此本项目拟采用可行性缺口补助的方式来弥补第三方收入不足，以满足社会资本的合理回报。本项目第三方收入的范畴包括学生住宿、食堂运营、商铺出租、校园商业开发、校园维护等。"显然政府方也意识到相比项目庞大的投入，想依靠项目本身的收益刺激社会资本参与该教育 PPP 项目中的可行性实在过小，选择可行性缺口补贴的方式无疑是最有效的方法。

（三）教育 PPP 项目税收问题

PPP 的成功运行是建立在项目本身的"财务平衡"基础之上的，教育 PPP 项目也不例外，而税收激励措施对实现 PPP 项目的"财务平衡"有着不可或缺的作用。在与政府的合作过程中，税收是社会资本不能控制的变量，其高低及变化将直接影响社会资本的运营成本与服务价格水平。

1. 教育 PPP 项目各阶段中涉及的税收

与其他 PPP 项目一样，教育 PPP 项目全周期包括项目识别、项目准备、项目采购、项目执行和项目移交五个阶段。在这五个阶段中，基本上都或多或少地涉及税收问题，但主要还是集中在项目执行和移交两个阶段中。

（1）教育 PPP 项目识别、准备和采购阶段涉及的税收

对由政府发起的教育 PPP 项目，其项目识别、准备和采购阶段都由政府职能部门或者相关的事业单位具体负责操作相关事项，仅项目准备、采购需要的相关资料、合同文件需要缴纳增值税、印花税等零散税收，影响几乎可以忽略不计。对由社会资本发起的教育 PPP 项目，同政府发起的教育 PPP 项目基本无异，同样只需要缴纳相关零散税收。

（2）教育 PPP 项目执行阶段涉及的税收

在政府方和社会资本方签订合作协议后，便开始筹建相应的教育 PPP 项目公

司。在这一过程中产生的人员工资、协议文件、筹办费用需要缴纳个人所得税、印花税等税收。在教育 PPP 项目建设期间，主要涉及增值税、耕地占用税、城镇土地使用税、个人所得税等相关税收。在教育 PPP 项目的运营阶段，主要涉及的税收有企业所得税、房产税和城镇土地使用税等。

(3)教育 PPP 项目移交阶段涉及的税收

教育 PPP 项目在建成后，根据采取模式的不同，项目资产的处理方式亦有所区别。在所有权属发生变化的教育 PPP 项目资产移交(包括社会资本方将存量项目的部分或者全部股权、资产有偿转让给政府方或其他社会资本方)过程中，需要正常纳税，涉及的主要税种有增值税、企业所得税、契税、印花税和土地增值税等。而在所有权属未发生变化的教育 PPP 项目中，项目公司将项目资产无偿或有偿移交给政府方，政府对项目资产的所有权属未发生变化，在这一过程中，由于项目资产的所有权属在形式上和实质上均未发生改变，不视为销售确认收入，因此不做税务处理。

2. 目前教育 PPP 项目的税收政策

目前我国还没有制订专门的法规政策来解决 PPP 项目的涉税问题，为了鼓励社会资本参与 PPP 项目，只能比较适用某些既有的税收法规及政策措施。目前与教育 PPP 项目紧密相关的税收法规政策主要体现在企业所得税和增值税两个税种的征收优惠措施上。

(1)企业所得税优惠方面的法律法规

根据《企业所得税法》、《企业所得税法实施条例》、《财政部、国家税务总局关于执行公共基础设施项目企业所得税优惠目录有关问题的通知》(财税〔2008〕46 号)及《国家税务总局关于实施国家重点扶持的公共基础设施项目企业所得税优惠问题的通知》(国税发〔2009〕80 号)、《财政部、国家税务总局、国家发展改革委关于公布环境保护节能节水项目企业所得税优惠目录(试行)的通知》(财税〔2009〕166 号)，企业从事《公共基础设施项目企业所得税优惠目录(2008 年版)》规定的港口码头、机场、铁路、公路、城市公共交通、电力、水利等项目投资经营所得以及《环境保护节能节水项目企业所得税优惠目录(试行)》规定的公共污水处理、公共垃圾处理、沼气综合开发利用、节能减排技术改造、海水淡化等项目的所得，自项目取得第一笔生产经营收入所属纳税年度起，第一年至第三年免征企业所得税，第四年至第六年减半征收企业所得税，即通常所说的“三免三减半”政策。但由于教育未被纳入公共基础设施的目录，因此教育 PPP 中设立的项目公司难以享受到“三免三减半”的税收政策。

(2)增值税优惠方面的政策法规

根据财政部和国家税务总局印发的《关于全面推开营业税改征增值税试点的

通知》(财税〔2016〕36 号)文件附件《营业税改征增值税试点过渡政策的规定》,一是对于经县级以上教育部门审批成立、取得办园许可证的实施 0~6 岁学前教育的机构,包括公办和民办的托儿所、幼儿园、学前班、幼儿班、保育院和幼儿园提供的保育和教育服务免征增值税;二是对从事学历教育的公立和民办学校提供的教育服务收入免征增值税,并对教育服务收入的概念做了定义,即对列入规定招生计划的在籍学生提供学历教育服务取得的收入,具体包括经有关部门审核批准并按规定标准收取的学费、住宿费、课本费、作业本费、考试报名费收入,以及学校食堂提供餐饮服务取得的伙食费收入。我们也应当看到,虽然国家对教育服务收入的增值税优惠范围较广,但仍围绕在教育服务的核心环节,而这正是当前我国教育 PPP 项目鲜有涉及的部分。以河南商丘医学院高等专科学校新校区建设 PPP 项目为例,在其发布的项目实施方案中,项目公司负责宿舍物业管理、校园维护、食堂运营、校园商业开发、商铺出租等,这其中与《营业税改征增值税试点过渡政策的规定》重合的仅食堂运营中收取的伙食费。

通过对目前教育 PPP 项目税收政策的梳理发现,目前针对 PPP 项目的税收政策覆盖面过于狭窄,范围十分有限,教育 PPP 项目想要在狭窄的税收政策优惠中获取红利显得更加困难;同时企业所得税方面的税收政策制订时间多为 2008~2009 年,而 PPP 真正在我国开始大规模推广则始于 2014 年,因此这些税收优惠政策的时效性和专业性都较低。要想真正的大规模推行 PPP 模式,离不开税务的支持,完善当前的税收法规政策,及时出台 PPP 项目涉及的企业所得税、增值税等主要税种编制的税务处理指南显得十分迫切。

第九章 Chapter 9 综合开发 PPP 案例分析

2014 年以来，随着国家对政府和社会资本合作（PPP）政策的不断升级，PPP 模式得到广泛运用和快速发展，但从统计数据看主要为单项建设。近期各地方政府主推各领域的综合开发 PPP 项目引起社会广泛关注，本文将对综合开发项目适用 PPP 模式的相关问题进行论述，并结合旅游开发领域 PPP 项目实例进行分析。

第一节　综合开发理念

一、综合开发理念的形成历程

综合开发随着开发区、工业园区等新兴经济区再造新城而兴起，综合开发理念将随着新城镇化的进程而成熟。

（一）早期的园区开发

20 世纪 70 年代末批准设立的深圳蛇口工业区是中国最早的城市经济区，是我国在改革开放政策下对区域经济发展模式的一个探索。到如今，蛇口工业区涉及领域包括航运物流、金融证券、房地产、酒店旅游、工业生产、高新科技等，业务遍布于内地、香港特别行政区和海外，蛇口工业区与其后 90 年代的浦东新区，到 21 世纪初的滨海综合改革试验区，再到上海自贸区，各类园区在经济发展中发挥了先行先试、探索创新、经验示范等重要作用。随后的 30 多年来，园区建设一路高歌猛进，各类经济技术开发区、高新技术开发区、改革试验区、产业园区等如雨后春笋般从沿海布局，然后迅速延伸至中西部地区，进而覆盖全国。园区为我国经济发展做出了突出贡献，据统计，截至 2013 年年底，329 家国家级经济开发区和高新区的 GDP 合计达到 12.9 亿元，对我国工业增加值及税收的贡献分别高达 30% 以上及 19.9%。

但是，园区的建设发展模式中的问题也慢慢暴露出来，园区的发展也面临反思和转型升级。多年来各级政府主导的工业园区建设发展模式使各种名目的工业园在全国遍地开花，规划不合理、定位不清晰、盲目扩张和重复建设等问题，造成土地资源以及财力物力的极大浪费。园区建设追求大而全，在项目引进过程中，过分重视企业数量和规模,过度依赖土地价格低廉或规费减免等政策,使园区内很多企业面临技术含量低、产品附加值低的窘境;很多园区陷入依靠低价出让园区土地、税收政策以及其他优惠条件来招商引资的怪圈。

此时,园区综合开发的理念尚未形成,在没有科学的产业规划定位指导的情况下,园区的开发也是缺乏规划的,园区项目建设随意性较大、空间布局分散,基础设施和市政设施建设具有被动性。园区间缺乏分工协作,园区内部企业关联度低,产业链条短;空间布局的分散,使得资源共享的集群优势无法显现出来,园区缺乏集群优势,也导致园区内各项生产、运输、管理成本上升;基础设施和市政设施建设不能及时跟上,生产生活不便,人气不足。与此同时,园区内经济发展方式过于粗放,高耗能、高污染、高排放的园区发展模式导致环境污染严重,园区发展不堪重负。

(二)现代化的园区综合开发理念

现代化的园区综合开发理念是以产业规划为主导的。产业规划以形成产业集群为目标,对产业集群发展进行整体规划和引导,强化专业化产业分工、发挥协作配套效应、降低创新成本、优化生产要素配置,着力健全园区的社会化服务体系,尤其是产业集群配套的生产性服务业。

更进一步,规划讲求产城融合,对园区的定位由功能单一的工业园区向功能多元的城市空间转变。现代化的园区应该是工业化、城市化和现代化协调发展的这样一个载体,以人为本,实现产业发展、城市功能、生态环境等多元要素的均衡协调发展。城市功能是基础,承载产业空间和产业经济发展;产业发展是保障,驱动城市更新和完善服务配套。园区综合开发要求在优化产业布局的过程当中,同步完善城市功能,实现城市与产业共同升级发展,推动区域由基础设施向宜居宜业的城市功能的发展。①

二、产业规划的主导作用

(一)产业集群效应

产业规划在园区综合开发理念中起主导作用,讨论产业规划首先要从产业集群理论开始。

产业集群理论是 20 世纪 90 年代由哈佛商学院的竞争战略和国际竞争领域权威学者迈克尔·波特(Michael E. Porter,1947 –)提出的,其含义是在一个特定的区

① 《产城融合:由功能单一的工业园区向功能多元的城市空间转变》,载 chanye. focus. cn/news/2014 – 11 – 02/5707419. html,2014 年 11 月 2 日访问。

域的一个特别领域,聚集着一组相互关联的公司、供应商、关联产业,通过这种区域集聚形成有效的市场竞争,构建出生产要素优化集聚洼地,使企业共享区域公共设施、市场环境和外部经济,降低信息交流成本和物流成本,形成区域集聚效应、规模效应、外部效应和区域竞争力。

产业园区并不一定能形成产业集群效应,产业集群效应是园区产业规划希望形成的局面;产业集群不一定能形成产业园区,但可以积极引导形成产业园区。我国的产业集群在形成之初基本上都是企业的自发行为,但一旦产业集群的雏形出现后,地方政府往往都会积极参与、热情扶持,发挥产业集群弥补"市场失灵"的功能,通过引入产业园区加强公共产品供给,以合理的规划加强其集群效应,同时给予产业集群公共政策,积极引导产业集群的形成。另一种方式,地方政府在建立产业园区之时已完整规划园区内的产业配置,通过招商引入上下游产业,给予产业政策加强园区内的产业配合,或通过产业孵化构建全新产业链,加快产业集群的形成。

《国家发展改革委关于印发促进产业集群发展的若干意见的通知》(发改企业〔2007〕2897 号)对我国产业集群的发展现状与存在问题作出分析,并提出促进产业集群发展的总体思路和措施,同时指出对产业集群发展整体规划和引导的重要作用。

(二)产城融合规划

一个只有工业产业的园区在城市中会是"一座孤岛",园区周边因为生活配套不足而无人居住,园区生生被割裂在城市发展之外,制约了产业园区的可持续发展及其与周边城市的融合;在这种模式下,人员流动性大,时间成本高,同时城市中心的人口环境压力和交通压力增大。这种早期的园区规划模式已经被摒弃,现代的园区综合开发讲求的是产城融合,将产业和宜居结合起来,构建一个功能完善的产业新城,形成区域新的经济增长极。

现代园区的综合开发,是产业发展与城市功能协同并进、相辅相成、良性互动的科学发展状态。产城融合规划追求产业发展跟城市功能协同共进、相辅相成的这样一个合理的结构。一方面,产业发展集聚各类要素,催生城市功能的各种需求,促进专业性外部服务和配套设施的发展,来提升城市功能;另一方面,城市功能的完善将进一步聚集人气,为产业发展提供多层次的人才,强化产业的创新发展动力,为产业的发展提供发展载体和依托,强化产业的集群,助推产业的进一步发展。

产城融合规划是产业规划的升级版,是未来新城镇化的趋势,应以产城融合规划为主导,指导园区的建设、开发、招商和运营,保证园区可持续发展。

三、综合开发理念及层次

综合开发很难有个具体的定义,其作为一种开发理念或开发思维的意义更大。综合开发的理念,是相对于单项建设提出的,综合开发项目是由若干单项建设项目组成,但并非是这几个单项的简单捆绑,而是构成有机的整体,不同的单项在有机整体里负有不同的功能,以产业规划为主导,有计划、有步骤地实施。综合开发理念的优点在于其综合性和开发性,综合性是指区域内项目全寿命周期的集成①,开发性指对具有正外部性项目的挖掘利用。

综合开发理念本身也有两个层次。

第一个层次,综合性是基础,开发性是建立在综合性之上,综合性越强,可开发的内容越多,开发得越充分带来的收益越多,可以补贴基础设施的投入,降低总体投入。具体来说,首先对一个需要开发的区域或者是一个大型基础设施项目周边具有正外部性的一定区域进行总体规划,然后梳理出所有需要共同开发的单个项目,一般按照各单项的可经营性分类,有针对有步骤地采用合理的模式开发,用经营性好的项目补贴基础设施项目建设,同时利用完备的基础设施来吸引产业进入。

第二个层次,综合开发是在总体产业规划下的完备配置,具有针对性。产业定位和产业引入是关键,基础设施的设置围绕产业规划,开发性是建立在产业规划基础上的有针对性的开发。政府方不应急于快速回收投资,以免急功近利打乱预先的规划而导致整个项目不伦不类。理想的状态是:优惠的产业政策和完备的基础设施引来产业入驻,形成稳定的产业园区;就业率大幅增加,居民收入提高;园区经济得以繁荣,从而带来可观的税收。

显然,第一个层次综合开发理念是围绕在基础设施的正外部性的利用上,眼光停留在如何节省投入回收资金上,颇有筑巢引凤之意,产业的引入首先考虑的是其盈利能力,缺乏整体定位,产业引入较为被动,是低层次的综合开发理念。第二个层次综合开发理念是总体产业规划引导的,对园区进行综合性布局,形成基础设施公共设施配套齐全、产业氛围浓厚、人居环境优美的可持续性发展趋势,是高层次的综合开发。

当然,第二层次的综合开发在项目中的应用并不具有绝对的优势,因为第二层次对政府的财政承受能力要求较高,同时对政府的产业定位能力和产业引入能力也有很高的要求。实际中,也并非所有的综合开发项目都需要有产业规划,有些项目正是围绕大型基础设施展开的综合利用,有些项目的综合开发目的是缓解单一

---

① 李川:《"以可持续发展为导向"的城市综合类开发 PPP 模式》,载微信公众号:《PPP 知乎》。

开发的财政困境。

目前综合开发存在的领域主要有:工业园区开发、特色小镇建设、旅游综合开发、农业综合开发、高铁车站站点综合开发以及地铁上盖物业综合开发。不同领域的综合开发都有不同的内容、不同的子项目,针对具体的项目又会采取不同的综合开发方式,采用不同的开发结构。

第二节 综合开发 PPP 模式适用

根据财政部建立的全国政府和社会资本合作(PPP)综合信息平台及项目库2017 年第一季报,截至 2017 年 3 月末,全国入库项目合计 12,287 个,投资额 14.6 万亿元,包括市政工程、交通运输、水利建设、生态建设和环境保护、城镇综合开发、农业、旅游、医疗卫生、养老等 19 个一级行业。市政工程、交通运输、旅游 3 个行业项目数居前三名,分别为 4333 个、1511 个和 748 个,合计占入库项目总数的53.7%;交通运输、市政工程、城镇综合开发 3 个行业项目总投资居前三名,分别为43,573 亿元、40,347 亿元和 14,421 亿元,合计占入库项目总投资的 67.1%。可见,综合开发项目适用 PPP 模式已引起地方政府的足够重视。

一、可行性

(一)PPP 模式相对其他园区开发模式的合理性

我国早期的园区开发建设是以地方政府主导的模式,由政府成立的园区管委会或城投控股平台企业作为园区的开发主体,负责筹措资金、办理规划、项目核准、征地拆迁及大市政建设等手续并组织实施,承担园区开发建设所需费用和风险,并享有土地开发收益的开发模式。早期采用此种方式,一方面与政府的强大财政支持有关,另一方面政府便于协调各方关系,主导园区开发建设所受阻力小,地方政府主导的模式也有很多成功的案例。但政府主导模式的缺点在很多园区的开发过程中集中体现出来,政府方追求政绩好大喜功,片面追求大园区、大企业,园区成了大企业的避税港,而并没有有效带动产业链的形成。

企业主导型的园区开发模式(如上海紫竹高新技术产业开发区)是对政府开发主导模式的一种反向尝试,在这种模式下由政府通过招投标等方式择优选择民营企业作为园区的开发主体,政府仅负责开发前期城市规划的颁布、土地利用规划的编制和土地利用政策的制定等宏观事务,开发建设的筹措资金、办理规划、项目核准、征地拆迁及大市政建设等手续及组织实施等都由园区开发企业主导完成。企业主导型开发模式对作为园区开发主体的公司资金和运营能力要求较高,因此大型园区以此模式进行园区开发建设的相对较少,但是该模式却能充分发挥企业在运营中的优势。在企业主导型的园区开发模式下,企业追求利润最大化,会给主导企业带来暴利,主导企业也会利用其主导地位对其他企业形成压制和垄断,政府对主导企业的钳制和引导手段有限。

政企合作模式(如苏州工业园区)是前两种模式的融合,在此种模式下由政府或其控股公司与其他企业合作或合资组建开发公司作为开发主体,或者是负责管理园区开发建设各项工作的开发模式,园区管委会只负责行政管理事务,提供公共服务。政企合作型开发模式权责明确,且包含多方利益主体,政府对经营的介入较深,政府和企业在投资、经营决策以及收益分配等方面不完全一致容易产生管理分歧,导致开发建设进程受阻。①

PPP 模式是政府和社会资本的合作,但明显区别于政企合作模式。在 PPP 模式下,政府方和社会资本方预先约定各自的权利、义务、利益分配和风险承担。政府方主导重大决策、组织制定规划、确定标准规范、提供政策支持,负责基础设施及公共服务价格和质量的监管,保证公共利益最大化;社会资本方为园区投资、建设、开发、运营提供一揽子公共产品和服务,充分发挥市场机制对资源的高效配置,既保证了建设的整体性和决策、实施的效率,同时也维护了公共性。在 PPP 项目合同中预先确定社会资本方的收益上限,限制其暴利,并制定激励机制以激发其主观能动性。PPP 模式相对于政企合作模式及其他模式对园区开发更具有合理性。

(二)社会资本需求

改革开放后经过 30 多年的快速发展,2015 年中国的 GDP 已经达到 67.6 万亿,居世界第二位。同时社会财富也在激增,据统计,截至 2016 年 8 月,广义货币供应量 M2 已经达到 151.1 万亿,远远大于同期 GDP,并且 M2 的增长率也高于 GDP 的增长率。截至 2014 年底,中国私人可投资资产的规模超过 100 万亿人民币。2016 年东方财富 Choice 数据中国上市公司市值 500 强榜单显示,市值 500 强公司的门槛是 230 亿元,其中 8 家市值超过 1 万亿元,86 家市值超过 1000 亿元,大部分公司市值在 230 亿 ~ 500 亿元之间。我国社会资本掌握巨量财富和资金,为了增值或保值都具有很强的投资意愿,亟须找到合适的投资途径。

然而,我国社会资本的投资前景并不明朗。从 2014 年到 2015 年,我国的投资

① 上海东滩投资管理顾问有限公司:《产业园区的三大开发模式》,载 blog. sina. com. cn/s/blog_d179b6e80102vd7v. html,2015 年 7 月 8 日访问。

增速一直下滑。从统计数据看,2005 年前三个季度的经济发展没有预想的好,主要是国家希望起关键性作用的全社会投资增长率从 2014 年的 15.7% 一路下降到 10.3%。其中占全社会投资 65% 左右的民间投资增长率下降到 10.4%;长期占全社会投资 1/5 左右的房地产开发投资增长 2.6%,占比下降到 17.9%。

国家为稳定经济增长,从 2014 年下半年开始制定了许多稳定投资增长方面的政策和措施,尤其倡导 PPP 模式,鼓励民营企业投资,并推出以基础设施为主的 11 个工程包项目吸引社会资本投资。社会资本参与 PPP 项目投资的收益率一般在 8% 以内,对风险承受能力较大的资金可能并不感兴趣,但巨额资金需要长期保值,因此对社会资本来说确实是很好的投资途径,尤其是综合开发项目具有投资规模大、投资周期长的特点,是有实力的社会资本最好的投资选择。

（三）政策支持

为稳定新常态下的经济发展,各级政府都在想方设法促进经济增长。在经济增长的"三驾马车"中,政府消费受到约束,居民消费取决于居民的意向,出口取决于国外的需求,政府能用上力的只有投资。因此,国家一直强调要"发挥投资在经济增长中的关键作用",各级政府都把促进投资增长作为保证经济稳定增长的首选。

2014 年 9 月国务院印发了《关于加强地方政府性债务管理的意见》(国发〔2014〕43 号),剥离政府平台公司政府融资职能,倒逼地方推广使用政府与社会资本合作模式;2014 年 11 月国务院印发了《关于创新重点领域投融资机制鼓励社会投资的指导意见》(国发〔2014〕60 号),明确要求要建立健全 PPP 机制,正式拉开了 PPP 发展的序幕。2015 年和 2016 年两年,国家各部委、各级政府密集出台了一系列 PPP 政策文件、部门规章,促进和规范 PPP 运作。《关于在公共服务领域深入推进政府和社会资本合作工作的通知》(财金〔2016〕90 号)更是要求在垃圾处理、污水处理等公共服务领域,各地新建项目要"强制"应用 PPP 模式;在其他中央财政给予支持的公共服务领域,对于有现金流、具备运营条件的项目,要"强制"实施 PPP 模式识别论证。

从行业上来看,PPP 模式涉及从基础设施建设、公共服务设施建设到几乎每个行业,虽然直接针对综合开发项目的 PPP 政策较少,但既然综合开发项目里包含若干子项目,针对某个子项目领域的政策当然可以认为适用于综合开发项目。从回报机制看,综合开发 PPP 项目由于经营性子项目的盈利能够补偿政府付费,综合来看政府在将来的付费责任大大减少,相当于政府方能够以较少的资金撬动整个项目,地方政府更倾向于采用综合开发 PPP 模式。

（四）PPP 实践的经验指导

PPP 模式是舶来品，自 1992 年英国首次提出 PFI 概念以来，各国纷纷模仿并大力推广 PPP 模式，有大量成功案例可以为我国所借鉴。1996 年年底通车的泉州刺桐大桥项目被认为是中国首例 PPP 项目，至今已经 20 年，在 PPP 项目大量推广之前也有不少可以参考的成功案例和作为教训的失败案例，经过分析和总结可以为之后的 PPP 项目提供经验指导。

我国早期的 PPP 项目基本上都是单项建设项目，从结构上来看相对简单易行。各地政府和社会资本在经过单项建设 PPP 项目的实施后，对 PPP 项目有更深的理解，对 PPP 模式的法律、法规、政策掌握更为清晰，对 PPP 项目操作程序也更为熟练，这些都为综合开发 PPP 项目的实施提供了经验基础。为更好地服务各 PPP 项目，财政部先后建立了 PPP 项目库、PPP 专家库和 PPP 咨询机构库，并先后三批次公布 PPP 合作示范项目以发挥示范引领作用。

固安工业园项目是我国在综合开发 PPP 领域的一个典型案例，2015 年 7 月，国务院办公厅下发了《关于对全国第二次大督查发现的典型经验做法给予表扬的通报》，固安工业园项目作为地方政府与企业在实践中创造出的典型经验做法，成为各省（区、市）和国务院各部门学习借鉴的经典案例。固安工业园区项目，自 2002 年开始实施，有力带动县财政收入增长近 50 倍，投资方的资产规模也增加了 10 多倍，但综合开发过程中也有失败的教训。在特色小镇方面，各地的成功案例无论是从理论上还是从实践操作上都被专家详尽分析，这些都对后来的综合开发 PPP 项目具有指导意义。

二、必要性

综合开发项目体量大，对资金的需求也大，开发运营周期长，涉及多个子项目的开发工作，由地方政府独立实施效率低、难度大，尤其对资金整合、产业整合能力要求较高；同时，由于涉及面广，需要审批的程序多而杂，社会资本受法律法规和财政政策的制约，缺少政府的配合和支持，也很难顺利完成项目。综合开发项目适用 PPP 模式，社会资本方和地方政府方形成伙伴关系，将社会资本的专业优势、金融资本的融资优势和地方政府的组织协调优势有机结合，推动基础设施建设、产业导入，拉动区域经济的增长。具体分析如下：

（一）能够缓解政府财政压力、平滑政府财政支出

综合开发项目一般针对一个较大区域的整体开发，包含基础设施和公共设施

建设项目及产业服务项目。如果回到采取单项实施的方式，各单项按顺序实施，建设工期会被无限拉长，影响整体开发进度，各单项交叉实施，由于缺乏统一的调度，相互影响进度；同时，融资的时间成本也大大提高，并不合适。采用综合开发方式，同时上马较多项目，投资总额巨大，政府财政吃紧。传统模式下的经济区建设，其基础设施和公共设施建设主要依靠财政投入和地方政府融资，政府方的融资渠道有限，同时融资给地方政府带来较大的债务压力。国发〔2014〕43 号文及财预〔2017〕50 号文对地方政府的举债融资进行规范，对地方政府的债务规模实行限额管理。以固安工业园区为例，从 2002 年到 2014 年，累计投资超过 160 亿元，其中基础设施和公共服务设施投资占 40%，固安是河北省偏落后的县城，单靠财政支出实难达到如此之规模。

综合开发采用 PPP 模式，可以发挥社会资本的融资优势，降低融资成本，提高综合开发的效率。同时能够缓解政府财政压力、平滑政府财政支出，主要体现在以下两个方面：一是采用 PPP 模式，政府投入较少的资本金就可以启动项目，待项目运营后按照项目可用性付费和运营绩效付费补贴社会资本，将建设期应支出的财政款转移到运营期，这是所有 PPP 项目共有的；二是在各子项目之间，经营性子项目的盈利补偿非经营性子项目的政府付费及准经营性项目的可行性缺口补贴，政府与社会资本间可采用统一计算的方式支付，综合起来，政府的付费责任会大大减轻，这是综合开发 PPP 项目所独有的。

（二）有利于引进具有先进开发、运营经验的社会资本

不可否认，以政府为主导进行开发的经济区有不少成功的例子，在改革开放早期，我国市场经济刚刚起步，国家发展也比较落后，部分开明的地方政府以其优势的地理位置和优惠的政策把开发区建立起来，并且当时确实也没有能够担当园区开发运营的企业。但时过境迁，现代的园区建设再按老模式开发运营必定会走向失败。经过 30 多年的市场经济发展，我国已拥有非常好的投资和发展环境，以市场为主导的开发区才能够最大限度地进行资源配置。

综合开发内容繁多，子项错综复杂，项目开发、运营都是市场活动，需要专业团队和专业人才，政府长期远离市场，对市场把握不准，而社会资本长期处于市场中，开发运营是其主要职能。在 PPP 模式下，地方政府引入市场竞争机制选择合作伙伴，国内外具有先进开发运营经验的社会资本都是潜在合作对象，通过资格预审及招标等方式优中择优；并允许具有不同方面优势的多家社会资本组成联合体参与投资、建设和运营，在每个阶段发挥各自的优势。

（三）有利于产业导入

根据前文分析，符合一个高层次的综合开发理念，必须以产业规划为主导，在产业规划下更应强调导入产业的质量，产业质量的好坏直接影响项目的成败。

首先，社会资本高水准的开发运营能力能整体提高综合开发的效率和品质。完备的基础设施和公共设施的提供有利于储备土地的出让，有利于招商；其次，社会资本方长期在市场竞争中摸爬滚打，具有敏锐的产业定位眼光，以开发性思维布局产业规划，尤其是园区和特色小镇项目，产业定位是核心；最后，社会资本具有较强的产业整合能力，招徕产业进入，增加区域的就业率和政府税收。再以固安工业园区为例，截至 2014 年年底，累计引进签约项目 482 家，投资额达 638.19 亿元，形成了航空航天、生物医药、电子信息、汽车零部件、高端装备制造五大产业集群，展示了社会资本在产业导入方面的能力。

（四）更好地发挥综合开发的优势，发掘综合开发的潜力

综合开发的优势在于总体产业规划下的项目全寿命周期的集成（综合性）和对具有正外部性项目的挖掘利用（开发性），在满足总体产业规划的同时，挖掘新的产出点能够增厚项目的利润，加快回收投资。

以地方政府主导的模式，一则开发活动具有粗放性，对利润的挖掘动力不足；二则对市场的敏锐度不够，没有能力发现新的产出点；三者由于体制的阻力，即使发现了新产出点，也可能无能为力。

社会资本的逐利性和敏锐性是政府方不具备的，政府方在政策的范围内如果给予社会资本方一定的激励，必会调动社会资本方的能动性，充分挖掘和激活潜在的公共财富。在 PPP 模式下，政府和社会资本组建 SPV 项目公司，项目公司在阻断风险的同时，也能在一定程度上阻断体制的阻碍，可因自身的经营性质而取得主动权，在政策允许和满足总体规划的条件下，充分挖掘利润。

（五）PPP 模式能优化项目风险分配

在经营活动中，风险是个永恒的话题。一般来说，政府是风险回避者，而建立经济区本身却具有极大的风险，这本身就是矛盾的；在综合开发过程中，风险往往会让政府管理者举棋不定、裹足不前，严重影响开发进程。社会资本具有较高的风险容忍度，是风险偏好者；但风险和收益是成正比的，参与 PPP 合作的社会资本由于收益率不高，所能承担的风险应与收益一致。

综合开发项目的风险不仅仅是所有子项目风险的总和，在综合开发的情况下，

子项目是联动的，一个子项目的风险可能引起其他子项目的风险而形成系统风险，所以必须从立项阶段就应完整规划整个过程，并且在 PPP 项目协议里预先合理分配风险，各项风险由最适宜的一方来承担，降低总体风险。

在 PPP 模式下，风险分配表现为风险规避，任何一方都不需要为另一方没解决好他应该承担的风险而付出代价，但实质上风险的分配是能力的分配，合理的风险分配结果应是充分发挥各方的优势，并利用风险承担来保障合作各方履行自己的义务。

第三节　综合开发 PPP 操作模式

根据《关于印发政府和社会资本合作模式操作指南（试行）的通知》（财金〔2014〕113 号）附件“政府和社会资本合作模式操作指南”第 11 条第 3 项的规定，“项目运作方式主要包括委托运营、管理合同、建设—运营—移交、建设—拥有—运营、转让—运营—移交和改建—运营—移交等，具体运作方式的选择主要由收费定价机制、项目投资收益水平、风险分配基本框架、融资需求、改扩建需求和期满处置等因素决定”。《国家发展改革委关于开展政府和社会资本合作的指导意见》（发改投资〔2014〕2724 号）将 PPP 项目按可经营性划分为三大类：经营性项目、准经营性项目和非经营性项目，再于每个类型下适用不同的操作模式。

或许，对一个单项工程适用哪种操作模式可能较为容易选择，但单纯讨论综合开发的 PPP 操作模式则很难给出统一的答案。第一，综合开发作为一种开发理念，在不同的领域有不同的内容，只有具体到某一个领域结合实际情况才能确定合理的 PPP 操作模式；第二，某一领域的综合开发项目下都会有若干子项目，每个子项目根据性质和可经营性等因素可以选定使用一种或几种 PPP 操作模式，然后再置于综合开发大项目中统筹考虑，适当调整某些子项目的操作模式，以期达成整体上的统一和现实中的可操作。

下面选取几个不同领域综合开发项目进行分析，分析在各领域需要开发的子项目、可能的结合方式，进而分析适用的 PPP 操作模式：

一、整体开发类

整体开发类具有综合开发的典型特征，完全适用较高层次的综合开发理念，主要有：城市园区综合开发 PPP 项目、特色小镇 PPP 项目。

下面以城市园区综合开发 PPP 项目为例分析。本节不讨论整体拆分方式，只针对其中少部分子项目打包运作的综合开发模式,讨论整体打包、分期分批开发方式的综合开发模式。

(一)整体打包

城市园区综合开发项目包括土地一级开发、基础设施项目、公共设施项目、产业发展服务等子项目。整体打包是指政府将园区范围内的所有项目的规划、开发、运营、产业导入等一次授权给一家社会资本或联合体,社会资本可分期实施。整体打包相对分期分批授权开发有如下好处:(1)将非经营性项目和经营性项目打包,避免社会资本对某些项目积极响应,而对部分项目无人问津转而依靠政府投入,从而影响整个项目的进行;(2)综合开发强调项目开发与产业驱动的协同发展,在开发工程中由一家社会资本主持整个项目的规划设计、建设开发、运营维护和产业导入,这样易于协调管理;(3)避免分期分批授权开发因投资主体众多而增加投资、建设、运营成本,并减少分散投资的违约风险,形成规模经济效应和委托代理避险效应。①

整体打包可采用"1+X"模式,其中1为基本模式,须是具有吸引力的经营性项目,一般为园区的土地一级开发,采用成本核销模式、土地补偿模式或利润分成等模式;X是建立在土地一级开发基础上的若干补充模式,如基础设施项目和公共设施项目,按项目自身的性质和可经营性来确定具体模式。

(二)土地一级开发

土地一级开发又称土地整理,指按照土地利用规划、园区总体规划、功能定位,配合政府有关部门为主体进行的土地征转以及形成建设用地的相关工作,包括土地征收、拆迁安置、土地平整、市政基础设施和公共配套设施建设等工作内容,使土地达到出让标准后有偿出让或开发出让的土地。

我国的土地一级开发是伴随着土地储备制度的发展而产生的。在2002年之前,房地产开发是土地开发和房屋建设合二为一的过程,2002年发布的《招标拍卖挂牌出让国有土地使用权规定》规定"商业、旅游、娱乐和商品住宅等各类经营性用地,必须以招标、拍卖或者挂牌方式出让。"将经营性用地的土地开发与房屋开发分离开来,土地一级开发随之产生。土地一级开发具有以下特点:(1)资金密集。包括征地拆迁、市政基础设施和公共配套设施建设等费用,资金需求大。(2)需求稳定,风险小。土地的稀缺性和土地市场的供需不平衡使得土地开发在短期内不会

---

① 曹珊:《政府和社会资本合作(PPP)项目法律实务》,法律出版社2016年版,第313页。

存在较大风险。(3)开发难度小,过程相对简单。(4)收益稳定。因此,早期土地一级开发滋生出不公平竞争和暗箱操作。

《关于加强土地储备与融资管理的通知》(国土资发〔2012〕162号)第3条规定:"土地储备机构应组织开展对储备土地的前期开发,为政府供应'净地'提供有效保障。进行道路、供水、供电、供气、排水、通讯、照明、绿化、土地平整等基础设施建设的,应通过公开招标方式选择工程设计、施工和监理等单位,不得通过下设机构进行工程建设"。土地储备机构作为市县人民政府的授权机构,为合法的土地一级开发主体,土地一级开发应由土地储备机构通过公开招标的方式选择社会资本,以使其成为中选社会资本的同时一并合法取得土地一级开发的主体资格。

土地一级开发在所有子项里是盈利性最好的,也是最确定的,所以作为"1+X"模式的基本模式,从而利于项目的整体打包。

(三)基础设施及公共设施

园区综合开发,一般选址远离主城区,原址基础设施和公共设施匮乏,其建设是一般从零开始,其中部分基础设施项目和公共设施项目是附属在土地一级开发之上的,部分项目独立性较大,单独成为子项目。

基础设施项目、公共设施项目包括道路、桥梁、隧道,回迁房、保障房、给排水、热力、燃气等地下管网,地下综合管廊,污水处理及垃圾焚烧,行政办公大楼、广场、公园及绿化等众多子项目;其中经营性项目(如供水、供热、供气、垃圾焚烧、污水处理等)可采用BOT、BOOT等方式,含存量项目可采用ROT、TOT方式;准经营性项目(综合管廊、保障房、回迁房)可采用BOT、BOO等方式,非经营性项目可采用BOT、O&M等方式。

(四)产业发展服务

产业发展服务主要是通过有偿提供融资性服务、咨询服务、培训服务、信息服务、政府关系服务、孵化性服务、知识服务、媒体服务、网络通讯服务、物流服务、人力资源、软件和服务业外包等获取收入。产业发展服务水准没有统一的评定标准,各个项目可以约定不同的目标,因而最适合引入绩效考核机制,通过产业发展服务绩效付费,可以催生社会资本内在动力。一则可以提升服务本身,加大产业导入、招商引资力度;二则促使社会资本提供更好的基础设施产品,营造良好的园区环境以吸引产业进入。

以南京市溧水区产业新城为例,该项目的产业发展服务绩效考核付费依据引入质量型指标,体现在公共财政预算收入、新增落地投资额和入园企业销售收入三个方面,在启动期和成熟期分别按一定比例计提付费;其中,入园企业销售收入还需考虑引入服务业指标的修正,引入服务业指标以当年新增战略新兴产业销售收入占园区企业销售收入的比例按照一定科学公式来取得,且此项仅在成熟期考虑。

(五)回报机制

园区综合开发PPP项目的投资回报采用使用者付费和政府付费相结合的方式。考虑在整个服务期内,以社会资本方的投入为基础,约定以固定收益率作为年投资回报。主要分以下四项:第一项土地一级开发项目年投资回报以土地整理成本为基础投入的一定比例;第二项基础设施项目、公共设施项目年投资回报以建设总投资为基础投入的一定比例;第三项片区的运营维护费为当年服务成本的一定比例;第四项产业发展服务费可以绩效考核指标来确定。在综合开发中,前三项里的各子项目的盈利之和未达到固定收益率,差额部分需政府以财政补贴的形式补足;第四项另算,不计入固定收益率内,作为一种激励措施促进社会资本招商引入产业。

二、捆绑开发类

捆绑开发类为较低层次的综合开发,主要包括:旅游开发PPP项目、农业综合开发PPP项目。

(一)旅游开发PPP项目

旅游开发兼具公益性和商业性。大部分旅游区依托的是自然景观、文物古迹等社会公共资源,公共产品的特征决定了其公益性,适合以政府为主导进行建设升级。同时,旅游区因其稀缺性,商业化运作有很大的潜力,一方面,旅游区的商业化运营能够降低运营成本,提升旅游景点的服务水平,形成规模效应;另一方面,旅游区的建设开发溢出效应明显,对周边的服务需求提升很大,有很多值得挖掘的盈利点。

公益性与商业性的矛盾、资金投入匮乏成为景区发展的一个瓶颈,旅游开发采用PPP模式,可发挥政府政策支持和社会资本市场化运作的双重优势,旅游开发不失去政府主导地位,能够保持公益性;社会资本负责通过投融资解决资金困境,通过商业运作提高服务质量,吸引客流,并获得利润。

旅游综合开发包括基础设施建设、大量的生态建设和环境保护等公益性项目,也包括景点经营项目及其他经营性项目。根据我国《旅游法》,旅游景区对外开放的前提条件之一是具备必要的旅游配套服务和辅助设施。基础设施建设是旅游开发中必不可少的内容,很多景区的基础设施建设较早,由于当时的财政投入不足,大多数设施较为简陋,已经不足以保证正常的旅游活动;许多景区开发率较低,景区开发的基础设施建设需投入巨额资金。生态建设和环境保护是旅游区开发的应有之义,旅游区本身就是依靠优美的生态环境优势吸引游客,应将其作为旅游区开发和运营维护的重点。

景点经营项目是旅游区传统的收入来源,包括景点门票收入、交通服务收入、餐饮住宿收入等。景点门票收入占很大比例,由于旅游区的公益性,门票收入可开发性不大;景区的经营性收入为游客在景区的消费,这方面具有很大的提高可能性,通过服务升级提高旅游舒适度以及商业化运营降低成本,可以获得较为可观的收益。在现代旅游开发中,其他经营性收入可能超过传统的景点经营收入,成为利润的最大发掘点。景区的配套设施建设和服务升级,提高了周边区域的经济价值,而周边的经营并不限于旅游及相关行业开发,可开发的内容颇具想象空间,收益也可观,比如旅游地产开发、养老产业开发、医疗疗养产业开发都具有很大的市场。旅游区开发应重视景区周边的经营性项目发掘。

旅游综合开发投入巨大,环境保护和运营维护成本也很高,单纯依靠景点的传统收入不足以维持大多景区的正常运作。而景区周边得益于景区的开发升级,将周边的经营权纳入旅游综合开发合情合理,可以将公益性项目与经营性项目捆绑开发,用经营性项目收入反哺公益性项目。

(二)农业综合开发PPP项目

中国作为一个农业大国,"三农"问题关系国民素质、经济发展,关系社会稳定、国家富强、民族复兴。农业、农村、农民问题能不能处理好,是决定中国能否稳定与发展的基础,尤其是土地问题,是中国粮食供应以及农民生存的根基。解决好"三农"问题作为党和政府工作的重中之重,每年的中央一号文件都是指导"三农"工作的。

农业综合开发是指中央政府为保护、支持农业发展,改善农业生产基本条件,优化农业和农村经济结构,提高农业综合生产能力和综合效益,设立专项资金对农业资源进行综合开发利用的活动。我国农业综合开发长期实行"民办公助"投入政策,对投入的资金采取绩效评价,并在政策和技术上都给予很多扶持,但取得的效果不甚明显。

农业综合开发项目内容包括土地综合治理项目、传统农业产业化经营项目、有收益的特色农业项目以及有收益的非农业项目。土地综合治理项目指高标准农田建设、土壤恢复等,此类项目属于准经营性项目,社会效益高于直接经济效益,尤其是在农田生态破坏严重时投入较大,需要政府采取贴息或补助的方式对项目的可行性缺口进行补贴。传统农业产业化经营项目一般有比较稳定的效益,但不会有暴利。有收益的特色农业项目以及有收益的非农业项目,包括农产品加工项目、乡村旅游项目、有收益的基础设施项目、餐饮业等具有较好的市场空间,通过提高经营水平和引入科技获得较高的收益。客观来说,这三项的关联性并不大,相互之间影响程度很低,土地综合治理的溢出效应也并不显著,将土地综合治理项目与其他经营类项目捆绑开发稍显牵强,可能的突破口在土地承包权和生态农业概念。

第四节　综合开发PPP政策解读

一、新型城镇化政策

(一)PPP模式

财金〔2014〕76号文指出:"推广运用政府和社会和资本合作模式,是促进经济转型升级、支持新型城镇化建设的必然要求。政府通过政府和社会资本合作模式向社会资本开放基础设施和公共服务项目,可以拓宽城镇化建设融资渠道……"。

2014年12月,发改投资〔2014〕2724号文对PPP模式适用的项目范围提出"各地的新建市政工程以及新型城镇化试点项目,应优先考虑采用PPP模式建设"。2014年12月29日,发改规划〔2014〕2960号文经综合评审,将江苏、安徽两省和宁波市等62个城市(镇)列为国家新型城镇化综合试点地区。国家发改委《关于开展政府和社会资本合作的指导意见》指出各地的新建市政工程以及新型城镇化试点项目,应优先考虑采用PPP模式建设。

(二)特色小镇

《国务院关于深入推进新型城镇化建设的若干意见》(国发〔2016〕8号)提出"坚持走以人文本、四化同步、优化布局、生态文明、文化传承的中国特色新型城镇化道路。""加快特色镇发展……发展具有特色优势的休闲旅游、商贸物流、信息产业、先进制造、民俗文化传承、科技教育等魅力小镇,带动农业现代化和农民就近城镇化。"推动基础设施和公共服务向农村延伸……建设美丽宜居乡村。""广泛吸引社会资本参与城市基础设施和市政公用设施建设和运营。根据经营性、准经营性和非经营性项目不同特点,采取更具针对性的政府和社会资本合作模式,加快城市基础设施和公共服务设施建设。"鼓励地方利用财政资金和社会资金设立城镇化发展基金。鼓励开发银行、农业发展银行创新信贷模式和产品，针对新型城镇化项目设计差别化融资模式与偿债机制。

2016 年 7 月 1 日，《住房城乡建设部、国家发展和改革委员会、财政部关于开展特色小镇培育工作的通知》（建村〔2016〕147 号）发布，三部委决定在全国范围开展特色小镇培育工作。通知提出这样的目标：到 2020 年，培育 1000 个左右各具特色、富有活力的休闲旅游、商贸物流、现代制造、教育科技、传统文化、美丽宜居等特色小镇，引领带动全国小城镇建设，不断提高建设水平和发展质量。

《关于加快美丽特色小（城）镇建设的指导意见》（发改规划〔2016〕2125 号）提出"加强历史文化名城名镇名村、历史文化街区、民族风情小镇等的保护，保护独特风貌，挖掘文化内涵，彰显乡愁特色，建设有历史记忆、文化脉络、地域风貌、民族特点的美丽小（城）镇。""创新特色小（城）镇建设投融资机制，大力推进政府和社会资本合作，鼓励利用财政资金撬动社会资金，共同发起设立美丽小（城）镇建设基金。研究设立国家新型城镇化建设基金，倾斜支持美丽小（城）镇开发建设。"

（三）开发区、园区

《关于促进具备条件的开发区向城市综合功能区转型的指导意见》（发改规划〔2015〕2832 号）鼓励社会资本采取特许经营、公建民营、民办公助等方式参与开发区公共产品和公共服务的提供。优先在基础设施、资源环境、公共服务等领域推广政府和社会资本合作模式。探索开发区将基础设施、公益性基础建设项目及产业招商等服务项目整体外包。鼓励社会资本参与开发区融资平台公司存量公共服务项目改造运营。逐步扩大教育、医疗、养老、体育、文化等服务购买范围。

《国务院办公厅关于促进开发区改革和创新发展的若干意见》（国办发〔2017〕7 号）指出："牢固树立创新、协调、绿色、开放、共享的发展理念，加强对各类开发区的统筹规划，加快开发区转型升级，促进开发区体制机制创新，完善开发区管理制度和政策体系，进一步增强开发区功能优势，把各类开发区建设成为新型工业化发展的引领区、高水平营商环境的示范区、大众创业万众创新的集聚区、开放型经济和体制创新的先行区，推进供给侧结构性改革，形成经济增长的新动力。""开发区基础设施建设要整体规划，配套电力、燃气、供热、供水、通信、道路、消防、防汛、人防、治污等设施，并将为企业服务的公共信息、技术、物流等服务平台和必要的社会事业建设项目统一纳入整体规划。"

《关于支持老工业城市和资源型城市产业转型升级的实施意见》（发改振兴规〔2016〕1966 号）提出："支持示范园区工业废水集中治理、集中供热、危险废物集中处置、资源综合利用、综合管廊、能源、交通等基础设施和公共服务平台建设项目开展 PPP 试点。”

(四)土地问题

财综〔2016〕4 号文对土地储备制度和资金管理进行规范,将新区开发中的市政基础设施项目、公共服务配套项目等从土地储备项目进行分离,为政府国土部门实施“拆迁安置补偿”或土地储备机构实施“储备土地前期开发”引进社会资本或采购社资本提供了政策依据,给新区开发适用 PPP 模式带来了机遇与挑战。[①]

二、农业开发 PPP 政策

2016 年 12 月,发改委联合农业部印发的 PPP 指导性文件《关于推进农业领域政府和社会资本合作的指导意见》(发改农经〔2016〕2574 号)提出加快从农业领域公共产品的直接“提供者”,向社会资本“合作者”和项目“监管者”转变;明确社会资本平等的市场主体地位,通过市场机制吸引社会资本合作。

2016 年 12 月,国务院发布的《关于深入推进农业供给侧结构性改革　加快培育农业农村发展新动能的若干意见》鼓励农村集体经济组织创办乡村旅游合作社,或与社会资本联办乡村旅游企业;推行政府购买服务,支持各类社会力量广泛参与农业科技推广。

2017 年 2 月,国务院印发《关于创新农村基础设施投融资体制机制的指导意见》明确“对农村道路等没有收益的基础设施,建设投入以政府为主,鼓励社会资本和农民参与。对农村供水、污水垃圾处理等有一定收益的基础设施,建设投入以政府和社会资本为主,积极引导农民投入。”

2017 年 2 月,中央一号文件正式发布,题为《中共中央、国务院关于深入推进农业供给侧结构性改革加快培育农业农村发展新动能的若干意见》提出改革财政支农投入机制,固定资产投资继续向农业农村倾斜。创新财政资金使用方式,推广政府和社会资本合作,实行以奖代补和贴息,支持建立担保机制,鼓励地方建立风险补偿基金,撬动金融和社会资本更多投向农业农村。

2017 年 3 月,农业部、财政部印发《关于开展国家现代农业产业园创建工作的通知》,按照中央一号文件及政府工作报告提出农业产业园的建设工作。统筹现有渠道资金,按照“渠道不乱、用途不变”的原则向园区适当倾斜,形成集聚效应。发挥财政资金的引领作用,通过 PPP、政府购买服务、贷款贴息等方式,撬动更多金融

---

① 颜俊:《新区开发与 PPP 模式的应用及监管》,载 www. caigou2003. com/shouye/shouyeyaowen/2505360. html,2016 年 10 月 18 日访问。

和社会资本投入园区建设。鼓励地方创新产业园管理体制和产业园投资、建设、运营方式。

三、旅游开发政策

详见第五节。

第五节　旅游开发 PPP 项目案例分析

本节以旅游开发 PPP 项目实践操作案例为基础，结合我国旅游开发 PPP 项目的政策，介绍我国旅游开发 PPP 项目发展与操作模式情况，最后再对我国旅游开发 PPP 项目存在的法律问题进行介绍并提供相应的建议。

一、旅游开发案例简介

（一）菏泽市郓城县澎湖湿地生态区 PPP 项目概况

澎湖生态区 PPP 项目为财政部第三批试点项目，项目位于郓城县南彭庄煤矿采空塌陷地，是郓城县发展全局旅游重点打造的旅游项目。该项目主要规划建设“一心五片区”：以彭庄湿地公园为中心，建设生态养老社区、现代农业观光区、后彭庄民俗文化体验区和刘官屯水浒文化体验区及生态绿化隔离带，着力构建“湿地休闲、田园养生”自然景观，打造集湿地旅游、健康养老、农业观光于一体的综合旅游景区，实现彭庄煤矿塌陷区生态跨越转型。该项目总占地 7650 亩，其中湿地公园占地 4100 亩，为核心建设子项目。项目基地原状为荒废农田和搬迁村落旧址，由于煤矿开采塌陷积水连成水系，芦苇丛生、鸟类栖息，已形成自然湿地。本项目通过建设湿地生态区，以修复生态为基础，提升场地水质状况，用植被群落修复来营造物种多样化的生态平衡状态，发展旅游业、观光农业、养老产业。

（二）项目建设内容

彭湖湿地公园占地 4100 亩，建筑物建筑面积约 2.2 万 m^2，开放水域 63 万 m^2，自然湿地 107.4 万 m^2，人工湿地 7.6 万 m^2，还包括绿地、停车场、各类桥梁、道路广场及配套服务设施。

生态农业观光园占地 1000 亩，主要建设内容包括：联栋温室、生态餐厅及其他服务建筑、垂钓鱼池、采摘果园、有机农田以及其他景观配套设施。

生态养老社区占地 750 亩，总建筑面积 32.53 万 m^2，包括养老保健院、养老公寓、管理中心及其他配套设施。

后彭庄民俗文化体验区占地550亩,主要建设内容包括:民俗商业街,全村建筑整修,道路及广场,环境绿化工程,河道及坑塘景观生态改造,码头、仿古戏台、牌楼及其他配套景观设施,污水管网及生态化污水处理设施,生活垃圾分类处理设施,其他市政管网建设,其他配套市政设施以及后彭新村建设。

刘官屯水浒文化体验区占地1250亩,主要建设内容包括:民俗商业街建筑,餐厅酒店建筑面积,道路及广场,环境绿化工程,河道及坑塘景观生态改造,码头、仿古戏台、牌楼及其他配套景观设施,污水管网及生态化污水处理设施,生活垃圾分类处理设施,其他市政管网建设,其他配套市政设施。

(三)投资规模及融资模式

澎湖生态区项目总投资207,493.51万元,政府不投入资金,项目资本金4793.51万元,占总投资的22.89%;项目建设期债务融资总金额160,000万元,由项目法人通过贷款等方式筹集,借贷期15年,建设期利息21,330.11万元。项目建设期4年,运营期20年。

二、旅游开发PPP项目政策解读

我国在改革开放后早期的经济建设过程中,着力于发展第一产业和第二产业,旅游业作为服务业并未受到足够重视,政府对旅游业的定位一度为国民经济的一种点缀。

《国务院批转国家旅游局关于加强旅游行业管理若干问题请示的通知》(国发〔1991〕8号)认为旅游业是创汇、创收的重要产业。《国务院关于进一步加快旅游业发展的通知》(国发〔2001〕9号)提出"进一步发挥旅游业作为国民经济新的增长点的作用","加大对旅游业的支持力度。一是增加对旅游基础设施建设的财政性资金投入","鼓励多种经济成分参与旅游业发展,积极培育多元化的旅游市场主体。"

随着我国经济实力的增强,人民收入水平大幅提高,人们的生活观念也大为改变,旅游逐渐成为一种生活方式。薄弱的旅游基础设施已经不能满足人们对旅游质量日益增长的需求。旅游景区项目投资规模大、回收周期长、融资渠道窄、投资风险大,融资成为开发的一大瓶颈。我国旅游业长期以来主要依赖政府投资、银行贷款等传统融资模式,难以满足旅游项目建设与旅游产品结构转型的巨额融资需求,亟需引进社会资本参与旅游基础设施建设。

《国务院关于加快发展旅游业的意见》(国发〔2009〕41号)提出深化旅游业改革开放,"鼓励社会资本公平参与旅游业发展,鼓励各种所有制企业依法投资旅游产业”，加快旅游基础设施建设。《意见》提出：“把旅游业培育成国民经济的战略性支柱产业和人民群众更加满意的现代服务业”，是我国旅游业发展的一个具有里程碑意义的重要文件。

国发〔2010〕13 号文进一步提出：“鼓励民间资本参与发展文化、旅游和体育产业”，“鼓励民间资本合理开发旅游资源，建设旅游设施，从事各种旅游休闲活动。鼓励民间资本投资生产体育用品，建设各类体育场馆及健身设施，从事体育健身、竞赛表演等活动。”2012 年 6 月，国家旅游局发布《关于鼓励和引导民间资本投资旅游业的实施意见》（旅办发〔2012〕280 号），明确鼓励民间资本投资旅游基础设施，合理开发、经营和管理旅游景区。

自 2014 年开始，中央政府开始在各个领域大力推广政府与社会资本合作模式（PPP 模式）。PPP 模式也给民间资本参与旅游景区的开发提供了一种新的途径。发改投资〔2014〕2724 号文确定医疗、旅游、教育培训、健康养老等公共服务项目，以及水利、资源环境和生态保护等项目均可推行 PPP 模式。国务院发布的《关于促进旅游业改革发展的若干意见》（国发〔2014〕31 号）更是提出“推动旅游市场向社会资本全面开放”。

国家发改委《关于实施旅游休闲重大工程的通知》（发改社会〔2016〕2550 号）决定实施旅游休闲重大工程，积极引导社会资本投资旅游业，不断完善旅游基础设施和公共服务体系，丰富旅游产品和服务，迎接正在兴起的大众休闲旅游时代。通知制定了 2020 年的目标：“依托旅游休闲重大工程的实施，基本建立与大众旅游时代相匹配的基础完善、城乡一体，结构优化、供需合理，机制科学、规范有序的现代旅游业发展格局”；“全国旅游直接投资年均增长 20%，到 2020 年，实现旅游投资总额达到 2 万亿元；旅游消费总额达到 7 万亿元，旅游业对国民经济增长的综合贡献超过 10%……”。

三、我国旅游开发 PPP 项目发展情况简介

（一）旅游业的发展情况

我国幅员辽阔，历史悠久，有许多绝美的崇山峻岭、江河湖泊与人文景观。在古代，虽然交通闭塞、基础设施简陋，也阻挡不了人们对大自然的探索和对美好事物的咏叹，渐渐形成中国的浪漫主义旅游文化。这种影响是自上而下、潜移默化的，自春秋战国时，君王就以四季田猎的活动来祭祀天地，在太平盛世或天降祥瑞之时登山封禅以示祥和；文人骚客更喜游历大好河山，赋诗题字，千古流传，自然景观更添人文色彩；平民百姓受经济所限不能长途旅行，每逢万物生长也满怀诗意踏青春游，逢年过节灯会集市也是农忙闲暇之际旅游的最好去处。今人对旅游的热爱更甚，每到周末小长假，景区已是人山人海；旅游能够超越婚礼的神圣，旅游结婚逐渐

成为时尚;旅游甚至颠覆人们长久以来春节在家守岁的观念。

国家旅游局数据中心数据显示,2016 年全年国内旅游人数 44.4 亿人次,比 2015 年同期增长 11.%;入出境旅游人数 2.6 亿人次,增长 3.9%;全年实现旅游总收入 4.69 万亿元,增长 13.6%。随着旅游业的快速发展,其对 GDP 的贡献比例也逐年上升,对经济的拉动效应明显。根据国家旅游局的统计,2015 年我国旅游业收入占 GDP 比重已近 5%,旅游业综合贡献占 GDP 总量的 10.8%。

根据 2014 年 8 月国务院发布的《关于促进旅游业改革发展的若干意见》,预计 2020 年境内旅游总消费额 5.5 万亿,据此测算,2013 ~ 2020 年中国旅游行业收入增速 9.3%;国务院发展研究中心预测,2020 年中国 GDP 有望达到 100 万亿元,保持年均 7% 的实际增长率。结合政府中性目标与我们基于整体经济背景下中国旅游行业成长前景的判断,预计 2015 ~ 2020 年中国旅游行业收入复合年均增长率范围将达 20% 左右,保持快速发展。①

从世界范围内看,旅游业早在 20 世纪 90 年代初期就已发展成超过石油工业、汽车工业的世界第一大产业,也是世界经济中持续高速稳定增长的重要战略性、支出性、综合性产业。当今,随着经济全球化和世界经济一体化的深入发展,世界旅游业更是进入快速发展的黄金时代。2011 年 3 月世界旅游及旅行理事会发布的《2011—2021 旅游业经济影响报告》认为,尽管目前世界经济增长遇到很多挑战和不稳定因素的影响,但旅游业一直是增长速度最快的产业之一,而且成为推动经济发展和就业增长的主要力量。②

(二)我国旅游开发项目的发展阶段

1. 以保护为主的初期开发阶段(1949 ~ 1965)

中华人民共和国成立后,全国各族人民在中国共产党的领导下,开始建立完整的国民经济体系。这一阶段,旅游资源工作的重点首先在遗产资源的保护和恢复方面。著名的风景名胜区得到了重点维护,人民群众旅游、娱乐和休息的环境逐步得到扩充,旅游资源也得到了种种开发建设。

对珍贵文物实行分级重点管理,确定公布全国重点文物保护单位是我国政府在全国范围内依法采取的一项加强文物保护管理的重大措施。对于地面上留存的古建筑、古园林、石窟、石刻等都进行了重点的保护和维修,同时还开拓道路、加强绿化、改善环境、创造必要的条件,打造极受游人欢迎的游览场所。

---

① 《2016 ~ 2017 年中国旅游行业发展现状、发展趋势、发展前景分析》,载 www.chyxx.com/industry/201611/471985.html,2016 年 11 月 28 日访问。

② 刘文海:《世界旅游业的发展现状、趋势及启迪》,载《中国市场》2012 年第 33 期,总第 696 期。

2. 粗放式开发阶段

改革开放以后，大批海外游客来中国旅游，国内旅游业逐步兴起，很多景点游客密度增长过快，引起了国内外旅客的强烈不满，严重影响了我国的旅游形象。旅游景区突破了重保护、轻开发的传统观念，进入开发阶段，主要表现为对自然景观、人文历史景观和人造景观的粗放式开发。景区开发呈自发性、盲目性，项目遍地开花且模仿性高，由此造成相当一部分旅游开发项目近距离重复建设，没有特色，仅增加旅游投资和劳动力投入来实现旅游经济的增长，而不注重质量。

3. 规划开发阶段

景区在开发、规划和经营管理的过程中引入了可持续性发展的理念，不只注重经济目标的实现，而是把景区的经济、社会文化和自然生态效益的最优化放到了主要位置，尽量减少和避免对生态、社会环境的负面影响。这个阶段形成了一个重点发展的格局，景区加大对自己优势方面的认识，并重点开发。

4. 创新开发阶段

随着游客的旅游观念逐渐成熟，人们对旅游的选择已不再满足于自然和人文旅游观光产品，旅游活动形式向多元化、特色化和参与化逐步发展，从传统的观光旅游扩大到休闲旅游、工业旅游、科技旅游、体育旅游等、探险旅游、沙漠旅游等。为了迎合市场的需求，旅游开发也得到不断创新，此时的旅游开发越来越具有综合性和开发性。

在旅游行业持续保持高景气的态势下，扶持政策的不断加码为旅游行业引进 PPP 建设提供了良好环境。数据显示，截至 2017 年 6 月 10 日，全国 PPP 项目数量为12,700个，入库项目金额 15.3 万亿元；旅游行业项目数量 781 个，占比 6.15%，环比呈上升趋势。

（三）旅游开发 PPP 项目类型

旅游业原本是我国最早引入 PPP 模式的行业，20 世纪 80 年代，北京饭店、广东的白天鹅宾馆就在我国第一批 BOT 项目之列。但很显然，随着时代的变迁，酒店、餐饮、购物、旅行社进入高度市场化阶段，已经不适合采用 PPP 模式，而旅游基础设施（如道路）、旅游公共服务设施（如旅游集散中心、旅游厕所、智慧旅游）、依托自然资源和人文资源建设的旅游景区，以及泛旅游产业项目（如湿地公园、大型体育场、旅游小镇、旅游综合体、乡村旅游等）都适合按照 PPP 的要求进行包装设计。①

---

① 秦岩：《什么样的旅游项目可以成为 PPP 项目》，载 www.davost.com/seo/detail/4071－0f147a109c.html，2016 年 8 月 9 日访问。

此时,我国的旅游开发 PPP 项目开始向两极化发展。一种类型是一般做法,为防止某一行业和领域 PPP 项目过于集中,实践中可以把泛旅游 PPP 项目根据自身特点分解到养老、文化、体育、交通、教育、市政、医疗等多个领域,并做好部门之间的协调,使得每一年度全部 PPP 项目需要从预算中安排的支出责任,占一般公共预算支出比例应当不超过 10%。另一种类型做法正好相反,PPP 项目走综合开发路径,在旅游开发的映射范围内,将具有养老、文化、农业、体育等其他性质的项目“打包”进来,形成一个大的旅游综合开发 PPP 项目或其他类型的综合开发项目,然后按照总体规划,可以分批分期实施,也能满足公共预算要求。

澎湖生态区 PPP 项目的开发类型属于第二种,为“打包”式综合开发形式。

四、旅游开发 PPP 项目操作模式简介

在 PPP 这个大的概念下包含了多种具体操作模式,如委托运营、管理合同、BOT、BOO(建设—拥有—运营)、TOT(移交—经营—移交)等,而实际应用远不止这些,需要根据每个旅游开发 PPP 项目的建设内容等方面决定采用哪种或者哪些模式。

旅游开发内容可以分为三部分:公益性部分、传统经营性部分和附加经营性部分。公益性部分为公路、码头、停车场、集散场所、旅客中心等基础设施,以及对景区生态的保护,这部分不具有经营性;传统经营性部分为景点门票、游览交通、缆车索道、住宿餐饮、商铺出租等,是景区的传统收入来源;附加经营性部分为设置于景区内或与景区相邻建设的其他项目,如娱乐休闲设施、体育设施、养老设施、医疗疗养院、月子中心等。

(一)委托运营模式

这种模式适用于总体处于不佳境况,如经营不景气、管理较混乱、盈利能力较差,但发展前景较好的景区,利用受托管理方的品牌效应、连锁经营、精细管理和会员营销等优势使景区快速步入发展的正轨。

在这种模式下,如果需要对存量项目进行运营和维护,一般选择 O& M(运营、维护)模式;如果需要对存量项目加以扩建,则可以采用 LBO(Lease – Build – Operate,租赁—建设—经营)模式或 TOT 模式。

(二)景区经营权出让模式

景区经营权出让模式分经营权出让和特许经营两种。

建设部于 2004 年在贵州试点推行风景名胜区特许经营模式,随后国内绝大多

数的风景名胜区都通过所有权、管理权、经营权分离实施了特许经营。目前，我国旅游业尚未普及特许经营这个概念，国家旅游局等部委也没有出台规范景区特许经营的办法。

在此模式下，社会资本方参与部分或全部投资，取得相应的经营权并对景区的设施进行维护管理，通过一定的合作机制与政府分担项目风险，共享项目收益。根据新建、存量和改建情况分为 BOT、TOT 和 ROT 等具体模式。

以 BOT 模式为例，具体做法根据政府参与建设程度还可以分为先补偿方式和后补偿方式。先补偿方式的具体做法是把一个旅游投资项目分为两个部分：公益性部分和营利性部分。公益性部分由政府出资的投资公司来完成；营利性部分的投资、运营和维护由社会资本投资组建的 PPP 项目公司来完成。政府部门与 PPP 公司签订特许经营协议，在项目的成长期，政府将其投资所形成的资产无偿或以象征性的价格租赁给项目公司，为 PPP 项目公司实现正常投资收益提供保障；在项目的成熟期，回收部分政府投资，同时避免 PPP 项目公司产生超额利润。后补偿方式是公益性部分和营利性部分均由 PPP 项目公司来完成，项目公司通过使用者付费或可行性缺口补助方式获得补偿。

（三）旅游综合开发模式

根据开发的规模也可以分为两种：一种是区域性的，比如旅游小镇项目。这种旅游引导的区域综合开发模式，是以旅游休闲为引擎，实现区域产业聚集、区域土地升值与休闲地产开发，最终带动区域综合开发的发展模式。另一种是范围比较小的旅游综合开发，可捆绑优势旅游资源的开发权、提供可以产生预期收益的配套服务（如餐饮、物业、绿化）、附带生产出更具经营性的副产品（如广告、建筑作品知识产权的授权使用）、冠名公共产品，通过使用者付费的方式回笼资金，减轻政府财政负担。政府还可将盈亏状况不同的公共产品捆绑，如将现金流入充裕的经营性公共项目、现金流入不足的非经营性公共项目和没有任何现金流入的非经营性公共项目实施捆绑，实现“以丰养歉”，同时确保 PPP 项目“盈利但不暴利”，提高目标利润的可持续性。①

五、旅游开发 PPP 项目法律问题分析

下面将从旅游开发 PPP 项目中景区经营权的出让限制、“打包”行为的合规性、

---

① 秦岩：《什么样的旅游项目可以成为 PPP 项目》，载 www. davost. com/seo/detail/4071 – 0f147a109c. html，2016 年 8 月 9 日访问。

“打包”综合开发 PPP 操作模式、旅游开发项目回报机制及绩效考核与激励机制五个方面进行法律问题分析。

（一）景区经营权的出让限制

旅游景区的类型复杂多样，包括风景名胜区、文物保护单位、世界文化遗产、自然保护区、国家森林公园等，上述不同类型的旅游景区我国均有特定适用的法律、法规，如《风景名胜区条例》《文物保护法》《世界文化遗产保护管理办法》《自然保护区条例》《国家级森林公园管理办法》等。在 PPP 项目中，社会资本想取得经营权，必须满足《旅游法》及上述所有法律法规的规定。

《旅游法》并没有对景区的经营主体做出规定和限制，但《风景名胜区条例》《国家级森林公园管理办法》及《国有文物保护单位经营性活动管理规定（试行）》对相应类型景区的经营主体有明确的规定，在实际操作中应引起注意。《风景名胜区条例》第 4 条规定：“风景名胜区所在地县级以上地方人民政府设置的风景名胜区管理机构，负责风景名胜区的保护、利用和统一管理工作。”《国家级森林公园管理办法》第 4 条规定：“县级以上地方人民政府林业主管部门应当指导本行政区域内的国家级森林公园经营管理机构配备管理和技术人员，负责森林风景资源的保护和利用。”《国有文物保护单位经营性活动管理规定（试行）》立法目的在于规范国有文物保护单位在保护区内的经营活动，第 4 条第 2 款也规定“国有文物保护单位开展经营性活动”，特别是第 6 条“国有文物保护单位的经营性活动，由文物保护单位管理机构为主体开展。”已排除社会资本参与文物保护区的经营活动。

另外，有些法律法规对相应景区的门票及某些经营收入规定专门用途，《风景名胜区条例》第 37 条规定：“进入风景名胜区的门票，由风景名胜区管理机构负责出售。门票价格依照有关价格的法律、法规的规定执行。”第 38 条规定：“风景名胜区的门票收入和风景名胜资源有偿使用费应当专门用于风景名胜资源的保护和管理以及风景名胜区内财产的所有权人、使用权人损失的补偿。”《国家级森林公园管理办法》第二十条规定“国家级森林公园的门票和其他经营收入应当按照国家有关规定使用，并主要用于森林风景资源的培育、保护及森林公园的建设、维护和管理。”《国有文物保护单位经营性活动管理规定（试行）》第 4 条第 1 款规定：“……经营性活动的收入应当用于文物事业发展，任何机构或者个人不得侵占、挪用。”

同时，为了保护特殊景区不受人为破坏，部分法律法规对景区内的经营活动也作出了规定。《风景名胜区条例》第 26 条至第 28 条对风景名胜区范围内的规划和建设活动有特别严格的限制。

（二）“打包”行为的合规性

澎湖生态区项目按建设内容分为六个独立的子项目：彭庄湿地公园、生态养老社区、现代农业观光区、后彭庄民俗文化体验区、刘官屯水浒文化体验区和生态绿化隔离带。按项目性质分，彭庄湿地公园为综合治理 + 旅游开发项目，生态养老社区为养老产业项目，现代农业观光区为农业开发项目，后彭庄民俗文化体验区和刘官屯水浒文化体验区为文化旅游项目，生态绿化隔离带为公共设施项目。

国务院《关于创新重点领域投融资机制鼓励社会投资的指导意见》（国发〔2014〕60 号）提出积极推动社会资本参与市政基础设施建设运营；鼓励社会资本参与教育、医疗、养老、体育健身、文化设施建设。国家发展改革委《关于切实做好传统基础设施领域政府和社会资本合作有关工作的通知》（发改投资〔2016〕1744 号）提出鼓励和引导民营企业、外资企业参与 PPP 项目，包括：旅游农业、休闲农业基础设施建设等项目、湿地保护与修复工程等领域。上述法规规章对各项 PPP 模式提供了法律依据，对于采用单项实施还是“打包”成一项来实施，并未给出指导或限制。应认为，项目实施单位有根据实际情况合理安排的自由。“打包”可以节约程序和时间成本，从城市片区综合开发 PPP 项目和特色小镇 PPP 项目的“走红”，可以看出国家对合理的“打包”是鼓励的。项目实施单位考虑湿地公园综合治理带来的生态效益，将具有正外部性的其他项目与核心项目“打包”成一个项目，一则可以挖掘综合治理带来的经济效益，二则用经营性项目的盈利补贴非经营性项目和准经营性项目可以平滑政府财政支出。

（三）“打包”综合开发 PPP 操作模式

澎湖生态区项目的核心子项目为彭庄湿地公园项目，包含的内容有湿地治理、停车场以及道路桥梁的建造，经营性的项目仅包括一些水上娱乐、商业出租以及停车位。湿地公园项目的外部效应远远大于项目自身的经济性，经营收益难以覆盖投资，属于公益性项目。若仅仅开发这一个子项目，则需要政府较高的补贴。一般的做法是将湿地公园项目的基础设施部分由政府投资，经营性项目设施由社会资本方实施，政府将基础设施以较低价出租给社会资本方，由社会资本方运营维护整个湿地公园，并取得经营收益，不足部分由政府以可行性缺口方式补贴。

本项目的操作思路是，将营利性项目和准营利性项目、非营利性项目“打包”，“打包”项目整体采用 BOT 方式运行。社会资本方对“打包”项目整体建造—运营—移交，政府方也是对整个项目进行可行性缺口补贴。此种方式的好处在于政府方关注总补贴额，对各子项的实际补贴关注度不高，社会资本方可以在项目内部进行经营调配，发挥主动性；缺点在于可能某些项目的经营维护不及预期。分析项目实施方案收入明细表，项目预计年总收入 43，285.05 万元，而其中的生态养老社区子项的年收入为 25，740 万元，占总收入的 59.5%。可见，生态养老社区子项目为主要收入来源，社会资本方在日常运营中必然会重视该子项，而对湿地公园的运营维护容易忽视，但湿地公园的维护是本项目的出发点。因此，政府方一方面应加强监管和日常巡视，另一方面在 PPP 项目协议中设定对项目的绩效考核更应偏向于湿地公园的治理和维护。

（四）旅游开发项目回报机制

根据《财政部关于规范政府和社会资本合作合同管理工作的通知》（财金〔2014〕156 号），回报机制有三种：政府付费、使用者付费和可行性缺口补助。根据前文分析，旅游项目整体具有较好的盈利能力，但具体项目有不同的盈利水平，尤其是新开发的旅游 PPP 项目，在市场培育期需要政府给予可行性缺口补助的回报方式。

澎湖生态区项目属于新建旅游项目，严格依据《政府和社会资本合作项目财政承受能力论证指引》（财金〔2015〕21 号）文件规定了可行性缺口补贴测算公式，并结合"基于可用性的绩效合同"模式，采用招投标确定的合理利润率、年度折现率、工程让利系数、运营维护让利系数计算可行性缺口补贴具体金额。可行性缺口补贴包括政府对项目可用性投资补贴（符合验收标准的公共资产）以及为维持项目可用性所需的运营维护投资补贴（符合绩效要求的公共服务），政府方依据绩效考核结果向社会资本方支付可用性补贴和运维绩效补贴。

可行性缺口补助是指使用者付费不足以满足项目公司成本回收和合理回报时，政府方给予项目公司一定的经济补助，以弥补使用者付费之外的缺口部分。首先，"打包"项目应注入经营性资产；其次，"打包"的目的是弥补湿地公园项目的缺口，所以打包进来的资产应该是"优良资产"，也就是说应该是盈利性比较好的；最后，"打包"的出发点是使湿地公园项目能够持续经营下去，湿地公园才是最重要的子项目，项目的运行不应偏离该出发点。

本项目在运营的过程中，如果注入的某些"优良资产"项目不及预期，缺口会加大，甚至该子项目本身也需政府的可行性缺口补助，这个时候应该如何处置不及预期的子项目？这些都应该预先约定。上文分析到生态养老社区子项的年收入占总收入的 59.5%，整个项目过于倚重该子项目，一旦该子项目预期出现较大偏差，对整个项目的影响巨大。

（五）绩效考核与激励机制

PPP 模式的优势，在于通过科学合理的利益分配和风险分担机制，引导项目有效控制风险，激励相关方发挥潜能，从而实现项目社会效益最大化。财金〔2014〕113 号文第 26 条规定："政府有支付义务的，项目实施机构应根据项目合同约定的产出说明，按照实际绩效直接或通知财政部门向社会资本或项目公司及时足额支付。设置超额收益分享机制的，社会资本或项目公司应根据项目合同约定向政府及时足额支付应享有的超额收益"，"项目实际绩效优于约定标准的，项目实施机构应执行项目合同约定的奖励条款，并可将其作为项目期满合同能否展期的依据；未达到约定标准的，项目实施机构应执行项目合同约定的惩处条款或救济措施。"可知，政府方可以与社会资本方约定绩效考核机制及激励机制（超额收益分享机制）。

根据项目实施方案，政府方依据绩效考核结果向社会资本方支付可用性补贴和运维绩效补贴。可用性补贴与项目建设有关，本节不予分析。

运维绩效补贴指项目公司为维持本项目可用性所提供的，符合协议规定的绩效标准的运营维护服务，所承担运营维护全部投资中自身经营收益无法弥补的部分，而需要获得的补贴，主要包括该项目红线范围内的运营维护成本及必要的合理回报。

$$\text{年度运营维护补贴} = \text{运营维护成本} \times \text{运营维护费绩效考核系数} \times (1 + i)$$

上述公式中，运营维护费绩效考核系数是值得好好去设计的。针对本"打包"项目，应该对湿地公园子项目有所偏倚，加大湿地公园子项目的权重，尤其是公众对湿地公园的满意度。

本项目注入的"优良资产"必须保证其盈利水平，这对社会资本方的经营水平要求较高，社会资本方的需付出比日常运营更多的努力。如果社会资本方足够努力，增加的经营收入使政府方的可行性缺口补助显著减少，宜设置激励机制，对增加的部分约定比例分成。

第六节　新型城镇化 PPP 项目案例分析

城镇化，是人口向城镇集中并由此推动城镇发展的过程。伴随着这一过程的是国家的经济结构、社会结构和生产方式、生活方式的重大转变。[①] 城镇化是伴随着工业化发展，非农产业在城镇聚集、农村人口向城镇集中的自然历史过程，是人

---

① 陆大道、陈明星：《关于"国家新型城镇化规划（2014～2020）"编制大背景的几点认识》，载《地理学报》2015 年第 2 期。

类社会发展的客观趋势，是国家现代化的重要标志。① 自改革开放以来，我国的城镇化率从 17.9% 上升至 53%，城市数量从 193 个增加至 658 个，建制镇数量从 2173 个增加至 20,113 个。但是在快速的城镇化过程中，也存在一些突出矛盾无法解决。大量农业转移人口难以融入城市社会，市民化进程滞后；建设用地利用粗放且低效，部分地区过分依赖土地出让收入和土地抵押融资推进城镇建设；城镇空间分布和规模结构不合理；城市管理服务水平不高，城中村和城乡结合部等外来人口聚集区人居环境较差；自然历史文化遗产保护不力，部分农村地区大拆大建照搬城市小区模式，丧失农村的文化特色；体制机制不健全，严重阻碍城镇化的健康发展。某些城市在建设时过分求大、求洋，开发区、产业园区的基础设施、生活保障设施、社区服务等内容不配套，园区、开发区的集中效应并不明显。

为了解决自改革开放以来城镇化造成的种种不利影响，推动城镇化以可持续的方式开展，中共中央于 2013 年提出：我们应当坚持走中国特色新型城镇化道路，推进以人为核心的城镇化，推动大中小城市和小城镇协调发展、产业和城镇融合发展，促进城镇化和新农村建设协调推进。为有效推进新型城镇化建设，政府鼓励采用 PPP 模式，在基础设施和公共服务领域建立一种长期的合作关系。新型城镇化建设包含建制镇的改造、园区综合开发、片区综合开发、特色小镇建设等。通过新型城镇化建设，改变原先单一的园区、开发区等建设模式，推动具备条件的开发区进行城市功能改造，合理配置生活生产空间②，彻底改变原先的“空城、空镇、空园区”的现象。

近年来，已经有多地尝试采用 PPP 模式进行新型城镇化建设，对未来的新型城镇化建设有较强的指导意义，如上海市青浦区重固镇新型城镇化项目、固安产业园区的新型城镇化项目、中信滨海新城项目。在“一带一路”建设中，我国也把新型城镇化 PPP 建设模式推广到沿线国家，如缅甸皎漂特别经济区深水港和工业园项目。本节试图通过对几个典型的相关案例的介绍，结合新型城镇化 PPP 政策，介绍我国新型城镇化的 PPP 项目的模式，对新型城镇化 PPP 项目中存在的法律问题进行分析并提供相应的建议。

一、新型城镇化 PPP 项目典型案例

（一）上海市青浦区重固镇新型城镇化 PPP 项目

1. 项目背景

重固镇地处青浦区东北部，是青浦区规划的 8 个新市镇之一，城镇总面积 24 平

---

① 中共中央、国务院印发：《国家新型城镇化规划（2014～2020 年）》，2014 年第 9 号国务院公报。

② 参见《关于促进具备条件的开发区向城市综合功能区转型的指导意见》（发改规划〔2015〕2832 号）。

方公里，东邻华新镇、赵巷镇，西与青浦工业区、白鹤镇相邻，北青公路、赵重公路、同三国道、外青松公路、老通波塘、油墩巷、大盈江纵横贯穿，水陆交通方便。重固镇人口密度较低，以商贸物流为主的现代服务业有提升空间，工业企业比较分散，土地使用率尚有增长潜力，文化资源也有待开发。而且重固镇最大的特点就是没有什么特点，重固镇没有特色的支柱型产业和独特的定位，因此重固镇的发展便于普遍推广。

2. 建设内容及规模

重固镇新型城镇化项目首期总投资额在 120 亿元左右，合作期限为 10 年。目前首期投资中的 90 多亿元用于动拆迁安置。建设工作分四期完成，主要内容为“城中村”改造和动拆迁安置任务；基础配套设施及公共项目的更新、改造、新建工程；环境整治和拆违工作；福泉山遗址公园建设。

3. 社会资本方的选择方式及合作模式

政府方在本项目中采用竞争性磋商的方式选择由中建方程和中建八局组成的联合体作为项目的社会资本方。本项目通过设置领导小组和项目公司的方式推进新型城镇化建设工作。政府方和社会资本方采用股权合作的方式共同设立项目公司，项目公司为实施本次 PPP 项目的唯一实施主体。青浦区政府旗下的青发集团占股 20%，重固镇集体经济组织占股 10%，由中建方程和中建八局组成的中建联合体占股 70%。

项目采取一次授权、分期分类开发的方式，由政府和社会资本共同开展区域内新型城镇化整体投资建设开发合作。一次性授权的范围主要包括规划修编、土地整理、基础设施、配套设施、功能提升项目的投资建设运营、产业导入和产业发展服务等。

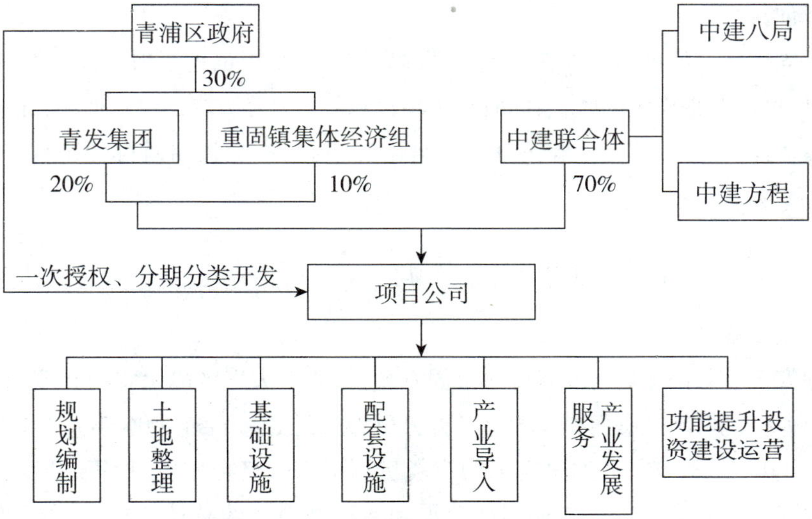

本项目的合作模式为整体采用 PPP 模式实施，具体按照"1 + X"模式展开。"1"就是指新城镇化 PPP 模式；"X"则包含了土地一级综合开发、公建配套、基础设施、功能提升、城市更新、产业发展，以及经营性项目特许经营权授予模式、准经营性项目特许经营权授予与缺口补偿结合模式、非经营性项目政府购买模式。土地一级综合开发中，按照双方另行签署的土地一级开发委托协议，青浦区政府授权重固镇政府作为责任主体、项目公司作为实施主体，一级土地开发的动拆迁进度、质量以及与被拆迁人的拆迁安置补偿均由重固镇负责。

4. 融资模式

政府对项目融资提供一定支持，政府方与社会资本共同出资设立 50 亿元基金，用于补充项目公司资本金。青浦区财政以注资区级国有企业（青发集团）的形式向基金出资约 15 亿元，社会资本出资约 35 亿元，分三年逐步配置到位。项目公司与基金形成借贷关系，融资成本参考市场基准利率，待项目公司融资资金偿还后结算。其余资金不足部分由项目公司申请银行贷款。

5. 收益回报机制

基于项目性质和公共资源配置来源不同，本项目采用了"1 +3 + X"的合作回报机制。即，一个基本模式：综合开发（成本报销）为基本模式；三个补充模式：缺口补助（配置定向出让用地）、政府购买（中长期预算）、特许经营；其他补充模式。在土地一级综合开发中，利用土地出让金作为资金来源进行成本报销，社会资本不参与土地收入分成，所有的土地收入全部留在重固镇。政府购买的资金来源为政府预算、专项资金。缺口补助的资金来源为定向出让差价。其他补充模式的回报可能来源于相关建设工程利润、二级市场开发、产业导入绩效报酬等其他额外收益。

6. 创新之处

重固镇项目的创新之处在于重固镇的集体经济组织也占了项目公司 10% 的股权，今后可以获得稳定的收益；同时整个项目拿出 5 万平方米的商业面积，让渡给重固镇集体经济组织，让当地农民分享城镇化"红利"，享受长期回报，保障农民的权益。

（二）固安工业园区新型城镇化项目

1. 项目背景

固安工业园区地处河北省廊坊市固安县，与北京大兴区隔永定河相望，距天安门正南 50 公里，园区总面积 34.68 平方公里，是经国家公告（2006 年）的省级工业园区。2002 年，固安县政府决定采用市场机制引入战略合作者，投资、开发、建设、运营固安工业园区。按照工业园区建设和新型城镇化的总体要求，采取"政府主导、企业运作、合作共赢”的市场化运作方式，倾力打造“产业高度聚集、城市功能完善、生态环境优美”的产业新城。

2. 建设内容

固安工业园区 PPP 新型城镇化项目，是固安县政府采购社会资本方华夏幸福基业股份有限公司（以下简称华夏幸福）在产业新城内提供设计、投资、建设、运营一体化服务。主要服务内容涉及土地整理服务、基础设施建设、公共设施建设及运营服务、产业发展服务（含招商引资、企业服务等）和规划咨询服务。规划咨询服务包括开发区域的概念规划、空间规划、产业规划及控制性详规编制等规划咨询服务，规划文件报政府审批后实施。

3. 社会资本方的选择及合作模式

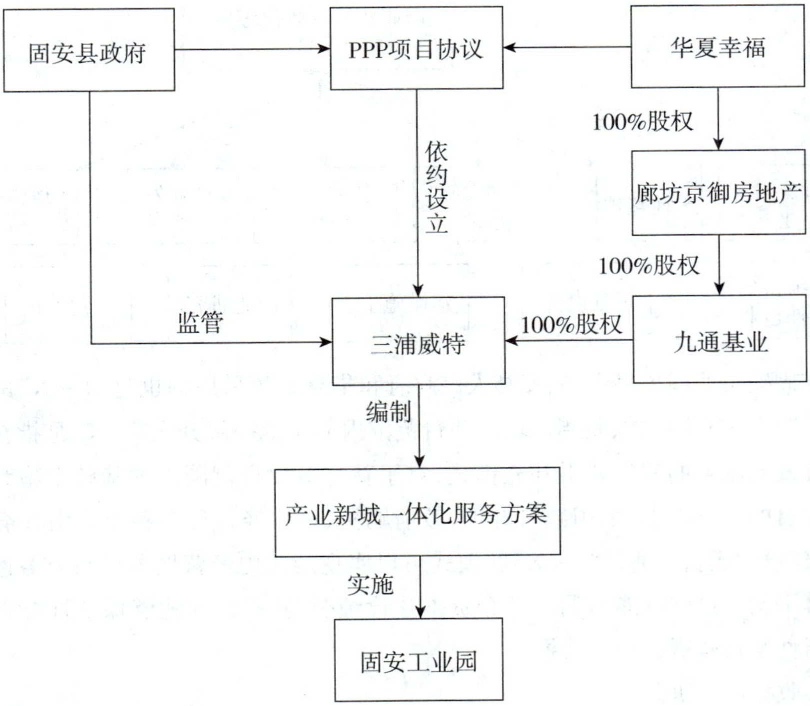

固安县人民政府通过公开招标的方式选定华夏幸福作为社会资本方。固安县政府与华夏幸福签订排他性的特许经营协议，由华夏幸福单独出资设立三浦威特园区建设发展有限公司（以下简称三浦威特）作为项目公司（实施主体），华夏幸福向项目公司投入注册资本金和项目开发资金。

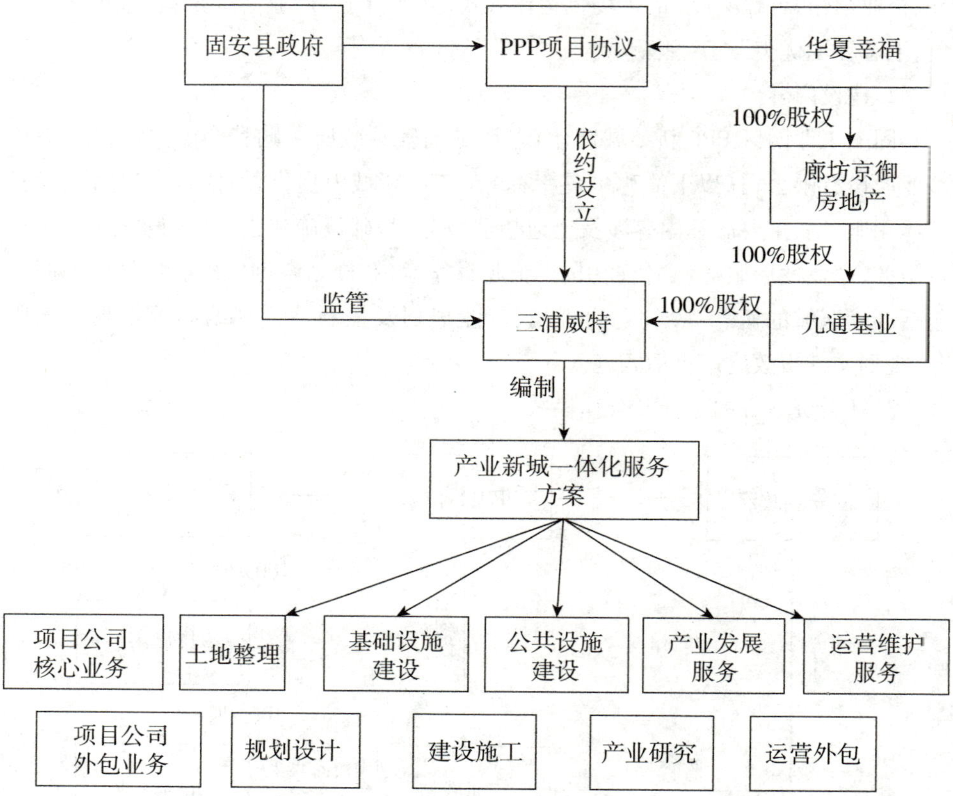

在固安工业园项目中，固安县人民政府和华夏幸福采用的也是“1 + X”的合作模式。“1”是基本模式，是指新城镇项目范围内的土地一级开发。“X”是指在土地一级开发基础上的其他若干补充模式，对于新城镇项目范围内的基础设施和公用事业项目的建设需求，采用缺口补助、政府购买、特许经营等多种模式由社会资本投资、建设和运营。通过“1 + X”的模式可以实现园区内经营性项目与公益性项目的统筹平衡。这样既能够调动社会资本建设纯公益项目，又能够保证社会资本通过经营性项目获得适当的回报。

4. 收益回报机制

针对经营性项目和准经营性项目，华夏幸福采取使用者付费、缺口补助模式进行投资、建设和运营。对于土地一级开发和非经营性基础设施项目建设，项目主要收益回报是以投资成本加成方式给予补偿，额度是投资成本的 110%。所以，在固安工业园区项目中的土地开发和非经营性项目采用的应是 BT 模式，实行项目的成本核销。

5. 创新之处

固安县人民政府和华夏幸福于 2002 年即签订了协议，确认采用政府和社会资本合作的模式对工业园区进行建设。通过在基础设施和公用事业建设的基础上整体式外包,形成了"产城融合"的整体开发建设机制,提供了工业园区开发建设和区域经济发展的综合解决方案①,对于之后的新型城镇化 PPP 项目有很高的借鉴价值。

(三)中信滨海新城项目

1. 项目背景

内海湾将广东省汕头市分割成南北两岸,虽然有汕头海湾大桥和礐石大桥连接南北两岸的交通,但是由于两桥分别位于市区东边和西边,南北两岸的交通依然不顺畅。再加上汕头市多年实施的由西向东的发展战略,导致过去的几十年间,汕头北岸发展迅速,南岸发展极为缓慢,北岸人多地少和南岸地广人稀的现状形成了鲜明对比。

为了改变这种现状,必须修建过海隧道打通南北两岸的交通,因此汕头市人民政府与中信集团合作开发苏埃过海隧道。但是汕头市人民政府和中信集团不止合作投资建设苏埃过海隧道,更为重要的是打造总规划面积 168 平方公里的滨海新城。

2. 建设内容与规模

汕头市人民政府与中信集团采用 PPP 模式,合作开发建设总面积为 168 平方公里的滨海新城,项目的投资总额是 500 亿元,苏埃过海隧道的投资总额是 60 亿元。开发建设内容包括五个方面:第一是基础设施建设,包括苏埃过海隧道的建设;第二是土地一级开发;第三是大型公建配套,包括学校、医院、公园、博馆、影剧院等;第四是配套产业,包括城市商业、旅游酒店、体育健康、文化创意园等;第五是旧村改造。除开发建设外,中信集团还帮助汕头市人民政府招商引资,打造汕头市集产业发展、住宅、旅游、休闲等多功能于一体的未来城市中心。

3. 社会资本方的选择及合作模式

政府方通过公开招标的方式选定中信集团作为滨海新城项目的社会资本方,采用分片区滚动开发的模式,预计开发周期为 25 年。汕头市人民政府授权委托濠江区政府设立隧道项目公司(国有企业),并授权该企业负责统征地一级开发和建设隧道工程。土地一级开发完成后仍然按照国家土地管理等法律法规进行土地招拍挂,实现土地等上市流转。中信滨海新城项目公司控股隧道公司与濠江区政府进行合作。在隧道公司中,中信滨海新城项目公司注册资本金 5 亿元,中信地产占

---

① 曹珊:《政府和社会资本合作(PPP)项目法律实务》,法律出版社 2016 年版,第 306 页。

股 51%，其余合作伙伴占股 49%。

4. 融资模式

中信地产与集团内部的金融机构、以中国农业发展银行为代表的集团外部金融机构建立了战略合作关系，使国家政策性贷款、商业银行贷款、基金、债券、信托等金融工具得到充分的利用。①

5. 收益回报机制

隧道公司负责隧道项目的规划以及基础设施、物业等的建设，并根据建设要求招商引资，最终从土地出让收入中扣除开发成本、政府预提税费，之后由公司中各股东按照股权比例分成。如果建设资金还不够，则向外地车辆收费、收取年票、收取隧道运营配套费及动用政府财政补贴。非统征土地经过招拍挂后，其全部收入在扣除一级开发成本、出让税费、提取政府规定的基金比例之后，剩余的利润由中信滨海新城项目公司、隧道公司、濠江区政府按照事先约定的 6∶2∶2 进行分成。② 因此，中信集团是通过开发过程对土地收益的分成实现投资回报。

（四）中信集团缅甸深水港项目和工业园项目

中信集团积极响应国家"一带一路"的号召，牵头国际知名的跨国企业集团组成投标联合体（以下简称中信联合体），参与皎漂特别经济区项目的国际招标，并顺利中标深水港项目和工业园项目。中信集团将工业园和港口捆绑开发，都采用特许经营的合作模式，特许经营期 50 年，期满后可再申请延长 25 年。项目拟采用设计—建造—融资—运营—移交（DBFOT）的一体化运作方式进行开发建设。由缅甸政府、当地企业和中信联合体三方联合成立合资公司作为实施主体。③

二、新型城镇化 PPP 政策解读

2013 年《中共中央关于全面深化改革若干重大问题的决定》提出坚持走中国特色新型城镇化道路，推进以人为核心的城镇化，推动大中小城市和小城镇协调发展、产业和城镇融合发展，促进城镇化和新农村建设协调推进。优化城市空间结构和管理格局，增强城市综合承载能力。同时允许社会资本通过特许经营等方式参与城市基础设施投资和运营。

---

① 赵彦锋、张笑斐：《PPP 模式城市运营的投融资风险——以中信滨海新城为例》，载《经济管理》2016 年第 3 期。

② 赵彦锋、张笑斐：《PPP 模式城市运营的投融资风险——以中信滨海新城为例》，载《经济管理》2016 年第 3 期。

③ 《"一带一路"PPP 项目案例——缅甸皎漂特别经济区深水港和工业园项目》，载 www.cbmeic.com/cnt_2107.html，2016 年 5 月 6 日访问。

国发〔2013〕36 号文以推进新型城镇化建设，提高城镇化质量作为城市基础设施建设的指导思想，对城市基础设施建设提出了各项要求。并鼓励推进投融资体制和运营机制改革，通过特许经营、投资补助、政府购买等多种形式，吸引包括民间资本在内的社会资金，参与投资、建设和运营有合理回报或一定投资回收能力的可经营性城市基础设施项目。

财金〔2014〕76 号文指出：推广运用政府和社会资本合作模式，是促进经济转型升级、支持新型城镇化建设的必然要求。政府通过政府和社会资本合作模式向社会资本开放基础设施和公共服务项目，可以拓宽城镇化建设融资渠道，形成多元化、可持续的资金投入机制，有利于整合社会资源，盘活社会存量资本，激发民间投资活力，拓展企业发展空间，提升经济增长动力，促进经济结构条真和转型升级。……稳步开展项目绩效评价，省级财政部门要督促行业主管部门，加强对项目公共产品或服务质量和价格的监管……对项目的绩效目标实现程度、运营管理、资金使用、公共服务质量、公众满意度等进行绩效评价。

国土资发〔2014〕18 号文要求严格按照土地利用总体规划批地用地，严禁突破土地利用总体规划设立新城新区和各类开发区（园区）……引导和促进各类建设节约集约用地。各级国土资源部门要按照严控增量、盘活存量、优化结构、提高效率的总要求，综合运用规划调控、市场调节、标准控制、执法监管等手段，全面推进城镇、工矿、农村、基础设施等各类建设节约集约用地，切实减少对耕地的占用，严防侵占优质耕地。统筹安排新增和存量建设用地……

上海市政府批转了市建委等十一部门《关于本市开展"城中村"地块改造的实施意见》（沪府〔2014〕24 号）提出实施上海市"城中村"改造的意见。"城中村"地块，是指在城镇建成区或城镇规划区范围内，集体土地被全部或大部分征用，原农村居民全部或大部分转为城镇户口，被城镇建成区包围或者基本包围的自然村。改造方式可采取土地储备方式。各有关区政府通过土地储备方式（市级土地储备机构不参与），对"城中村"地块实施土地征收、补偿安置和必要的基础设施建设。经营性土地形成"净地"后，公开招标、拍卖、挂牌出让，由受让人按照规划开发建设。经营性土地形成"净地"后，可采取定向挂牌方式出让。农民动迁安置房建设纳入保障性住房建设计划，采取定向挂牌方式供地。

《全国人民代表大会常务委员会关于授权国务院在北京市大兴区等三十三个试点县（市、区）行政区域暂时调整实施有关法律规定的决定》为了推进新型城镇化建设，在部分试点区域调整实施《土地管理法》《城市房地产管理法》中关于农村土地征收、集体经营性建设用地入市、宅基地管理制度的有关规定，下放一定的审批权限。

国发〔2016〕8 号文提出坚持走以人为本、四化同步、优化布局、生态文明、文化传承的中国特色新型城镇化道路。加快特色镇发展……发展具有特色优势的休闲旅游、商贸物流、信息产业、先进制造、民俗文化传承、科技教育等魅力小镇，带动农业现代化和农民就近城镇化。推动基础设施和公共服务向农村延伸……建设美丽宜居乡村。建立城镇低效用地再开发激励机制。允许存量土地使用权人在不违反法律法规、符合相关规划的前提下，按照有关规定经批准后对土地进行再开发。深化政府和社会资本合作，进一步放宽准入条件，健全价格调整机制和政府补贴、监管机制，广泛吸引社会资本参与城市基础设施和市政公用设施建设和运营。根据经营性、准经营性和非经营性项目的不同特点，采取更具针对性的政府和社会资本合作模式，加快城市基础设施和公共服务设施建设。鼓励地方利用财政资金和社会资金设立城镇化发展基金。鼓励开发银行、农业发展银行创新信贷模式和产品，针对新型城镇化项目设计差别化融资模式与偿债机制。

发改规划〔2016〕2125 号文提出要加强历史文化名城名镇名村、历史文化街区、民族风情小镇等的保护，保护独特风貌，挖掘文化内涵，彰显乡村特色，建设有历史记忆、文化脉络、地域风貌、民族特点的美丽小（城）镇。创新特色小（城）镇建设投融资机制，大力推进政府和社会资本合作，鼓励利用财政资金撬动社会资金，共同发起设立美丽小（城）镇建设基金。研究设立国家新型城镇化建设基金，倾斜支持美丽小（城）镇开发建设。

国家把新型城镇化作为未来的发展方向和指导性原则重点强调，自 2013 年以来国务院及各部委也不断发文要求加快推动新型城镇化建设，同时鼓励采用 PPP 模式进行建设。

三、新型城镇化 PPP 模式运作分析

（一）项目合作模式

由于新型城镇化建设项目难度大、范围广，因此开发建设不可能在短期内一次性完成。一般政府方都会选择分期开发的模式运作，在分期开发的前提下，政府方可能会采用两种模式与社会资本方合作。

第一种模式为一次性招选整体外包，即新型城镇化 PPP 项目可以采用一个大的 PPP 合作模式包含着若干 PPP 子项目的合作方式。政府方通过竞争性方式一次性选定和授权 PPP 项目的社会资本方，将新型城镇化建设工作全部交由该社会资本方承担。在实施过程中，由社会资本方/项目公司根据规划方案和投资计划进行分期、分批、分类的建设工作。这样可以把选择社会资本方的程序压缩在一个竞争性选择方式下，节约了政府方的采购成本。但是由于 PPP 子项目众多，运作模式、面临

的风险、考核机制、收益机制等内容复杂且多样,政府对项目的整体管控风险较高。

第二种模式是分别招选。政府方将新型城镇化建设的内容拆分成若干的子项目,分别选择不同有能力的社会资本方来进行开发建设。但是一旦分割选择不同的社会资本方进行建设可能会导致项目割裂,违背原先规划设计的初衷。且若部分项目中标的社会资本方因自身原因导致建设无法继续,则有可能导致整个新型城镇化项目无法按期完成,影响其他社会资本方甚至可能导致整个新型城镇化 PPP 项目失败。因此,上述几个典型案例均未采取这种方式进行合作。

在确定了整体的新型城镇化 PPP 项目合作方式之后,项目中包含的 PPP 子项目则可以根据其项目自身的特性选择不同的运作模式。项目可以依照发改委的分类标准分为经营性项目、准经营性项目和非经营性项目。根据财金〔2014〕113 号文规定,项目运作方式主要有:委托运营、管理合同、建设—运营—移交、建设—拥有—运营、转让—运营—移交和改建—运营—移交等。具体运作方式的选择主要由收费定价机制、项目投资收益水平、风险分配基本框架、融资需求、改扩建需求和期满处置等因素决定。因此在存量项目中,如果不需要改扩建则可采用 O& M 模式;如果需要进行改扩建可以采用 ROT 模式或者 TOT 模式。在新建项目中,经营性项目(保证房建设项目、能源类项目),经营收费能够完全覆盖投资成本的项目,可以选择 BOT、BOOT 等模式;对于准经营性项目,经营收费不足以覆盖投资成本,需要政府补贴部分资金的,可以选择 BOO、BOT 模式;对于非经营性项目需要由政府付费的则可以选择 O& M 模式。

(二)收益回报机制

PPP 项目的收益来源是使用者付费、政府付费和可行性缺口补助。公共设施的建设和运营都是采用政府付费的方式,由于非营利性项目没有任何外部来源,所以一般都是政府根据项目的可用性、使用量和绩效中的一个或多个要素的组合向项目公司或社会资本付费。[①] 可行性缺口补助的模式多种多样,包括投资补助、价格补贴、无偿划拨土地、提供优惠贷款、贷款贴息、投资入股、放弃项目公司中政府股东的分红权以及授予项目周边的土地、商业开发收益权的方式。

除了这三种基本的收益回报机制之外,社会资本方/项目公司可以通过其他的补充盈利方式获利。首先,社会资本方作为项目公司的股东可以参与项目公司的红利分配。其次,通过项目中的配套设施建设如餐饮业、物业等方式进行商业化运

---

① 廖睿编著:《PPP 操作指南:政府和社会资本合作实务》,中国人民大学出版社 2016 年版,第 215 页。

作从而盈利。最后,在某些城镇化建设项目中可以通过二级土地市场开发及相关工程建设获得利润,例如,在上海市青浦区重固镇项目中,社会资本方通过二级土地开发市场的项目获得盈利。

(三)潜在风险及风险分担

按照风险是否可控来区分,PPP项目中的不可控风险主要有政治风险、法律风险、市场风险和自然环境风险。新城镇化项目中的政治风险可能涉及政府信用风险、政府干预风险、政府/公众反对风险、政府审批延误风险、政府决策失误风险等;法律风险则可能体现为法律及监管机制不完善风险、法律变更风险、产业政策调整风险。由于新型城镇化的建设范围广、期限较长且投资巨大,政府方和社会资本方应当对可能产生的风险进行详细的评估并设置风险分担机制。同时,为了应对可能出现的重大变化,应该设立政府和社会资本的磋商机制。

以上海市青浦区重固镇新型城镇化项目为例,通过可获得的资料分析,在该项目中政府方和社会资本方通过一系列风险识别和分担机制,让政府方和社会资本方能够按照"风险由最适宜的一方来承担"原则,合理分配项目风险。在该项目中,动迁风险应当由政府方承担。资金风险中,土地出让变慢导致资金流动发生困难的风险应当由社会资本方承担;城中村可建设经营性用地减少的风险应当由政府和社会资本共同承担。市场风险中,土地市场出现重大变化和商办用地供应量增加引起的内部竞争风险应由政府和社会资本共同承担,但是二级开发市场价格下跌风险应由社会资本方承担。政策风险中定向出让用地无法及时明确细则的风险由政府和社会资本共同承担,但是土地出让市级计提发生变化和发展被用地无法落实的风险由政府方承担。

四、新型城镇化PPP项目法律问题分析

(一)社会资本方的选择

从目前与PPP模式相关的文件来看,政府方选择合作的社会资本必须要采取竞争性的方式。财金〔2014〕113号文规定,社会资本的选择方式主要是公开招标、竞争性谈判、邀请招标、竞争性磋商和单一来源采购。采用公开招标和邀请招标的,必须符合《招标投标法》的相关规定,公开招标的整个过程必须是在公开状态下进行的,招标人与投标人不得进行私下的谈判或者磋商。同时,财金〔2014〕113号文还规定,公开招标主要适用于核心边界条件和技术经济参数明确、完整、符合国家法律法规和政府采购政策,且采购中不作更改的项目。邀请招标只需要向三个以上符合条件、资信良好的供应商发出邀请即可,但是地方政府和部门有可能借着邀

请招标的名义实施行业准入限制和地区封锁。邀请招标虽然可以在范围上挑选有实力实施新型城镇化项目的社会资本方，但是在边界条件和技术经济参数明确的方面与公开招标有着一样的弊端。

然而，新型城镇化 PPP 项目中，通过上述几个典型案例可以看出社会资本方所承担的工作范围涵盖了土地整理、基础设施建设、规划咨询、招商引资等，范围广泛。子项目非常复杂且多样致使新型城镇化 PPP 项目边界条件和经济参数并不如一般的单项 PPP 项目好确定。在新型城镇化项目中，政府方对城镇的发展往往仅有大体的概念和方向，具体的规划设计仍有赖于社会资本方后期提供的咨询服务。若采用公开招标或者邀请招标的方式，则社会资本方需要响应政府的招标文件而不能对招标文件中的内容作出修改，那么关于项目建设的内容、范围、期限、所需总投资的具体内容都由政府方自行确定，这实际上就与社会资本方之后承担的规划、咨询甚至是招商引资的义务相矛盾。因此，在一次性招选的新型城镇化项目中，招标并非是最适合的选择社会资本方的方式。

财库〔2014〕214 号文规定，竞争性磋商可以适用于政府购买服务项目；技术复杂或者性质特殊，不能确定详细规格或者具体要求的项目。财库〔2014〕215 号文则规定，采用竞争性谈判或者竞争性磋商采购方式的，项目采购文件除了一般项目采购文件的内容之外，还应当明确评审小组根据与社会资本谈判情况可能实质性变动的内容，包括采购需求中的技术、服务要求以及项目合同草案条款。新型城镇化项目显然符合复杂、特殊不能确定具体要求的条件。社会资本方需要具备行业领先的建设水平、对行业发展方向具有敏锐度、具有较为广泛的社会资源，才能顺利地完成提供规划咨询服务、基础设施建设、商业化开发和招商引资等工作。若采用公开招标的方式，首先不一定能够有足够多满足条件的社会资本方来参与投标；其次由于项目很多细节问题在招标初期无法明确，需要根据双方的协商结果确定。招标与竞争性谈判和磋商相比，显然竞争性谈判和磋商更符合新型城镇化 PPP 项目选择社会资本方的要求。另外，竞争性磋商和竞争性谈判两种模式比较，竞争性磋商方式更具优势。竞争性谈判和竞争性磋商两种采购方式在“明确采购需求”阶段，两者关于采购程序、供应商来源方式、磋商或者谈判公告要求、响应文件要求、磋商或者谈判小组组成方面的要求基本一致，在“竞争性报价”阶段，竞争性磋商采用了类似公开招标的“综合评分法”，较之竞争性谈判的“最低成交价”显得更为公平。

（二）土地问题

1. 土地一级开发

在新型城镇化 PPP 项目中或多或少会涉及土地征收、安置补偿、土地前期开发、基础设施的建设等内容。根据相关法规、规章等规范性文件的规定，土地储备机构是经政府授权的土地一级开发主体，其可以通过公开招标的方式选择合适的建设单位进行一级开发的建设工作，但是政府方不得以特许经营的方式授权社会资本方作为项目主体参与土地收储和前期开发工作。

根据《土地储备管理办法》（国土资发〔2007〕277号），土地储备机构应当对储备土地进行必要的前期开发，使之具备供应条件。第19条规定，前期开发涉及道路、供水、供电、供气、排水、通讯、照明、绿化、土地平整等基础设施建设的，要按照有关规定，通过公开招标方式选择工程实施单位。《关于加强土地储备与融资管理的通知》（国土资发〔2012〕162号）第3条也强调，土地储备机构应当组织开展对储备土地的前期开发，为政府供应"净地"提供有效保障。进行道路、供水、供电、供气、排水、通讯、照明、绿化、土地平整等基础设施建设的，应通过公开招标方式选择工程设计、施工和监理等单位，不得通过下设机构进行工程建设。《国务院关于促进节约集约用地的通知》（国发〔2008〕3号）规定，土地前期开发要引入市场机制，按照有关规定，通过公开招标方式选择实施单位。

在早前的实践当中，土地一级开发一般采用三种具体操作模式：第一种模式是BT模式。土地一级开发的BT模式又称固定收益模式或工程总承包模式，指土地一级开发企业接受政府土地储备中心的委托，按照土地利用总体规划、城市总体规划等，对确定的存量国有土地、拟征用和农转用土地，统一组织进行征地、农转用、拆迁和市政道路等基础设施的建设，土地储备中心按总建设成本的一定百分比作为经营加成。第二种模式是土地补偿模式，具体是指土地一级开发商在完成规定的土地一级开发任务后，土地储备中心并不是给予现金计算，而是给予开发商一定面积土地作为补偿。土地补偿模式是开发商曲线拿地，实现一、二级联动开发的典型商业模式。第三种模式是利润分成模式，是指土地一级开发商完成土地开发后移交给政府，政府以招拍挂的形式进行土地出让，土地出让金扣除土地开发成本、国有土地收益基金、农业土地开发资金、征地农民基本生活保障资金、教育资金、农田水利资金、市集中资金等计提款项后的收益部分在政府和企业之间按照一定的比例分成。①

目前BT模式被禁止采用，而土地定向出让属于违法操作有很高的法律风险。财金〔2016〕91号文中禁止PPP项目主体或其他社会资本作为项目主体参与土地收储和前期开发工作。财金〔2017〕87号文强调：严格按照规定范围实施政府购买服务；严禁将储备土地前期开发作为政府购买服务项目；严禁将建设工程与服务打包

① 曹珊：《政府和社会资本合作（PPP）项目法律实务》，法律出版社2016年版，第316页。

作为政府购买服务项目。政府购买服务项目原则上应当是先有钱(纳入财政规划)再建设,防止政府方通过 BT 模式进行违规融资。因此,社会资本或项目公司方只能按照土地方面的法律、法规及规章等的规定,进行基础设施的建设工作,其他属于政府职能的事项均不应当交给社会资本方或项目公司完成。

从合规的角度,建议在新型城镇化 PPP 项目中采用两种方式进行土地一级开发。第一种"政府购买服务 + 新型城镇化 PPP 模式"。这种模式将土地前期开发中的拆迁安置、土地征收工作由政府以购买服务的方式选择承接主体实施,这部分的工作内容和费用均不纳入 PPP 项目的合作范围;而土地前期开发的基础设施建设工作则可以纳入 PPP 项目中,由社会资本方/项目公司根据 PPP 合同的约定负责实施。① 在这种模式下要注意根据〔2016〕91 号文的内容,PPP 项目的资金来源、未来收益及清偿责任,不得与土地出让收入挂钩,土地出让收入只能用来支付前期开发中的建设成本。

第二种模式为整体的新型城镇化 PPP 模式。新型城镇化 PPP 项目全部交给社会资本方,征拆迁安置工作也一并纳入 PPP 项目的合作范围,所需资金纳入 PPP 项目总投资,但是具体征拆迁工作仍由政府方负责实施完成,仅土地整理中的基础设施建设工作由社会资本方/项目公司负责实施。

2. 土地使用权的取得

土地在完成了一级开发之后纳入土地供应计划,二级土地供应需要根据土地供应计划进行。《土地储备管理办法》第 22 条规定:储备土地完成前期开发整理后,纳入当地市、县、土地供应计划,由市、县人民政府国土资源管理部门统一组织供地。《招标拍卖挂牌出让国有建设用地使用权规定》第 5 条规定:市、县人民政府国土资源行政主管部门根据经济社会发展计划、产业政策、土地利用总体规划、土地利用年度计划、城市规划和土地市场状况,编制国有建设用地使用权出让年度计划,报经同级人民政府批准后,及时向社会公开发布。91 号文再一次强调 PPP 项目用地应当符合土地利用总体规划和年度计划,依法办理建设用地审批手续。在实施建设用地供应时,不得直接以 PPP 项目为单位打包或成片供应土地,应当依据区域控制性详细规划确定的各宗地范围、用途和规划建设条件,分别确定各宗土地的供应方式。不符合《划拨用地目录》的,除公共租赁住房和政府投资建设不以盈利为目的、具有公益性质的农产品批发市场用地可以作价出资方式供应外,其余土地均应以出让或租赁方式供应。该规定并不是限制新型城镇化的片区式开发,只是在供地时不得以打包方式成片供应土地。

---

① 周兰萍:《片区综合开发 PPP 项目的实务难点及对策》,载《PPP 知乎》,2017 年 3 月 20 日访问。

按照我国目前土地法律法规的规定，我国国有土地使用权的取得方式主要有划拨、出让、租赁、作价出资或入股四种方式。根据《招标拍卖挂牌出让国有建设用地使用权规定》的规定，工业（包括仓储用地，但不包括采矿用地）、商业、旅游、娱乐和商品住宅等经营性用地以及同一个宗地有两个以上意向用地者等情况，应当采用招标、拍卖或者挂牌（以下简称招拍挂）的形式出让。《节约集约利用土地规定》（国土资源部令第 61 号）第 22 条规定：经营性用地应当以招标拍卖挂牌的方式确定土地使用者和土地价格，各类有偿使用的土地供应不得低于国家规定的用地最低价标准。因此经营性用地必须通过招拍挂的方式出让。虽然还有租赁方式，但是根据国土资发〔1992〕222 号文的规定，租赁只是出让的补充。对于经营性房地产开发，无论是利用原有的建设用地还是新增的，都必须实行出让。

而《协议出让国有土地使用权规定》中规定：供应商业、旅游、娱乐和商品住宅等各类经营性用地以外用途的土地，其供地计划公布后同一宗地只有一个意向用地者的，可以采取协议出让的方式。在 PPP 项目中基础设施和公用事业等非经营性土地属于《划拨用地目录》，可以以划拨方式取得。但是划拨土地必须取得相关政府部门的审批，因此实践中也存在因政府不予审批导致无法取得划拨用地的情形。而根据现有的法律法规，国有土地使用权作价入股或出资仅适用于国有企业改革中。因此，在 PPP 项目中其实并不能适用作价入股这种方式。

实践中，为了保障社会资本方能够顺利获得土地，政府可能会采用定向出让、定向挂牌、协议出让、在招标前与社会资本方草签协议等方式确保社会资本方能够获得相应用地。然而，采取定向出让或挂牌的方式显然违反了相关规定，因此在重固镇项目中政府方依据上海市的规定①进行土地定向出让从而实现一二级联动开发实属违规操作，这一行为存在较高的法律风险。当然，如果新型城镇化 PPP 项目中的土地二级开发不需要由社会资本方来完成，则不存在这一问题。如在中信滨海新城项目中，中信集团完成一级开发之后土地则正常进入二级市场，走招拍挂程序。

实践中地方政府也可能采取由融资平台公司以划拨方式取得土地使用权，待项目公司成立后，将土地交给项目公司无偿使用或者无偿租赁，或者以土地作价出资、入股。但是在财预〔2017〕50 号文中已经明确禁止地方政府将储备土地注入融资平台公司，禁止将储备土地预期出让收入作为融资平台公司偿债资金来源。因此，在新型城镇化获取土地之一环节，社会资本方不仅承担了很大的风险，而且处处受阻。

---

① 《关于本市开展“城中村”地块改造的实施意见》中规定：“城中村”改造地块由农村集体经济组织开发建设，或引入合作单位开发建设的，经营性土地形成“净地”后，可采取定向挂牌方式出让。农民动迁安置房建设纳入保障性住房建设计划，采取定向挂牌方式供地。

虽然〔2016〕91 号文建议，需要以招拍挂方式供应土地使用权的宗地或地块，在市、县国土资源主管部门编制供地方案、签订宗地出让（出租）合同、开展用地后监管的前提下，可通过竞争方式确定项目投资方和用地者的环节合并实施。但是，目前存在以下几个问题：其一，国土资源部门并没有认可这种操作模式，也没有发布任何说明性的文件允许将土地的招拍挂与 PPP 的招拍挂合并。其二，获得土地使用权的竞争性方式只有招拍挂，而 PPP 可以采用竞争性谈判、竞争性磋商等方式，是否采用竞争性谈判、竞争性磋商方式确认的社会资本方可以被认定为拥有土地使用权也经过了竞争性方式，从而顺利获得土地使用权。若答案是否定的，那么就意味两者合并招标的方式不可行，或者社会资本方也必须通过公开招标的方式确定。但是上文分析中也提到过，公开招标和竞争性磋商相比，新型城镇化 PPP 项目更适宜采用竞争性磋商的方式选择社会资本方。这样的冲突又应当如何解决，目前并无定论。其三，新型城镇化 PPP 项目极为复杂，这是最为重要的一点，土地规划和城镇规划都有赖于社会资本方提供的咨询服务并有可能作出调整，而一旦采用招拍挂的方式取得宗地后则必须按照宗地规划进行建设，这样明显不符合新型城镇化 PPP 项目的建设要求。

综上所述，在新型城镇化 PPP 项目中，如何选择社会资本方、保障社会资本方合法获得成片开发的土地使用权是亟待解决的重要问题。新型城镇化 PPP 项目缺乏可操作的规范性文件引导。目前对新型城镇化 PPP 项目的规范性文件基本都是政策性的引导，并不具有可操作性。在基础设施和公用事业项目的投资建设的 PPP 政策文件仍是规范单个基础设施和公用事业的 PPP 项目。虽然全国人大在 33 个试点区对《土地管理法》和《城市房地产管理法》中针对宅基地、集体所有土地和耕地的规定作了修改，但是这并不能普遍适用。实践操作中的困境无法摆脱，各地方政府的操作方式存在较大差异，社会资本方可能会因此承担较大风险。本文通过上述分析提出目前新型城镇化 PPP 项目所面临的困境及解决方法，希望能有所裨益。

第七节　城市更新项目中的 PPP 模式探讨

为进一步完善城市功能，提升城市品质，改善人居环境，优化产业结构，提升城市形象，凸显城市风貌特色，各地政府积极推进土地、能源、资源的节约集约利用，改造城中村、旧城区、旧厂区“三旧区”的城市区域。在大力提倡政府职能转变、提高公共产品和服务的质量和效率的政策背景下，城市更新活动作为政府主导的城市基础设施和公共服务整治完善和开发建设活动，可以采用政府和社会资本合作

(PPP)模式。为更好地利用PPP模式开展城市更新活动,下面将结合城市更新的概念,对城市更新项目中的PPP模式运作进行探讨。

一、城市更新的概念

城市更新,是指特定主体对城市建成区,包括旧工业区、旧商业区、旧办公区、旧住宅区、城中村、棚户区等区域,依据城市规划对其进行综合整治、功能改建或拆除重建的活动。城市更新的主要目的是完善城市的基础设施和公共服务,消除重大安全隐患和环境污染隐患,盘活利用低效存量土地、建筑物或提高资源、能源的利用效率。概括起来城市更新活动主要分为三类:一是综合整治类城市更新;二是功能改变类城市更新;三是拆除重建类城市更新。参与城市更新活动的主要主体包括政府、土地权属人或者其他符合规定的主体。

二、城市更新项目的PPP模式

根据各地出台的城市更新规范,城市更新活动强调特定规划区域内的整体性开发整治。主要内容包括:特定规划区域内基础设施的新建、改扩建;特定规划区域范围内土地权属人、其他符合规定人员的安置工作;城市更新历史风貌保护等。也就是说,城市更新的方式分为再开发、整治改善及保护三种,其主要目的是完善城市功能,提升城市品质,改善人居环境,优化产业结构,提升城市形象,凸显城市风貌特色。城市更新活动中涉及大量的公共服务事务,项目一般包括较多的基础设施和公共服务子项目。在政府大力推动职能转变,利用PPP模式提供公共服务的政策背景下,政府利用PPP模式进行城市更新活动,可以有效利用社会资本在投资建设和运营管理等方面的优势,同时缓解地方政府财政压力,而且城市更新活动具有系统性,需要稳定的资金支持、长期的政策支持和全面的统筹工作,PPP模式兼具以上特性。因此,在具体城市更新项目中,可对城市更新中特定的基础设施和公共服务项目采用PPP模式进行实施运作,也可对城市更新项目整体按照PPP模式进行操作。在财政部、国家发展改革委设立的PPP项目库中,城市更新涉及的PPP项目数量较多,表明实践操作中政府利用PPP模式开展城市更新活动的意愿较高。因此,城市更新活动利用PPP模式的发展前景可观。目前我国城市更新活动运作PPP模式较为成熟的项目集中在棚户区改造、片区开发和文化古迹保护等方面。

我国现有的规范体系并未明确限定PPP项目的操作模式,常见的PPP项目操作模式有委托运营(O&M)、管理合同(MC)、建设—运营—移交(BOT)、建设—拥有—运营(BOO)、转让—运营—移交(TOT)、改建—运营—移交(ROT)等。实践中具体 PPP 操作模式主要依据项目的基本特征进行设计确定,如项目合作期限、项目土地使用权的取得方式、项目所有权的设置、项目移交事项的约定、项目具体实施的内容等。

根据项目是否具备建设内容,可将城市更新 PPP 项目划分为新建、改扩建和存量项目,若城市更新项目无建设内容,则可根据项目的实际情况,选择适用委托运营(O&M)、管理合同(MC)以及转让—运营—移交(TOT)等模式。

对新建、改扩建项目,基于基础设施和公共服务项目的公益特性,实践中常见的操作模式包括建设—运营—移交(BOT)模式和改建—运营—移交(ROT)模式,在此基础上进一步判断项目土地取得方式和所有权的设置,可以确定项目中的社会资本是否拥有项目的所有权,若拥有项目所有权,则一般采用建设—拥有—运营—移交(BOOT)模式,若不涉及项目移交的,则一般采用建设—拥有—运营(BOO)模式。此外,考虑项目移交与运营期限的先后顺序,可采用建设—移交—运营(BTO)模式;考虑项目运营方式的差异,可采用建设—租赁—移交(BLT)模式。

以棚户区改造项目为例,根据《国务院关于进一步做好城镇棚户区和城乡危房改造及配套基础设施建设有关工作的意见》(国发〔2015〕37 号)的规定,棚户区改造项目中,除项目要求的棚改安置住房建设外,还需做好棚改安置住房配套基础设施的建设,如与棚改项目直接相关的城市道路和公共交通、通信、供电、供水、供气、供热、停车场、污水处理和垃圾处理等城市基础设施,即棚改项目下配套基础设施项目较多,各配套基础设施项目的收益机制、公益属性等存在差异,导致采用 PPP 模式的棚改项目无固定的操作模式。

以棚户区改造项目为例,在具体城市更新活动中,若利用 PPP 模式开展棚户区改造项目,常见的交易结构如下:

1. 捆绑商业开发项目的棚户区改造——BOT

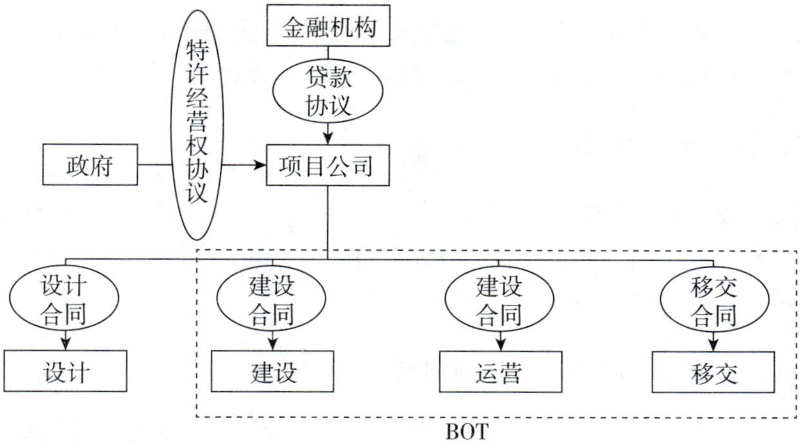

2. 捆绑商业开发项目的棚户区改造——DBOT、DBFOT

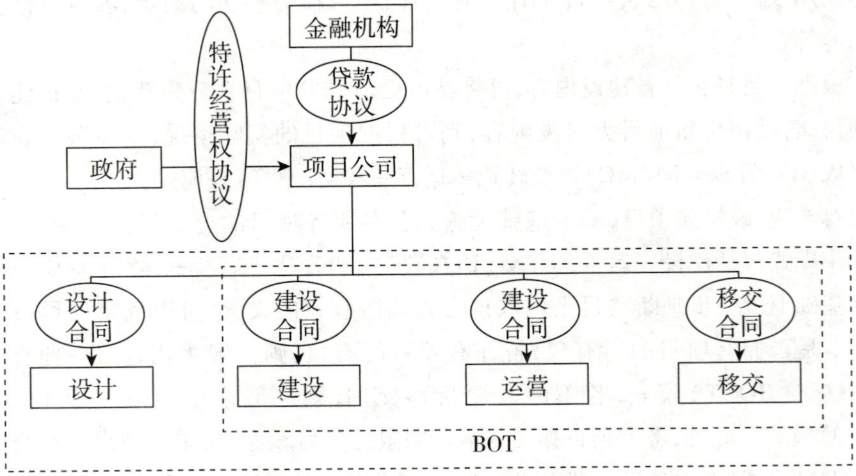

DBOT

3. 单纯的棚户区改造项目——政府可用性付费

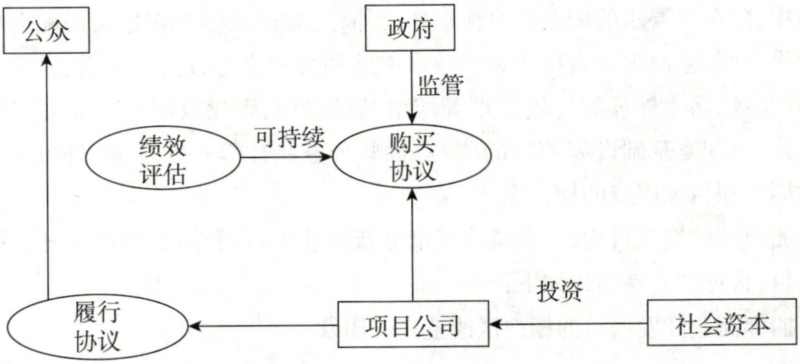

城市更新PPP项目缺乏相对固定的操作模式，实践中应结合政府和社会资本合作的基本特征，设计符合项目基本特征的PPP操作模式。

三、城市更新PPP项目的相关问题

为更好地开展城市更新PPP项目，结合项目实践经验，有必要对城市更新PPP项目中的相关问题进行论述，下面将以现有的政策规范为依据，对城市更新PPP项目中的土地问题、财政补贴等进行论述。

（一）城市更新PPP项目的土地问题

结合各地颁布施行的城市更新规范可知，城市更新活动的重要目的是盘活利用低效存量土地。根据城市更新活动类型的不同,其涉及的土地使用权问题也存在差异。鉴于土地使用权是城市更新活动的重要基础,目前《上海市城市更新实施办法》《昆明市城市更新改造土地处置指导意见》《广州市城市更新办法》等地方政府规范对涉及土地使用权权属、性质、使用年限、土地补偿、历史土地处置等问题均有规定,是城市更新 PPP 项目的土地使用权处置的重要依据,应予以注意的是,地方政府出台的规范效力层级低,且规范适用范围有限,实践操作中选择规范适用时应予以注意。

《财政部、教育部、科技部等关于联合公布第三批政府和社会资本合作示范项目　加快推动示范项目建设的通知》(财金〔2016〕91 号)明确规定,PPP 项目用地应当符合土地利用总体规划和年度计划,不得直接以 PPP 项目为单位打包或成片供应土地,应当根据区域控制性详细规划确定的各宗地范围、用途和规划建设条件,分别确定各宗地的供应方式。涉及城市更新项目存在多个子项目的,不得仅以城市更新项目成片供应土地,而且 PPP 项目社会资本不得作为项目主体参与土地收储和前期开发等工作。当然针对城市更新活动中土地供应的特殊性,《国务院办公厅关于进一步加强棚户区改造工作的通知》(国办发〔2014〕36 号)规定棚户区安置房配套基础设施用地以单独成宗供应为主,对确属规划难以分割的配套设施用地,可以在招拍挂牌出让商品住房用地或划拨供应保障性住房用地时整体供应。实践中可结合项目具体情况,选择适用规范以制定合理的土地供应方案。

(二)城市更新 PPP 项目财政补贴

目前政策层面无直接针对城市更新项目提供的财政补贴,但与城市更新活动相关的,诸如棚户区改造、保障性住房等均存在财政补贴政策。

《财政部关于印发〈城镇保障性安居工程贷款贴息办法〉的通知》(财综〔2014〕76 号)规定市县财政部门对符合条件的城市棚户区改造项目、公共租赁住房项目贷款予以一定比例和一定期限的利息补贴。适用 PPP 模式的公共租赁住房项目在符合政策规定条件下,也可享受一定比例和一定期限的利息补贴。

政府实施城市更新活动中的城镇保障性安居工程项目的,可根据《财政部、住房和城乡建设部关于印发中央财政城镇保障性安居工程专项资金管理办法》(财综〔2014〕14 号)的规定,申请中央补助廉租房住房保障专项资金、中央补助公共租赁住房专项资金和中央补助城市棚户区改造专项资金等相应的财政补贴。

在城市更新 PPP 项目中,若具体项目涉及财政补贴的,可根据相关规定申请财政补贴,优化项目的投融资结构和政府付费安排,降低城市更新 PPP 项目的政府支出,提高城市更新 PPP 项目的运作效率。

(三)城市更新PPP项目的其他优惠政策

在城市更新PPP项目实施过程中,除项目土地政策和财政补贴外,还应考虑项目可能享受的其他优惠政策。

首先税收方面,《财政部关于做好城市棚户区改造相关工作的通知》(财综〔2015〕57号)规定,棚户区改造项目涉及的城镇土地使用税、印花税、土地增值税、契税、个人所得税,可根据《财政部、国家税务总局关于棚户区改造有关税收政策的通知》(财税〔2013〕101号)的规定享受相关优惠政策。

其次项目融资方面,《国家发展改革委办公厅关于创新企业债券融资方式　扎实推进棚户区改造建设有关问题的通知》(发改办财金〔2014〕1047号)规定,加大棚户区改造项目建设的企业债券融资支持,适当放宽企业债券发行条件,基于政策方面的支持,在特定条件下城市更新PPP项目可考虑企业发行债券融资方式。

最后项目规费方面,根据《财政部关于做好城市棚户区改造相关工作的通知》(财综〔2015〕57号)规定,棚户区改造项目可根据财政部规定免收防空地下室易地建设费、白蚁防治费、城市基础设施配套费、散装水泥专项资金、新型墙体材料专项基金、教育附加费、地方教育附加、城镇公用事业等各项行政事业性收费和政府性基金,同时免收省级政府出台的各项行政事业性收费。对涉及棚户区改造安置房划拨供应土地的,除依法支付土地补偿费、拆迁补偿费外,一律免缴土地出让收入。

四、城市更新实践

在《上海市城市更新实施办法》的规范下,上海市积极开展改造人居环境、增强城市美丽的城市更新活动。作为上海市城市更新户数最多、面积第二的黄浦区,在坚持优先考虑居住条件、生活环境差地块,优先考虑与重点功能区建设直接相关地块,优先考虑市区重大项目建设地块,优先考虑毛地项目的原则下,已开展了老西门新苑(1～6地块)、淮海中路130街坊、尚贤坊等旧城改造城市更新项目。在开展旧城改造城市更新活动的同时,黄浦区政府也对区内存在的历史文化风貌保护工作高度重视,将城市更新活动中面临的城市历史文化风貌保护问题放到突出位置,坚持“风貌保护、文化传承”与“优化城市空间、提升城市品质、完善城市功能、激发内在活力”相互依存的原则,整体优化街坊风貌,提升街坊功能效用。在城市更新的大背景下,除政府主导开展的旧城改造项目外,黄浦区政府也积极开展城市“老城厢”的整治活动,依托《关于加强城区规划建设管理重塑老城厢的实施意见》,黄浦区政府积极推动城市综合整治活动,进行特定区域的环境整治、消防整治、规划调整等专项活动，一定程度弥补了黄浦区旧城改造进度上的不足，实现旧城改造和专项整治相结合的城市更新活动实践体系，有效推动黄浦区城市更新活动。

在 PPP 模式大背景下，利用 PPP 模式开展城市更新活动的项目较多，以新沂市棚户区改造安置房 PPP 项目为例：

为推动新沂市棚户区改造的实施，提高棚户区改造的建设运营效率，满足新沂市棚户区改造安置房的投资建设工作需要，新沂市政府决定以政府和社会资本合作模式实施新沂市棚户区改造安置房项目。积极利用社会资本在投融资方面的优势，以 PPP 模式进行项目实施运作。

新沂市棚户区改造安置房 PPP 项目总投资约 19 亿元，项目运营收益主要来自于政府购买服务费用，项目通过竞争性磋商方式选择社会资本，由政府指定主体共同出资组建项目公司，项目公司负责新沂市棚户区改造安置房 PPP 项目的投资建设和运营。具体交易结构如下：

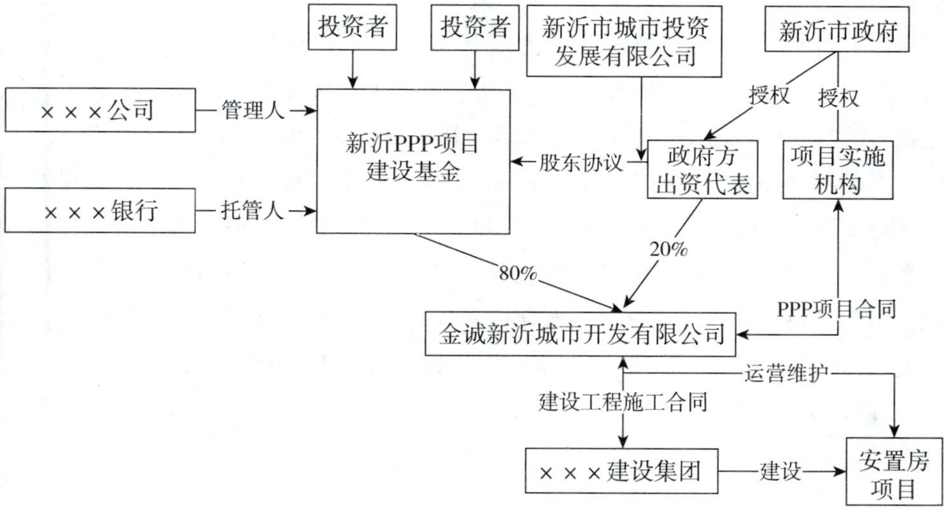

综上所述，城市更新项目作为城市区域性整体存量开发项目，适合利用 PPP 模式开展实施，在具体 PPP 项目实施过程中，应坚持以项目基本特征为依据，合理选择 PPP 操作模式，同时注意与城市更新 PPP 项目相关的问题和优惠政策，基于现有政策的支持，优化城市更新 PPP 项目的交易结构和操作模式。

第十章 Chapter 10 水利工程领域 PPP 案例分析

水利工程是指用于控制和调配自然界的地表水和地下水,达到除害兴利目的而修建的工程。按目的或服务对象可将水利工程划分为:防止洪水灾害的防洪工程;防止旱、涝、渍灾为农业生产服务的农田水利工程,或称灌溉和排水工程;将水能转化为电能的水利发电工程;改善和创建航运条件的航道和港口工程;为工业和生活用水服务,并处理和排除污水和雨水的城镇供水和排水工程;防止水土流失和水质污染,维护生态平衡的水土保持工程和环境水利工程;保护和增进渔业生产的渔业水利工程;围海造田,满足工农业生产或交通运输需要的海涂围垦工程等。如一项水利工程同时为防洪、灌溉、发电、航运等多种目标服务的,称为综合利用水利枢纽工程。自 2014 年以来,国务院及相关部委发布了多份文件,大力推动包括水利行业在内的基础设施建设与公共服务领域运用政府与社会资本合作(PPP)模式。一般认为,投资规模较大、需求长期稳定、价格调整机制灵活、具有一定市场化程度的基础设施及公共服务类项目,适于采用 PPP 模式投资建设。但由于水利工程项目类型不一,各有特点,特别是项目收益能力差异较大,因此在不同类型水利工程项目运用 PPP 模式引入社会资本方面存在着较大差异,本章结合适用 PPP 模式投资建设的相关典型水利工程项目,对水利工程领域适用 PPP 模式的相关问题进行论述和分析。

第一节 水利工程领域 PPP 模式适用

在政府政策持续推动下,PPP 模式站上风口。而水利行业相对而言属于社会资本参与程度较低的行业。2014 年 11 月,国务院发布《关于创新重点领域投融资机制 鼓励社会投资的指导意见》(国发〔2014〕60 号),明确提出"鼓励社会资本投资运营农业和水利工程"。2015 年 3 月,《国家发改委、财政部、水利部关于鼓励和引导社会资本参与重大水利工程建设运营的实施意见》(发改农经〔2015〕488 号)专门针对重大水利工程如何引入社会资本作出了具体政策安排。2015 年 5 月,《国务院办公厅转发财政部、发展改革委、人民银行关于在公共服务领域推广政府和社会资本合作模式的指导意见》(国办发〔2015〕42 号),明确要求在包括水利行业在内的公共服务领域,广泛采用政府和社会资本合作模式。

国家发改委于 2015 年 12 月发布第二批 PPP 推介项目,共计 1488 个项目、总投资 2.26 万亿元,涵盖农业、水利、交通设施、市政设施等多个领域,所有项目都已明确项目所在地、所属行业、建设内容及规模、政府参与方式、拟采用的 PPP 模式、责任人及联系方式等基本信息,其中,水利项目有 69 个之多。

当前,大规模水利建设正在推进,仅靠政府财政投入已经无法满足巨额的水利工程建设资金需求,此外水利行业长期存在的运行管护水平不高等问题也亟待解决,引入社会资本投资建设水利工程是解决这两个问题的重要手段。同时,水利产品和服务通常有着稳定可靠的社会需求,政府扶持力度较大,若收益水平能够达到一定的要求,将是社会资本乐于进入的优质领域。在水利工程领域适用 PPP 模式具有以下优势:

1. 缓解水利工程建设的融资状况

水利工程建设往往需要巨额资金,在传统建设模式下,水利工程建设主要依靠政府财政拨款,建设资金来源结构单一,极易形成资金短缺问题。在水利工程建设中适用 PPP 模式,引入市场竞争机制,不仅能拓宽融资渠道,缓解政府投资压力及水利工程建设的融资短缺状况,还能促进我国水利工程建设的进一步可持续发展。

2. 提高水利工程建设的质量

在适用 PPP 模式投资建设水利工程时,社会资本能参与水利工程建设的立项阶段,与相关合作单位共同探讨项目的技术方案,可在方案内纳入社会资本的先进管理方法与技术,以确保项目具备较高的可行性,并在项目建设资金充足的情况下,缩短建设工期,实现对项目成本的有效控制,并提高水利工程建设的质量。

3. 调动社会资本投资的积极性

PPP 模式在水利工程建设中的运用,可以让社会资本享受到由政府所提供的扶持政策,如土地开发优先权、税收优惠等。通过该等举措,可以提高水利项目的收益和回报率,增加水利项目投资建设中社会资本融入的可能性和积极性。

4. 实现风险的合理分配

在水利工程建设中采用 PPP 模式,从立项阶段便由政府部门与社会资本共同商讨与解决项目资金构成问题,并参与项目建设、运营的全过程,能有效分担政府的财政投入压力,为项目建设提供可靠的资金保障,降低政府项目建设风险,同时也减少了社会资本方的投资风险,让更多的社会资本能融入水利项目建设中来。

第二节　水利工程领域 PPP 操作模式

PPP 操作模式即项目运作模式、项目运作方式，根据项目运作方式和具体情况的不同，政府方和社会资本方的合作范围可能包括设计、融资、建设、运营、维护某个基础设施或提供某项公共服务等。财政部、国家发改委发布的关于 PPP 的规范性文件中对 PPP 项目的操作模式均有相应规定。

财政部于 2014 年 11 月 29 日印发的《政府和社会资本合作模式操作指南（试行）》（财金〔2014〕113 号）第 11 条规定："……项目运作方式主要包括委托运营、管理合同、建设—运营—移交、建设—拥有—运营、转让—运营—移交和改建—运营—移交等，具体运作方式的选择主要由收费定价机制、项目投资收益水平、风险分配基本框架、融资需求、改扩建需求和期满处置等因素决定……"国家发改委于 2014 年 12 月 2 日印发的《关于开展政府和社会资本合作的指导意见》（发改投资〔2014〕2724 号）第 3 条第 2 款将 PPP 操作模式划分为："1. 经营性项目。对于具有明确的收费基础，并且经营收费能够完全覆盖投资成本的项目，可通过政府授予特许经营权，采用建设—运营—移交（BOT）、建设—拥有—运营—移交（BOOT）等模式推进。要依法放开相关项目的建设、运营市场，积极推动自然垄断行业逐步实行特许经营。2. 准经营性项目。对于经营收费不足以覆盖投资成本、需政府补贴部分资金或资源的项目，可通过政府授予特许经营权附加部分补贴或直接投资参股等措施，采用建设—运营—移交（BOT）、建设—拥有—运营（BOO）等模式推进。要建立投资、补贴与价格的协同机制，为投资者获得合理回报积极创造条件。3. 非经营性项目。对于缺乏'使用者付费'基础、主要依靠'政府付费'回收投资成本的项目，可通过政府购买服务，采用建设—拥有—运营（BOO）、委托运营等市场化模式推进。要合理确定购买内容，把有限的资金用在刀刃上，切实提高资金使用效益。"

根据上述规定，具体 PPP 项目的操作模式需要根据具体 PPP 项目的各种情况综合确定，其中包括项目投资收益水平及项目性质（是经营性项目，还是准经营性项目，或者是非经营性项目），项目投资收益水平和项目性质密切相关，不同的项目投资收益水平往往决定了项目本身的性质，具有明确的收费基础。经营收费能够完全覆盖投资成本的项目通常属于经营性项目，经营收费不足以覆盖投资成本、需政府补贴部分资金或资源的项目通常属于准经营性项目，而缺乏使用者付费基础、主要依靠政府付费回收投资成本的项目通常属于非经营性项目，国家发改委文件中就主要是根据项目性质来确定具体 PPP 项目的操作模式。在水利工程项目采用

PPP 模式进行投资建设时，项目投资收益水平及项目性质对确定具体水利工程 PPP 项目的操作模式具有更加重要和更加直接的影响和作用。在水利工程 PPP 项目投资建设中，可以采取以下具体操作方式：

一、政府和社会资本共同出资进行投资建设

该方式适用于部分规模较大、投资回收期长，或受益群体明确的准经营性水利工程项目。对于骨干水源工程、引调水工程和灌区工程等准经营性项目，由于投资规模较大、投资回报率较低、成本回收期较长等原因，通常难以吸引到社会资本单独出资完成工程投资建设，因此可以采取政府和社会资本共同出资的方式投资建设此类准经营性水利工程项目。政府和社会资本共同出资进行投资建设的具体方式有以下三种：

(1)通过政府和社会资本共同出资成立项目公司作为项目法人的方式，由项目公司负责工程建设和运营，其中政府资金主要发挥引导性和基础性作用，为确保社会资本的合理收益，政府资金还可以让渡部分收益或不参与项目公司收益分配。同时，通过水价调整、财政补贴等方式保障项目公司的合理收益。

(2)社会资本仅出资建设工程中经营性较强的一部分，其他部分由政府出资建设。对于某些大型水利工程，如水利枢纽工程，可以将其中经营性较强的部分拆分出来，由社会资本单独出资建设运营，工程中其他经营性较差的部分则由政府出资建设。如对于兼有工业园区和灌区供水功能的大型供水工程，可以将其中的工业供水部分拆分出来由社会资本出资建设运营，其他部分由政府出资建设。对于兼有粮食作物和经济作物供水功能的灌区工程，可以将其中的经济作物和田间工程拆分出来引入社会资本，由社会资本出资建设运营，灌区骨干工程和粮食作物的田间工程部分则由政府出资建设。

(3)由政府负责骨干工程建设及运营，受益群体共同出资组成股份公司作为项目公司负责配套工程建设运行。对于受益群体明确且集中的灌区末级渠系及田间工程、小型农田水利工程等项目，可以采取由受益农业企业、农场、农户等共同出资设立股份公司作为项目公司的方式，负责工程的建设和运营，由政府提供部分奖励和补助资金。参股的农业企业、农场和农户等既是用水户，又是水利设施的间接所有者，对于管好、用好水利设施有很大积极性，能够促进水利设施的良性可持续运行。

二、政府授权社会资本通过 BOT、TOT 等方式建设运行项目

该方式适用于可以通过水价调整等措施实现合理投资收益的部分准经营性水

利项目。对于通过一定措施利用使用者付费能够实现合理投资回报的准经营性水利项目,可以采取 BOT、TOT 等方式吸引社会资本投资建设。如对于以水费为主要收入来源的水利工程,由于目前水价标准过低,无法体现水资源的稀缺性,再加上征收环节的缺陷,使多数项目处于低利润甚至亏损的状态,无法有效吸引社会资本投资建设。从长远角度来看,需要改革现行水利工程水价形成机制,水价水平要能够覆盖建设运营成本并能产生合理收益,完善用水计量设施,创新水费征收方式,为吸引社会资本投资建设水利工程创造条件。在水价调整到位前或不宜调整水价的项目,政府应通过财政补贴等方式保障社会资本投资此类工程的收益水平和合理回报。

三、政府授权社会资本通过 BOO 等方式建设运营项目

该方式适用于经营性水利项目。经营性水利项目主要包括水电项目、城市及工业区供水项目等。由于此类项目自身收益较高且能持续稳定发展,对社会资本具有较强的吸引力,政府可以向社会资本完全放开经营性水利项目市场,政府资金不介入或少介入,政府通过授予特许经营权等方式,推动社会资本进入该类水利项目领域。政府在此类水利工程 PPP 项目合同中通常需要明确排他性等保障条款,以保障社会资本获取合理收益,同时,政府也要加强对社会资本或项目公司经营过程的监督管理,确保项目产品或服务的价格合理,避免出现社会资本或项目公司利用部分项目具有的自然垄断特性损害公众利益的情形。

四、通过政府购买服务的方式吸引社会资本参与项目建设运营

该方式适用于非经营水利项目。非经营性水利项目主要包括防洪、除涝、生态工程项目等,此类项目一般社会效益明显,直接经济效益低,具有明显的公共产品特征,包括难以确定项目产品(或服务)的合理价格水平,同时存在"搭便车"现象,难以确定收费对象,征收成本也较高。故非经营性项目的建设和运行费用主要靠财政支出承担,通常不是社会资本参与投资建设的重点和兴趣点。此类水利项目可通过政府购买服务的方式为社会资本提供合理回报,吸引社会资本投入非经营性水利项目的建设和运营。

综上,具体水利工程项目适合采取的 PPP 操作模式,通常与该水利工程项目本身的性质相关。对经营性水利项目,包括工业及城镇供水、水力发电、水库养殖、水上旅游等,可以通过依法放开建设和经营市场,积极推行投资运营主体招商,政府不再直接介入,拓宽和创新投融资模式,吸引社会资本投资建设。对准经营性水利项目,包括水利枢纽、水库工程、灌区节水改造工程等,可以通过建立投资、补贴与价

格协同机制，政府和社会资本合作（PPP）模式，股权合作等多种方式引导社会资本投资建设。对非经营性水利项目，包括防洪、排涝、抗旱、水土保持和农田水利等，可以采取与经营性较强项目或者周边土地开发捆绑等，以公开招标方式鼓励社会资本投资建设。

第三节 水利工程领域 PPP 政策解析

水利是国民经济和社会发展的重要基础，国家历来重视建设水利工程，并且很早就提出鼓励和引导社会资本投资建设水利工程。2010 年 5 月 7 日《国务院关于鼓励和引导民间投资健康发展的若干意见》（国发〔2010〕13 号）中就提出“鼓励民间资本参与水利工程建设。建立收费补偿机制，实行政府补贴，通过业主招标、承包租赁等方式，吸引民间资本投资建设农田水利、跨流域调水、水资源综合利用、水土保持等水利项目”。2010 年 12 月 31 日中共中央、国务院印发的《关于加快水利改革发展的决定》中提出“广泛吸引社会资金投资水利。鼓励符合条件的地方政府融资平台公司通过直接、间接融资方式，拓宽水利投融资渠道，吸引社会资金参与水利建设”。2012 年 6 月 19 日，水利部印发了《鼓励和引导民间资本参与农田水利建设实施细则》（水规计〔2012〕282 号）和《鼓励和引导民间资本参与水土保持工程建设实施细则》（水规计〔2012〕283 号），对民间资本参与农田水利建设和水土保持工程建设的参与范围与方式、鼓励政策与扶持措施、权益保障、服务与监管等作了规定。

自 2014 年国家力推 PPP 模式以来，国务院及其部委陆续出台了一系列通过 PPP 模式鼓励和引导社会资本参与水利工程建设运营的文件和政策。2014 年 11 月 16 日，国务院发布《关于创新重点领域投融资机制鼓励社会投资的指导意见》（国发〔2014〕60 号），其中提出“鼓励社会资本投资运营农业和水利工程”，具体包括：培育农业、水利工程多元化投资主体，鼓励社会资本以特许经营、参股控股等多种形式参与具有一定收益的节水供水重大水利工程建设运营，社会资本愿意投入的重大水利工程，要积极鼓励社会资本投资建设；保障农业、水利工程投资合理收益，社会资本投资建设或运营管理农田水利、水土保持设施和节水供水重大水利工程的，与国有、集体投资项目享有同等政策待遇，可以依法获取供水水费等经营收益，承担公益性任务的，政府可对工程建设投资、维修养护和管护经费等给予适当补助，并落实优惠政策；通过水权制度改革吸引社会资本参与水资源开发利用和保护，鼓励社会资本通过参与节水供水重大水利工程投资建设等方式优先获得新增水资源使用权。2014 年 12 月 2 日,国家发改委发布《关于开展政府和社会资本合作的指导意见》(发改投资〔2014〕2724 号),其中明确"水利、资源环境和生态保护等项目均可推行 PPP 模式"。2015 年 5 月 19 日,《国务院办公厅转发财政部、发展改革委、人民银行关于在公共服务领域推广政府和社会资本合作模式指导意见的通知》(国办发〔2015〕42 号),要求在水利等公共服务领域,鼓励采用政府和社会资本合作模式,吸引社会资本参与,在水利等特定领域需要实施特许经营的,按《基础设施和公用事业特许经营管理办法》执行,并明确在水利等公共服务领域,广泛采用政府和社会资本合作模式,对统筹做好稳增长、促改革、调结构、惠民生、防风险工作具有战略意义。

2015 年 3 月 17 日,国家发展改革委、财政部、水利部联合发布《关于鼓励和引导社会资本参与重大水利工程建设运营的实施意见》(发改农经〔2015〕488 号,以下简称《实施意见》),从明确参与范围和方式、完善优惠和扶持政策、落实投资经营主体责任、加强政府服务和监管、做好组织实施 5 个方面提出了 24 项具体实施意见,包括拓宽社会资本进入领域、合理确定项目参与方式、规范项目建设程序、签订投资运营协议、保障社会资本合法权益、充分发挥政府投资的引导带动作用、完善项目财政补贴管理、完善价格形成机制、发挥政策性金融作用、推进水权制度改革、实行税收优惠、落实建设用地指标、完善法人治理结构、认真履行投资经营权利义务、加强信息公开、加快项目审核审批、强化实施监管、落实应急预案、完善退出机制、加强后评价和绩效评价、加强风险管理、加强组织领导、开展试点示范、搞好宣传引导等。

《实施意见》提出,对具备一定条件的重大水利工程,通过深化改革向社会投资敞开大门,建立权利平等、机会平等、规则平等的投资环境和合理的投资收益机制,放开增量,盘活存量,加强试点示范,鼓励和引导社会资本参与工程建设和运营,有利于优化投资结构,建立健全水利投入资金多渠道筹措机制;有利于引入市场竞争机制,提高水利管理效率和服务水平;有利于转变政府职能,促进政府与市场有机结合、两手发力;有利于加快完善水安全保障体系,支撑经济社会可持续发展。《实施意见》要求,除法律、法规、规章特殊规定的情形外,重大水利工程建设运营一律向社会资本开放,只要是社会资本,包括符合条件的各类国有企业、民营企业、外商投资企业、混合所有制企业,以及其他投资、经营主体愿意投入的重大水利工程,原则上应优先考虑由社会资本参与建设和运营;盘活现有重大水利工程国有资产,选择一批工程通过股权出让、委托运营、整合改制等方式,吸引社会资本参与,筹得的资金用于新工程建设,对新建项目,要建立健全政府和社会资本合作(PPP)机制,鼓励社会资本以特许经营、参股控股等多种形式参与重大水利工程建设运营;重大水利工程按照国家基本建设程序组织建设，要及时向社会发布鼓励社会资本参与的项目公告和项目信息，按照公开、公平、公正的原则通过招标等方式择优选择投资方，确定投资经营主体，由其组织编制前期工作文件，报有关部门审查审批后实施；社会资本参与重大水利工程建设运营，县级以上人民政府或其授权的有关部门应与投资经营主体通过签订合同等形式，对工程建设运营中的资产产权关系、责权利关系、建设运营标准和监管要求、收入和回报、合同解除、违约处理、争议解决等内容予以明确。

2015 年 5 月 19 日，国家发展改革委办公厅、财政部办公厅、水利部办公厅联合发布《关于开展社会资本参与重大水利工程建设运营第一批试点工作的通知》（发改办农经〔2015〕1274 号，以下简称《试点通知》），按照《实施意见》有关要求，综合考虑地方推荐、项目基础条件、前期工作进展、项目代表性等因素，经研究，确定黑龙江奋斗水库、浙江舟山大陆引水三期、安徽江巷水库、福建上白石水库、广东韩江高陂水利枢纽、湖南莽山水库（已批复工程可行性研究报告并通过招标方式确定项目法人）、重庆观景口水库、四川李家岩水库、四川大桥水库灌区二期、贵州马岭水利枢纽、甘肃引洮供水二期工程、新疆大石峡水利枢纽工程 12 个项目为国家层面联系的社会资本参与重大水利工程建设运营第一批试点项目，并印发了《国家层面联系的社会资本参与重大水利工程建设运营第一批试点工作方案》，试点工作方案中明确了试点项目选择、试点支持政策、试点主要内容、组织实施等内容。《试点通知》要求力争通过 2 年左右的时间（2015 年 4 月 ~2017 年 3 月），探索形成可复制、可推广的经验，推动完善相关政策，今后，国家层面将继续开展试点工作，并要求各省（区、市）进一步做好重大水利工程向社会资本开放工作，在选择项目开展省级层面试点的同时，认真做好国家层面联系试点的申报和试点跟踪总结等工作。

在国家力推 PPP 模式，并已出台鼓励和引导社会资本以 PPP 模式参与水利工程（尤其是重大水利工程）建设运营的文件和政策规定的背景下，将会迎来一轮以 PPP 模式投资建设运营包括水利枢纽工程等重大水利工程在内的水利工程的高速发展期，PPP 模式在水利工程投资建设运营中将会大有可为、大展身手。

但也应当看到的是，尽管国务院与有关部委已经出台了在水利行业推行 PPP 模式的系列文件，但是这些文件本身的规定过于原则和简单，再加上水利项目所具有的明显行业特征，有必要进一步出台水利行业政府与社会资本合作（PPP）模式的操作指南，为社会资本进入水利工程项目领域提供指引和更为明确的政策依据。指南中应当明确水利行业政府与社会资本合作项目的实施主体、项目范围、操作模式、资质要求、选择流程、绩效评价、退出机制等一般性要求，并面对不同水利工程项目的具体特点提出针对性的操作要求。

第四节　水利工程 PPP 项目案例分析

湖南省宜章县莽山水库是国家层面的社会资本参与国家重大水利工程建设运营的第一批试点项目，并列入了国务院确定的“十二五”后两年和“十三五”期间全国 172 项重大水利工程、2015 年开工建设的 27 项重大水利项目，目前已全面进入建设阶段。该水库是一座以防洪、灌溉为主，兼顾城镇供水与发电等综合利用的水利枢纽工程。水库总库容 1.33 亿 m^3，设计灌溉面积 2 万多 hm^2，设计城镇年平均供水量 2227 万 m^3，坝后电站装机容量 1.8 万 KW。工程主要建设任务包括水库枢纽、灌区骨干工程和 5 条主要支渠。水库淹没影响涉及宜章县天塘乡和莽山瑶族乡等 2 个乡 2 个行政村 8 个村民小组，迁移人口 271 户 1131 人。

莽山水库工程总投资为 189,443 万元（水库枢纽 105,763 万元、灌区骨干工程及 5 条主要支渠 83,680 万元），建设期利息 3853 万元，其中政府资金为 143,590 万元（枢纽资本金 59,910 万元，灌区资本金 83,680 万元）。枢纽工程总投资 105,763 万元，其中政府资本金 59,910 万元，建设期利息 3853 万元，项目法人投资 42,000 万元（中标价），项目法人投资 42,000 万元中 30% 作为项目法人资本金，即 12,600 万元，其余 29,400 万元，由项目法人通过银行贷款等方式融资。项目法人资本金分两期到位，第一期资本金 5000 万元在注册成立项目公司时到位，第二期 7600 万元在 2016 年 6 月 30 日前到位，建设期利息由项目法人承担。投融资额度占总投资的 22.6%。灌区工程中中央及省配套资金 60,668 万元，县财政配套资金 23,012 万元由项目法人负责筹措到位，建设期不支付利息，项目竣工后移交政府管理，工程款由县政府分 3 年按 4∶3∶3 偿还，偿还期利息按 8.55% 计息。

2012 年 12 月《湖南省莽山水库工程项目建议书》获得国家发改委的立项批复，2013 年 1 月开展莽山水库项目法人公开招标工作，历时近两年进行了 5 次招投标，至 2014 年 9 月第五次招标成功。广东水电二局股份有限公司等组建的联合体被确定为社会资本方，并成立特许经营项目公司莽山水库开发建设有限公司。宜章县政府与中标人签订特许经营权框架协议，授予项目公司 44 年特许经营权。通过项目法人招标，明确了政府与项目法人双方的权利义务，政府负责政府资金的投入、征地移民、拆迁协调、运营期间年度收入保障及工程建设资金兜底；项目法人负责工程建设及社会资本投融资（额定融资 42000 万元），双方之间的具体合作机制主要包括：

一、实行“分段式”的建设经营模式

莽山水库在实行国家投资与引入社会资本建设经营相结合的模式时，将该项目分为枢纽、灌区骨干工程两部分，分别采取两种不同的模式建设经营管理：水库枢纽采取项目法人“投融资—建设—经营—移交”的模式，特许经营期内的运营管理由项目法人自主经营，项目特许期内发电、供水及旅游开发等收益作为投资人的回报，特许经营期满后工程无偿移交县政府，特许经营期为 44 年（含建设期 4 年）；灌区骨干工程建设采取“建设—移交—付款”的模式。双方的权利义务为：(1) 枢纽工程的各级政府投资由县政府负责筹措，全部进入政府设置的专用账户，专用于项目建设，枢纽工程的政府投资首先用于项目的前期工作和移民征地及环境工程。(2) 在设计水平年，政府应保证供水配套设施，灌区支渠田间工程建成，并促使发挥效益。(3) 政府负责征地开垦工作，组建政府协调小组，协调周边关系，协助项目公司办理项目批复、资金申请及其他一些与政府部门有关的协调工作。(4) 项目公司必须无条件服从政府和省、市、县防汛抗旱指挥部门的统一调度，并自行承担费用和风险。项目公司根据地方的统一规范对项目享有自主的开发、建设和管理权，在经营期内按特许经营合同享有完全的自主经营权。(5) 组建项目公司的中标单位具有相应的施工资质，除主要材料、设备、专题咨询等，不再进行施工招标，但项目公司的施工、监理、质量管理、安全管理、竣工验收等应严格执行中国和湖南省相关的强制性标准，并接受政府的监督、检查。

二、实行“保底式”的收益保障机制

综合考虑水库投资回报率，为确保实现合作共赢和发挥项目应有的社会和经济效益，莽山水库 PPP 项目采取了“保底式”的收益保障机制，具体包括：(1) 县政府承诺城镇供水出库水费和农业灌溉出库水费收入不足时由县财政弥补，确保项目法人设计水平年(2025)年收入达到设计要求的 5000 万元（城镇供水出库水价 0.75 元/m^3，农业灌溉出库水价 0.134 元/m^3）。水费补贴由县人大常委会作出决议，列入县年度财政预算支出给予保障。(2) 县政府承诺在县城规划区划出 33 多 hm^2 城镇开发土地用于对政府投入及灌溉、供水出库水费的担保。(3) 将 40 年的水库库区旅游开发权益同期授予项目法人，构建综合经营保障机制。

莽山水库 PPP 项目的具体操作模式和收益机制是莽山水库项目在采用 PPP 模式投资建设时的两个亮点和可资借鉴之处。

三、关于莽山水库 PPP 项目的具体操作模式

现代大型水利工程很多具有综合开发治理的特点，属于综合利用水利枢纽工

程,它往往兼顾了所在流域的防洪、灌溉、发电、通航、河道治理和跨流域的引水或调水,有时甚至还包括养殖、给水或其他开发目标。综合利用水利枢纽项目具有以下特征:(1)综合利用水利枢纽项目整体经济性较低,外部效应大,一般属于准公益性项目。综合利用水利枢纽项目兼具公益性和经营性,通常经营性收益难以覆盖公益性投资,枢纽整体盈利能力较低,属于准公益性项目。(2)综合利用水利枢纽项目技术内部依赖性强,工程实体物理界面难以区分。例如,综合利用水利枢纽中防洪与发电(供水)设施的运行管理相互依存,需要统一调度运行;从工程实体上看,尤其是对于采用河床式电站形式的枢纽,防洪和发电(供水)设施一体化,不存在明显的物理界面,施工组织和建设管理相互交织,难以彻底分离。(3)综合利用水利枢纽投资规模较大,资金需求量大。若仅仅依赖枢纽工程本身的收益,一方面难以吸引社会资本参与,另一方面对社会资本资金实力和风险承担能力要求甚高,需要政府的支持和补贴。通过PPP模式投资建设综合利用水利枢纽项目时,常见的操作模式有以下几种:

(1)采取枢纽整体BOT模式(建设—运营—移交)或BT模式(建设—移交),但在该种操作模式下,为满足社会资本合理的投资回报,则可能存在整体BOT模式下政府补贴资金过大,满足融资要求的社会资本数量较小而无法形成有效竞争态势和整体BT模式下政府回购资金总额过大,增加政府未来财政压力的问题。山东省宁阳县引汶工程项目(财政部第二批PPP示范项目)所采用的PPP操作模式即属于该模式。宁阳县引汶工程项目位于宁阳县中北部,是集供水、灌溉和生态环境改善为一体的综合性水利项目,该项目包括东引汶灌区节水改造工程、月牙河水库除险加固工程、月牙河水厂建设项目、桑安口水库建设项目等7个子项目,通过改造干支渠及配套建筑、建设除险加固工程、梳挖增容水库、新建水厂水库等措施,充分利用自然径流水,减少地下水的开采量,提高水利设施供水能力,不仅服务于农业灌溉,还兼顾工业用水和城区生态环境用水。该项目采用打包组合的方式,将没有盈利能力的灌溉、水库等基础设施与盈利能力较强的水厂组合开发,吸引社会资本参与,项目总投资13.28亿元,由宁阳县国有资产管理局出资2.91亿元,山东鲁珠集团有限公司(社会资本方)出资4.37亿元,按照4:6的出资比例共同组建山东鲁鑫水务发展有限公司,吸引银行贷款6亿元,目前已同工商银行和农业银行达成贷款意向。

(2)将枢纽中的经营性设施和公益性设施适当分离,经营性设施采用“预授权性BOT模式”(转让特许经营权,社会资本提前支付特许经营权费用于项目建设,项目建设管理主要由政府方组建的业主负责),而公益性设施采用政府投融资。此种操作模式下,虽然融资成本较低,但无法缓解政府投资资金缺口问题,政府仍然要投入巨额资金用于公益性设施的投资建设。江西峡江水利枢纽工程项目(国家发改委公布的 13 个 PPP 项目典型案例)所采用的 PPP 操作模式即属于该模式。江西峡江水利枢纽工程位于赣江中游峡江县,控制流域面积约 62,710 平方公里,是赣江干流上一座以防洪、发电、航运为主,兼有灌溉等综合利用的水利枢纽工程。江西峡江水利枢纽工程概算总投资 992,216 万元,其中,中央预算内投资定额补助 288,000 万元,江西省省级财政负责安排 113,700 万元,其他渠道落实资金 590,516 万元。为了解决资金缺口问题,经江西省政府同意,将水电站从枢纽工程中剥离出来,通过出让水电站经营权为整个工程项目筹措建设资金。江西省峡江水利枢纽工程水电站经营权出让采用邀请招标方式,中国电力投资集团公司以最高报价 39.16 亿元获得水电站经营权。2010 年,经江西省政府授权,江西省水利厅与中国电力投资集团公司江西分公司、江西省水利投资集团公司签署《江西省峡江水利枢纽工程水电站出受让合同》,出让水电站经营权 50 年,受让方出资 39.16 亿元在工程建设期内支付。

(3)采用"BOT + BT"组合操作模式,即枢纽中的经营性设施采用 BOT 模式,由 BOT 项目投资人或项目公司负责经营性设施的投融资、施工和特许经营期内的运行管理,并享有经营性设施相应的收益权和承担相应的投资风险;公益性设施采用 BT 模式,建成后的公益性设施移交给政府,政府可自行运行管理或通过签署委托运行管理协议(O & M Contract)委托第三方专业机构运行管理,从而实现降低融资成本、提高效率和精简机构的多重目的。湖南省宜章县莽山水库项目所采用的 PPP 操作模式即属于该组合操作模式,具体见下文分析。在"BOT + BT"组合操作模式下,从确保枢纽项目建设与运行管理整体协调性的要求出发,可以采用"BOT + BT + O & M"捆绑式招标,即政府与同一投资人或其组建的项目公司分别签署 BOT 和 BT 协议,负责经营性设施和公益性设施的融资建设,而公益性设施的运营管理也委托 BOT 项目公司负责。政府按 BT 和 O& M 协议有关条款支付 BT 回购款和公益性设施的运营管理费用(含酬金);投资人按 BOT 协议,特许经营期满后将经营性设施(如电站、水厂)无偿移交给政府。在该组合操作模式之下,投资人不仅可获得发电(供水)收益,还可获得 BT 融资收益、运营管理酬金和施工承包利润,从而在有效竞争的情形下,投资人可能降低对枢纽经营性 BOT 项目的投资回报要求,即可提高特许经营权费的报价水平。

莽山水库项目属于综合利用水利枢纽工程,在采取 PPP 模式投资建设时,将该项目分为枢纽、灌区骨干工程两部分,分别采取两种不同的模式建设经营管理:水库枢纽采取项目法人"投融资—建设—经营—移交"的模式,特许经营期内的运营管理由项目法人自主经营,项目特许期内发电、供水及旅游开发等收益作为投资人的回报,特许经营期满后工程无偿移交县政府,特许经营期为 44 年(含建设期 4 年),该模式即为 BOT 模式;灌区骨干工程建设采取“建设—移交—付款”的模式,项目竣工后移交政府管理,工程款由县政府分 3 年按 4∶3∶3 偿还,偿还期利息按 8.55% 计息,该模式即为 BT 模式。莽山水库 PPP 项目操作模式采取了“BOT + BT”的组合操作模式,对枢纽经营性设施采用 BOT 模式,由 BOT 项目投资人或项目公司负责经营性设施的投融资、施工和特许经营期内的运行管理,享有经营性设施相应的收益权并承担相应的投资风险;公益性设施(灌区骨干工程)采用 BT 模式,建成后的公益性设施移交给政府方进行管理。政府按 BT 协议有关条款支付 BT 回购款;社会资本按 BOT 协议,在特许经营期内自主经营并享有经营收益(包括发电、供水及旅游开发等收益),特许经营期满后将经营性设施(电站)无偿移交给政府。社会资本不仅可以获得发电(供水)、旅游开发收益,还可以获得 BT 融资收益和施工承包利润(因组建项目公司的中标单位具有相应的施工资质,不再进行施工招标,施工由中标单位之一的广东水电二局股份有限公司负责,其中所包含的施工承包利润归社会资本方所获得,也就是说,在莽山水库 PPP 项目社会资本方的招标实际上是采用了“两招”并“一招”的做法,大大节约了程序和时间成本)。

四、关于莽山水库 PPP 项目的收益机制

PPP 项目中社会资本的收益机制主要体现为付费机制,在 PPP 项目中,常见的付费机制主要包括以下三类:(1)政府付费(Government Payment)。政府付费是指政府直接付费购买公共产品和服务,主要包括可用性付费(Availability Payment)、使用量付费(Usage Payment)和绩效付费(Performance Payment)。政府付费的依据主要是设施可用性、产品或服务的使用量和质量等要素。政府付费是公用设施类和公共服务类项目中较为常用的付费机制,在一些公共交通项目中也会采用这种机制。(2)使用者付费(User Charges)。使用者付费是指由最终消费用户直接付费购买公共产品和服务,项目公司直接从最终用户处收取费用,以回收项目的建设和运营成本并获得合理收益。高速公路、桥梁、地铁等公共交通项目以及供水、供热等公用设施项目通常可以采用使用者付费机制。(3)可行性缺口补助(Viability Gap Funding,VGF)。可行性缺口补助是指使用者付费不足以满足项目公司成本回收和合理回报时,由政府给予项目公司一定的经济补助,以弥补使用者付费之外的缺口部分。可行性缺口补助是在政府付费机制与使用者付费机制之外的一种折中选择。在我国 PPP 实践中,可行性缺口补助的形式多种多样,具体可能包括土地划拨、投资入股、投资补助、优惠贷款、贷款贴息、放弃分红权、授予项目相关开发收益权等其中的一种或多种。

付费机制关系到 PPP 项目的风险分配和收益回报,实践中,需要根据各方的合作预期和承受能力,结合项目所涉及的行业、运作方式等实际情况,因地制宜地设置合理的付费机制。不同 PPP 项目适合采用的付费机制可能完全不同,一般而言,在设置项目付费机制时需要遵循以下基本原则:既能够激励项目公司妥善履行其合同义务,又能够确保在项目公司未履行合同义务时,政府能够通过该付费机制获得有效的救济。在设置付费机制时,通常需要考虑以下因素:(1)项目产出是否可计量。PPP 项目所提供的公共产品或服务的数量和质量是否可以准确计量,决定了其是否可以采用使用量付费和绩效付费方式。因此,在一些公用设施类和公共服务类 PPP 项目中,如供热、污水处理等,需要事先明确这类项目产出的数量和质量是否可以计量以及计量的方法和标准,并将上述方法和标准在 PPP 项目合同中加以明确。(2)适当的激励。付费机制应当能够保证项目公司获得合理的回报,以对项目公司形成适当、有效的激励,确保项目实施的效率和质量。(3)灵活性。鉴于 PPP 项目的期限通常很长,为了更好地应对项目实施过程中可能发生的各种情势变更,付费机制项下一般需要设置一定的变更或调整机制。(4)可融资性。对于需要由项目公司进行融资的 PPP 项目,在设置付费机制时还需考虑该付费机制在融资上的可行性以及对融资方的吸引力。(5)财政承受能力。在多数 PPP 项目,尤其是采用政府付费和可行性缺口补助机制的项目中,财政承受能力关系到项目公司能否按时足额地获得付费,因此需要事先对政府的财政承受能力进行评估。

莽山水库 PPP 项目采用了“BOT + BT”组合操作模式,对其中社会资本通过 BOT 方式投资建设的水库枢纽部分,社会资本的收益主要是特许经营期内的经营收益,包括发电收入、供水收入、旅游开发收入,社会资本是通过该部分经营收益来收回其投资建设水库枢纽部分的成本并获得合理回报,社会资本通过 BOT 方式投资建设水库枢纽部分的收益机制属于“使用者费用”;对社会资本通过 BT 方式投资建设的灌区骨干工程部分,社会资本的收益主要是政府支付的回购款及融资收益,社会资本是通过政府支付的回购款及融资收益来收回其投资建设灌区骨干工程部分的成本并获得合理回报,社会资本通过 BT 方式投资建设灌区骨干工程部分的收益机制属于“政府付费”。因为在莽山水库 PPP 项目实施中采用了组合操作模式,社会资本的收益机制也是组合的,既有“使用者付费”,也有“政府付费”。同时,为了进一步保障社会资本方的合理回报,还约定了综合收益保障机制,具体包括:(1)保底收益,县政府承诺城镇供水出库水费和农业灌溉出库水费收入不足时由县财政弥补,且水费补贴由县人大常委会作出决议,列入县年度财政预算支出给予保障。(2)开发土地担保,县政府承诺在县城规划区划出 33 多 hm^2 城镇开发土地用于对政府投入及灌溉、供水出库水费的担保。(3)授予旅游开发权益,县政府将 40 年的水库库区旅游开发权益同期授予项目法人,构建综合经营保障机制。

尽管政府方和社会资本方在莽山水库 PPP 项目的具体合作机制方面具有上述亮点和可资借鉴之处,但也应看到的是,该项目从 2013 年 1 月即开展莽山水库项目法人公开招标工作,历时近两年进行了 5 次招投标,至 2014 年 9 月第五次招标才成功,充分表明了综合利用水利枢纽工程在引入社会资本投资建设上的困难。因此,在具体运用 PPP 模式投资建设水利工程,尤其是综合利用水利枢纽工程等重大水利工程过程中,政府方应当拓宽思路和创新思维,在现有法律法规规章规定的框架下,灵活运用(包括组合运用)各种操作模式和收益保障机制,充分保障社会资本的投资收益和合理回报,只有如此,才能真正吸引社会资本放心大胆地投资建设水利工程,保障和促进水利工程投资建设的健康可持续发展。

第十一章 Chapter 11 公共文化领域 PPP 案例分析

我国一直以来都重视公共文化领域推广 PPP 模式。2010 年《国务院关于鼓励和引导民间投资健康发展的若干意见》(国发〔2010〕13 号)中明确提出,“鼓励民间资本从事广告、印刷、演艺、娱乐、文化创意、文化会展、影视制作、网络文化、动漫游戏、出版物发行、文化产品数字制作与相关服务等活动,建设博物馆、图书馆、文化馆、电影院等文化设施”。2015 年 5 月,国务院办公厅转发了《财政部、发展改革委、人民银行关于在公共服务领域推广政府与社会资本合作模式的指导意见》,文化领域首次被纳入,在第二批政府与社会资本合作示范项目中有 11 个文化项目,总投资规模超 1000 亿元。2016 年 6 月 8 日,财政部联合文化部等二十部委印发了《关于组织开展第三批政府和社会资本合作示范项目申报筛选工作的通知》。文化部门首次作为工作的推动部门,出现在国家 PPP 模式战略实施的文件中。财政部门首次正式面向文化系统征集 PPP 项目,是一个重大的信号。这表明文化领域正在融入国民经济的大循环中,并与国计民生的大项目接轨,同时也有助于转变文化系统的传统观念,鼓励社会力量、社会资本投入文化领域,避免政府部门文化资金来源单一、使用方式落后、效率不高的问题,注重提高文化产品和服务的有效供给。本章结合具体案例,对文化领域 PPP 模式概念、适用、操作等方面进行全面分析。

第一节 公共文化领域 PPP 模式适用

一、公共文化领域建设项目分类

公共文化是个概括且抽象的概念,具体而言,公共文化项目的公共品属性,主要体现在文化项目的非排他性和非竞争性两方面,并可作出以下大致分类:一是纯公共文化项目。纯公共文化项目是同时具有非排他性和非竞争性的公共品,如公共文化广场,免费开放的图书馆、博物馆、美术馆等。这类公共文化项目,使用者无需付费就可以从该文化产品中受益,供给者无法获得相应的投资回报,因此,纯公共文化项目无法通过市场解决供给问题,需要通过政府供给的方式来解决供应纯公共文化项目的困境。二是非纯粹公共文化项目。非纯粹公共文化项目是具备非排他性但是具有竞争性的公共产品，主要是指公共性文化资源，如开放性的文化文物遗迹、历史建筑等，使用者不需要付费就可以进入观光游览，但会因为使用者增多而增加运营边际成本，出现使用者消费机会竞争现象。因此，社会资本缺乏投资开发的积极性，需要政府通过“政府付费”的方式给予一定补偿或者直接主导供给。三是排他性的公共文化项目。这类公共文化项目突出表现在排他性，如剧院、电影院、受保护的古迹、体育馆等。排他性公共文化项目通过收费等形式将没有付费的使用者排除在外，投资者可以获得一定的回报，但是由于供给的规模和范围一定，需要政府给予一定的补助或激励。

二、公共文化领域项目特征

公共文化领域项目不同于公共项目中的基础设施建设项目。基础设施建设更加具有先行性和基础性，即基础设施建设在社会建设中必须首先完成，它是进行其他社会活动必不可少的基础性条件，维系其他社会生产或服务提供。相对而言，公共文化领域项目具有以下特征：第一，功能的非基础性。就公共文化领域项目独有的功能而言，包括以下三个方面：一是与配套基础设施高度融合，体现景点化特征；二是带动配套基础设施及相关产业发展；三是促进人口聚集，树立特色文化。第二，效率的兼顾性。首先，公共文化领域项目不仅关系项目本身的发展运营，更关系其辐射区域内人们的精神文化生活能否得到满足以及城市文化事业能否得到发展；其次，公共文化领域项目具有公益性定位的同时，还兼顾经济效益和社会效益：其经济效益表明并非所有的公共文化设施项目都能够向公众免费开放，因此必须拥有投资回报，其社会效益表明，作为公共项目的重要组成部分，公共文化领域项目尤其是大型设施建设项目依然要为广大公众提供文化产品和服务。第三，投资的复杂性。公共文化领域项目并非只包括主体建筑本身，还包括主体之外的各种配套基础设施，其投资回收时间长，项目融资能力差，投资回收具有不确定性。

三、传统模式建设中存在的问题

传统公共文化设施项目多由政府主导实施，其投资几乎全部来自政府财政，其运营和管理多采取政府成立专门事业单位的形式进行。这一模式暴露出传统公共文化设施项目在建设运营过程中的一系列问题。

首先，资金来源结构单一，政府财政压力过大。政府主导的公共文化设施项目，其资源来自政府财政，势必造成项目投资来源结构单一和政府财政压力过大等问题。同时，由于项目资金来源单一，项目建设运营缺乏相应的补偿机制和激励机制，造成民营企业缺乏对项目投资的积极性，也使其缺乏项目投资机会和渠道。政府财政压力过大反过来又使公共文化设施项目无法在市场中发挥正常功能，使其失去活力。投资结构单一的结果是利益分享单一，民营企业无法参与投资项目，自然无法从项目中取得利益。与缺乏利益分享机制相对应的是缺乏风险分担机制。项目建设与运营中的风险全部由政府承担，虽然能够保证一定程度上的政策支持，但项目风险承担者的单一会造成整体风险过大的后果。

其次，运营主体效率低下，项目领域缺乏竞争。公共文化设施项目由政府作为单一主体进行建设经营，一方面使政府成立的事业单位在经营管理项目过程中效率低下，另一方面使项目在运营中缺乏竞争。作为城市地标和城市名片的大型公共文化设施，其承担着满足人们精神文化需求和展示城市形象的功能，低效率不仅使这一功能无法实现，还会造成公共资源的浪费。竞争的缺乏容易产生政府垄断，给政府经营公共文化设施项目提供了寻租机会。

最后，运营管理模式不健全，行政干预过多。政府主导的公共文化设施项目由于主体单一，政府在市场准入、质量监督方面没有建立有效的运营管理模式，使得其运营管理只能依照事业单位科层制进行。另外，虽然政府建立专业事业单位对公共文化设施项目进行运营管理，但主管行政部门仍然具有对事业单位人财物的审核权和决定权，导致行政主管部门与事业单位之间权责不明，行政主管部门对事业单位进行过多的行政干预。

四、PPP 模式的概念及其适用

PPP 模式主要是政府与社会资本之间通过风险分担和利益共享，发挥公私双方资源优势，共同建造公共品或提供公共服务的一种资本合作经营模式。让社会资本参与提供公共品和公共服务中来，从而在有效履行政府公共管理和提供公共服务职能的同时也为社会资本带来利益。一般而言，PPP 模式运行主要具有以下四个特征：一是合作关系。合作关系是 PPP 模式的基础和前提，强调 PPP 模式各参与方平等协商关系和机制，即由政府和社会资本协商订立受法律、法规确认保护的明确双方履约责任和权益的协议。二是合作目的。PPP 模式合作关系的合作目的是提供包括基础设施在内的公共产品和服务。通常由社会资本承担公共基础设施设计、建设、运营、维护等环节和工作，由政府负责服务价格和质量监管，以保证公共利益的最大化。三是利益分享。利益分享是 PPP 模式的根本条件，是吸引社会资本参与其中的关键所在。在 PPP 模式下建立利益分享机制，确保社会资本通过“使用者付费”或必要的“政府付费”取得合理的投资回报。四是风险共担。利益分享伴随着风险共担。PPP 模式下合作双方的风险共担，应突出各种不同类型的风险应由最适合应对该风险的合作方来承担，以实现将合作项目整体风险控制在最小。因此,项目合作还需建立风险最优应对分担机制。

从上述分析看出,PPP 模式的构建需要满足两个条件:一方面,在完成提供公共产品或公共服务时,政府采用 PPP 模式与政府自己投资建设相比,成本更低、质量更高、更加有绩效;另一方面,社会资本参与必须“有利可图”,即社会资本在 PPP 模式中需要获得收益。因此,在公共文化项目建设中达成 PPP 模式合作关系,通常该文化项目必须为准公共文化项目,需要具有大量的受众需求,产生稳定的“使用者付费机制”,在项目运营期内满足社会资本获得投资回报的条件。但是,并非所有准公共文化项目都具备 PPP 模式合作关系条件。比如在一些城市规模较小,难以形成稳定而大量受众需求的地方,公共文化项目难以直接采用 PPP 模式。同时,实施 PPP 模式的文化建设项目合作期限比较长,增加了社会资本政策性风险和盈利风险,金融机构也因期限长产生资金风险等原因在贷款上进行了限制,造成社会资本融资困难和融资成本较高,降低了社会资本收益,造成社会资本参与项目建设意愿降低。

综上所述,在公共文化项目建设中运用 PPP 模式需要根据文化项目不同的公共品属性加以区别。其中,具有大量的受众需求、产生稳定的“使用者付费机制”的文化项目可以直接运用 PPP 模式;受众面小且预期收益较低的项目,可通过特许经营权与未来收益权加上政府补助补偿的形式,满足社会资本投资回报;纯公共文化项目则需要通过政府付费的方式,确保项目建设和运营。同时,在公共文化项目建设中运用 PPP 模式,需要建立规范系统的监督管理机制,将 PPP 融资纳入政府中长期财政规划管理;建立稳定合理的投资回报机制,防范政府过度让利;严格特许经营项目的准入资格,降低建设和运营成本,提高产品和服务的质量水平;落实政府对 PPP 项目的监管责任,在保障社会资本获得合理收益同时,实现激励相容。

第二节　公共文化领域 PPP 操作模式

作为一种新的基础设施建设融资模式,PPP 模式具有其独特的运作方式和特点。PPP 模式存在的基础是合同、特许权协议和所有权的归属,在此基础上可以采用多种形式。常见的分类形式有:兴建—发展—经营(BDO:Build - Develop - Operate)、兴建—经营—转移(BOT:Build - Operate - Transfer)或兴建—转移—经营(BTO:Build - Transfer - Operate)、兴建—拥有—经营(BOO:Build - Own - Operate)、购买—兴建—经营(BBO:Buy - Build - Operate)、设计—兴建(DB:Design - Build)、设计—兴建—注资—经营(DBFO:Design - Build - Finance - Operate)、设

计—兴建—维修(DBM:Design - Build - Maintain)等。

针对大型公共文化设施 PPP 模式架构,有以下两种可行方式:

一是 BOT + 土地使用权等附加权益。在这种模式中,项目发起人(一般为政府)首先需要委托咨询公司对项目进行初步可行性研究,然后起草文件,公开招标最佳设计方案。然后进行招标,选出最优社会资本。待确定中标方后,项目实施机构与其签订特许协议,组建项目公司负责项目的建设运营。由于公共文化领域项目收益较之其他领域项目较低,政府在不增加自身财政支出的情况下,通常会采取将周边土地使用权配套转让,用于建设周边收益性较高的项目并给予一定期限的经营权,使社会资本方能够有利可寻。经营期内项目合作公司负责公共文化设施的管理运营,经营期满一并交予政府。这种模式的优点有以下几个方面:(1)BOT 的起源较早,有较多的国外经验可以借鉴,并且目前在国内运营也相对成熟;(2)大型公共文化设施对技术要求比较高,采用 BOT 模式能够保证社会资本将先进的建设、管理经验投入其中,达到公共利益最大化。但不应忽视,BOT 模式也有其自身固有的缺点。首先,在特许期内,政府失去了对项目所有权、经营权的控制;其次,对于社会资本而言,从与当地政府协商谈判到经营周期最终结束,时间跨度往往达数年、数十年甚至更长,因此不可避免地存在多种风险,如政策变动、贸易和金融市场变动等。

二是 BTO + 运营和维护协议。与上述模式的不同之处在于,公共部门将公共文化设施的建设与运营分别委托给两个私营部门,颁布特许意向,公开招标项目建设公司和项目运营公司。项目运营阶段的现金流用作偿还项目建设费用和留作运营公司利润。这种模式的优点在于降低了招标单位的进入门槛,引入竞争机制,利于筛选;同时将建设与运营分开,有利于提高建设和管理效率。而其缺点在于:一是增加招标成本与招标时间;二是增加了委托代理中的道德风险。

针对存量的公共文化设施项目,可以考虑采用 TOT + 延长收益周期。在这种模式下,社会资本用私人资本或资金购买某项资产的全部或部分产权或经营权,然后,购买者对项目进行开发和建设,在约定的时间内通过对项目经营收回全部投资并取得合理的回报,特许期结束后,将所得到的产权或经营权无偿移交给原所有人。虽然目前在我国实践中,TOT 模式多用于具有盈利功能的项目,如桥梁、公路和电厂等,但某些公共文化项目通过转变包装理念,仍可达到一定盈利标准,这一类公共文化项目便可采取 TOT 模式运作。例如,宁波市溪口雪窦山弥勒文化园 PPP 项目,通过将文化与旅游相结合,搭建出合理的收费机制。但限于公共文化项目公益性的本质,社会资本的收费权限极为有限,故可采取延长收益周期的形式,延长社会资本的收费权限时间,使其达到保本微利的效果。

针对基层公共文化设施,可以考虑采用 SC(服务协议) + 专项管理机构 + 公民参与模式。政府设立基层公共文化设施专项管理机构,负责设施的运营和维护以及专项经费管理,同时将公共文化服务功能外包给民营合作者,将公民对公共文化服务的满意度,作为专项管理机构和民营合作者的绩效评估重要依据。这种模式可以保证基层公共文化设施运营和维护专业化,并且专项经费管理能够使得专款专用,防止基层文化设施管理经费不足。但要注意,专项管理机构若不采用市场化管理,容易成为政府的附属机构,从而导致效率低下的风险。

第三节　公共文化 PPP 项目政策解析

党的十八届三中全会提出,要完善文化管理体制,推动公共文化服务社会化发展。2015 年 5 月,《国务院办公厅转发文化部等部门关于做好政府向社会力量购买公共文化服务工作意见的通知》(国办发〔2015〕37 号),该通知提出,要积极有序推进政府向社会力量购买公共文化服务工作,文化部、财政部、新闻出版广电总局、体育总局制定面向全国的政府向社会力量购买公共文化服务指导性目录。各地要按照转变政府职能的要求,结合本地经济社会发展水平、公共文化服务需求状况和财政预算安排情况,制定本地区政府向社会力量购买公共文化服务的指导性目录或具体购买目录。指导性目录和具体购买目录,应在总结经验的基础上,及时进行动态调整。指导性目录将公共文化领域项目进行了细化,既表明了国务院及相关部委对该领域的重视,也为社会资本投资公共文化领域内的 PPP 项目指明了方向。

此外,文化部在 2012 年便出台《文化部关于鼓励和引导民间资本进入文化领域的实施意见》(文产发〔2012〕17 号),鼓励民间资本参与国有文艺院团转企改制和公共文化服务体系建设;鼓励民间资本投资文化产业发展和非物质文化遗产传承保护;鼓励民间资本积极参与对外文化交流和文化贸易。该意见为社会资本进入公共文化领域创造了良好的发展环境,同时对社会资本起到了初步的指导和规范管理作用。

2014 年,文化部、中国人民银行和财政部联合发文,出台《文化部、中国人民银行、财政部关于深入推进文化金融合作的意见》(文产发〔2014〕14 号),提出要加强财政对文化金融合作的支持。中央财政在文化产业发展专项资金中安排专门资金,不断加大对文化金融合作的扶持力度。实施“文化金融扶持计划”,支持文化企业在项目实施中更多运用金融资本,实现财政政策、产业政策与文化企业需求有机衔接。建立财政贴息信息共享机制,推动文化金融合作信贷项目库建设,完善项目准入、退出机制，确保入库项目质量。充分发挥财政政策引导示范和带动作用，完善和落实贷款贴息、保费补贴等政策措施，引导金融资本投向文化产业，逐步建立文化产业贷款风险分担补偿机制，为文化企业融资提供风险屏障。中央财政向公共文化领域倾斜，对有意向投资该领域的社会资本无疑是一剂强心剂。公共文化领域 PPP 项目多有周期长、收益低的特点，社会资本因此对文化领域投资兴致不强。专项资金的落实和和优惠融资政策的运行，有利于降低社会资本的风险隐患，鼓励其投资公共文化领域，进而丰富广大群众的精神文化生活，同时也带动区域经济发展。

除国务院及中央各部委外，地方各级政府也积极出台规范促进当地公共文化项目发展。《北京市人民政府关于创新重点领域投融资机制鼓励社会投资的实施意见》（京政发〔2015〕14 号）中提出，“对于利用存量资源发展医疗设施、养老设施和文化创意产业的，在规划调整上优先给予支持……以及以划拨方式取得土地的单位利用存量房产、原有土地兴办文化创意产业并连续经营一年以上的，可按协议出让方式供地。”《贵州省人民政府关于贵州省创新重点领域投融资机制鼓励社会投资的实施意见》则强调，“鼓励社会资本投资以民族和山地为特色的文化旅游业。加快文化体制改革步伐，推进文化旅游领域政企分开、政事分开，切实发挥各类行业协会作用，鼓励中介机构发展。建立公开透明的市场准入标准和运行规则，推动生态文化旅游市场向社会资本全面开放。”《四川省人民政府关于创新重点领域投融资机制鼓励社会投资的实施意见》（川府发〔2015〕41 号）中明确，“纪念馆、博物馆、文化馆、文物保护单位管理机构、美术馆、展览馆、书画院、图书馆举办文化活动的门票收入，宗教场所举办文化、宗教活动的门票收入依法免征营业税”。各地政府陆续出台规范，支持公共文化 PPP 项目的发展，对于公共文化项目收益低、融资难的特点，政府部门从土地、税收等多方面给予优惠，弥补了本领域 PPP 项目固有的短板。

第四节　公共文化领域 PPP 项目案例分析

宁波文化广场位于宁波东部新城中央走廊，是宁波市“十一五”规划建设的大型公共文化综合体，于 2008 年 7 月奠基开工，由宁波开发投资集团有限公司、江东区国有资产投资有限公司、鄞州区城市建设投资发展有限公司共同出资组建的宁波文化广场投资发展有限公司（以下简称文化广场公司）作为建设主体单位，拥有政府投入的资本金 8 亿元，独立承担文化广场项目的开发建设和经营。宁波文化广场投资近30亿元,总建筑面积32万 m^2,有4大区块9大文化功能,是宁波有史以来最大的文化综合功能区项目,具备承载区域文化事业、带动区域文化产业发展的优势和功能。

从项目本身来说,公共文化项目投资大、回收周期长的特性导致其融资功能弱。文化广场公司积极寻求解决办法,一是在建设环节更多地依靠开投集团公司的融资能力;二是在运营环节,组建影院、科技场馆、体育场馆、教育培训、剧院演出与管理5个专业运营平台的运营公司,这些平台与国内外有实力、有影响的文化企业进行合作,引入外资、民资等各种社会资本,建立较好的投资财务模式,发挥运营平台较强的融资能力。

文化广场公司从工程项目实施开始就寻找合作伙伴,一边依托他们已有的运作模式和成功的经验,向银行提供融资的重要依据;一边通过成立合资方的方式,让他们解决一部分资金。针对文化项目投资回报周期长的特点,从投资回报来说,更多地是基于资产的增值。文化广场公司认为当东部新城区块逐渐成熟后,文化广场资产会大幅提升,从而进一步提高融资能力。从运营层面来看,在政府采购、专项补贴的同时,争取吸收社会公益资金参与。

宁波文化广场"事业性质、企业运作"的模式经历了反对、争议到认可的过程。从公共文化传统来说它是一个事业单位,以前都由政府承担,而现在采用企业建设、市场模式运作。经过3年左右的建设,文化广场公司尝试了许多创新。首先,融资建立分公司,独立运作。宁波大剧院总投资6.2亿元,为解决政府资金不足的问题,项目引入了宁波广电集团作为融资主体。项目建设兼顾了文化功能与现代化城市商业活动的结合,配置了部分商业用房,为以后的正常运作奠定了基础。大剧院成立了独立的企业法人,经营内容分两大板块:一是政府购买服务部分,文化演出享受6万元/场的高雅艺术补贴;二是市场化运作部分,商业用房出租资金单独核算,收入用来支付广电集团的本金,另外财政给予贴息补助。其次,提供项目,委托管理。由文化广场公司提供场地教育设施,与上海寓教于乐公司合作组建管理运营班子,文化广场公司派驻监管人员,在文化广场打造"育乐湾"儿童职场和青少年体验教育基地。最后是合资共建,打造协作单位的连锁店。这一运营模式以广场影城为代表,文化广场公司与 CJ CGV 公司合资合作后成立了宁波文化广场希杰影城,注册资本515万美元,双方各持50%股份。该运营模式不仅带来了全新的影院运营理念和创新性设计,也承担了影院投资的一半近5000万元的资金来源。

宁波文化广场采用PPP模式的成功之处在于:一是实现了社会资本参与公共文化事业建设,解决了财政资金不足的问题;二是采用企业化管理,降低了运行成本,采用市场化运作,实现了财务平衡;三是政府给予高雅艺术资金补贴实现了票价控制，扩大了受众范围，实现了较好的社会效益。通过分析宁波文化广场案例，在今后公共文化建设项目中，可以得出以下几点经验。第一，在 PPP 项目中，要明确职能分工。政府是公共文化建设项目的倡导者、管理者和提供者，在公共文化建设项目过程中需明确政府职能。企业是公共文化建设项目的参与者、投入者，在建设过程中要发挥企业的创新性和积极性，政府和企业在合作过程中实现互补的目的。第二，分担风险。公共文化建设项目周期长，公益性质明显，在建设过程中应明确政府和社会资本方的风险分担机制，做到损失最小化。第三，尝试多种融资形式。在项目执行过程中，项目公司不拘泥于现有股权结构，积极探索与其他各类资本的合作，引入资本解决运营问题的同时，也使项目本身实现了丰富群众生活、提高城市形象的目的。

第五节　公共文化领域 PPP 项目法律分析

财政部发布的《政府和社会资本合作模式操作指南（试行）》（财金〔2014〕113 号）将 PPP 模式的操作程序分为五个阶段：项目识别、项目准备、项目采购、项目执行和项目移交。五个阶段按照 PPP 项目操作逻辑前后连接，形成完整的 PPP 项目采购流程，其中任何一个阶段出现问题，都可能导致 PPP 项目失败。

一、项目识别阶段

项目识别是 PPP 项目的第一个阶段，目标是科学地筛选合适开展 PPP 运作的项目。项目识别阶段主要包括四大工作环节：项目发起、项目筛选、物有所值评价、财政承受能力论证。

公共文化领域 PPP 项目通常以政府发起为主。财政部门向该领域的行业主管部门征集潜在政府和社会资本合作项目。行业主管部门从国民经济和社会发展规划及行业专项规划中的新建、改建项目或存量公共资产中遴选潜在 PPP 项目。政府在发起项目时应注意，虽然公共文化建设项目多为低收益或无收益的项目，从表面上看不适宜按 PPP 模式操作，即无法通过对场馆、区域的使用取得收益，但可以考虑将本项目同周边资源或土地进行捆绑，以此弥补项目建设本身无法盈利的缺点，这一转变也使得纯公益性项目有入选可能，从而解决地方财政无力续建存量项目或无力投资新建公益性项目的情形。

项目筛选阶段，即财政部门会同行业主管部门，对潜在 PPP 项目进行评估筛选，确定备选项目。财政部门根据筛选结果制定项目年度和中期开发计划。

物有所值是实施 PPP 的基本原则之一。PPP 项目的选择，首先要比较采用 PPP 模式和采用传统政府建设管理模式的优劣，提高项目决策的科学性和合理性。财政部门会同行业主管部门，从定性和定量两方面开展物有所值评价工作。目前在公共文化领域，由于基础数据储备量不足，操作仍以定性分析为主，相关行业的物有所值定量分析模型建立还有一定难度。

按照财政部《政府和社会资本合作项目财政承受能力论证指引》要求，财政部门应根据 PPP 项目全生命周期内的财政支出、政府债务等因素，对部分政府付费或政府补贴的项目，开展财政承受能力论证，每年政府付费或政府补贴等财政支出不得超出当年财政收入的一定比例。目前公共文化领域 PPP 项目多为政府付费或可行性缺口补助的形式，因其极强的社会公益性，难以达到使用者付费的程度。故有关部门在编制本行业的财政承受能力论证时，要高度关注《预算法》以及相关法律法规，避免出现增加政府财政压力的情形。

二、项目准备阶段

项目准备阶段分为管理架构组建、实施方案编制和实施方案审核三部分。按照地方政府的相关要求，明确相应的行业管理部门、事业单位、行业运营公司或其他相关机构，作为政府授权的项目实施机构，在授权范围内负责 PPP 项目的前期评估论证、实施方案编制、合作伙伴选择、项目合同签订、项目组织实施以及合作期满移交等工作。考虑到 PPP 运作的专业性，通常情况下需要聘请 PPP 咨询服务机构。项目组织实施通常会建立项目领导小组和工作小组，领导小组负责重大问题的决策、政府高层沟通、总体工作的指导等，项目小组负责项目公司的具体开展，以 PPP 咨询服务机构为主要组成。项目实施结构需要制定工作计划，包含工作阶段、具体工作内容、实施主体、预计完成时间等内容。

三、项目采购阶段

根据《财政部关于印发政府和社会资本合作模式操作指南（试行）的通知》（财金〔2014〕113 号），项目实施机构应根据项目需要准备资格预审文件，发布资格预审公告，邀请社会资本和与其合作的金融机构参与资格预审，验证项目能否获得社会资本响应和实现充分竞争，并将资格预审的评审报告提交财政部门（政府和社会资本合作中心）备案。项目有 3 家以上社会资本通过资格预审的，项目实施机构可以继续开展采购文件准备工作；项目通过资格预审的社会资本不足 3 家的，项目实施机构应在实施方案调整后重新组织资格预审；项目经重新资格预审合格社会资本仍不够 3 家的，可依法调整实施方案选择的采购方式。资格审查程序是为了在招标投标过程中剔除资格条件不适合承担或履行合同的潜在投标人或投标人，对于公共文化 PPP 项目这类对投标人资质要求较高，建设流程较为复杂的项目，应采取资格预审形式。

PPP 项目采购方式包括公开招标、邀请招标、竞争性谈判、竞争性磋商和单一来源采购五种方式。实践中，公开招标和竞争性磋商是被广泛采取的两种方式。公开招标主要适用于核心边界条件和技术经济参数明确、完整，符合国家法律法规和政府采购政策，且采购中不作更改的项目；而竞争性磋商适用于技术复杂或性质特殊，不能确定详细规格或者具体要求的项目。宁波文化广场 PPP 项目由于时间较为紧迫，同时没有明确的采购需求，故采取的是竞争性磋商形式。社会资本方和政府采购方通过磋商过程，逐渐清晰双方权责，得出可行的初步方案。

四、项目执行阶段

社会资本可依法设立项目公司。政府可指定相关机构依法参股项目公司。项目实施机构和财政部门（政府和社会资本合作中心）应监督社会资本按照采购文件和项目合同约定，按时足额出资设立项目公司。项目融资由社会资本或项目公司负责。社会资本或项目公司应及时开展融资方案设计、机构接洽、合同签订和融资交割等工作。财政部门（政府和社会资本合作中心）和项目实施机构应做好监督管理工作，防止企业债务向政府转移。宁波文化广场 PPP 项目中，项目公司在执行过程中融资设立分公司、与外资合资共建等方式都是通过一系列具体灵活的手段维持项目运营，保证项目盈利。在项目公司积极履行运营管理职责的同时，政府及其相关部门应尽到审慎的监督职责，避免出现社会资本方过度盈利的情形，违背了公共文化项目公益性的初衷；同时，要合理配合项目公司，减少不必要的繁杂流程。

五、项目移交阶段

项目移交通常是指在项目合作期限结束或者项目合同提前终止后，项目公司将全部项目设施及相关权益以合同约定的条件和程序移交给政府或者政府指定的其他机构。由于 PPP 模式在我国实践时间不长，目前多数项目仍处于执行阶段，尚未有足量数据用来分析移交阶段的实际纠纷。从规范中可总结出，在项目移交阶段，项目实施机构或政府指定的其他机构代表政府收回项目合同约定的项目资产。项目合同中应明确约定移交形式、补偿方式、移交内容和移交标准。移交形式包括期满终止移交和提前终止移交；补偿方式包括无偿移交和有偿移交；移交内容包括项目资产、人员、文档和知识产权等；移交标准包括设备完好率和最短可使用年限等指标。项目实施机构或政府指定的其他机构应组建项目移交工作组，根据项目合同约定与社会资本或项目公司确认移交情形和补偿方式，制定资产评估和性能测试方案。社会资本或项目公司应将满足性能测试要求的项目资产、知识产权和技术法律文件，连同资产清单移交项目实施机构或政府指定的其他机构，办妥法律过户和管理权移交手续。社会资本或项目公司应配合做好项目运营平稳过渡相关工作。项目移交完成后，财政部门（政府和社会资本合作中心）应组织有关部门对项目产出、成效益、监管成效、可持续性、政府和社会资本合作模式应用等进行绩效评价，并按相关规定公开评价结果。

第十二章 Chapter 12 能源领域 PPP 案例分析

第一节 能源领域 PPP 模式适用

PPP 模式使政府部门和社会资本能够充分利用各自的优势，即把政府部门的社会责任、远景规划、协调能力与社会资本的创业精神、民间资金和管理效率结合到一起。PPP 模式在促进能源领域设施项目建设与运作方面的具体功能：

一是引入社会资本参与能源设施建设，减轻了政府财政负担。通常情况下，政府建设能源项目主要依赖于财政资金、银行贷款以及外国资本，然而传统融资渠道所能提供的资金毕竟有限，严重制约了政府对能源供应或服务的供给能力。PPP 模式突破了我国引入社会资本参与城市基础设施项目的诸多限制，在能源领域建设过程中拓宽了融资渠道和投资主体，使社会资本参与能源项目建设，有效地缓解了政府在能源领域资金短缺的困境。同时，政府和社会资本可以在项目立项、准备阶段共同参与项目的识别、可行性研究、融资结构设计等项目实施过程，保证了项目在技术和经济上的可行性。且由于政府的深度参与和支持，一定程度上降低了政策和法律方面的风险和成本，市场风险也在一定程度地得到政府分担，进而吸引更多的社会资本投入能源领域，营造社会资本提供公共产品或服务的良好局面，为能源领域提供资金支持。综上所述，采用 PPP 模式，引导社会资本参与能源项目建设，实现融资渠道的多元化，吸引民间资本和外商投资，可以有效地减少政府支出，减缓资金不足的矛盾，在我国有长期稳定的发展前景。

二是有利于加快转变政府职能，实现政企分开、政事分开。作为社会资本的境内外企业、社会组织和中介机构承担公共服务涉及的设计、建设、投资、融资、运营和维护等责任，政府作为监督者和合作者，减少对微观事务的直接参与，加强发展战略制定、社会管理、市场监管、绩效考核等职责，有助于解决政府职能错位、越位和缺位的问题，深化投融资体制改革，推进国家治理体系和治理能力现代化。

三是有利于打破行业准入限制，激发经济活力和创造力。政府和社会资本合作模式可以有效打破社会资本进入公共服务领域的各种不合理限制，鼓励国有控股企业、民营企业、混合所有制企业等各类型企业积极参与提供公共服务，给予中小企业更多参与机会，大幅拓展社会资本特别是民营资本的发展空间，激发市场主体活力和发展潜力，有利于盘活社会存量资本，形成多元化、可持续的公共服务资金投入渠道，打造新的经济增长点，增强经济活力。

PPP 即公私合作伙伴关系，是一种关于基础设施建设规则制度的安排形式，其本质是充分发挥公共（政府）部门和私营部门各自的经验或者资金优势，进行相互合作的伙伴关系。

在能源项目投资中，资本结构的选择关系着 PPP 模式的成败，而法律变革是其中非常重要的一环。PPP 项目公司资本结构是指项目公司负债与权益之间的关系，以及各项资金的来源、组成及其相互关系。一般而言，一个能源产业 PPP 项目资金由权益资金和债务资金构成，其中权益资金一般由发起人来共同筹集，而债务资金则一般由政策性银行、基金公司、保险公司、商业银行、投资银行等金融机构提供。投资者可以在相关能源产业项目中通过高杠杆债务融资来提高自己的收益。在传统的项目融资模式下，股权投资所占的比例一般会低于 30%，而对于一般市场主体而言，投资要求会比 30% 更高，PPP 项目下的高杠杆债务融资则可以满足这个要求。并且伴随着高杠杆债务融资，PPP 项目可享受贷款利息免税、表外融资、分散风险、长期融资等一系列的优势。然而，这种高杠杆的债务规模如果过大，项目会承担巨大的风险和成本，进而可能危及整个能源项目的资金流而导致项目的停滞乃至失败，尤其在电力产业投资一般要在全部完成后才能产生经济效益的情况下。可见资本结构的选择对于一个能源产业 PPP 项目的成本、收益和风险有着巨大的影响，而在这其中，由于政府在项目中扮演着重要角色，市场主体政府出台的法律法规以及政策性文件有着极大的敏感性，因此在促进能源产业 PPP 项目融资中，政府出台的激励措施与 PPP 项目最终达成的资本结构密切相关。

在当今中国金融体系还不完善的背景下，投资人能选择的融资路径十分有限，而且往往还附带有各种限制，有着各种融资不确定性与困难性。在这种情况下，如果政府部门可以出面协助投资人进行融资，则可以降低融资难度。这就从根本上增强了项目的资金力量，降低了风险，从而优化整个能源产业 PPP 模式的资本结构。2015 年 5 月 19 日，国务院办公厅以国办发〔2015〕42 号《转发财政部　发展改革委　人民银行关于在公共服务领域推广政府和社会资本合作模式的指导意见》。该意见中明确表明政府要大力推广 PPP 模式，并且在金融领域大力扶持。这就从另一个角度降低了项目风险，从而提高了市场预期，也就推动了债务融资杠杆的提高，优化了 PPP 项目的资本结构。根据现实情况，由于能源项目的固有属性，投资规模大，成本回收周期长，并且在项目的建设阶段以及运营的前期十分脆弱，需要持续的资金投入而缺乏回流资金，因此充足的资本是至关重要的，这样才能使项目的资本结构得到投资人的认可。而能源产业 PPP 项目多涉及特许经营权，因此跟政府相关的直接或间接担保或政策扶持是分不开的，如果不能得到政府政策法规的有力支持，就会充满不确定性，使项目价值大大下降，从而使投资人缺乏信心，影响项目的资本结构。由此可见，中国的能源产业 PPP 模式资本结构与中国的法律变革其实是息息相关的。

鉴于 PPP 模式在国外已经得到广泛的应用，而我国能源项目建设又面临巨大融资压力，采用 PPP 模式融资进行能源项目建设具有很多优势，并且对推动能源基础建设、优化我国能源企业运营效率、促进能源市场多元化有着积极的作用。而能源产业 PPP 模式又受到我国相关法律变革的重大影响，以其项目资本结构为标志，显示了 PPP 项目本身对于相关政策的高度敏感。因此，政府应当在充分调查、考证的基础上，积极推动能源法律变革，从而推动 PPP 模式在我国能源企业中的应用，促进 PPP 项目资本结构的优化。

第二节　能源领域 PPP 操作模式

一、PPP 模式的操作程序

PPP 模式的操作模式，是指政府或社会资本在开展 PPP 项目的过程中，按照可能涉及的主要事项及阶段进行划分，财政部制定的《政府和社会资本合作模式操作指南（试行）》（财金〔2014〕113 号）是目前对 PPP 模式的运作程序进行梳理和划分的主要规范性文件。根据操作指南的规定，PPP 模式的操作程序一般可以分为项目识别、项目准备、项目采购、项目执行、项目移交等阶段。

（一）项目识别

PPP 项目识别是政府或社会资本选择可能适用 PPP 模式项目的过程，实践中并非所有的基础设施和公共服务项目均适合采用 PPP 模式，PPP 模式适用于投资规模较大、需求长期稳定、价格调整机制灵活、市场化程度较高的基础设施及公共服务类项目。

（二）项目准备

项目准备，是指针对通过物有所值评价和财政承受能力论证的项目，在项目具体开展实施以前，针对项目的具体情况，建立项目协调机制，编制项目实施方案。

（三）项目采购

项目采购，是指政府或其授权主体依照规范的竞争性程序选择社会资本的过程，由于PPP项目对社会资本的资质要求较高，为保证选择社会资本的竞争性，实践中要求政府或其授权主体实施资格预审。在PPP项目完成资格预审后即在确保项目选择社会资本的竞争性后，政府或其授权主体应根据项目实施方案确定的采购方式，按照《政府采购法》及其实施条例、《招标投标法》及其实施条例或其他法律规范的规定选择社会资本。

（四）项目执行

项目执行，是指政府或其授权主体通过竞争性方式选择社会资本后，与社会资本或其设立的项目公司签订PPP项目协议，由社会资本或项目公司负责项目的投资、建设及运营等事务的过程。在PPP项目中，社会资本依法设立项目公司的，政府或其授权指定的相关机构可依法参股项目公司。

（五）项目移交

项目移交，是指PPP项目按照项目协议的约定提前或到期移交给政府或其授权主体的过程，PPP项目协议在订立时应明确约定移交形式、补偿方式、移交内容和移交标准。移交形式包括期满终止移交和提前终止移交；补偿方式包括无偿移交和有偿移交；移交内容包括项目资产、人员、文档和知识产权等；移交标准包括设备完好率和最短可使用年限等指标。采用有偿移交的，项目协议中应明确约定补偿方案；没有约定或约定不明的，项目实施机构应按照“恢复相同经济地位”原则拟定补偿方案，报政府审核同意后实施。

二、能源领域PPP模式分类

适合我国能源领域PPP操作模式一般分为公有私营、公私合资和特许经营三大类。

（一）公有私营类

公有私营模式主要是指由政府投资建设能源设施，然后通过各种合同形式将能源设施的运营与维护外包给私营部门，所有权（产权）政府所有，经营权归私营企业所有。公有私营类可细分为服务合同、管理合同和租赁合同等几种。

服务合同（Service Contract）：指与能源设施有关的某些特定的服务，以合同的形式承包给私人部门去完成。除特定的被承包出去的服务外,政府公共部门仍然对设施的管理和维护承担全部的责任,并承担全部的商业风险。

管理合同(Management Contract):管理合同是指将为了增加企业对能源设施管理的自主性,减少政府对日常经营管理的干预,将整个设施运营的所有管理责任委托给民营企业。

租赁合同(Leasing Contract):政府负责基础设施投资和建设及固定设备的更新和修理费用,私人企业向政府支付一定的租赁费用并负责运营资金和日常维护费用。当然,对于旧的能源设施项目,可采取"租赁—建设—运营"模式,即鼓励私人企业对所租赁的设施进行维修改造、技术升级等,允许其收回投资成本并获得合理的利润。该模式实现了经营权和所有权的完全分离,使私人企业能够在更大程度上发挥管理和技术优势,并承担了大部分或所有的商业风险。例如,深圳龙岗中心区于 1999 年以租赁的方式将发电厂交给加拿大瑞威环保技术有限公司负责运营,双方约定:瑞威公司自行解决各项运营管理费用,并每年上缴承包款 300 万元,设备折旧费 430 万元,发电收入超收部分 60% 缴给龙岗区政府,承包期满后保证向龙岗区政府移交一个运行稳定、设施完好的电厂和一支业务熟练的技术和管理队伍。

(二)公私合资类

政府和私人公司通过合资建立新公司,或者对原国有企业的国有股份的部分出让使之成为混合所有权的公司,按照市场方式运作,根据其出资比例共担风险、共享收益。公私合资类可细分为国有股权/产权出售模式和准 BOT 模式。

国有股权/产权出售模式:国有股权/产权转让是指政府将国有能源企业的部分产权/股权转让给民营企业或外资企业,形成多元投资和现代公司治理结构,同时政府授予新合资公司特许权,许可其在一定范围和期限内经营特定业务。该模式是我国能源项目市场化改革运用较多的方法。

准 BOT 模式:准 BOT 模式是国内学者提出来的,与传统的 BOT 模式的主要区别在于项目投资结构上的不同,政府(或代表政府的投资机构)通过直接出资或以土地等出资作为项目公司的股东之一,项目操作依然按照 BOT 模式。

(三)特许经营类

私人参与部分或全部投资,并通过一定的合作机制与政府分担项目风险、共享项目收益。根据项目的实际收益情况,政府可能会向特许经营公司收取一定的特许经营费或给予一定的补偿,项目的所有权最终归政府所有,所以一般存在使用权和所有权的移交过程,即合同结束后要求私人部门将项目的使用权和所有权移交给政府。能源类项目特许经营一般采用 BTO、BOT、TOT 三种。

建设—转让—运营(Build - Transfer - Operate,BTO):私人部门负责为基础设施融资并负责其建设,一旦建设完毕,该私人部门就将基础设施的所有权转移给有关的政府主管部门。然后,政府把该能源项目以长期合约的形式将其外包给该私人部门,在合约规定的租期内,由私人部门负责基础设施的运营,并可以通过向用户收取一定费用的方式以及其他有关的商业活动,收回自己的投资并取得合理回报。该模式其实是 BT 模式与租赁模式的结合。

建设—运营—转让(Build - Operate - Transfer,BOT):政府与投资者签订合同,由投资者组成的项目公司筹资和建设环卫基础设施,在合同期内拥有、运营和维护该设施,通过向消费者收取服务费回收投资并取得合理的利润,合同期满后,投资者将运营良好的设施无偿移交给政府。该模式在我国能源领域应用比较多,如浙江省温州东庄发电厂、广东南海市发电厂等。

转让—运营—移交(Transfer - Operate - Transfer,TOT):政府部门将建设好的能源项目设施一定期限的经营权,有偿转让给民营企业,由其进行运营管理,一次性融得一笔资金用于新项目的建设;投资人在一个约定的时间内通过这部分经营性资产收回全部投资并获得合理的回报,并在合约期满之后,再移交给政府部门或原单位。TOT 可以分为只转移经营权的 TOT 和伴随产权转移的 TOT 两种,前者实质是租赁关系,后者实质是购买关系。

同时目前其他领域的一些操作方式如 BOO(建设—拥有—运营)、BBO(购买—建设—运营)接近于完全私有化,目前还不适合能源领域项目操作。

三、能源领域 PPP 模式的选择原则

1. 考虑国情,结合地方实际情况

选择何种 PPP 模式应考虑我国的基本国情,基于当地的社会经济发展状况、能源项目的特性以及当地的法律、政策等实际情况选择不同的模式。无论选择何种模式,其目标都应是改善能源结构,提高设施运行效率,使公众获得更好的,更廉价的服务。

2. 妥善处理政府与市场的关系

不同的 PPP 模式,意味着私人投资不同的参与方式和参与程度。在能源项目领域,特别是在建设方面,即使在发达国家,目前也没有证据表明私人部门能够发挥主导供给作用。因此,在推进我国能源领域项目建设与运营市场化过程中,必须正确处理政府与市场的关系。在设施建设方面,政府必须发挥主导投资作用,市场化方式为辅,在远期,可以期望市场化方式发挥较大作用。

3. 维持企业、政府和公共利益平衡

能源领域的市场化改革的总目标应体现效率和公平，既要考虑能源企业的投资回报，又要考虑社会承受能力，还要考虑能源的安全及对环境的影响。这就要求在设计具体的 PPP 合作协议时，要制定合理服务价格，同时考虑当地的经济水平，建立合理的政府补贴机制，并且政府充当好服务质量监督的角色。

四、能源领域 PPP 模式主要参与方及契约关系

在能源领域 PPP 组织机构中，主要参与方及契约关系如下：

1. 政府或其授权机构：PPP 项目特许经营权的授予者，由于能源项目的特殊性，要求政府的参与程度较一般的基础设施高。其主要职责是：完善有关的法规，制定能源处理相关的质量、安全标准，并监督执行；借助专业机构的力量，进行能源设施建设的总体规划；对于一些大型的项目，为增强民间资本或外资的投资信心，政府可通过授权的政府投资机构/国有企业等进行投资（以已有的国有设施、专项资金、国债、土地等）作为项目公司的股东之一；与项目公司签订特许权协议，并对项目建设与运营进行必要的监管。

2. 代表政府的投资机构：政府所属的投资公司、国有企业等，经授权作为政府投资的代表，作为股东之一与私人投资机构签订股权协议成立项目公司。

3. 私人投资机构：私人投资机构往往是 PPP 项目的发起人之一，和代表政府的投资机构合作成立 PPP 项目公司，投入的股本形成公司的权益资本。政府部门往往通过公开招标来选择技术、资金、资信等综合实力强的民营企业或外资企业。

4. PPP 项目公司：PPP 项目公司是为能源项目设施的建设及运营而专门设立的公司，代表政府的股权投资机构和私人投资机构投入的资本形成公司的权益资本。PPP 项目公司是 PPP 项目的执行主体，负责项目的融资、开发、建设、经营等所有事务。项目公司运营受益来源于能源的出售（如发电厂将电售于电网）以及政府补贴等。

5. 金融机构：为 PPP 项目提供贷款的金融机构，包括国际银团、商业银行、出口信贷机构、投资信托机构等。若 PPP 项目资金规模过大，往往需要多家金融机构组成的银团来提供贷款。另外，政府通常与提供贷款的金融机构达成一个直接协议，这个协议不是对项目进行担保的协议，而是一个向借款机构承诺将按与特许经营公司签订的供应/费用支付合同支付有关费用的协定，这个协议使特许经营公司能比较顺利地获得金融机构的贷款。

6. 承建商：与项目公司签订施工合同（也可能是项目公司的投资股东之一），负责能源项目的施工建设。通常需要通过向保险公司投保来降低项目建设期风险。

7. 运营商：与项目公司签订能源项目设施的运营管理合同，通常也是项目公司的股东之一，负责实施的运营管理。

8. 设备与能源供应商：与项目公司签订供应合同，负责提供相关设备、电力能源等。

9. 产品采购商：这里指能源的购买者，如电厂发电后将电售于电网公司。

10. 保险公司：PPP项目资金规模大，生命周期长，参与方多，面临着许多难以预测的风险因素，因此，客观上要求项目的参与方准确识别未来的风险并及时投保。保险公司是分担项目风险的重要一方，它为项目中各方不愿意承担的风险提供保险。

PPP本质其实是一个内在结构相对灵活的模式，它通过各种不同的契约来建立合作关系，在能源领域具体实施过程中，要视具体情况来设计其组织结构。

对于已建项目和新建项目，PPP项目的运作流程并不一样，事实上也并不存在统一的PPP项目运作流程。

需要注意的是，倘若在项目定义与项目评估阶段争取到私人企业（PPP项目潜在的合作者）的参与，则对后期顺利地实施项目的设计、建设与运营将起到很大的保证作用。项目参与各方在互信的基础上组成战略联盟，对协调各方不同的利益目标起关键作用。政府部门和民间部门可以取长补短，发挥政府公共机构和民营机构各自优势，双方只要抓住以“共赢”“合理公平”为准则，协调管理、共同决策，就能趋利避害，充分发挥优点，限制缺点，共同实现项目的目标。

第三节　能源领域PPP政策解析

在能源领域推广政府和社会资本合作（以下简称PPP），有利于打破社会资本进入能源基础设施和公共服务领域不合理限制，理顺政府与市场关系，改善地区能源公共服务水平，事关人民群众切身利益，是保障和改善民生的一项重要工作。为加快推进政府和社会资本合作模式在能源领域的实施，需要制定专门文件提出总体要求、明确项目适用范围和有关实施要求，切实鼓励和引导社会资本投资能源公共服务领域。

近两年，政府和社会资本合作模式（PPP）在我国呈现出突飞猛进的发展势头。作为转变政府职能、激发市场活力、打造经济新增长点的重要改革举措，PPP模式从顶层推动拓展至社会各领域，项目落地逐步加速。在被誉为“PPP落地年”的2016年，PPP模式在能源领域获得进一步推进。2016年3月31日，国家能源局发布《关于在能源领域积极推广政府和社会资本合作模式的通知》（以下简称《通知》），内容受到了社会舆论的高度关注与积极评价。

《通知》主要包括七部分内容：一是重要意义；二是总体要求，明确了在能源领域推广 PPP 的总体目标和基本原则；三是确定能源领域的项目适用范围；四是各级能源主管部门要丰富项目储备；五是各级能源主管部门要规范有序推进项目；六是明确了相关政策保障措施；七是要做好能源领域 PPP 项目的示范推广和总结提高。

能源领域 PPP 模式要因项目而异，《通知》的出台是国家能源局落实国务院大力推进 PPP 精神的体现。能源行业的很多项目具备体量大、公用性的特征，相对适合采取政府和社会资本合作的模式。然而，聚焦到具体的能源建设项目上则要因需而异。基于 PPP 模式整合优势资源的能力，在解决清洁能源消纳问题上或能体现出较大价值。建设大型能源项目，所需投资金额大，需要构建多元化、多主体、多层次的投资体系。从国内外经验来看，PPP 模式则能够匹配大型能源项目较长的项目周期，加强政府和社会资本合作，有效分担和化解投资风险，是一种较为理想的能源项目投资模式。

能源是指可产生各种能量（如热量、电能、光能和机械能等）或可作功的物质的统称，是指能够直接取得或者通过加工、转换而取得有用能的各种资源，包括煤炭、原油、天然气、煤层气、水能、核能、风能、太阳能、地热能、生物质能等一次能源和电力、热力、成品油等二次能源，以及其他新能源和可再生能源。能源领域 PPP 项目涉及电力及能源领域类目较多。

能源领域推广 PPP 主要适用于政府负有责任又适宜市场化运作的公共服务、基础设施类项目：

1. 电力及新能源类：含供电/城市配电网建设改造、农村电网改造升级、资产界面清晰的输电项目、充电基础设施建设运营、分布式能源发电项目、微电网建设改造、智能电网项目、储能项目、光伏扶贫项目、水电站项目、热电联产、电能替代项目、核电设备研制与服务领域等。

2. 石油和天然气类：含油气管网主干/支线、城市配气管网和城市储气设施、液化天然气（LNG）接收站、石油和天然气储备设施等。

能源领域 PPP 模式需尽快完善配套制度，能源领域选择 PPP 合作模式，可以充分调动社会资本，拓宽投资融资渠道，优化市场资源配置。《通知》的发布，有利于引导企业良性竞争，不断提升企业本身的产品与服务，推动企业健康、有序发展，也可满足人民群众对能源安全、可靠、清洁供应的要求。然而，能源领域推进 PPP 合作模式也需要进一步明确和细化相关配套政策，建立起完善的行政监管程序以及有效的外部监督机制，实现利益共享、风险共担。《通知》中的导向性配套政策需要进一步明确和细化，才有可能推动能源 PPP 项目的实施。《通知》的实施细则及配套方案会有涉及其他政府部门的政策，如财政补贴政策需要与财政部协调，金融系统支持需要与金融机构协调，因此最终的实施效果将受到多方面因素的制约，考验相关部门的协调能力，需要尽快完善相关配套制度，让政策在落地过程中能够有章可循。

此外，能源领域推广 PPP 尚需有其他一些保障措施：一是要简化 PPP 项目审批，建立能源 PPP 项目审批绿色通道，加快项目审批，简化审核内容，优化办理流程，缩短办理时限。二是根据《中共中央国务院关于推进价格机制改革的若干意见》（中发〔2015〕28 号）精神，推进能源价格改革。三是探索创新财政补贴机制，对可再生能源及分布式光伏发电、天然气分布式能源及供热、农村电网改造升级、光伏扶贫、页岩气开发、煤层气抽采利用等 PPP 项目，符合财政投资补贴条件的，各级能源主管部门应积极探索机制创新和政策创新，鼓励财政补贴向上述 PPP 项目倾斜。四是加强金融合作，积极主动帮助项目承担单位与各级 PPP 融资支持基金进行对接，加强与银行等金融机构的沟通合作，加大对能源领域 PPP 项目的信贷支持力度。五是适时开展第三方评估，充分发挥工商联联系民营企业的作用。

第四节　能源 PPP 项目案例分析

上海华电莘庄工业区燃气热电冷三联供改造项目具备两个特点：一个特点是它的发起方式为社会资本发起，华电集团依据其发展战略及上海市场投资机会等因素，主动与政府就项目的改造及 PPP 模式的运用进行沟通，并在项目中引入其极具技术优势的热电冷三联供技术，保障了项目的可行性和社会效益。另一个特点是该项目具备稳定现金流，其使用者付费部分的收益较为可观，并且得到了来自政府的运营补贴及扶持政策。同时，作为项目的组成部分，清洁能源项目得到了财政部清洁基金的资金支持，保证了项目的投资收益及稳定发展。

一、莘庄 CCHP 项目情况

（一）项目背景

莘庄工业区是上海市人民政府于 1995 年 8 月批准成立的上海市九大市级工业区之一，总开发面积 17.88 平方公里。

莘庄工业区工业用蒸汽全部依靠莘庄供热公司的五台燃煤供热锅炉，总蒸发量为135t/h),以及工业区中春路以东的12个用热企业的25台自备小锅炉(总额定蒸发量为51.5t/h)。这些燃煤供热炉解决了莘庄工业区内的热能需求,对保证区内企业正常生产经营起到了重要作用。

随着莘庄工业区内企业数量和规模不断扩大,莘庄工业区的供热需求不断增加,现有燃煤供热存在众多问题:

供热效率低:锅炉容量小、热效率较低、造成能源浪费、供热成本较高;

管理效率低:工业用汽的凝结水没有回收,"跑冒滴漏"现象严重,热损失较大;

控制水平低:大多数锅炉没有燃煤和蒸汽计量装置,运行人员凭经验控制燃煤量和送引风量,能耗较高;

环境污染高:燃煤锅炉烟囱高度普遍较低,导致锅炉烟尘、二氧化硫、氮氧化物高浓度低空排放,个别地区的二氧化硫浓度超过国家二级标准,对城市环境造成一定污染。

华电集团上海分公司在市场调研中发现莘庄供热公司如果实施天然气分布式热电冷三联供改造,具备以先进的分布式功能技术和设备替代老旧燃煤供热小锅炉的可能性,于是通过民间自提方式向莘庄工业区管委会提出莘庄CCHP改造项目并开展了了相关前期工作。莘庄工业区管委会采用竞争性谈判方式在华电集团、X集团、Y集团中选定华电集团作为特许经营商,并于2010年10月8日签署合作框架协议,由华电收购工业区原有热力管网资产、关停原莘庄供热公司生产设施,并对莘庄供热公司燃煤锅炉进行天然气分布式热电冷三联供异地改造,替代周围部分企业分散燃煤小锅炉,实现供热、供电、供冷能源清洁化。

(二)项目采用的PPP运作模式

天然气分布式能源PPP的运作一般采用如下几种模式:

1. BOOT(建设—拥有—运营—移交)

这是目前天然气分布式能源运用最普遍的投资模式。社会资本方建设分布式能源中心,拥有能源中心设施所有权,并负责运行管理。项目运营合同期满后,投资主体将能源中心资产按协议约定移交给政府,或经政府许可转让给第三方。移交后的运行管理可以由政府自行管理,也可委托项目公司继续经营管理,并交纳一定的服务管理费。

2. BOT(建设—运营—移交)

由社会资本或项目公司承担新建项目设计、融资、建造、运营、维护和用户服务职责,政府准许其通过向用户收取能源费用用以回收投资并赚取利润,约定运营期限届满时,该能源中心移交给政府。

3. BOO(建设—拥有—运营)

项目公司根据政府赋予的特许权,建设并经营能源中心,但是不将此项目移交政府或用户,能源中心一旦建成,项目公司对其拥有所有权,并向终端用户提供能源服务。

4. ROT(重整—经营—移交)

政府将过时、陈旧的项目设施、设备转让给项目公司,项目公司进行改造更新、扩建,在此基础上由项目公司经营若干年后再移交给政府。

5. TOT(转让—运行—移交)

指政府将存量能源中心资产所有权有偿转让给社会资本或项目公司,并由其负责运营、维护和用户服务,合同期满后资产及其所有权等移交给政府的项目运作方式。

6. DBFO(设计—建造—融资—运营)

社会资本方根据项目协议的约定,参与前期设计过程、负责项目融资、投资建设公共设施并提供与该设施相关的核心服务,一般在持续经营期内社会资本方拥有该设施的所有权。DBFO 与 DBM、DBMO 模式的主要区别在于,DBM 属于不含投资的维护服务外包模式,DBMO 属于不含投资的特许经营模式,而 DBFO 属于含投资的特许经营模式。

在莘庄 CCHP 项目中,莘庄工业区管委会为达到节能降耗、减排控污的目的,为区内企业安排集中供热供冷的公共产品及服务,通过市场竞争方式选定华电集团并与之建立了"全过程"合作关系。双方以特许经营协议为基础,充分发挥各自优势,提高公共产品和服务的数量、质量和供给效率,实现合作共赢和风险共担,符合 PPP 模式定义,属典型的 PPP 项目。

在对该项目的 PPP 运作流程及特征进行分析前,首先要对其所采用的 PPP 支付方式进行判定,以助于理清项目的经济、技术特性和交易结构。

莘庄 CCHP 项目属于天然气分布式能源项目,与传统供能系统相比,分布式能源系统具有资本性支出高、占地面积大、运营维护成本高等特点。

目前国内运营的大多数分布式能源项目均处于亏损或微利状态,无法满足投资人收回投资并获取合理投资回报的要求。因此现阶段我国天然气分布式能源项目若采用 PPP 模式,在支付方式上适用于政府提供可行性缺口补贴(VGF)模式。

莘庄 CCHP 项目可行性缺口补贴的资金来源包括:清洁基金提供的 2.8 亿元清洁发展委托贷款(低息);上海市财政 2000 万元投资补贴;莘庄工业区管委会定向招拍挂及相应的政策扶持措施。

根据莘庄 CCHP 项目特许经营协议,社会资本承担了设计、建造、融资、运营维护等职能，属于设计—建造—融资—运营（DBFO）模式。

采用 DBFO 模式的项目通常具有以下特点：

（1）项目为新建项目；

（2）建设过程复杂、核心技术先进，需要社会资本方更多参与前期设计、建设工作；

（3）项目投资规模较大，需社会资本负责融资；

（4）项目对技术和运营管理要求较高，需引入社会资本方进行运营管理；

（5）运营周期及投资回收期较长，项目具有持续运营的特点。

采用 DBFO 模式可以为项目带来以下好处：

（1）政府仅面对单一社会资本方，便于对项目进行监管和控制；

（2）将设计与建造相结合，有利于降低工程造价；

（3）社会资本方负责项目融资，降低财政支出压力；

（4）引入社会资本方的先进技术与管理经验；

（5）不涉及项目移交，降低移交监管难度，也有利于社会资本方从保证项目全生命周期的服务角度对项目进行经营和管理。

二、莘庄 CCHP 项目开发过程

（一）项目操作流程

《财政部政府和社会资本合作模式操作指南（试行）》（财金〔2014〕113 号）对 PPP 项目识别、准备、采购、执行、移交等操作环节进行了规范。这其中尤其需要重视充分做好物有所值评价，通过这种评估方法，判断采取 PPP 模式与政府传统采购模式相比，是否降低项目全生命周期成本。

1. 项目识别

莘庄 CCHP 项目属于社会资本自提式（Unsolicited Prososals）发起的 PPP 项目。首先，由华电集团上海分公司自主通过市场调研，发现投资机会。在市场调研及可行性论证之后，华电集团上海分公司向莘庄工业区管委会提出莘庄 CCHP 改造项目投资方案。同时，A、B 两家公司在获得项目信息后，也向莘庄工业区管委会提交了投资方案。其次，在莘庄 CCHP 项目被发起之后，莘庄工业区管委会以及相关政府部门对该项目进行了可行性审查，通过审查认为该项目符合相关政策及莘庄工业区发展需求，能够促进经济效益和环境效益的有效统一。同时，华电集团委托华东电力设计院开展项目可行性研究，并向园区管委会提交了可行性研究报告。因此，华电集团在项目发起阶段就发挥了重要作用。

项目发起后，相关政府部门对莘庄 CCHP 项目进行了初步审查评估，确认其符合国家产业政策和环保政策,符合莘庄工业区发展规划需要,具有较好的社会效益和环保效益。同时,莘庄工业区管委会和相关政府部门结合《上海市城市基础设施特许经营管理办法》(上海市人民政府令第55号),初步评估项目符合特许经营模式的特点和政策导向。

民间自提方案被采纳后,华电集团委托中国电力工程顾问集团华东电力设计院对项目进行了初步可行性论证,并于2010年1月向莘庄工业区管委会提交了《海华电莘庄工业区燃气热电冷三联供改造项目初步可行性研究报告》。该项工作使华电集团更早地介入了项目前期论证,对项目获得了更全面的理解,并能更加准确地识别和评判项目风险,为其项目运营成功提供了保障。

2. 项目准备

在项目准备阶段,由莘庄工业区管委会主导项目的准备工作,涉及交易结构的设计和运营模式的选择问题。首先,在交易结构设计方面,设计了由项目公司自有资金投资、商业银行贷款及政府初始补贴参与的投融资结构。在付费机制选择方面,考虑到分布式能源系统投资高、占地面积大、运转及维护成本高、能源价格高等特点,该项目采用了可行性缺口补贴模式(Viability Gap Funding/Subsidy,VGF),由使用者付费,并由政府给予特许经营者一定的补贴。在项目合同结构方面,莘庄工业区管委会设计了特许经营协议、融资合同、工程建设合同、产出销售合同等各项合同,为确定相关参与主体的权利义务边界、交易条件边界等,为项目的顺利开展奠定基础。在监管结构方面,莘庄工业区管委会制定了由政府部门、用户、金融机构和利益相关者监督共同参与的监管结构体系,为项目的顺利运作提供保障。其次,在运作模式选择方面,由于莘庄CCHP项目建设技术水平高、施工难度大、资金需求大及设施运营专业化水平高等问题,莘庄工业区在对比不同PPP模式的特点之后,选择采用设计—建造—融资—运营(DBFO)模式,由私人部门来主导项目设计、项目建造、项目融资和项目运营维护等工作。

3. 项目采购

在项目采购阶段,由于莘庄CCHP项目是社会资本自发提起的PPP项目,所以跳过了资格预审、采购文件编制、响应文件评审等过程,直接进入了谈判与合同签署阶段。莘庄工业区管委会根据项目及投资人参与情况,选择采用竞争性谈判方式,与两家意向投资方进行了长达1年的谈判,最终选定华电集团的投资方案,双方签订特许经营协议。由华电集团出资成立上海华电闵行能源有限公司,其作为项目公司收购莘庄工业区原有的老旧设施,重新建造新设施以替代旧设施。同时,双方也确定了融资结构,由华电新能源投入8000万元资金,上海市政府提供可行性缺口补贴2000万元,清洁基金以可行性缺口补贴方式提供2.8亿元低息清洁发展委托贷款,同时向商业银行贷款 6 亿元。

4. 项目运营

2011 年 11 月,在项目执行阶段,成立上海华电闵行能源有限公司,作为莘庄 CCHP 项目的项目公司,负责 CCHP 项目的建设、运营及维护工作,向用户提供供热、供电、供冷服务,在项目特许经营期满后,上海华电闵行能源有限公司按照合同约定的方式将莘庄 CCHP 项目的资产移交给相关方。

(二)项目融资模式

1. 融资安排:项目公司初始投资主要由商业银行贷款、项目公司母公司注入的自有资金以及政府初始投资补贴构成,其中大部分为商业银行贷款。

2. 投资安排:项目公司将获得莘庄工业区供热、供冷特许经营权,负责投资、建设、运营与该项目相关的生产设施及配套管网,并对原有供热站资产进行收购或补偿。

3. 付费机制:由终端用户向项目公司直接付费,电力公司向项目公司支付购电费用,用户付费方式将为项目的持续现金流入提供一定保障。

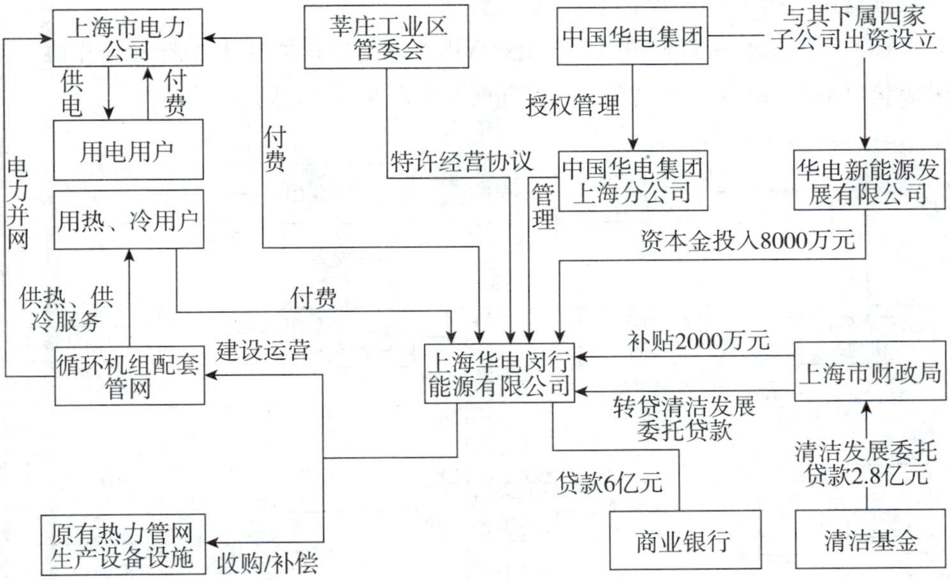

莘庄 CCHP 项目实际投融资结构

(三)项目合同结构

莘庄工业区管委会在对比该项目特点与不同 PPP 模式的适用范围后,决定采用 DBFO 模式运作该项目,由社会资本负责项目的投资、融资、设计、建造、运营、维护、管理和用户服务,政府的参与角色边界控制在公共产品及服务的定价管理、公共服务质量及数量的监管、VGF投资补贴的拨付、相关优惠政策的落实等方面。

1. 特许经营协议:莘庄工业区管委会与项目公司签订特许经营协议,授予项目公司在莘庄工业园区内的供热、供冷特许经营权,项目公司为特许经营协议中约定的服务对象提供供热、供冷服务。

2. 其他合同文件/协议及支持文件:

(1)融资:项目公司与金融机构签订贷款合同;从财政或相关部门获得财政资金支持文件。

(2)工程建设:项目公司与工程承包商签订工程承包合同,选定工程监理方并与其签署工程监理合同。在工程保险方面,项目公司需与保险公司签订建设期保险合同。运营期内,项目公司应投保适当的财产险、营业中断险以及第三方责任险,将主要的可保险运营风险转移给商业承包人。

(3)设备采购:项目公司将作为第三方,协助工程承包商与设备销售方签订设备采购合同。

(4)原材料采购:项目公司与上海天然气管网公司签订天然气销售协议,由其保障项目运营期间的天然气供应质量与数量。

(5)产出销售:项目公司与莘庄工业区内终端用户直接签订供热/冷合作协议,并就售电事宜与上海市电力公司签订并网及购售电承购合同。

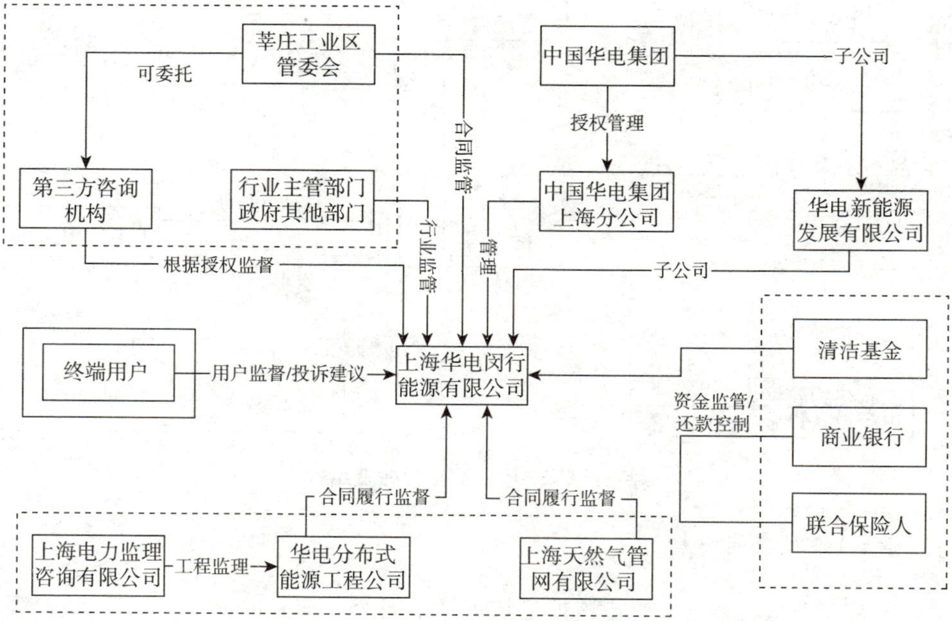

莘庄CCHP项目实际合同结构

（四）监管结构

1. 政府部门监管

由莘庄工业区管委会作为签约主体依据特许经营协议对项目公司实施合同监管；由财政局等涉及的其他政府部门协同管委会对项目公司进行行政监管。政府在履行监管职能时，不排除引入第三方咨询机构代表政府对项目公司的履约情况进行监督或中期评估。

2. 用户/公众监管

莘庄工业区最终用户将作为用户/公众监管主体对项目公司提供的服务进行监督，并有权对其服务向管委会进行投诉或提出建议。

3. 金融机构监管

贷款人将就项目资金使用及还款进度进行监管。

4. 其他利益相关者监管

由于权益、风险的传导机制，工程承包商、工程监理方、天然气供应商、电力收购商等项目利益相关方将依据各类协议对项目公司的正常运转和实际履约情况予以监督和约束。

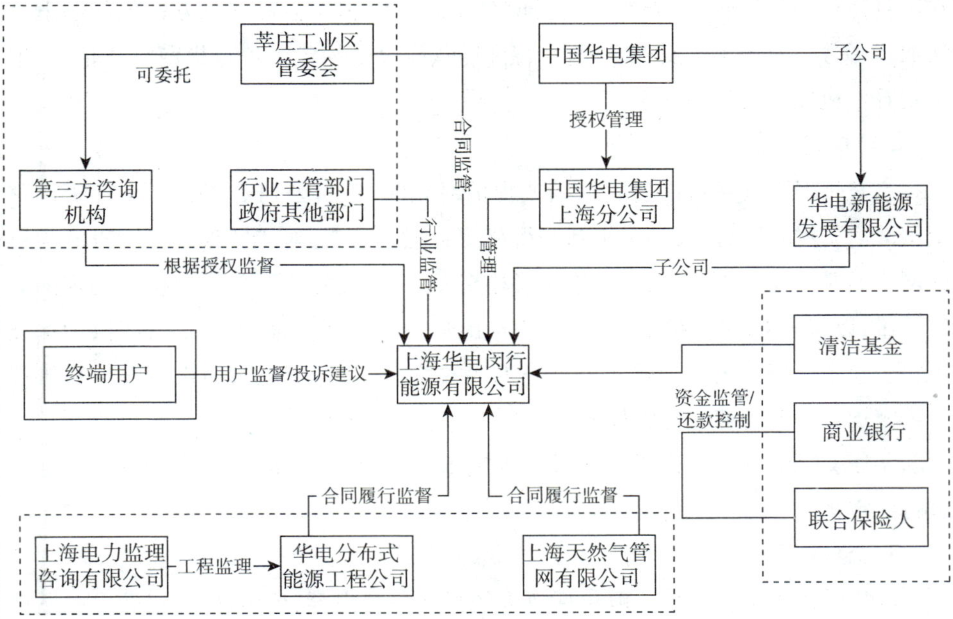

莘庄 CCHP 项目实际监管结构

（五）项目谈判

项目谈判是 PPP 项目各项前期工作落地的关键环节。莘庄 CCHP 项目由于采用了竞争性谈判程序而将核心边界条件的确定后置到项目谈判环节，因此项目谈判对于该项目的顺利推进极为重要。

1. 权利边界

PPP 项目的权利边界通常包括项目公司权利设定、项目资产权属、项目提前终止和项目移交等。

（1）项目公司权利设定

项目公司作为 PPP 项目的特殊目的公司（SPV），其权利需要在项目"一揽子"协议中予以设置和限定。

（2）项目资产权属

莘庄 CCHP 项目资产主要包括供热站原有资产、项目公司新建资产、土地使用权等。

（3）项目提前终止

PPP 项目可能出现的各种提前终止情形适用不同的提前终止补偿机制，因此需在项目协议中予以明确，避免发生提前终止时政府和社会资本双方在该问题上无法取得一致。对于莘庄 CCHP 项目，特许经营协议中约定了项目提前终止情形，但未就补偿机制进行明确约定。

（4）项目移交

一般情况下项目特许经营期满或提前终止时，项目公司需将项目全部资产移交给政府，并按项目协议约定机制获得相应补偿。通常，对于类似莘庄 CCHP 项目的网络型基础设施项目，大多采用有偿移交方式，移交补偿金额按照协议约定的方式计量，以双方共同聘请的资产评估机构出具的资产评估报告为准。此外，为保证项目公司在运营期内对项目主要设备的重置投资和日常维护，通常会在项目协议中约定项目资产的移交验收标准。

莘庄 CCHP 项目特许经营协议文本中未对项目移交、移交补偿及性能测试等进行约定。

2. 交易边界

PPP 项目的交易边界一般包括特许经营期限与内容、产出标准、付费及补贴机制、定价机制、外部性等。

（1）特许经营期限与内容

《市政公用事业特许经营管理办法》（建设部令第 126 号）第 12 条，"特许经营期限应当根据行业特点、规模、经营方式等因素确定，最长不得超过 30 年”。华电闵行公司获得上海市莘庄工业区范围内经营性供热、供冷 30 年特许经营权。

（2）产出标准

PPP 项目产出标准是项目成果定义文件，明确了 PPP 项目要响应的终端服务需求，以及项目建设完成后项目资产要求达到的各项技术、经济标准和服务交付范围、绩效水平。同时保留社会资本方选择如何交付项目资产和服务的灵活性。

（3）付费及补贴机制

莘庄 CCHP 项目采用可行性缺口补贴（VGF）方式，即用户付费不足部分由政府补贴的混合模式。

（4）定价机制

对于 PPP 项目而言，在较长的特许经营期内，项目将面临诸多不可预见或不可控制的经营风险。从合理分担风险的角度出发，必须对 PPP 项目产品或服务价格建立合理的调价机制或通过其他补偿方式来消除这些风险带来的影响。

（5）外部性

对生产项目而言，外部性是指一个生产主体在自身活动中对其他主体产生的有利或不利的附带影响，由此带来的利益或损失并不由生产主体所获得或承担。

3. 保障边界

PPP 项目边界条件中的保障边界主要包括保函体系、保险方案和风险应对机制。

（1）保函体系

根据项目资料，莘庄 CCHP 项目在投资竞争、建设、运营、移交、质保等阶段均未建立保函担保机制。对于合理规避莘庄工业区管委会在项目竞争性谈判过程中的风险以及落实特许经营期内的公共监管不力。

（2）保险方案

PPP 项目建设和运营期可能遇到不可预期或不可控制的风险，因此项目公司应在 PPP 项目中投保必要的险种，保护政府和社会资本方的权益。

（3）风险应对机制

在项目准备阶段需重点关注并制定应对机制的风险主要包括：政策变动风险、项目完工风险、运营及生产管理风险、融资风险、成本超支风险、环保风险。

4. 衔接边界

PPP 项目的衔接边界主要包括项目未来可能产生的改造升级需求、扩建需求，以及合同有效期满的展期安排。

通常，项目协议中需明确：项目改造升级时产生的资本性支出和增加的运营成本如何补偿或通过调价弥补；区域发展导致项目需扩建时，政府和社会资本方应适时启动谈判程序，在不违反届时有效法律、行政法规关于基础设施特许经营的相关规定的前提下，协商确定扩建项目的边界条件；项目协议有效期满，政府和社会资本方依据何种标准评判是否展期以及展期长度。

莘庄 CCHP 项目协议中未对项目未来改造升级、扩建和合同展期进行约定，仅在项目立项文件中提及该项目一期按建设 2 套 60MW 级燃气—蒸汽联合循环供热机组考虑、远期暂按预留 4 套 60MW 级燃气—蒸汽联合循环机组考虑。

5. 风险分配

PPP 项目的风险分配机制以风险最优分配原则为核心，同时还应遵守风险与收益对等原则、风险有上限原则。

基于上述原则，为解决风险分配这一贯穿 PPP 项目生命周期的核心问题，节约政府和社会资本方风险分配方案谈判时间，降低交易成本，实践中经常将风险分配标准化流程引入 PPP 项目的风险分配中。

除一些风险并未在项目协议中予以约定或涉及外，莘庄 CCHP 项目的实际风险分配情况基本符合推荐的风险分配方案。

三、项目案例评价

（一）项目的 PPP 模式分析

在莘庄 CCHP 项目中，莘庄工业区管委会为达到节能降耗、减排控污的目的，为区内企业安排集中供热供冷的公共产品及服务，通过市场竞争的角逐，华电集团最终获得了与管委会在整个项目周期内合作的机会。在特许经营协议的基础上，双方充分发挥各自优势，致力于提高公共产品和服务的数量、质量和效率，共享收益、共担风险，属典型的 PPP 项目。

1. 项目的支付模式分析

莘庄 CCHP 项目属于天然气分布式能源项目，该项目相较传统项目而言所需资本性支出更高、占地面积更大、运营维护成本更高。同时，由于我国自身特色，煤炭价格远低于天然气价格，又有各种阻碍导致在用户端进行调价难以实现，上网电价一时也难以到位。在财政补贴及优惠政策缺位的情况下，目前国内运营的大多数分布式能源项目均处于亏损或微利状态，无法满足投资人收回投资并获取合理投资回报的要求。因此，可行性缺口补贴（VGF）模式是现阶段最适合我国天然气分布式能源项目在采用 PPP 模式时的支付方式。而在莘庄 CCHP 项目中，由于相关协议中约定有限价机制，项目的经济自偿性被束缚，更需要从政府处获得可行性缺口补贴支持。

莘庄 CCHP 项目可行性缺口补贴的资金来源包括:2.8 亿元清洁发展委托贷款(低息,由清洁基金提供);上海市财政 2000 万元投资补贴;莘庄工业区管委会定向招拍挂及相应的政策扶持措施。

2. 项目 PPP 运作模式的选择

PPP 项目究竟选择哪种运作模式,是由项目中社会资本方担负的职能和风险决定的。

莘庄 CCHP 项目为“热电冷三联供改造”项目,核心生产设施需新建、配套供能管网需新建,故属于新建项目。莘庄 CCHP 项目具有以下特点:

该项目采用“分布式功能技术”,其对生产设备和技术水平要求甚高,设计过程较为复杂,政府需选择掌握核心技术并具备相关经验的社会资本参与项目的前期设计与建设工作。

该项目投资规模较大,社会资本方负责融资工作可以大大降低财政压力,政府仅需对项目进行适当补贴。

该项目对运营过程的技术专业性、运营管理水平的要求较高,运营过程需要社会资本方或专门的运营团队参与。

该项目与莘庄工业区的长远规划相配套,运营周期较长,选定社会资本方后由其进行持续经营。

(二)PPP 模式运作亮点

很多国家对 PPP 模式的规范实践都是从标杆项目推广开始,逐步将成熟的 PPP 模式扩展运用到其他地区和行业领域。目前来看,PPP 模式在经济基础设施建设领域的应用最为广泛,但同样能够被应用到教育、医疗、能源等社会基础设施与服务领域,同莘庄 CCHP 项目类似,此类能源领域的 PPP 项目大多适用于可行性缺口补贴(VGF)方式。此外,将基础设施建设项目的投资运营方式从国有国营制转变为政府和社会资本合作制的改造类 PPP 项目在本轮投融资体制改革中也会占有很大的比例。但从以上方面考虑,莘庄 CCHP 项目具有较强的推广价值。

在 PPP 模式的具体运作过程中,莘庄 CCHP 项目亦存在诸多值得借鉴的亮点,如采用最优风险分配机制,使承担风险一方能适用最少的成本更好地管理风险,对履约责任和公共利益的关注提高项目的可持续性等。此外,创新的项目发起方式、合理的交易结构设计与政府和社会资本双方契约精神等都为项目的成功运作提供了保障。

1. 创新的项目发起方式

对于民间自提这一项目发起方式,我国多数地方政府和社会资本方并不熟悉。

事实上，由于特许经营专门立法的欠缺以及 PPP 项目各利益相关方错综复杂的博弈行为，我国很多 PPP 项目并未采用公开竞争的方式运作，社会资本中有大量央企、国企背景的投资人，其对地方政府决策影响力较大，通常希望通过直接谈判或内定的方式获得项目，而纯粹的民营资本也有通过公关活动规避竞争的倾向。这种现象在地方政府尚未规划某项目，或已规划项目并未纳入近期启动计划，或政府计划采用传统公共采购方式而非 PPP 模式运作的情形下尤为突出，并且容易导致 PPP 项目出现边界条件不明确、竞争性不足、监管困难，甚至利益输送。值得注意的是，上述三种发起情形与民间自提机制非常类似。也就是说，我国的一些政府和社会资本在没有针对 PPP 项目的专门立法、更无针对民间自提机制的管理办法的环境下，已经自发地、无意识地运用类似民间自提的机制运作了很多的 PPP 项目。

莘庄 CCHP 项目中，华电集团就是凭借其热电冷三联供项目技术和设备优势，审时度势，积极识别项目机会并主动向莘庄工业区管委会提出项目实施方案，协同莘庄工业区管委会共同进行了项目准备阶段的工作，这为华电集团最终赢得与 X 集团在该项目投资机会中的竞争奠定了坚实的基础。

2. 政府和社会资本方的契约精神

契约精神是政府和社会资本合作关系的核心纽带，体现在项目准备、建设、运营、移交等方面。就我国现实情况而言，政府和社会资本都应更加重视项目全生命周期的契约精神维护。

一方面，契约精神体现在协议的约定上。如莘庄 CCHP 项目协议中约定了莘庄工业区管委会的相关责任，同时也约定了项目公司的投资建设义务及时间要求，这些安排是双方重视契约精神的基础。

另一方面，契约精神体现在项目协议的执行上。就莘庄 CCHP 项目而言，目前该项目进展顺利、建设情况正常，这其中必不可少的是莘庄工业区管委会的支持和项目公司的自律。下一步，莘庄工业区管委会还需注意项目的持续支持、管理与监督；项目公司则应规范自身行为、保障服务质量、履行项目协议约定的义务。这些无不体现了 PPP 项目中契约精神的重要性，全过程履约的精神将为 PPP 项目的良好运营和产品/服务的高质高效输出提供强有力的保障。

吸收以上亮点的同时需要注意，并不存在统一定义的 PPP 模式，在设计项目具体运作模式上，要注意 PPP 模式包含多种运作模式，这也体现了政府和社会资本不同程度的合作关系。一个成功的 PPP 项目，需要结合行业发展状况以及项目的技术、经济、法律属性，根据项目实施目标找到最适合的 PPP 运作模式。

3. 运作模式合理

在 PPP 中，不同运作模式具有不同的特点和适用领域，因此不同运作模式有不同的适用范围，用于解决不同的公共物品和服务的供给问题。PPP 项目设计参与主体权属和利益的分配问题，是影响 PPP 项目运作模式的主要因素。选择运用哪种 PPP 模式，需要考虑项目特征、政府财政状况、融资需求、改扩建需求、收费定价机制、项目投资收益水平、风险分配等因素。莘庄 CCHP 项目采用设计—建造—融资—运营（DBFO）的 PPP 运作模式，正是考虑到莘庄 CCHP 项目建设周期长，投资规模大，建造过程复杂，从前期项目设计、建造到后期的运营和维护都需要社会资本的参与，且项目对技术和运营管理的水平要求比较高，需要先进技术支撑，而莘庄工业园区管委会并不具备提供项目所需资金的能力，同时对原有供热设施的改造及新建工作需要较先进的技术支持，莘庄工业区并不具备相应的技术条件和人才储备，因此才采用 DBFO 运作模式，将莘庄 CCHP 项目交给专业技术水平高、项目经验丰富的华电集团建设和运营。正是由于运作模式的合理选择，解决了项目的技术运营和融资问题，降低了政府财政负担，最终莘庄 CCHP 项目才得以顺利实施。

4. 融资结构合理

融资结构是指项目从不同渠道筹集到的资金之间的有机构成及比重关系。融资机构直接影响项目的资产质量、盈利能力及债务清偿能力。同时融资渠道的差异，会导致 PPP 项目在融资成本、资金使用、限制条件和项目权属等方面有不同要求。在设计融资结构时，应充分考虑项目本身的资本结构和具体情况，选择最优的融资结构和融资比例。按照实践经验，PPP 项目融资应根据财政状况、社会资本和项目的特点，遵循融资成本尽可能低、资金结构尽量简单的原则，设计合适的融资结果。莘庄 CCHP 项目在权益融资机构中，来自政府的可行性缺口补贴以及项目公司自有资金的投入，提高了项目公司的实力，增强了项目公司的融资能力。债务融资风险主要来自于项目运作期间资本市场的利率波动，因此规避融资风险的主要方式是获得中长期政策性低息贷款。莘庄 CCHP 项目债务融资结构的设计，充分遵循了风险规避原则，获得了来自商业银行和清洁基金的低息贷款，偿债期为 15 年，在不涉及项目的控制权的同时，还降低了项目的融资成本和融资风险。因此，合理的融资结构为莘庄 CCHP 项目的成功实施提供了资金保障，并且降低了项目的融资成本和风险。

5. 权责分配合理

PPP 模式本质上是公共部门和社会资本之间的一种长期合作伙伴关系，双方各自发挥自己所具有的优势，为社会提供优质的公共产品或服务。为了保障项目的顺利实施，必然需要双方达成合作协议，达成协议的过程就是双方权利责任分配的过程。因此，基于公共部门和社会资本的优势差异，二者在 PPP 项目中的权利和责任分配必然有所不同。莘庄 CCHP 项目的成功实施,离不开政府和社会资本在项目中所应承担的权利义务的合理分配,依据契约精神,公私双方通过协议的签署,明确约定了双方各自应承担的权利和义务。莘庄工业区管委会作为公共部门,承担了“掌舵”的责任,以特许经营的方式将项目的建设权和经营权授予华电集团,自己充当“监督者”的角色,负责项目社会资本方的选择、交易结构的设计、项目谈判等工作,提高了自身的公共管理能力和工作效率。作为社会资本的华电集团则发挥自身的人才、资本、技术及管理优势,承担“划桨”的角色,负责项目的融资、建设、运营和维护等工作。同时,双方通过构建一系列的风险分配机制,合理地分配各自应该担负的责任和义务,提高双方长期合作的积极性和抗风险能力。事实上,双方合理分担相应的权利义务,也是遵循契约精神的体现。契约精神体现在协议的约定上和协议的执行上,是 PPP 项目顺利开展的精神保障。

(三)有待改进之处

尽管莘庄 CCHP 项目的运作非常成功,并且存在诸多具有推广价值的亮点,但仍存在需要改进的地方。

1. 缺少“物有所值论证”

相较于传统政府采购模式而言,PPP 模式具有减轻财政压力、提高效率、促进创新和增加公共供给等优势。因此,采用 PPP 模式运作的项目呈上升趋势。但是,受到项目运作成本和项目总体收益的影响,并不是每一个项目都适宜采用 PPP 模式来运作。按照国际通用的做法,判断某个项目是否能够采用 PPP 模式来运作,可以在项目论证阶段运用物有所值论证(Value for Money,VFM)机制来帮助公共部门加以判断。物有所值论证是 PPP 项目论证阶段的一个重要工作,物有所值论证的机理是以项目的全生命周期为时间跨度,评价项目的总体成本和收益,并与公共部门采用传统模式建设经营该项目以及相互竞争的同类方案的总成本和总收益进行比较,以此来判定该项目是否适合采用 PPP 模式运作,从而在项目全寿命周期内获得最大的收益。通过物有所值论证的 PPP 项目,能够提高资源利用效率,实现项目的高效运作,用最少的投入获得最优的回报。莘庄 CCHP 项目在发起后,相关部门仅仅对该项目进行了审查评估,并未对其进行物有所值论证,因而并不能全面、准确、科学地判断莘庄 CCHP 项目在全寿命周期内的费用和收益,很有可能为莘庄 CCHP 项目的后期运营埋下不必要的隐患。

2. 风险控制体系不健全

在 PPP 项目的全寿命周期内,合理的风险控制对项目的顺利运作具有非常重要的帮助作用,因此,在 PPP 项目实施过程中,需要对整个项目生命周期中存在的潜在风险加以识别，并运用合适的手段实现风险规避和控制。莘庄 CCHP 项目在操作的过程中，没有严格遵守风险控制的相关原则，存在一定的风险隐患。首先，政府没有在项目准备阶段聘用专业的咨询机构，为其交易结构的设计、竞争性谈判程序和项目合同体系提供专业化的指导，难以做到有效风险识别和规避；其次，风险分配不科学，对项目全寿命周期内的风险识别不全，导致相关协议中的风险分配条款缺失，合同条款不健全，比如在特许经营协议中，缺少提前终止补偿机制条款、期满是否移交的条款、资产处置方式条款等，合同必要条款的缺失为项目实施埋下了隐患。无论是项目交易结构的设计还是合同条款的不完善，都直接反映出莘庄 CCHP 项目在操作过程中存在程序漏洞。从长远来看，因为没有采取严格的风险控制措施，所以在项目运作过程中会存在一些潜在风险。因此，莘庄 CCHP 项目在风险控制方面有待加强和完善。

3. 未严格遵循程序规范

程序规范是项目成功开展的重要保障，体现的是程序上的公平和正义。莘庄 CCHP 项目在社会资本方选择的过程中，有三家意向投资方，最终由于其中一家意向投资方的退出，共有两家企业进入最后的甄选程序。莘庄工业区管委会选用竞争性谈判方式来甄选社会资本方，最终华电集团竞选成功。实际上，按照《采购法》第 38 条规定，采用竞争性谈判方式采购的，谈判小组应该从符合资格条件的供应商名单中确定不少于 3 家的供应商参加谈判。莘庄 CCHP 项目只有两家社会资本方参与竞争性谈判，不符合相关法律的规定。同时，社会资本参与方过少，导致项目在总体上竞争力度不高，会在一定程度上影响政府采购的质量。因此，莘庄 CCHP 项目在社会资本方选择过程中并没有严格遵循相关法规，可能会导致项目的实施存在一定的风险隐患。

第十三章 Chapter 13 地下综合管廊PPP项目研究报告

即使没有出过国，在西方的电影中也常看到这样的镜头：几个人并排走在下水道里，不管是为了逃命，还是为了追凶，人家的下水道宽敞得令人瞠目。如果再深究一下，那些下水道是100多年前，甚至200多年前修建的。一次性投入，让后代子孙受益，世代发挥着美化城市环境的功能。

再看看我们的下水道。莫说人，一只狗如果不幸跑到了下水道里，结局也恐怕会很悲惨。我们的下水道狭小不说，施工质量也难有保障。于是，三天两头挖开修，疏通堵塞。下水道每修一次，GDP就增长一次，而财富却在悄无声息中被损耗.当然，城市的运行效率也大大降低。西方国家修下水道，一劳永逸，此后虽然再也不能在拉动GDP增长方面做贡献，却在悄无声息中节约着巨额财富，提升着城市的运行效率，提升着人们的生活质量。

“这样看来，中国与世界之间其实隔着一条下水道。

一条下水道，不仅体现着规划着眼点的远近差异，也体现着对GDP和财富态度的差异。”

——《中国与世界隔着一条下水道》

每年夏天下完大雨，微信朋友圈会流传各个版本的在城市看海，大家戏谑地发表对所在城市下水道的不满。

“管道腐蚀老化导致兰州市区道路一天‘三连塌’，道路频繁塌陷撕扯‘城市良心’”，而这样的新闻也往往冲击我们的视觉。

李克强总理在察看完防汛，也深深感叹，我们的城市外表亮丽光鲜，但地下基础设施历史欠账过多。

文中的下水道其实是综合管廊，一个被雨果叫作“城市良心”的东西，它应该与地铁一样是城市文明的标志，而我国作为世界第二大经济体，却刚刚起步。

第一节　综合管廊概述

一、综合管廊的概念及属性

（一）综合管廊的概念

所谓综合管廊，是指将两种以上的城市管线集中设置于同一地下隧道中，所形成的一种现代化、集约化的城市基础设施。

首先，综合管廊是综合性的系统集成。地下综合管廊为满足功能要求，需同时集成照明、通风、监控、通讯等数个系统，从而形成新型的城市地下智能网络运行管理系统。其次，综合管廊也应要求高科技性。市政管廊内外设置现代化智能化监控管理系统，采用以智能化固定监测与移动监测相结合为主、人工定期现场巡视为辅的多种高科技手段，确保“管廊”内全方位监测、运行信息反馈不间断和低成本、高效率维护管理效果。最后，综合管廊应是集约化的城市基础设施。综合管廊的规划应与城市的规划相配套，做到能很好地为城市生活服务；更好的模式是能与地铁、地下停车场等基础设施相组合，集约化投资建设、运营管理，节省土地，提高管理效率。

（二）综合管廊的属性

1. 构筑物业属性

综合管廊作为一种构筑管道空间，具有最基本的构筑物业属性，综合管廊的这种属性是其利用市场手段进行项目运作的首要条件，也是其经营基础。若仅仅从市场的角度出发，综合管廊项目理想的运作思路是通过投资兴建综合管廊，然后以市场价格出租或转让给使用者——管线单位，以实现其投资收益，而管线单位通过使用综合管廊埋设管线实现其管线经营收益，并将使用综合管廊的费用作为成本计入其服务产品的价格中，由最终消费者承担，但实际操作中很难实现。

2. 准公共产品属性

综合管廊是城市基础设施的一个重要组成部分，通过综合管廊不仅能改善城市环境，还能够有效地提高城市生活质量，在这个过程中收益最大的是城市居民。从投资角度来看，综合管廊具有明显的利益外溢，所以综合管廊有准公共产品属性。但是由于其利益很难量化，无法直观地表达出来，很难向公众收费。在这种情势下，想要保证综合管廊的顺利实施，必须借助政府的力量，这是所有准公共产品都会面对的问题。

二、综合管廊的优势与不足

(一)综合管廊的优势

与传统直埋管线相比,综合管廊有如下优势:

1. 长期核算成本并不高

综合管廊由于其系统上的原因,不便分期建设,一次性建设综合管廊的投资约为管道铺设的 1.5 ~2 倍,但从全寿命周期成本的角度来看,综合管廊的长期效益更大。

综合管廊内管线进行补充、更新、扩容时,可以减少路面重复开挖次数,延长道路使用年限,确保交通顺畅,减少对道路园林的破坏,保护环境,减少多方面的养护、修缮费用。

传统的铺设形式,管道易受土壤、地下水、道路结构层酸碱物质的腐蚀,一般使用寿命仅在 20 年左右,而管线设置在综合管廊内,使用寿命有望延长至 100 年。

直埋管线一旦发生损坏泄漏,往往因为缺少监测手段,很难马上准确判断泄漏点的位置,延误维修时间;每年因为管线泄漏渗漏而使产权公司所受的损失也不在少数;某些对环境有影响甚至对人身健康有危害的管线泄漏,如不在很短的时间扼制,后果难以预计。而综合管廊里的监控系统让管线暴露于可检测的范围,防患于未然。

有学者将重埋成本、修复成本、交通阻滞社会影响成本、环境影响因素成本等计入到传统直埋方式的总成本中作经济比较,发现计算期为 50 年时,直埋管线的成本已经大大超过综合管廊。①

2. 充分利用道路地下空间

在日益拥挤的城市中,道路担当起交通和空间两大功能,其中空间作用已经越来越重要。为了美化环境,原来架空的管线都实行地下化,地下管线种类日趋复杂,修建综合管廊可以合理有序利用道路下空间。

3. 减少自然灾害对城市的破坏

各个国家的地震灾害资料显示,地震对地下工程的损害很大。若将管线布置在综合管廊内,灾害发生后,可以在一定程度上减少对水、电、通信等重要生命线的破坏,提高城市安全度。1995 年阪神地震,神户市内大量房屋倒塌、道路被毁,但当

---

① 关欣:《综合管廊与传统管线辅设的经济比较——以中关村西区综合管廊为例》,载《建筑经济》2009 年 6 月增刊。

时的地下管廊却大多完好无损。

（二）建设综合管廊中存在的主要问题

我国从开始建设综合管廊到现在已经有 20 多年的时间，但一直没有取得长足的进步，仍有不少问题需要解决。

1. 法律法规不完善，综合管廊的建设与管理不需由专门立法来规定，地下空间的立法是综合管廊立法的基础和前提。

地下空间资源具有宝贵和不可再生性，地下空间的利用需要建立和完善相关的法律、法规、政策体系来指导和规范。法律应该具体规定地下空间构筑物的所有权性质、筹融资渠道、经营形式。在目前法律不完善的状况下，从国内现有的综合管廊案例来看，政府的行政主导作用显得十分重要。在推行建设综合管廊过程中，一些本来该由法律来规范的行为则通过行政手段来执行。其力度必将大打折扣，难以达到预期的效果。

2. 城市综合管廊不便于分期修建，一次性投资大，且各单位如何分担费用、相互沟通和对管线统一管理等问题较为复杂。当管廊内敷设的管线较少时，管廊自身的建设和维护费用过大。

3. 设计管廊时，须充分考虑城市中各种配套管线的远景发展规划，以免容量不足或过大导致浪费。

4. 将各类不同性质的管线放置在同一个空间内，容易形成相互之间的干扰，且存在一定的安全隐患。

三、综合管廊建设的必要性

（一）我国城市地下管网现状

1. 重复建设现象严重

我国由于建设之初并没有对城市地下管线作出整体的规划，导致各管线单位在设计和施工时以各自的利益为重，相互之间不配合，重复施工或少建、多建，在人力、财力、物力上都造成极大的浪费。

2. 地下空间资源利用不合理

由于各个管线单位审批部门不一致，相互间沟通协调不畅通，导致地下空间利用不充分、不合理，带来地下空间资源的极大浪费。

3. 地下管线资料缺乏

各管线单位在工程竣工后，不重视竣工图的制作和存档，竣工图与管线现状不符合、竣工图不完善、缺少重要的管线数据，为今后的管线查询、检修带来难度。且有些管线单位由于其管线的专业性，不能与其他单位实行数据共享，更加使得地下管线数据缺乏。①

（二）目前管线埋设方式的安全隐患

我国城市地下管线种类繁多且隐蔽性强，加之许多地下管线修建已久，普遍存在老化现象，加之以前的管线材质较差，工艺落后，管道存在渗漏、破裂甚至爆炸的可能性，给市民的生活带来极大的安全隐患。

据统计，2009～2013年直接因城市地下管线事故而发生伤亡事故的案例共27起，死亡人数达117人。单就致死伤的地下管线事故而论，呈逐年增多趋势。地下管线事故正从潜伏期进入爆发期。

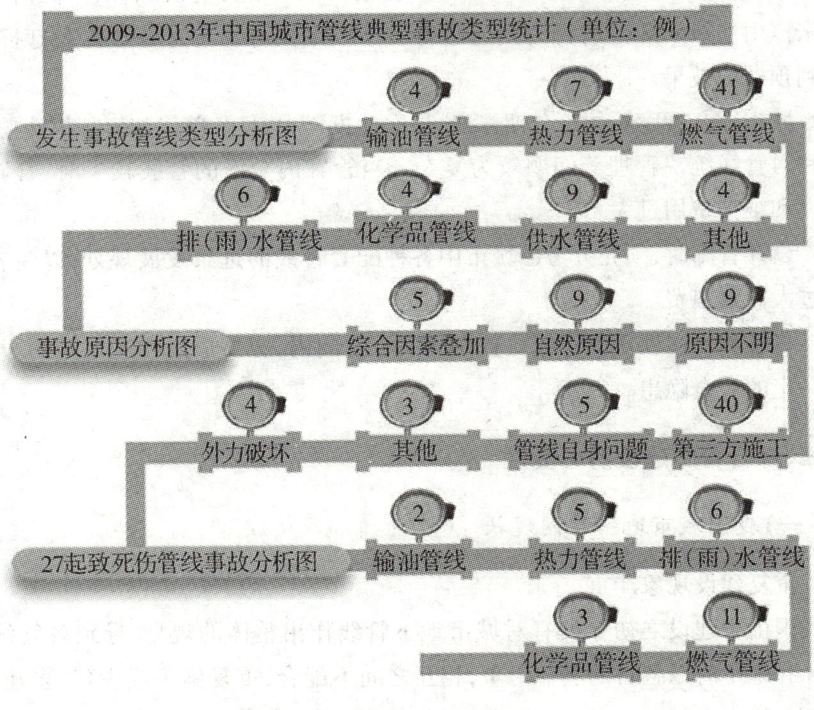

中国地下管线事故统计报告

上图为中国城市规划协会地下管线专业委员会对2009～2013年中国地下管线事故做的统计报告，依据媒体公开报道且影响较大的原则，典型事故总计75例。但这只是中国地下管线事故冰山一角，据地下管线委员会此前统计，2008～2010年

① 任继英：《浅谈城市地下综合管廊的必要性》，载《科技咨询》2014年第17期。

间，全国仅媒体公开报道的地下管线事故平均每天就有 5.6 起。全国每年因地下管线事故造成的直接经济损失以数十亿元计。①

统计显示，地下管线事故引发的次生灾害屡见不鲜。比如，管线破裂导致火灾、爆炸、地陷等。此外，密匝的管线之间还会“交叉感染”。2010 年，黑龙江巴彦县发生居民集体腹泻，原因即污水管线渗漏污染了自来水管道。1 年后，相似的一幕又在江苏大丰上演。

管线自身的老旧、腐蚀是元凶之一，但并非管线事故主因。地下管线委员会统计的典型管线事故中，因管线自身问题引发的事故占比仅约 1 成，逾 7 成事故是由自然原因、外力蓄意破坏、第三方施工等外部因素所致。可以肯定的是，第三方施工是造成管线事故的首因。在地下管线委员会统计的 75 例典型事故中，因第三方施工所致的案例有 40 起。

除去野蛮施工原因外，管线信息共享不畅通、施工过程无专人监管也是重要原因。

（三）综合管廊建设对经济的刺激

中国作为世界第二大经济体，城市建设已取得很大成就，但综合管廊作为城市的“里子”工程并不匹配。中国的城市地下综合管廊的建设无论是长度还是密度，都与国外有一定差距。近年来官方出台多项政策鼓励各地推进城市地下综合管廊建设，地下管廊建设工程成为我国基础建设的重要组成部分。

据初步统计，2015 年中国 69 个城市在建的地下综合管廊，约 1000 公里，总投资约 880 亿元。吉林省在全省范围开展地下综合管廊建设，2015～2018 年该省计划建设 1000 公里地下综合管廊，总投资约 1000 亿元。2015～2018 年，中国将以包头、沈阳、哈尔滨等 10 个城市为试点，建设地下综合管廊 389 公里，总投资 351 亿元。

管廊行业远期看万亿市场，近期看试点城市扩容带来稳定的投资增长。地下综合管廊建设，需要社会资本的巨大投入。如果每年能建 8000 公里的管廊，每公里规划投资 1.2 亿元，投资额则达到万亿，并能有效带动上下游产业。管廊建设将成为 GDP 稳定增长的重要引擎。

四、综合管廊的设置规划

管廊工程规划应根据城市总体规划、地下管线综合规划、控制性详细规划编制，与地下空间规划、道路规划等保持衔接。管廊工程规划期限应与城市总体规划

---

① 《地下管线事故正进入爆发期：平均每天 5.6 起》，载《南方周末》2013 年 12 月 20 日。

一致,并考虑长远发展需要。

(一)《城市地下综合管廊工程规划编制指引》的规划思路

2015年5月,住建部下发《城市地下综合管廊工程规划编制指引》,为我国城市地下综合管廊的规划提供指导意见。

根据该文件,敷设两类及以上管线的区域可划为管廊建设区域。高强度开发和管线密集地区应划为管廊建设区域。应划为管廊建设区域主要是:

1. 城市中心区,商业中心,城市地下空间高强度成片集中开发区,重要广场,高铁、机场、港口等重大基础设施所在区域。(重要节点)

2. 交通流量大、地下管线密集的城市主要道路以及景观道路。(重要线路)

3. 配合轨道交通、地下道路、城市地下综合体等建设工程地段和其他不宜开挖路面的路段等。(重要区域)

(二)与旧城改造结合

《城市地下综合管廊工程规划编制指引》第8条要求:“管廊工程规划应统筹兼顾城市新区和老旧城区。”但是从试点城市包括目前大多数正准备建设综合管廊的城市来看,综合管廊的规划区域大多选在城市新区。对于这个动向,相关部门应引起相当警觉。

老城区既是城市居民主要聚集区,也是城市基础设施问题主要集中区,应积极推进老城区综合管廊建设。若不能解决老城区的管线问题,综合管廊就不能形成网络,建设城市地下综合管廊的意义将大打折扣。老城区建设综合管廊限制因素多,综合管廊的建设应结合地下空间开发、老城区改造、道路改造等项目同步进行,以易于排查原有地下管线情况,消除不利因素对综合管廊施工阶段的影响;而且规划应集约利用地下空间,统筹综合管廊内部空间,协调好综合管廊与地上、地下已有工程的关系,能够使老城区基础设施功能得到升级,满足整个城市发展的新需求。①

在一些人口密度高、交通运输量大的繁华老城区,可以使用暗挖或盾构工法,这对成本、技术、管理提出新要求。按《指导意见》要求,要推进地下综合管廊主体结构构件标准化,推广应用预制拼装技术,这样既可以提高工程质量和安全水平,又能有效带动工业构件生产、施工设备制造等相关产业发展。在运行方面,要提高

---

① 王军、潘梁、陈光、李明、温修春:《城市地下综合管廊建设的困境与对策分析》,载《建筑经济》2016年6月。

智能化监控管理水平,确保管廊安全运行。

(三)与新区开发结合

任何一项城市基础设施或公共服务工程都应该在建设规划的基础上有序推进,城市地下综合管廊工程尤其有必要规划先行。新区的综合管廊工程规划应与新区规划同步进行。

城市新区是发展现代城市的必要条件,具有用地规整、道路系统性强等特点,土地整理较为容易,建设难度较小,适合建设大型综合管廊。从已建的综合管廊项目统计来看,90%的项目建在新城区。综合管廊建在新区,管线用户规模会随着新区人口的增多而逐步发展,要达到设计容量将是个漫长的过程。这势必影响入廊费和管线运营费的收取,不但综合管廊的综合效益难以发挥,而且社会资本回收投资和取得合理回报就难以保证,这将极大地影响 PPP 模式的应用,甚至最终导致综合管廊 PPP 项目失败。

资料显示,主要的发达国家或地区都是在高密度建成区如中央商务区(CBD)建设综合管廊。据统计,全球共有 CBD127 个(参考维基百科中对 CBD 的统计),其中建设综合管廊的有 21 个,普及率达到 16.5%。[①] 因此,我们城市的主管部门不能简单地以城市新区建设规格高,甚至以在新区建设麻烦少为由就轻率地决定把地下综合管廊建在城市新区,如此决策会损害城市地下综合管廊的发展前景。

五、综合管廊的投资模式

(一)域外现状

1. 法英等欧洲国家

法国、英国等欧洲国家,由于政府财力比较强,综合管廊被视为由政府提供的公共产品,建设费用由政府承担。建成之后的管廊以出租的形式提供给管线单位,实现投资的部分回收。至于出租价格,并没有统一规定,由市议会讨论并表决确定当年的出租价格,充分发挥民主表决机制来决定。同时在相关法律中规定,一旦建设有综合管廊,相关管线必须纳入,不得再采用传统埋设方式。

2. 日本

日本在共同沟建设中,建设资金一部分由管线单位负担,另一部分由道路管理者负担;其中,管线单位负担的投资额度大约占全部工程费用的 60% ~70%。其

---

① 宋志成、梁舰、冯海忠:《PPP 模式在城市综合管廊工程中的应用》,知识产权出版社 2017 年版,第 105 页。

中,道路如果为国道,则道路管理者为中央政府,共同沟的建设费用由中央政府承担一部分;当道路为地方道路时,地方政府承担部分的共同沟建设费用,同时地方政府可申请中央政府的无息贷款用作共同沟的建设费用。共同沟后期运营管理,采用道路管理者与各管线单位共同维护管理的模式;共同沟本体的日常维护由道路管理者负责,管线由各管线单位自行负责。

3. 我国台湾地区

从投资费用来看,我国台湾地区综合管廊是由主管部门和管线单位共同出资建设的,其中主管单位承担1/3的建设费用,管线单位承担2/3费用;各管线单位以各自所占用的空间以及传统埋设成本为基础,分摊建设费用。维护费用的分摊,首先由管线单位平均分摊总费用的1/3,另2/3由主管机关协调管线单位依使用时间或次数比例分摊。

(二)国内城市综合管廊投资模式的变化

新中国成立以来,我国城市基础设施建设融资经历着从传统经济体制下财政主导型融资方式到市场经济体制下的多元化融资方式的转变,城市基础设施投资中各项资金来源的结构变化显著,参见下表。

我国城市基础设施建设投融资模式发展历程

阶段	融资模式	费用分担	效果
传统时期（改革开放之前）	中央集中计划融资模式	由政府单独提供	融资渠道单一而且融资额度有限。一方面因投入不足造成基础设施建设总体水平的低下;另一方面也导致资金使用效率的有限、运营管理绩效的降低。
改革初期（至20世纪90年代）	财政性资金融通和间接融资相结合	政府资金加银行贷款	充分调动各地区、各部门、各企业单位的主动性和积极性,加强基本建设管理,建立经济责任制,缩短基建战线,提高投资效果。
改革纵深时期（至今）	多元化融资主体和渠道模式	中央、地方、企业共同参与的多元投资体制	打破政府及公共部门垄断,引入市场竞争;加快城市建设领域的市场化进程,解决城市建设资金的需求与政府财政资金短缺的矛盾,缓解政府的资金压力,加快我国城市经济的发展。

1. 传统时期——中央集中计划融资模式

改革开放之前,我国由于实行计划经济体制,城市基础设施作为公共产品,长期以来一直由政府单独提供,融资渠道单一而且融资额度有限。政府几乎包办所有城市基础设施的投资、建设、管理和运营,各级财政投资也就成了唯一的资金来源。这一时期,基础设施投资不仅取决于国家和城市的财政状况,而且取决于国家和城市的投资政策和计划安排。基础设施建设一直被置于"配套""辅助"的地位,仅在全社会固定资产投资总额中占很低的比重。这种主要依靠政府财政的融资方式,一方面因投入不足造成基础设施建设总体水平的低下;另一方面也导致资金使用效率的有限、运营管理绩效的降低。

这一时期因为有待建设发展的领域和项目太多,对城市地下综合管廊的认识远未到位,所以综合管廊的建设长期处于空白期。

2. 改革初期——财政性资金融通和间接融资相结合

从20世纪80年代开始,随着改革开放的不断深入和扩大,国民经济出现了较快速度的发展,对城市基础设施的需求日渐迫切,建设资金缺口不断扩大。与此同时,在企业改革中实施了减税让利的政策,财政收入在国民收入中的比重增速放缓,居民收入有了较大幅度的提升,居民储蓄连年增加。在这种情况下,一方面,国家通过设立新的税种和提高税率,如设立城市维护建设税、开征车船税来增加城市的财政收入,并对这些收入实行专款专用,以增加对城市基础设施建设资金的投入;另一方面,一些城市采取对一些基础设施使用收费及提高市政公用产品价格的形式,筹集城市建设资金。

在单纯依靠财政性资金融通无法满足城市基础建设资金需求的情况下,银行贷款开始成为城市基础设施建设一个重要的资金来源。各国有银行提供的间接融资开始在城市基础设施领域占据重要地位。在间接融资方面,除了商业银行贷款之外,我国的城市基础设施建设还积极利用国家开发银行政策性贷款及国外金融机构和政府贷款,推动城市基础设施建设事业的发展。总之,"拨转贷"以及其后国家计委组建的专业性投资公司,逐渐在公共事业融资领域引入了市场调节机制,初步建立了项目投资的"借贷"经济合同关系。

由于有了一定程度的资金来源,再加上城市配套设施严重短缺,地下管网作为城市供给的基本需求得到释放,开始了一定规模的建设,只是彼时多为各管线单位自行直埋管线,综合管廊建设尚未提到议事议程。

3. 改革纵深时期——多元化融资主体和渠道模式

20世纪90年代初,中国开始在全国推行城市公共事业和基础设施投资项目法人责任制改革,到1996年,各地相继成立了"城市投资开发建设公司",其职能是作为政府投资建设经营城市的载体,负责筹集、使用、偿还城市基础设施建设资金,并具体从事资产运营工作。随着投资管理主体的确立和法人责任制的实施,城市公共事业和基础设施项目投资的激励机制开始形成。

从1992年开始，国务院陆续颁布了一系列引导城市基础设施多元化融资主体和渠道的政策法规，逐步形成中央、地方、企业共同参与的多元投资体制，由此进入我国城市基础设施多元化融资主体和融资渠道阶段。进入21世纪后，中国城市公共事业投融资体制改革呈现加快之势，制度创新的倾向主要集中在打破政府及公共部门垄断，引入市场竞争，逐步放开政府对民间资本和外国资本进入城市公共事业领域的限制。

目前，我国城市基础设施建设资金渠道多元化格局已经形成，主要包括以下几点：一是财政资金渠道；二是间接融资渠道，包括国内外各种银行贷款等；三是经营性收入、筹资渠道；四是资本市场直接融资渠道，包括股票上市、发行企业债券、以战略性合作方式引入社保基金、产业基金、以债权或股权方式引入保险基金和外资、项目融资，特别是BOT、TOT、BT、ABS等。

伴随着2008~2012年政府实行投资拉动政策，各地为争取社会资本参与基础设施建设，出现了大规模出售城市公用事业产权的改革风潮。这一过程弱化了市政行业的公益性和服务性，也影响到中央政府和地方政府必须保持相应出资比例的心态，反而使公共财政支出中在对市政公用事业的投入方面出现连年降低的现象。

正是在这样的发展背景之下，城市地下综合管廊作为地下管线集约化管理的优选方式受到地方政府的重视，开始了探索性建设，建设资金的筹措方式也从单一的政府出资向政府与管线单位共同出资等方式转变。①

（三）部分典型城市地下综合管廊投资、建设的特点

1. 深圳市

深圳市大梅沙—盐田坳综合管廊由政府投资，市工务署负责建设，于2005年全线贯通并投入使用。现由盐田区城管局委托市水务集团进行管理，采用的是政府统一管理、各专业公司租用的模式。2008年8月，深圳启动了国内第一个全市层面的综合管廊系统整体规划——《深圳市共同沟系统规划》，同时主持编制了《深圳市地下空间设计指引》，并通过修订《深圳市城市规划标注与准则》，明确了地下空间利用的基本原则和各类设施的基本设计要求。深圳还率先组织制定了《深圳市综合管廊使用费和维护费暂行办法》，已于2016年8月正式发布。为推动后续深圳西部光明新区地下综合管廊的规划建设，新区成立了由管委会领导挂帅，发展和改

① 宋志成、梁舰、冯海忠：《PPP模式在城市综合管廊工程中的应用》，知识产权出版社2017年版。

革、规划、建设、城管及相关市政运营部门共同参与的地下综合管廊建设领导小组，并确定由新区建筑工务和土地开发中心作为建设主体具体负责地下综合管廊的建设工作。

2. 厦门市

厦门市 2010 年就颁布了《厦门市综合管廊管理方法》，从规划、建设到维护管理进行了制度设计。厦门市综合管廊由市政园林局主管，前期完成的集美新城等综合管廊为政府投资，由厦门市政管廊投资管理有限公司具体实施。对后期集美新城集美大道、翔安南部新机场片区等 3 个综合管廊项目，厦门市政府将建立起多元化投资体制，采取 PPP 投融资模式，广泛吸收社会资本参与地下综合管廊建设。同时，通过特许经营、财政补贴、贷款贴息、政府购买服务等机制，科学合理地引入社会资金投资建设地下综合管廊。

3. 广州大学城

广州大学城位于广州西南的番禺长洲岛上，建设的综合管廊沿岛屿环形布局，全长 18km。广州大学城综合管廊作为市政基础设施的一部分由政府主导建设，由财政拨款，建成以后作为资产注入广州大学城投资经营管理有限公司。该公司的主要业务是大学城经营性和准经营性市政公用设施、公共服务设施和高校后勤基础设施以及在大学城城市公共资源范围内相关项目的投资、经营管理及资本运营。公司的营利性主业是大学城供冷供热系统和中水系统经营。在综合管廊经营方面，没有考虑收取综合管廊入廊费，由于没有相关产权，所以只能收取租金，而租金收取又因缺乏相关的政策，收缴困难。广州大学城投资经营管理有限公司希望收取的年租金约 300 万元，仅仅与运营维护费相当，但未能如愿，项目运营一直处于亏损状态。

4. 珠海横琴新区

珠海横琴新区综合管廊采用的是 BT 模式融资建设。珠海横琴新区的 BT 项目包括新区市政道路及管网工程项目、堤岸和景观工程两方面，是广东省的重点工程之一。经横琴新区政府授权，项目由代表横琴新区政府进行投融资的珠海横琴投资有限公司发起，中国中冶基础设施建设公司投资建设，工程总承包方为中冶集团下属某一建设集团公司。珠海中冶基础设施建设投资有限公司负责投资 135 亿元，其中 20 亿元用于地下综合管廊建设。为保障横琴新区地下综合管廊项目的顺利进行，横琴新区政府专门成立了项目督办组，以实现对全过程的监管，保证项目的顺利融资、建设和移交。目前，项目建设完工，政府已回购 90 亿元。

第二节　综合管廊的发展情况

一、综合管廊的发展历程

(一)域外

1. 法国

综合管廊起源于巴黎下水道,这个被称为“一个城市的良心”的构筑物,它的产生竟然关系一个城市的生存。如今巴黎下水道已经成为旅游景点,但仍时时不忘提醒人们,180 年前的环境危机。

巴黎在修建下水道之前,大部分的消费用水来自塞纳河,暴露在地面的部分废水未经净化就流回了河中,造成河水污染。有时河水污染形成的甲烷气泡直径达到 1 米,空气中弥漫着难闻的气味,最终导致了 1832 年的一场霍乱瘟疫。为避免病灾的再次肆虐,亟须建设一条脏水排出巴黎的下水道。到 1878 年,巴黎修建了 600 公里长的下水道;随后,下水道就开始不断延伸,直到现在长达2400 公里。截至1999 年,巴黎便完成了对城市废水和雨水的 100% 完全处理,还塞纳河一个免受污染的水质。事实上,巴黎的下水道不仅是一个阴沟,而是一个完整的排水系统。除了排水沟外,它还设有两套供水系统,一套供饮用水,一套供非饮用水,以及一条气压传送管道。巴黎的下水道和它的地铁一样,经历了上百年的发展历程才有了今天的模样。

2. 德国

德国于 1893 年在汉堡市的 Kaiser – Wilheim 街,两侧人行道下方兴建 450 米的综合管廊收容暖气管、自来水管、电力、电信缆线及煤气管,但不含下水道。在德国第一条综合管廊兴建完成后发生了使用上的困扰,自来水管破裂使综合管廊内积水,当时因设计不佳,热水管的绝缘材料使用后无法全面更换。沿街建筑物的配管需要以及横越管路的设置仍常发生挖马路的情况,同时因沿街用户的增加,规划断面未预估日后的需求容量,使原兴建的综合管廊断面空间不足,为了新增用户,不得不在原共同沟外之道路地面下再增设直埋管线,尽管有这些缺失,但在当时评价仍很高。1964 年前东德的苏尔市(Suhl)及哈利市(Halle)开始兴建综合管廊的实验计划,至 1970 年共完成 15 公里以上的综合管廊并开始营运,同时也拟定在全国推广综合管廊的网络系统计划。

3. 日本

日本是世界上综合管廊建设速度最快、规划最完整、法规最完善、技术最先进的国家。早在20世纪20年代,东京有关方面就在市中心的九段地区干线道路地下修建了第一条地下综合管廊,将电力和电话线路、供水和煤气管道等市政公益设施集中在一条地下综合管廊之内。1920~1950年间城市综合管廊建设基本没有进展,主要原因在于:有关建设费、管理费用的分担,相关单位利益不一致;没有形成国家辅助承担部分建设费用的体制;开挖对道路交通的影响还不够严重,没有引起政府的注意。因而真正大规模兴建城市综合管廊是在20世纪50~60年代日本大规模发展道路交通的时候。1963年,日本政府又制定了《关于建设共同沟的特别措施法》,规定交通道路管理部门在交通流量大、车辆拥堵或预计将来会产生拥堵的主要干线道路地下,建设可以同时容纳多种市政公益事业设施的共同沟,从法律层面给予保障。目前,日本在东京、大阪、名古屋、横滨、福冈等近80个城市已经修建了总长度达2057多公里的地下综合管廊,为日本城市的现代化科学化建设发展发挥了重要作用。

4. 我国台湾地区

自1980年,我国台湾地区开始研究评估城市地下综合管廊建设方案,并从立法方面进行研究突破。1990年,我国台湾地区制定了"公共管线埋设拆迁问题处理方案",1992年委托"中华道路协会"进行了公共管道法立法的研究,2000年5月30日通过相关法规的制定程序,同年6月14日正式公布实施"公共管道法规"。2001年12月又颁布"公共管道施行细则"及"建设公共管道经费分摊办法"和"工程设计标准",并授权当地政府制定公共管道的维护办法。至此,我国台湾地区继日本之后成为亚洲具有综合管廊最完备法律基础的地区。我国台湾地区结合新建道路、新区开发、城市再开发、轨道交通系统、铁路地下化及其他重大工程优先推动综合管廊建设。目前,台北、高雄等城市已建成综合管廊逾300公里。①

(二)域内

1. 1978年前

相对于国外城市在19世纪即开始建设城市地下综合管廊而言,我国的地下综合管廊起步较晚,1958年天安门广场铺设的一段地下综合管廊,当属我国城市地下综合管廊的首例。当时,鉴于北京天安门广场的特殊政治地位,为避免广场的反复开挖,建设了一条长约1km、宽约4.0m、高约3.0m、埋深7~8m的市政综合管廊,内部设置电力电缆、通信电缆、热力管道。

---

① 宋志成、梁舰、冯海忠:《PPP模式在城市综合管廊工程中的应用》,知识产权出版社2017年版,第210页。

2. 2014年前

1990年天津市为解决新客站行人、管道与多股铁道穿越问题而兴建了长50m、宽10m、高5m的隧道，同时拨出宽约2.5m廊体作为综合管廊，用于收容上下水道、电力电缆等关系，属于我国建设地下综合管廊的探索性尝试。

1994年末，国内第一条真正意义上的地下综合管廊——上海市浦东新区张杨路地下综合管廊修建完成。该管廊全长11.125km，共一条干线、两条支线，该路段两条支线管廊均宽5.9m、高2.6m、双孔各长5.6km，管廊内收容了煤气、通信、上水、电力4种城市管线，该管廊已成为我国第一条较具规模并已投入运营的综合管廊，为我国其他城市地下综合管廊的发展提供了可供借鉴的经验。2006年年底，上海的嘉定安亭新镇地区又建成了一条全长7.5km的地下综合管廊，另外在松江新城也有一条长1km、集所有管线于一体的地下综合管廊。此外，为推动上海世博园区的新型市政基础设施建设，创造和谐美丽的园区环境，政府管理部门在园区内规划建设了世博园区综合管廊，该管廊是目前国内系统最完整、技术最先进、法规最完备、职能定位最明确的一条综合管廊。它以城市道路下部空间综合利用为核心，围绕城市市政公用管线布局，对世博园区综合管廊进行了合理布局和优化配置，构筑了服务整个世博园区的骨架化综合管廊系统。

2003～2005年，广州市在广州大学城建成了全长17.4km，断面尺寸为7m×2.8m的地下综合管廊，大学城干线三仓综合管廊建设在小谷围岛中环路中央隔离绿化带下，沿中环路呈环状结构布局，全长约10km，支线管廊80km。廊道内集中铺设了电力、通信、燃气、给排水等市政管线。也是迄今为止国内已建成并投入运营、单条距离最长、规模最大的综合管廊。

2003年以来，昆明城市地下管线建设趋于系统化和全面化，目前已在广福路、彩云路、沣源路3条道路施工时同步建设了共45.198km的城市综合管廊。管标准断面尺寸为宽4m、高2.6m的矩形，实现了220kv电力、110kv电力、1.2m供水干管、燃气、通信、有线电视、交通等管线入廊，成为全国已建成管廊规模最大的省会城市。

2005年，深圳市大梅沙至盐田坳共同沟隧道建成投运，隧道内收纳了给水管、污水管、电力电缆、通信线缆和燃气管道，隧道全长2.67km。2010年华夏路地下综合管廊竣工，随后光侨路和观光路下的管廊也相继建成，形成深圳西部光明新区综合管廊系统。

2006年年初，杭州钱江新城长2.16km的综合管廊完工。杭州在火车站站前广场改建工程中，为避免站屋和各地块进出管线埋设和维修开挖路面，影响车站运行，从而建设了公共管廊，将给水管、污水管、电信电缆、电力电缆、铁路特殊电信电缆、有线电视电缆、公交动力线、供热管等纳入管廊。

2001年，济南市在泉城路两侧的人行道下修建了济南市第一条地下综合管廊，全长1.24km。之后又相继建设了奥体片区综合管廊，全长约4.8km；二环西路综合管廊，主线全长4.5km，包含支线共6km；旅游北路综合管廊，全长约3.1km。

2007年，武汉CBD建设进入“快车道”，同时开始建设中央商务区综合管廊。该管廊采用干线和支线相结合的布线方式，总长6.1km，其中主线3.9km。这是全国唯一在城市中心建设的综合管廊。

自2012年起，南京市在河西新城和浦口新城开展了地下综合管廊的规划建设。其中，河西新城南部地区在红河路、天保街、黄河路及江东南路上共规划有4条地下综合管廊，共同构成河西地区三横一纵总长8.9km的“丰字形”管廊布局。浦口新城核心区共规划丰子河路、临江路、胜利路、兴城路、商务大街、迎江路、商务东街、规划支路等10条道路的地下综合管廊建设，规划总长约12.55km。

青岛在2011年就投入使用了第一条地下综合管廊，目前青岛市红岛高新区已建成并投入综合管廊运营55km，这也是迄今国内规模最大的地下管廊工程。

2007年以来，厦门累计完成投资12亿元，建成投用湖边水库、集美新城片区和翔安南部新城等区域综合管廊11.6km、缆线沟35.5km，已入廊管线有10kv电力6.12km、220kv高压缆线18km。在建综合管廊20km、缆线管廊（缆线沟）50.5km。

2013年11月珠海市建成横琴新区综合管廊。该管廊全长33.4km，呈日字形布局，基本覆盖全区的市政道路主干道，服务106.46平方公里横琴新区。

2009年，北京市在昌平区未来科技城主干路——北七家镇鲁疃西路地下修建北京市第一条真正意义上的地下综合管廊，该管廊全长3.9km。

据不完全统计，到2014年年底，我国大陆地区共建成综合管廊约270km，有效投入运营约80km。

3. 引入PPP模式以来

2014年以来PPP政策的强力推动，尤其是国家发改委、住建部、财政部等部门给予城市地下综合管廊建设的特别关注与政策支持，从2015年到2016年，我国利用PPP模式建设运营城市地下综合管廊工程领域掀起了一股轰轰烈烈的热潮。通过在全国PPP综合信息平台项目库查询（2017年2月数据），目前全国PPP模式建设综合管廊项目（含同步建设综合管廊的项目）共计245项。

在各地纷纷上马综合管廊项目的同时，发改委、住建部、财政部等部门按照工作部署，先后通过法定程序完成了两批综合管廊PPP示范项目入选评审及2015年、2016年两个年度的地下综合管廊试点城市评审。这些示范项目及试点城市的推出也为后续工作指明了方向，有利于PPP模式应用于综合管廊工程的健康、长期发展。

2015 年已有 69 个城市启动地下综合管廊建设项目约 1000 公里，总投资约 880 亿元。2016 年 3 月 5 日，国务院总理李克强向大会作了《2016 年国务院政府工作报告》，提出 2016 年开工建设城市地下综合管廊 2000 公里以上（尚无 2016 年综合管廊建设的详细数据）。

二、我国地下综合管廊项目的发展目标

（一）总体目标

2014 年 6 月，国务院办公厅印发了《关于加强城市地下管线建设管理的指导意见》（国办发〔2014〕27 号），该意见就城市地下管线建设问题从六个方面明确了近、中、远期的总体工作目标。2015 年年底前，完成城市地下管线普查，建立综合管理信息系统，编制完成地下管线综合规划。力争用 5 年时间，完成城市地下老旧管网改造，将管网漏失率控制在国家标准以内，显著降低管网事故率，避免重大事故发生。用 10 年左右时间，建成较为完善的城市地下管线体系，使地下管线建设管理水平能够适应经济社会发展需要，应急防灾能力大幅提升。

2015 年 8 月，国务院办公厅印发了《关于推进城市地下综合管廊建设的指导意见》（国办发〔2015〕61 号），提出综合管廊建设目标：到 2020 年，建成一批具有国际先进水平的地下综合管廊并投入运营，反复开挖地面的“马路拉链”问题明显改善，管线安全水平和防灾抗灾能力明显提升，逐步消除主要街道蜘蛛网式架空线，城市地面景观明显好转。

2015 年 11 月 3 日，《中共中央关于制定国民经济和社会发展第十三个五年规划的建议》发布，提出：实施城市地下管网改造工程。

（二）部分省份关于综合管廊建设的发展目标

1. 吉林省

2015 年 4 月，吉林省政府与住房和城乡建设部、国家开发银行共同达成将吉林省作为全国首个地下综合管廊建设试点省的意见，并于 7 月正式签署了《全国综合管廊建设试点省合作框架协议》。

与此同时，相继出台管廊建设实施意见，成立专家顾问组，对全省管廊建设给予政策咨询和技术支持；制定并完善了一系列技术性文件，完成《吉林省城市地下综合管廊管理条例（草案）》的起草和征求意见工作；会同国家开发银行组织全省贷款核准培训以及勘察设计业务培训，为各地提供全面技术支持。

截至 2016 年 11 月，长春、四平、松原、公主岭 4 个城市共获得全国第一批管廊

贷款正式授信167.34亿元,白山、通化、珲春3市也陆续完成SPV公司组建工作。此外,7个城市还与22家央企对接,吸引社会资本参与全省管廊建设中来。

2. 云南省

2016年1月省政府出台《关于加快推进全省城市地下综合管廊建设的实施意见》。根据该实施意见,全省城市地下综合管廊建设工作目标分为3个阶段:2016年以示范带动为主,继续推动昆明市、曲靖市、保山市和滇中新区等在建的地下综合管廊;2016年至2017年要重点推动玉溪市、楚雄州、红河州、大理州、丽江市等州、市启动地下综合管廊建设工作;2017年至2020年全省各州、市政府所在地和有条件的县城全面启动实施地下综合管廊建设,力争到2020年,开工建设地下综合管廊900公里左右,建成一批具有先进水平的地下综合管廊并投入运营,反复开挖地面的"马路拉链"问题明显改善,管线安全水平和防灾抗灾能力明显提升,城市地面景观明显好转。

3. 河南省

2016年4月《河南省人民政府办公厅关于推进全省城市地下综合管廊建设的实施意见》发布,确定建设综合管廊的目标任务:到2020年,全省力争开工建设城市地下综合管廊1000公里以上,初步建立干支结合、缆线管廊为补充的城市地下综合管廊系统;反复开挖地面的"马路拉链"问题明显改善,主要街道蜘蛛网式架空线缆基本消除,城市管线安全水平和防灾抗灾能力明显提升。

4. 海南省

2016年8月《海南省人民政府办公厅关于推进城市地下综合管廊建设的实施意见》发布,任务目标:到2020年,累计完成地下综合管廊建设100公里。海口市、三亚市建成具有示范引领作用的地下综合管廊并投入运营,城市"马路拉链"和"空中蜘蛛网"现象逐渐减少,城市景观得到改善,管线安全水平和防灾能力明显提升。

5. 江苏省

2016年5月《江苏省政府办公厅关于推进城市地下综合管廊建设的实施意见》发布,工作目标:2017年全面完成试点任务,形成较为成熟的建设和运营经验。到2020年,全省开工建设城市地下综合管廊300公里以上,一批具有国际先进水平的地下综合管廊投入运营,"马路拉链"问题明显改善,主要街道蜘蛛网式架空线逐步消除,管线安全水平和防灾抗灾能力明显提升。

6. 辽宁省

2015年12月辽宁省政府发布《关于推进城市地下综合管廊建设的实施意见》,工作目标:到2020年,全省城市地下综合管廊建设力争完成800公里,有效解决反复开挖地面的"马路拉链"问题。

第三节　城市地下综合管廊的政策环境

一、国务院级、部委级重点政策文件

（一）重点政策联系概述

我国城市基础设施建设的投入严重不足，表现在三个方面：一是政府长期欠账的问题还没有从根本上得到解决，资金缺口较大；二是投入主体和融资渠道单一，过度依赖政府财政资金的状况没有得到根本性改变；三是城市基础设施建设的投融资体制改革与市场经济体制改革要求还有差距。为此，2013年9月，《国务院关于加强城市基础设施建设的意见》（国发〔2013〕36号）提出城市建设投资体制改革的总体思路。2014年6月，国务院办公厅印发了《关于加强城市地下管线建设管理的指导意见》（国办发〔2014〕27号），该意见就城市地下管线建设问题从六个方面明确了近、中、远期的总体工作目标，提出了全面加强城市地下管线建设管理的重点任务。

2014年间，财政部紧锣密鼓地发出《关于政府购买服务有关预算管理问题的通知》（财预〔2014〕13号）、《关于推进和完善服务项目政府采购有关问题的通知》（财库〔2014〕37号）、《关于推广运用政府和社会资本合作模式有关问题的通知》（财金〔2014〕76号）等系列文件，指引在基础设施建设领域引入社会资本。到2015年5月，国务院办公厅发布《国务院办公厅转发财政部、发展改革委、人民银行关于在公共服务领域推广政府和社会资本合作模式指导意见的通知》（国发〔2015〕42号），自此，掀开了PPP模式在城市地下综合管廊工程中应用的新篇章。

为发挥PPP模式优势，支持城市地下综合管廊建设发展，中央政府相关机构又先后发出一系列文件给予配合。《财政部关于推广运用政府和社会资本合作模式有关问题的通知》（财金〔2014〕76号）、《财政部、住房城乡建设部关于开展中央财政支持地下综合管廊试点工作的通知》（财建〔2014〕839号）、《财政部办公厅、住房和城乡建设部办公厅关于组织申报2015年地下综合管廊试点城市的通知》（财办建〔2015〕1号）、《国务院办公厅关于推进城市地下综合管廊建设的指导意见》（国办发〔2015〕61号）、《住建部与财政部关于印发城市管网专项资金管理暂行办法的通知》（财建〔2015〕201号）、《国家发改委办公厅关于印发〈城市地下综合管廊建设专项债券发行指引〉的通知》（发改办财金〔2015〕755号）、国家发改委与住建部《城市地下综合管廊实行有偿使用制度的指导意见》（发改价格〔2015〕2754号）、《财政

部、住房城乡建设部关于印发〈城市管网专项资金绩效评价暂行办法〉的通知》(财建〔2016〕52号)、《财政部办公厅、住房和城乡建设部办公厅关于开展2016年中央财政支持地下综合管廊试点工作的通知》(财办建〔2016〕21号)。

(二)重点政策主要内容分述

1.《国务院关于加强城市基础设施建设的意见》(国发〔2013〕36号)

该意见指出城市基础设施建设的基本原则之一是:民生优先。坚持先地下、后地上,优先加强供水、供气、供热、电力、通信、公共交通、物流配送、防灾避险等与民生密切相关的基础设施建设,加强老旧基础设施改造。保障城市基础设施和公共服务设施供给,提高设施水平和服务质量,满足居民基本生活需求。

重点领域包括加大城市管网建设和改造力度。开展城市地下综合管廊试点,用3年左右时间,在全国36个大中城市全面启动地下综合管廊试点工程;中小城市因地制宜建设一批综合管廊项目。新建道路、城市新区和各类园区地下管网应按照综合管廊模式进行开发建设。

2.《国务院办公厅关于加强城市地下管线建设管理的指导意见》(国办发〔2014〕27号)

该意见就城市地下管线建设问题从六个方面明确了近、中、远期的总体工作目标,提出了全面加强城市地下管线建设管理的重点任务:一是加强规划统筹,严格规划管理;二是统筹工程建设,提高建设水平;三是加大老旧管线改造力度;四是加强改造维护,消除安全隐患;五是开展普查工作,完善信息系统;六是完善法规标准,加大政策支持力度,加快城市建设投融资体制改革,鼓励社会资本参与城市基础设施投资和运营。

3.《国务院办公厅转发财政部、发展改革委、人民银行关于在公共服务领域推广政府和社会资本合作模式指导意见的通知》(国办发〔2015〕42号)

该意见明确了在公共服务领域推广PPP模式的工作要求。从明确工作原则和目标、构建制度体系、规范项目实施和构建政策保障四个方面有效促进PPP模式的规范健康发展。并强调,国务院有关部门要加强对地方推广PPP模式的指导和监督。

4.《财政部关于开展中央财政支持地下综合管廊试点工作的通知》(财建〔2014〕839号)

该通知给出中央财政补助标准:中央财政对地下综合管廊试点城市给予专项资金补助,一定3年,具体补助数额按城市规模分档确定,直辖市每年5亿元,省会城市每年4亿元,其他城市每年3亿元。对采用PPP模式达到一定比例的,将按上述补助基数奖励 10%。

5.《国务院办公厅关于推进城市地下综合管廊建设的指导意见》(国办发〔2015〕61 号)

该指导意见要求:把地下综合管廊建设作为履行政府职能、完善城市基础设施的重要内容,在继续做好试点工程的基础上,总结国内外先进经验和有效做法,逐步提高城市道路配建地下综合管廊的比例,全面推动地下综合管廊建设。

并确定工作目标:到 2020 年,建成一批具有国际先进水平的地下综合管廊并投入运营,反复开挖地面的“马路拉链”问题明显改善,管线安全水平和防灾抗灾能力明显提升,逐步消除主要街道蜘蛛网式架空线,城市地面景观明显好转。

该指导意见对综合管廊项目的建设区域、入廊要求、有偿使用及融资支持等方面提出明确要求。

6.《财政部关于印发〈城市管网专项资金管理暂行办法〉的通知》(财建〔2015〕201 号)

该通知确立专项资金对地下综合管廊建设试点的支持,特别对按规定采月政府和社会资本合作(PPP)模式的项目予以倾斜支持。

7.《城市地下综合管廊实行有偿使用制度的指导意见》(发改价格〔2015〕2754 号)

该指导意见明确城市地下综合管廊实行有偿使用制度,使用费标准由供需双方按照市场化原则平等协商确定,并给出可考虑的因素。

二、地方政府相关政策文件(概览)

几乎每个省市都推出关于推进城市地下综合管廊建设的实施意见,此处不再一一赘述。

1. 吉林省

《吉林省城市地下综合管廊建设项目资本金筹措意见》

《吉林省城市地下综合管廊建设资金管理办法》(吉财建〔2015〕832 号)

2. 江苏省

《江苏省市政管廊建设指南》

3. 东莞市

《东莞市地下管线管理办法》

4. 长沙市

《长沙市城市地下管线建设管理办法》

5. 深圳市

《深圳市地下管线管理暂行办法》

6. 厦门市

《厦门市城市综合管廊管理办法》(厦门市政府令第 143 号)

7. 南京市

《南京市城市地下综合管廊管理办法》(征求意见稿)

8. 沈阳市

《沈阳市城市地下综合管廊投资建设管理办法》(试行)

9. 石家庄市

《石家庄市地下综合管廊管理办法》

10. 保山市

《保山市中心城市综合管廊管理办法》

11. 珠海市

《珠海经济特区地下综合管廊管理条例》

12. 包头市

《包头市城市管网——地下综合管廊专项资金管理办法》

第四节　综合管廊的模式分析

一、早期综合管廊建设的出资方式

根据我国已经建成的综合管廊,如广州大学城综合管廊、上海安亭新镇综合管廊、深圳的大梅沙—盐田坳共同沟、上海张杨路以及世博园区的综合管廊,早期建设综合管廊的资金来源主要有两种:一是"政府全权出资",二是"政府与管线单位联合出资"。

(一)政府全权出资

"政府全权出资"模式是指由政府全权负责综合管廊建设所需资金,包括建设工程成本和廊内基本设施设备所需的资金。建成后各个管线单位根据规定管线入廊,并缴纳相应的费用,这部分费用包括租赁廊内空间所需的占用费以及后期的运营维护费用。

"政府全权出资"的常见形式主要包括:

1. 政府直接财政拨款

政府直接通过拨款形式将资金注入综合管廊建设项目,此项资金一般是全额拨付的,并且这部分资金是同时拨付,不存在分期支付形式。

2. 银行贷款

不是一般建设项目的银行贷款，而是由政府出面，以综合管廊建设的名义向国有银行申请的政策性贷款，这种形式实质上也是由政府全权出资的，只不过是形式上的不同。

3. 贴息资金

政府以拨付专项基础设施建设资金的形式给综合管廊项目拨款，此款项将作为综合管廊建设的投资专用资金，这些建设资金会随着项目的进展逐渐转为贴息资金。然后由大型的被国家认可的投资运营公司作为政府所投建设项目的项目法人单位，负责建设项目的融资和资金的使用，其中一部分资金可以通过向金融机构贷款的方式来筹集，这些资金的利息最后也由政府来支付，只不过要求综合管廊项目单位要持银行出具的索要凭证才能给予支付。

4. 以上三种形式综合使用

综合管廊建设所需资金既包括政府的直接财政拨款，也包括政府通过其他形式拨付的款项，如银行贷款和贴息资金。三种方式的综合运用，使政府投资的形式更加多样化，一定程度上可以暂时缓解政府的直接财政压力，政府还是比较倾向于采用这种模式的。

由于综合管廊在我国起步本身就比较晚，从设计到最后的建设运营，各方面的理论和实践经验都十分不足，同时国内的投融资市场本就不十分活跃，加之综合管廊本来就是新鲜事物，被社会公众认可还需要一个过程，因此在我国这种“政府全权出资”的模式是最常用的一种方法。但是由于综合管廊投资规模较大，并且建设期较长，这种模式无疑增加了政府的财政负担。因此想要吸引更多的非国有资金投入综合管廊项目的建设中来，还需要一段时间的努力，不过“政府全权出资”模式也有其特点，因为是政府全权出资的，所以项目的所有权是没有任何争议的，必然归政府拥有，另外，整个项目的投资都由政府负责，所以政府拥有对整个项目的控制权。但是由于政府投入了大量的资金，但未来资金的回收还是未知数，所以对政府来说存在很大的投资风险。政府的责任也是非常重大的，综合管廊项目本身就存在很多不可预测的风险，所以政府要制定相应的措施应对将来可能遇到的各类项目风险，以便有效地控制项目的运行和回收前期所投资金。

（二）政府与管线单位联合出资

政府和管线单位共同投资进行综合管廊建设最重要的一点是如何确定各方应投资多少，如何科学合理地确定出政府机构和投资的管线单位的投资额，如何权衡各方的共同利益。根据现有的一些基础设施及综合管廊的投资方式，总结政府机构管线单位共同投资建设综合管廊的方式大致分为如下两种：

1.“企业出资,政府补足”模式

前提是综合管廊的建设资金不是单纯由政府或管线单位其中一方单独承担,而是首先由将来使用综合管廊的各管线单位根据传统直埋形式下自己的成本或者考虑单位本身的资金能力又或者根据管线占用空间的比例和未来的经营收益先提供部分综合管廊建设资金。剩余的建设资金的不足部分由政府机构补齐。至于管线单位到底该出多少,可以由政府和管线单位在决策阶段通过谈判协商的方式具体确定,或者由政府确定,不过确定的最重要的原则是权衡双方的相互利益,最终达成共同投资建设的协议,不致增加双方的负担。

2.“比例分摊”模式

首先,政府和各管线单位按照之前的约定确定各自的投资比例,政府投资剩余部分由各管线单位补足;其次,各管线单位之间如何分配投资比例,可以由政府出面结合传统埋设条件下不同管线的成本以及未来的经营收益等指标综合考量确定各管线单位之间的出资比例。“政府管线单位共同投资”的投融资方式下,建设综合管廊的资金由原来仅仅依靠政府转变为政府和各管线单位共同投资建设,这种模式既保证了建设资金的按时供给,在一定程度上也可以减小政府的压力,可以说这种方式无论对政府来说还是对管线单位来说都是有利的,因此在实施上也较为顺利。这种方式比较适合于政府部门财政能力有限但又非常愿意建设综合管廊的国家和地区。通过这种前期投资建设的方式,不用再考虑综合管廊建成后管线单位不愿意进廊的问题,因为在前期管线单位已经投入了一定数量的资金来建设综合管廊,所以建成后必定会将管线进廊,这样也就可以解决综合管廊将来的租用问题。

采用政府与管线单位联合出资的模式虽然有较多的优点,但这种模式也有其自身的不足和缺点,造成综合管廊的建设在我国发展缓慢。采用这种模式一定程度上减轻了政府的财政负担,却相对加重了管线单位的前期投入。综合管廊的前期建设成本要比传统直埋形式下的建设成本高出了将近一倍,所以管线单位就眼前的利益来看,可能更倾向于采用传统直埋的形式。另一个需要考虑的问题就是既然是政府和各管线单位共同投资,那双方应该各自投资多少才能权衡各方的利益,并且各方都愿意出资。制定科学合理的出资比例不仅关系到前期的动员能否取得成效,也是后期综合管廊建成后管线进廊有效运营的必要保障。因为管线单位在进廊以前已经投入了大量的资金,所以在管线开始投入使用以后,势必会急于收回前期投入的资金,这种状态下很有可能将资金的回收全部转给管线用户,从而可能会造成管线用户最终成为综合管廊的最后买单人员。这样综合管廊不但没有起到带来社会效益、便利居民生活的作用,反而适得其反。所以政府机构在采用这种投资方式的同时一定要制定相应的政策措施,一方面鼓励管线单位积极投资建设综合管廊,另一方面也要制约综合管廊建成后管线单位对管线用户的收费,使综合管廊达到预期的效果。而且这种投资方式会造成综合管廊的所有权不清楚,因为政府和管线单位同时参与了投资建设,所以也不是最科学合理的投资方式。

我国目前已经建成的综合管廊一般都是“政府投资、企业租用”的出资模式,无论是“政府全权出资”,还是“政府管线单位共同投资”,事实上都是由政府出面以各种形式筹措资金。政府发起项目,然后由政府筹集资金建设综合管廊,即使是政府管线单位共同投资,也是政府负责项目的整个过程,政府不仅要承担项目的投资融资工作,还要负责建设综合管廊一直到项目运营,项目运营期政府还要继续负责其盈亏。

二、适合我国综合管廊建设的 PPP 模式分析

财政部在财金〔2014〕76 号中指出:“政府和社会资本合作模式(PPP)是在基础设施及公共服务领域建立的一种长期合作关系。通常模式是由社会资本承担设计、建设、运营、维护基础设施的大部分工作,并通过‘使用者付费’及必要的‘政府付费’获得合理投资回报;政府部门负责基础设施及公共服务价格和质量监管,以保证公共利益最大化。”

经过长期的理论研究和实践运用,PPP 方式产生了许多具体的模式,并且随着实践运用中的不断改进和创新,产生了更多的新模式。具体分类如下表所示。

基于 PPP 的主要投融资模式分类

分类	细化分类	投资	产权	经营维护	合同期限
外包	服务外包	政府部门	政府部门	政府部门和私人部门	1~2 年
	管理外包	政府部门	政府部门	私人部门	3~5 年
特许经营	BOT	私人部门和政府部门	政府部门	私人部门	20~30 年
	TOT	私人部门	政府部门	私人部门	25~30 年
私有化	BBO	私人部门或私人部门和政府部门	私人部门	私人部门	永久
	BOO	私人部门和政府部门	私人部门	私人部门	永久

其中外包项目主要是由政府部门投资建设,产权也属于政府,私人部门仅仅参与项目的运营维护,参与程度相对较低,特许经营项目中投资是政府和私人部门共

同投资,但是项目的所有权仍然属于政府部门,而后期的运营则完全交由私人部门管理。而在私人经营项目中,建设项目的整个过程将全部都由私人机构承担(如BBO),甚至项目的使用权和所有权同时属于私人机构,而公共机构只承担对建设项目相应的监管责任。根据 PPP 模式的具体分类含义,各方参与项目的程度也不尽相同(如图所示)。

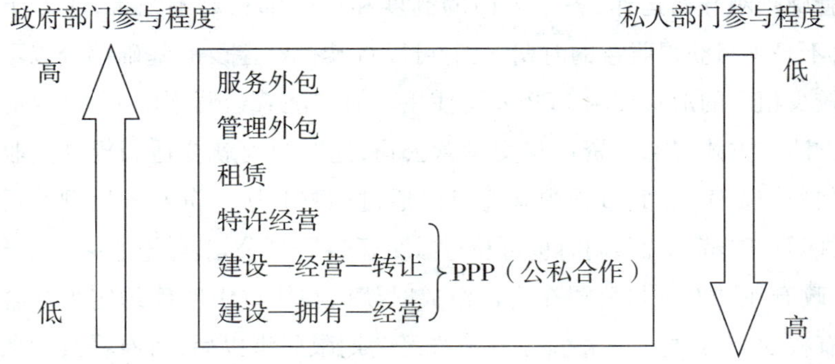

各方参与项目的程度

可以看出,基于 PPP 的各投融资模式不仅含义不同。事实上,PPP 模式的不断演变都是综合管廊项目的社会化,政府投资项目的私有化,这也正是社会主义市场经济作用的必然结果。随着 PPP 投融资模式的不断发展,政府部门参与项目融资相对成下降趋势,即政府部门开始脱离出来,逐渐开始向社会融资转变。而相对而言,社会第三方投资者开始进入投融资市场并参与投资,其投资的积极性和投资额度都呈逐渐增长的趋势。

由于我国综合管廊的建设处于初步阶段,存量的综合管廊很少,所以各城市一般采用 PPP 下的 BOT 模式。

BOT 模式是一种满足综合管廊项目经济特性的投融资模式,其实质是通过市场化的融资模式,吸引社会投资者参与投资,政府投入的资金只占其中很小的一部分,但是政府要给予项目一定的资金支持。这种资金支持体现在政府对综合管廊项目的补偿,从而实现综合管廊项目运营期的稳定收益,为综合管廊项目的成功运作提供保障。结合我国综合管廊项目的固有特点,根据政府部门对综合管廊项目资金支持阶段的不同,综合管廊 BOT 模式又可分为建设期补偿模式(Subsidize in Building, Operate and Transfer, SB – O – T)和运营期补偿模式(Build, Subsidize in Operation and Transfer, B – SO – T)。

(一)建设期补偿模式(SB – O – T)

具体操作:在项目的建设期,将综合管廊项目分为基础部分和运营部分;基础部分为土建工程,政府一方面为了拥有项目将来的所有权,另一方面也为了保障项目质量和项目的有效启动,因此政府部门主要投资基础部分,而运营部分是将来项目建成后收益的主要来源,社会投资者投资的目的就是获取收益,所以这部分的投资和运作就由私人投资者来负责。政府与运营管理公司通过签订协议与合同的形式,按照其服务、效益等指标,对运营管理公司进行定期考查。在项目运营初期,由于综合管廊刚刚开始运作,各个方面的制度和措施都相对不完善,还处于摸索阶段,这时不是项目获得收益的时期,政府可以将其投资建设的基础部分以不收租金或收取较少租金的形式交给 PPP 公司使用。但是随着运营不断完善,政府会通过一定的方法和方式将部分资产移交运营公司,这时政府就要适当提高其收取的综合管廊的使用费用,在此过程中政府可以通过调整其所出资额的比例及运营效果的形式,回收部分资金额,同时也可相对减少运营管理公司获取过多的收益。通常情况下,政府和 PPP 项目公司在公司组成时就已在协议中明确约定了综合管廊项目的所有权的交付时间,一般都是在特许经营期限届满以后,政府将会无条件地收回项目。具体的模式如下图所示。

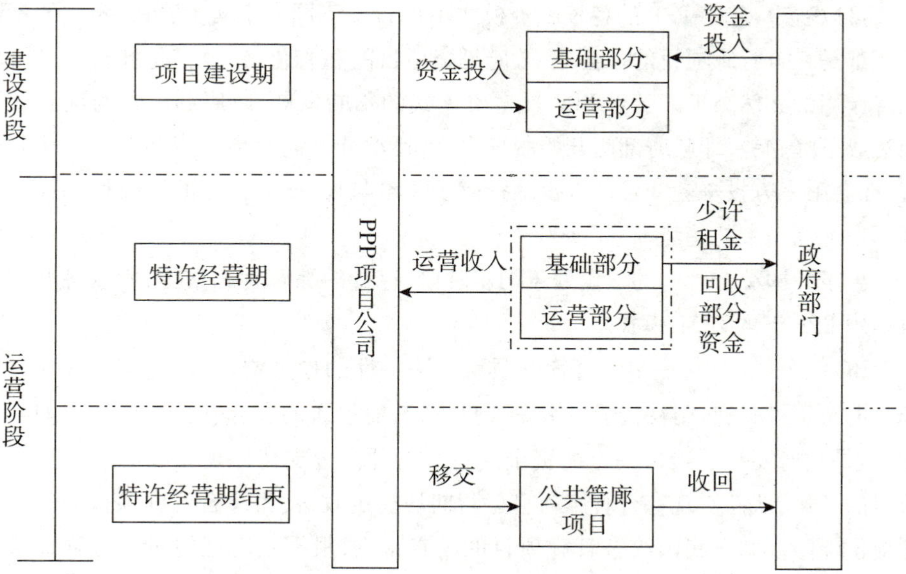

建设期补偿的 PPP 模式运作示意图

建设期补偿的 PPP 模式通过对综合管廊项目的拆分,引进企业的资金,一定程度上减轻了政府资金的短缺困难。同样,将运营部分交给 PPP 项目公司负责,PPP 项目公司是社会资金投资者组成的公司,其投资的目的就是从中获取一定的收益,整个项目的收益期是在项目建成投入使用后,所以由 PPP 项目公司负责运营部分的投资运营是两全之策。但是,由于综合管廊运营时不可预见的因素太多,而政府在运营期是不给予资金补偿的,所以项目运营公司的风险较大。不过这种方式也会激发项目运营公司的潜在能力,使其提高运营管理技术,保证综合管廊的有效运营并取得稳定的收益。

(二)运营期补偿模式(B－SO－T)

在运营期补偿的 PPP 模式中,政府实质上是不参与综合管廊项目的建设投资的,其只是按照约定的股权出资组建 PPP 项目公司。但是 PPP 项目公司的资本金仅为综合管廊项目总投资的一部分,其他部分的投资通过 PPP 项目公司贷款来解决。政府通过预测将来进廊管线的多少和预期的经营收入,并根据贷款数额的多少以及贷款应付利息的多少,来决定对 PPP 项目公司的补贴数额。项目一旦正常运营,政府就可以根据以往的运营数据来不断调整其补贴数额。这种不断变动的补贴数额一方面可以使政府积极对综合管廊项目的运营效果及时准确地进行评估,避免其补偿的盲目性,同时也可以更好地监控综合管廊项目的运作;另一方面可以避免 PPP 项目公司过分地依赖政府,如果政府在项目已经可以自行运转的情况下还给予大量的资金补偿,势必会降低项目公司运营的积极性,不利于项目的更好运营。通常情况下,政府和 PPP 项目公司在公司组成时就已在协议中明确约定了综合管廊项目的所有权的交付时间,一般都是在特许经营期限届满以后,政府将会无条件地收回项目。该模式的运作示意图如下图所示。

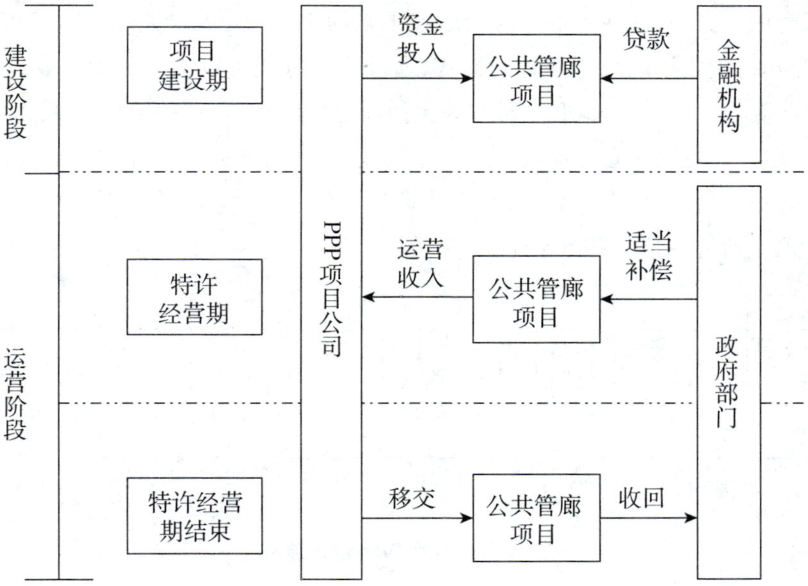

运营期补偿的 PPP 模式运作示意图

该模式下,综合管廊的项目资金是通过向金融机构贷款获得的,降低了政府的压力。但是在运营过程中,政府需通过补偿方式支持项目公司,这样有时会降低其运营效率,虽然政府可以通过建立有效的激励约束机制来提高 PPP 公司的运营效率,但是这种约束激励措施的程度是很难把握的,并且它的预期效果也是很难预测的。此外,政府对综合管廊项目未来现金流量的估计可能偏差过大等,导致政府每年的财政补贴加大,同时还要投入大量人力来审核 PPP 项目公司的账目,核对其现金流量,增加政府的工作量和人力财力投入。

通过对两种模式的分析,建设期补偿的 PPP 模式较为优越。该模式下,项目建设资金由政府和项目 PPP 公司共同承担,降低政府的财政负担;运营过程中,项目公司自负盈亏,激励其提高运营效率,努力降低成本,提高运营管理水平和服务质量,政府只负责监管就可以,不用投入太多的人力,大大减少了政府的工作量。但实际中各地综合管廊项目大部分都采取运营期补偿模式,此种模式初期政府的投入很少,能大大减轻政府现时的压力。

三、综合管廊项目 PPP 模式的运作方案

(一)综合管廊项目 PPP 模式的运作流程

以下均按 PPP 下的 BOT 模式来阐述。

综合管廊项目 PPP 模式的运作可以分为项目前期准备阶段、成立 PPP 项目公司、项目实施和项目移交四个阶段。项目的前期准备阶段一般包括项目立项和可行性研究两个方面;前期准备完成以后接下来的工作就是成立综合管廊 PPP 项目公司,公司的确定可以采用招标的形式,通过这种方式可以选择更为专业、水平更高并且与要求更匹配的公司;项目实施包括项建设和运营,这一阶段是项目的关键时期,并且也是更高阶管廊项目的必经过程,建设期的融资是关键环节也是难点所在,之后就是项目的后期运营,最后一个阶段是综合管廊项目的移交,关于项目的移交和前文所述一致。具体流程如下图所示。

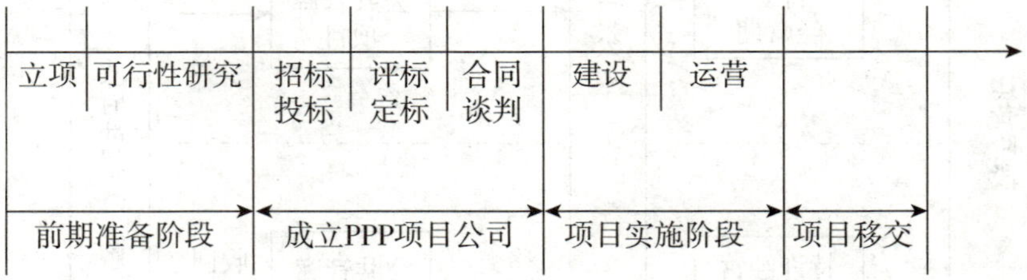

综合管廊项目 PPP 运作流程

综合管廊项目的 PPP 模式有其自身的固有特点,最主要的是项目的前期融资

不是依靠政府的财力，而是通过吸引社会投资者来投资。但是投资者之所以愿意投资就是想通过投资获得一定的收益，要想获得收益就要通过收取综合管廊内进廊管线的使用费用。但是目前还没有统一的具体规定，并且一般的公共物品都需要政府对其价格进行监督与控制，稳定的价格流是项目融资成功的前提，对于像综合管廊这样的公共产品，融资的成功要依靠政府的参与和有效监督。在综合管廊 PPP 模式运作过程中，应注意理解以下几点：

1. 综合管廊的特许经营协议

PPP 融资的基础是政府对综合管廊项目的特许经营权，就是政府允许特许经营公司对综合管廊项目进行融资建设和运营。在经营期内综合管廊的所有权归运营公司所有，政府的职能就是对综合管廊项目的具体运作加以监控。在签订特许协议时，政府要敢于放权，就是政府一定要明确其主要职责，而不要一味地只想拥有综合管廊项目的所有权，不愿意放手让运营公司管理。政府只有敢于放权，才能从繁重的管理工作中脱身出来，真正地实现综合管廊的 PPP 模式的预期效果。

另外，政府也要通过该协议对运营公司加以约束，协议应严格规定双方的义务。例如，运营公司应该提供什么样的产品，既应该保证管廊的建设质量和管廊将来的服务质量，还要规定项目的经营期限，经营期限要适当。协议中还要包含对于经营过程中出现的争议的解决方案。综合管廊项目的特许经营协议应包括如下图所示内容。

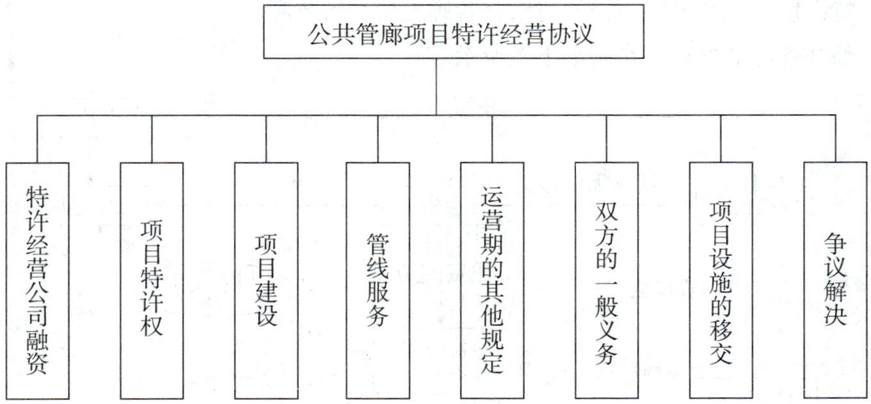

综合管廊项目特许经营协议内容

2. 管线单位的进廊协议

管线单位的进廊协议是综合管廊项目得以运行的关键，这关系到综合管廊建成后能否被合理利用而不被闲置，换言之，就是各类管线单位是否愿意让其管线进入综合管廊并支付一定的使用费用。管线进廊协议的取得是有很大难度的。正如前文所述，管廊的建设成本较高，管线单位的认识不全面等诸多原因造成了管线单位不愿意使用综合管廊。

鉴于此，需要借助立法和政府的行政权力对管线单位加以约束，一旦建成综合管廊就必须使管线进廊等，这不仅保证综合管廊建成后可以有效利用，还可为前期的融资作保障，吸引更多的投资者。

3. 政府的价格补偿

由于综合管廊的投资收益期较长，未来的风险又是未知的，所以这些不仅会影响管廊建设资金的筹集，也会给经营公司造成压力，所以政府部门应该签订一个价格补偿协议，就是在综合管廊运营初期阶段，政府应当根据实际情况，给予价格补偿，保证综合管廊项目的正常运作。

（二）综合管廊的 PPP 运作结构

综合管廊的前期投融资和后期的运营采用 PPP 模式，即由政府部门与第三投资方成立 PPP 特许经营项目公司（SPV），从前期投资开始到项目的运作过程共同管理综合管廊项目，根据协议，综合管廊项目的前期投资由政府机构和第三方投资人按照特许经营协议的约定共同投资建设综合管廊。

SPV 公司负责综合管廊的后期管理、所有产品和设备的检修；向入廊管线单位收取入廊费和日常维护费，并有权获得政府给予的可行性缺口补助，以此回收投资。特许期满后 PPP 项目公司将综合管廊无偿交给政府。

综合管廊 PPP 运作结构如下图所示。

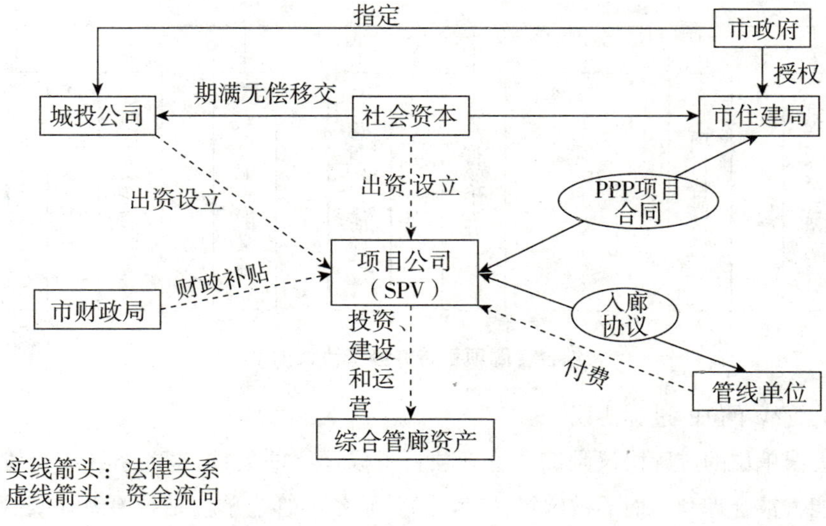

综合管廊 PPP 运作结构

在综合管廊项目中,政府按照《特许经营协议》的规定,在综合管廊的建设过程中,政府机构有义务监督项目公司按照协议的要求竣工。管线单位的使用费用实行政府定价管理。在特许期内,政府根据相关法律法规,并按制定的相关条款对PPP运营管理公司进行监管。同时政府也要履行特殊约定内的一切义务并承担相应责任。

四、综合管廊的运营管理

(一)目前国内综合管廊的运营管理范围

1. 出租管廊内空间

出租管廊空间的方式多适用于强弱电管线单位。由于目前我国电力行业是垄断性很强的行业,电力运营商处于极为强势的地位和状态。对于电力行业可以采取出租管廊空间,让其自设电力管线并自行运行的形式。同时,由于通讯等弱电管线的敷设、维修和运营通常具有较强的技术专业性,因而弱电管线的敷设、维保和运营最好也由电信运营商自行完成,综合管廊运营管理公司只收取管廊空间占用租费。

2. 出租管廊内管线

综合管廊运营商可以依法根据合同约定向热力和供水运营商出租属于自己作为产权主体的管线并收取管线租金。综合管廊运营商还可以向供水和热力运营商提供相应的管线输配服务并收取相应费用。

3. 出售廊内建成管线

综合管廊运营管理公司也可根据管廊产权单位授权出售管廊内全部或部分由管廊产权单位投资建设的已建成管线,回收管线建设费用。并就管线维护管理问题与管线购买单位进一步厘清权责,加强监管。

4. 管廊的日常维护管理即物业管理

管廊的物业管理主要包括日常清洁、管廊和管线维护保养、管廊内安保等内容,可由综合管廊运营商自行承担,也可委托专业物业管理公司进行管理。根据中关村地下综合管廊的管理经验,管廊的物业管理可由综合管廊运营商分设一个部门,专门从事综合管廊的日常物业管理事务。管廊物业管理产生的运营成本由管廊管理公司负担,物业费的收取工作由公司相应部门负责。

(二)国内综合管廊的运营管理方式

1. 全资国有企业运营模式

由地方政府出资组建或直接由已成立的政府直属国有投资公司负责融资建

设,项目建设资金主要来源于地方财政投资、政策性开发贷款、商业银行贷款、组织运营商联合共建等多种方式。项目建成后由国有企业为主导通过组建项目公司等具体模式实施项目的运营管理。目前这种模式较为常见,天津、杭州、顺德等城市均采用此种运作模式,青岛高新区采取的也是类似的国有企业主导的运营管理模式。

2. 股份合作运营模式

由政府授权的国有资产管理公司代表政府以地下空间资源或部分资金入股并通过招商引资引入社会投资商,共同组建股份制项目公司。以股份公司制的运作方式进行项目的投资建设以及后期运营管理。这种模式有利于解决政府财政的建设资金困难,同时政府与企业互惠互利,实现政府社会效益和社会资金经济效益的双赢。柳州、南昌等城市采用的是这种运作模式。

3. 政府授予享有特许经营权的社会投资商独资管理运营模式

这种模式下政府不承担综合管廊的具体投资、建设以及后期运营管理工作,所有这些工作都由被授权委托的社会投资商负责。政府通过授权特许经营的方式给予投资商综合管廊的相应运营权及收费权,具体收费标准由政府在通盘考虑社会效益以及企业合理合法的收益率等前提下确定。同时可以辅以通过土地补偿或者其他政策倾斜等方式给予投资运营商补偿,使运营商实现合理的收益。这种模式下政府节省了成本,但为了确保社会效益的有效发挥,政府必须加强监管。佳木斯、南京、抚州等城市采取的是这种运作模式。以这几种模式为基础,各地根据自身的实际衍生出多种具体的操作方式。

五、综合管廊运营的监管

综合管廊运营管理的监管具体形式主要有两种:

第一种是直接监管。建设初期,综合管廊由国有独资的专门公司负责运营,要更多地承担社会公共责任,发挥综合管廊的社会职能和效益。在这种情况下,主要采取直接监管的形式,即在高新区地方政府的领导下,通过公用事业中心的具体组织和协调,将综合管廊运营商和其他经济主体的行为统一在社会效益最大化的目标之下。具体说来,就是要使公用事业价格、综合管廊各种费用的确定以及综合管廊运营商的行为得到规范,有利于企业和居民的入驻。

第二种是合同监管。就是由政府以合同方式参与或介入综合管廊特许垄断经营权的授予、相关协议的订立以及综合管廊运营管理的其他活动中。同时对综合管廊运营公司与其他经济主体之间签署的业务合同进行必要的监管和监督。待发展进入逐步成熟的阶段,就更适于采取较为稳定和规范的合同监管形式。

六、PPP 模式下综合管廊项目风险分配

（一）风险分配基本原则

PPP 项目的风险分配机制以风险最优分配为核心，同时遵守风险与收益对等原则、风险可控原则。

1. 风险最优分配原则

PPP 模式致力于在政府和社会资本间实现最优风险分配而非政府风险转移的最大化，因此并非所有的风险都会被政府转移给社会资本，在风险转移水平由低至高的区间内，存在一个最优风险转移水平，使项目可实现价值最大化。在受制于法律约束和公共利益考虑的前提下，每个可识别风险均应独立分配给能够以最小成本（对政府而言）、最有效管理它的一方承担，即 PPP 项目的风险最优分配原则。

2. 风险与收益对等原则

PPP 项目的风险分配主要通过合理约定的方式进行，在风险分配时应遵循风险与收益对等原则。合同条款中应既关注各主体对于风险管理成本和风险损失的承担，又尊重其获得与风险相匹配的收益水平的权利。如果风险管理成本大于与之对应的收益，风险转移不可能在自愿的情况下发生，只有各参与方从风险分担中均得到好处，风险分配才有意义。

3. 风险可控原则

在 PPP 项目长达数十年的运行过程中，一些风险可能会出现政府和社会资本都无法预料的变化，导致风险发生概率上升或风险发生时财务损失增加。为保证政府和社会资本合作关系的长期稳定，在项目协议中，应按项目参与方的财务实力、技术能力、管理能力等因素设定风险损失承担上限，不能由某一方单独承担超过其承受能力的风险。否则，社会资本可能无法保证公共产品与服务的提供效率，政府可能拒绝履约，最终影响双方维持合作伙伴关系的积极性。

基于上述原则，为解决风险分配这一贯穿 PPP 项目生命周期的核心问题，节约政府和社会资本风险分配方案谈判时间，降低交易成本，实践中经常将风险分配标准化流程引入 PPP 项目的风险分配中。

PPP 项目风险识别、分析与分配的基本路线如下图所示：

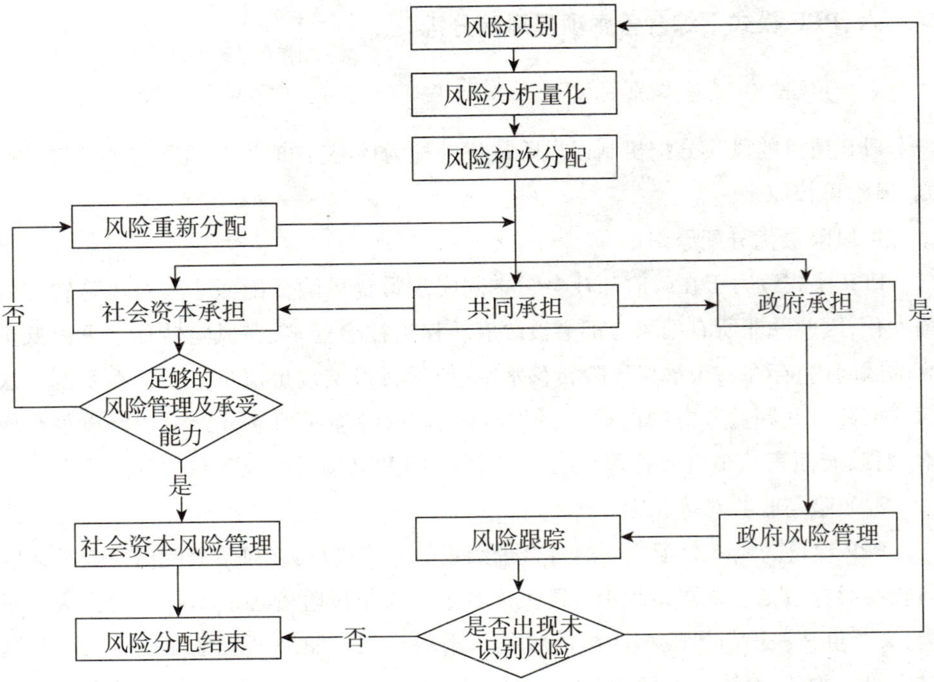

综合管廊PPP风险识别与风险分配的基本路线

(二)综合管廊PPP风险识别与风险分配

根据《财政部关于印发政府和社会资本合作模式操作指南(试行)的通知》(财金〔2014〕113号),原则上,项目设计、建设、财务和运营维护等商业风险由社会资本承担,法律、政策和最低需求等风险由政府承担,不可抗力等风险由政府和社会资本合理共担。

1. PPP项目的共性风险及承担主体

PPP项目的共性风险主要是以下几个方面:政策风险、法律风险、设计风险、建设风险、财务风险、最低需求风险、运维风险和不可抗力风险。

各PPP项目在共性风险的分配上大致相同,不再赘述。

2. 综合管廊PPP项目的特色风险及分配主张

(1)组织风险

该风险更重要的是表现为政府方在综合管廊PPP项目上的模式选择、设计组织方式选择、政府采购方式选择、项目建设管理方式选择、项目建设管理组织实施、项目运营管理方式选择等方面的能力。此类风险应设为重大风险并由政府承担。

(2)法律风险

综合管廊 PPP 项目最大的法律障碍来自地下空间权属不清晰。目前状态下,任何以地下空间权益作为交易对象的做法都存在风险,社会资本方应予以警惕。

(3)设计风险

综合管廊工程设计风险来自两个方面:一是在设计责任担当方面,如果政府方一直将设计管理进行到施工图出版,则所有设计范围内的风险全部由政府承担;如果 PPP 项目采用 EPCO 方式发包,则风险由社会资本方承担。二是在设计内容分配方面,如果综合管廊工程按当前做法只进行廊道及其附属设施的设计,则遗留的管线工程从设计、投融资、建设到运营的风险(包括由此对综合管廊运营管理引发的风险)均得由政府方承担;而当综合管廊工程实行一体化全面设计并采用 EPCO 方式发包时,则系统性的综合管廊施工图设计风险全部由社会资本方承担。

(4)最小需求风险

综合管廊的最小需求即表现为规划入廊的管线能否全部入廊。这个问题首先涉及入廊的性质怎么定义并在此基础上怎么确定入廊费。此项风险完全来自政府方。

(5)项目建设管理风险

当前在对综合管廊 PPP 项目建设期监管问题上,有观点认为这完全是社会资本方的责任,政府实施机构可以通过安全、质量、审计等政府常设监督管理机构对项目的建造实施监管或由参与 SPV 的国有企业进行监督就可以了,没必要再弄一套机构进行管理。有观点认为这是完全错误的认识。综合管廊项目建设期管理涉及项目的设计、施工、采购、竣工试验、竣工后试验等全方位、全过程,不是政府常设监管机构可以管理得了的,更不是从属于 SPV 的国企中的个别管理人员所能胜任的,必须由政府实施机构全面承担 PPP 项目合同中甲方的责任。项目建设管理风险是应该由政府和社会资本方共同承担的风险。

(6)项目运营管理风险

综合管廊的运营管理风险主要还是来自运营管理责任范围的划分。在当前综合管廊只是在完成了廊道及其附属设施建设就视同可以进入运营期的情况下,来自政府方不当的运营组织方式的风险是巨大的。首先,运营一个空管廊难以获得运营管理费这一现金流。其次,一旦管线全部入廊后,各自为政的管线单位管廊人员与综合管廊运营管理人员在高度混杂的同一管理空间内,将不可避免地发生责任不清的问题甚至事故。该风险显然应由政府方承担。

(7)融资风险

综合管廊工程一次性投资体量巨大、杠杆融资比例高、建设投资期长、融资成本高、风险分担复杂、资金结构层次多，具有资金可获得性风险、金融机构信用风险、汇率风险、利率风险、通货膨胀风险、流动性风险、金融机构监管风险和再融资风险等。

在设计融资风险分担方案时，需遵循由对融资风险最有控制力的一方承担相应的风险、融资风险收益对等以及承担风险上限等准则。在此建议：由于社会资本对于商业性项目的融资技巧比政府更有经验，也更为熟悉金融市场的运作规律，因此资金可获得性风险一般由社会资本承担；金融机构信用风险按照行业经验应由社会资本承担，但在融资过程中，政府可能牵头寻得金融机构资金支持；汇率风险的发生具有较大的偶然性，一般由社会资本承担，但政府可以补贴、担保等方式予以适当分担；利率风险主要由私营机构来承担，但其承担有一定的限度，超过此限度则由政府以补贴、保证等方式予以分担；通货膨胀风险主要由社会资本承担，但是政府对于通胀风险是有经验、资源和优势去管理与控制的，所以一般由社会资本和政府共同承担；由于金融机构在为项目融资时可要求由政府或融资担保机构提供担保，因此由政府部门和融资担保机构分担部分流动性风险；金融机构监管风险的存在会干预到项目资金的优化使用，对项目收益产生影响，此种风险发生比较偶然，一般由社会资本承担；再融资风险的发生主要是与社会资本对 SPV 公司的运营管理水平相关，所以再融资风险一般由社会资本承担。[①]

第五节　综合管廊项目案例分析

本节从项目运作模式的角度选取三个典型的案例来分析，并从中总结我国综合管廊项目运作的探索和进步。

一、广州大学城综合管廊项目

（一）项目概况

1. 项目背景

广州大学城位于广州番禺区新造镇，城区分布在珠江两岸，面积为 34.4 平方公里。根据广州大学城的战略定位，要高标准地按照“一流的规划、一流的设计、一流的建设、一流的质量”的要求，将广州大学城建设成为国内一流的大学园区。在

---

① 宋志成、梁舰、冯海忠：《PPP 模式在城市综合管廊工程中的应用》，知识产权出版社 2017 年版，第 285 页。

2003 年规划建设广州大学城的初期,广东省及广州市规划设计部门就提出了要在广州大学城修建城市地下综合管廊,并要求新建道路与综合管廊的建设应实行统一规划设计、同步进行施工,以降低工程造价。为了确保广州大学城综合管廊工程建设的顺利实施,广州市政府授权广州大学城建设指挥部对大学城的地下空间资源进行系统开发利用,并由广州大学城建设指挥部组建专营公司负责运营。

2. 建设内容与规模

2002 年,广东省在制订广州大学城规划时,确立了大学城(小谷围岛)综合管廊专项规划。该综合管廊建在小谷围岛中环路中央隔离绿化带的地下,沿中环路呈环状结构布局,全长约 10 公里。规划主要布置供电、供水、供冷、电讯、有线电视 5 种管线,预留部分管孔以备发展所需。

广州大学城综合管廊属于大学城基础设施配套工程,是广东省规划建设的第一条综合管廊,也是目前国内较长、影响较大、体系较完整的一条综合管廊,管廊全长 18 公里,项目总投资 4.46 亿元。

(二)运作模式

广州大学城综合管廊的建设基本上是“政府投资、企业租用”的运作模式。

1. 开发模式

广州大学城综合管廊项目作为市政基础设施的一部分由政府主导建设。由财政拨款,建成之后作为资产注入广州大学城投资经营管理有限公司(国有公司)。该公司的主要业务是大学城经营性和准经营性市政公用设施、公共服务设施和高校基础设施以及大学城的能源供应、市政设施和商业实施。公司主业是大学城供冷供热系统和中水系统经营。

2. 运营管理

广州大学城投资经营管理有限公司授权广钢下属的一个机电设备公司进行管廊管理。

大学城综合管廊于 2004 年投入使用后通过与各管线单位签订《管理公约》和《租用合同》,明确各方权利和责任,实施有序管理。广州大学城投资经营管理有限公司(业主)对综合管廊所有物业(租/用户自行敷设的管线及设备除外)拥有所有权;各租/用户依法拥有对租用合同所确定的管廊区域的使用权;各租/用户在管廊内敷设的管线及设备产权归管线单位所有,管线单位拥有其产权资产的完全处置权,即占有、使用、收益、处分的权利。

业主权利:业主具有全权管理管廊的权利。为检查、维修及保养管廊物业,业主有权携带一切必需的设备、机器及材料进入管廊任何一部分,但在行使该项权利时,应注意尽可能不妨碍其他租/用户使用管廊。

业主责任:日常巡检管廊,防止管廊遭受破坏;维持管廊通风、照明、排水、消防、通讯、监控等设备和设施的正常运转;当部分管线损毁而可能对管廊或其他管线的正常使用造成影响时通知有关单位,并有权采取应急措施;审查和监管、协助管线单位进入管廊施工及线路维护工作。

租/用户业主的权利:可与其他租/用户按本公约规定共同使用综合管廊的公共地方和公共设施。在不影响综合管廊使用前提下,对其所使用部分进行施工、安装、装修、维护工程。

租/用户业主的责任:租/用户须依照租用合同及公约的规定,负责依时缴交入沟费、日常管理费用。租/用户须自觉维护自身管线的完好。

3. 收费模式

在运营收费方面,广州大学城投资经营管理有限公司通过与各管线单位签订管理公约和租用合同,约定各方权利、义务,实现有序管理,同时按时物价局核定的收费标准,向各管线单位收取入沟费和日常维护费(2005 年广州市物价局批复同意)。

管线入驻收取一次性费用和日常维护费用。

管线入管廊费收取标准参照各管线直埋成本的原则确定,按实际铺设长度计收(具体单位长度收费标准略)。

综合管廊日常维护费用则根据各类管线设计截面空间比例,由各管线单位合理分摊的原则确定收费标准。

(三)实施情况

该项目于 2003 年启动建设,2004 年建成投入使用。

(四)实施效果

广州大学城综合管廊经过近十年的运营管理,其社会效益日益凸显,主要表现如下:

避免了由于敷设和维修地下管线而频繁挖掘道路,避免了对交通和居民出行造成影响和干扰,保持了路容的完整和美观。

便于各种管线的敷设、增减、维修和日常管理。2012 年完成各类管线维护、抢修 66 次,2013 年 80 次,2014 年 55 次,大大增强了各类管线运营的安全性。

由于综合管沟内管线布置紧凑合理,有效利用了道路下的空间,同时,由于架空管线一起入地,减少架空线与绿化的矛盾,节约了城市用地。

（五）运行中存在的困难

因在管廊建设之初收费机制没有理顺，在管廊投运的头 3 ~4 年里，入廊管线单位对缴纳入廊费和日常维护费有抵触，经过数次沟通协调，甚至诉诸法院裁决，才最终理顺关系。

由于各类管线的主管单位不同，各自利益不同，管线是否入沟没有强制规定。

在运营收费方面，广州大学城投资经营管理有限公司通过与各管线单位签订管理公约和租用合同，目前，这 18 公里综合管沟每年日常维护费收费约 200 万元，其中的 100 万元用于物业公司日常维护、管理的人工费用，另外 100 万元用于交纳电费、排污费等各类费用，基本实现了“运营管理收支平衡”。但随着运行年限的增加，维护成本及人工费用增加日常维护费将不足。

建设综合管沟一次投资昂贵，而且各管线单位如何分担费用问题较复杂。对于广州大学城综合管廊而言，每年 200 万元的收费，仅够维持目前的一般运营，至于建设成本（3 亿 ~4 亿元）的收回则遥遥无期。

二、珠海横琴新区综合管廊项目

（一）项目概况

1. 项目背景

珠海市横琴新区位于珠江口的南部，南濒南海，西临磨刀门水道（珠江最大的入海口之一），北与珠海南湾城区隔马骝洲水道相望，东隔十字门水道与澳门相邻，最近处相距 183m。土地总面积 106.46 平方公里，处于“一国两制”的交汇点和“内外辐射”的结合部。2009 年 8 月 14 日，国务院批准《横琴总体发展规划》，横琴发展上升为国家战略，成为“一国两制”下探索粤港澳合作新模式的示范区、深化改革开放和科技创新的先行区、促进珠江口西岸地区产业升级发展的新平台。

《横琴总体发展规划》明确把横琴建设成为资源节约、环境友好的“生态岛”，约 73% 的土地被划定为禁建区和限建区，可开发建设面积仅 28 平方公里。横琴贯彻尊重山水、疏密有致、功能混合的城市规划原则以及节约、集约、高效的土地利用原则，致力于打造“山脉田园，水脉都市”城市格局，最大限度减少了城市通勤交通的压力，并提高了城市活力。同时，横琴专门实施了 9 个专题的《横琴“生态岛”建设总体规划》《横琴低碳发展规划》《横琴生态城区建设规划》，着力推进绿色建筑、低碳交通、低碳产业，在提高城市活力的同时，最大限度地提高城市的生态环保效益。

2. 建设内容与规模

横琴新区综合管廊项目沿环岛北路、环岛东路、港澳大道、横琴大道、环岛西路等城市主干道成“日”字型布置于市政绿化带下方，并在十字门商务区、口岸服务区的滨海东路布置了支线。横琴综合管廊分为一仓室、二仓室和三仓室三种类型，总长约 33.4 公里，基本覆盖全区可建设的各大区域，内部敷设的管线包含给水管、中水管、通信管、220kv 电力电缆、供热管（冷凝水管）、真空垃圾管，并为未来城市发展预留了部分其他管线的敷设空间。为加强监管，横琴综合管廊在港澳大道北侧设一座总监控中心，在环岛北路和横琴大道各设一座分站，每座控制中心占地面积约 $2500m^2$。

横琴新区综合管廊按防水钢筋混凝土设计，可抵抗 7 级地震，并具备自动排水、空气质量监测、自动报警等多项功能，总投资约 20 亿元。

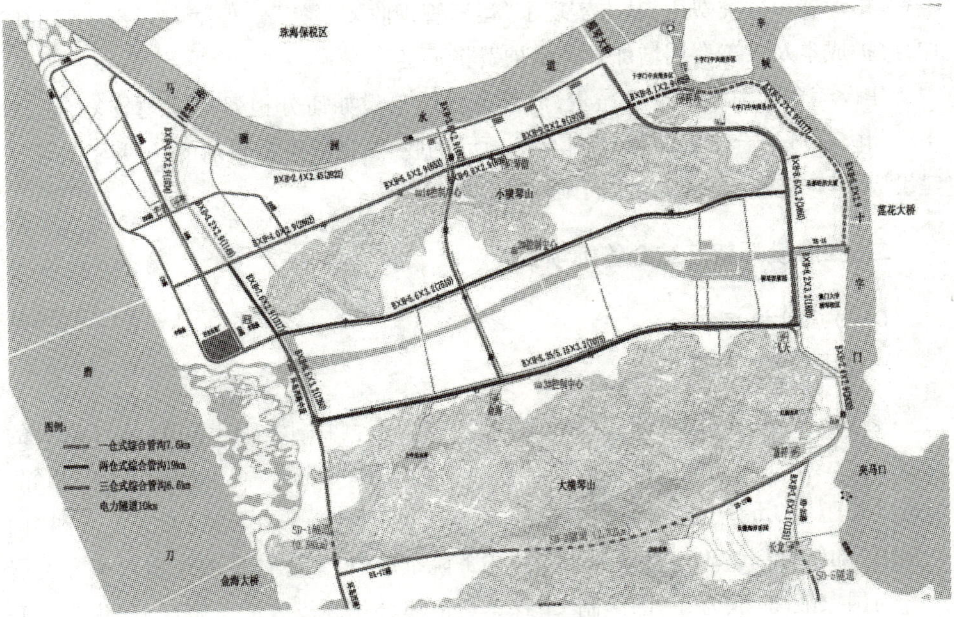

横琴新区综合管廊总平面布置

（二）运作模式

1. 合作模式

横琴新区采用 BT 模式，通过公开招投标，引进中国冶金科工集团有限公司，投资 135 亿元建设横琴新区市政基础设施项目，其中 20 亿元用于综合管廊建设。2010 年 5 月 13 日，中国冶金科工集团有限公司与珠海大横琴签署《珠海市横琴新区市政基础设施（BT）项目投资建设回购合同》及补充协议，项目由本公司控股子公司中国二十冶集团有限公司的下属公司珠海中冶实施。

2. 资金筹措

中冶项目公司为该项目配套 25% 的配套资金，另 75% 的资金通过珠海当地的银团贷款获得。2010 年 10 月 29 日，珠海中冶与以中国银行股份有限公司广东省分行作为牵头行的银团签订《中长期银团贷款合同》，为 BT 合同提供资金保障，并由珠海中冶以 BT 合同项下应收 BT 项目工程回购款作为质押。

3. 回购方式

项目建设期 3 年，回购期 5 年，各子项的回购期限分别计算，回购款每期支付金额为每个单项工程投资总额的 1/5，同时按合同约定支付相应期间的利息。

4. 运营管理

（1）管线有序入廊，管理制度及时建立

一是由横琴新区管理委员会牵头，由管理养护单位具体负责，按照原有的设计安排对综合管廊内的各个仓视、管线排管、设备间、出仓口位置等进行合理分配，并已成功协调各管线单位按时进入管廊。目前，给水、电力、通信等管线和监控管线已入沟并投入使用。二是横琴新区管委会提前制定并印发《横琴新区综合管沟管理办法》，明确凡是规划建设综合管廊的城市道路，任何单位和部门不得另行开挖道路铺设管线，所有管线必须统一入驻综合管廊，并缴纳使用费。三是明确了一次性入廊费用和日常管理维护费用相结合的综合管廊有偿使用收费机制，并得到各管线单位的认可，既保证了管廊管理维护的资金来源，同时将综合管廊这一市政项目转变成为一项具有永续经营价值的政府资产。

（2）智能化管理，企业化运营

一是横琴新区管理委员会委托专业的物业管理公司负责综合管廊的运营、管理和维护工作。横琴新区综合管廊设立计算机监控系统，通过总监控中心接收全区综合管廊的相关数据信号并处理，同时还设有背投式大型显示屏，可以在此看到全区管廊的实时全貌。二是与住房和城乡建设部联合编写了《城市地下综合管廊运营维护指南（试行）》，提高了各专业管线日常管理和维护的集约化水平，同时降低了养护成本。

（三）实施情况

该项目于 2010 年 10 月启动建设，目前除环岛西路局部外，已整体建成投入运营。

（四）实施效果

1. 消除“蜘蛛网”，营造整洁的城市环境

通过将供电、通讯线缆安装入综合管廊，避免了一般城市大量市政管线架空敷

设而形成的视觉污染问题和管线安全问题。

2. 节约了宝贵的土地资源

由于各主要市政管线集中敷设于地下综合管廊内,克服了管线分散直埋造成对城市地下空间的大量占用,同时避免了高压电线架空敷设情况下因安全保护需要导致的土地闲置。综上因素,横琴由于建设综合管廊,总计节约土地40多万平方米。结合当前横琴的综合地价及城市容积率,由此产生的直接经济效益就超过80亿元。

3. 提高了管线保护能力和运营水平,增强了横琴新区城市安全

一是克服了管线直埋情况下地下土壤对管线的腐蚀,延长了管线的使用寿命。二是通过将管线入综合管廊,增加了一个混凝土外墙保护,提高了管线防护能力,提高了供水、供电、通讯等城市设施使用安全,提高了横琴新区防灾减灾能力。三是维修人员可以直接进入综合管廊进行维修,减少开挖或高空操作,提高了维修速度,提高了横琴新区供水、供电、通讯等城市设施安全度,提高了横琴新区防灾减灾能力。

4. 消除横琴新区"拉链路",保障交通通畅

横琴新区成立5年来发展迅速。其中供电、供水、通讯等一批市政设施建设也需迅速跟进建设,通过目前区内主要干路供电、供水、通讯设施直接进入综合管廊安装,加快了建设速度,同时克服了一般城市在管线敷设、维修过程中对城市道路的重复开挖而造成"拉链路"的问题,保障了交通通畅。

5. 为横琴新区地下空间开发利用提供基础

为实现横琴新区地下空间的安全有序,合理高效的开发利用,横琴新区编制了《横琴新区地下空间建设专项规划》,地下综合管廊的建设为横琴新区地下空间开发利用提供了有效的基础,全面提升了城市的综合防灾、抗灾能力,确保城市运行安全。

(五)项目建设经验及创新点

横琴新区经过科学认证和精心组织,攻克了一系列技术难题和规范问题(深厚软土地基处理、防水设计、智能化监控、消防设计等),成功完成了全城市区域的综合管廊建设。与国内同类项目相比,横琴新区综合管廊项目在如下几方面树立了行业标杆:

1. 一次性规划建设,迄今全国规模较大

33.4公里横琴新区综合管廊和配套的监控中心统一规划,一次性建成,是目前国内已建成综合管廊规模较大的一个案例。

2. 城市覆盖面广，管线容纳专业全

横琴新区综合管廊覆盖了全区主要城市建设规划区域，已安排供水、供电（220kv 电力电缆）、通讯、冷凝水等管线，并预留远期供水、供电、通讯位置以及中水、真空垃圾系统安装空间，是迄今国内已建成综合管廊中市政管线专业覆盖面最广的城市地下综合管廊。

3. 自动化、智能化水平高，管理维护便利

该项目配套建设了通风口、投料口、排水沟、集水井及自动排水设施、自动喷淋、防火分区、空气质量检测、远程监控等一系列管理维护设施，可通过总监控中心接收相关数据信号，极大地提高了管廊的管理和维护效能，是目前国内自动化、智能化最高的综合管廊项目。

4. 制度完善，运行规范

横琴新区管委会通过系统调研和精心研究，印发的《横琴新区综合管沟管理办法》，解决了该项目保护、维护、运营的一系列问题，并得到了各管线单位的认可，克服了管廊建成后多年无法实现管线入廊及无法按时收费的问题。

总体来看，横琴新区综合管廊项目的建设领先性地落实了《国务院办公厅关于加强城市地下管线建设管理的指导意见》（国办发〔2014〕27 号），为我国城市建设和城市改造稳步推进城市地下综合管廊建设提供了成功范例，受到了社会各界的普遍关注和好评。

三、石家庄正定新区综合管廊项目

（一）项目概况

1. 项目背景

依据石家庄市总体规划的要求，为了满足石家庄市经济快速发展的需要，拓展城市发展空间，将全面加快正定新区开发建设步伐，近年重点抓好 30 平方公里起步区的开发建设。正定新区位于滹沱河北岸，正定古城东侧地区，总面积约 135 平方公里。石家庄市紧紧围绕“三年出形象、五年出规模、十年成新城”的总体目标，锁定“低碳、生态、智慧”的定位，全面启动正定新区 30 平方公里的核心起步区建设，努力把正定新区打造成财智要素集聚、功能多元复合、生态人文和谐、水绿交融共生的创新动力之城、宜居活力之城和滨水魅力之城，使之成为体现繁华舒适、现代一流石家庄形象的新地标。

正定新区为新建城区，原用地为村庄及农用地，地下市政管网几乎没有，现状土地已基本完成收储，处于基础设施建设阶段。根据区域控制性详细规划，区域内共需敷设给水、再生水、雨水、污水、燃气、供热、电力、通信、南水北调输水管等管线，

并预留集中供冷管位。正定新区起步区主干路下规划管线密集，如采用传统敷设方式，地下空间利用率低，后期维护运营成本高，不适宜新区发展定位的要求，根据区域控规，需在主干路下建设综合管廊，形成层次化、骨架化、网格化的综合管廊系统，以满足除排水、燃气外的其他管线敷设需求。

2. 建设内容与规模

依靠正定新区主干路路网规划，在北京大街、天津大街、迎旭大道、柏坡大道、隆兴大道、上海大街和西藏大道7条道路下共建设36.23公里长地下市政综合管廊，满足区域主干线路（给水、再生水、供热、电力、通信等管线、线缆）的敷设需求。同步配套给排水、照明、检测、监控、消防、通风等设施。各条综合管廊具体情况，考虑已实施项目及新建项目布局特点、审批工作、施工管理等因素，将未来拟建成的综合管廊划分为9个项目，长度共计36,230m。

起步区范围综合管廊工程（约24.63公里）的建设主体为石家庄市滹沱新区投资开发有限公司（以下简称滹沱投资开发公司），项目于2012年开始建设，目前起步区内已开工建设综合管廊约19公里（北京大街、天津大街、迎旭大道、隆兴大道、上海大街），其中主体工程已完工约15公里（北京大街、天津大街、迎旭大道、上海大街）。

根据石家庄正定新区经济发展局文件石新管经〔2010〕11号、石新管经〔2010〕12号、石新管经〔2010〕13号，起步区范围综合管廊工程总投资合计约23亿元。目前已投资约15.76亿元。

（二）运作模式

1. 结构模式

经新区管委会研究决定，将正定新区起步区范围综合管廊、东通干线综合管廊和北延干线综合管廊捆绑实施，采用政府和社会资本合作（PPP）模式投资、建设、运营和维护正定新区综合管廊项目。具体运作模式如下：

浩运建设投资公司（政府方平台）与社会资本组建特许经营项目公司；新区管委会将滹沱投资开发公司拥有的范围内在建工程资产划转到浩运建设投资公司名下，由后者转让给项目公司并支付转让价款。正定新区管委会与项目公司签订《特许经营协议》，授予项目公司本项目的特许经营权。项目公司负责起步区范围未完工综合管廊、东通干线综合管廊和北延干线综合管廊的投资与建设，并在特许经营期内负责运营和维护所有管廊取得经营收入；特许期满后，将所有管廊项目设施完好无偿移交给新区管委会。

2. 特许经营

特许经营期：建议特许经营期为30年（不含建设期2.5年）。

特许经营权：

（1）在特许经营期内，项目公司自行承担相关费用、责任和风险，负责起步区范围未完工综合管廊、东通干线综合管廊和北延干线综合管廊的投资与建设；

（2）负责所有综合管廊项目（包括起步区范围综合管廊、东通干线综合管廊和北延干线综合管廊）的运营和维护，向入廊用户收取管廊服务费等费用，并行使和享有《特许经营合同》项下约定的其他权利和权益；

（3）在特许经营期期满时，将所有综合管廊项目设施完好无偿移交给新区管委会或其指定机构；

（4）项目公司在特许经营期内独家享有特许经营权，新区管委会在特许经营期内不会以任何方式将全部或任何部分的特许经营权授予项目公司以外的任何其他人。

3. 运营管理

在经营期内，项目公司应按照国家有关技术规范、行业标准的规定和谨慎运营惯例，对所有综合管廊设施提供包括管理、维护在内的相关服务，确保综合管廊设施正常使用。项目公司应在与用户签订的有关合同中明确约定，经营期内，项目管道设施的相关服务由项目公司承担费用、责任和风险。

4. 项目公司股权结构

注册资本：本项目注册资本 16 亿元（资本金比例约 44%）。

股权比例：浩运建设投资公司代表新区管委会出资 5 亿元（股权比例约为 31%），社会资本出资 11 亿元（股权比例约为 69%）。浩运建设投资公司不控股，仅持有“一元金股”，拥有对项目公司融资、抵押、质押、改制等重大决策的“一票否决权”。

5. 投资回报机制

本项目的汇报机制为可行性缺口补助。

6. 有偿使用

石家庄市人民政府办公厅发布了《关于印发石家庄市地下综合管廊管理办法》，文件要求，建立主要由市场形成价格的地下综合管廊有偿使用机制，有偿使用费标准由管廊建设运营单位与入廊管线单位协商确定。供需双方签订协议、确定城市地下综合管廊有偿使用费标准时，应同时建立费用标准定期调整机制，确定调整周期，根据实际情况变化按期协商调整管廊有偿使用费标准。供需双方可委托第三方机构对城市地下综合管廊建设、运营服务质量、资金使用效率等情况进行综合评估，评估结果作为协商调整有偿使用费标准的参考依据。

（三）实施情况

该项目目前在建，预计 2020 年完成建设投入运营。

（四）项目建设创新点

1. 石家庄正定新区综合管廊项目为2014年度综合管廊PPP示范项目的唯一入选名单，率先在综合管廊项目采用PPP模式，积极探索、积累经验，为后续城市的推出提供经验。

2. 项目公司的股权结构，政府方采用“一元金股”，投入资金而不参与分红，但对重大决策有一票否决权。

3. 将在建的管廊工程纳入PPP项目体系中。

第六节　综合管廊项目建设的总结分析

一、综合管廊项目建设的经验

（一）采用合理的融资模式，是项目顺利实施的前提

城市地下综合管廊项目因不适合分期建设，一般建设投资都很大，动辄十几亿元、几十亿元。然而每个城市的财力寡富相差很大，地方政府应根据财政支出预算采用合理的融资模式。在采用PPP模式时，尤其应做好政府支付能力分析；同时应合理预见社会资本的融资能力，确保项目的顺利实施。

（二）事先厘清权责利，合理分配风险

政府方与社会资本签订PPP项目协议时，应对各参与方的出资责任、相关权利和义务进行合理的分配，并按照风险最优分配等原则来合理分配风险，以避免在项目建设及运营过程中的界限难分及相互推诿。

（三）创新实现综合管廊的准经营性，保障项目的可持续性

由于综合管廊的公益性性质，致使尚未有一个综合管廊项目能够很好地解决入廊费和运营费的定价和收取问题。为保障项目的可持续性，应有所创新，实现综合管廊的准经营性。比如通过汇入具有可经营性的管线，比如利用管廊的排风口等上方构筑物部分设置广告位来获得经营收入。

（四）转变政府职能，是项目顺利实施的保障

在PPP项目实施过程中，政府主导项目公司的选择和项目的确立，参与成立项

目公司，主持招投标，与企业合作共同完成项目融资，而对项目建设，运行管理主要起监督作用，最后接收项目移交。

宏观上从整体和态度上对采用 PPP 项目融资模式进行基础设施建设提供前提保障，降低政治风险，清除政策、法律等障碍，为此模式的开展和推广提供坚实稳定的宏观环境和氛围。

微观上主要是针对具体项目的具体实施过程中遇到的问题和障碍提供必要的支持和参与问题的解决，从微观和具体环节上保障项目的顺利实施①。

二、综合管廊发展的"瓶颈"

（一）综合管廊的建设投资巨大、管理成本高昂

综合管廊优点众多，但是工程投资巨大。综合管廊的土建费用较传统的管线直埋敷设约高出 1～2 倍。另外，综合管廊正常运营必须配置的附属系统也需要较大的投资，附属系统的运行还将产生运行管理维护费用。巨大的建设投资和高昂的运营管理成本都将成为制约综合管廊发展的主要因素。

（二）社会资本的融资困境

城市地下综合管廊 PPP 项目普遍投资规模较大，巨大的投资体量带来了相当大的融资压力，对于一般的社会资本而言，其融资渠道相对较为单一，并且传统的商业银行贷款融资成本较高。融资难题主要体现在三个方面：其一，PPP 项目收益率较低，难以覆盖较高的融资成本；其二，PPP 项目合作期限较长（至少 10 年以上，综合管廊项目时间更长），而金融机构为避免不确定性和流动性风险，一般选择中短期融资，导致期限错配；其三，我国现阶段的 PPP 项目都难以实现有限追索融资②。

（三）利益协调难度大

城市地下综合管廊的利益涉及面广，协调难度大。政府部门是主要发起人，对综合管廊项目起主导作用，注重社会效益；社会公众是主要受益者；各管线单位是使用者，若入廊费用和日常维护管理费收取过高，都会对管线单位入廊的意愿产生影响；第三方投资者作为出资人希望城市地下综合管廊能带来收益回报，追求经济

---

① 参见宋丹：《现阶段我国政府在 PPP 项目融资模式中的职能与作用研究》，载《北方经济》（学术版）2017 年第 2 期。

② 参见曹振华：《城市地下综合管廊 PPP 模式关键问题探讨》，中国 PPP 门户网，2016 年 7 月 17 日访问。

效益最大化。

三、综合管廊发展的建议

（一）多渠道筹措综合管廊建设资金

综合管廊建设必须摆脱主要靠平台公司及财政投资的模式，加快向政府主导、多主体投资、多渠道融资方式转变。

1. 强化政府资本运作能力

积极开展资本运作，如采取信托贷款、企业债券等方式融资；也可将土地折价引入战略投资者成立项目合作公司；或通过 PPP 模式实施综合管廊建设和营运。

2. 设立地下管网建设专项基金

为加大对地下管网建设资金支持力度，建议仿照地铁发展专项基金模式，设立综合管廊建设基金。该基金的资金来源可包括三个渠道，即：在新区内抽取一定比例土地出让金；从城市基础设施配套费中抽取一定比例资金；依法收取的各类地下空间使用费。

3. 争取财政和金融机构的特殊支持

综合管廊建设可积极争取中央财政设立的管网建设资金支持，也可向世界银行、亚洲开发银行、德国复兴信贷银行（KFW）、国家开发银行等国内外金融机构申请专项贷款。这些机构为支持发展环保事业，可对诸如污水管网、综合管廊等项目提供利率较低、期限较长的优惠贷款①。

（二）综合性、统一性、前瞻性的规划设计②

随着人口、资源与生态环境矛盾的日益突出，合理的城市规划、社会的协调和可持续发展观逐步被广泛认识和接受，建设综合管廊必须要重视规划。而且要不断吸收新的工程技术来更新城市规划的观念，使得城市功能合理，并降低城市规划的实施成本。做到：

1. 先规划后建设。

2. 近期发展与长期发展相结合。

3. 与其他地下设施规划相互协调。

4. 与其他地下设施合建。

---

① 参见《关于天府新区地下管网建设的调研报告》，四川经济信息网，2013 年 9 月 21 日访问。

② 张强：《城市地下综合管廊的发展和经验借鉴》，载《国兴众合》公众号。

（三）加强法律法规建设

1. 综合管廊与地下空间权立法的对接

确立国家对地下空间权益主体地位，解决地下空间权属不确定对综合管廊建设的影响；出台对地下空间权属的登记、使用、租赁、出售等相关实施性规范。

2. 综合管廊工程规划与规划法的对接

确立综合管廊工程规划的法源基础和法律地位，从法律上明确城市地下综合管廊工程规划是政府引导和调控城市地下管线建设和发展的一项重要公共政策，是具有法定地位的发展蓝图。规避规划滞后及规划深度不够而导致达不到应有效果的问题。

3. 综合管廊入廊费、运维费计价与价格法的对接

确立综合管廊入廊费、运维费计价的市场属性，由管廊运营单位与入廊管线单位协商确定，保障双方的正当权益；同时，赋予政府价格调控权能，在市场机制失效时（协商无法一致时）依法对市场价格进行必要的适度干预。

4. 综合管廊 PPP 项目合同管理与相关法规的对接①

根据综合管廊 PPP 项目的特性，结合《国务院办公厅关于推进城市地下综合管廊建设的指导意见》（国办发〔2015〕61 号）等相关法规和规定，进一步明确在项目的建设、运营过程中项目实施机构、社会资本方以及入廊管线单位的权利和义务，明确入廊要求，细化管廊运营单位与入廊管线单位的分工，做到各司其职，相互配合，做好突发事件处置和应急管理等工作。

（四）完善政府监管体系

综合管廊的一般设计寿命达到 100 年左右，在这么长的运营周期内，无论是政府的平台公司运营，还是通过 PPP 模式选定的社会资本来运营，均需要政府主管部门对于综合管廊的运营过程进行有效的监管，建立并完善综合管廊项目的运营绩效考核制度和应急事件处置办法，加强运营成本审查，有效引导项目公司的运营行为，提高综合管廊的维护质量，使综合管廊处于良好的技术状态，延长其使用寿命，杜绝运营中断事件发生②。

---

① 参见宋志成、梁舰、冯海忠：《PPP 模式在城市综合管廊工程中的应用》，知识产权出版社 2017 年版，第 216 页。

② 张强：《城市地下综合管廊的发展和经验借鉴》，载《国兴众合》公众号。

第十四章 Chapter 14 特色小镇 PPP 项目研究报告

第一节　横店小镇的案例引入

一、横店小镇模式概述

横店，这个出产过《英雄》《无极》《功夫之王》《汉武大帝》《仙剑奇侠传》等众多作品的东方好莱坞，于 2015 年贡献了 138.1 个亿的 GDP，34.6 个亿的财政收入，30.3 个亿的国地税收入。而经济成就仅是横店小镇发展的一个侧面。在特色小镇的概念大力推广，特色小镇的建设全面推进的背景下，透过横店小镇经济繁荣的表面现象，更重要的是看到这个的一个特色小镇如何建成，如何打造出具有特色的影视摄制行业，形成区域影响力，并转换为经济效益和社会效益。

就和提及横店镇所属的地级市——金华，会联想到火腿一样，提及横店，也会联想到"影视城""影视基地"的概念。这是因为，"火腿""影视基地"分别是当地的特色。特色，就是横店小镇成功的关键。自 1996 年开始建造第一个拍摄基地——广州街以来，横店影视小镇逐渐建立起 14 个影视拍摄基地。鹤立鸡群的影视摄制产业为建设横店这座小镇，发展这座小镇的产业结构、旅游行业、城镇设施等提供了一条新的思路。

一方面，横店坚持活跃其影视摄制产业，并以此作为龙头支柱，以巩固"影视城"这块"特色"招聘，并以此为主，大力发展"影视城+"的计划，发展影视文化旅游产业、体育休闲产业等，成为中国影视产业发展的重要区域。横店其独特性的产业，支撑起了全盘行业，此乃"特色"。

另一方面，横店始终把景区与横店城区的融合发展放在重要位置，以城市风貌的综合提升为载体，来改善城市的环境，以此建成具有影视文化产业特色与风貌的特色小镇。为此，横店小镇将影视文化景观的建设、镇区设施功能的提升与镇容镇貌的整治并列为三大工程。

二、横店小镇的建设资金来源

理清了横店小镇的建设思路，而在落实建设的过程中，最关键的就是资金支持。

横店小镇的资金来源有三个方面。

(一)横店集团的鼎力支持

自2011年以来,横店非国有投资占全社会投资比重的92.6%,高居浙江省27个小城市之首。横店小镇开发运营公司——横店集团用于小城市建设的资金就高达150亿元。以社会资本投资、运营为主的"横店模式"给其他特色小镇的建设、开发提供了启发。

(二)当地政府的财政税收政策的支持

横店所属的县级市——东阳市政府在财政政策上对横店的开发、建设给予了较多的支持。一方面,东阳市政府对横店镇政府上缴的财政资金进行一定额度的返还,以使得横店镇政府有足够的资本进行基础建设的强化。另一方面,东阳市政府对企业税收的优惠力度也很大。如其有一条政策:对在横店镇新办大型商贸企业,自营业当年年度起,实行房产税、城镇土地使用税、地方所得税的地方分成部分按收入级次,在三年内予以全额的拨补。

(三)浙江省政府的小城市培育项目支持

2011年至2013年,浙江省财政厅安排了30亿元的资金,支持浙江首轮小城市培育试点工作(横店小镇是浙江首批小城市培育试点名单中的一项)。而后,在2014年至2016年,浙江省财政厅将资金支持的力度进一步调大至45亿元。

三、横店小镇发展面临的问题

横店小镇凭借对其影视摄制产业的特色的发掘和打造,对产业链及相关行业的拓展与延伸,取得了瞩目的成绩,也打响了这个小镇独特的品牌。而这并不意味着,横店小镇发展至今日,其发展的过程中就没有产生问题。横店小镇在其独特模式下的飞速发展也伴随一些困境,其困境主要如下。

(一)同类产业小镇逐渐发展,横店优势产业竞争压力增大

随着横店小镇通过其特色的影视摄制产业逐渐发展为影视基地,各地也纷纷效仿横店的模式和特色,建设各类影视基地或影视城。如上海市松江区的车墩镇,建设了车墩影视基地,以老上海风情场景著称;宁夏银川的西郊,建有镇北堡西部影视城,展现雄浑、沧桑、古朴的荒凉场景;河南焦作的焦作影视城则提供了春秋战国时期历史风貌的场景……多个影视基地同质化的出现,以及不断地发展,给横店

影视城原本鹤立鸡群的特色产业带来激烈的竞争,也给横店带来了特色小镇的建设如何进一步体现其特色的困惑。

(二)小镇的建设速度和管理速度不同步,管理水平有待提升

横店小镇为发展其特色的影视摄制产业,斥重资打造影视基地和城市影视文化景观,对镇容镇貌进行整治,对镇区设施的功能进行提升。但是在城市和产业迅速建设的过程中,横店镇的管理却没有跟上节奏,政府在小镇的产业引导、环境保护等诸多方面的功能缺位或不佳,导致横店小镇出现了同类行业企业无序竞争、巨量游客难以分流、交通拥堵、自然环境破坏、市容卫生破坏等乱象丛生。

(三)横店镇镇级政府权力有限,难以对特色产业引发的各类问题进行有效管控

随着横店影视摄制行业的迅速发展,巨量的产业规模与经济溢出效应需要较大的行政权力和较强的财政力量来支撑和管理,而横店镇政府的行政等级较低,其所能进行的行政管理范围,其财政资金都十分有限,对于横店发展过程中产生的诸多问题都难以管理,力不从心。

四、横店小镇发展“瓶颈”的突破

针对横店在发展过程中遇到的“瓶颈”,及其背后的原因进行分析,不难发现,横店小镇在下个阶段想要取得突破,需要采取以下措施。

(一)进一步突出特色

尽管现在多地都在建设和发展影视摄制产业,在规划和营造新的影视基地,但是横店小镇仍然要抓住其原本的基础特色,并在此基础之上,进行新的亮点的挖掘,从而形成特色中的特点,保持和扩展影响力与吸引力。横店小镇其特色产业——影视摄制产业应体现出其与其他地区、其他小镇的影视摄制产业的不同的特点,如上海横店影视基地及宁夏银川镇北堡西北影视城,因为其用地面积或自然条件的限制,建造的影视基地的风格较为单一和有限,而横店小镇却可以根据其用地面积广大、地形气候适宜的基础优势,进一步地发展其大而全的影视基地,为影视摄制企业和影视文化企业提供更为丰富和全面的景观条件。

(二)进一步扩大横店镇管理权限

横店镇是横店小镇的直接管辖行政机关,其对横店小镇的发展,对其特色产业

的开发以及城市建设能够产生更为直接、更为高效的影响,也对发展过程中产生的问题更为了解。但基于其有限的权力和财力,其在横店小镇发展的过程中要发挥更大的配套作用,需要东阳市县级市层面、金华市地级市层面,乃至浙江省省级层面对横店镇的行政、财政释放更多的权限,优化审批权限、扩大横店镇政府财权,调整财政体制分成,将更多的管理工作转交给横店镇政府进行,便于横店镇政府提供更好的服务。

(三)拓宽横店投融资渠道

横店小镇在下一个发展阶段,应当将其特色的"横店模式"更好地发展,基于原先以社会资本投资为主的模式基础,进一步扩大社会资本在小镇建设、运营方面的作用,从而为横店小镇更高效、更细化地创新发展提供先进的管理经验和技术①。

横店的经验,对全国范围内的特色小镇的建设都是有益参考。而横店小镇只是住建部公布的首批 127 个特色小镇中的 1 个,也只是浙江省首批小城市培育试点名单中的一个,其只是特色小镇的一个个性的案例。而至于特色小镇的共性,特色小镇的具体内涵与外延、发展历程、政策环境、建设模式以及其他的案例,于下文进行分析。

第二节　特色小镇概述

一、特色小镇的概念

特色小镇是指依赖某一特色产业和特色环境因素(如地域特色、生态特色、文化特色等),打造的具有明确产业定位、文化内涵、旅游特征和一定社区功能的综合开发项目②。

顾名思义,"特色小镇","特"指的是小镇要有特色,要有"一招鲜",特色小镇在建设的过程中要规避城市建设中风格趋同的现象。大中型城市,因其城市功能发挥的需要,建设城市效率的要求,以及其城市规划的多变性和多期性,难以统一规划的风格而整体体现出该城市特点。但特色小镇有所不同,其需要彰显出其特色,以引人瞩目,而小镇风貌正是特色小镇突出特色的一大途径,也是最为直观的

① 参见张弛:《东方好莱坞——浙江横店》,载《PPP 百人论坛》公众号。

② 参见北京绿维创景规划设计有限公司:《特色小镇的开发运营模式研究》,载《PPP 法制建设》公众号。

方式。同时,特色小镇的建设面积和规划面积都有限,因此统一风貌特点,外观上凸显小镇特色,也有实现的可能性。“色”指的是小镇的外观形态较为动人和缤纷,即特色小镇要有宜人的风貌与宜居的环境。特色小镇的最终目标是要形成一个围绕特色产业,同时发展旅游,彰显地方文化,拥有一定居民的小镇生活区域,因此作为一个生活区,小镇要为当地的居民提供舒适的生活环境。作为一个风景区,小镇也要提供一个能吸引游客前来观光、休闲的环境。“小”指的是规模,与大城市的大规模建设相对,小镇的面积一般控制在 10 平方公里以内,人口控制在 3 ~ 5 万人的规模,而其虽然小,但小而美,小而专①。“镇”与“村”相对,尽管其规模有限,但是其具有与其规模相对应的城镇化的生活、生产条件。作为城镇,特色小镇所能提供的城镇服务质量与大中型城市相比不能大打折扣。

因此,特色小镇概念中最为关键的“特”字,其“特”在形态(独特的小镇风貌 + 错落的空间结构),“特”在产业(特色产业 + 旅游产业),“特”在功能(产业功能 + 文化功能 + 旅游功能 + 社区功能),特在机制(以政府为引导、以企业为主体的市场化开发运营机制)。

二、特色小镇的基本特征

首先,在规模上,特色小镇要求,其规划空间要集中连片,规划面积控制在 3 ~ 5 平方公里左右(不大于 10 平方公里),建设面积控制在 1 平方公里左右,建设面积不能超出规划面积的 50%,居住人口控制在 3 万 ~ 5 万人左右。而这仅是特色小镇的共性,很多特色小镇,尤其是旅游聚焦型、旅游 + 产业型的特色小镇,因其地形地势的结构或发展旅游特色的需要,往往面积不止 10 平方公里,甚至要远远超过 10 平方公里。

形态上,它可以是建制镇,也可以是风景区、综合体等。

其次,特色小镇是一个产业的空间载体。因此,特色小镇的建设,须与支撑其发展的特色产业的规划统筹相结合。有别于一般的用地粗放,居住、服务等功能不够完善的各类产业园区,特色小镇在产业发展方向上,更多地以新兴产业、第三产业为导向。

同时,特色小镇以居民为主体,强调的是特色产业与新型城镇化、城乡统筹的结合,是一种产业与城镇建设有机互动的发展模式,其讲求综合产业建设、社区居住和生活服务等空间上的功能,而使整体上显得协调及和谐,营造浓郁的生活氛围。

特色小镇的特征,对特色小镇在打造、建设过程中的方式、方法也提出了要求,即建设特色小镇模式的特征。一是保护耕地,集约发展。特色小镇的建设过程中,

---

① 参见盛世豪、张伟明:《特色小镇:一种产业空间组织形式》,载《浙江社会科学》2016 年第 3 期。

一方面对生态保护有一定的要求，另一方面对也需要有一定的耕地面积为小镇的居民提供第一产业的产品供给，故需要保护耕地，限制过度的开发，而在限定的区域内进行集约的产业发展。二是培育产业，构筑支撑体系。特色小镇，首先"特"在"产业"，其吸引城乡居民到小镇就业、定居，吸引外地游客到小镇观光、休闲的首要条件就是要开发出足够鲜明、足以吸引的产业，从而制造就业机会，进而吸引居民与游客，使之产生生活和生产各方面的需求，推动小镇各方面的建设。三是统筹城乡，内引外联。特色小镇虽然独特，但不独立，其设置和发展的初衷，是推动新型城镇化的开展，一方面承接城市过剩产业和人口，另一方面吸引农村人口城镇化，并带动农村的发展。因此小镇的建设需要联动城乡。四是完善基础设施，改善人居环境。小镇为发挥其生活功能，必须有完善的基础设施的支持和适合居民居住的生活环境的提供，缺乏这两大条件，小镇就很难形成吸引人群定居的基础，从而无法构成"镇"的概念。五是传承文化，展现特色风貌。特色小镇的特征可以用"产""城""人""文"四个字来形容，"产""城""人"三大特点在特色小镇建设中的落实要求在上述的第二点、第三点、第四点已经进行了简述。至于"文"，指的是特色小镇基于小镇的历史沉淀的物质元素和非物质理念与习俗，基于小镇自然景观的独特特点，通过其特色产业的打造和发展，其旅游产业的发展和宣传，其小镇风貌的规划和设计，其小镇品牌的塑造和推广而形成的地方特色精神内涵。而基于特色小镇特色文化的非物质性，其宣传与传播相较小镇的特色产品或产业产出、产业延伸而言有更快、更广的特点。因此在建设特色小镇的过程中，注重对特色小镇特色文化的传承、保护与培养，对小镇特色的宣传与推广大有裨益①。

三、特色小镇与其他相近概念的辨析

其他与"特色小镇"的特点相近的区域空间概念有"产业集群""建制镇""工业园区""经济开发区""旅游区"等，本文通过以下的图表，对这些相近或相似的概念进行区别。

特色小镇、产业集群、建制镇、工业园、经济开发区、旅游区的比较					
类别		产业结构	管理运营主体	开发建设模式	功能
特色小镇	非行政区划、面积较小	战略新兴产业、传统产业、现代农业	企业	PPP	产业、文旅、社区功能融合

① 参见青苔民宿：《特色小镇文化的重要性》，载《特色小镇运营中心》公众号。

续表

特色小镇、产业集群、建制镇、工业园、经济开发区、旅游区的比较					
类别		产业结构	管理运营主体	开发建设模式	功能
产业集群	非行政区划、面积可大可小	以工业制造为主	企业	企业主导	生产功能为主
建制镇	行政区划概念，面积较大	除功能区外的镇域范围内以服务生活的第三产业为主	政府	政府主导	生活功能为主
工业园区	单一行政区域内范围，面积可大可小	以工业制造为主	管委会	政府主导	生产功能为主
经济开发区	半行政区域概念，具有政府职能部门性质，面积较大	一般以更高新技术及其他产业为主	管委会、投资公司	政府主导	生产功能为主，兼具生活功能
旅游区	非行政区划，面积可大可小	以旅游、休闲及餐饮等相关服务业为主	旅游公司或政府	企业或政府主导	生态、生活功能

四、特色小镇的发展逻辑

（一）特色小镇的开发思路

特色小镇建设的起点在于其特色产业与旅游产业。两大产业也是特色小镇的基础生产力，是一个个特色小镇的动脉和静脉中流淌的血液。特色小镇要发展，关键就在于培养和发展这两大作为其“特色”的产业。

发展特色产业以及逐渐形成产业链，能够产生大量的就业机会。发展旅游业，加强宣传，能够产生大量的观光、休闲吸引点。而特色小镇建设过程中，两大产业发展过程中，形成的大量的就业机会与观光、休闲吸引点，也正是特色小镇产生居民、吸引游客的关键。其中，小镇居民的形成，一是小镇原先既有的居民。二是小镇吸引城市的企业入驻后，或在小镇培育形成了特色产业企业后，由相关企业的职工，为生活的方便，在当地转换为小镇居民。三是小镇发展特色产业，或带动相关行业形成工作机会后，吸引小镇附近农村的农民进镇就业。四是小镇通过发展旅游产业，形成出色的旅游风貌和体验设施及服务后，吸引一部分城市居民来小镇定居①。

① 参见中国城市中心：《城市化下一站：特色小镇崛起》，载广州乐居网，2017 年 6 月 30 日访问。

其中第二、三、四种路径形成的小镇居民，正是特色小镇的发展所带来的效应，也将成为特色小镇成功开发后，小镇居民的主要群体①。

而特色小镇汇集的居民与游客，依据其生产、生活及旅游的需要，会对特色小镇相关的基础设施、市政服务、旅游服务、环境生态等一个城镇所需要具备的多方面的元素提出要求，从而带动整个特色小镇相关硬件、软件的建设，进而构建起这样一个特色产业支撑发展、相关行业逐渐带动、路桥基础设施完善、市政服务设施完备、生活旅游配套设施齐全、生态环境质量良好、特色文化传承彰显的特色小镇。

（二）特色小镇的双产业

如前所述，特色小镇的发展是以产业发展为先导的。在特色小镇中，广义的特色产业分为两大类：一类是旅游产业，另一类是狭义的特色产业（除去旅游产业外，支撑特色小镇发展的产业类型）。狭义的特色产业主要聚焦于新兴产业和第三产业，主要的类型有：体育休闲（如金华温泉小镇）、健康养老（如宁波养生小镇）、现代时尚（如嘉兴海宁皮革时尚小镇）、精品制造（如台州路桥沃尔沃小镇）、金融产业（如杭州玉皇山南基金小镇）、信息智能（如杭州地理信息小镇）……两大产业的发展，带动小镇产生产业集聚力、旅游吸引核，由此产生的企业与居民、游客所带来的投资需求和服务需求，带动整个特色小镇的建设。因此，特色产业和旅游产业是谱成一个个特色小镇的一首首特色小曲的两大基调。

（三）特色小镇的三架构

在特色小镇双产业的基调上，撑起整首特色小曲的主调，就是特色小镇的发展架构。特色小镇的发展架构指的是特色小镇在开发后，主要建设的方面。通过这几个主要方面的建设，运营方构建起特色小镇发展的基本框架，而过程中的具体内容是在这个基本框架上的具体补充。特色小镇发展的三大架构，即发展的三个主要方面为：产业链整合架构、旅游目的地架构、城镇化架构。

产业链整合架构的搭造，是一个导入产业、培育产业、发展产业的过程。此处的产业指的是除旅游产业外的狭义上的特色产业，通过关键的特色产业的导入和培育，形成特色产业的产出效益，做出小镇的品牌，并在此基础上对围绕特色产业的相关产业进行挖掘和开发，以增强对主要特色产业的支持，最终形成一个有重点，又有层次的产业链，将特色小镇的“特色”，体现得亮而全。

旅游目的地架构的形成，是特色小镇基于其旅游产业的形成与发展，在一定区

---

① 参见汪千郡：《产城融合视角下特色小镇规划策略探讨》，载《住宅与房地产》2016 年 9 月下刊。

域内形成旅游吸引核，并由游客的需求构建起的整套旅游休闲服务体系。旅游产业的打造是特色小镇发展的另一个重要方面，其对特色小镇的推广、特色小镇。文化的传播所起到的作用不亚于其狭义的特色产业。此外，旅游产业的发展，又能够丰富特色小镇的经济结构，与其他狭义的特色产业也能形成相辅相成的效果，是其他特色产业对外展示的一个重要渠道。与此同时，开发和发展旅游产业后，游客会对小镇的基础设施，以及市政服务提出更高的要求，从而能够进一步地提高小镇的城镇化建设水平。

城镇化架构，是特色小镇作为一个城镇、一个生活服务提供区，所必要的城镇功能建设内容。特色小镇在其开发、发展的后阶段，会形成人口和企业的聚集。而特色小镇，作为一种产业与城镇建设有机互动的发展模式，其的一大特征就是“以居民为主体，具有相对应的生活服务功能”，其建设的一大要求就是“完善基础设施，改善人居环境”。因此特色小镇需要为其中的居民和企业提供城市所能提供的基础服务，只不过在程度上可以参照其城镇规模，进行相对应的调整。

（四）特色小镇的三引擎

有了两大产业的基调，在两大产业基调支撑的基础上又有主调的架构的构建，特色小镇的特色小曲谱就完成了。而将这一曲曲特色小曲奏响是让一个个特色小镇绘声绘色的关键，奏响这些小曲的乐器为特色小镇的三大引擎：产业引擎、旅游引擎、智慧化及互联网引擎。

产业引擎和旅游引擎是特色小镇的主引擎，上述已提及，特色小镇的特色产业和旅游产业是小镇的主调，是小镇开发、发展、运营的始动力。特色小镇由两大产业的发展，来带动相关附属产业的发展、人口和企业的集聚以及城镇建设的开展。

如果说特色小镇的特色产业和旅游产业是特色小镇生存、成长肌体中动脉和静脉里流淌的血液，则智慧化及互联网引擎就是使血液更加鲜活的营养元素。智慧化及互联网引擎在特色小镇的特色产业及旅游产业的发展，以及小镇城镇建设方面都发挥着十分重要，且日益重要的作用。一是互联网技术为特色小镇的产业形成和发展搭建了更为便利和高效的平台。通过互联网技术，特色小镇的相关政策和特色能够更广、更快地传递到相关产业的企业，使之受到吸引之后，产生转移的动力。同时，互联网能够为相关企业搭建一种线上汇聚、共享信息的平台，促进企业间的交流，使相关企业除了在线下的集聚外，在线上也可以时刻保持联系。此外，小镇内智慧化的硬件设施、设备，为企业的高效生产和协作提供了便利，这种优质、现代的工作条件与环境，也是吸引相关产业进入小镇的一大亮点。二是互联网为特色小镇旅游特色的宣传提供了十分便捷和广阔的渠道，使小镇的信息能够得到更为广泛、更为生动的传递，进而吸引到更大范围内的游客。同时在小镇内设置智慧化的设施和设备，有助于提升游客的旅游、休闲体验。智能化设备通过互联网在小镇内进行应用，能够在游客游览的各阶段、各方面提供细致、便捷的服务（如为游客配备相关的电子穿戴设备，内附电子地图和定位系统，以帮助游客寻找线路和相关服务设施，或进行信息提示）。也有助于小镇在旅游系统方面进行更好地管理与规划，提升服务质量，以使游客感受到小镇的特色，从而进一步提升小镇旅游产业的竞争力。在这样一个现代化的引擎驱动下，小镇的建设会变得更为高效和高质。

五、特色小镇的类型

特色小镇，根据其（广义）特色产业的类型和导向，可分为：旅游类特色小镇、历史经典类特色小镇、传统县域经济类特色小镇以及新经济类特色小镇。

（一）旅游类特色小镇

旅游类的特色小镇，是以旅游产业为其特色产业的小镇，即在该类小镇中，狭义的特色产业非其主导。该类特色小镇大多分布在上海、杭州、南京等大中型城市近远郊风景区内，以迎合大中型城市居民周末、假期观光、休闲的庞大市场的需要。该类小镇正处于传统农业向农业旅游、传统工业向工业旅游的转型期，通常拥有较为丰富的旅游资源，具有开发、建设成为旅游类特色小镇的优势和潜力。如典型的江南水乡旅游小镇——浙江嘉兴的乌镇、西塘，江苏昆山的锦溪、周庄等。

（二）历史经典类特色小镇

历史经典类的特色小镇，是以其本身第一产业的产出品的直接销售，或经过初级、中级加工，而后供销市场为特色产业的小镇。该类小镇主要分布于丽水、衢州等中小城市环境优越的近远郊。其依托当地独特的自然气候、地形条件，精心培育其第一产业，使其产出优质的农产品，并在此基础上，对出产品进行不同程度的加工，以供销市场，从而形成特色。该类小镇实现了从建制镇家庭作坊到中小城市园区的属地化发展。如以出产优质的杨梅出名的浙江温州的巽宅小镇，以优质龙井茶叶闻名的浙江杭州的龙坞茶镇等。

（三）传统县域经济类特色小镇

传统县域经济类的特色小镇，是以其原先有一定的产业基础或制作传统的手工业为其特色，并将相关企业进行集中的特色小镇。该类小镇主要分布于广州、南京、宁波等大中型城市近远郊的已建成的产业区内。该类特色小镇往往兴起于中小园区向大型工业园区转型中壮大的模具、汽车、袜业等传统块状集群。如浙江衢州的红木小镇、浙江诸暨的袜艺小镇等。

（四）新经济类特色小镇

新经济类的特色小镇，是以新兴产业、创新产业为特色产业的小镇。其大多分布于上海、北京、深圳等大都市近郊。该类小镇不过度依托区位，而植根于民企，仅需少量空间进行高端要素的集聚。如北京房山基金小镇，杭州的玉皇山南基金小镇、云栖小镇、梦想小镇等。

六、特色小镇的申报和遴选

（一）特色小镇的申报流程（省级）

1. 自愿申报

准备书面材料：（1）创建方案（区域范围、产业定位、投资主体、投资规模、建设计划）；（2）概念性规划。

2. 分批审核

（1）初审：省特色小（城）镇规划建设工作联席会议办公室提出初审意见。

（2）会议审查：省特色小（城）镇规划建设工作联席会议审查。

（3）审定公布：省政府审定后分批公布创建名单。

3. 年度考核

（1）制定省级特色小（城）镇考核细则。

（2）兑现扶持政策（考核合格）。

（3）考核结果公布：考核结果纳入目标考核体系并在省级主流媒体公布。

（4）退出机制：连续两年未完成年度目标考核任务的特色小（城）镇。

4. 考核验收

（1）制定省级特色小（城）镇创建导则。

（2）组织验收：省特色小（城）镇规划建设工作联席会议。

（3）认定为省级特色小（城）镇：通过验收。

（二）遴选的基本条件

1. 产业有优势：形成鲜明的产业形态。

2. 风貌有特色：形成和谐宜居的美丽环境；彰显特色的传统文化。

3. 发展有成效：形成一定的经济效益、社会效益和环境效益；能够提供便捷完善的设施服务。

4. 动力有保障：拥有充满活力的体制机制。

第三节　特色小镇的发展情况

一、特色小镇的发展历程

（一）特色小镇概念的发展

小镇的概念，最早的时候特指驻兵镇守的州郡中之较小者。《南齐书·柳世隆传》中提到："东下之师，久承声闻。郢州小镇，自守而已。"后来，小镇的概念逐渐衍生为县以下人口较集中而有商业活动的居民点。

而长期用于文艺界的"特色"一词，与小城镇研究挂钩始于 20 世纪 80 年代初。1983 年，费孝通先生经过对吴江的调查，形成著名的《小城镇，大问题》报告，研究吴江地区小城镇的特色，《瞭望》周刊于 1984 年以"各具特色的吴江小城镇"为题摘要刊发。20 世纪 90 年代中叶学术界开始关注小城镇特色，探讨小城镇地方特色、文化特色、民族特色、古镇特色、产业特色、空间特色等。

最初，产业界使用特色小城镇或特色小镇一词主要是旅游业，因为民族特色、地方特色、风光特色是小城镇旅游的主要吸引点。经初步查阅文献，第一次使用"特色小镇"一词的是 1996 年中共昆山市委、市政府发表的《加快新型城镇建设促进经济社会发展》一文。文中说："近年来，我们坚持因地制宜、分类指导、确定特色、各展所长的发展要求，从各镇实际出发，积极探索小城镇建设上规模、上档次、健康发展的有效途径，逐步形成了一批功能独特、风格各异的特色小镇。"

从政府工作实践来看，采用特色小城镇、特色镇、特色小镇等名词，含义都是有特色的小城镇的简称。直到浙江 2015 年的相关文件才赋予特色小镇一种独特的含义，即非镇非区的多功能创新空间。而直至 2016 年 7 月 1 日国家住房和城乡建设部、国家发改委、财政部三部委《关于开展特色小镇培育工作的通知》中也采用"特色小镇"的叫法，"特色小镇"的概念在官方文件中得以确定和统一，并在全面推广特色小镇建设的过程中明确指代。

（二）特色小镇的发展历程

1. 特色小镇的前期酝酿和探索

在"特色小镇"概念逐渐形成并更新的过程中，各地就特色小镇建设的初期探索和研究也在进行。以下为以时间为线索,各地关于特色小镇发展探索的事记。

1995 年,张大明、叶家新在《发挥乡镇资源优势建设特色小城镇》中报道湖北钟祥村镇建设。这是关于特色小城镇建设的较早的一篇报道。

2000 年,木玄在《把握机遇扬长避短发展特色小城镇:访内蒙古自治区党委书记刘明祖》一文中介绍内蒙古认真贯彻党中央关于发展小城镇的文件精神,抓住西部大开发的机遇,小城镇建设取得了显著成效。

2004 年 5 月,北京市通州区台湖镇面向世界征集规划设计方案,把台湖中心区建设成融旅游观光、绿色生态、别致景观为一体的特色小镇。从此揭开了打造节能生态特色小镇的序幕。该项工作一直延续到 2008 年奥运会之后。2016 年 8 月,通州区政府为把台湖打造成国家级新型城镇化试点区域,又与深圳招商局集团签署了"关于共同建设台湖镇项目的合作框架协议"。

2005 年 5 月 12 日,《中国房地产报》报道上海宝山区罗店镇经营现代化特色小镇,计划用 5 ~ 10 年的时间,将罗店镇基本建成功能布局合理,特色风貌独特,经济、社会和生态协调发展的体现特色小城镇风情的绿色文明都市集镇。

2005 年 9 月 27 日,云南省人民政府下发《关于加快旅游小镇开发建设的指导意见》,以各种资源和要素的有效聚集,促进小城镇建设,并通过旅游小镇的建设创新城镇建设和发展的模式,带动我省各类特色城镇的建设,推动全省城镇化的快速发展。这是较早提出当前特色小镇理念中的"以产业带动城镇建设"理念的指导意见。

2006 年 7 月,中共云南省委副书记、云南省常务副省长秦光荣接受《城乡建设》杂志专访,谈"落实科学发展观打造特色小镇",谈到特色小镇建设坚持规划先行、产业支撑、保护优先、市场运作和群众受益等原则。提到了特色小镇的部分运营理念和运作模式。

2007 年 4 月 12 日,新华网江苏频道报道江苏省昆山市淀山湖镇要建成集湖光、水乡、欧陆风情于一体,具有休闲娱乐、生态观光、现代时尚功能的新江南特色镇。

2008 年 3 月,秦光荣接受《城乡建设》记者专访,谈以旅游名镇建设为先导推进特色小镇建设。通过建设内涵丰富的各类特色小镇,逐步形成特色小镇体系。提出除旅游小镇之外,进一步建设工业小镇、农业小镇、商贸小镇、生态园林小镇、历史文化名镇。其直接地提出了特色小镇特色产业的多样性,大体勾画了特色产业的框架和类型,以及特色产业多样化的概念。

2008 年 5 月 12 日,《济南日报》报道,杜绝千镇一面,提升发展能力,济南着力打造"特色小镇"。第一批展开的商河县怀仁镇、平阴县孔村镇、长清区万德镇,正分别规划营造“商贸特色”“工业特色”“绿色城镇”，第二批展开的城镇也将结合自身环境和文化特色进行城镇建设。

2010 年 6 月，《海南国际旅游岛建设发展规划纲要》(2010 ~ 2020)发布，纲要确定规划建设 22 个特色旅游小镇，是较早的一个省级层面的特色小镇指标规划。

2011 年 5 月 5 日，云南省人民政府出台《关于加快推进特色小镇建设的意见》(云政〔2011〕101 号)提出：在“十二五”期间，争取建成一批镇区入口超过 1 万人、非农产业产售占 GDP 比重达到 50% 以上的重点特色小镇。省级重点开发建设 210 个。特色小镇分为现代农业、工业、旅游、商贸、边境口岸、生态园林六类，在旅游特色小镇的基础上形成特色小镇体系。”这是关于特色小镇建设，较为全面、细化的省级层面的规划。

2011 年 2 月 24 日，北京市农村工作会议召开，郭金龙市长强调要积极推进小城镇建设，加快培育小城镇特色产业，打造一批园区经济强镇、特色农业名镇、旅游休闲名镇、商贸物流重镇等特色小镇。2011 年 6 月，北京市发改委明确，北京市正式设立总规模 100 亿元的小城镇发展基金，引导本市 42 个重点小城镇打造成旅游休闲特色镇、科技和设施农业示范镇、商务会议特色镇、园区经济特色镇和重点产业功能区配套服务特色镇五类特色小镇。首批试点镇包括房山区长沟镇、大兴区魏善庄镇和顺义区的李遂镇。之后京郊区县涌现一批特色小镇。

2012 年 9 月，贵州省委、贵州省人民政府《关于加快推进小城镇建设的意见》提出：到 2015 年，建成 100 个交通枢纽型、旅游景观型、绿色产业型、工矿园区型、商贸集散型、移民安置型等各具特色的示范小城镇。到 2017 年，每个县(市、区、特区)建成 3 ~ 5 个特色小城镇①。

2. 特色小镇的战略成型

特色小镇，从各地早期探索中不断地积累经验和总结问题，并在官方战略思维中不断进行概念更新。而特色小镇作为一个正式的概念被统一、被广泛提及，以及中央和地方支持特色小镇建设的政策文件的密集出台，是最近几年的情况。也是在最近几年，特色小镇发展的战略布局基本成型，并开始在全国范围内推广和落实。中央层面，根据时间发展先后，以下略作关于“特色小镇”的大事记。

2013 年 12 月 10 日，在中央经济工作会议上的讲话上，习近平总书记首次提出“新常态”，以概括我国经济发展新阶段。相应地，我国城镇化也进入中后期，城市发展方式亟待转变。在这样的背景下，浙江提出的非镇非区的多功能创新空间新含义的特色小镇模式得到中央领导同志的肯定，特色小镇的培育上升为国家行动。

① 参见余池明：《特色小镇的起源和探索历程》，载《乡村与城镇建设》公众平台。

2014 年 10 月 17 日，浙江省省长李强参观“云栖小镇”，首次公开提及“特色小镇”。2015 年 4 月 22 日，浙江省政府出台《关于加快特色小镇规划建设的指导意见》，明确浙江版特色小镇规划建设的总体要求、创建程序、政策措施、组织领导等内容。

2015 年 6 月 4 日，第一批浙江省省级特色小镇创建名单正式公布，全省 10 个设区市的 37 个小镇列入首批创建名单。

2016 年 3 月 17 日发布的《十三五规划纲要》提出“加快发展中小城市和特色镇，因地制宜发展特色鲜明、产城融合、充满魅力的小城镇”。

2016 年 5 月 6 日，《国务院关于深入推进新型城镇化建设的若干意见》要求加快特色镇发展。因地制宜、突出特色、创新机制，充分发挥市场主体作用，推动小城镇发展与疏解大城市中心城区功能相结合、与特色产业发展相结合、与服务“三农”相结合。发展具有特色优势的休闲旅游、商贸物流、信息产业、先进制造、民俗文化传承、科技教育等魅力小镇。

2016 年 7 月 1 日，住房城乡建设部、国家发展改革委、财政部发布《关于开展特色小镇培育工作的通知》，提出到 2020 年，培育 1000 个左右各具特色、富有活力的休闲旅游、商贸物流、现代制造、教育科技、传统文化、美丽宜居等特色小镇，引领带动全国小城镇建设，不断提高建设水平和发展质量。

2016 年 8 月 3 日，住房城乡建设部村镇建设司发出《关于做好 2016 年特色小镇推荐工作的通知》，下达各省特色小镇推荐名额。

在三部委发文之前，已有贵州、福建和重庆出台特色小镇指导意见。三部委发文之后，又有甘肃、安徽、辽宁、河北、山东、内蒙古、天津等省、直辖市出台特色小镇政策文件，在过去本省小城镇建设的基础上推出特色小镇的升级版。其中福建、河北、山东基本上采用了浙江模式，其他省则采取了各具特色的模式。新一轮的特色小镇建设不能脱离前一阶段的特色小城镇建设基础，大多数地区还是要在既有基础上升级完善，有条件的地方也可以借鉴浙江模式开辟新的空间。

2016 年 10 月，住建部、中国农业发展银行发布《关于推进政策性金融支持小城镇建设的通知》。同月，国家发展改革委发布《关于加快美丽特色小（城）镇建设的指导意见》。

2016 年 10 月 13 日，中央财经领导小组办公室、国家发展改革委、住房城乡建设部在浙江杭州召开特色小（城）镇建设经验交流会，住房城乡建设部同期公布北京市房山区长沟镇等 127 个镇为第一批中国特色小镇。

2016 年 12 月，国家发改委等发布《关于实施“千企千镇工程”推进美丽特色小（城）镇建设的通知》。

3. 特色小镇的全面发展

中央层面就特色小镇的规划和建设提出要求,地方上各地也有相应的政策和实践跟进,或已有相关的政策、实践铺垫。其中主要的政策围绕着土地指标、资金支持、人口管理、行政管理、环保质保、监测考核等方面展开。以省级为范围,以下是部分省级行政区关于特色小镇的政策和实践的主要内容及特点。

(1)北京

《北京市"十三五"时期城乡一体化发展规划》指出,"十三五"期间,北京将统筹规划建设一批功能性特色小城镇,提高小城镇承载力,更好地对接非首都功能疏解,起到"桥头堡"作用。

"十三五"期间,作为重点小城镇的升级版,北京市将充分利用北京非首都功能疏解的重大机遇,调整重点镇规划布局,明确各类小城镇的功能定位。如平原地区的乡镇,位于京津冀协同发展的"中部核心功能区",将积极承接中心城和新城疏解的生产性服务业、医疗、教育等产业项目,打造一批大学镇、总部镇、高端产业镇;西北部山区乡镇,位于京津冀协同发展的"生态涵养区",将重点发挥生态保障、水源涵养、旅游休闲、绿色产品供给等功能,打造一批各具特色的健康养老镇、休闲度假镇;围绕重大项目建设、重点资源利用,还将统筹规划建设雪上运动小镇、世园小镇、环球影城小镇、新机场服务小镇、科技信息小镇等一批功能性特色小城镇,带动农民实现就地城镇化和增收致富。

在新型城镇化建设中,北京将着重支持农村集体经济组织和农民更多地参与农村生态环境、基础设施、公共服务等项目建设,获得更多经营收益和劳动报酬。探索盘活农民闲置住房,发展旅游养老业。结合农村集体经营性建设用地制度改革,让农民更多分享土地增值收益,增加农民财产性收益。深入推进集体产权制度改革,制定支持集体经济组织做大做强的有关政策,完善其市场主体地位,增加农民集体股权收益。探索建立绿色生态为导向的农业补贴制度,提高生态补偿标准,提高农村社会保障水平,增加农民转移性收入。力争到2020年,农民人均收入达到3万元,低收入农户人均收入达到1.5万元。

(2)天津

天津市政府办公厅发布《天津市特色小镇规划建设工作推动方案》。根据该《方案》,到2020年,天津市将创建10个市级实力小镇、20个市级特色小镇,在现代产业、民俗文化、生态旅游、商业贸易、自主创新等方面竞相展现特色,建设成一镇一韵、一镇一品、一镇一特色的实力小镇、特色小镇、花园小镇。

目前,天津各区相继启动编制特色小镇规划。武清区将打造电商小镇、台商小镇、工业创新小镇、创客小镇、欧式风情小镇、运河创意休闲小镇等"市级特色小镇”,以及自行车小镇、绢花小镇、泉州水城、津门首驿、东方马都等“区级特色小镇”。西青区中北镇打造产城融合特色小镇,大力发展新能源汽车、无人驾驶汽车。东丽区华明高新区建设制造业特色小镇,打造智能网联汽车生产基地,同时发展生物医药与医疗器械、新材料、工业科技打印等。

天津市在规划和建设特色小镇中呈现出如下特点:

①重运营、轻开发。以往的示范镇建设需要对原有镇区进行大拆大建,多以房地产开发为主。特色小镇的建设不再以简单的大规模开发为主,更多引入城市运营的理念,把文化功能作为“内核”,充分挖掘、展示地域优秀传统文化,更强调对传统文化的活化利用,形成凝聚特色小镇的新的文化氛围。

②重市场、轻行政。特色小镇具有紧凑而明确的空间范围(3平方公里左右),更强调“转型”和“创新”的含金量,它集聚的是整个产业链中一部分高端的核心环节,以及与主导产业相互关联、共存、促进的各种创新功能、服务功能、社区功能、文化功能等。

③重颜值、低成本。特色小镇在满足小镇居民产业、居住、游憩等功能基础上,更强调精细、美观而具有地域辨识性,更加强调小镇绿化景观等的塑造,实现城乡空间建设与生态文明建设相融合。

④重制度、轻蓝图。要“一镇一策”,“一类一策”,摒弃“先拿牌子、政府投资、招商引资”的传统做法,同时对特色小镇的企业全面实现电子化审批。

(3)浙江

目前,浙江省已经公布了两批79个特色小镇省级创建对象,51个省级特色小镇培育对象。特别是首批37个特色小镇,取得了4方面的成效。自2015年4月,浙江省政府出台《关于加快特色小镇规划建设的指导意见》(浙政发〔2015〕8号),至今,浙江省相继出台十多部关于特色小镇的通知或意见。

浙江的特色小镇将采用“宽进严定”的创建方式,通过“自愿申报、分批审核、年度考核、验收命名”四个程序完成“特色小镇”创建。对纳入省重点培育特色小镇创建名单的对象,对如期完成年度规划目标任务的,省里按实际使用指标的50%给予配套奖励,其中信息经济、环保、高端装备制造等产业类小镇按60%给予配套奖励,对3年内未达到规划目标任务的,加倍倒扣省奖励的用地指标。在创建期间及验收命名后,其规划空间范围内的新增财政收入上交省财政部分,前3年全额返还、后2年返还一半给当地财政。

(4)福建

2016年6月3日,福建省政府发布《福建省人民政府关于开展特色小镇规划建设的指导意见》,明确通过3~5年的培育创建,建成一批产业特色鲜明、体制机制灵活、人文气息浓厚、创业创新活力迸发、生态环境优美、多种功能融合的特色小镇。

福建省在规划和建设特色小镇中呈现出如下特点：

一是强化要素保障。优先满足特色小镇用地需求，对每个特色小镇各安排 100 亩用地指标，新增建设用地计划予以倾斜支持。

二是加大资金支持力度。对特色小镇给予债券和贴息支持，小镇范围内符合条件的项目，优先申报国家专项建设基金和相关专项资金，优先享受省级产业转型升级等相关专项资金补助或扶持政策，优先支持向政策性银行争取长期低息的融资贷款。

三是给予人才扶持。对特色小镇范围内的高端人才实行税收优惠和个税优惠政策，加大对高层次人才运营项目的担保支持。

四是鼓励改革创新。列入省级创建名单的特色小镇，优先上报国家相关改革试点；优先实施国家和省里先行先试的相关改革试点政策；允许先行先试符合法律法规要求的改革。

（5）陕西

2016 年，陕西省发出《进一步推进全省重点示范镇文化旅游名镇（街区）建设的通知》，提出通过建立动态调整机制、持续加大扶持力度、提升规划建设管理水平、切实落实扩权强镇、加强技术支持和专家指导、严格目标责任考核等 8 项措施，进一步推动全省重点示范镇、文化旅游名镇，即“两镇”建设，带动全省特色小城镇发展。

陕西省在特色小镇的相应行政管理中，持续推进简政放权，配备规划管理专职人员。两镇的主要负责人可由县级领导兼任。

另在土地和资金上，省级层面也给予支持。从 2016 年到 2020 年，省财政给予每个省级重点示范镇每年 1000 万元专项资金支持，每个省级文化旅游名镇每年 500 万元专项资金支持。同时，省上还将分批次给予每个省级重点示范镇 1000 亩、文化旅游名镇 200 亩城乡建设增减挂钩用地指标、新增建设用地指标。成效显著的地市级重点镇奖励 600 万元和 600 亩用地指标。

（6）四川

2013 年四川省委作出开展“百镇建设行动”的重大决策，每年选取 100 个基础条件好、发展潜力大、特色优势明显的小城镇，进行重点培育。目前，推出的 300 个试点示范特色小镇竞相发展，形成了“百镇示范带动、千镇蓬勃发展”的良好势头，乡土四川正加速向城镇四川迈进。

四川省在规划和建设特色小镇中呈现出如下特点：

坚持“多规合一”。四川统筹小城镇布局和功能，把小城镇建设系统纳入了新型城镇化规划体系，确保 300 个试点镇的土地、城建、产业和基础设施配套，与城镇总体规划相适应。

坚持"一镇一规"。四川众多小城镇分布于平原、河谷、丘陵、山地,发展条件参差不齐。按照宜工则工,宜旅则旅,宜商则商,宜居则居的原则,精准规划,使每个镇都有鲜明特色和发展方向。

坚持"绿色优先"。四川小城镇山、水、林生态优势突出,坚持以原有城镇自然风貌为基础,划定小城镇规划红线,创建山水相依、绿色低碳、自然和谐的宜居小城镇。

(7)贵州

贵州省委省政府提出建设100个示范小城镇的战略,建设了一批旅游小镇、白酒小镇、茶叶小镇等各具特色的小城镇。贵州省在全国率先开展以镇为单位,全面小康社会创建工作,制定了《贵州省100个示范小城镇全面小康统计监测工作实施办法》,建立了以镇为单位,全面小康统计监测指标体系,极大地促进了示范小城镇全面小康的进程。

(8)山东

2012年,山东省委、省政府确定实施"百镇建设示范行动"。出台了《山东省人民政府关于开展"百镇建设示范行动"加快推进小城镇建设和发展的意见》,在实施扩权强镇、保障发展用地、适度扩大财权、加强资金扶持、优化机构设置等七个方面制定了创新性的优惠政策。

如委托给示范镇的行政许可和审批事项,一律进入镇便民服务中心,实行"一站式服务"。再如土地方面,"十二五"期间省里每年为100个示范镇安排不少于5000亩的新增建设用地计划指标,直接单列下达。同时,资金方面省里每年安排10亿元的示范镇建设专项资金。

(9)上海

经过一段时间酝酿规划,《关于金山区加快特色小镇建设的实施意见》正式出台,计划对各镇的产业特色、文化特色、生态特色进行再挖掘和再培育,力争到"十三五"末,初步培育形成一个产业特色鲜明、体制机制灵活、人文气息浓厚、生态环境优美、多种功能叠加的特色小镇群落。

(10)江苏

2015年年底,江苏提出计划通过"十三五"的努力,打造100个左右特色小镇。2017年5月,南京市发改委农经处表示,南京将用3年时间打造一批特色小镇。除了南京已率先进行试点建设,扬州、泰州、宿迁等市也在积极探索中。

二、特色小镇的发展背景

从早期的概念萌芽、理论研究,特色小镇沿着发展脉络一步步尝试着、探索着、实践着走到现在，特色小镇继续进行建设、发展的背景已经显现轮廓。以下，笔者在特色小镇发展的必要性和可能性两个方面，对当前特色小镇为什么要发展，及特色小镇为什么能发展的问题进行分析，以此阐述特色小镇当前的发展背景。

（一）特色小镇发展的必要性

1. 政府需求

特色小镇的建设可以拉动区域整体发展、促进产业链融合，带动相关基础设施的建设。

在我国经济步入新常态的大背景下，传统的低成本劳动力密集型产业已很难大规模可持续发展，同时过去粗放式的生产模式造成的弊端和对社会环境的压力开始突显。我国经济社会发展迫切需要新的增长点，提供有效供给推进供给侧结构性改革。特色小镇就是将过剩产能和积压的大量厂房、土地、设备和劳动力等生产要素，从过剩领域流到有市场需求的领域、从低效率领域流到高效率领域，提升资源配置效率。特色小镇通过对传统资源和高端要素进行配置重组，从供给侧和需求侧双向发力，既激活了本土特色产业和文化内涵，同时提供了高端要素资源配置的空间产品，满足了人们多角度、多层次的差异性消费，搭建了有效供给和有效需求对接的平台，为我国经济社会转型增添了新的动力。

2. 当地居民需求

当地居民期待通过特色小镇的建设和发展，居民的收入水平得到提高，企业聚集作用得到体现，小城镇经济活力得以提升。

我国小城镇建设普遍存在发展相对滞后、发展动力不足、产业发展薄弱、人才流失严重等问题，但小城镇对我国推进新型城镇化建设和经济社会发展具有十分重要且不可替代的作用。特色小镇发展通过与疏解大城市中心城区功能相结合、与特色产业发展相结合、与服务“三农”相结合，将有效提升本土经济活力，发挥自身特色产业优势、文化优势、绿色优势，促进小城镇发展理念和发展模式的创新，引入充满活力的体制机制，推进现代服务经济、智慧经济、体验经济在本土生根发芽，激发内生动力，吸纳更多农村剩余劳动力在小镇就业，实现就地安置。让小镇居民享受到更好的公共服务和良好的居住环境。

发展特色小镇是改善村镇人居环境的重要推手。魅力宜居的人居环境是特色小镇的根基。特色小镇建设有助于坚持绿水青山就是金山银山的发展理念，突出与村镇绿色生态环境之间的协调统一，注重对生态人文环境的合理开发和保护利用；有助于彻底整改过去遗留的环境问题，提升全区域环保意识，加强饮用水源保护、河流治理、污染防治、污水垃圾处理等工作力度，实现对农村生态环境综合整治；

有助于加快推进村镇配套基础公共服务设施的建设,软硬结合改善村镇人居环境,“留得住乡愁”的同时为创业置业提供良好氛围。

3. 相关企业需求

以民营企业为主的中小微企业是特色小镇的特色所在,也是推动特色小镇持续发展的动力和活力。因此,必须重视建立中小微企业融资体系,为中小微企业的发展提供稳定和可靠的融资渠道。发展中小金融机构,必须打破国有大型金融机构的垄断优势,改变不利于中小金融机构生存和发展的政策限制,营造真正公平的竞争环境。

就中国建筑而言,特色小镇的热潮为中建拓展基础设施业务带来了新的机遇,可以推动实现资金分离。同时特色小镇的建设以 PPP 模式为主,建设加运营,符合企业发展方向。

(二)特色小镇发展的可能性

1. 时机莅临

随着多年来工业化的高速推进、国民经济迅速发展、城乡结构不断的调整,我国当前城镇化率已超过世界平均水平。为了向经济发展提供持续的动力,进一步促进城乡结构的优化调整,国家层面需要保持城镇化的稳健推进,继续稳步提升城镇化率。

然而伴随着我国经济形势逐渐下行,经济结构处于转型期,大城市建设趋近饱和的背景的逐渐加深,继续重点发展大中型城市的模式,已难以有效提高经济效率,反而会进一步触发更多的社会问题,对城镇化的拉升作用也渐显“瓶颈”。

当前,我国人口向大中城市集中的趋势越来越明显,小城镇建设发展总体还相当滞后。而长期以来,小城镇建设缺乏政策支持,没有发挥应有的作用。一是我国城镇人口中仅有 25% 居住在小城镇,远低于发达国家,如德国 70% 的人口居住在小城镇。二是小城镇基础设施和公共服务落后,78% 的污水、50% 的垃圾没有得到妥善处理,医疗、教育、商业等服务设施不足。要改变这种落后的面貌,必须认识到小城镇建设在我国经济进入新常态、社会发展到新形势、城市建设过渡到新阶段的特殊作用。特色小镇的发展大有空间。

特色小镇建设既是促进城乡协调发展最直接最有效的途径,也是促进人口就近就地城镇化的重要载体。小城镇建设可补齐全面建设小康社会中农村发展的短板。在很多中西部地区,城市的发展顾不上周边农村地区,但小城镇的基础设施可以延伸至农村,公共服务可以覆盖至农村,使城市、城镇的服务功能的辐射进一步扩大、加深、细化。同时,特色小镇的模式也是重点培养、培育特色产业的有效途径,特色小镇的建设有利于产业集群，形成各类产业的优势，吸引当地及周边农村地区人口就业，增强地区经济活力，提升在城市、城镇、乡村统筹结构下的经济效益，为我国城镇化的持续发展、高效发展、优质发展在“瓶颈”之际，开一方良药。

随着我国新型城镇化概念及规划方案的提出，作为重要手段的特色小镇建设处于我国城镇建设时代的风口。

2. 基础设施

经过长期工业化、城市化的高速发展，在我国大范围内已经构建起密集、完善、多样的交通道路网络。根据2016年12月29日国务院新闻办公室发表的《中国交通运输发展》白皮书的数据显示，截至2015年年底，我国高速公路里程达12.4万公里，居世界第一；我国高速铁路里程达1.9万公里，居世界第一；我国铁路营业总里程达12.1万公里，居世界第二；内河航运通航里程达12.7万公里，居世界第一；农村公路里程将近400万公里，通达99.9%的乡镇和99.8%的建制村。

当前基础设施的总体条件，为我国在下个阶段，全面开展特色小镇的建设提供了基础性的支持。高铁、公路、桥梁、航道、机场、港口等重大基础设施建成和完善，为在特色小镇产业发展过程中，实现高效物流、便捷的人才流动、对外吸引游客的实现提供了可能。长期的基建经验也为在特色小镇建设中快速、高效地完成、完善小镇内部交通及小镇与周边的交通连接提供了丰富的经验。

3. 前例参考

我国当前的特色小镇建设的灵感来自于国外的特色小镇，如瑞士的达沃斯小镇、美国的格林威治对冲基金小镇、法国的普罗旺斯小镇，产业富有特色，文化独具韵味，生态充满魅力，对我国在新型城镇化阶段，优化生产力布局颇有启迪。

从我国的实践渊源看，特色小镇的提出，源于浙江“块状经济”和区域特色产业30多年的实践。但这些创造过辉煌的“块状经济”，一度落入层次低、结构散、创新弱、品牌小的窠臼，如何变叠加为嵌入、变重量到重质、变模仿为创新，需要突破性的力量来冲击。

同时，在过往的大中型城市以及普通模式的小城镇建设过程中所产生、积累的经验和问题，也为特色小镇突破城建困境提供了针对点。

4. 政策支持

2016年7月1日，住房城乡建设部、国家发展改革委、财政部联合发出《关于开展特色小镇培育工作的通知》，提出即日起在全国范围内开展特色小城镇培育工作，到2020年争取培育1000个左右各具特色、富有活力的特色小镇，引领带动全国小城镇建设牢固树立并贯彻落实创新、协调、绿色、开放、共享的发展理念，因地制宜、突出特色，充分发挥市场主体作用，创新建设理念，转变发展方式，探索小城镇建设健康发展之路。

各地也纷纷出台政策、规划等来指导自己省(市)特色小镇的创建。从中央到地方的各类相关政策的出台和支持,无疑是为特色小镇的发展指明了方向,为其发展提供了土地、资金等多方面帮助。

第四节　特色小镇的政策环境

一、国务院级、部委级重点政策文件

(一)重点政策概述

2016年3月,全国人大十二届四次会议审议并通过了《中华人民共和国国民经济和社会发展第十三个五年规划纲要》(下称《十三五纲要》或《纲要》),其中在城镇化发展与转型部分,提到了具体的模式转变要求,为特色小镇的设计提供了框架。而后,2016年7月1日,住房城乡建设部、国家发展改革委、财政部,为落实《十三五纲要》的规划布局,联合发布了《关于开展特色小镇培育工作的通知》,这是中央层面首次针对特色小镇的建设提出了针对性的培育工作要点。之后,住建部村镇建设司根据《住房城乡建设部、国家发展改革委、财政部关于开展特色小镇培育工作的通知》,于2016年8月3日发布了《关于做好2016年特色小镇推荐工作的通知》,开始具体开展全国各地特色小镇的申报工作,全面启动了特色小镇的工程。

在《十三五纲要》这一针对国民经济发展各方各面的总规划外,在此之前,中共中央、国务院于2014年3月发布了《国家新型城镇化规划(2014~2020年)》,就针对国民经济未来发展的城镇化侧面进行了具体的规划。此后,国务院于2016年年初,又提出了《关于深入推进新型城镇化建设的若干意见》,将此前的《国家新型城镇化规划(2014~2020)》具体细化。

2016年10月8日,国家发展和改革委员会发布了《关于加快美丽特色小(城)镇建设的指导意见》,这是中央层面,首次在"特色小镇"的概念下,就新型城镇化过程中的主力军"特色小镇"的建设和发展提出指导性的意见。此后,2016年12月12日,根据《国家发展改革委关于加快美丽特色小(城)镇建设的指导意见》,发改委、国家开发银行、中国光大银行、中国企业联合会、中国企业家协会、中国城镇化促进会,联合发布了《关于实施"千企千镇工程"推进美丽特色小(城)镇建设的通知》,在总结近年来企业参与城镇建设运营行之有效的经验基础上,指导搭建小(城)镇与企业主体有效对接平台,引导社会资本参与美丽特色小(城)镇建设。

此外,2016 年 10 月 10 日,住建部联合农业发展银行的基础设施部发布了《关于推进政策性金融支持小城镇建设的通知》,为特色小镇的发展,在资金融通方面提供了政策支持。

(二)重点政策主要内容分述

1.《中华人民共和国国民经济和社会发展第十三个五年规划纲要》

《十三五纲要》是 2016～2020 年中国经济社会发展的蓝图,其涉及中国经济社会的各个领域的方方面面,对我国在下个阶段的发展,起到了高屋建瓴的作用。其中,在《纲要》的第八篇“推进新型城镇化”中,提到了未来要建立相应的机制,采取相应措施,以“加快农业转移人口市民化”,“优化城镇化布局”,“推动城乡协调发展”。而特色小镇的概念和架构以及在新型城镇化阶段所起到的功能,恰恰迎合了《十三五纲要》规划达到的效果,是落实战略布局的一种方案和机制。同时,《十三五纲要》也为特色小镇这一新型城镇化方案的宏观布局和具体展开提供了指引。

2.《关于开展特色小镇培育工作的通知》

2016 年,住房城乡建设部、国家发展改革委、财政部(以下简称“三部委”)联合发出的《关于开展特色小镇培育工作的通知》(以下简称《通知》)提出,即日起在全国范围内开展特色小镇培育工作,到 2020 年争取培育 1000 个左右各具特色、富有活力的特色小镇。

特色小镇原则上为建制镇(县城关镇除外),优先选择全国重点镇。三部委依据各省小城镇建设和特色小镇培育工作情况,逐年确定各省推荐数量。省级住房城乡建设、发展改革、财政部门按推荐数量,于每年 8 月底前把达到培育要求的镇向三部委推荐。

3.《国家新型城镇化规划(2014～2020 年)》

《国家新型城镇化规划(2014～2020 年)》在“重点发展小城镇”一节中提出要通过规划引导、市场运作,将具有特色资源、区位优势的小城镇,培育成为文化旅游、商贸物流、资源加工、交通枢纽等专业特色镇。

4.《国务院关于深入推进新型城镇化建设的若干意见》

2016 年 2 月,《国务院关于深入推进新型城镇化建设的若干意见》提出,加快特色镇发展,发展具有特色优势的休闲旅游、商贸物流、信息产业、先进制造、民俗文化传承、科技教育等魅力小镇,带动农业现代化和农民就近城镇化。

5.《关于加快美丽特色小(城)镇建设的指导意见》

2016 年 10 月,国家发改委发布《关于加快美丽特色小(城)镇建设的指导意见》,为建设完善特色小镇提供了更新更全面的指导意见。

要求各级发改部门要从分类施策、突出特色、创业创新、完善功能、提升质量、绿色引领、主体多元、城乡联动、创新机制等方面入手,加快建设美丽特色小(城)镇。

国家发改委将加强统筹协调,加大项目、资金、政策等的支持力度,及时总结推广各地典型经验,推动美丽特色小(城)镇持续健康发展。

6.《关于推进政策性金融支持小城镇建设的通知》

2016年10月,住建部、中国农业发展银行联合发布了《关于推进政策性金融支持小城镇建设的通知》。

通知指出,中国农业发展银行各分行要积极运用政府购买服务和采购、政府和社会资本合作(PPP)等融资模式,为小城镇建设提供综合性金融服务,并联合其他银行、保险公司等金融机构以银团贷款、委托贷款等方式,努力拓宽小城镇建设的融资渠道。

二、地方政府相关政策文件(概览)

(一)部分省级行政区的主要文件

1.北京市

(1)《北京市"十三五"市级重点专项规划》

(2)《北京市"十三五"时期城乡一体化发展规划》

2.天津市

(1)《天津市加快特色小镇规划建设指导意见》

(2)《天津市推动特色小镇规划建设工作机制》

3.重庆市

《重庆市人民政府办公厅关于培育发展特色小镇的指导意见》

4.福建省

(1)《福建省人民政府关于加快特色小镇规划建设的指导意见》

(2)《福建省人民政府关于开展特色小镇规划建设的指导意见》

5.山东省

(1)《山东省创建特色小镇实施方案》

(2)《山东省人民政府关于开展"百镇建设示范行动"加快推进小城镇建设和发展的意见》

6.甘肃省

《甘肃省人民政府办公厅关于推进特色小镇建设的指导意见》

7.广西壮族自治区

《广西自治区人民政府关于加快新型城镇规划建设的指导意见》

8. 贵州省

《贵州省委贵州省人民政府关于以县为单位开展同步小康创建活动的实施意见》

9. 河北省

《河北省委河北省人民政府关于建设特色小镇的指导意见》

10. 江苏省

《江苏省政府关于扎实推进城镇化促进城乡发展一体化的意见》

11. 内蒙古自治区

《内蒙古自治区人民政府办公厅关于特色小镇建设工作的指导意见》

12. 陕西省

《陕西省人民政府关于深入推进新型城镇化建设的实施意见》

13. 西藏自治区

《西藏自治区人民政府关于加快特色小镇规划建设的指导意见》

14. 海南省

《海南省百个特色产业小镇建设工作方案》

15. 云南省

《云南省人民政府关于加快新型城镇规划建设的指导意见》

16. 浙江省

(1)《浙江省人民政府关于加快特色小镇规划建设的指导意见》

(2)《浙江省人民政府关于加快特色小镇规划建设的指导意见》

(3)《浙江省科学技术厅关于发挥科技创新作用推进浙江特色小镇建设的意见》

(二)部分地级市的主要文件(列举)

1. 杭州市:《杭州市人民政府关于加快特色小镇规划建设的实施意见》

2. 宁波市:《宁波市人民政府关于加快特色小镇规划建设的实施意见》

3. 温州市:《温州市人民政府关于加快特色小镇规划建设的实施意见》

4. 绍兴市:《绍兴市人民政府关于加快特色小镇培育建设的指导意见》

5. 金华市:《金华市人民政府关于加快特色小镇规划建设工作的实施意见》

6. 台州市:《台州市人民政府关于加快特色小镇规划建设的实施意见》

7. 厦门市:《厦门市人民政府关于开展特色小镇规划建设的意见》

8. 焦作市:《焦作市人民政府办公室关于印发支持特色小镇建设八项措施的通知》

三、特色小镇发展的政策缺口

现有的政策，为特色小镇的建设指明了宏观上的方向，也在多个方面提供了对应性、落实性的支持。但是，就目前所有的政策而言，政策支持上尚存在以下几个方面较为明显的缺口。

(一)土地利用

特色小镇要启动和发展，首先需要土地来支撑开发和建设。而当前土地利用机制还有待配套的政策来进行推动和完善。

城乡建设用地增减挂钩有待规范，应有推动城镇建设用地增加与农村建设用地减少相挂钩的政策，扩大城乡建设增减挂钩的规模和范围。

同时，城镇存在着许多低效用地，应当加强对该类土地的开发、利用。

此外，土地经营权和宅基地使用权的流转机制有待完善。如应当推进农村土地确权登记办证工作，鼓励地方建立健全农村产权流转市场体系，探索农户对土地承包权、宅基地使用权、集体收益分配权的有偿退出机制等。

(二)金融支持

建设特色小镇，涉及大量的基础设施建设和相关的配套设施建设。除此之外，在特色小镇的开发过程中，产业引入、人才培养、设施维护、市政服务提供等诸多方面需要大量的资金注入和支持。而目前为止，在中央层面，仅有农业发展银行，联合住建部发布了《关于推进政策性金融支持小城镇建设的通知》，将融资方面一些较为笼统的总体要求进一步细化，而其他金融机构、地方层面并未有大的举动来落实促进特色小镇项目融资便利化。

(三)产业导入

产业是特色小镇的“特色”所在，是特色小镇的架构、引擎等各类开发、发展、运作机制中的重要内容，是特色标签发光的关键。没有形成特色产业，特色小镇的建设是失败的。而目前在政策上，少有具体关于引入产业以及培育产业发展的针对性政策，因此，特色小镇在产业导入和产业发展，以及产业链延伸的过程中缺乏宏观上的方向性和微观上的可操作性，更多的仍是采用过去产业集群、园区开发、经济开发区建设过程中使用过的模式和方法，却未有或少有针对特色小镇这个既有产业发展，又有旅游相关建设，还有城镇服务提供的项目的独特产业建设方式。

(四)人才培养

人才,尤其是专业性人才和技术性人才,是建设小镇特色产业,发展小镇旅游产业,建设小镇城镇服务系统,以及管理小镇各类建设和运作的关键。而在此方面,政策上也尚乏着力。为保障特色小镇的创新开发和高效建设,在特色小镇建设的初期,应当先从政策上发力,为小镇吸引相关专业性、技术性人才提供良好的经济、环境、发展政策。并在人才引入后、小镇建设中,不断地进行政策调整与改进,以符合人才发展、培育的需要。

第五节 特色小镇的模式分析

一、特色小镇的建设要求

特色小镇的模式是建设特色小镇的方法与途径,其具体设计需要有目标,即理想的成品状态来指引大的模式构架的方向,这就是特色小镇的建设要求。关于国家战略中对特色小镇的建设要求,可以参考《住房城乡建设部、国家发展改革委、财政部关于开展特色小镇培育工作的通知》、《国家发展改革委关于加快美丽特色小(城)镇建设的指导意见》,以及《关于实施“千企千镇”推进美丽特色小(城)镇建设的通知》。

(一)《住房城乡建设部、国家发展改革委、财政部关于开展特色小镇培育工作的通知》

1. 特色鲜明的产业形态

产业定位精准,特色鲜明,战略新兴产业、传统产业、现代农业等发展良好、前景可观。产业向做特、做精、做强发展,新兴产业成长快,传统产业改造升级效果明显,充分利用“互联网+”等新兴手段,推动产业链向研发、营销延伸。产业发展环境良好,产业、投资、人才、服务等要素集聚度较高。通过产业发展,小镇吸纳周边农村剩余劳动力就业的能力明显增强,带动农村发展效果明显。

2. 和谐宜居的美丽环境

空间布局与周边自然环境相协调,整体格局和风貌具有典型特征,路网合理,建设高度和密度适宜。居住区开放融合,提倡街坊式布局,住房舒适美观。建筑彰显传统文化和地域特色。公园绿地贴近生活、贴近工作。店铺布局有管控。镇区环境优美,干净整洁。土地利用集约节约,小镇建设与产业发展同步协调。美丽乡村建设成效突出。

3. 彰显特色的传统文化

传统文化得到充分挖掘、整理、记录,历史文化遗存得到良好保护和利用,非物质文化遗产活态传承。形成独特的文化标识,与产业融合发展。优秀传统文化在经济发展和社会管理中得到充分弘扬。公共文化传播方式方法丰富有效。居民思想道德和文化素质较高。

4. 便捷完善的设施服务

基础设施完善,自来水符合卫生标准,生活污水全面收集并达标排放,垃圾无害化处理,道路交通停车设施完善便捷,绿化覆盖率较高,防洪、排涝、消防等各类防灾设施符合标准。公共服务设施完善、服务质量较高,教育、医疗、文化、商业等服务覆盖农村地区。

5. 充满活力的体制机制

发展理念有创新,经济发展模式有创新。规划建设管理有创新,鼓励多规协调,建设规划与土地利用规划合一,社会管理服务有创新。省、市、县支持政策有创新。镇村融合发展有创新。体制机制建设促进小镇健康发展,激发内生动力。

(二)《国家发展改革委关于加快美丽特色小(城)镇建设的指导意见》

1. 坚持创新探索

创新美丽特色小(城)镇的思路、方法、机制,着力培育供给侧小镇经济,防止"新瓶装旧酒""穿新鞋走老路",努力走出一条特色鲜明、产城融合、惠及群众的新型小城镇之路。

2. 坚持因地制宜

从各地实际出发,遵循客观规律,挖掘特色优势,体现区域差异性,提倡形态多样性,彰显小(城)镇独特魅力,防止照搬照抄、"东施效颦"、一哄而上。

3. 坚持产业建镇

根据区域要素禀赋和比较优势,挖掘本地最有基础、最具潜力、最能成长的特色产业,做精做强主导特色产业,打造具有持续竞争力和可持续发展特征的独特产业生态,防止千镇一面。

4. 坚持以人为本

围绕人的城镇化,统筹生产、生活、生态空间布局,完善城镇功能,补齐城镇基础设施、公共服务、生态环境短板,打造宜居宜业环境,提高人民群众获得感和幸福感,防止形象工程。

5. 坚持市场主导

按照政府引导、企业主体、市场化运作的要求，创新建设模式、管理方式和服务手段，提高多元化主体共同推动美丽特色小（城）镇发展的积极性。发挥好政府制定规划政策、提供公共服务等作用，防止大包大揽。

（三）《关于实施“千企千镇”推进美丽特色小（城）镇建设的通知》

1. 聚焦重点领域

围绕产业发展和城镇功能提升两个重点，深化镇企合作。引导企业从区域要素禀赋和比较优势出发，培育壮大休闲旅游、商贸物流、信息产业、智能制造、科技教育、民俗文化传承等特色优势主导产业，扩大就业，集聚人口。推动“产、城、人、文”融合发展，完善基础设施，扩大公共服务，挖掘文化内涵，促进绿色发展，打造宜居宜业的环境，提高人民群众获得感和幸福感。

2. 建立信息服务平台

运用云计算、大数据等信息技术手段，建设“千企千镇服务网”，开发企业产业转移及转型升级数据库和全国特色小（城）镇数据库，为推动企业等社会资本与特色小（城）镇对接提供基础支撑。

3. 搭建镇企合作平台

定期举办“中国特色小（城）镇发展论坛”，召开多形式的特色小（城）镇建设交流研讨会、项目推介会等，加强企业等社会资本和特色小（城）镇的沟通合作与互动交流。

4. 镇企结对树品牌

依托信息服务平台和镇企合作平台，企业根据自身经营方向，优选最佳合作城镇，城镇发挥资源优势，吸引企业落户，实现供需对接、双向选择，共同打造镇企合作品牌。

5. 推广典型经验

每年推出一批企业等社会资本与特色小（城）镇成功合作的典型案例，总结提炼可复制、可推广的经验，供各地区参考借鉴。

二、特色小镇的开发架构

（一）整体开发架构

特色小镇的整体开发架构，是以特色产业引擎与旅游吸引核为中心，依托核心产业园区与休闲聚集区，形成产业延伸环、居住发展带与社区配套网的综合架构。特色小镇的开发架构是特色小镇的培育启动思路和逻辑，是特色小镇实现从无到有的初始过程。其紧紧抓住特色产业和旅游产业这两大使特色小镇发动的关键引擎,围绕这两大产业,对特色小镇的开发作整体的架构搭建①。

(二)特色产业引擎

特色产业引擎是形成产业人口的关键。结合当地的自然、人文资源和发展历史沿革与习俗,因地制宜,培育和发展起当地的特色产业(一般以新兴产业或传统的经典产业为主)。以特色产业的培育与发展,来吸引特色产业相关企业及相关产业的企业入驻,进而一方面通过直接吸引或提供就业机会来带动就业人员在小镇的聚集,另一方面以企业和产业生产的需要带动小镇基础设施建设。

(三)旅游吸引核

旅游吸引核是吸引外来消费人口的关键。以一个或多个核心旅游休闲项目(观光景区、主题乐园、特色街区、温泉养生中心等)形成旅游吸引核,并以此为主,结合当地的自然、人文景观,形成旅游景区,对外产生旅游休闲吸引力,形成并发展旅游产业。

(四)核心产业园区

核心产业园区是特色产业核心部分的聚集区。核心产业园区是特色小镇的特色精华所在之处,其是特色小镇的特色产业的集中研发、培育,生产相关产品,并进行产业链的拓展,将特色产业的生产力转化为经济效益的核心区域,是城镇特色产业的集中体现。

(五)休闲聚集区

休闲聚集区是消费产业的聚集区域。特色小镇的特色产业的发展、衍生,带来了相应的产业消费产品与服务,同时,小镇旅游产业的发展也汇聚了大量游客,围绕旅游吸引核,产生众多旅游休闲消费需求,自然也形成了相应的企业来满足游客的需求。在此过程中聚集起了各种休闲消费业态,休闲聚集区主要功能是留住消费群体,并扩大其消费面。进而带动小镇的特色产业与旅游产业进一步发力,提升研发、生产及服务质量,促进产业的进一步发展,也推动小镇相应的产业、设施等综合服务质量的提升。

---

① 参见白小虎、陈海盛、王松:《特色小镇与生产力空间布局》,载《中共浙江省委党校学报》2016年第5期。

(六)产业延伸环

产业延伸环是构建城镇化发展的主体。围绕小镇的特色产业及旅游产业,产业延伸的一系列项目逐渐形成,这一系列与特色产业及旅游产业紧密相关的延伸产业,往往会环绕在中心区之外,形成环绕式集聚,呈现辐射或组团状分布①。

(七)居住发展带

居住发展带是获取土地开发收益的重点。包括原有城镇居民的居住区,相关特色产业引入、发展而带入的企业员工的居住区,以及产业发展产生就业机会、旅游业发展形成休闲养生条件、城镇化服务产生吸引核,而吸引周边农村、城市地区的人口进行转移就业、休闲,产生居住需求,进而形成的居住区。

(八)社区配套网

社区配套网是特色小镇必须具备的城镇化支撑功能,是服务于居民生活及旅游产业的金融、医疗、教育、商业等产域一体化的公共政策,也是特色小镇之所以成小镇的软件条件。

三、特色产业项目开发架构

特色小镇整体开发架构中最为关键和核心的是特色产业引擎和旅游吸引核。特色产业项目的开发和培育关系到特色小镇能否做出特色这个关键性的问题。特色产业项目的开发具体落地架构主要分为产业开发与事业导入两个方面。

产业开发包括:产业本身(科技产业园、产业孵化园、双创中心、创想园)、产业应用(应用示范园等)和产业服务(产业+贸易、产业+会议、产业+康养、产业+运动、产业+休闲娱乐等)。

产业本身是产业开发的主体,也是产业开发架构的主体,其是产业培育本身的直接形态,产业培育与发展的关键就是通过引入产业或研究产业,形成一定园区范围内的特色产业集聚。而产业应用与产业服务是围绕产业本身的一种拓展,它们是以产业本身为基础的。产业应用是将产业本身开发的产品与技术应用到其他相关产业中,是实现产业价值的直接体现。产业服务是产业本身经过开发和生产后,在产业应用的基础上,提供更高质量、更广领域的服务,是产业链进一步延伸的关

---

① 张锦涛:《特色小镇的开发架构、投融资模式落地方案总结》,载《特色小镇运营中心》公众号。

键一环，也是推动产业进一步发展、推动产业升级转型的契机所伏的土壤①。

事业导入主要分为：科（产业科研基地）、教（教育培训园区）、文（产业博物馆）和其他（如康复疗养医院）等。

事业的导入是为特色小镇的特色产业提供辅助作用的重要补充。一方面，在技术研发上的教育和交流，有利于促进产业领域的理论和相关技术的进步，有助于产业研发的推进及产品服务的升级；另一方面，大量的与特色产业相关的交流活动的开展，有助于提升小镇的知名度，推广小镇的特色产业品牌，进而促进产业集聚与发展。

四、旅游产业项目开发架构

特色小镇的旅游产业项目以"旅游吸引核 + 休闲聚集 + 商街 + 居住"为开发架构模式。

在整个旅游产业项目开发架构中，最为关键的就是旅游吸引核。旅游吸引核是指特色小镇基于其已形成的自然景观、风貌及人文景观、风俗，经过旅游资源的挖掘、整合和有效利用，将旅游资源与元素引入旅游产业框架，并提供相应的旅游体验服务与设施，形成较为完整的旅游产业体系，从而在旅游资源（人文资源、自然资源）、旅游服务等多方面打造出的旅游吸引点。旅游吸引核具体包括：特色项目吸引核（包括主题乐园、景区等）、风貌吸引核（包括古镇、艺术、创意等）、广场吸引核（包括激光水秀、篝火晚会等）、餐饮吸引等。

休闲聚集是指在特色小镇旅游产业开发、发展过程中，伴随诸多旅游吸引核兴起、发展起来的一系列对应的配套休闲设施，如餐饮聚集、酒吧与夜间聚集、创意客栈聚集等。

商街是指基于特色小镇的核心旅游资源（自然资源、人文资源）和特色小镇突出的特色文化，以及旅游休闲的配套需求而形成的各类商业店铺的聚集区域。如创意工坊街区（如百工坊、百艺坊等）、娱乐游乐街区（演艺、洗浴、养疗等）、休闲街区与商业地产。

居住是指围绕特色小镇旅游产业的特色资源、特色文化，以及居住需求而形成的别具主题或风貌的居住区域。包括：就业居民与本地居民的第一居所、大城市与周末居住的第二居所、养老与度假居住的第三居所等。

五、特色小镇的开发模式

作为一个新建项目的特色小镇的整体开发，涉及规划、立项、建设、生产、运营等

---

① 参见郑大卫：《园区开发和特色小镇PPP融资实务和案例》，载《特色小镇研究院》公众号。

流程及其中相关内容(包括但不限于项目设计、土地征迁与整理及基础设施建设、公共服务设施建设及公共配套服务设施、住宅及产业物业开发、招商服务、商业运营服务),存量的特色小镇项目还涉及项目移交。

在此过程中,PPP模式下的特色小镇项目的运作模式可根据社会资本所负责的项目内容进行划分。

(1)将整个特色小镇的开发、建设、运营进行打包全部交由某一个社会资本或联合体进行开发,由该社会资本负责特色小镇全部的项目设计、土地征迁与整理、基础设施建设、公共服务设施建设、公共配套设施建设、住宅及产业物业开发,招商服务、商业运营服务等。

(2)根据特色小镇的开发建设内容和经营性的强弱,对开发建设项目进行分类,将土地征迁与整理和基础设施建设交由一级开发社会资本开发,将公共服务设施交由公共服务供应商建设并运营,将住宅及产业物业交由房地产商进行开发并运营,教育和医疗等公共配套服务由政府选择专业的服务商提供或由政府自己提供。政府负责特色小镇的整体规划设计、概念设计,在项目建成后统一进行产业和服务招商。

(3)社会资本仅仅负责特色小镇的土地征迁与整理和基础设施建设等非经营性项目开发,政府负责特色小镇的整体规划设计、概念设计,公共服务设施由政府自己建设和运营或另行委托社会资本运营,住宅及物业产业开发由政府方按传统房地产开发模式进行开发,教育和医疗等配套公共服务由政府方提供。

六、特色小镇的发展架构

特色小镇开发之后,在其具体的建设与发展过程中,有几个关键的侧面。做好这几个侧面的工作,在这几个侧面逐步搭建起、完善好架子,是特色小镇进一步添砖加瓦的基本框架。这几个侧面就是特色小镇发展的架构,即特色小镇建设过程中的重点内容。主要架构有:泛产业聚集结构、泛旅游产业聚集结构、旅游目的地架构、新型城镇化架构、智慧化与互联网引擎①。

(一)泛产业聚集结构

泛产业聚集结构,是特色小镇的特色产业建设方面的发展框架。特色小镇聚集自身优势的特色产业,以特色产业为引擎,延伸产业链,形成“产业本身+产业应

① 参见闵学勤:《精准治理视角下的特色小镇及其创建路径》,载《同济大学学报》(社会科学版)2016年第27卷第5期。

用+产业服务”的相关产业机构的集聚。

(二)泛旅游产业聚集结构

泛旅游产业聚集结构,是特色小镇的旅游产业建设方面的一大发展框架。特色小镇以特色产业为基础,以旅游为引擎,以旅游十二要素(吃、住、行、游、购、娱、商、养、学、闲、情、奇)为内容,打造泛旅游产业集群结构,侧重于旅游产业及相关附属产业的开发和聚集,形成经济效益。

(三)旅游目的地架构

旅游目的地架构,是特色小镇的旅游产业建设方面的另一大发展框架。与泛旅游产业聚集结构不同,旅游目的地架构的重点在于对小镇环境质量及服务水平的提升。特色小镇不完全是旅游产业单一发展的区域,但又必须有旅游产业的发展。而每个特色小镇都是一个以3A级景区为主导的旅游目的地(旅游类特色小镇需达到5A级风景区的标准),这是对特色小镇环境风貌的要求。

(四)新型城镇化架构

新型城镇化架构,是特色小镇在城镇基础设施建设和城镇服务提供方面的发展框架。伴随着特色产业和旅游产业的开发与发展,就业、居住及游览人口逐渐在小镇集聚,居民和游客对特色小镇的硬件设施及软件服务的需求迅速增加,对其设施及服务的质量与水平也提出了越来越高的要求,这也带来城市居住及配套服务的发展,进而形成城镇化架构。

(五)智慧化与互联网引擎

智慧化与互联网引擎,是特色小镇现代化建设的一个重要发展框架,它对特色小镇的特色产业的发展,旅游产业的发展,特色小镇的打造、服务的提供以及管理与运营起着十分重要的辅助作用。随着智慧化与互联网的应用在小镇的生产、生活各方面的不断推进,特色小镇的特色产业能够更为高效地发展,小镇的管理与运营也能高效地进行。而在旅游产业,以通信和信息技术为支撑,以游客互动体验为本,以便捷优化管理为保障的智慧化旅游,可促进产业结构的升级。

七、特色小镇的运作模式

在开发、发展的基础上,如何使特色小镇高效、高质地运作起来成为关键,这也是决定一个特色小镇的产业建设、城镇建设、文化传承等多个方面成败与否的关键。因此,特色小镇的运作模式在小镇的发展过程中起到思路引领、环节助推、功能发挥的重要作用。

特色小镇的运作模式具体分为:特色小镇的商业模式、特色小镇的投融资模式和特色小镇的运营模式。

(一)特色小镇的商业模式

特色小镇的商业模式是建设小镇、开发小镇的目标指引,及其之下的宏观思路规划。其是特色小镇盈利的流程,是一个阶段的成本投入的回收和对下个阶段进行投资的开始。其作为特色小镇投资、建设的回报机制,成为了特色小镇投融资环节之前的重要利益考量。

特色小镇的商业模式根据开发顺序,主要包括的内容有:土地一级开发、二级房产开发、产业项目开发、产业链整合开发、城镇建设开发。

土地一级开发:相关企业既可仅做一级土地的开发,在特色小镇的相关建设部分完成、产业发展一定程度后,因土地价值的上升而直接进行获利,也可在进行一级土地开发的同时,通过其他模式(如补贴方案),享受多渠道的收益。

二级房产开发:特色小镇在土地进行开发后,特色产业带来就业居民人口,旅游产业带来游客人口。此时,小镇人员的居住需求势必会吸引进行相关房产的开发,具体包括:一居所地产、二居所地产(周末)、三居所地产(度假)、养老地产、商铺地产、客栈公寓地产。获得房产开发、销售后产生的收益,或获得因小镇建设的开展,而带来的房产价值上升的利益。

产业项目开发:特色小镇的发展是围绕着其特色产业和旅游产业的发展而进行的,因此在小镇的建设过程中,对小镇的特色产业(科教文卫等产业导入及产业园开发)与旅游产业项目(主题公园、休闲商街、夜间休闲表演)的投资所带来的收益产出,也是获取盈利的一大渠道。

产业链整合开发:在两大产业发展的基础上,形成两大产业链(泛旅游产业链和特色产业链),两大产业链互相支撑,构建区域产业生态圈(金融、教育、居住人群、城市化机构和政府政策等),进而创造出更多的投资项目。这是产业项目开发的商业模式的进一步延伸和发展。

城镇建设开发:在特色小镇建设的过程中,尤其是建设的中后期,小镇人口逐渐聚集到一定规模时,对小镇的城镇服务需要会达到一定水平,进而小镇服务的相关设施(如基本服务:公共交通服务、社会服务;城市管理:城市智能化管理、政府政策等;城市配套:银行、学校、医院等)的投资与建设将迎来机遇和盈利空间①。

(二)特色小镇的投融资模式

1. 特色小镇的具体项目的一般资金来源

特色小镇的项目包括商业开发项目和政府购买服务项目。

商业开发项目具体包括:商业化旅游项目、特色产业项目和产业链整合项目、商业房地产项目。该类项目由社会资本进行投资。

而政府购买服务包括:特色小镇土地储备项目(土地征收和拆迁安置项目、土地开发及相关基础设施项目)、特色小镇 PPP 项目(公共设施建设项目、特色小镇规划项目、旅游基础设施建设运营项目、公共设施运营与服务项目、产业招商和企业发展服务项目等)。其中,特色小镇土地储备项目由政府性基金支出,而特色小镇 PPP 项目由一般公共预算支出。

特色小镇的融资模式有多样化的选择,其中包括:银行抵押贷款、资产证券化、产业基金、发行企业债券等融资模式。

(1)银行抵押贷款:该方式筹资金额有限、对抵押资产条件要求较高,不能满足特色小镇建设的全部资金需求。

(2)资产证券化:在项目运营期,也可以通过资产证券化手段为后续社会资本和产业基金的退出提供退出路径,从而增强特色小镇项目对社会资本和产业基金的吸引力。

(3)产业基金:产业基金既可以是债权融资也可以是股权融资,如果是股权融资,则可以大大提高项目公司的财务稳定性,也为项目公司通过其他债权方式融资预留了空间。

(4)发行企业债券:发行企业债券对企业实力、信誉要求较高,必要时需通过各种手段对所发行的债券进行信用增级。如果发行的债券要上市交易,则还需满足上市交易的条件。

特色小镇在项目的融资过程中,应综合运用上述融资方法及其他融资手段进行项目融资,达到满足项目建设资金需求、保障财务结构稳定的目标,从而保证特色小镇建设的顺利进行。

---

① 参见林峰:《特色小镇投资开发模式设计——特色小镇全程解决方案的基础》,载《特色小镇运营中心》公众号。

2. 特色小镇的 PPP 模式

(1)概述

随着特色小镇培育由申报逐渐进入实施阶段,必然会产生巨大投资需求问题,即特色小镇建设强调的是产业、文化、宜居、环境等各种要素的整合,而当地政府往往缺乏这样的运作能力。因此,才需要引入社会资本,引入专业的城市投资建设运营商,通过 PPP 模式,通过专业化的手段摆脱当地人才、资金、能力不足这种瓶颈来进行优质资源的整合,促进当地的跨越式发展。

PPP 是 Public Private Partnership 的缩写,即政府和社会资本合作模式,强调的是政府和社会资本合作,双方建立利益共享、风险共担的合作伙伴关系。

就在住建部公布首批特色小镇名单的当天,10 月 14 日,住建部、中国农业发展银行联合发布了《关于推进政策性金融支持小城镇建设的通知》。通知指出,中国农业发展银行各分行要积极运用政府购买服务和采购、政府和社会资本合作(PPP)等融资模式,为小城镇建设提供综合性金融服务,并联合其他银行、保险公司等金融机构以银团贷款、委托贷款等方式,努力拓宽小城镇建设的融资渠道①。

(2)特色小镇 PPP 项目的合作主体

特色小镇 PPP 项目共有四类合作主体:获得政府授权的下属机构或下属公司,各类投资主体(特殊之处在于可能会包含各类镇村集体经济、合作经济组织)、金融机构或其他投资人,咨询设计、工程施工、招商运营等产业服务机构等,合作成立 PPP 项目公司作为实施主体。

(3)特色小镇 PPP 项目的基本模式

政府方(政府及国有投资公司)通过部分投资的杠杆作用,撬动社会资本(企业、基金、其他投资机构)投入特色小镇项目。由政府方和社会资本方共同出资,设立特色小镇 PPP 项目公司。

在此过程中,政府方与 PPP 项目公司根据各方需要,签订购买服务的 PPP 合同,明确特色小镇内部哪些部分由社会资本来负责建设和运营,明确各方权利、义务、风险承担及收益分配方式与补贴方式。同时,政府或者其下属机构或公司,将该特色小镇项目的特许经营权移交给 PPP 项目公司,政府财政部门向项目公司提供专项资金补贴。

PPP 项目公司根据项目启动和建设资金所需,向金融机构(商业银行、投资银行、信托银行)进行融资,并由担保机构提供担保。此后,PPP 项目公司将资金投入

---

① 参见房地产 O2O 研究院:《PPP 模式下的"特色小镇"》,载《特色小镇运营中心》公众号。

项目,并与相应的咨询服务机构、工程施工单位、运营服务机构签订服务购买合同,或由后者进行直接投资或组建联合体共同开发[①]。

在一切具备之后,项目公司开始特色小镇的开发、建设、运营:土地管理、基础设施建设、公共设施建设、物业项目开发、特许经营服务、特色产业项目、产业发展服务、旅游休闲项目、服务保障设施、其他综合服务等。

待项目产生收益后,项目公司向金融机构进行还款,并将剩余收益按照之前的合同的具体规定,向各方分配[②]。

(4)特色小镇 PPP 项目的两类参与收益

特色小镇 PPP 项目运营过程中,项目公司的参与收益来源于:开发建设成本补偿,特许经营收益。此两项收入之和会使各参与者有一定的利润收入,但成本补偿可能不能完全覆盖各参与者的投入,不足部分需要特许经营收益补足。PPP 对于价格管理的基本的要求是:定价应基于成本,并进行适度价格管制,既保证项目运行及社会资本的合理收益,又不损及公共利益,同时要建立对收益进行补贴、调整或约束的条款。

而对政府来说,其偿付各参与者的成本和利润的主要来源为:土地出让收入、税收收入、非税收入、专项资金。

特色小镇的 PPP 项目及特色小镇 PPP 项目中的相关运作模式,后文展开详细叙述。

(三)特色小镇的运营模式

特色小镇的运营是以企业为主体的,而政府负责小镇的定位、规划、基础设施和审批服务,以及引进社会资本建设特色小镇。

运营模式的设计,涉及各类主体在小镇建设过程中地位的明确和职责的划分。政府起引导作用,负责顶层设计。其进行产业培养、创造制度环境、建设基础设施、提供公共服务、加强社会治理等;市场起运作作用,即通过市场资源的配置,在小镇的建设过程中起决定性的运作、发展作用;企业是小镇建设的主体,其寻找市场机会进行资源整合以发挥自身优势;社会公众起参与作用,在小镇的建设过程中,共同参与、实施监督[③]。

---

① 参见北京创新谷:《特色小镇 PPP 模式的运用及最新政策文件》,载《特色小镇运营中心》公众号。

② 参见丁伯康、郝中中:《PPP 模式在特色小镇建设中的运用研究》,载《现代 PPP 智库》公众号。

③ 参见北京绿维创景设计有限公司:《特色小镇的运营及 IP 资源导入》,载《特色小镇运营中心》公众号。

这样,通过政府、市场、企业、公众的主体地位和职责的划分,为特色小镇的高效、高质的运营构建起合理的运营模式。

八、特色小镇的规划

(一)特色小镇规划的主要内容及体系

特色小镇规划不是简单的小城镇规划,特色小镇规划也不能单一的照搬城市规划,而是以特色为导向的各种元素高度关联的综合性规划,应注重特色小镇的建设性和可实施性。这是特色小镇规划的主要内容。

而特色小镇规划的体系主要由"一个定位策划""五个要求""两个提升""一个空间优化落地"四个层次组成。

"一个定位策划",即要求特色小镇在进行规划之时,首先需要明确其"特色",其最终所要形成的小镇特色导向。而这个定位是小镇发展战略上各类规划的源头,各类规划的形成和完善需紧紧围绕这个定位,以实现其目标指向。其先导性地决定了小镇具体开发、发展过程中的规划布局与落实安排。

"五个要求"指的是产业、宜居、文化、设施服务、体制机制五个方面的专项规划和实施方案。这五个要求是小镇建设的五个主要方面,也是在定位策划下,小镇开发、发展思路与具体项目的基本的方向性延展。

"两个提升"是指旅游和智慧体系两个提升规划,建设系统提升。这是特色小镇在其定位始发后,沿着基本方面建设过程中,不断推动的引擎所在,其为小镇建设所提供的促进性作用前文已述。

"一个空间优化落地"则是指最终通过一个空间优化落地规划落实所有规划设想,并明确实施步骤。这是特色小镇建设的经验循环和规划协调,是特色小镇建设的良性节奏的体现。

(二)特色小镇规划的重点

1. 特色导向

作为立镇之本的产业规划要找准自身的特色,要为自身发展提供充足的背景支撑。文化是特色小镇发展之源,其规划要注重挖掘文化魅力,围绕文化内容深入挖掘。特色小镇一般生态环境优美,其旅游规划要注重挖掘、整合小镇的自然特色与人文资源。

2. 多元融合

提高产业竞争力,注重高端产业、新兴产业与传统产业的融合发展,以产业、项目规划,引导特色小镇空间规划的功能组织与布局。以文化特色、生态资源为导向,在空间、风貌、项目、活动、环境等方面进行落实。规划内容不是简单的叠加，而是高度融合。

（三）特色小镇的规划方法

1. 多规合一

从内容上看，除了常规的空间规划内容，还包括产业规划、社区规划、旅游规划、交通规划等，同时需突出生态、文化等功能。特色小镇规划必须坚持多规融合，突出规划的前瞻性和协调性。

2. 重点突出

特色小镇规划的重点应在详细规划和城市设计上，确保规划的综合性和实用性。

3. 项目落地

建设项目落地是衡量特色小镇规划可操作性的重要内容，也是规划成败与否的关键性要素之一。

4. 远近结合

近远结合是评价特色小镇规划可实施性的重要标准。以往的小城镇规划重视规划期末终极蓝图的编制，而忽视近期建设规划的安排。

九、特色小镇的发展评估体系

特色小镇在建设、运营的过程中，评估评价发展的情况是关键的一环。在特定的评估架构下，对特定的指标参数进行分析和评价，发现小镇在建设、运营过程中发挥的优势及存在的问题，有利于指导小镇进一步地发展。

（一）发展水平评估的框架构建

特色小镇的发展水平评估的框架，由横向的参数和纵向的参数交叉构成类似坐标系的评估参数分布表（参见下图）。

	创新	协调	绿色	开放	共享
产业“特而强”	产业创新驱动	产业链接发展	绿色低碳产业	发展开放经济	生产效率提高
功能“聚而合”	创新产业功能	主体功能协调	生态安全格局	强化结构调整	公共服务均等
形态“精而美”	营造特色景观	城镇风景协调	建设美丽新城	优化投资环境	城乡差距减小
制度“活而新”	体制机制创新	促进要素流动	环境治理制度	外商管理体制	收益共享机制

纵向上的参数是四大维度的方向性要求。即：产业维度上的“特而强”、功能维度上的“聚而合”、形态维度上的“精而美”、制度维度上的“活而美”。纵向上的维

度,是从小镇建设的四大方面的最终宏观目标层面,评价小镇建设在相应维度上的各方面的实现程度。

横向上的参数是特色小镇发展过程中的五项特色发展指标。即:创新、协调、绿色、开放、共享。横向上的指标是从小镇建设的各个方面,评价特色小镇战略上“特色”的各个侧面的实现情况。

而纵向上四大维度和横向上五项指标的交叉、整合,形成了类似坐标系的一个多维、多向、多类的,细化的评估架构。其每交叉的一个点即构成了特色小镇建设一个维度上的一项指标实现的目标,而特色小镇发展水平的评估,正是在于各方向上的特色目标的达成的程度,或说发展绩效指标的高低。

(二)发展水平评估的指标结构

若将特色小镇发展评估的框架进行一个完整的拉伸,拉伸为一个完整的不同层次的发展水平评估指标结构,特色小镇发展评估的框架,即发展绩效指标,仅处于整个评估指标结构的中观层次①。

而最为宏观、上层的评估指标是关于特色小镇最为概括、基本但又零碎的,或稍经整理的基本信息指标,其反应给调研者的更多的是一种关于小镇发展的大体的、笼统的数据印象。宏观的特色小镇基本信息指标的优点在于统计数据便捷、高效,反映小镇的发展情况直观,能反映小镇发展的综合水平。而其缺点在于反映特色小镇的发展水平不够全面,不够细致和深入,也无法对小镇的特色产业或特色建设架构中的发展进行有效评价。

而中观的发展绩效指标,是对特色小镇发展水平进行较为全面而细致的分析,评价特色小镇在四个维度的建设中,各维度下五项指标的达成情况。中观的发展绩效指标的优点在于反映小镇各方面的发展水平较为全面和具体。而其缺点在于其无法反映出特色小镇整体的发展概况,也难以通过中观的发展绩效指标较为具体地反映出具体特色产业的发展情况。在特色小镇与其他同类产业的特色小镇进行产业发展对比时,难以就相同或相近产业的发展细节进行区分,不利于深入地研究。

深入特色小镇的特色产业的发展水平的评估时,在整个指标结构中起作用的是微观层面的特色水平指标。特色水平指标是根据各类特色小镇的特色产业不同类型的划分,分别确定各特色产业相应的评价指标。其优点在于可以深入特色产

① 参见吴一洲、陈前虎、郑晓红:《特色小镇发展水平指标体系与评估方法》,载《规划师》2016 年第 7 期第 32 卷。

业层次，对小镇特色产业的发展进行全面、深入的评估。而其缺点就在于过于深入与微观，不能对特色小镇其他方面的发展进行概括或深入而全面的评估。

通过宏观、中观、微观的发展水平指标的组建，特色小镇发展水平评估的指标结构合理成型，根据不同程度的评估需要和评估条件，选取相应的、适合的评估层次。

（三）发展水平评估的体系构建

在整个发展水平评估体系下，具体到各个评估层次，不同评估层次包含了相应的指标。如下图表进行概括。

1. 基本信息指标

	统计信息	单位	数据获取途径
特色小镇基本信息	特色产业定位	—	申报材料与基础资料
	特色小镇主管单位	—	申报材料与基础资料
	建设运营主体	—	统计数据
	特色小镇客厅建设情况	—	统计数据
	规划面积	Km^2	申报材料与基础资料
	规划建设用地	亩	申报材料与基础资料
	固定资产投资计划	亿元	申报材料与基础资料
	实现税收计划	亿元	申报材料与基础资料
	旅游接待总人数计划	万人次	申报材料与基础资料
	下放补助计划总量	万元	申报材料与基础资料
	小微企业引进计划总量	个	申报材料与基础资料
	税收总额	万元	统计数据
	税收占本县（市、区）税收的比例	%	统计数据

2. 发展绩效指标

准则层	指标层	单位	极性	数据获取途径
产业维度	特色产业服务业营业收入 占小镇服务业营业收入的比例	%	+	企业报表与统计数据
	特色产业工业总产值 占小镇工业总产值的比例	%	+	企业报表与统计数据
	全部从业人员期末数	万人	+	统计数据

续表

准则层	指标层	单位	极性	数据获取途径
	高新技术企业数占全部企业的比重	%	+	企业报表与统计数据
	R&D 经费占 GDP 比重	%	+	企业报表与统计数据
	高中级技术职称人员	人	+	企业报表与统计数据
	“新四军”创业人员数	人	+	企业报表与统计数据
	专利拥有量	个	+	统计数据
	万元 GDP 能耗	吨标准煤/万元	−	统计数据
	万元 GDP 耗水量	立方米/万元	−	统计数据
功能维度	地均 GDP	万元/公顷	+	统计数据
	产业链竞争力水平	分	+	专家打分
	人均 GDP	万元/人	+	统计数据
	特色产业投资占总投资的比例	%	+	统计数据
	人口密度	人/公顷	+	统计数据
	固定资产投资完成额	万元	+	统计数据
	工业废水达标处理率	%	+	统计数据
	城市生活污水处理率	%	+	统计数据
	非国有投资总额占投资总额的比例	%	+	企业报表与统计数据
	固定资产投资占年度固定资产投资计划的比例	%	+	企业报表与统计数据
形态维度	城镇视觉风貌评分	分	+	专家/群众打分
	绿地率	%	+	统计数据
	开放空间评价	分	+	专家/群众打分
	城镇场所人气评价	分	+	实地调查统计
	环境空气达标率	%	+	统计数据
	镇区噪声达标率	%	+	统计数据
	地标水水质达标率	%	+	统计数据

续表

准则层	指标层	单位	极性	数据获取途径
	公共文化设施建筑面积	平方米	+	统计数据
制度维度	企业准入门槛评价	分	+	专家打分
	相关管理部门行政效率评分	分	+	专家/企业/群众打分
	人才引进计划落户人数	人	+	企业报表与统计数据
	年环境信访量	人次	+	统计数据
	数字化管理覆盖面积比	%	+	统计数据
	外商直接投资总额	亿美元	+	统计数据
	民生支出占财政支出比重	%	+	统计数据
	公共 WiFi 覆盖率	%	+	统计数据
	公共资源的合理共享度评分	分	+	专家/企业/群众打分

3. 特色水平指标

	评价指标	单位	极性	数据获取
信息产业	信息经济制造业总产值	万元	+	企业报表与统计数据
	信息经济服务业营业收入	万元	+	企业报表与统计数据
	所用专利中本国专利所占比重	%	+	企业报表
金融产业	金融业产值	万元	+	企业报表与统计数据
	入驻金融投资机构个数	个	+	企业报表与统计数据
	管理资产规模	万元	+	企业报表与统计数据
旅游产业	旅游业总产值	万元	+	统计数据
	旅游接待总人次	万人次	+	统计数据
	星级宾馆数量	个	+	统计数据
	住宿业床位数	个	+	统计数据
	游客服务满意度得分	分	+	专家/游客打分
	特色小镇景区等级	—	+	统计数据
时尚产业	时尚业总产值	万元	+	企业报表与统计数据
	时尚品牌出口占品牌总销售额比例	%	+	企业报表与统计数据

续表

	评价指标	单位	极性	数据获取
	省级及以上品牌产品（名牌、商标、商号、产品）个数	个	+	企业报表与统计数据
	研发与设计师人数	人	+	企业报表与统计数据
高端装备制造产业	高端装备制造业总产值	万元	+	企业报表与统计数据
	规模以上企业数	个	+	统计数据
	高新技术企业数占入驻企业数比重	%	+	企业报表与统计数据
	新产品研发经费支出	万元	+	企业报表与统计数据
环保产业	环保产业制造业总产值	万元	+	企业报表与统计数据
	环保产业服务业营业收入	万元	+	企业报表与统计数据
	政府环保投入额	万元	+	统计数据
健康产业	健康产业总产值	万元	+	企业报表与统计数据
	健康服务人次	人次	+	企业报表与统计数据
	持证健康服务人员数量	人	+	企业报表与统计数据
历史经典产业	展览馆（博物馆）总面积	个	+	统计数据
	省级以上非物质文化遗产项目数	个	+	统计数据
	国家级、省级大师人数	人	+	企业报表与统计数据
	国家级、省级非遗代表性传承人	人	+	企业报表与统计数据

第六节　特色小镇的案例分析

上述内容为从共性的角度，分析特色小镇概念、特征及类型，特色小镇历史发展，特色小镇政策环境，以及特色小镇的基本模式及发展评价体系等基本情况。本节按照特色小镇的产业导向，将特色小镇划分为旅游聚焦模式、产业＋旅游模式，以及旅游＋产业模式三类特色小镇，对每一种产业导向类型的特色小镇进行分析，并就各类特色小镇选取相关案例，围绕案例进行综合分析。从个性的角度研究各类特色小镇中相关小镇的特点、建设模式、建设效果及发展过程中的经验和“瓶颈”。

一、旅游聚焦模式特色小镇

产业特征:旅游产业是小镇的核心产业、主导产业或最具潜力/特色的产业。

功能特征:旅游功能是旅游小镇的必备功能,小镇或可兼有文化、人居、生产、商业、服务等其他功能,多功能融合共存。

规模体量:根据产业规模而定,即规模不确定。

形态特征:可以是小城镇,风景区、产业园、旅游区(景点)集合地,也可以是综合体及非行政建制小镇。

(一)北京古北水镇

1. 项目概况

古北水镇,京郊罕见的山水城结合的自然古村落,是典型的北方旅游度假小镇,所谓"长城观光,北方水乡"。古北水镇位于北京市密云县古北口镇,背靠中国最美、最险的司马台长城,坐拥鸳鸯湖水库,是京郊罕见的山水城结合的自然古村落。其与河北交界,距离北京市1.5小时,距离承德市约45分钟车程。

2. 规划布局

古北水镇具有悠久的历史,其是在原有守卫长城军民混建而居的古堡基础上发展起来,在原有的五个自然村落基础上整治改建而成。其现存的"司马台古堡"是北京市重点文物保护单位,"长城+古镇"使其成为罕见的雄伟自然、文化景观混合在一起的历史人文风景区。正是基于丰富的自然旅游资源和良好的环境,古北水镇将其自己定位为"观光+休闲+度假+会议"功能于一体的复合型景区。

古北水镇整体景区由景区主体和司马台长城,各有千秋的两大景区组合。其功能分区景区沿主一路呈东北—西南向条带状分布。古镇与保护区实行严格分离。其中,景区主体主要包括以下四大板块:民国街区、水街历史风情区、卧龙堡民俗文化区、汤河古寨区。为满足游客的居住需求,并在二级房产开发商业模式上实现小镇的主要盈利点,景区拥有酒店,400余间民宿、餐饮及拥有43万平方米精美的明清及民国风格的山地四合院建筑,含2个五星级商铺,10多个文化展示体验区及完善的配套服务设施。从而为不同层次的游客及消费、投资群体提供了层次丰富的居住、消费、投资设施或项目。

3. 开发基础

古北水镇得以成功开发,顺利建设和运营,与其雄厚的开发基础不无关系。其具有以下主要的开发基础及优势。

(1)资源优势

古北口镇紧邻京承高速,古北口景区素有小承德之称,司马台(长城金山岭至司马台段、司马台古堡等)、雾灵山、北方古村落等为燕郊观光型景区,本身已经具备近郊旅游基本的观光及度假元素。同时,这些观光及度假元素在我国北方少有,且具有较为深厚的文化底蕴,能够彰显出古北水镇的独特小镇风貌和文化特点。周边同质竞争旅游点较少,使得古北水镇易于形成独特的旅游吸引核,并易于打造出小镇的品牌,进行推广和进一步的挖掘。

(2)市场广阔

古北水镇作为北方少有的山水城融合的特色旅游小镇,其独有的自然人文景观使其具备足够的旅游吸引力。处于北京和河北承德的近远郊,也是其形成休闲市场的关键。独特的地理区位,使其在北京之外还可以吸引河北省等其他省内大中型城市的旅游、休闲消费人群。而北京短途休闲旅游潜在市场规模约为 5000 万人次/年,同时其周边缺乏优秀休闲旅游目的地,留下广阔的市场空间和潜力供古北水镇这样定位明确、特色鲜明的小镇进行挖掘。

(3)政策支持

2012 年,古北水镇获得密云县财政局 4100 万元基础建设补贴,使得其基础设施建设获得一定的资金支持。同时,参与古北项目融资的京能集团也是北京市政府的全资子公司,与政府的紧密联系,也有助于政策支持的获取和落实。

(4)运营经验

乌镇的设计经验和整体运营开发成为古北水镇项目的品质保证。乌镇是基于水乡景观,经过商业模式运作,取得良好经济效益和社会效益的小镇开发典范。乌镇旅游作为古北水镇的运营方,能够将其在开发乌镇过程中积累的相关运营经验,相应地运用到古北水镇的开发、运作上。事实证明这种应用取得了成功。

(5)渠道完备

古北水镇在旅游吸引核打造和对外推广的过程中,可利用股东中青旅等旅行社内部巨大的游客资源和宣传资源来引导游客或向游客群体进行宣传,从而将古北水镇的部分潜在游客转化为实际游客。

4. 开发历程

2010 年,社会资本与密云县政府签署战略合作协议。同年 7 月,成立项目公司,正式进入实施阶段。2011 年,项目公司获取一期土地,并开始建设。同年 11 月,项目公司获取二期土地。2012 年,项目处于建设期。2013 年 10 月起,古北水镇项目进行一期试营业。

5. 主体架构

(1)开发主体

项目公司以中青旅为主要股东,同时引入乌镇旅游、STC、和谐成长、京能集团等战略投资方,共同筹资,共担风险收益,形成集政府、企业和基金公司为一体的合作开发主体。

(2)经营主体

中青旅通过增资控股古北水镇旅游公司。开发措施上,设立司马台长城保护专属区和旅游专属区,保护区与旅游区严格隔离。

(3)股权结构

中青旅主导,先后引入乌镇旅游、IDG 资本、北京和谐成长投资和京能集团等战略投资。中青旅直接控股 25.8%,并通过乌镇间接持有 15.48% 的股权,实际权益比例 36%。

6. 开发方式

(1)开发模式

借鉴乌镇,以"整体产权开发、复合多元经营、度假商务并重、资产全面增值"为核心,"观光与休闲度假并重,门票与经营复合",实现"高品质文化型综合旅游目的地建设与运营"。古北水镇在收购原居民整体产权后进行整体开发,以做到统一风格和规范管理。在经营模式上,小镇适用"门票 + 二次消费"的理念,重点打造不同层次、特色突出的消费产品,依附于小镇特色实现经济价值。古北水镇针对同类产品的不同群体需求,进行不同设计,以实现商业利益在多个层次上都得以实现。此外,小镇进行多种商业模式的应用,以实现各类商业模式的互动作用,进而推进资产全面增值。

(2)开发措施

①确定设立司马台长城保护专属区和旅游专属区,保护区与旅游区严格隔离,以保护生态,巩固古北水镇的环境质量和风景区建设标准。

②景区塑造:整旧如旧,腾笼换鸟,古镇现代化;具体的做法可归纳为"迁、拆、修、补、饰"五个字。在实现小镇风貌维持特色原样的同时,进行小镇旅游设施、设备的升级更新,从而满足游客的需要。

③对于这里的原住居民,被安置在古镇外围,原有住房全部作为商业开发,用作酒店、餐饮、商业,这使得古北水镇在同一的管理和运营下,呈现良好的旅游市场环境,提供出色的旅游休闲体验。而原住居民可以优先返回古镇参与旅游服务行业,保障要素的强化得以实现。

（3）商业模式

古北水镇采用观光与度假并重、门票与景区内二次消费复合经营的商业模式。相应的，小镇的主要盈利构成为：门票 + 旅游经营收入。

项目一期主要包括水街、1 个五星级酒店，1 ~ 2 个会所，部分民宿，司马台长城（包括上长城的索道），一些民俗馆等。项目二期预计以旅游度假公寓住宅为主。

二次消费的收入，即旅游经营的收入主要由水镇的商业店铺和酒店的收入构成。水镇的商业业态主要分两种：一是散状分布的特色小吃、书店、服装等店铺。二是老北京特色商业街商铺，此为古北水镇最大的特色；水镇的酒店业态主要分两类：一类为民宿，即民居，通过对其的整体改造，形成准星级标准的度假酒店，以客栈命名，由开发公司统一经营管理，工作人员为原住居民，公司给予他们餐饮的经营权，并严格控制经营规模。另一类为标准的 4、5 星酒店，提供高端的商务配套，满足商务客户的需求，成为商务会议，公司年会的不二场所。

7. 项目成果

整个古北水镇面积近 10 平方公里，于 2010 年签约新建打造，并于 2014 年 10 月正式对外营业。据统计，2015 年，古北水镇景区实现营业收入 4.62 亿元，净利润 4701 万元；全年接待游客 147 万人次，同比增长 50.85%。

预计进入成熟运营期后，每年将接待游客 400 万人次，旅游综合年收入达到 10 亿元。

8. 成功要素

（1）功能定位

通过景区和度假区相结合的规划，打造填补景区功能缺失的综合性特色休闲旅游度假目的地，自身吸引游客的同时，也拉动景区游客的增长，同时实现了环境资源保护和设施开发的并行。北京、河北周边的居民众多，形成巨大的休闲游市场。

（2）融资引商

展开政企合作。投资开发主体具有开发乌镇的成功经验，也获得了政府的大力支持，各方的权责利规定也较为清晰合理，合作顺畅。

吸引多方注资。引入乌镇旅游、STC、和谐成长、京能集团等战略投资方，共同筹资，共担风险收益，拓展了资金来源，为古北水镇的建设提供最基本的资金支撑。

总投资 46 个亿，由于前期投资巨大，前期引入战略投资者，同时联合品牌房企（中青旅拿地后联合龙湖地产）进行旅游开发经营的资金平衡，并可承载部分游客住宿功能。

（3）经营管理

在场景的营造中融入区域历史、文化、民俗，融合长城、古堡等特有元素，彰显特色，独一无二。古北水镇在开发、建设过程中虽然借鉴了乌镇的经验，但绝不能说古北水镇就是乌镇在北方的翻版，或说复制品。因为古北水镇很好地融合了其自然景观、风貌与当地历史文化，呈现出与乌镇江南水乡温婉如玉不同的北国水乡的沧桑粗犷的特点。

开发前期获得政府有力支持，并运用专业化运作团队运作，保留原有建筑风貌，并全部买断进行改造，保持统一风格，维持正常秩序，进而提供良好的旅游休闲体验与服务。

小镇分区合理，设施层次错落，同时充分考虑北方季节性因素的影响，有利于平衡淡旺季游客。

(4)利益保障

借助新农村开发政策，使村民获得较高的拆迁补偿收益、旅游开发带来的就业机会以及舒适的安置房。补贴、安置等辅助制度的配套，有助于保障要素的落实，从而为小镇的开发和建设提供一个稳定的环境，也能激发原居民建设特色小镇的热情①。

(二)无锡拈花湾佛教特色小镇

1. 项目概况

灵山小镇·拈花湾与大佛为邻，是灵山集团继梵宫之后，历时 5 年打造的又一精品。拈花湾由马山国际度假岛核心功能组成，山水环抱，风景秀美，灵山小镇·拈花湾致力于成为一个文化特色彰显、生态环境优美、功能业态齐全的世界级禅意旅居度假目的地，将成为马山国际旅游度假休闲岛建设的新地标。

项目位于太湖之畔，山环水抱的马山半岛，江苏无锡的滨湖区。项目占地面积达 107 万平方米，建筑面积达 35 万平方米。拥有"湖、农、山、水、古"等优质旅游资源；且地处于长三角核心城市圈内，距离无锡、苏州、南京、上海等大城市的车程距离均在 3 小时以内，是典型的城郊游憩型旅游度假地产项目。项目由无锡灵山耿湾文化投资发展有限公司开发，于 2015 年 5 月首期开盘，包含别墅、公寓、商业物业，无锡灵山文化旅游集团为物业公司。小镇内含禅意商业小镇、佛教论坛中心、禅修精品酒店、大禅堂、湿地公园等配套设施。

2. 整体规划

灵山小镇·拈花湾规划面积 1600 亩，建筑面积约 35 万平方米，功能定位为灵山佛教博览园的配套工程，主要为景区提供休闲养生配套设施，同时小镇还将作为

---

① 参见宋旋：《园区开发与特色小镇 PPP 实操案例分析》，载《园区 PPP 大讲堂》公众号。

世界佛教论坛永久性会址。因此,在功能方面,项目规划了主题商业街区、生态湿地区、度假物业区、论坛会议中心区、高端禅修精品酒店区五大功能区。

3. 开发历程

拈花湾选址开发之前,灵山集团的单一核心景区灵山胜境,已历经旅游核心吸引物的三期迭代。一期的 88 米灵山大佛、二期的九龙灌浴、三期的梵宫,不断完善灵山胜境的佛、法、僧的观光体验内容,同时也让灵山年旅游总人次快速迈过 100 万、200 万、300 万三大阶梯性门槛,奠定了无锡灵山在旅游界的行业地位。

正是在核心景区的运营升级过程中,灵山集团深刻意识到,核心旅游吸引物的阶段性更新,将是文化旅游景区保持基业长青的根本。因此,在三期文化地标梵宫建成运营之后,如何塑造新的旅游吸引物,满足旅游产品升级的客观需求,成为摆在灵山集团面前亟待解决的战略课题。

站在当时时点,两条道路可以选择:其一,继续扩充旅游观光体验内容;其二,开辟新的文化旅游体验形式。本质上,两条道路并无对错之分。此时,对旅游行业乃至社会消费趋势的把握,将影响决策天平的倾斜度。通过在日常经营中倾听游客诉求,在标杆项目考察中总结产品特色,在宏观政策研究中关注重点变化,灵山集团敏锐地捕捉到了旅游度假大时代的先声。

4. 成功要素:小镇文化

(1)小镇文化塑造迎合旅游经济趋势

拈花湾佛教特色小镇规划、建设的一大亮点在于其将小镇的特色文化——佛教文化,很好地融入了小镇的整体规划之中,一方面起到了小镇文化引领和提升旅游体验的作用,另一方面小镇的规划布局又在方方面面凸显着特色文化。

一方面,处于马山半岛西部的拈花湾小镇,其在小镇旅游景观风格和小镇文化塑造上,与位于马山半岛东部的灵山风景区的景观、文化十分协调,并相映成趣。从佛文化的命题来说,禅是佛文化世俗化的象征,也是东方文化精神的独特代表。如果说灵山胜境成功塑造了佛祖和佛文化的博大精深,那么新一期灵山工程——拈花湾特色小镇通过禅的方式来塑造俗世对佛的解读,明显能看到大灵山主题的内在统一和延续。

另一方面,就拈花湾特色小镇自身的文化主调而言,小镇十分出色地将禅意文化的精髓和小镇观光、休闲及度假的旅游产业开发基调进行契合。从度假的命题来说,它已经成为国内中产阶层的生活方式之一。随着大众旅游时代的来临,度假并非一种奢望。但是,抵达"挑剔"游客内心的度假产品,却是当今旅游行业的稀缺之物。阿兰德波顿在《身份的焦虑》中说,"深刻的焦虑感已经攫住整个世界的心灵"。新一期灵山工程试图以佛家独有的禅意度假,来解决当今时代的普遍焦虑感，不可否认，立意上已然触动芸芸众生的敏感之心。

正是特色文化的塑造之下，在“禅”的统领之下，拈花湾才有了自己的灵魂，才有了“东方禅意生活乐土，世界心灵度假花园”的总体定位，也才有了策划设计者们后来尽情诠释的各种对象和追求。

(2)小镇文化与小镇规划相辅相成

除了故事元素的诠释和组织，文旅小镇的塑造需要时刻关注游客的体验感，因此，规划层面的结构和尺度把握显得尤为重要。

基于耿湾地形，通过三条主要交通道路和水系的组织，拈花湾规划了“五谷”“一街”“一堂”的主体功能布局，并配以禅意的命名体系，形成以佛祖拈花手掌为原型的总平面。其中，“五谷”分别为云门谷、竹溪谷、银杏谷、禅心谷、鹿鸣谷，形似佛祖的五根手指，主体功能为涵盖会议、酒店、度假物业；“一街”即香月花街，位于手掌心，是拈花湾的核心商业街区；“一堂”即胥山大禅堂，位于手掌底，也是拈花湾的大型禅修体验场所。三条主要道路分别为拈花大道、伽叶路、香月花街，形似佛祖手心的三条主要掌纹，既实现了不同功能区的连接，也实现了动静分区隔离。

从结构上看，不难发现，香月花街通过“起、承、转、合”四章节手法，来实现游线的逻辑组织。

“起”章节，自停车场和游客中心开始，至童心桥结束。在这一章节，游客除了完成购票、入住以及入园等基本手续外，也是接触拈花湾的第一印象，实现现实世界和旅游体验场景的转换。笔者认为，拈花湾在这一章节的细节塑造，堪称匠心独具。下文将悉数剖析，此处暂且不表。

“承”章节，自童心桥开始，至拈花塔结束。游客可通过轻松悠闲的步行方式体验充满禅意的街区。而拈花广场作为一个旅游节点，既是节庆和日常公共活动的集中场所，也在无意识的提醒游客，进入旅游体验的下一个章节“转”。有意思的是，主街在此处确实有个45度的转折。设计者营造街巷曲折感觉的意图隐现。

“转”章节，自拈花广场至拈花剧场。这一章节是整个拈花湾小镇的中心区域，也是整个街区最为热闹的部分。它延续了上一章节商铺成市的感觉，同时也逐步增加了民宿客栈、剧场、商业综合体等更加丰富的业态。

自拈花剧场至农禅广场，可视为“合”章节。该章节以民宿客栈和商铺业态为主，小桥流水构成的静谧休闲环境是这一章节的主旋律。

5. 总结

随着核心景区在去年底的正式开业，灵山小镇拈花湾的硬件建设暂告一个段落。然而，作为一座独具禅意的新型文旅小镇，市场的检验才刚刚开始。如何依托现有优良硬件基础，提升核心景区人气，将是近期小镇运营的关键。

作为一个综合型文旅小镇，拈花湾涵盖的物业包括酒店、客栈、商业、度假物业等多种类型，系统化的运营管理并非易事。其中，酒店管理公司的选择和香月花街的商铺招商乃重中之重。以商铺招商为例，由于小镇的佛禅文化主题，对商家经营业态和装修风格的限制，一定程度上给拈花湾的招商带来难度。从现有情况来看，餐饮和休闲业态为主的定位基本得到了贯彻，基本符合小镇的休闲度假方向。然而，如何在今后的运营过程，通过商户的逐步调整，在满足游客基本需求的同时，提升佛禅相关体验的业态比例，进一步突出和强化小镇本身特色，或仍是摆在小镇管理方面前的重要议题。

二、产业+旅游模式特色小镇

产业特征：小镇要有一项核心产业，如生态农业、金融基金、绘画艺术、影视摄影、特色食品等，通过核心产业，带动当地旅游业的发展。在此基础上形成特色旅游、主题旅游。

功能特征：核心产业是该类型小镇的支柱，小镇或可兼有旅游、文化、人居、生产、商业、服务等其他功能，多功能融合共存。

规模体量：根据产业规模而定，即规模不确定。

形态特征：可以是小城镇，风景区、产业园、旅游区（景点）集合地，也可以是综合体及非行政建制小镇。

（一）嘉兴南湖基金小镇

1. 项目概况

嘉兴南湖基金小镇地处中国最具经济活力的长江三角洲都市圈的中心位置，东接上海，北邻苏州，西连杭州，南濒杭州湾。交通枢纽地位独一无二，嘉兴至上海仅需 27 分钟。高铁时代的便捷交通圈，独特的沪杭同城效应，为金融产业发展带来无限机遇。

南湖基金小镇致力于打造中国首个基金小镇，创建“基金小镇+财富聚集区”两个中心，配合“金融服务支持+综合服务支持”两个配套，建设成为长三角地区汇集高端元素的金融创新示范区，着力承接上海金融服务业转移，从而形成南湖基金小镇集新型化、品质化及专业化为一体的全方位品牌战略，满足金融行业人员对南湖基金小镇推出产品及提供服务的需求。依靠专业的建设理念、完善的配套设施、绿色的生态环境，以及全面服务功能，南湖基金小镇将形成兼具国际开放性和金融专业性的特色区域。

2. 项目规划

南湖基金小镇位于嘉兴市东南区域内，长水路以南、三环南路以北、三环东路以西、庆丰路以东地块，规划占地约2.04平方公里，呈南北向狭长型的长方形分布。南湖基金小镇建设前后共分为四期，包括亲水花园式办公楼、高层办公楼、配套商业、高端酒店、金融家俱乐部会所、论坛会场、商学院、美式私校、公立学校、服务式公寓和部分配套住宅等在内的多种业态。

3. 开发历程

在2010年12月申报全省首批七个金融创新示范区试点成功后，所在地区委、区政府决定将要素需求较少、产出效应明显的股权投资业作为推进金融创新示范区建设的主导产业，并提出打造实体基金集聚地——"基金小镇"。

经过几年的培育和发展，南湖基金小镇在吸引投资产业集聚、服务区域实体经济发展等方面取得了一定的成效。

2015年年中，入选浙江省首批37个特色小镇之一。

4. 主体架构

嘉兴南湖基金小镇，由嘉兴市南湖区基金小镇开发建设有限公司作为投资主体，进行投资、开发和建设。而嘉兴市南湖区基金小镇开发建设有限公司的股东——嘉兴市南湖新区开发建设有限公司，和社会资本苏州基盛九鼎投资中心（有限合伙）公司共同设立了嘉兴市南湖金融区建设开发有限公司，为入驻南湖基金小镇的企业，提供专业化服务。

5. 建设模式

南湖基金小镇重点以汇集创业投资企业、私募股权投资机构、投资人/LP为主要招商目标，以生产类融资企业作为招商辅助。建立以股权投资基金为主体，银行、证券、保险、信托以及互联网金融等创新型金融机构并存的多元化金融组织体系。以银行、券商、保险公司、担保公司、小额贷款公司为侧重点，以信托公司、基金公司、理财机构为补充，构建具备多种业态和新型金融机构的多元化金融格局，从而达到快速扩容基金小镇金融机构体量、丰富园区内融资渠道，扩大直接融资比重，多渠道引入社会资金参与园区建设，以及积极推动当地各种金融创新的目的。

在南湖基金小镇内建设股权投资产业链上下游的服务配套，引入产业链各环节的参与者，使南湖基金小镇成为一个资源整合平台和信息获取平台，使机构、企业、投资人三大主体能够获取便捷的服务的同时，带动其他支持性机构的发展，从而推动南湖基金小镇在股权投资领域实现全产业链的覆盖，成为集生态居住、财富聚集于一身的高端商务区。

同时，考虑建立母基金和类似于"硅谷银行"的机构，作为直接参与股权投资的手段，发展论坛经济、学院经济、旅游经济，带动小镇整体投融资氛围的提升，并探索发展 LP 二级市场、非上市企业的股权交易中心以及新三板的区域市场。

6. 成功要素

（1）发动智慧化和互联网引擎以发展产业

南湖基金小镇为入驻企业提供高效率服务支持。有限合伙企业的注册登记曾是招商程度中最繁琐的环节，也是处于天南地北的合伙人最为纠结的环节，因为人数众多的合伙企业的注册，需要合伙人每人都签字以生效，在此过程中，文件的传递显得十分麻烦。对此，南湖基金小镇创建了全国首个合伙企业全程电子化智慧登记平台——在线签名系统，实现在南湖区行政审批局"申请零纸张、电签零介质、审批零见面、领招零上门、办事零费用"的全新审批模式，通过协调后无须合伙人到场面签，4 ~7 个工作日即可完成营业手续。

此外，南湖基金小镇还建立了投融资信息交流平台。其瞄准基金人熟悉的金融生态圈，创新思维建设的"基金小镇——投融圈"网站 APP、微信公众平台等多平台互联网体系，为企业及客户提供线上交流和线下对接。投融资主体通过在信息交流平台上注册会员，发布融资项目信息或投资项目信息，从而能够迅速找到合适的合作方。截至 2017 年 1 月，这个股权、债权和多市场主体的融资平台已对接 546 个融资项目，形成融资会员 584 位，投资会员 1025 位的庞大"朋友圈"，共计实现 42.38 亿元的融资。

（2）出色的小镇服务

除了使用互联网，构建、提供智慧登记平台和投融资平台，这一使得产业发展便捷、高效的服务外，南湖区政府和小镇管理团队向入驻企业提供廉价的写字楼等高性价比的办公区域；专门建设"南湖金融学院"，为股权投资基金和金融科技企业提供人才培训和学历教育；对小镇环境（办公环境、居住环境）的细节精心设计和考量，向基金企业提供管家式服务……打造金融生态"大家庭"。

同时，南湖基金小镇为入驻的企业在机构手续办理方面，提供一对一定制化服务。无论是资料填写、办理营业执照、注册备案、纳税申报，还是年检，都有专人免费办理。

优质的办公环境和周到的小镇服务使入驻的企业职工能够获得更好的工作体验。多样的专业交流，能够使企业之间，在产业聚集的接触上，更加便捷地参与到相关产业的交流，以及与基金企业、需求主体的交往之中，为企业自身的发展和客户的拓展营造一种有益机制。专业化而细致的办事服务，能节省企业的时间成本，使之能将更多的精力投入企业的发展和建设中，而不是烦琐的程序办理上。南湖基金小镇多方面的优质办公体验的提供，在不断地增强小镇对相关基金企业的吸引力。

7.项目成果

当前,南湖基金小镇的项目一期已基本完成。

2012年基金类企业实现税收740万元,其中营业税金及附加131.27万元。2013年实现税收3242.48万元,同比增长3.38倍多,其中营业税金及附加1931.10万元。2014年实现税收1.5亿元。三年年均税收增长超过300%,实现了从百万到千万再到亿元的跨越。

截止到2016年10月,北京疆亘、同亿富利等12家知名基金公司已签订了面积为27600平方米的办公入驻协议,在全国各地金融大咖、私募大佬中抢滩登陆……

截至目前,南湖基金小镇实现引进投资类企业超过2000家,股权投资认缴规模超3000亿元,实缴规模超1200亿元,遥遥领先于其他股权投资基金小镇。

(二)舟山远洋渔业小镇

1.项目概况

舟山是我国远洋渔业起步最早、最为发达的地区之一。舟山的定海西码头渔港具有“百年渔港”的传承历史,自古以来是舟山本岛北部的政治、经济、文化、交通和贸易中心,人文底蕴深厚,是舟山和浙江渔业振兴史的缩影。

舟山定海远洋渔业小镇位于舟山市定海区北部的干览镇境内,毗邻定海西码头渔港,距离定海中心城区16公里,距舟山市政府所在地——临城新区19公里。小镇规划面积3.18平方公里,建设用地1894亩,将围绕“海洋健康制造”主题积极引进战略运营商,重点发展集科研、生产、综合物流于一体的海洋健康食品、新型海洋保健品、远洋生物医药等海洋健康产业,同时深度挖掘远洋航运、远洋生物、远洋风情、远洋捕捞、加工等远洋文化内涵,大力发展主题类海洋文化旅游业,着力打造健康人居社区。

2.项目规划

舟山远洋渔业小镇将立足“远洋渔业”特色,围绕“绿色海洋健康产业”的方向,积极打造以健康类特色为主题的远洋渔业小镇。

远洋渔业小镇规划面积约3.18平方公里,其中建设用地面积约1.26平方公里,对原先远洋渔业基地的部分区域进行景观改造;总体布局为“一核五区”,包括核心区(远洋渔都风情湾区,即小镇客厅),以及远洋健康产品加工区、健康产品物流区、生活配套区、健康休闲体验区和综合保障区。规划期内(2015~2017年),计划共新(扩)建项目12个,总投资55.58亿元,其中三年内计划投资52.58亿元,项目建设用地面积1894亩。2015年已完成投资13.3亿元,2016年计划完成投资 18.7 亿元，2017 年计划完成投资 20.58 亿元。

定海远洋渔业小镇立足“远洋渔业”和“渔文化”的地域特色，遵循浙江省特色小镇倡导的“产、城、人、文”的发展理念，采用“海洋健康产业”的创新发展模式，促进健康产业与新经济模式的充分“嫁接、契合、互融”，积极推动创意、文化、旅游、电子商务等新兴业态发展，积极打造成为浙江富有浓郁海岛渔文化气息的远洋渔业特色小镇①。

通过创建“远洋渔业小镇”，以实现：(1)更高品质地打造舟山国家远洋渔业基地，成为浙江海洋经济发展新的增长点；(2)完善浙江省健康产业体系建设，成为浙江健康产业发展示范区与产业基地；(3)传承海岛文化和集聚高端要素，使之成为浙江舟山群岛新区的形象展示窗口；(4)优化浙江舟山群岛新区城乡空间格局，成为浙江“产城融合”的典范区。

根据规划，到 2017 年，小镇建成后实现三个目标。一是年税收收入达到 1 亿元以上；二是建成 3A 级景区，年接待游客量达到 30 万人次以上；三是新集聚企业 30 家以上，新增就业岗位 6000 个左右，打造成以远洋渔业为基础、健康制造业为核心，“产城人”三位一体的全省唯一的远洋渔业健康产业小镇。

3. 项目开发

(1)项目基础

舟山远洋渔业小镇所处的位置，是在舟山国家远洋渔业基地之内。因此，原先的远洋渔业基地的建设、发展是现在舟山远洋渔业小镇开发和发展的基础。现在远洋渔业小镇的开发和建设是对原先远洋渔业基地的景观、设施、功能、管理等等一系列的综合改造。

2015 年 4 月，农业部批准在舟山定海干览镇，设立全国唯一的国家远洋渔业基地。舟山全市共有远洋渔船 450 余艘、水产精深加工企业 40 余家，远洋渔船数量和远洋水产品捕捞量均占全国的 22% 左右。其主干道与舟山跨海大桥连接，交通便利同时，舟山是全国远洋捕捞鱿鱼最大的输入口岸和主要加工基地，鱿鱼捕捞量占全国的 70%。已有水产品精深加工企业 40 余家，产业基础扎实。而当前的定海远洋渔业小镇位于该基地内，将大力发展海洋健康制造业，积极培育远洋渔业的总部服务经济和文化休闲经济功能。

目前已形成远洋捕捞——海上运输——水产精深加工——冷链物流——水产交易、销售、服务等全产业链的远洋渔业发展体系。

① 参见郑元丹：《渔业小镇，“一鱼三吃”》，载《浙江日报》2016 年 3 月 24 日，第 9 版。

(2)产业形成

2011年,为改变舟山市远洋渔业企业小、散、弱的局面,提高远洋渔业的整体实力和抗风险能力,由舟山市和定海区两级渔业主管部门牵头舟山市十七家远洋渔业相关企业联合组建了基地雏形——舟山惠群远洋渔业发展有限公司,专门从事远洋渔业公共服务。

后舟山市委市政府将建设国家远洋渔业基地作为群岛新区建设的一项重点工作。为此,在原惠群公司的基础上,通过一系列的国有资源整合,于2014年10月15日,组建了国有全资企业——舟山国家远洋渔业基地建设投资有限公司,专门作为舟山国家远洋渔业基地的建设主体,承担舟山国家远洋渔业基地建设、开发和管理等职责。

远洋建投在原惠群公司的基础上,经过近3年的建设发展,目前总共完成约3亿元投资,基地拥有2座万吨级和1座5千吨级渔业专用码头,1个2.7万吨级舟山最大单体冷藏库,远洋渔业核心设施日益完善,全国最专业的远洋渔业基地初见端倪。后远洋建设通过推进基础设施建设、加大资源整合力度、拓展远洋渔业产业链等运作,形成综合性远洋渔业集团。

(3)主体架构

从舟山远洋渔业产业的形成、发展沿革来看,舟山远洋渔业的产业聚集,包括舟山国家远洋渔业基地的形成与发展,其背后都有政府的行政力量在发挥着强大的作用。

舟山远洋渔业小镇所处的舟山远洋渔业基地,是由舟山国家远洋渔业基地建设指挥部和舟山远洋渔业发展集团公司在共同管理和运作。而追溯舟山远洋渔业发展集团公司的股权结构,能发现其实际是被国资全权掌握的,其两个股东——舟山市定海区国有资产经营有限公司和舟山市海洋综合开发投资公司,分别是区级国有资产监督管理机构管辖的国资公司,和被五家市级或区级国有资产管理机构管辖的国有资产公司所持有全部股份的国资公司①。

4. 成功要素

(1)文化引领

舟山远洋渔业小镇在打造中注重突出本土特色文化,注重挖掘和梳理舟山"渔"文化,将"渔"文化的元素融入"小镇客厅"建设中,彰显定海远洋渔业小镇特有的文化印记。围绕"渔"文化的主题,创新小镇的旅游发展思路,通过讲好"渔"故

---

① 参见周慧敏:《特色小镇撬动舟山海洋经济发展——访浙江舟山市发改委主任於树波》,载《中国改革报》2016年10月26日,第5版。

事串起小镇的各个区块，打造叙事型旅游空间规划体系。强化创意，积极推进小镇入口标志景观改造，增强小镇识别性，提升小镇形象。

（2）助力品牌

扶持新兴行业主体登记，打破国民经济行业用语标准限制，允许企业在名称和经营范围中使用符合国际惯例、行业标准的用语。入驻企业申请取冠省名的，注册资本（金）从 1000 万元降低至 500 万元（法律法规另有规定的除外）；取消原冠市名的实业、投资类、房地产、建筑类企业最低注册资本要求；取消原冠“浙江舟山群岛新区”“国际”字样名称最低注册资本要求。

帮助制定远洋渔业小镇品牌发展规划，在驰（著）名商标、商标品牌示范乡镇、商标品牌示范企业、“浙江制造”品牌、政府质量奖、省市名牌产品培育、守合同重信用等推荐上给予政策倾斜。

（3）网络引擎

积极推行远洋渔业小镇注册便利化，推进企业全程电子化登记工作，实现网上申请、受理、审核、反馈（含短信）等功能的一条龙在线服务，并在远洋渔业小镇实行集群注册、一址多照、工位注册等政策。

定海积极培育发展远洋水产品交易市场。结合全省网上网下融合示范市场建设试点工作，建立一对一帮扶机制，积极对接上级局优先推荐指导舟山群岛新区水产品交易中心（网上市场）开展试点创建。通过创新商业模式，不断拓展扩大线下实体现货交易规模，逐步实现网上网下融合发展，提升行业定价话语权，建设集交易、结算、金融、信息、商务、展示展销等功能于一体的远洋水产品交易市场。

（4）侧重支持

发挥专业技术优势，主动服务海洋生物医药、健康养生、水产精深加工等重点项目发展，重点对入驻远洋渔业小镇的海洋食品、海洋生物医药及保健产品项目予以支持。

（5）产业投资

定海远洋渔业小镇已经引进中国水产舟山海洋渔业公司总投资 10 亿元的深海鱿鱼健康食品加工和中农发远洋渔业基地项目，引进浙江兴业集团公司总投资 5 亿元的深海鱼油加工项目。同时，积极与正大集团、新希望集团等集团洽谈合作，与上海海洋大学国家远洋渔业工程技术研究中心洽谈合作事项，已达成初步合作意向。按照“三年初见成效”的总体安排，定海坚持政府引导、企业主体、市场化运作的原则，进一步强化规划引导、产业培育和要素保障，加快和督促特色小镇项目推进。

三、旅游 + 产业模式特色小镇

产业特征：以旅游为主，同时又有几个重要产业，以旅游带动产业的发展。

功能特征：旅游功能是旅游小镇的必备功能，小镇或可兼有文化、人居、生产、商业、服务等其他功能，多功能融合共存。

规模体量：根据产业规模而定，即规模不确定。

形态特征：可以是小城镇，风景区、产业园、旅游区（景点）集合地，也可以是综合体及非行政建制小镇。

（一）云南楚雄彝人古镇项目概况

楚雄地处滇中，素有“省垣门户，迤西咽喉”之称。是昆明通往滇西、滇西北的大理、丽江、香格里拉和腾冲黄金旅游线的重要连接点，也是云南入川的北大门。近年来，大理、丽江、香格里拉已经成为享誉海内外的旅游区。楚雄是一块神秘而又古老的地方，其文化中有许多吸引人的元素：禄丰恐龙、腊玛古猿、元谋猿人、彝族十月太阳历、万家坝铜鼓……随着周边旅游区域的开发和闻名，彝人古镇也逐渐为世界熟知。

彝人古镇，处于云南楚雄市经济技术开发区。总占地约 3161 亩，总建筑面积 150 万平方米，总投资 32 亿元。其是以古建筑为平台、以彝族文化为“灵魂”，集商业、居住和文化旅游为一体的文化旅游地产项目。彝人古镇的总体定位是：大众消费型民俗旅游商业街区、昆明的后花园、“滇西旅游黄金线”上的第一站。

（二）建设布局

彝人古镇整体设计、分期实施，以路网和水系形成“中间商业、两侧住宅”的商住分区格局。其布局利用威楚大街和两条水系形成“中间商业、两侧住宅”的商住分区格局。项目分期的特点是：以特色旅游商业激活片区活力，通过住宅实现价值最大化。前期是以开发旅游商业为主，辅以别墅、院落等住宅物业；中期主要发展住宅物业，其中 4 期以商业为主，实现商住联动；后期主要开发相关配套，进一步提升土地价值。

（三）开发模式

彝族古镇是典型的“旅游 + 产业”模式的特色小镇，其以旅游产业发展为先导，亦为主导，将彝族文化与商业有机融合形成特色吸引，将大量游客吸引前来观光、休闲，带动小镇旅游相关产业发展，形成一定数量的居民后，进一步推动小镇城镇生活、旅游设施和服务的提供质量，进而开始新的产业布局。地产物业建设随之上马，旅游商业驱动片区的开发，其中住宅占了 70%。

（四）运营管理

彝人古镇在旅游开发、规划上进行统一运营管理，以统一小镇旅游秩序和旅游景观风貌。同时,其对商户金融扶持,以激活商业活力。在旅游开发的中后期,形成一定居住需求市场后,彝人古镇加快推进其地产产业的发展,并通过其主导的旅游产业的不断深化,提高相应的地价,扩大地产产业的布局。当前,彝人古镇地产产业的整体状况良好,在价格和消费速度上领跑了楚雄房地产市场。

彝人古镇在进行统一管理的过程中,设立了招商部,招商部的主要职责是服务商家,为商家解决困难,帮助商家盈利。同时,为做好项目运营,规范市场行为,维护商户权益,彝人古镇组织商户成立了商户自主管理商会,分设餐饮、酒吧、客栈、旅游商品、缅甸珠宝协会等。

古镇还建立了专项"助业资金",为小镇商户的设立和发展提供相应的贷款担保,以减去其融资的压力,有利于彝人古镇内的商户的人气和客源的维持和增长。

(五)盈利模式

彝人古镇的产业模式为:旅游产业+地产产业。因此其盈利模式也呈现"旅游+地产"的特点。即通过发展旅游产业获得双向收入,双轮驱动古镇盈利。

在旅游收入中,又分为门票收入和二次消费收入(休闲、餐饮、购物等活动),此模式在北京古北水镇案例中已有分析,此处不再赘述。

而在地产收入中,这类"旅游+产业"模式的特色小镇的特点也得到了体现,即占据先导、主导地位的旅游产业对相对独立发展的产业(除餐饮业等直接依附于旅游业发展的产业)有着重要作用,地产产业的收入,很大程度上取决于旅游产业的发展。彝人古镇旅游产业的发展,一来带动古镇基础设施的建设和提升,以及城镇服务质量的上升,带动相关产业的发展,增加土地及房产的价值,即提升地产市场供给产品的质量;二来汇聚人气,旅游产业既能直接吸引旅游行业就业人员的汇聚,又能带动大量游客前来参观、游览,对古镇加深了解,从而从刚性居住、经营需求和非刚性投资需求多个侧面,为古镇的地产行业的市场培育需求规模。

第七节　特色小镇的总结分析

一、特色小镇建设的经验

(一)突出特色是小镇的生命力

特色是小镇对外的品牌与吸引力的来源,也是小镇建设的重心。首先,建设特色小镇,要探索小镇可能具备的特色及可以具备的特色。要根据小镇本身的自然地形风貌、小镇的区位特点、小镇的基础设施和发展的历史沿革，找到自身具备的自然或人文特征。其次，要联系当前形势潮流和政策环境，找到市场所需要、所缺乏的产业、文化和风格，发现政府政策的导向和发力点，为发展自身的特色，将特色转化为产业，转化为经济效益及社会效益找到着力点和顺风向。最后，在规划小镇特色时，要寻找与自身特色相关的资源，如自然景点资源、政策扶持资源、融资渠道、可借鉴经验等。

特色小镇的规划、建设和运营发展都要时刻贴紧自身的特色，围绕特色，做亮品牌，产生效益。

(二)树立企业主体、市场主导的理念是特色小镇成功的关键

特色小镇建设成功的关键，是正确处理好政府与市场的关系，充分发挥市场机制的作用。政府主要是做好规划、保护生态、优化服务，其余的都交由企业去做，在融资过程中重视社会资本的作用。因此，小镇建设在一开始就应坚持以企业为主体，采取市场化运作。现实中，成效显著、发展良好的特色小镇，都是市场化运作的结果，发挥了企业的主体作用，彰显了企业的能动力和影响力。例如，路桥沃尔沃小镇由吉利集团主导建设，龙游红木小镇由浙江年年红家具集团一手创建，西湖云栖小镇由阿里巴巴集团与转塘科技经济园区联手打造等。特色小镇建设，也要遵循“政府搭台、企业唱戏”的原则，积极探索推行市场化推进的运行机制，充分发挥企业的能动作用。

(三)营造优美环境是特色小镇吸引企业、人口的基础条件

当前非常重视特色小镇的环境美，规定所有特色小镇要建设成为3A级以上景区，旅游产业类特色小镇更是要按5A级景区标准建设。在高标准要求下建成的梦想小镇、云栖小镇、云制造小镇等众多小镇不单是产业层次高、人才集聚多，而且景色优美、环境宜人，成为了产城融合的典范。当前，交通、通信的便利化，逐渐弱化了大都市和中心城区对企业、人才及游客的吸引力，生活成本低、生态环境好的特色小镇将成为一些企业、人才及游客的首选。特色小镇建设，要突出旅游资源开发和生态环境美化，重点打造“景区 + 小镇”模式，以优美环境吸引企业、人才和游客，以企业、人才和游客的聚集带动要素聚集。

(四)技术和辅助设施、制度是提高建设效率与质量的助攻

在特色小镇的建设过程中，宏观上的智慧化和互联网引擎的作用不可忽视，将互联网技术应用于特色小镇的规划、建设，特色产业的导入、培育和发展，对小镇的

发展起着促进作用。而微观上相关产业技术的研发和市场化应用，是突破产业阶段“瓶颈”，产生进一步经济效益的关键，也是将特色小镇做出过人亮点的途径之一。

在特色小镇建设过程中，政府提供政策辅助，企业采用特定制度以提供辅助，完善小镇的设施设备等都十分重要。如土地利用政策的改革，审批审查制度的简化，农民补偿机制的设计，提升设施和服务的质量，等等。

二、特色小镇发展的“瓶颈”

（一）融资难的问题

特色小镇的建设需要投入大量资金，尤其一些基础性投资，回收周期长，面临资金约束，需要政府、企业和居民的共同努力。在金融政策支持层面，银行并未发挥应有的作用。比如，对于特色小镇，银行并没有给予专项贷款，也缺乏专业的评判体系，由于对小镇的情况无法判断，“想着给贷款，最后又不敢”。于是，所有的开发建设投资的任务都落脚经营公司上。许多中小企业的经济拮据，不会进行随意投资。故许多招商大会，有大量的企业家参与，但是真正投资的很少，现实并不乐观。因为小城镇的基础设施很差，要补齐短板需要有较大投入，且开发成本很高，建设投入周期长、见效慢。看起来小城镇的土地、劳动力的成本都很低，但是基础设施的费用加上成本就很高了，而且很多小城镇现在还断电、断水。

（二）同质化现象

小镇因承载的内容没有大城市多，因而其发展路径有限而专注，各小镇千差万别。一个有产业引领作用的小镇其国际影响力甚至可以大过周边的大城市，并能对产业发展和区域经济发展起到四两拨千斤的作用①。

但是，特色小镇建设并非具有当地特色或者有独到的文化就能建设好。山清水秀、文化底蕴这些都是特色小镇建设基础，其中有两个关键要素：特色不能是千镇一面，特色如何助推小镇发展。这才是特色小镇建设的目的所在②。

突出特色的方式有：明确特色定位，培育特色产业，使用特色模式，引入特色技术，进行特色宣传，等等。

（三）政府和市场的责任划分不清

社会主义市场经济体制要求经济发展模式由政府主导型转变为市场主导型，

---

① 参见《地产战略研究》：《如何避免同质化——看特色小镇的八大主题》，载《特色小镇运营中心》公众号。

② 参见陈立旭：《论特色小镇建设的文化支撑》，载《中共浙江省党校学报》2016 年第 5 期。

减少政府对微观经济的直接干预,政府除了宏观调控外,主要负责提供公共产品和公共服务,最终转型为服务型政府。服务型政府依据法律法规为社会公众提供服务,其服务对象是公民、企业、市场和社会,其提供的服务既包括向社会大众提供公共产品和服务,也包括为市场和企业提供一个相对公平的发展环境。在政府与市场新型关系下,政府引导作用的充分发挥,需要"特色小镇"建设相关的各级政府不仅做到权力清单"瘦身",更要做到责任清单"健身",做好相关服务保障工作①。

(四)土地政策不明确

小城镇的土地,有一部分是国有土地,但多数是集体建设用地,比如宅基地。集体土地只能在集体内流转,要征用就需要经过土地征用程序。而且小城镇没有建设指标,原来的建设用地有限,现在有基本农田保护的问题,加上我国行政管理权的授权到县里部门,镇一级缺乏行政管理的行政执法权。整个项目主体必须是集体所有,法人主体不确立②。

三、特色小镇发展的建议

(一)因地制宜

建设特色小镇,要尊重三个规律:经济社会发展规律、城镇化发展规律和市场经济规律。适应城乡社会发展的需要,正确认识特色小镇发展的意义和作用。既不能拔苗助长,又不能光开花不结果。既要定目标下指标,又不能唯目标唯指标,要充分发挥市场作用,发挥企业家精神作用。在结合各地发展实践的基础上,因地制宜,分类引导,通过政策引导发挥基层实践的积极性。对于发达地区、特大城市和中西部省会城市周边,以特色小镇的特色产业发展为载体;对于欠发达地区,偏远地区,以特色小镇的区域打造为载体。发挥二者在功能定位、产业主导、居住群体、吸纳人口、投资规模、消费层次等方面各有侧重的特点,形成互为点缀、互为补充的城乡一体化新形态。及时总结各地特色小镇建设做法,形成可复制、可推广、可操作的经验。

(二)进行战略部署

特色小镇采用创建制,强调发挥市场机制作用,但要避免在市场机制下同一主题特色小镇形成的无序竞争甚至一哄而上,乃至造成同级政府之间为了"抢资源、上项目"相互比拼优惠政策,而是要集中力量、集中资源做关键。一是要发挥不同

---

① 参见张蔚文:《政府与创建特色小镇:定位、到位与补位》,载《浙江社会科学》2016年第3期。

② 参见沈琪芳:《特色小镇培育与建设的问题及对策》,载《浙江树人大学学报》2016年第16卷第3期。

层级政府规划引导作用,二是要发挥城市群的协商机制,从顶层设计上对这种有可能造成的资源重复配置或资源浪费的现象进行整体战略部署。在规划设计特色小镇过程中,以提供有效供给和满足有效需求为导向,围绕产业和功能的特色定位,明确不同层级的特色小镇满足不同群体需求,同一类型的特色小镇也可在不同需求区域进行有效配置。

(三)完善投融资体制机制

特色小镇的建设,需进一步明确特色小镇建设运营管理主体权责利。特色小镇作为非行政建制区域,建设运营管理主体可以是政府或政府平台公司,可以是独立的市场化主体,也可以是政府和市场联合主体。重点是根据不同类型特色小镇,发挥各自主体的优势或互补优势,推动特色小镇发展。完善配套政策,在基础设施和公共服务配套设施建设上,发挥政府财政资金"四两拨千斤"的优势,吸引社会资本参与;加快形成产权明晰、符合市场规律、具备产业特征的特色小镇商业模式,让社会资本进得来、留得住、能受益;加快 PPP 立法,把特色小镇作为政府和社会资本合作模式创新的承载平台。

(四)创新治理体系

特色小镇不仅承载经济功能,同时承载社会功能和生态功能。创新特色小镇治理体系,一是要充分发挥信息化在社会治理中的作用,特色小镇建设过程中充分应用了现代信息传输技术、网络技术和信息集成技术,打造智慧社区,在社区管理、社会治理上要先行应用实践,为建立智慧化的社会治理体系提供新探索。二是要发挥政府引导和公众参与在社会治理中的作用,特色小镇是各类高端人才、创业人才的集聚地,是各领域专家的集中地,搭建社会治理平台,为公众参与社会治理体系提供新探索。三是特色小镇建设过程中要把政府提供基本公共服务、社会组织提供增值服务和社区提供自我服务结合起来,为社会治理体系协同创新提供新探索。

第八节　PPP 与特色小镇

一、PPP 概述

(一)PPP 的概念

PPP 是 Public - Private - Partnership 的首字母缩写,常译为"公共—私营—合作

机制”,是指为了建设基础设施项目,或是为提供某种公共物品和服务,政府按照一定的程序和方式,与私人组织(社会力量)以政府购买服务合同、特许经营协议为基础,明确双方的权利和义务,发挥双方优势,形成一种伙伴式的合作关系,并通过签署合同来明确双方的权利和义务,以确保合作的顺利完成,由社会力量向公众提供市政公用产品与服务的方式,提高质量和供给效率,最终实现使合作各方达到比预期单独行动更为有利的结果。

(二)PPP 模式的本质

PPP 模式本质上是政府与社会资本合作,为提供公共产品或服务而建立的全过程合作关系。以授予特许经营权等为基础,以利益共享和风险分担为特征,通过引入市场竞争和激励约束机制,发挥双方优势,提供公共产品或服务的质量和供给效率。即建立政府与企业“利益分享、风险共担、全程合作”的模式,形成“政府监管、企业运营、社会评价”的良性互动格局。

PPP 模式的核心是在公共服务领域引入市场机制。因此,它不仅仅是单纯的融资方式,也是一种机制和制度设计。推广 PPP 模式进行城市基础设施的建设与运行,可以将适度的市场竞争引入城市基础设施领域,在实现社会福利、提高基础设施服务质量的同时也给企业带来合理的投资回报,同时也能够增强公共基础设施可持续运行的效率和能力。

(三)PPP 项目的操作基础

1. PPP 项目运作模式

PPP 项目运作模式由收费定价机制、项目投资收益水平、风险分配基本框架、融资需求、改扩建需求和期满处置等因素决定。根据不同项目的相关因素的组合情况,PPP 项目在实际运作过程中也将采用不同的模式。PPP 项目主要的运作模式可以分为外包类、特许经营类和私有化类三种。

其中,外包类(Outsourcing)PPP 项目运作模式是指在 PPP 项目中,私人部门仅承担项目的建设、维护等过程中的一项或几项,政府为其提供的产品或服务付费。在这类合作中,私人部门对政府提供服务是比较单纯的商业价值交换行为,不涉及项目运营和对项目收益的分享,项目投资和经营的风险完全由公共部门承担。其具体可划分为模块式外包(Component Outsourcing)和整体式外包(Turnkey)两类。模块式外包可细分为服务外包(Service Contract)以及管理外包(Management Contract)。整体式外包可细分为设计—建设(DB)、设计—建设—主要维护(DBMM)、经营和维护(O& M)以及设计—建设—经营(DBO)。

特许经营类(Concession)项目运作模式以授予特许经营权为特征,私人部门参与的项目环节要明显多于外包类,一般都涉及项目的投资或运营,在此过程中公共部门和私人部门需要共担风险。参与项目的公共部门需要协调私人部门的收益性和项目整体的公益性之间的关系,项目资产在特许经营期限之后需要移交公共部门。特许经营类模式具体可分为转移—经营—转让(TOT)、建设—经营—转让(BOT)以及其他三类模式。其中,转移—经营—转让(TOT)模式可细分为购买—更新—经营—转让(PUOT)、租赁—更新—经营—转让(LUOT),建设—经营—转让(BOT)模式可细分为建设—租赁—经营—转让(BLOT)、建设—拥有—经营—转让(BOOT),其他另有设计—建造—转让—经营(DBTO)、设计—建造—投资—经营(DBFO)两类。

私有化(Divestiture)项目运作模式中,私人部门负责项目的全部投资,也承担全部的风险,项目所有权永久归私人所有,不需交回。与普通竞争性领域的公私合作不同,PPP 领域的私有化类项目中,私人部门在项目定价和服务质量等方面需要接受政府的监管,以保证公共福利不会由于私人部门权力过大而受到损害,这也是私有化类 PPP 项目中公共部门作用的体现。其可分为完全私有化及部分私有化两类。其中,完全私有化包括购买—更新—经营(BUO)、购买—拥有—经营(BOO)两类,部分私有化可细分为股权转让及其他形式。

2. PPP 项目运作框架

PPP 项目虽有多种具体运作方式,但其基本框架结构仍有规律可循。在 PPP 项目下,政府授权部门与社会投资者共同进行股权投资,形成项目公司资本金,组建 PPP 项目公司(SPV)。项目公司成立后,政府授权部门与其签署特许经营协议,对其进行项目下的公共事业及基础设施的设计、建设及运营等内容进行特许授权。同时,项目公司与相关金融机构签订贷款协议或证券协议,进行融资,进而在足够项目资金的基础上,分别与建设承包商及运营商签订建设合同及运营合同,对项目的建设、运营等具体部分进行落实,从而实现整个 PPP 项目的开展。

(四)PPP 模式操作流程

根据《关于印发政府和社会资本合作模式操作指南(试行)的通知》(财金〔2014〕第 113 号)的指引,PPP 模式的操作可分为项目识别、项目准备、项目采购、项目执行、项目移交五个阶段,详见下图。

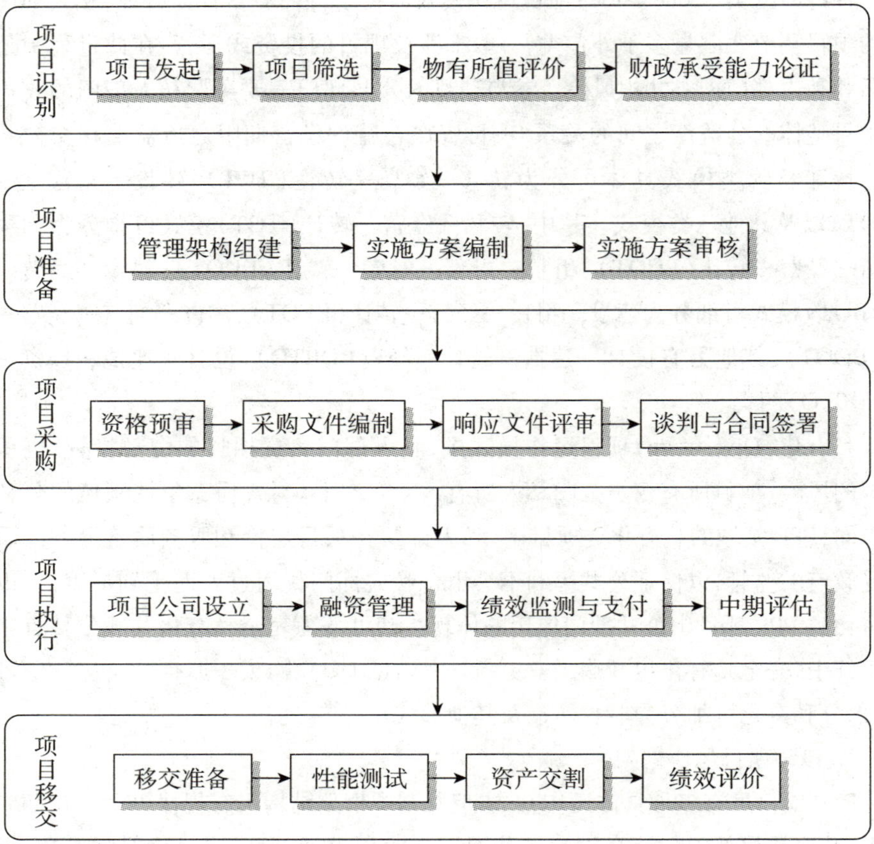

(五)PPP项目发展展望

据统计,2016年大部分省份的政府工作报告,都将扩大民间投资放在重要位置,有的更是直接提出规范PPP项目运作,扩大PPP项目领域,以此来促进民间资本活跃度。

国家推进混合所有制改革,除了通过国企改革等企业层面的“公私合作”外,在新型城镇化过程中自然也需要有更多的民营资本共同参与基础设施与公共服务项目的建设。PPP作为政府与社会资本深入合作的特有模式,有着解决各方风险顾虑,充分保障各方利益的先天条件,故而充分发展PPP模式,将加大新型城镇化项目(特色小镇项目、小城镇建设项目、园区开发项目等)对于民间资金的吸引力,进而将有助于引导民间资本进一步投入基础设施建设和公共服务项目等领域。

从“十三五”规划纲要可以看出国家对于民营资本参与公共服务类项目的强烈支持,而连接这些公共服务项目和民营资本的最有力媒介正是PPP模式。所以,可以说PPP是引入民间资本参与国家新型城镇化建设(特色小镇项目、小城镇建设项目、园区开发项目等)的有效通道。故而有意向投资于基础设施建设和公共服务项目的民间资本自然需要 PPP 给予助力。

值得关注的是,民营资本参与 PPP 的情况一直是业界较为关心的问题,一方面是因为若国有企业参与 PPP 项目数量过多,那么 PPP 模式实际上并未起到分摊国家公共部门财务压力的作用;另一方面是因为相比国有企业,民营企业更懂市场化运作,可令 PPP 项目最大程度地体现出经济价值和社会价值。所以,我国 PPP 是否能够走上健康发展的道路,民营企业的参与比重至关重要,政府对此也极为关心。

二、特色小镇 PPP 模式的发展背景

(一)特色小镇 PPP 模式应用的必要性

1. 减轻财政压力,开拓融资渠道

根据《住房城乡建设部、国家发展改革委、财政部关于开展特色小镇培育工作的通知》,到 2020 年,培育 1000 个左右各具特色、富有活力的休闲旅游、商贸物流、现代制造、教育科技、传统文化、美丽宜居等特色小镇。目前,地方政府也在积极推出各种各样的特色小镇,但是政府处于两难的境地,一方面特色小镇必须以产业为主体,另一方面地方政府的债务压力大,持续的财政输出显然不太可能。要实现特色小镇建设投资主体的多元化,建立以政府引导,社会资本广泛参与的融资模式,发挥财政资金的“杠杆”作用,才能够以较少的财政资金撬动庞大的社会资金。因此,以政府和社会资本合作为基本特征的 PPP 融资模式,能够有效地综合使用财政资金和社会资本,弥补特色小镇资金缺口,丰富资金来源。因此,在特色小镇建设过程中有必要积极探索引入 PPP 模式,解决特色小镇资金不足的问题。

2. 降低和分散风险

在特色小镇建设中采用 PPP 模式,政府和社会资本通过相应的合同,对投资、建设过程中的相关责任进行明确划分,这有利于降低和分散风险,提高特色小镇建设的效率和效益。一方面,政府通过行政手段以公开竞争的方式引进综合实力较强的企业参与特色小镇的建设,参与的企业一般具有较强的风险控制能力和雄厚的资金积累,进而提高特色小镇建设的整体风险控制能力;另一方面,PPP 模式的初衷是在项目的开始阶段就引入社会资本,这样社会资本可以以自身先进的技术和管理经验,对项目本身的相关风险进行甄选和识别,进而通过行之有效的手段管控风险。另外,在特色小镇建设的开始阶段,政府可以承担较多的项目风险,而社会资本则参与风险的管控。当特色小镇的项目完工,社会资本参与特色小镇的经营,承担相应风险。这样政府和社会资本可以发挥自身优势,在项目的不同阶段管控相应风险,提高特色小镇建设的效率。

3. 扩大社会资本的投资领域

在特色小镇建设中引入PPP模式,不仅有利于缓解政府财政压力,对民营企业的发展和完善也有利,具体可以从三个方面来体现:第一,PPP模式可以作为特色小镇建设的一种稳定的投资渠道,获得经济利益。特色小镇建立的初衷就是为了打造一个产业平台,未来像美国的硅谷一样形成一个产业集群,这样社会资本可以获得较高的预期收益。第二,在PPP模式下,社会资本通过投资特色小镇,除了可以获得直接的经济利益,还可获得其他衍生利益。例如参与特色小镇的商业设施和公共服务设施的日常经营和管理,获得较为合理的经营性收入。第三,在PPP模式下,社会资本参与特色小镇建设,可以提高特色小镇的建设效率,提高政府资本的投资效率,拉动区域的经济发展和投资需求,有助于提升整个社会的资本投资回报率,还有吸引更多的人才参与到区域的经济建设中去。

(二)特色小镇PPP模式应用的可行性

1. 良好的运作基础

PPP模式的核心在于政府和社会资本的优势合作,实现双方"共赢"的合作目标。PPP模式在中国经过多年发展,积累了许多宝贵的经验。从90年代至今,PPP模式的在各个领域得到了广泛运用。去年自发改委和财政部对于PPP项目,搭建PPP项目的推介平台以来,中国的PPP项目规模已达13.77亿元。在地方政府的持续财政压力驱动下,PPP项目的融资功能对于缓解地方的债务压力比较明显,深得各级政府的推崇。

2. 积极的政策环境

特色小镇作为一个按照创新、协调、绿色、开放、共享发展理念,融合产业、文化、旅游、社区功能于一体的产业平台,中央和各级政府都不遗余力地给予政策支持。住房城乡建设部、国家发展改革委、财政部(以下简称"三部委")联合发出《关于开展特色小城镇培育工作的通知》,提出在全国范围内开展特色小镇培育工作。

浙江省政府出台《关于加快特色小镇规划建设的指导意见》明确了特色小镇规划建设的总体要求、创建程序、政策措施、组织领导等内容。天津市政府办公厅发布《天津市特色小镇规划建设工作推动方案》。根据该《方案》,到2020年,天津市将创建10个市级实力小镇、20个市级特色小镇。江苏目前除了南京已率先进行试点建设外,扬州、泰州、宿迁等市也在积极探索中。广州目前已编制了《关于加快特色小镇规划建设的实施意见》,计划先期创建30个市级特色小镇,为其提供用地扶持、资金扶持、产业扶持和人才支持……

一系列的政策为特色小镇各方面的建设,以及广泛运用PPP融资模式提供了政策支持。

3. 稳定的投资回报

特色小镇的建设能否吸引到民间资本的参与，其中的关键在于特色小镇项目的盈利空间和回报机制的设置，能否匹配社会资本的预期回报率。只有当特色小镇的投资收益大于社会资本的投资成本时，PPP 融资模式才能真正的落地。事实上，PPP 融资模式下，社会资本参与特色小镇的建设还是有利可图的。

首先，从特色小镇设立的目的来看，特色小镇不同于一般意义上的政府公益性项目，它是一个融合产业、文化、旅游、社区功能于一体的产业平台。因此，定位准确、运作科学、机制合理的特色小镇，它未来产生的价值，完全可以满足社会资本的投资回报。

其次，在政府为了吸引社会资本参与特色小镇的建设，会从多方面落实相关政策，提供优惠条件，包括从多方面解决好社会资本的投资回报问题。例如：政府从土地、税收、银行信贷支持以及财政政策方面等予以支持。

三、特色小镇 PPP 项目的流程设计

特色小镇 PPP 模式，是以特色小镇项目为合作载体，让实力较强的企业参与到项目建设中，从而实现政府建设特色小镇的目的，与此同时为社会资本带来一定的投资回报率。通过这种合作过程，确保特色小镇建设效率和质量的前提下，适当满足社会资本的投资营利要求。其特征主要表现为：

1. 采用 PPP 模式的特色小镇项目也可以理解是一种特许经营项目，特色小镇的财产权归政府所有，政府只是将特色小镇项目的建设、经营和维护交给社会资本。

2. 特色小镇的 PPP 模式下，政府和社会资本之间属于长期合作，其最终的目的在于提高特色小镇的长期效益。由于特色小镇项目回报的长期性，其成功的关键在于项目的存续期内政府和社会资本如何能够保持稳定、良好的合作关系。

3. PPP 模式的初衷便是一种利益共享，风险共担的机制。所谓利益共享是指政府和社会资本在共享特色小镇的社会成果之外，也可以使社会资本获得比较好的经济收益。但是这种投资回报绝对不是超额利润，否则从根本上难以做到利益共享。利益与风险的匹配性，在项目双方共享利益的同时承担相应风险是必须具备的。

基于上文所述 PPP 模式可行性和必要性，结合 PPP 的自身特征，现提出特色小镇建设 PPP 模式的交易架构，该架构的重点是社会资本就特色小镇项目应成立项目公司，由项目公司负责对项目进行融资，这其中包括融资金额和目标、融资结构、确定项目资金的结构，并签署相关协议。具体结构见下图。

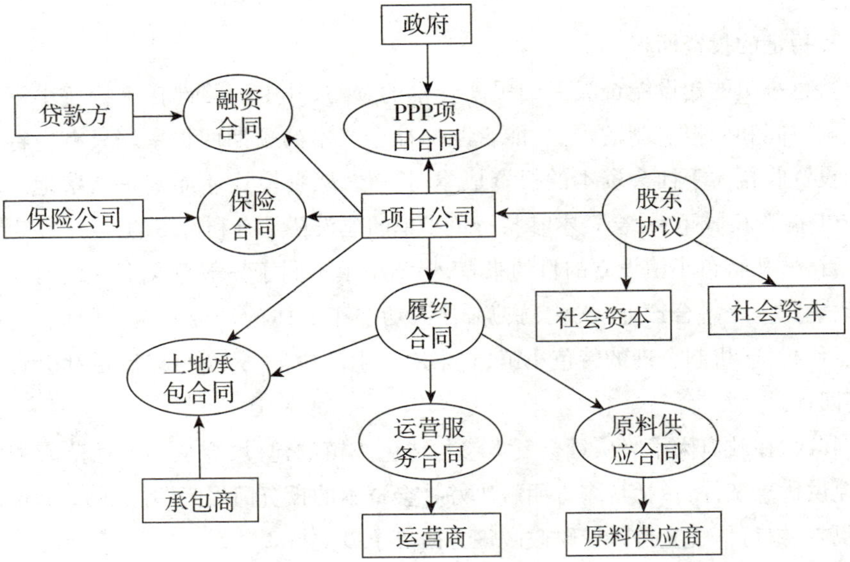

四、特色小镇 PPP 项目的运作模式

在前文对特色小镇进行分类的基础上，根据小镇的开发、发展特色类型为划分依据，特色小镇主要类型有：资源集聚型（如浙江的磐安江南药镇、江苏吴江旗袍小镇、海南三亚天涯小鱼温泉特色小镇等）、环境集聚型（如安徽黟县、贵州旧州镇等）、平台集聚型（如杭州玉皇山南基金小镇、云栖小镇、艺尚小镇等）三类。不同特色类型的特色小镇，要实现小镇特色的开发与发展，其在运用 PPP 模式进行建设的过程中，应注重特色导向。

(1) 环境集聚型特色小镇，由于以开发文化旅游、景观旅游、民俗旅游为主，往往围绕某一特色历史文化小镇或旅游景区为核心进行片区整体开发，可以采用单一社会资本整体开发模式，引进综合旅游运营商或城市运营商，进行特色小镇的开发。具体运作模式上可以采用 DFBOT（设计—融资—建设—运营—移交）或 DFBOO（设计—融资—建设—拥有—运营）模式。

(2) 资源集聚型特色小镇，由于主要是围绕地方特色资源而形成的，其运作模式与地方特色资源存在密不可分的联系，因而在特色小镇的建设运营上有其专业性，往往很难找一个既综合又符合地方特色的专业运营商，因此可以采用多社会资本协同开发模式。具体的开发模式，可以根据具体开发项目的性质和经营性选择 DFBOT 或 BOT、TOT 等模式。

(3) 平台集聚型特色小镇，其主要目的是利用地方特色优势搭建产业发展平台，吸引有需求的企业入驻集中发展相关产业，特色小镇的建设主要集中基础设施建设、环境整治及物业开发,如果经营性项目不多,则可以采用传统的一级模式;经营性项目较多的特色小镇可以采用多社会资本协同开发模式。具体开发模式上可以采用BOT等模式。

五、特色小镇PPP项目的相关建议

(一)对企业的建议

1.明确PPP项目运作机制

首先,明确项目合作主体。四大主体是政府授权的下属机构或下属公司,各类投资主体,金融机构或其他投资人,咨询设计、工程施工、招商运营等产业服务机构。

其次,明确职责分工。政府部门给予整体方向指导、行政便利支持和专项资金补贴等;合作成立的SPC公司作为PPP项目实施主体,负责与政府签订PPP项目合同,进行土地整理、基础设施建设、公共设施建设、物业项目开发等项目开发运营活动。

2.明确项目相关投资回报

PPP项目属于基础设施与公共事业,决定了它需要在社会资本收益和公共利益之间寻求平衡,收益率大概只能达到10%。因此,建议参与特色小镇建设的社会资本方一开始就要降低收益预期。

首先,明确项目收益及补偿来源,主要包括开发建设成本补偿和特许经营收益。其次,要明确项目周期。一般PPP项目都有长达10~30年的运营期,要靠后期运营的收益来弥补前期投资,因此,需要社会资本方具有强大的运营能力。

(二)对政府的建议

1.建立PPP项目资源库

首先,明确入库项目范围,重点为城市基础设施及公共服务领域项目。

其次,聘请专业PPP项目咨询机构,包装特色小镇PPP项目,向上申报;然后邀请中介机构基于项目的建设经营方案、盈利补贴方案、经营年限等综合条件,对项目进行初步筛选。

再次,根据申报项目的性质及成熟度,明确项目分类(储备项目库、执行项目库、示范项目库),确定项目开发时序。

最后,对项目实施动态化管理,及时有效掌握每个项目的详细信息,有针对性的提供技术支持与专业指导,同时针对进度慢、效应差的项目建立退出机制,形成良性机制循环。

2.制定PPP项目税收优惠政策

目前,财政部已出台一份《关于支持政府和社会资本合作(PPP)模式的税收优惠政策的建议》,主要涉及基础建设领域。因此,在针对社会资本参与特色小镇PPP项目,政府也应加快出台针对不同类型的特色小镇PPP项目实施的各个阶段的专项支持扶持优惠政策,以达到降低社会资本的投资成本。

3. 加强PPP项目金融支持体系

建议政府加强加紧出台更多金融支持政策,建立符合特色小镇PPP项目的金融体系,如扩大商业银行对特色小镇建设贷款力度、对于进行特色小镇建设的社会资本进行贷款贴息、大力在各个金融机构宣传特色小镇PPP项目、直接发行一些特色小镇PPP项目的项目收益债、资产证券化进行特色小镇PPP项目融资等。

4. 加强人才引进政策

为了配合特色小镇PPP融资项目的顺利实施,政府还应利用其自身优势培养和引进一批熟悉PPP项目和投融资结构的专业性人才。当然也应该为特色小镇后续的经营和发展储备一批专业对口的人才。

第九节 PPP与小城镇建设

一、小城镇建设概述

(一)小城镇建设的概念

小城镇建设是小城镇的各种要素的创立或组合以及一定区域内小城镇体系的设置、改造和发展的过程。

立足于我国的国情和现有的城乡二元结构,陕西省中际国际城市发展研究院在长期研究中,CUDI院院长、学者王超在《新农村建设中的小城镇发展》一书中提出小城镇建设的新内涵,即通过统筹城乡发展,加大公共财政对农村的覆盖,增加农村教育、卫生、交通、水利、环境等公共产品供给,实现农村地区的可持续发展,在城镇化背景下以统筹城乡经济社会发展的思路,改变过去单纯地、片面地强调加快城镇化进程的观念,更加关注城乡之间的良性互动,更为综合和全面地谋划中国的现代城乡结合化建设。

(二)小城镇建设的内容

1. 微观建设

微观建设,指小城镇的各种社会要素的创立、兴建、组合和发展工作。大体上可归纳为物质文明方面的建设与精神文明方面的建设。

（1）物质文明建设主要包括经济建设、生态环境建设和市（镇）政设施建设等

①经济建设涉及工业、交通运输业、建筑业、商业和服务业的建设，以及与小城镇居民生活直接相关的农、林、牧、副、渔等行业的建设。经济建设在小城镇建设的各项工作中居于中心的地位。

②生态环境建设主要是围绕消除或控制大气污染、水质污染、废渣污染、噪声污染而进行的排烟、防尘、绿化、美化、供水、排水、垃圾和粪便处理，以及隔声、消声等方面的建设。生态环境建设直接影响着小城镇居民的生活质量，极大地制约着小城镇经济和社会的发展。

③市（镇）政设施建设主要包括工厂、商店、机关、学校、居民住宅的建设，以及道路、桥梁、供水、供电、文化娱乐和生活服务等公用设施的建设。市（镇）政设施建设是发展经济、改善生活的必要条件，是经济建设和生态环境建设的物质体现。

（2）精神文明方面的建设主要包括思想建设、文化建设和社会制度、组织建设

①思想建设主要是用科学的理论和世界观、现代的民主意识和法治观念、高尚的道德情操和风貌等来提高小城镇居民的思想道德素质。

②文化建设主要是通过教育、科学、文学艺术、新闻出版、广播电视、卫生体育等文化事业的发展来提高小城镇居民的科学文化素质。

③社会制度和组织建设，主要包括经济制度、政治制度、文化教育制度、家庭制度、社会保障制度，以及与这些制度相适应的组织机构或设施的建设。

2. 宏观建设

小城镇宏观建设，指一定区域内小城镇体系的建立、改造和发展工作。要求从本地区、本城镇的实际情况及它在整个社会结构中的客观地位出发，做好总体规划。制定小城镇建设规划，要兼顾经济、社会、生态三大效益。规划的内容要全面，既要突出经济建设的重点，又要配合做好教育、科学、文化、人口、劳动力、社会保障、生态环境、市（镇）政设施等方面的建设规划。它侧重于解决一定区域内小城镇的密度、规模、功能和空间布局的问题，以及小城镇建设的发展速度和具体的方法、步骤等问题。一般地说，每一个区域内的小城镇，要尽可能做到密度适当、规模合理、功能互补、布局均衡。

（三）小城镇基础建设的基本内容

在小城镇建设过程中，主体工程是小城镇的基础设施的建设。一般而言，小城镇基础设施的内容和城市基础设施内容基本相同，但范围可能更小一些。

1. 交通基础设施

在这里主要指小城镇内部的道路规划、建设以及小城镇与城市、乡村之间的道路建设。特别是与全国路网接通的道路是发展生产，提供小城镇居民和农民收入

的前提之一。

2. 通讯、电力、自来水等公用基础设施

小城镇的规模有限,没有像大城市那样的高密度的居住人群,此外,又由于收入水平的差距,意味着建设这些基础设施的单位成本较高,且使用率偏低。

3. 教育、文化基础设施

虽然小城镇的教育、文化等基础设施比较农村地区已经有了显著进步,但仍然是不足的。这主要表现为许多小城镇的九年制基础教育配套设施包括校舍、网络远程教育等还没有达到教育部所要求的水平。至于小城镇的文化设施如图书馆、电影院等,更显得凤毛麟角。

4. 医疗卫生基础设施

由于我国居民医疗保障的水平较低,覆盖面不足,直接导致了一部分小城镇居民看不起病,因病致贫的问题非常突出。

(四)小城镇建设的背景

世界各国的城市发展经验表明,工业化和城市化是一个相互影响、相互推动的发展过程。

对中国而言,在发展模式、城乡差距、收入水平的悬殊、形成城乡分离、"城乡二元化"结构。加之城乡发展在完成产业结构转变时,却未完成就业结构、空间结构和生存方式的转变。

我国的城镇化建设,大致以 1995 年为界可分为两个阶段。第一阶段从 1978 年到 1995 年,是城镇化建设恢复发展期;第二阶段从 1996 年至今,是城镇化建设加速发展期。小城镇数量增加,规模扩大,社会功能趋于完善,对周围社区的辐射力、吸引力和综合服务能力显著提高。宏观布局方面有的地区形成比较合理的小城镇体系,为小城镇的发展开拓了一条崭新的道路。但是,中国现有的小城镇绝大多数都是历史上自发形成的,虽有某种自然的合理性,同时也存在一定的盲目性和不平衡性。小城镇的建设又缺乏科学规划和管理产生一系列问题,诸如,小城镇的数量较多,规模较小,多数小城镇发展水平较低,功能不够完善,许多地区小城镇的分布不均衡,结构不合理等。此外,资金不足,人才奇缺,土地浪费,环境污染,体制不合理,管理不完善等等,都严重地阻碍着小城镇的健康发展。

(五)我国小城镇建设的问题

1. 用地结构不合理,土地利用率低

由于传统生活方式的影响,再加上政策宣传不到位和地方政府监管不力,小城镇建设中普遍存在着对土地重要性认识不足的现象。与大中城市相比,小城镇的人均占地面积要大得多。2007 年统计数据显示,50 万人以上大中城市市区面积人均 73 平方米,50 万人以下小城市人均 94 平方米,小县城人均 121 平方米,建制镇人均 183 平方米,建制镇的人均占地面积是大中型城市的 2.5 倍。

2. 一味追求经济效益,忽视环境保护和资源有效利用

一方面,由于当前小城镇的经济基础普遍相对薄弱,为了吸引投资、追求最大限度的经济利益和政绩,地方政府往往采取“以环境换发展”的政策,引进一些高污染、高能耗的企业到当地去投资建厂,任由他们随意排放污染物和毁林开矿等。另一方面,小城镇中普遍缺少污水和生活垃圾处理设施,污染物一般直接排放到沟、坑、河中。这些行为导致了非常严重的环境恶化和资源浪费问题的出现。

3. 无视当地实际情况,盲目照搬现成模式

从全国的小城镇建设来看,发展较晚的小城镇目前还处于探索阶段,在确定发展方向时没能很好地结合当地实际,往往是照搬现成的模式,大部分尚未形成主导特色产业。

4. 人口流失严重,人力资源匮乏

由于外出务工人员和到外地求学的学生认为小城镇里没有个人的发展空间而不愿意再回到家乡,外地高素质人才也不愿意到小城镇发展,造成小城镇人口流失严重,老龄化问题日益突出,人力资源匮乏。

5. 建设资金短缺,基础设施薄弱

小城镇的发展,基础设施建设是关键;基础设施建设,资金是关键。我国小城镇自身的财政收入较少,基础设施建设资金主要依靠上级拨款,巨大的财政压力制约了小城镇基础设施建设,阻碍了小城镇与外界的沟通交流,不利于吸引资源向小城镇流动。

二、小城镇建设 PPP 的发展背景

(一)小城镇基础建设的经济属性

分析小城镇基础设施的经济属性,对于解释为什么在小城镇基础设施建设中引入 PPP 管理模式是必要而可行的做了有益铺垫。

1. 相当一部分基础设施具有自然垄断的性质

小城镇的基础设施和城市的基础设施一样,相当一部分具有自然垄断的性质。因而,当私营部门要参与小城镇基础设施的设计、投资与经营时,有必要受到政府规则的合理管制。

2. 具备准公共产品的性质

小城镇的基础设施大都属于准公共产品而非纯公共产品,某些则更接近于私人产品。例如,小城镇内部的许多道路、桥梁建设、广场喷泉等的建设就更像纯公共产品,很难对其进行收费。而通讯设施、电影院等设施则类似于私人产品,因为可以通过向使用它们的人收取合理的费用进行补偿。

3. 收益范围有限,使用效率较低

由于小城镇人口居住密度相对较低,流动性较大,且经济能力有限,基础设施的使用率明显低于城市基础设施,从而导致边际成本较高,其收益范围受到局限。

4. 可经营性不强、吸引私人部门参与相对困难

如果要对私营部门产生吸引力,基础设施的运营必须有足够的现金流量和回报能力。但边际成本较高、收益范围有限、使用效率较低的小城镇基础设施,设想通过建成后向消费者收取费用的方式收回投资,是存在困难的。

5. 管理模式的缺陷

传统的小城镇基础设施建设管理模式的缺陷也表明了引入全新的PPP管理模式是必要而可行的。在我国传统的基础设施投资建设中,有限的资金主要被用于投资大城市基础设施,而鲜有关注小城镇基础设施建设的。因此,小城镇的建设主要靠当地政府投入,而普遍存在的村镇政府的财政困难导致很难拿出足够的资金。即使存在上级政府的转移支付,也远远不能解决资金缺乏的问题。另外,对多元投资的激励机制不足也是导致小城镇基础设施匮乏的一个重要原因。根据以上的分析,引入新的PPP模式对于改善小城镇基础设施的意义就十分明显了。因为PPP模式本身具有的创新点和独特之处,使其成为加速基础设施融资和建设步伐,促进地区经济平衡发展的有效途径,故在我国小城镇基础项目建设中也应有十分广阔的应用前景。

(二)PPP模式在基础建设中的优良性

1. 在基础建设的资金超值

PPP模式只有是项目完工和得到政府批准使用后才会有收益,所以PPP模式可以提高工程的性价比和降低工程的造价,研究表明和传统的融资模式项目相比,PPP项目平均为政府减少17%的经济开销,还能保证工程如期完成。

2. 从绝对的管理转换为投资者和监督者

在PPP模式中政府就是一个监督者和投资者,不必去管理工程的详细内容从而质量得到保证。也可以减少在工程管理方面的人员开支,减轻政府压力。同时私营部门有更多的资金和技能,PPP模式的出现推动了融资体制的改革,也有效改善项目的设计、施工、管理。

3. PPP 模式可以更好地服务于民众

PPP 模式很大程度上能提高服务质量，权力和资本的划分对工程出现的问题的解决有很大的帮助。在 PPP 模式中政府和民营机构都可以发挥各自的优势，进而互相看到对方的问题形成互相监督的形势从而更好地为民众提供优质服务。

（三）PPP 模式在统筹城乡发展中的优劣性

小城镇的基础建设和其他建设一样都面临资金、管理和监督的相关问题，这些问题的合理解决才能更好地服务民众。城乡的统筹发展中小城镇基础建设和发展是重要部分，乡村建设的基础设施中最重要的就是公路的建设和保养。特别是较为落后的西部，由于地形、文化、经济的原因，在短时间内政府难以新建。要实现城乡统筹发展就要有合理科学的发展方式和规划。PPP 模式在小城镇的建设需要各方努力，特别是西部，单单凭借政府的力量难以发展和建设。PPP 模式在西部成功地运用就是农村公路的建设等，在西部村镇之间的距离大、地势险恶的建设环境下，大型的设备常无法使用。政府也没有能力去时时监督和管理公路的建设，而 PPP 模式中政府就是投资者和监督人，既减少了在工程各方面的开支，还可以将更多的资金、精力放在其他发展建设中去。

现代小城镇建设的 PPP 模式也需有相应的完善。PPP 是一项复杂而系统的工程，参与的部门较多，法律关系高度复杂，所以需要高效系统的法律来规范。

现在 PPP 领域，在细节上还没有较为系统的法律规定，文件的内容还是比较单调而没有明细性。

PPP 项目的融资运营也存在问题和难题。如政府扶持的具体细节没有得到洽谈，文件的连续性和关联性不强，项目的风险管理不具体等。国外的 PPP 项目的完成离不开政府的帮助，但是我国现行的法律规定不支持政府对项目采取扶持的措施。随着发展的需要，一些地方政府在这个方面已有突破，PPP 项目在现阶段的运用要完善相应的法律法规。要和国际接轨学习西方先进的 PPP 模式经验，创造有利于促进民间能够投资、能够积极投资的基础建设项目。更重要的是要创建一个使民间敢投资的社会法制环境，在法律的保护下稳定、快速地发展农村经济，促进城乡的统筹发展。

三、小城镇建设 PPP 的政策支持

（一）现有小城镇建设 PPP 项目的相关政策的特点

1. 解决融资难

住房城乡建设部、国家发展改革委、财政部曾联合发布《关于开展特色小镇培

育工作的通知》。该通知提出，到2020年，培育1000个左右特色小镇，引领带动全国小城镇建设。

目前，国家发改委和财政部，共同主导PPP项目的推行工作。融资难，是PPP项目难落地的一个主要原因。同时，因为一些大型的PPP项目建设周期长，投资金额大，导致大部分的金融机构不敢贸然"接手"。而小城镇建设，主要集中在市政工程、服务设施领域，并且是以县级城市为主展开。因此，不论是投资金额，还是工程规模方面，都注定成为"大力推广PPP模式"的实验田。

2. 市政、基础设施占主流

(1)基础设施和公共服务设施建设

主要包括：土地及房屋的征收、拆迁和补偿；安置房建设或货币化安置；水网、电网、路网、信息网、供气、供热、地下综合管廊等公共基础设施建设；污水处理、垃圾处理、园林绿化、水体生态系统与水环境治理等环境设施建设；学校、医院、体育馆等文化教育卫生设施建设；小型集贸市场、农产品交易市场、生活超市等便民商业设施建设；其他基础设施和公共服务设施建设。

(2)配套设施建设

主要包括：标准厂房、孵化园、众创空间等生产平台建设；博物馆、展览馆、科技馆、文化交流中心、民俗传承基地等展示平台建设；旅游休闲、商贸物流、人才公寓等服务平台建设；其他促进特色产业发展的配套基础设施建设。

(3)信用保证：明确各部门职责

①住建部：负责组织、推动全国小城镇政策性金融支持工作，建立项目库，开展指导和检查。

②中国农业发展银行：进一步争取国家优惠政策，提供中长期、低成本的信贷资金。

③省级住建部门、农发行省级分行：协调县(市)申请中国农业银行政策性贷款，解决相关问题。

④县级住建部门：掌握政策性信贷资金申请、使用等相关规定，组织协调小城镇政策性贷款申请工作，并确保资金使用规范。

⑤农发行各分行：积极运用政府购买服务和采购、政府和社会资本合作(PPP)等融资模式，为小城镇建设提供综合性金融服务，并联合其他银行、保险公司等金融机构以银团贷款、委托贷款等方式，努力拓宽小城镇建设的融资渠道。

在风险可控、商业可持续的前提下，小城镇建设项目涉及的特许经营权、收费权和政府购买服务协议预期收益等，可作为中国农业发展银行贷款的质押担保。

(二)小城镇建设 PPP 重要政策——《关于推进政策性金融支持小城镇建设的通知》(建村〔2016〕220 号)解读

2016 年 10 月 10 日,住房城乡建设部、中国农业发展银行发布《关于推进政策性金融支持小城镇建设的通知》(以下简称《通知》)。《通知》提出建立贷款项目库,推动全国小城镇政策性金融支持工作。

《通知》明确了支持范围:

(1)支持以转移农业人口、提升小城镇公共服务水平和提高承载能力为目的的基础设施和公共服务设施建设。主要包括:土地及房屋的征收、拆迁和补偿;安置房建设或货币化安置;水网、电网、路网、信息网、供气、供热、地下综合管廊等公共基础设施建设;污水处理、垃圾处理、园林绿化、水体生态系统与水环境治理等环境设施建设;学校、医院、体育馆等文化教育卫生设施建设;小型集贸市场、农产品交易市场、生活超市等便民商业设施建设;其他基础设施和公共服务设施建设。

(2)为促进小城镇特色产业发展提供平台支撑的配套设施建设。主要包括:标准厂房、孵化园、众创空间等生产平台建设;博物馆、展览馆、科技馆、文化交流中心、民俗传承基地等展示平台建设;旅游休闲、商贸物流、人才公寓等服务平台建设;其他促进特色产业发展的配套基础设施建设。

《通知》指出要优先支持贫困地区。《通知》提出建立贷款项目库。申请政策性金融支持的小城镇需要编制小城镇近期建设规划和建设项目实施方案,经县级人民政府批准后,向中国农业发展银行相应分支机构提出建设项目和资金需求。各省级住房城乡建设部门、中国农业发展银行省级分行应编制本省(区、市)本年度已支持情况和下一年度申请报告(包括项目清单),并于每年 12 月底前提交住房城乡建设部、中国农业发展银行总行,同时将相关信息录入小城镇建设贷款项目库。

由此可见,小城镇建设与发展必须政府引导,市场主导,精细规划与策划,方能准确定位,持续发展。政府引导 + 市场主导 = 城市运营模式 + PPP 模式也许会成为小城镇建设的一剂良药。

《通知》提出,各地要发挥政策性信贷资金对小城镇建设发展的重要作用。其中,值得注意的是:

(1)中国农业发展银行将提供中长期、低成本的信贷资金。

(2)各分行要积极运用政府购买服务和采购、政府和社会资本合作(PPP)等融资模式,为小城镇建设提供综合性金融服务,……努力拓宽小城镇建设的融资渠道。

(3)可将小城镇建设项目涉及的特许经营权、收费权和政府购买服务协议预期收益等,作为中国农业发展银行贷款的质押担保。

可以看出,在接下来的小城镇建设,政策性信贷资金正在为大力推广 PPP 模式做“试验”。

四、小城镇建设中 PPP 模式的运用

(一)小城镇基础设施建设中的 PPP 模型

在“公私合营”的 PPP 模式中,其主要目的就是要实现政府部门和私营部门的双赢局面,并扩展到与最终使用者之间的多赢局面。如何能达到各方多赢的局面,根据不同地区的具体特点,找到最优化的方式开展 PPP 合作是成功的关键。不同地区的情况千差万别,但基本可以按下面的思路考虑,合在一起就构成了 PPP 应用的基本模型。

第一步是对小城镇基础设施建设的外部环境,即宏观和微观环境进行可行性论证。

(1)宏观环境是指对小城镇基础设施投融资构成影响的政治、经济、社会、文化等因素,例如政府的政策是否支持采用新的融资模式进行小城镇基础设施建设;经济发展是否达到一定的水平使得 SPC 可以以合理的成本筹集到足够的资金;社会大众是否支持使用有别于传统的投融资方式进行基础设施的建设等。

(2)微观环境是指能够影响小城镇基础设施建设成败的金融市场、技术市场、政府具体操作规程等环境。例如,SPC 在资本市场上能否通过多种方式筹集到资金;直接关系到筹资成本的基准利率如何;某项基础设施建设在技术上是否可行;政府对于 PPP 的具体规则是否便于 SPC 运作等。通过对以上融资外部环境的分析,可以判断现阶段进行 PPP 筹资的优劣势,初步决定是否可以进行小城镇的 PPP 模式建设。

第二步是对参与小城镇基础设施建设的政府部门和私营部门进行资格评定,了解它们参与 PPP 模式的动机、目标、能力、经验以及它们本身的结构,判断它们是否有足够的能力和意愿参与 PPP 项目建设。

政府方面,能否达到利用 PPP 提高公共服务的水平,以及是否还有盈利空间等;私营部门,参与 PPP 项目是否能够从中获得足够的现金流收回成本,以及自身的能力、专业背景和以往的经验等。

当初步判断某项小城镇基础设施建设项目可行后,“公私合营”PPP 模式的合作机制与合作过程便成为决定 PPP 项目最终成败的关键。PPP 项目中的合作机制指的是政府部门和私营部门在合作过程中决定采用的合作方式是什么,就是说,在成立的 SPC 内部,经过相互协调,合作双方通过谈判明确双方的权利义务。同时通

过反馈机制,检验合作方是否已经按照达成的契约履行各自的义务。毫无疑问,PPP项目的风险分析、分配趋向与产品分配,影响并决定着合作过程和结果。在具体的PPP合作过程中,大约包括了基础设施项目的启动、政府部门寻找合适的私营部门、成立SPC、进行项目的论证、设计和建设、建成的项目合作进行运营管理等五个阶段。PPP合作机制的优势就是在PPP的每个阶段,合作双方都会就责任、权利、义务进行谈判和协调,以保证每个阶段都能获得成功,双方的目标能够达成。

第三步是对建成的小城镇基础设施项目进行合作机制与效果的评价,这也包含着两个层次。

首先,基础设施项目本身的工程质量如何,是否达到了设计要求。

其次,检验合作双方在SPC中的协作是否达到了双方所预期的目标。通过这些反馈,可以基本判断出整体基础设施建设的PPP模式在治理结构上是否合理,还需要在哪里进行进一步的改进等。

(二)在小城镇基础设施建设中的风险分析

风险的识别与合理的分配是成功运用PPP模式的关键,在PPP模式的采用过程中,从项目立项到建成运营的各个阶段都会出现很多不可测、不可控的因素,导致在项目运行过程中的不确定性增加,这就是风险。能否识别、有效降低并合理地分配风险,对PPP模式的成功有着特殊的意义。处理风险总的原则是最初的契约及合同设计中应当权责对应,把风险合理分配给合作的各方。PPP项目的主要风险有政策风险、汇率风险、技术风险、财务风险和运营风险。

1. 政策风险

政策风险,即在项目实施过程中由于政府政策的变化而影响项目的盈利能力。为使政策风险最小化,就要求法律法规环境以及合同的签定与执行过程应该是透明、公开、公正的,人为的干扰应是最少的。政府政策应具有连续性,变化不宜频繁。政策风险是私营部门难以预料与防范的。因此当政策缺乏稳定性时,私营部门必然要求更高的投资回报率作为承担更高政策风险的一种补偿。所以地方政府应出台相关法规,为规范操作提供一定的法律法规保障。为PPP的成功应用提供政策支持,这就能在一定程度上减少私营部门的政策风险。

2. 汇率风险

汇率风险,是指在当地获取的现金收入不能按预期的汇率兑换成外汇。其原因可能是因为货币贬值,也可能是因为政府将汇率人为地定在一个很不合理的官方水平上。这些因素会提高项目成本,降低项目的投资回报。私营部门在融资、建设、经营基础设施时总是选择融资成本最低的融资渠道,并不考虑其他因素,因此为了能够抵御外汇风险,私营合作方必然要求更高的投资回报率。政府应通过承诺固定的外汇汇率或确保一定的外汇储备来承担部分汇率风险,这样私营部门的汇率风险将大为降低,在其他条件(盈利预期等)相同的情形下,项目对私营部门吸引力增强。

3. 技术风险

技术风险,应由私营部门承担。在 PPP 中,私营部门在基础设施建成后通常需运营与维护一定时期,因此,私营部门最为关注运营成本的高低,只有高质量完成基础设施的建设,才会减少日后的运营成本。

4. 财务风险

财务风险,是指基础设施经营的现金收入不足以支付债务和利息,从而可能造成债权人诉诸法律的手段逼迫项目公司破产,造成 PPP 模式应用的失败。现代公司理财能通过设计合理的资本结构等方法最大限度地减少财务风险。私营合作方可能独自承担此类风险,如果债务由公共部门或融资担保机构提供了担保,则公共部门和融资担保机构也可分担部分财务风险。

5. 运营风险

运营风险主要来自于项目财务效益的不确定性。在 PPP 运用过程中应该确保私营部门能够获得合理的利润回报,因此要求服务的受益人支付合理的费用。但在实际运营过程中,由于建成的小城镇基础设施项目的经营状况或服务提供过程中受各种因素的影响,项目盈利能力往往达不到私营部门的预期水平而造成较大的营运风险。在这种情况下,私营部门可以通过基础设施运营或服务创新等手段提高效率增加营运收入或减少营运成本降低营运风险。同时,私营部门可以通过一些合理的方法将 PPP 运用过程中的营运风险控制在一定的范围内或转嫁。为了确保参与 PPP 项目的私营部门合理收益,政府部门可以帮助私营部门化解某些运营风险。例如,当项目的运营收入大大低于预期水平时,政府部门可以给予私营部门一定的补贴。同时,政府部门也应委任独立机构对私营部门合作方实施监督,以确保私营部门的运营效果,避免私营部门的道德风险。当然,在项目的运营过程中,由不可抗拒因素引起的财务盈利能力降低的风险应由私营部门和政府部门共同承担。

在"公私合营"的 PPP 模式中,仅靠私营部门的自有资金建设基础设施往往是不够的。这时,政府部门通常与提供贷款的金融机构达成直接协议,向其做出承诺,在基础设施建成后,按照政府和 SPC 签订的合同支付本金和利息。可见,金融机构在 PPP 项目中也承担了部分风险。由于它对项目的控制权最弱,因此就会事先收取风险附加率作为化解风险的一种手段,预测的风险越大,事先要求赔付的风险附加率也就越高(利率 = 纯粹利率 + 通货膨胀附加率 + 风险附加率)。为了降低金融机构的风险预期,从而减少金融机构要求赔付的风险附加率,私营部门在这时必须全力化解风险或是将风险转移给其他团体。

在 PPP 模式中,政府部门在选择合适的私营部门时,为了降低风险,往往要求私营部门权益融资占全部资本较显著的比例。PPP 模型显示,权益融资所占比例越大,在基础设施项目建设与运营及公共服务的提供过程中就越能成功。如果政府为防范私营部门的风险而要求的权益资本占总资本的比例过高,将减少项目的价值,不利于基础设施项目吸引私营资本参与。要更好地说明这个问题,可以通过加权平均资本成本 WACC 的模型在理论上对此进行分析。同时也正如预期的那样,项目的政策风险(含汇率风险)越低,项目的价值越高。项目政策风险的降低可以通过公开、透明的法律法规环境与合同环境以及政府对外汇的可兑换性进行承诺等方面实现。对于项目的财务风险,政府可以在充分论证的基础上,提供给 SPC 最低收入保障,进而降低项目的财务风险,提高项目的价值,增强项目对私营部门的吸引力。

五、小城镇建设 PPP 项目案例分析——PPP 模式在成都小城镇基础建设中的实践

PPP 模式在小城镇建设中的运用主要有:服务外包、运营和维护协议、租赁—建设—运营等形式,目前运用于成都市小城镇基础设施建设的 PPP 模式主要是 BOT 模式,以及 BOT 模式的创新形式,如安德镇的 T - BOD 模式。

(一)BOT 融资模式

BOT(Build - Operate - Transfer)模式是指某一特定项目由有关方面授予特许权的投资主体负责投资建设(Build),在一定确切的期限内,该投资主体拥有项目产权并自主地负责项目的经营管理(Operate),期满回收投资后将项目无偿地转交所在政府有关单位(Transfer),其显著特征是“权钱交易,多方受益”。BOT 模式在城市基础设施建设领域运用较多,尤其是针对经营性项目及准经营性项目。小城镇基础设施的内涵与城市基础设施的含义是相同的,是既为物质生产又为人民生活提供一般条件的公共设施,是小城镇赖以生存和发展的基础,是国民经济向小城镇地域的延伸,只是小城镇基础设施包括的范围比城市基础设施要小,基础设施的规模较小。在小城镇基础设施中仍然具有一定现金流量能偿还债务的项目,如城镇内街区道路、热电厂、管道煤气等完全可以采取项目融资的方式,用各方面的资金进行建设。成都市小城镇基础设施建设项目也较多的使用了这一手段,并取得了

良好的经济和社会效益。

例如:郸县安德镇用OBT手段新建自来水厂和污水处理厂。该镇按照城镇建设总体规划的要求,于2005年7月与四川凌杰实业有限公司签约,规划建设日供水3万吨的自来水厂和日处理污水2万吨的污水处理厂。工程预计总投资7500万元,建设周期12个月,工程建成后,由公司统一管理经营,经营期限为20年,经营期满后由公司移交政府管理或继续签订协议经营,此举变政府投入为公司投入,极大地缓解了政府资金投入不足的问题,同时通过公司化运作的方式,既避免了政府管理粗放、低下的问题,既理顺了政府关系,又转变了政企职能。

青城山镇采用BOT引入成都筑海公司投资1.2亿元进行"青城·太平古镇"旧街改造和"长寿新居"建设工作。花园镇运用BOT完成了城镇风貌改造、道路建设新居工程、排水系统、医院、综合市场等项目,很大程度上缓解了启动资金不足的问题。寿安将自来水厂,四级客运站、河滨公园等经营性项目,采取BOT,向民间资金开放,吸纳民间资金投入500余万元。

(二)T-BOD融资模式

T-BOD融资模式(BOD是Build-Operate-Develop,T代表Together)意即共同建设、共同经营、共同发展融资方式,其实质是一种创新的BOT模式。与现有的BOT融资模式比较,其创新性体现在能形成政企深度合作,共同发展,在前期的项目选择和项目的建设经营中,企业都有很高的参与度。2005年,安德镇政府确定了打造2平方公里的"中国川菜产业化基地",主要发展川菜原辅料、调味品以及配套设备的加工与生产的发展思路。但产业园区要起步建设,资金是制约发展的瓶颈,仅凭镇上的人力、财力和市县的支持,显然无法解决,需要引入民间资金。镇政府通过对现有BOT融资模式的分析,创造性地提出了T-BOD融资模式。

T-BOD合作的双方是安德镇政府与四川世创建设投资有限公司。具体由四川世创建设投资有限公司出资成立了安德建设投资公司,与安德镇政府共建安德镇中小企业园。安德公司负责先期进行拆迁安置补偿和基础设施建设,园区配套经营性服务设施建设经营。同时公司作为招商引资主体,负责引进项目进入园区建设发展。安德镇政府拥有安德公司投资的基础设施的所有权,规划主导权,拥有对园区土地使用的管理权,同时也引企业进入园区发展。

运用T-BOD融资建设方式,园区具备双重建设主体,政府与企业结成一个利益的共同体。政府履行规划管理的职责,企业则以商招商,两个主体各司其职,分别发挥各自长处。T-BOD融资模型十分强调共同建设、共同经营、共同发展,目前这种模式的运用已经取得了明显的成效。2平方公里的"中国川菜产业园区"已经形成了承载能力，截至2007年年底共引进项目56个，总投资额达28.38亿元，到位资金14.19亿元，建成投产的企业17家，2007年实现工业加值4.08亿元。

第十节 PPP与园区建设

一、园区开发概述

（一）园区的概念及类型

园区是指为促进某一产业发展为目标而创立的特殊区位环境，是区域经济发展、产业调整升级的重要空间聚集形式，担负着聚集创新资源、培育新兴产业、推动城市化建设等一系列的重要使命。园区能够有效地创造聚集力，通过共享资源、克服外部负效应，带动关联产业的发展，从而有效地推动产业集群的形成。按照不同的角度有多种类型分类，最常见类型有：物流园区、科技园区、文化创意园区、总部基地、生态农业园区等。

（二）园区的特点

园区具有如下特征：开发较大面积的土地；大面积的土地上有多个建筑物、工厂以及各种公共设施和娱乐设施；对常驻公司、土地利用率和建筑物类型实施限制；详细的区域规划对园区环境规定了执行标准和限制条件；为履行合同与协议、控制与适应公司进入园区、制定园区长期发展政策与计划等提供必要的管理条件。

（三）园区的形成方式

园区的形成方式主要有两种，以此划分园区为两种类型：

1. 特色产业园区是专门为从事某种产业的企业而设计的园区，园区的产业定位明确。这种园区一般是在区域特色工业也就是地方企业集群发展到一定阶段后出现的。

2. 产业开发区式的产业发展方式往往是政府或企业在没有切实产业基础的地区征用土地完善基础设施，然后再运营相关成熟模式来形成园区，加上优惠政策招商引资，吸引企业进驻，所谓的“筑巢引凤”可以称为先建园区后引产业的发展模式。

（四）园区开发的发展背景

园区建设与传统房地产开发具有部分替代性。而当前国家对传统房地产项目不断地进行调控，这也客观上为产业园区建设创造了更大的经营空间，减少了产业地产的投资风险，提高了园区运营的稳定性和可控性，吸引了更多传统住宅房地产开发商的目光。金融危机之后，大约有 12% 的传统房地产开发商转投产业园建设项目，从 2005 年第一次房地产调控开始，则有约 30% 的传统房地产商转向产业园建设开发，二线城市比例稍低。

1. 快速发展

“十二五”期间各地千亿级产业园规划有 10 余个，“十三五”期间，中国将进入各类产业园区建设高峰期。当前，除了联东 U 谷以外，亦有不少企业进军产业园建设。例如远洋地产近期也在大连高调挺进产业园开发，珠江地产、富力地产等国内知名地产商之前都纷纷试水产业地产，不仅如此，连格力电器、美的集团、海尔集团等国内家电巨子也不约而同地打着产业扩军的旗号大举圈地，建造自己的产业园区，甚至是像浙江的民间资本也开始将资金投向产业园。

2. 问题夹杂

从地方经济发展趋势看，产业园区确实逐渐成为区域经济发展的引擎，带动着区域整体实力提升。但是不容忽视的是由于产业地产开发及运营刚处于起步阶段，开发企业和运营商的经验不足，加之在开发过程中会面临地方政府的干预，容易出现过度追求税收、缺乏对园区系统科学的专业规划、吸引追求低成本和低税收的产业进驻等问题，容易引发区域集聚效应差、土地利用效率偏低、企业同质化竞争严重、忽视构建产业环境、配套不平衡、产业带动作用不明显等诸多问题。

（五）园区开发的发展前景

未来产业园区的发展和开发是从规划开发建设运营乃至资产证券化这条全产业链上提供全面的服务，具体来说，转型可以从三个方面进行：

1. 向前端的一级开发延伸，参与产业园区的一级开发。在地方政府债务总量限制的新背景下，产业地产商能够帮助地方政府通过 PPP 等模式实现开发，地方政府碰到困难的时候正是产业地产商的机会。开发和投融资瓶颈的突破，确确实实地帮助把这块区域的产业做起来的模式，是地方政府非常欢迎的。

2. 向后端运营管理延伸。将来更多地在招商、运营、管理和服务方面予以突破。更多的可能是与这块区域共同成长，增强持续的产业发展和运营能力，从原来的开发到运营全产业链必须突破。

3. 创新产业园区发展的投融资模式，产业地产的发展一手牵两头。一手是产业，一手是金融，产业是核心，是基础，金融是可以推动整个产业园区可持续发展的重要抓手。产业园区的一级开发、二级开发、三级运营乃至资产证券化的各个阶段，产业地产商与各类金融机构携手合作,设计投融资架构和产品,实现园区开发的资金闭环和可持续发展。

二、园区开发 PPP 的发展背景

(一)园区开发 PPP 的域外发展

PPP 模式在我国产业园区建设管理中的应用才刚刚兴起,但是其早已在国外诸多发达国家的城市建设中实现了普遍的应用与发展。英国于 1992 年最早开始应用 PPP 模式,经历了半个多世纪的发展与实践,事实证明了在 PPP 模式下的园区基础设施建设,其工程质量与成本投入都显现出非常完美的表现。例如英国伦敦码头区再造项目,英国政府根据 1980 年制定的《地方政府规划与土地法》授权成立了伦敦码头区开发有限公司代表政府行使相应的权利,负责整个片区开发建设。项目历时 17 年,成果显著,不仅建成了伦敦金融城,而且使泰晤士河两岸面貌完全改观。伦敦码头区开发有限公司宣称用 18.6 亿英镑政府投入撬动了 72 亿英镑的私人投资。

(二)园区开发 PPP 的国内发展情况

PPP 模式在我国的全面推广和应用始于十八届三中全会。2013 年来,财政部根据党中央国务院的统一部署,会同有关部门在公共建设领域大力推广 PPP,逐步探索出一条适合我国国情的发展道路。将 PPP 模式引入产业园区的建设管理中,不仅能提高项目融资效率,减轻财政负担,而且由于社会资本的参与,还会提高产业园区建设管理水平,产生巨大的社会经济效益。

近年来,国家出台一系列政策扶持产业园区综合开发建设,运用 PPP 模式进行产业园区开发建设也不乏其例。在 PPP 模式下,社会资本可以获得较长时间的特许经营权,政府基于园区各单体项目的营利性特点,可适当进行可行性缺口补助或者政府付费,使社会资本内在的合理回报要求能够得到保证且盈利相对稳定,一定程度上破解了产业园区建设短期效益差的问题。

然而,我国在产业园区综合开发中运用 PPP 模式还处在探索和尝试阶段,关于产业园区建设与社会资本合作是否符合目前国家关于地方债务的规定以及 PPP 模式的规则,目前尚缺乏专门的政策性文件。全国范围内以 PPP 模式操作并落地的园区综合开发项目相对较少。因此,探索符合现有国家政策精神、具有可操作性和前瞻性的产业园区综合建设 PPP 模式并在全国范围内推广,就显得尤为迫切。

三、园区开发PPP模式概述

(一)园区开发PPP模式的运作结构

产业园区PPP模式的运作结构可以表述为:园区所在政府授权园区管委会作为项目发起方,择优选择对园区建设运营有丰富经验和综合实力的社会资本,并由政府指定政府方股东与社会资本共同出资组建PPP项目公司。园区管委会与项目公司签署PPP项目合同,授权其在项目合作期内负责园区的投资、建设和运营。合作期满后,项目公司将园区资产无偿移交给政府指定的机构。该运作结构中,政府股东作为政府出资人代表,可以参与项目公司的组建以及公司章程的制定等,同时对重大事项有一票否决权,从而在园区开发过程中有效地约束社会资本的行为,保证公共安全和公共利益不受侵犯。政府方股东也将承担一定责任,减少社会资本在项目运作过程中的压力和阻力,保证园区建设的顺利推进。

(二)园区开发PPP项目中的各方合作内容

1. 政府职责

在项目建设期,政府负责整个园区的开发建设的管理监督工作,建设完成后,政府设定相应的绩效考核、激励约束机制,鼓励社会资本提供更优质的服务,保证公众的社会福利。具体表现为以下三方面职责:

(1)项目建设期:负责园区规划建设用地的土地征用并形成建设用地,按照政府与社会资本约定的开发进度,及时并依法提供建设用地。制定园区基础设施和公用设施建设标准,根据需要或法律变更情况对已确定的建设标准进行修改或变更。

(2)项目运营期:制定项目运营期间运营及绩效考核标准,并根据法律法规及强制性、规范性文件,对运营标准进行变更。在遵守、符合适用法律要求的前提下,对项目公司履行合同项下的建设期及运营期的义务进行监督和检查。

(3)合作期其他情况:如果发生项目公司违约的情况,有权要求项目公司纠正违约、向项目公司收取违约金或要求赔偿损失并采取协议规定的其他补救措施,直至提前终止协议。

2. 社会资本职责

社会资本负责投入资金,全面协助政府方进行园区的建设及管理工作,并根据PPP协议约定享有相应的收益。社会资本负责的工作主要包括以下两个方面:

(1)园区开发建设阶段,主要负责园区基础设施及公共服务设施投资、建设、运营及维护,同时根据规划要求提供公共公益设施建设工作,包括公园、绿地、广场、景观环境、河道整治等项目建设,文化、体育、教育、医疗等公共公益事业项目建设,以及上述公共公益设施的运营维护。

(2)园区建设完成后,主要负责园区招商和运营服务:社会资本全面负责园区的产业发展服务工作,包括园区的产业定位及发展规划和战略研究,园区整体开发建设项目宣传推广,园区的招商引资工作。

(三)园区开发 PPP 模式下的投资回报

对于项目的投资回报率,应考虑在整个项目合作期内,以内部收益率作为取值依据,并以此内部收益率对社会资本需取得的可用性服务费以及各项服务费收入额进行测算。根据目前的 PPP 项目市场情况,自有资金内部收益率的取值一般为 8% ~10%。社会资本所能获得的服务收入主要包括以下三方面:

1. 园区土地整理服务费

按照政府和社会资本约定的土地整理投资协议,政府应向社会资本支付土地整理费用。土地整理费用由以下两部分构成:

(1)土地整理成本:双方约定园区内相应的土地整理的支出额(包括但不限于土地征收、拆迁费用投资、农用地的复垦费用投资、与土地整理拆迁相关的各项补偿费用投资、村民拆迁安置区的建设费用投资、安置标准厂房的建设费用投资等)。

(2)土地整理服务费:按土地整理成本的一定比例计算,一般可取 10% ~15%。由于园区土地一经整理后,不存在运营的环节,因此可考虑分若干期由政府向社会资本支付投资成本及收益。

2. 园区运营维护服务费

园区运营服务可采取委托—运营(O&M)模式。该模式下,将园区的全部运营任务交给社会资本,并由指定机构对委托运营业绩进行考核。在该种模式下,园区内的存量公共资产所有权仍然属于政府。这种方式将社会资本成熟的园区运营理念复制到薄弱地区,能够有效提升园区的运营水平。

基于社会资本提供的园区运营服务,政府应向社会资本(项目公司)支付运营维护服务费用,每年一结。每一年的运维服务费收入总额,可参照社会资本实际发生的运维费用的一定比例计算,一般可取 110% ~120%。

3. 财政补贴

社会资本在园区进行了较大量的基础设施投资,若所获得的上述收益还不能使社会资本达到自有资金 8% ~10% 的合理内部收益率要求,需要政府以财政补贴形式予以补足。

当然考虑到社会资本提供了园区招商服务,其服务费应根据入园企业在 PPP

项目合作期内所创造的地方留成税收收入或非税收入额另行单独核算，而不应包含在前述满足自有资金8%～10%收益率要求的各项收入或补贴中，否则起不到奖励作用。

（四）园区开发PPP模式的优点及问题

1. PPP模式具备的优点

（1）拓宽了融资渠道，减轻了地方政府的债务压力。工业园区建设周期长，资金需求量大，通过PPP模式吸收社会资本，减轻了债务负担，也缓解了投资风险。

（2）改革开放和市场经济中先富起来的那部分人积极地为手中资本寻找增值途径，然而风险和收益如影随形，而工业园区开发建设基本都是大手笔，又有政府从中主导，是一个比较稳妥的投资渠道。

（3）私人资本在项目前期就参与到项目中来，也可能为政府提供先进的运作和管理经验，从而提供更优的方案。

2. PPP模式存在的问题

（1）相关法律法规制度建设滞后

尽管已经对PPP颁布了不少法规、政策，但这些法规、政策零散地见于各部委和地方规章，缺乏全局性和系统性，甚至互相矛盾，仅依靠法律效力层次较低的通知、意见或规范性文件，无法提供有效的保障。同时，部委间多头管理造成立法难。如财政部是落实"允许社会资本通过特许经营等方式参与城市基础设施投资和运营"的第一责任人，但根据历史沿革，发改委却是特许经营改革的第一责任人。

（2）风险分担机制不健全

工业园区开发建设周期长，参与各方关系错综复杂，风险贯穿项目全过程，投资者无疑承担着不少风险。然而由于经验不足，基本尚未形成风险共担机制，却出于招商引资、提升政绩的目的，地方政府往往给予过多承诺，如过高的投资回报率、收费标准和过长的特许经营期，甚至兜底市场风险；又或者走向另一个极端——卸包袱，即将所有责任和风险完全推给市场化主体。如中国北方某城市水厂BOT项目，政府兜底全部的运营风险，遭受巨额亏损；安然公司投资的大博电厂，政府承担了几乎所有的汇率风险和市场风险，最终导致了项目的失败。

（3）收益分配机制不成熟

由于缺乏合理定价机制以及大多未在相关协议中对私人收益列明可调整的原则性条款，导致暴利或亏损。在PPP推行初期，私人资本获得暴利的例子很多，许多地方的高速公路PPP项目即为典型案例。资本的本质是逐利，虽然当前PPP模式深受推崇，但如果无法保证获得预期的稳定收益，长此以往势必影响社会资本参与的积极性。而收益率高的项目,除非资金严重短缺,否则地方政府未必愿意让社会资本介入。

(4)传统的政府角色定位难与 PPP 兼容

多年来,政企合作,靠的是人际关系、领导关系,而不是靠市场、法制、契约。地方政府过于强势,与市场的界限不清,"有形之手"伸得过多、过长,合作意识、契约精神不足,导致纠纷屡屡出现。另外,财政年度预算使得工业园区开发建设的长期补贴难以保证;合同粗糙、政府换届更使得合同持续性无法保障,对拖延甚至不付款行为尚未形成有效的约束机制;当现实发生变化,后续签订补充协议时,社会资本常常处于弱势地位。

(5)PPP 本身的缺点

采用 PPP 模式开发工业园区,牵扯的部门和主体多,运营机构复杂,每一个审批、谈判及测算过程烦琐,耗时长,直接影响决策效率,提高治理难度。工业园区开发建设完成后,以出租或出售产生的现金流归还贷款的方式,银行认可度不高。一旦不被市场认可,投资回报率低于预期,政府所承受的压力必将传导给社会资本投资者,由此产生纠纷。

(6)其他方面仍显薄弱

首先,没有与开发相配套的公开透明的招标制度,私营、外资等社会资本难与国有资本开展公平争,而保证公平的关键是让每个主体都享有监督权,但在国有资本面前,在这点上社会资本往往处于弱势地位。

同时,一旦补贴不到位或协议价格过低,极易使社会资本投资者的利益受损,导致偷工减料,影响质量,危及安全。若提高出资能力、风险承受能力等方面的要求,符合条件的社会投资者又很少。

人才方面,PPP 模式需要懂融资、法律、技术、财务的复合型人才,而这种人才民营企业往往又比较欠缺。

四、园区开发 PPP 项目案例分析——固安工业园区新型城镇化 PPP 项目

(一)项目概况

1. 项目背景

固安工业园区地处河北省廊坊市固安县,与北京大兴区隔永定河相望,距天安门正南 50 公里,园区总面积 34.68 平方公里,是经国家公告的省级工业园区。2002 年固安县政府决定采用市场机制引入战略合作者,投资、开发、建设、运营固安工业园区。同年 6 月,通过公开竞标,固安县人民政府与华夏幸福基业股份有限公司(简称"华夏幸福公司")签订协议,正式确立了政府和社会资本(PPP)合作模式。

按照工业园区建设和新型城镇化的总体要求,采取“政府主导、企业运作、合作共赢”的市场化运作方式,倾力打造“产业高度聚集、城市功能完善、生态环境优美”的产业新城。目前,双方合作范围已拓展至固安新兴产业示范区和温泉休闲商务产业园区。

2. 建设内容与规模

固安工业园区PPP新型城镇化项目,是固安县政府采购华夏幸福在产业新城内提供设计、投资、建设、运营一体化服务。

(1)土地整理服务。配合以政府有关部门为主体进行的集体土地征转以及形成建设用地的相关工作。2008~2013年,华夏幸福累计完成土地整理29,047.6亩,累计投资103.8亿元。

(2)基础设施建设。包括道路、供水、供电、供暖、排水设施等基础设施投资建设。截至2014年已完成全长170公里新城路网、4座供水厂、3座热源厂、6座变电站、1座污水处理厂等相关配套设施建设。

(3)公共设施建设及运营服务。包括公园、绿地、广场、规划展馆、教育、医疗、文体等公益设施建设,并负责相关市政设施运营维护。园区内已经建成中央公园、大湖公园、400亩公园、带状公园等大型景观公园4处,总投资额为2.54亿元。由北京八中、固安县政府、华夏幸福公司合作办学项目北京八中固安分校已正式开学,按三级甲等标准建设的幸福医院已开工建设。

(4)产业发展服务,包括招商引资、企业服务等。截至2014年年底,固安工业园区累计引进签约项目482家,投资额达638.19亿元,形成了航空航天、生物医药、电子信息、汽车零部件、高端装备制造五大产业集群。

(5)规划咨询服务。包括开发区域的概念规划、空间规划、产业规划及控制性详规编制等规划咨询服务,规划文件报政府审批后实施。

(二)运作模式

1. 基本特征

固安工业园区在方案设计上充分借鉴了英国道克兰港口新城和韩国松岛新城等国际经典PPP合作案例的主要经验,把平等、契约、诚信、共赢等公私合作理念融入固安县政府与华夏幸福公司的协作开发和建设运营之中。其基本特征是:

(1)政企合作

固安县政府与华夏幸福公司签订排他性的特许经营协议,设立三浦威特园区建设发展有限公司(以下简称三浦威特)作为双方合作的项目公司(SPV),华夏幸福公司向项目公司投入注册资本金与项目开发资金。项目公司作为投资及开发主体，负责固安工业园区的设计、投资、建设、运营、维护一体化市场运作，着力打造区域品牌；固安工业园区管委会履行政府职能，负责决策重大事项、制定规范标准、提供政策支持，以及基础设施及公共服务价格和质量的监管等，以保证公共利益最大化。

（2）特许经营

通过特许协议，固安县政府将特许经营权授予三浦威特，双方形成了长期稳定的合作关系。三浦威特作为华夏幸福公司的全资公司，负责固安工业园区的项目融资，并通过资本市场运作等方式筹集、垫付初期投入资金。此外，三浦威特与多家金融机构建立融资协调机制，进一步拓宽了融资渠道。

（3）提供公共产品和服务

基于政府的特许经营权，华夏幸福公司为固安工业园区投资、建设、开发、运营提供“一揽子”公共产品和服务，包括土地整理、基础设施建设、公共设施建设、产业发展服务，以及咨询、运营服务等。截至 2014 年华夏幸福公司在固安工业园区内累计投资超过 160 亿元，其中，基础设施和公共服务设施投资占到近 40%。

（4）收益回报机制

双方合作的收益回报模式是使用者付费和政府付费相结合。固安县政府对华夏幸福公司的基础设施建设和土地开发投资按成本加成方式给予 110% 补偿；对于提供的外包服务，按约定比例支付相应费用。两项费用作为企业回报，上限不高于园区财政收入增量的企业分享部分。若财政收入不增加，则企业无利润回报，不形成政府债务。

（5）风险分担机制

社会资本利润回报以固安工业园区增量财政收入为基础，县政府不承担债务和经营风险。华夏幸福公司通过市场化融资，以固安工业园区整体经营效果回收成本，获取企业盈利，同时承担政策、经营和债务等风险。

2. 主要创新点

固安工业园区新型城镇化 PPP 模式属于在基础设施和公用设施建设基础上的整体式外包合作方式，形成了“产城融合”的整体开发建设机制，提供了工业园区开发建设和区域经济发展的综合解决方案。

（1）整体式外包

在政企双方合作过程中，固安县政府实际上是购买了华夏幸福公司提供的一揽子建设和外包服务。这种操作模式避免了因投资主体众多而增加的投资、建设、运营成本，而且减少了分散投资的违约风险，形成规模经济效应和委托代理避险效应。

（2）“产城融合”整体开发机制

在“产城融合”整体开发机制下，政府和社会资本有效地构建了互信平台，从

“一事一议”变为以 PPP 机制为核心的协商制度,减少了操作成本,提高了城市建设与公共服务的质量和效率。

(3)工业园区和区域经济发展综合解决方案

政企双方坚持以“产业高度聚集、城市功能完善、生态环境优美”作为共同发展目标,以市场化运作机制破解园区建设资金筹措难题、以专业化招商破解区域经济发展难题、以构建全链条创新生态体系破解开发区转型升级难题,使兼备产业基地和城市功能的工业园区成为新型城镇化的重要载体和平台。

(三)实施效果

经过十多年的建设,固安工业园区实现了华丽蝶变,有效促进了当地经济社会发展。

1. 经济发展:带动区域发展水平迈上新台阶

从 2002 年合作至今,固安工业园区已成为全省发展速度最快的省级开发区,2014 年完成固定资产投资 149.6 亿元,实现工业总产值 224.5 亿元,完成财政收入 23.3 亿元。受益于固安工业园区新型城镇化,固安县从一个经济发展水平相对落后的县,成为各项指标在全省领先的县。政企合作十多年,固安县人均 GDP 增长了 4 倍,财政收入增长了 24 倍,成功跻身“2014 中国县域成长竞争力排行榜”50 强,位列“中国十佳开发竞争力县”第 2 位。

2. 城市建设:构建了中等城市框架和服务配套设施

截至 2014 年,华夏幸福公司在园区内投入大量前期开发资金,高质量推进路、水、电、气、讯等基础设施,实现了“十通一平”。同时,积极引进优势资源,建设了中央公园、水系生态景观、创业大厦、商务酒店、人才家园等一批高端配套设施,构建了以城市客厅、大湖商业区、中央大道金融街区为主体的“智能城市”核心区。其中,作为城市主干道之一的锦绣大道(大广高速至永和路段)总投资额为 4.13 亿元,连接廊涿路与 106 国道,2012 年竣工通车,为产业集聚和居民住行提供了便利条件。

3. 民生保障:坚持“以人为本”建设幸福城市

华夏幸福公司投资 2.81 亿元,引进的北京八中固安分校已正式投入使用;与首都医科大学附属医院合作经营的幸福医院也已启动建设。园区建设促进了公共资源配置均等化,当地居民和外来人员享受同等的教育和医疗等公共资源和服务,并带动固安县民生投入不断加大,促进了全县民生保障体系的完善。2014 年固安县民生领域支出达到 26.1 亿元,占公共财政预算支出的 84.8%,在全省率先实施县级社保“一卡通”,在廊坊市率先建立了《低保对象医前医疗救助制度》。

（四）借鉴价值

固安工业园区新型城镇化在整体推进过程中较好解决了园区建设中的一些难题，这种PPP模式正在固安县新兴产业示范区和其他县市区复制，具有较高的借鉴推广价值。

1. 采用区域整体开发模式，实现公益性与经营性项目的统筹平衡传统的单一PPP项目，对于一些没有收益或收益较低的项目，社会资本参与意愿不强，项目建设主要依靠政府投入。固安工业园区新型城镇化采用综合开发模式，对整个区域进行整体规划，统筹考虑基础设施和公共服务设施建设，统筹建设民生项目、商业项目和产业项目，既防止纯公益项目不被社会资本问津，也克服了盈利项目被社会资本过度追逐的弊端，从而推动区域经济社会实现可持续发展。

2. 利用专业团队建设运营园区，实现产城融合发展，为提高固安工业园区核心竞争力，固安县政府通过让专业的人做专业的事，华夏幸福公司配备专业团队，政府和社会资本构建起平等、契约、诚信、共赢的机制，保证了园区建设运营的良性运转。固安县政府在推进新型城镇化的同时，统筹考虑城乡结合问题，加快新农村建设，进行产业链优化配置，实现了产城融合发展。

五、从产业园区到特色小镇的转变

（一）特色小镇与产业园区的共性与区别

1. 共性

（1）关注重视产业发展

特色小镇与产业园区都是以产业为依托，以产业为支撑，强调主导产业的发展。两者都强调高端要素和优质产业的集聚，以新理念、新机制、新载体推进产业集聚、产业创新和产业升级。同时，两者都十分重视创新，推动“传统制造”向“智能制造”转型。

（2）聚焦战略新兴产业

产业园区在转型升级过程中，十分关注招商引进节能环保、新一代信息技术、生物、高端装备制造、新能源、新材料和新能源汽车等大战略性新兴产业。

（3）重视集约集群

特色小镇和产业园区在开发、发展的过程中，都十分重视推动“同质化竞争”向“差异化发展”转型。两者都积极搭建资源集约化、产业集群化的产业体系和空间格局，形成独特的竞争优势。此外，两者将招商引资的重点放在研发、设计、创新等上游领域及商贸、物流、会展等存在较大利润空间的下游领域；延伸产业链条、拓展产品种类,实现功能升级、流程升级、产品升级。

(4)强调创新招商、投融资体制机制

特色小镇及产业园区的建设中,各关切方都强调为招商引资营造良好环境,加快制定和落实相关优惠政策。比如对项目建设用地给予重点保障,在企业投资、科技创新、员工子女就学等方面予以重点倾斜。同时,在特色小镇及产业园区的开发过程中,两者都坚持深化经济领域改革,协助企业破解融资难题。比如,深化行政审批制度改革,以合理减少审批事项,缩减办事流程,缩短办事时限,进而提高政府服务企业发展效率。

2. 区别

(1)本质上的区别

特色小镇强调的是特色产业与新型城镇化、城乡统筹、美丽中国、美丽乡村等结合,是一种产业与城镇有机互动的发展模式。其更多针对的是小城镇、城市中的城中村改造,讲求其产业、居住和服务等空间功能布局的紧凑、协调、和谐。而工业园区、产业园区过去大多规模较大,用地粗放,居住、服务等功能不够完善,对附近的城市依赖性强。另根据相关政策规范,如《关于开展特色小镇培育工作的通知》中倡导的建制镇国家级小镇,浙江省的特色小镇都明确了特色小镇的产业定位、文化内涵、旅游和一定社区功能的发展空间平台,而区别于产业园区。

(2)产业特色不同

特色小镇的产业特色,在研发设计上体现为以工业4.0为引领,以战略性新兴产业、第三产业为主,重点在于研发设计。其在营销服务方面以传统产业转型升级为主,从加工制造向设计、品牌、展示转变,重点在于营销服务。其在休闲服务方面以休闲度假旅游为主,满足市民短期、重复、特色需求,重点在于休闲服务。而传统的产业园区的产业以传统的工业制造为特点,重在实现产出目标。其在建设、发展中,并不突出产业结构的转型。另外,特色小镇的社区功能也是其与园区开发的重要区别,园区以生产功能为主,而特色小镇强调产业、文旅、社区多样功能的并重。

(二)从产业园区到特色小镇的转变案例简析——黄岩智能模具小镇

位于浙江台州的黄岩素有"模具之乡"的美誉,模具产业在黄岩区已有近60年的发展历史。经过长期的发展和历史积淀,黄岩的模具产业逐渐形成集聚,最终在国家轻工业联合会和黄岩市人民政府的联合主办下,形成了中国首家模具工业园区——黄岩模具城。黄岩模具城位于黄岩市区北侧,总规划面积4500亩,计划总投资20亿元人民币。黄岩模具城的开发建设目标是建成具有模具设计加工、模具技术培训、模具信息服务、模具材料交易和模具设备交易五大功能的国际先进水平的模具工业园区，并将通过吸引外资等途径，引进国内外先进的模具企业、管理经验、工艺技术和先进设备，形成管理成熟、装备高档、工艺先进、产品竞争力强大的特色工业园区。

现在，黄岩人正在精心谋划更大、更美的“模具梦”。黄岩也在黄岩人及相关人员的努力下，从产业园区逐渐转变为一个特色小镇。

根据规划，黄岩智能模具小镇，建于浙江省台州市黄岩主城区以西，新前街道剑山村、下曹村、杏头村、后洋黄村、泾岸村等，规划面积 3.47 平方公里，核心区面积 1 平方公里，计划三年总投资 55 亿元。规划建设 6 个项目，分别是高端模具智造建设项目，建设用地 1050 亩；中小企业孵化基地建设项目，建设用地 100 亩；小镇生活商务配套区建设项目，建设用地 200 亩；模具产业公共服务平台建设项目，建设用地 100 亩；工业博览会议中心及工业主题公园，用地 120 亩，其中建设用地 50 亩；民俗乡土文化休闲度假村建设项目，用地 300 亩。

要实现从产业园区到特色小镇的转变，黄岩的着力点在于产业和城镇的融合，即需要探索如何将传统优势的模具产业和当地特色文化、工业旅游以及文化休闲旅游三个方面进行融合，从而使得模具的特色不只是黄岩的一种生产产出，而是成为小镇旅游的发展、小镇文化的传播以及小镇的基础设施及生活设施的建设的名片与动力。

在这个特色小镇的打造过程中，黄岩将从以下三个方面发力：

第一，做好产业规划。黄岩模具产业将来发展定位不能仅仅定位在国内，需要放眼国际，需要顶层设计。

第二，做好黄岩模具产业的空间规划。黄岩模具产业已经发展到了全国，乃至国外。黄岩模具产业的重点不能仅仅聚焦智能模具小镇 3 平方公里。智能模具小镇无非是产业代言人，要处理好模具大城与模具小镇的关系。

第三，做好智能模具小镇风貌特色的规划。模具本身充满艺术感，蕴涵丰富的文化内涵，智能模具小镇的城市公共环境艺术设计要能充分体现这一点。

黄岩区以模具产业为主，嫁接黄岩当地特色文化，辅以发展工业旅游和文化休闲旅游功能，在模具产业基础较好、历史人文特色显著的新前街道规划建设高端模具智造小镇，以新理念、新机制、新载体推进产业集聚、产业创新和产业升级。如今，黄岩智能模具小镇已列入浙江省首批特色小镇创建名单，小镇 2017 年的产值达到了 40 亿元，税收达 4 亿元，旅游人数达 30 万人次。

参考文献

1.《产城融合:由功能单一的工业园区向功能多元的城市空间转变》,载商务部公共商务信息服务网,2017 年 3 月 10 日访问。

2. 李川:《“以可持续发展为导向”的城市综合类开发 PPP 模式》,载 PPP 知乎,2017 年 4 月 1 日访问。

3. 上海东滩投资管理顾问有限公司:《产业园区的三大开发模式》,载新浪博客,2017 年 4 月 1 日访问。

4. 颜俊:《新区开发与 PPP 模式的应用及监管》,载道 PPP,2017 年 4 月 1 日访问。

5.《2016 ~ 2017 年中国旅游行业发展现状、发展趋势、发展前景分析》,载信息产业网,2017 年 3 月 10 日访问。

6. 刘文海:《世界旅游业的发展现状、趋势及启迪》,载《中国市场》2012 年第 33 期。

7. 秦岩:《什么样的旅游项目可以成为 PPP 项目》,载巅峰智业,2017 年 3 月 10 日访问。

8. 陆大道、陈明星:《关于“国家新型城镇化规划(2014 ~ 2020)”编制大背景的几点认识》,载《地理学报》2015 年第 70 卷第 2 期。

9. 赵彦锋、张笑斐:《PPP 模式城市运营的投融资风险——以中信滨海新城为例》,载《经济管理》2016 年第 3 期。

10.《“一带一路”PPP 项目案例——缅甸皎漂特别经济区深水港和工业园项目》,载道 PPP,2017 年 4 月 20 日访问。

11. 曹珊:《政府和社会资本合作(PPP)项目法律实务》,法律出版社 2016 年版。

12. 周兰萍主编:《PPP 项目运作实务》,法律出版社 2016 年版。

13. 金诺律师事务所主编:《政府和社会资本合作(PPP)全流程指引》,法律出版社 2016 年版。

14. 曹珊主编:《政府与社会资本合作(PPP)模式政策法规与示范文本集成》,法律出版社 2016 年版。

15. 中国清洁发展机制基金管理中心:《PPP 项目开发案例》,中国商务出版社 2014 年版。

16. 刘书源:《PPP 模式在我国环保项目融资中的应用研究》,暨南大学 2015 年硕士学位论文。

17. 赵子豫:《地方政府 PPP 融资模式分析》,重庆大学 2015 年硕士学位论文。

18. 于喜来:《TOT - BOT 项目融资模式在山西电力建设中的应用研究》,华北电力大学 2015 年硕士学位论文。

19. 张勇:《××电力项目融资模式选择研究》,西南石油大学2014年硕士学位论文。
20. 廖序:《电力行业项目融资及模式选择研究》,西南财经大学2013年硕士学位论文。
21. 周成:《天然气分布式能源站项目融资方式研究》,湖北工业大学2016年硕士学位论文。
22. 杨钦元:《试论PPP模式与电力产业投资资本结构的法律变革》,载《吉林工程技术师范学院学报》2016年3月。
23. 彭源长:《在能源领域积极推广PPP模式》,载《中国电力报》2016年5月。
24. 刘世明:《三类能源项目重点引入社会资本》,载《中国电力报》2016年4月。
25. 翁文阳:《基于PPP模式的城市空气污染治理研究》,华东政法大学2016年硕士学位论文。
26. 郭建华:《我国政府与社会资本合作模式(PPP)有关税收问题研究》,载《财政研究》2016年第3期。
27. 谭春晓:《我国城市地下管线综合管廊建设前景展望》,载《价值工程》公众号。
28. 关欣:《综合管廊与传统管线辅设的经济比较——以中关村西区综合管廊为例》,载《建筑经济》2009年6月增刊。
29. 任继英:《浅谈城市地下综合管廊的必要性》,载《科技咨询》2014年第17期。
30. 南方周末:《地下管线事故正进入爆发期:平均每天5.6起》,2013年12月20日。
31. 王军、潘梁、陈光、李明、温修春:《城市地下综合管廊建设的困境与对策分析》,载《建筑经济》2016年6月增刊。
32. 宋志成、梁舰、冯海忠:《PPP模式在城市综合管廊工程中的应用》,知识产权出版社2017年版。
33. 张弛:《东方好莱坞——浙江横店》,载《PPP百人论坛》公众号。
34. 北京绿维创景规划设计有限公司:《特色小镇的开发运营模式研究》,载《PPP法制建设》公众号。
35. 盛世豪、张伟明:《特色小镇:一种产业空间组织形式》,载《浙江社会科学》2016年第3期。
36. 青苔民宿:《特色小镇文化的重要性》,载《特色小镇运营中心》公众号。
37. 中国城市中心:《城市化下一站:特色小镇崛起》,载广州乐居网,访问日期:2017年8月1日。
38. 汪千郡:《产城融合视角下特色小镇规划策略探讨》,载《住宅与房地产》2016年9月下刊。
39. 余池明:《特色小镇的起源和探索历程》,载《乡村与城镇建设》公众平台。
40. 白小虎、陈海盛、王松:《特色小镇与生产力空间布局》,载《中共浙江省委党校学报》2016年第5期。
41. 张锦涛:《特色小镇的开发架构、投融资模式落地方案总结》,载《特色小镇运营中心》公众号。

42. 郑大卫:《园区开发和特色小镇PPP融资实务和案例》。
43. 闵学勤:《精准治理视角下的特色小镇及其创建路径》,载《同济大学学报》(社会科学版)2016年第27卷第5期。
44. 林峰:《特色小镇投资开发模式设计——特色小镇全程解决方案的基础》,载《特色小镇运营中心》公众号。
45. 房地产O2O研究院:《PPP模式下的"特色小镇"》,载《特色小镇运营中心》公众号。
46. 北京创新谷:《特色小镇PPP模式的运用及最新政策文件》,载《特色小镇运营中心》公众号。
47. 丁伯康、郝中中:《PPP模式在特色小镇建设中的运用研究》,载《现代PPP智库中心》公众号。
48. 北京绿维创景设计有限公司:《特色小镇的运营及IP资源导入》,载《特色小镇运营中心》公众号。
49. 吴一洲、陈前虎、郑晓红:《特色小镇发展水平指标体系与评估方法》,载《规划师》2016年第7期第32卷。
50. 宋旋:《园区开发与特色小镇PPP实操案例分析》。
51. 郑元丹:《渔业小镇,"一鱼三吃"》,载《浙江日报》2016年3月24日,第9版。
52. 周慧敏:《特色小镇撬动舟山海洋经济发展——访浙江舟山市发改委主任於树波》,载《中国改革报》2016年10月26日,第5版。
53. 地产战略研究:《如何避免同质化——看特色小镇的八大主题》,载《特色小镇运营中心》公众号。
54. 陈立旭:《论特色小镇建设的文化支撑》,载《中共浙江省党校学报》2016年第5期。
55. 张蔚文:《政府与创建特色小镇:定位、到位与补位》,载《浙江社会科学》2016年第3期。
56. 沈琪芳:《特色小镇培育与建设的问题及对策》,载《浙江树人大学学报》2016年第16卷第3期。